VICTIMOLOGÍA

LUIS RODRÍGUEZ MANZANERA

PROFESOR TITULAR DE CRIMINOLOGÍA EN LA UNIVERSIDAD NACIONAL AUTÓNOMA DE MÉXICO Y EN LA UNIVERSIDAD LA SALLE, PROFESOR DE VICTIMOLOGÍA E INVESTIGADOR EMÉRITO EN EL INSTITUTO NACIONAL DE CIENCIAS PENALES (INACIPE), MIEMBRO DE NÚMERO DE LA ACADEMIA MEXICANA DE CRIMINALÍSTICA, MIEMBRO DE NÚMERO Y PRESIDENTE DE LA ACADEMIA MEXICANA DE CIENCIAS PENALES, PRESIDENTE EMÉRITO DE LA SOCIEDAD MEXICANA DE CRIMINOLOGÍA, PRESIDENTE HONORARIO DEL CONSEJO NACIONAL DE INSTITUCIONES DE ENSEÑANZA CRIMINOLÓGICA (CIECRIM), PREMIO *ÉTIENNE DE GREEFF* DE LA SOCIEDAD INTERNACIONAL DE CRIMINOLOGÍA, INVESTIGADOR NACIONAL III (SISTEMA NACIONAL DE INVESTIGADORES), RECONOCIMIENTO *HANS VON HENTIG* DE LA SOCIEDAD MUNDIAL DE VICTIMOLOGÍA, PREMIO INTERNACIONAL DE VICTIMOLOGÍA Y DEFENSA DE LAS VÍCTIMAS DE LA FUNDACIÓN VICTIMOLÓGICA.

VICTIMOLOGÍA

ESTUDIO DE LA VÍCTIMA

DECIMOSÉPTIMA EDICIÓN

®

Editorial**Porrúa**®

Primera edición, 1988

Esta obra y sus características son propiedad de
EDITORIAL PORRÚA, SA de CV – 8
Av. República Argentina 15 altos,
col. Centro, 06020, Ciudad de México
www.porrua.com

Queda hecho el depósito que marca la ley

ISBN 978–607–09–3555–8

IMPRESO EN MÉXICO
PRINTED IN MEXICO

"A mis padres,
que vivieron 57 años de ejemplar matrimonio
y que ahora, por fin, se reunieron allá en el cielo."

OBRAS DEL MISMO AUTOR

Clásicos de la Criminología (Instituto Nacional de Ciencias Penales, 1990, 2004, 2006 y 2011), Porrúa, 2016.

¿Cómo elige un delincuente a sus Víctimas? (Lerner, 2009) (INACIPE, 2006 y 2011), Porrúa, 2017, 2018.

Criminalidad de Menores (Porrúa, 1987, 1997, 2000, 2004, 2014).

Criminología (Porrúa, 1979, 1981, 1982, 1984, 1986, 1989, 1991, 1993, 1995, 1996, 1997, 1998 -2 ediciones-, 1999, 2000, 2001, 2002, 2003, 2004, 2005, 2006, 2007, 2009, 2010, 2011 y 2012, 2013, 2014, 2015, 2016, 2018, 2020).

Criminología Clínica (Porrúa, 2005, 2008, 2009, 2011, 2012, 2014, 2015, 2016, 2018, 2019).

El Polígrafo (Panamericana, 1965).

La Crisis Penitenciaria y los Sustitutivos de la Prisión (INACIPE, 1984 y 1991; Porrúa, 1998, 1999, 2004).

La Delincuencia de Menores en México (Botas, 1971; Messis, 1976).

La Drogadicción de la Juventud en México (Botas, 1974).

Libro Blanco de la Enseñanza de la Criminología en México (INACIPE, 2014).

Los Estupefacientes y el Estado Mexicano (Botas, 1971 y 1974).

Penología (Porrúa, 1998, 2000, 2003, 2004, 2009, 2012, 2015, 2020).

Pioneros de la Victimología (Porrúa, 2019).

Reacción Social y Reacción Penal (UNAM, 1983, 1988).

PRÓLOGO

El primer esquema de este trabajo surgió, en 1983, al ser invitado por el Dr. Gustavo Malo Camacho, en aquel momento Director del Instituto Nacional de Ciencias Penales, para impartir la materia "Victimología" en el post-grado de Criminología de dicha institución.

El trabajo no fue fácil, pues materialmente se carecía de antecedentes y fue necesario estructurar un temario desde el principio.

Había tenido la fortuna de poder asistir a los tres primeros Symposia Internacionales de Victimología, por lo que contaba con suficiente material, que aunque disperso y en idiomas diferentes al castellano, podía organizarse en un esquema académicamente adecuado.

La primera versión de esta obra fue elaborada especialmente para el Concurso Internacional de Investigación Jurídica Penal "Maestro Francisco González de la Vega", que organizaba el Supremo Tribunal de Justicia del Estado de Durango, con la participación de la Procuraduría General de la República, la Comisión Nacional de Tribunales Superiores de Justicia de los Estados Unidos Mexicanos y la Facultad de Derecho de la Universidad Nacional Autónoma de México (por conducto de su División de Estudios de Post-grado).

Este concurso se celebró en junio de 1984, y el trabajo tuvo la fortuna de obtener el primer lugar absoluto.

Sin embargo, no llegó a publicarse completo hasta 1986, por diversas razones, entre ellas (y quizá la más importante) por el sentido fallecimiento del Lic. Rafael Hernández Piedra, organizador del evento y Presidente del Supremo Tribunal de Justicia del Estado de Durango. El maestro durangueño pereció en el terremoto que asoló a la Ciudad de México; aprovecho esta ocasión para hacer un emocionado recuerdo de este hombre excepcional.

La primera edición impresa por la Editorial Porrúa (1988) fue una versión totalmente modificada y notablemente ampliada; la versión original (que en mucho eran apuntes de clase) no debía ya publicarse, básicamente porque se habían celebrado dos nuevos Symposia Internacionales, con una gran cantidad de información novedosa, además se llevó a cabo el VII Congreso Internacional de Naciones Unidas en

Prevención al Delito y Tratamiento del Delincuente, que aprobó la Declaración sobre los principios fundamentales de justicia relativos a las víctimas, se publicaron varias obras fundamentales en la materia (Stanciu, Neuman, Beristain, Drapkin, Ramírez), y tenía ahora, después de impartir varias veces la materia, las inapreciables opiniones de mis alumnos.

El tema fue elegido no sólo por su novedad e importancia, sino también por la carencia, en aquel momento, de bibliografía en nuestro país y en Latino-américa en general.[1, 2]

Se trataba pues, no sólo de un ejercicio académico, sino también de una tentativa para aportar material que contribuyera al desarrollo de una disciplina casi desconocida en México.

Por lo anterior, se ha utilizado en mucho bibliografía extranjera; las traducciones son responsabilidad del autor.

La obra pretende ser general, y está construida como un libro de texto; los especialistas encontrarán quizá demasiado elementales algunas partes, pero hay las suficientes citas bibliográficas que orientarán a la ampliación de los diversos temas.

En esta nueva edición se ha respetado la estructura original, pero corregida, aumentada y actualizada, pues es asombroso el desarrollo que ha tenido esta joven ciencia, sobre todo en la última década del siglo XX y los principios del XXI.

La trascendencia de los estudios de Victimología se ha hecho patente cada vez con mayor fuerza, y la bibliografía ahora es por demás abundante.

En materia jurídica, se ha resaltado la importancia del sujeto pasivo del delito, y su participación en la configuración del hecho punible; en Criminología, la Victimología pasa a formar parte de la síntesis criminológica; en Penología se estudia a la víctima para analizar la reacción social.

La Política Criminológica no puede concebirse sin hacer consideraciones precisas sobre las víctimas, y toda la teoría de prevención se dirige cada vez más a operaciones de tipo victimológico, y puede ya hablarse con propiedad de una Política Victimológica.

El fenómeno victimal preocupa cada vez más a los especialistas de diversas disciplinas, y así médicos, abogados, sociólogos, psicólogos, criminólogos, criminalistas, etc., han coincidido en este interés común, creando una nueva disciplina, que sin lugar a dudas ha abierto un verdadero universo a la investigación.

---

[1] Al respecto consultar de aquella época: Antony, Carmen. *Investigación Bibliográfica sobre Victimológia en America Latina.* Reunión preparatoria del IX Congreso Internacional de Criminología. Universidad de Panamá, 1982.

[2] *Cfr.* Salas, Luis. *La Justificación de los Estudios de Victimización en América Latina.* ILANUD al día, año 4, núm. 10. San José de Costa Rica, 1981, pp. 38 y ss.

Nuestra contribución en esta ocasión consiste en una revisión general del desarrollo y de los avances de la Victimología, para lo cual hemos dividido el estudio en las siguientes partes:

1) Una parte histórica, en la que se hace un repaso de los tratadistas que se han preocupado por el problema de la víctima, hasta llegar a la formación de la Victimología propiamente dicha, las primeras reuniones científicas consagradas al tema, y el presente y futuro de la materia.

2) Una sección dedicada a la Victimología en sí, su concepto, definición, clases y categoría científica, y de aquí su objeto, método y fin, para poder hacer semejanzas y diferencias con otras ciencias afines, y explicar las aportaciones e interrelaciones entre las diversas disciplinas.

3) Una revisión a los conceptos victimológicos básicos, para poder fijar con mayor precisión el objeto de estudio, y plantear con claridad las definiciones operacionales que se utilizarán en el desarrollo de la obra.

4) Al problema de la víctima, su definición, los diversos enfoques según diferentes paradigmas y a los variados intentos de tipologías, se dedica otra parte del trabajo.

5) Los factores victimógenos, tanto endógenos como exógenos son analizados, para llegar a las relaciones entre víctima y victimario, y exponer nuestra teoría del *iter victimae,* es decir la victimogénesis y la victimodinámica.

6) Se estudian algunas víctimas en particular, por su importancia numérica o su peculiar susceptibilidad victimal (mujeres, menores de edad, ancianos y víctimas de abuso del poder).

7) Las tres formas principales de victimización (contra las personas en su integridad personal, en su patrimonio y en su libertad sexual) merecen sendos capítulos.

8) La perspectiva jurídica es desarrollada desde tres aspectos: el penal, el procesal penal y el victimal; en el primero vemos a la víctima como sujeto pasivo del delito, y la influencia que tiene en la configuración del tipo, en el segundo su situación en el proceso, y en el tercero la creación de un verdadero Derecho Victimal. No se olvida tratar detenidamente el problema de la reparación del daño.

9) La clínica victimológica, con sus aspectos de estudio, diagnóstico, pronóstico y tratamiento, se trata en un capítulo.

10) El penúltimo capítulo es para la prevención victimológica, proponiendo algunas soluciones al problema.

11) Por considerarlo de utilidad, hacemos una breve relatoría de los Symposia Internacionales de Victimología.

12) Finalmente se agregan algunos anexos y se consigna la bibliografía utilizada.

Es necesario, antes de terminar esta presentación, aclarar que los capítulos XIV, XV y XVI (Victimización Femenina, Mujeres Golpeadas y Victimización de Anciano) fueron elaborados en colaboración con mi compañera, la Dra. María de la Luz Lima, profesora de la Universidad Nacional Autónoma de México y del Instituto Nacional de Ciencias Penales, quien mucho cooperó en esta obra.

Reconocimiento también es debido a Angélica Artiachi, quien se ocupó de la transcripción mecanográfica y de la elaboración de la bibliografía de las seis primeras ediciones, y a Leticia Robledo en las siguientes versiones.

A todos aquéllos que hicieron posible esta obra, nuestro agradecimiento.*

México, marzo de 2020.

* Hemos preparado una antología con los artículos originales de autores que realizaron los primeros trabajos relacionados con las víctimas del delito, y que puede servir como material de apoyo para este texto: Rodríguez Manzanera, Luis. *Pioneros de la Victimología*. Editorial Porrúa, México, 2019.

VICTIMOLOGÍA

CAPÍTULO I

ORIGEN Y DESARROLLO DE LA VICTIMOLOGÍA

Cuando despertó, la víctima todavía estaba allí.
(Parafraseando a *AUGUSTO MONTERROSO*)

I.1. INTRODUCCIÓN

Es del máximo interés, antes de entrar en materia, conocer la forma en la que la Victimología se ha originado y desarrollado; no es posible comprender a fondo alguna materia sin haber incursionado en sus comienzos y en su posterior evolución.

La historia es, en palabras de Cervantes, "émula del tiempo, depósito de las acciones, testigo del pasado, ejemplo y aviso del presente, advertencia del porvenir".

No es nuestra intención hacer un tratado de historia de la Victimología, simplemente deseamos consignar algunos datos que puedan ser de utilidad para el posterior desarrollo de la obra.

I.2. APARICIÓN TARDÍA DE LA VICTIMOLOGÍA

Al principiar a estudiar la Victimología, llama la atención de inmediato, el desinterés general que a través de la historia han tenido las ciencias penales por la víctima.

Con la excepción, por demás explicable, de la Medicina Forense, las demás ciencias no se habían ocupado del fenómeno victimal, o lo habían hecho muy superficialmente.

La escuela clásica de Derecho Penal centra su interés en el delito como ente jurídico, importa básicamente el hecho delictuoso, y la justa retribución al responsable del mismo.

Aquí tenemos, de entrada, un problema de niveles de interpretación; a la escuela clásica le interesa el nivel conductual, y por lo tanto se desinteresa por el nivel individual, es decir se centra en la teoría del delito, dejando en un segundo plano al delincuente, y con mayor razón a la víctima.

Es justa aquella frase de que la escuela clásica (iniciada por Beccaria) le dijo al hombre "observa el derecho", en tanto que la escuela positiva (originada por Lombroso) le dijo al derecho "observa al hombre".

La escuela positiva se centra así en el estudio del hombre antisocial, fundando la Criminología, pero en su esfuerzo por la integral comprensión del criminal olvida a la víctima.[3]

No es tanto que ignoren el problema, como veremos más adelante, es más bien un caso de prioridades, en que era más urgente redondear el estudio del criminal, trabajando en un nivel básicamente individual.

Así, el criminal es estudiado, protegido, tratado, explicado, clasificado, sancionado, auxiliado, en tanto que a la víctima escasamente se le menciona.

Se organizan grupos interdisciplinarios para estudiar al criminal, se construyen instituciones especiales para su observación, tratamiento y custodia, se elaboran leyes cada vez más detalladas para regular su conducta, se escriben miles de páginas tratando de explicar su personalidad y sus reacciones.

En tanto la víctima queda marginada, en el drama penal parece ser tan sólo un testigo silencioso, la ley apenas la menciona, la literatura científica la ignora, y por lo general queda en el más completo desamparo, lo que representa una sobrevictimización.

Las razones por las cuales sucede este fenómeno tienen que ser profundas, no podrían explicarse simplemente como un problema de niveles de interpretación.

Una tentativa de explicación consiste en el miedo que se le tiene al criminal: el sujeto antisocial es naturalmente temido por la colectividad; es el pánico que sienten las ovejas frente al lobo.

Pero, ¿quién teme a un cordero?; es la víctima propiciatoria, es innocuo, es manso, no es peligroso.

La fiera salvaje produce pánico, llama poderosamente la atención; en el zoológico son los animales más frecuentados; ¿quién va al zoológico a ver a los corderos?

Pero parece haber algo más, ya que los criminales pasan a la historia, en tanto que las víctimas rápidamente caen en el olvido.

¿Quién no identifica a Jack el destripador, a Landrú, a Capone, al tigre de Santa Julia, a "Goyo", al "mocha orejas"?; pero, ¿quién sería capaz de mencionar a sus víctimas?

La víctima pasa excepcionalmente a la historia, y sólo lo logra en crímenes del tipo del magnicidio, o por alguna razón verdaderamen-

---

[3] La obra cumbre de Lombroso se titula *El hombre delincuente*. Lombroso, César. *L'Uomo Delincuente*. Fratelli Bocca, Editori. Italia, 1876.

te insólita. Así, Abel logra su lugar en la historia con el único mérito de ser la primera víctima.

En proporción macrocriminológica, los victimarios describen los hechos, esto es válido para el crimen de crímenes: la guerra.

Los vencedores escriben, por lo general, la historia (es decir su historia); el nombre de los victoriosos queda escrito en los monumentos y en los libros, los vencidos no son mas que víctimas.

Los ejemplos son múltiples, las excepciones confirman la regla, Waterloo será siempre la derrota de Napoleón, pero Napoleones no hay muchos.

Una interpretación más puede intentarse para explicar el fenómeno de la tardía aparición de la Victimología, y ésta es que nos identificamos con el criminal y no así con la víctima.

El criminal es, en mucho, un sujeto sin inhibiciones; cuando desea algo lo realiza, sin importarle la norma, la sociedad o la víctima.

Es decir, en cierto aspecto el criminal es alguien que se atreve a hacer algo que el no criminal no osaría realizar, pero que desearía hacerlo.

Todos hemos deseado (y por lo menos en la imaginación realizado) cometer algún delito: robar algo, lesionar al enemigo, poseer a la mujer del prójimo, evadir los impuestos, etcétera.

Es por esto que existe una identificación (consciente o inconsciente) con el criminal, con aquel que se atreve a ejecutar lo que nosotros no osaríamos realizar.

No hay identificación con la víctima, se desearía ser criminal, pero no víctima, nadie desea que lo roben, lo hieran, lo injurien, lo violen; cuando soñamos ser victimizados es algo horrible que se llama pesadilla.

Esta identificación con el criminal podría explicar el éxito de la novela negra, de la página roja en los periódicos, de las revistas amarillistas dedicadas al crimen, de las películas de gángsters, de las series policiacas en la televisión.

Y puede explicar también el porqué del interés por el criminal y el desinterés por la víctima.

Por último, cabe preguntarse si efectivamente el Estado tiene interés por las víctimas. En múltiples casos el criminal es un "chivo expiatorio", y representa la parte desviada de la comunidad que puede poner en peligro la seguridad del gobierno y el orden social.

La víctima, en tanto, significa en mucho el fracaso del Estado en su misión de protección y tutela de los intereses de la comunidad.

En un momento dado, la víctima puede exigir al gobierno una compensación por el abandono en que ha sido dejada, como veremos más adelante.

Además, hay ciertas víctimas que es necesario dejar en el olvido, porque su atención y estudio pueden representar un serio costo político. Tales son las víctimas de injusticia social, de abuso de poder, de violación de derechos humanos, de marginación, de segregación racial o religiosa, de fraude electoral, de delito transnacional, de criminalidad dorada, etcétera.

I.3. Precursores de la Victimología

Se ha afirmado que la mayoría de los criminólogos habían hecho Victimología sin saberlo.

En realidad, como dice Stanciu,[4] hay que evitar el error de creer que nosotros somos los primeros en estudiar la Victimología. Si el término Victimología es nuevo, el objeto es antiguo.

Aunque el olvido de la víctima es notorio, y se le había relegado a un segundo término, esto no implica que haya total desconocimiento del tema, y que nunca se hubiera contemplado el problema de la víctima.

En la evolución del derecho y de la pena, podemos ver, en un principio, el desinterés por la víctima, ya que en los tiempos remotos, el hombre primitivo utiliza la venganza privada, y la víctima cuenta tan sólo si tiene la fuerza y el poder para desquitarse.

Cuando la reacción penal pasa a poder de los guerreros la situación no varía mucho, pues sigue imperando la fuerza, aunque el talión, primer límite a la venganza, obliga a contemplar a la víctima, aunque sea para medir el daño causado.

Al pasar la reacción penal a los brujos, hechiceros o sacerdotes, la víctima continúa en un segundo plano, ya que la ofensa se considera, básicamente, contra la divinidad, y se castiga en nombre de ésta.

Cuando los juristas se apoderan de la reacción penal, la víctima es tomada en cuenta, principalmente en su derecho a quejarse y a pedir justicia.

Como simple ejemplo, y por tratarse de uno de los antecedentes más remotos, mencionemos el Código de Hammurabi (1728-1686, A.C.), que en sus secciones 23-24 especifica que: Si un hombre ha cometido un robo y es atrapado, tal hombre ha de morir; si el ladrón no es atrapado, la víctima del robo debe formalmente ante Dios declarar lo que perdió, y la ciudad y el gobernador en cuyo territorio y jurisdicción se cometió el bandidaje, debe reembolsarle lo que haya

---

[4] Stanciu, V. V. *Etat Victimal et Civilisation*. Etudes Internationales de Psychosociologie Criminelle. Núms. 26-28. París, Francia, 1975, p. 29.

perdido. Si la víctima pierde la vida, la ciudad o el alcalde debe pagar un "maneh" de plata a su pariente.[5]

Importancia mayúscula tiene la distinción que se hace en Derecho Romano entre los *delicta* y los *crimina,* ya que los primeros eran de persecución privada, es decir de querella de parte, en tanto que los segundos eran perseguidos de oficio.

La diferencia básica es que los *crimina* ponían en peligro evidente a toda la comunidad, en tanto que los *delicta* afectaban tan sólo a los particulares, y sólo indirectamente provocaban una perturbación social.[6]

Los *delicta,* en cuanto a beneficios para la víctima, evolucionaron desde la venganza privada hasta la multa a favor del ofendido, pasando por el talión y la compensación.

El mayor o menor grado de la reacción vindicativa radicaba estrictamente en la voluntad y en las manos, como en la posible clemencia de la víctima

Como es sabido, poco a poco más *delicta* se fueron convirtiendo en *crimina,* hasta que se optó por el monopolio de la acción penal por parte del Estado; con esto la víctima pasaba a un plano muy secundario.

Progresivamente, a medida que el Estado fue haciéndose cargo de la administración de justicia, el delincuente fue transformándose en el personaje central de los estrados judiciales, relegando a la víctima a un rol subalterno primero, hasta llegar a ser casi totalmente olvidada después.[7]

En cuanto a los tratadistas, varios de los grandes autores del siglo pasado tocaron el tema de la víctima, así por ejemplo Lombroso dedica, en su "Crimen, Causas y Remedios",[8] un par de párrafos a la indemnización de las víctimas, atacando la fuente misma de ciertos delitos, principalmente aquellos de codicia.

Pregona que el juez debe fijar la compensación, y asegurar los bienes del detenido.

Ferri por su parte, se ocupó en varias ocasiones del problema; ya desde su lección inaugural en la Universidad de Boloña (1881) proponía diversas reformas al procedimiento penal para facilitar la reparación del daño, y en sus lecciones en la Universidad de Nápoles (1901), después de señalar el abandono de la víctima ("La atención completa de la escuela clásica se ha concentrado en la entidad jurí-

---

[5] *Código de Hammurabi.* Federico Lara Peinado. Editora Nacional. España, 1982.

[6] *Cfr.* Margadant, Guillermo F. *Derecho Romano.* Editorial Esfinge. México, 1965, p. 432.

[7] Drapkin, Israel. *El Derecho de las Víctimas.* Revista Mexicana de Ciencias Penales. Año III, núm. 3. INACIPE. México, 1980, p. 115.

[8] Lombroso, César. *Le Crime, Causes et Remédes.* Félix Alcan, Editeur. París, Francia, 1907, p. 473.

dica del crimen"), afirma que: "La víctima del crimen ha sido olvidada, aunque esta víctima produce una simpatía filantrópica mayor que la que provoca el criminal que ha producido el daño." [9]

Plantea la reparación del daño como: *a)* sustitutivo de la pena de prisión, aunque esto sería sancionar con una "real distinción de clase"; *b)* aplicando el trabajo del reo al pago; *c)* como pena para delitos menores; *d)* como obligación del delincuente hacia la parte dañada; *e)* como función social a cargo del Estado.

En otra obra[10] Ferri analiza las relaciones en el homicidio-suicidio de otro y en el homicidio con el consentimiento de la víctima. Aunque el libro se concentra más en los problemas del derecho a morir y de la responsabilidad del autor, tiene el mérito de haber provocado una serie de críticas de autores famosos (Tarde, Caluci, Pugliese, Notter, Lesona, Cortés, etc.), llamando la atención sobre la víctima.

Rafael Garófalo, el tercero de los grandes positivistas italianos escribe un libro sobre los que sufren por un delito, que, aunque enfocado a la indemnización, va a marcar el camino, pues el autor dice, refiriéndose a las víctimas de los delitos, que: "esta clase de personas a que todo ciudadano honrado puede tener la desgracia de pertenecer, debía merecer que el Estado le dirigiese una mirada de benevolencia, una palabra de consuelo. Las víctimas de los delitos debían, seguramente, tener derecho a mayores simpatías que la clase de los delincuentes, que parece ser la única de la que los actuales legisladores se preocupan".[11] Afirma además que: "defenderé la causa de los oprimidos por la maldad humana con el mismo ardor con que otros suelen combatir en defensa de los malhechores".[12]

La influencia de la escuela positiva llevó a varios congresos internacionales del siglo pasado a tratar el tema de la protección e indemnización a las víctimas del delito, así los Congresos Penitenciarios Internacionales de Roma (1885), París (1895), y Bruselas (1900), el de Antropología Criminal de Roma (1885), el de Derecho Penal de Bruselas (1889), el Jurídico de Florencia (1891), etcétera.

En el mundo de la literatura hay continuas referencias a la víctima; como en muchos otros casos, los poetas se adelantan a los científicos, y ven cosas que sucederán mucho tiempo después.

Muchos literatos han sido señalados como verdaderos precursores de la Victimología (Defoe, De Quincey, Cribran, Werfel, etc.);

---

[9] Ferri, Enrico. *The Positive School of Criminology.* University of Pittsburg Press. USA, 1968, p. 101.

[10] Ferri, Enrico. *L'omicidio-suicidio.* Fratelli Bocca Editori, Torino, Italia, 1892.

[11] Garófalo, Raffaele. *Indemnización a las víctimas del delito.* La España Moderna. Madrid, España, s.f., p. 57.

[12] *Ibidem,* p. 59.

hacer un estudio de esto rebasaría en mucho las pretensiones de la obra, por lo que hacemos simplemente mención de un par de estudios sobre el tema: Lapan[13] y Kress.[14]

Kress afirma que la víctima ha sido ignorada, abandonada y denigrada en la literatura, pues se da mayor importancia al criminal que a la víctima; por su parte, Lapan señala cómo en la literatura moderna (Kafka, Bretch, Beckett), la víctima se va convirtiendo en el principal protagonista.

I.4. Los primeros tratadistas

El profesor Beniamin Mendelsohn puede ser considerado el creador de este campo del conocimiento científico, pues aunque varios autores se habían ocupado del tema, el primer estudio sistematizado de las víctimas se debe al profesor israelí, que se ocupa del tema desde 1937,[15] siendo sus primeras publicaciones en 1940 (*Giustizia Penale*, Roma) sobre violación. En 1946 realizó su *New bio-psycho-social horizons: victimology*, y en 1956 se publica *La Victimologie*,[16] una de sus obras más conocidas (por primera vez en la *Revue International de Criminologie et de Police Technique*, reproducida después en las principales revistas del mundo).

Mendelsohn atrae la atención sobre la víctima, cuestionando el desinterés con que ha sido tratada y señalando que no puede hacerse justicia sin tomarla en cuenta. Para esto es necesario crear una ciencia independiente: la Victimología.

Así, principia por crear algunos conceptos y definiciones victimológicas, e intenta una primera clasificación de las víctimas que veremos en su oportunidad.

En 1948 la Universidad de Yale publica un estudio del conocido tratadista Hans Von Hentig titulado *"The criminal and his victim"*, en 1949 Wertham afirma, al tratar sobre la víctima del homicidio que "lo que nos hace falta es una ciencia de la victimología",[17] y en 1954 el profesor de Topeka, Kansas, Henry Ellenberger, publica

---

[13] Lapan, Arthur. *The victim in contemporary literature*. I Simposium Internacional de Victimología. Israel, 1973.

[14] Kress, Susan. *The victim in literature: Ignored, abandoned and traduced*. II Simposium Internacional de Victimología. Boston, USA, 1976.

[15] *Cfr.* Mendelsohn, Beniamin. *The origen of Victimology*. Excerta Criminológica, vol. 3. May-June, 1963, pp. 239-244.

[16] Mendelsohn, Beniamin. *La Victimologie*. Revue Francaise de Psychoanalyse. Janvier-fevrier. 1958, pp. 66 y ss.

[17] Wertham, F. *The show of violence*. Doubleday. Nueva York, USA, 1949.

Relations psichologiques entre le criminal et sa victime.[18] A partir de aquí los trabajos de Victimología se multiplican.

Hentig ampliará sus conceptos en su obra *El delito,* considerando a la víctima como un elemento del medio circundante, estudiando las diversas situaciones del fenómeno victimal e intentando a su vez una tipología.[19]

I.5. Los Symposia Internacionales de Victimología

Sin lugar a dudas, el máximo avance de la Victimología se debe a las reuniones internacionales conocidas como Symposia, pues han permitido el conocimiento y el intercambio de ideas entre personas de diversas especialidades, y de ellos han nacido sociedades, revistas, etcétera.

En el VI Congreso Internacional de Criminología (Madrid, 1970), el profesor Israel Drapkin propuso la celebración de un Symposium Internacional de Victimología, que se celebraría en Jerusalén en 1973, la ponencia fue aceptada con beneplácito, diciéndose que se realizaría 15 días antes del VII Congreso Internacional de Criminología, que tendría como sede la ciudad de Belgrado, en el año 1973.

El primer Symposium de Jerusalén fue un éxito, logró atraer la atención de los especialistas de diversas ramas y obtuvo el reconocimiento internacional para la Victimología, por lo que se decidió que se organizaran Symposia cada tres años, lo que se ha cumplido, ya que el segundo tuvo lugar en Boston (1976), alentando la investigación comparada y abriendo nuevos campos de trabajo, el de Münster (1979) permitió la organización de la Sociedad Mundial de Victimología (WSV), el de Tokio-Kioto (1982) fortaleció la sociedad y amplió la comunicación internacional, en el de Zagreb (1985) se logró la redacción final de la "Declaración de principios básicos de justicia para las víctimas" (ver anexo 1), 6° en Jerusalén (1988) centró la atención en las diversas victimologías, el de Río (1991) planteó la problemática latinoamericana, el de Adelaide (1994) proporcionó abundante información comparada, el de Amsterdam (1997) presentó muy interesantes aspectos críticos, y los de Montreal (2000) y Stellenbosch (2003) propusieron la Victimología para el siglo XXI, el de Orlando replanteó temas básicos para reforzar la misión, el de Mito (2009) aborda el tema de la Seguridad Humana desde la Victimología, el de La Haya (2012) replantea el tema de la justicia a las víctimas.

---

[18] Ellenberger, Henry. *Relations psichologiques entre le criminel et sa victime.* Revue Internationale de Criminologie et de Police Technique, vol. VIII, núm. 2. Ginebra, Suiza, 1954, pp. 121 y ss.

[19] Hentig, Hans von. *El delito.* Vol. II. Espasa-Calpe. Madrid, España, 1972, pp. 408 y ss.

Haremos un brevísimo resumen de los temarios de estas reuniones,[20] por su importancia, dedicamos el último capítulo de la obra a este tema.

El primer Symposium de Victimología se celebró en la ciudad de Jerusalén, del 2 al 6 de septiembre de 1973, bajo la presidencia del profesor Israel Drapkin.

Las discusiones fueron organizadas en cuatro secciones científicas a saber:

1. El estudio de la Victimología (concepto, definición, de víctima, metodología, aspectos interdisciplinarios, etc.).
2. La víctima (tipología, la víctima en el proceso penal, etc.).
3. La relación victimario-víctima (delitos contra la propiedad, contra las personas, sexuales, etc.).
4. Sociedad y víctima, actitudes y políticas (prevención, tratamiento, resarcimiento, etc.).

El segundo Symposium Internacional de Victimología tuvo lugar en la ciudad de Boston, Massachusetts, del 5 al 11 de septiembre de 1976. Debió ser presidido por el profesor Stephen Shafer, pero éste murió unos días antes, el 29 de julio, por lo que Regina H. Ryan, secretaria del Comité Organizador, con un grupo de entusiastas colaboradores, llevó adelante la realización del evento.

El programa fue organizado sobre la base de tres grandes secciones, a saber:

SECCIÓN I. Aspectos conceptuales y legales de la Victimología:
a) Concepto y finalidad de la Victimología.
b) Tipologías victimales.
c) La víctima en el procedimiento judicial.
d) Las víctimas de hechos de tránsito.

SECCIÓN II. Las relaciones victimales:
a) Delitos contra las personas.
b) Delitos contra la propiedad.
c) Las relaciones criminal-víctima y la policía.
d) El delincuente político como víctima.

SECCIÓN III. La víctima y la sociedad:
a) La compensación a las víctimas del delito
b) Victimización corporativa.
c) La víctima y los mass-media.
d) Victimización de la víctima por la sociedad.

[20] Para mayor información consultar: Rodríguez Manzanera, Luis. *Los Simposios Internacionales de Victimología.* ILANUD al día, año IV, núm. 10. San José, Costa Rica, 1981, pp. 46 y ss.

El tercer Symposium de Victimología se celebró en la ciudad de Müenster (Munster), capital de Westfalia, del 3 al 7 de septiembre de 1979, bajo la presidencia del profesor Hans Joachin Schneider.

El Congreso estuvo organizado en secciones y en grupos de trabajo.

Las secciones fueron seis en total, a saber:

1. Conceptos, resultados, consecuencias, descubrimientos y dimensiones en la Victimología.
2. Estudios de victimización criminal.
3. Las víctimas de diversas conductas criminales.
4. El papel de la víctima en el proceso de victimización.
5. Tratamiento de las víctimas, reparación y prevención.
6. La víctima en el sistema de justicia penal.

Además hubo algunas mesas de trabajo que trataron:

1. Problemas de urbanismo y prevención del crimen.
2. Violencia en la familia.
3. Víctimas de crímenes violentos durante el nacional-socialismo.

El cuarto Symposium Internacional de Victimología tuvo lugar en las ciudades de Tokio y Kioto (Japón) los días 29 de agosto al 2 de septiembre de 1982, y fue organizado por el profesor Dr. Koichi Miyazawa.

Las secciones fueron cuatro, a saber:

I. Problemas generales. Definiciones, Teoría.

II. Investigación empírica, Métodos, Descubrimientos.

III. Nuevos problemas: Víctimas de delito de cuello blanco. Víctimas de contaminación.

IV. Asistencia a las víctimas: Compensación. Restitución. Servicios a las víctimas. Centros de crisis.

El quinto Symposium Internacional de Victimología se realizó en la ciudad de Zagreb, Yugoslavia, del 18 al 23 de agosto de 1985, siendo presidido por el profesor Zvonimir Paul Separovic.

Los temas de la reunión fueron:

1. Cuestiones teoréticas y conceptuales.
2. Investigación.
3. Víctimas de abuso de poder.
4. Mecanismos para asegurar justicia y reparación para las víctimas.
5. Asistencia a las víctimas y prevención de la victimización.
6. Acción, regional, interregional.

El sexto Symposium de Victimología se efectuó en la ciudad de Jerusalén, Israel, del 28 de agosto al 1º de septiembre de 1988, bajo la presidencia de Sarah Ben-David.

El tema general se bautizó como "Los rostros de la Victimología", con una gran cantidad de tópicos y de grupos de trabajo, las ponencias pueden agruparse en tres grandes rubros:

a) La ciencia victimológica, principios y paradigmas.
b) Los servicios de atención a víctimas.
c) La Victimología como movimiento por las víctimas.

El séptimo Symposium se celebró en Río de Janeiro, Brasil, del 25 al 30 de agosto de 1991, presidido por Ester Kosovski.

El rubro general fue "Victimología en Debate", con una gran concurrencia y múltiples ponencias que podrían agruparse en cinco grandes rubros: Drogas, Minorías, Derechos de las víctimas, Víctimas diversas y Cuestiones teóricas y conceptuales.

El octavo se realizó en la ciudad de Adelaide, Australia, del 21 al 26 de agosto de 1994, bajo la presidencia de Chris Summer.

El tema general fue "Victimización y violencia", y los tópicos fueron:

1. Paradojas y paradigmas.
2. Investigación sobre crimen y víctima.
3. Aspectos legales.
4. Violencia intrafamiliar.
5. Estrés postraumático.
6. Prevención de la victimización.
7. Servicios para víctimas
8. Derechos humanos.

El noveno Symposium se hizo en Amsterdam, Holanda, del 25 al 29 de agosto de 1997, bajo la presidencia de Jan J. M. Van Dijk, y con el tema general de "Protección a las víctimas", dividido en cuatro grandes subtemas a saber:

1. Estudios y precisiones sobre la víctima.
2. Los derechos de la víctima.
3. Tendencias en apoyo a las víctimas.
4. Abuso de Poder y Crímenes de Guerra.

El décimo Symposium Internacional de Victimología se celebró en el año 2000 (6 al 11 de agosto), en el Centro de Convenciones de Montreal, Canadá; la organización estuvo a cargo de Irvin Waller y de Arlene Gaudreault, y el tema general fue: "Investigación y acción para el tercer milenio."

Los subtemas tratados fueron:

"Apoyo, compensación y política"; "Justicia restitutoria, mediación y legislación"; "Protección internacional para víctimas de abuso de poder" y "Prevención de la victimización."

El decimoprimer Symposium se llevó a cabo en Stellenbosch, Sudáfrica, del 13 al 18 de julio del 2003, presidido por Ferdinand

Kirchhoff, teniendo como tema general "Nuevos Horizontes en Victimología".

Se trataron cinco subtemas, a saber:

"Servicios a víctimas"; "Víctimas de crímenes transnacionales"; "Derechos en el sistema de justicia penal"; "Justicia Restaurativa"; "Naturaleza y alcances de la victimización".

El decimosegundo fue en Orlando, U.S.A., del 20 al 25 de agosto de 2006, presidido por Marlene Young y tuvo como tema "Realzando la Misión".

Los subtemas fueron:

Defensa y Derechos; Servicios para las Víctimas; Investigación; Crimen transnacional, tecnología, terrorismo y tráfico; Educación y estándares.

El decimotercer Symposium tuvo lugar en la Universidad de Tokiwa, en Mito, Japón, del 23 al 28 de agosto de 2009, presidido por Hidemichi Morosawa, siendo presidente de la Sociedad Mundial (WSV) John Dussich. El tema general fue "Victimología y seguridad humana".

Los subtemas fueron: 1) Teoría en Victimología y seguridad humana; 2) El proyecto de Convención de la ONU para víctimas; 3) El trabajo del Alto Comisionado de Naciones Unidas para los Refugiados (UNHCR/ACNUR); 4) Víctimas de tráfico humano, explotación sexual y otras victimizaciones transnacionales; 5) Temas victimales en los sistemas nacionales de justicia: justicia restaurativa y encuestas sobre victimización; 6) Respuesta a la victimización por desastres; 7) Construcción de un sistema (red) de personal especializado en víctimas (profesional y voluntario); 8) Victimización de indígenas y de grupos marginados; 9) Victimizaciones particulares, entre ellas: víctimas de violencia intrafamiliar, tortura, ataques terroristas, fraude al consumidor y cibervíctimas.

El decimocuarto se realizó en La Haya, Holanda, del 20 al 24 de mayo de 2012, con Marc Groenhuijsen como Presidente de la Sociedad Mundial, con el tema general "*Justicia para las víctimas, perspectivas transculturales en conflicto, trauma y reconciliación*".

Los subtemas fueron: 1) Derechos de las víctimas; 2) Justicia Transicional; 3) Trauma, resilencia y justicia.

I.6. Futuro de la Victimología

Se puede afirmar, contra sus detractores, que la Victimología es ya una realidad, y que no es una ciencia del futuro, sino una creación del presente.

En palabras de Schneider, en su alocución de apertura al IV Symposium Internacional, los logros de la Victimología son principalmente:[21]

---

[21] Schneider, Hans Joachim. *Opening Speach. IV Simposium.* Japón, 1982.

Ha ayudado a la Criminología hacia un desarrollo del empirismo.

Hay progreso gracias al nuevo enfoque en el conocimiento del crimen.

Se han hecho comparaciones interregionales.

Se han realizado investigaciones que han puesto al descubierto el proceso de victimización y la psicodinámica situacional de todos aquellos crímenes que presuponen una confrontación entre ofensor y víctima.

Se ha dado una base empírica para una geografía del crimen, no sólo su distribución en un área sino también la subfluctuación, lo que permite hacer un análisis dinámico.

La interrelación entre el miedo al crimen y victimización, y sus relaciones con la política criminológica es importante.

Se han hecho estudios sobre la eficiencia del control criminal por medio de las víctimas.

Estos avances se han logrado gracias a los diversos Symposia y otras reuniones, pero además, a que:

a) Existe un cuerpo de conocimientos que no cesa de crecer.

b) La literatura especializada es cada vez más abundante.

c) Se publican varias revistas especializadas (como la excelente *Victimología,* de Córdoba, Argentina).

d) Hay varias sociedades locales de Victimología, y una World Society of Victimology.

e) *Newsletter* (editada por Claudia y Gerd F. Kirchhoff en Alemania).

f) Han proliferado los centros de atención a la víctima.

g) Desde 1968 existe el Instituto de Victimología de Japón.

h) Se han fundado las primeras cátedras y postgrados de Victimología (por ejemplo en el Instituto Nacional de Ciencias Penales de México).

El futuro es prometedor, sin embargo es necesario redoblar el cuidado para dar a la naciente Victimología un verdadero carácter científico y no caer en retóricas que puedan dar al traste con este principio venturoso.

Cada vez mayor número de científicos se interesan en la Victimología, las diversas dependencias del sistema de justicia están interviniendo directamente en el problema victimal, los estudios sobre victimización son cada vez más abundantes, y se vislumbra la adopción de una verdadera Política Victimal.

Creemos que hay razón para ser optimistas, pero insistimos en la necesidad de mantener el esfuerzo por hacer de la Victimología una ciencia interdisciplinaria.

I.7. MÉXICO

En México hemos tenido un importante desarrollo victimológico, en la teoría y en la práctica, que se inicia con las discusiones sobre la reparación del daño y los primeros estudios de víctimas en la década de los años treinta.[22]

En 1969 se publica la Ley Sobre Auxilio a las Víctimas del Delito del Estado de México, norma pionera en la materia, que por su importancia presentamos al final del libro como Anexo 2.

En los años setenta, se inician los primeros estudios propiamente victimológicos (Rodríguez Manzanera), que se mencionarán ampliamente en el transcurso de esta obra.

Para la década de los ochenta, se fundó la primera cátedra de Victimología (en el INACIPE, Instituto Nacional de Ciencias Penales) y se realizan las investigaciones sobre víctimas, que servirán de base para la fructífera década de final de siglo (Muñoz Sánchez, Rodríguez Manzanera, Sabido, Tocavén, etcétera.)

El III Congreso Nacional de Criminología (organizado por la Sociedad Mexicana de Criminología y la Universidad Autónoma de San Luis Potosí) se celebró en febrero de 1989, y se dedicó por completo a la Victimología, en cinco grandes temas: Aspectos generales, lo jurídico, las víctimas, la victimización y la problemática en Criminalística y en Medicina Forense. El éxito de este evento marca el arranque de una activa labor.

Ese mismo año (abril) se inicia el gran programa de agencias especializadas, a cargo de María de la Luz Lima, y todo el proyecto de atención a víctimas desde la Procuraduría General de Justicia del Distrito Federal, modelo que ha sido la base para la creación de servicios a víctimas en varias entidades federativas.

La Sociedad Mexicana de Criminología abrió su sección de Victimología, la que dio lugar a la Fundación Mexicana de Asistencia a Víctimas (institución de asistencia privada), que además de sus funciones de auxilio a víctimas y capacitación de personal, publicó una revista especializada (*Serie Victimológica*), ha editado un libro en que se describe el modelo mexicano y se relata su historia,[23] así como traducido y publicado, con la autorización correspondiente, el Manual de Recursos *Estrategias para luchar contra la violencia doméstica* de la ONU.

En 1993 México reforma su Constitución Federal para reconocer los derechos de las víctimas del delito y en el 2000, 2008 y 2011,

---

[22] Ver por ejemplo: Ceniceros, José A. y Garrido, Luis. *La reparación del daño y la protección a las víctimas de la delincuencia en México.* Criminalia, año IV, núm. 11. Botas, México, 1938, p. 669.

Ver también: Gómez Robleda, José; Quiroz Cuarón, Alfonso. *Sujetos pasivos de los delitos sexuales.* Criminalia, año V, núm. 10. Botas, México, 1939, p. 602.

[23] Lima Malvido, María de la Luz. *Modelo de Atención a Víctimas en México.* Sociedad Mexicana de Criminología. México, 1995. Existe una edición actualizada de Editorial Porrúa: México, 2004.

realiza nuevas reformas, ampliando las garantías victimales (ver capítulo XXII); varios Estados de la República han introducido en sus legislaciones normas referentes al goce y ejercicio de dichos derechos y hay una nueva de ley para el Distrito Federal, que se anexa al final de esta obra.

En 1995, la Sociedad Internacional de Criminología, con la Sociedad Mexicana de Criminología, celebró en la Universidad La Salle de México el 50º Curso Internacional de Criminología, cuyo tema general fue: "Justicia y Atención a Víctimas del Delito", bajo la dirección de Rodríguez Manzanera y con la participación de varios de los más renombrados victimólogos (Kirchhoff, Kosovski, Neuman, Peters, Picca, Shelley, Szabó, Young, Escaff, Fellini, Beristain, Marchiori, etc).

En el año 2000 se organiza el postgrado en Victimología en el INACIPE, se realiza el I Congreso Nacional de Victimología (Ciudad Juárez, Chihuahua) y se funda la Sociedad Mexicana de Victimología, que preside María de la Luz Lima.

La Comisión Nacional de los Derechos Humanos crea una Dirección encargada de la Protección de los Derechos Victimales "PROVÍCTIMA" (*Diario Oficial,* 19 de enero de 2000).

La Conferencia Nacional de Procuración de Justicia establece una Comisión especial para ocuparse de la asistencia a víctimas (2001).

En el 2002, se inicia en el Instituto Nacional de Ciencias Penales (INACIPE), la publicación de la Colección *Victimológica;* hasta el momento lleva nueve volúmenes con manuales, directorios, compendios legislativos y tratados.

En la Universidad de Ixtlahuaca se realiza el 1er. Congreso Iberoamericano de Victimología (2010).

En el 2011 se crea la Procuraduría Social de Atención a Víctimas de Delitos, como organismo descentralizado de la Administración Pública Federal (D.O. 6-IX-2011).

En el año 2012 se publican varias leyes con especial sentido victimológico, por ejemplo: Ley General para la Prevención Social de la Violencia y la Delincuencia (D.O.F. 24/I/2012), Ley Federal para la Protección a Personal que Interviene en el Proceso Penal (D.O.F. 14/VI/2012), Ley General para Prevenir, Sancionar y Erradicar los Delitos en Materia de Trata de Personas y para la Protección y Asistencia a las Víctimas de estos Delitos.

El 9 de enero de 2013 se publica, en el Diario Oficial Federal, la Ley General de Víctimas, con 189 artículos, que tendrá en cinco meses 256 cambios y, en enero de 2017, se le harán 86 cambios más, disolviendo la Comisión Ejecutiva de Atención a Víctimas.

La Sociedad Mexicana de Criminología dedica su XVII Congreso Nacional al tema *«Retos y avances de la Victimología»* (INFA, Chiapas, 2016).

CAPÍTULO II

CONCEPTO DE LA VICTIMOLOGÍA

II.1. INTRODUCCIÓN

Concebimos la Victimología como el estudio científico de la víctima, entendiendo por "víctima" a todo aquel que sufre un daño por acción u omisión propia o ajena, o por causa fortuita. En el transcurso de la obra explicaremos detenidamente esta definición.

Como toda ciencia nueva (y en este caso podríamos afirmar que casi recién nacida), los límites no son aún claros, el mismo concepto de Victimología está a discusión, su lugar en el mundo científico, sus relaciones con las demás ciencias, etcétera.

En el presente capítulo nos vamos a ocupar de las opiniones de algunos tratadistas en cuanto a la naturaleza de la Victimología, para poder observar el contraste y los diferentes puntos de vista.

Para hacer este análisis hemos dividido a los autores en tres grupos: aquel en el que se agrupan los tratadistas que otorgan a la Victimología una total autonomía científica, los que consideran que forma parte de la Criminología, y aquellos que niegan la autonomía y aun la misma existencia de nuestra ciencia.

Tomaremos desde luego los casos más representativos, sin pretender hacer un estudio exhaustivo, que rebasaría en mucho los objetivos de este trabajo.

A continuación, exponemos la Victimología desde los paradigmas positivistas, interaccionista y crítico, estudiando las tendencias conservadora, liberal y socialista.

Finalmente, haremos una conclusión y adelantaremos nuestra opinión, que justificaremos en capítulos posteriores.

II.2. Autores que interpretan la Victimología dentro de la Criminología

En un primer grupo se incluyen aquellos autores que interpretan a la Victimología como una parte o rama de la Criminología, negándole su autonomía científica.

Como podemos comprobar los enfoques y puntos de vista son diversos.

Ellenberger la considera como: "una rama de la Criminología, que se ocupa de la víctima directa del crimen y que comprende el conjunto de conocimientos biológicos, sociológicos y criminológicos concernientes a la víctima".[24]

Goldstein la define como: "parte de la Criminología que estudia a la víctima no como efecto nacido en la realización de una conducta delictiva, sino como una de las causas, a veces principalísima, que influyen en la producción de los delitos".[25]

Abrahamsen dice que: "la Victimología comprendería el estudio científico de la personalidad y otorgaría atención especial a los factores pertinentes al desarrollo emocional y social de la persona (o del grupo) que resulta víctima de un crimen".[26]

Yamarellos y Kellens afirman que la Victimología es la rama de la Criminología que se ocupa de la víctima directa del crimen. Se interesa por lo tanto de todo aquello que se relacione a la víctima: su personalidad, sus rasgos biológicos, psicológicos y morales, sus características socioculturales, y sus relaciones con el criminal, en fin su rol y su contribución a la génesis del crimen.[27]

En el mismo sentido, Fattah la define como: "aquella rama de la Criminología que se ocupa de la víctima directa del crimen y que designa el conjunto de conocimientos biológicos, sociológicos, psicológicos y criminológicos concernientes a la víctima".[28]

El mismo autor escribía en 1980 que difícilmente puede pretenderse que la Victimología ha alcanzado el status de una disciplina

---

[24] Ellenberger, Henry. *Op. cit.*

[25] Goldstein, Raúl. *Diccionario de Derecho Penal y Criminología.* Astrea. Buenos Aires, Argentina, 1978.

[26] Abrahamsen, David. *La mente asesina.* Fondo de Cultura Económica. México, 1976, p. 11.

[27] Yamarellos. E. y Kellens, G. *Le crime et la Criminologie.* Marabout Université. Bélgica, 1970, p. 232.

[28] Fattah, Abdel Ezzat. *Quelques problemes poses a la justice penale par la Victimologie.* Annales Internacionales de Criminologie, 5º année. París, Francia, 1966, p. 336.

autónoma;[29] ya en 1995 opina que: "la victimología no es una idea fija. No es un sujeto efímero o una moda, sino una realidad científica que se impone y su lugar al seno de la familia de las ciencias criminológicas se ve cada vez más asegurado".[30]

Según Amelunxen, la Victimología se interesa por el "origen, personalidad, carácter, sexo, edad, situación de conciencia (*sic*), cualidades espirituales y características corporales de la víctima, y por sus relaciones familiares, profesionales y sociales. Se propone en particular dejar en claro el papel de la víctima en la situación precriminal y su contribución a la génesis del crimen".[31]

Göppinger, por su parte, afirma que la Victimología "representa de hecho un determinado sector del campo total relativamente cerrado de la Criminología empírica, y, en particular, del complejo problema: el delincuente en sus interdependencias sociales".[32] En el Symposium I de Victimología reafirmó su idea,[33] considerando que, en la Criminología práctica, la significación de la Victimología es demasiado pequeña, y en la Criminología empírica se estudia al ofensor en todas sus interdependencias, por lo que la constitución e independencia científica de la disciplina llamada Victimología no es pertinente.

Paul Cornil indica que los criminólogos se han interesado en el estudio de la personalidad de la víctima, de sus actitudes y motivaciones (a veces inconscientes) con relación a la infracción, "este estudio ha sido bautizado como Victimología".

El maestro belga advierte que un "estudio limitado a la oposición criminal-víctima puede tener como consecuencia el transferir cómodamente a la víctima una parte de la culpa atribuida al criminal. Una perspectiva de las causas múltiples de la criminalidad, a pesar de la amplitud y las dificultades que presenta, puede contribuir a una justa apreciación del lugar de la víctima en el fenómeno criminal, permitiendo definir más exacta y más humanamente las medidas a tomar para asegurar su protección".[34]

Tiempo después, el mismo autor reconoce que: "la Victimología, como método especial de acercamiento al problema criminal, parece

---

[29] Fattah, Ezzat. *Regards sur la victime.* Criminologie. Vol. III, núm. 1. pp. 6 y ss. Les presses de l'Université de Montreal, Canadá, 1980.

[30] Fattah, Ezzat. *La victimologie au carrefour entre la science et l'idéologie.* Revue Internationale de Criminologie et de Police Technique, 2/95. Ginebra, Suiza, 1995, p. 133.

[31] *Cit.*, por Kaiser, Günter. *Criminología.* Espasa Calpe, S. A. Madrid, España, 1978, p. 93.

[32] Göppinger, Hans. *Criminología.* Editorial Reus, España, 1975, p. 362.

[33] Göppinger, Hans. *Criminology and Victimology.* I Simposium, Israel, 1973.

[34] Cornil, Paul. *La notion de Victimologie et sa place dans la Criminologie.* I Simposium, Israel, 1973.

haber encontrado su lugar en el terreno de la Criminología a la cual aporta una contribución positiva".[35]

Vetter y Silverman opinan que: "el término Victimología denota el específico estudio de las relaciones criminal-víctima, un campo en el que los criminólogos se han visto involucrados por lo menos durante dos siglos".[36]

Naguel es más drástico, afirmando que: "solamente si la Criminología es tomada como la ciencia que trata del criminal, habría necesidad de una ciencia separada que tratara de la víctima del crimen. Este concepto de la Criminología es demasiado restringido, y puede ser radicalmente equivocado. En la Criminología clásica, puede ser necesaria una Victimología independiente pero en un concepto más actual no es necesario".

Y agrega que: "la moderna Criminología debe ser una Criminología de relaciones, en la que la relación victimológica adquiere una importancia tal que no hay necesidad de una Victimología independiente. Si la personalidad de la víctima va a ser considerada en el antiguo, criminológico-etiológico modo, no habría progreso".[37]

Stanciu considera que: "la Victimología es el estudio de la víctima, tiende a convertirse en una rama de la Criminología".[38]

Para Gulotta, "es una disciplina que tiene por objeto el estudio de la víctima, de su personalidad, de sus características biológicas, psicológicas, morales, sociales y culturales, de sus relaciones con el delincuente y del papel que ha asumido en la génesis del delito".[39]

Neuman, más cauto, escribe en su *Victimología*: "Me uno a quienes entienden que actualmente la Victimología forma parte de la Criminología, pero adelanto que se trata de una certidumbre provisional y que el decurso y auge de la Criminología, por un lado, y la Victimología, por otro, podrán favorecer un cambio de criterio."[40]

El mismo autor, hace una afirmación digna de meditarse: "Resulta particularmente unamunesco, pero para gran parte de penalistas y algunos criminólogos, la Criminología no es ciencia autónoma, con

---

[35] Cornil, Paul. *De la Victimologie a la Prevention du crime par la politique criminelle.* III Symposium, Alemania, 1979.

[36] Vetter, H. y Silverman, Ira. *The nature of Crime.* W.C. Saunders Company, Filadelfia, USA, 1978.

[37] Naguel, Willem H. *The notion of victimology in criminology.* Victimology (Drapkin, Viano). Lexington Books, USA, 1975, pp. 13 y ss.

[38] Stanciu, Vasile V. *Les droits de la victime.* Presses Universitaires de France, Francia, 1985, p. 12.

[39] Gulotta, Guglielmo. *La vittima.* Giuffré Editore, Italia, 1976, p. 9.

[40] Neuman, Elías. *Victimología.* Editorial Universidad, Buenos Aires, Argentina, 1984, p. 40.

lo cual se crea un laberinto infernal: ¿La Victimología podría ser ciencia autónoma de otra que no lo es?" [41]

II.3. AUTONOMISTAS

Un buen grupo de autores considera a la Victimología como una ciencia autónoma, con objeto, método y fin propios.

Para los autonomistas la extensión de la Victimología es notable, pues parten de un objeto de estudio extraordinariamente amplio.

Este grupo está encabezado por el mismo Mendelsohn, quien ha luchado denodadamente por su idea.

El punto de arranque de Mendelsohn es el siguiente: "Durante siglos, el criminal ha pertenecido únicamente al derecho, como una noción abstracta". Es hasta la segunda mitad del siglo pasado, como consecuencia de una revolución del pensamiento, que el criminal se convierte en un sujeto de estudio por una ciencia positiva. En nuestros días, la víctima se impone también a nuestra atención como una rama especial de la ciencia positiva.

La primera ciencia se ocupa de la terapéutica y de la profilaxis anticriminal, teniendo como criterio al criminal; la segunda se ocupará de la terapéutica y de la profilaxis que tienen como objeto la personalidad de la víctima. Esta ciencia, que nosotros principiamos a elaborar admite la existencia de dos vías paralelas para la descomposición del "complejo criminógeno": por una parte el criminal, por el otro la víctima. El interés de la humanidad demanda que la víctima sea colocada sobre un plano de preocupación por lo menos igual al criminal.

"Esto parecerá extraño, pero no es menos verdadero".[42]

En este primer esquema, la Victimología es considerada una ciencia paralela a la Criminología, o por decirlo en otra forma "el reverso de la Criminología", así, "la Criminología se ocupa del criminal; la Victimología tendrá como sujeto el factor opuesto de la pareja penal, la víctima".[43]

Conforme va transcurriendo el tiempo, Mendelsohn plantea la Victimología no sólo como paralela a la Criminología e independiente de ésta, sino que, al ampliar el objeto de estudio, le dará una dimensión extraordinaria: "Debemos comprender que los límites de la Victimología deben establecerse en relación al interés de la socie-

---

[41] *Ibid.*, p. 38.

[42] Mendelsohn, Beniamin. *Op. cit.*, p. 100.

[43] Mendelsohn, Beniamin. *Op. cit.*, p. 116.

dad en los problemas de las víctimas. Por lo tanto repetimos que todos los determinantes de la víctima, tales como: la sobrepoblación, la acción de la ley, el índice de natalidad, la desnutrición, las enfermedades epizoóticas (íntimamente ligadas a la alimentación y las pérdidas materiales), la contaminación, etc., todos estos determinantes pertenecen al campo de la Victimología, disciplina que gradualmente afirmará su lugar en la ciencia." [44]

Posteriormente, definirá a la Victimología como "la ciencia sobre las víctimas y la victimidad", afirmando que deben abarcarse tanto la víctima de factores endógenos como la de los factores exógenos, y que el concepto de victimidad es mucho más general que el de criminalidad, utilizando el término de "Victimología General".[45]

Esta denominación la va a utilizar en el III Symposium,[46] y Holyst propone hacer la diferencia entre Victimología General y Victimología Penal, reservando esta denominación a la rama que concierne a la víctima de una actividad criminal.[47]

Israel Drapkin se inclina también por dar autonomía a la Victimología, indicando que el término "víctima" tiene dos significados: uno religioso y otro común, este último hace referencia a la persona que sufre, es lesionada o destruida por la acción de otro, o como resultado de eventos o circunstancias desfavorables. Victimología, básicamente hace referencia al estudio de la víctima, y es precisamente esta definición plural la que crea la posibilidad de estudiar al sujeto desde un gran número de puntos de vista, diferentes, y aun antagonistas.[48]

Separovic hace igualmente la diferencia entre una Victimología en sentido amplio y una en sentido estrecho; acepta que, aunque aún no pueda hablarse de una total y única teoría de la Victimología, se trata de un enfoque importante para el problema del riesgo; la calificación criminológica no es suficiente, ya que nos topamos con el problema de las víctimas de un hecho no criminal.[49]

---

[44] Mendelsohn, Beniamin. *La Victimología y las necesidades de la Sociedad Contemporánea.* Messis, año 4, núm. 7, México, 1974. p. 75.

[45] Mendelsohn, Beniamin. *La Victimología y las tendencias de la Sociedad Contemporánea.* ILANUD al día, año 4, núm. 10, San José, Costa Rica, 1981, pp. 55 y ss.

[46] Mendelsohn, Beniamin. *Introduction á la recherche de la victimé dans la perspective de la victimologie générale et de la criminalité dans une socio-analyse.* III Symposium, Alemania, 1979.

[47] Holyst, Brunon. *L'objet, les tâches et les buts de la victimologie portant sur un comportement criminelle.* III Symposium, Alemania, 1979.

[48] *Cfr.* Drapkin, Israel y Viano, Emilio. *Victimology: A new focus.* Lexington Books, USA, 1974, vol. I, p. XIII.

[49] Separovic, Z. Paul. *Victimology, a new approach in social sciences.* I Symposium, Israel, 1973.

Young-Rifai nos señala cómo el desarrollo teorético y general de la Victimología basado en la Criminología ha restringido el campo en cuanto a definiciones y conceptos, por lo que debe buscarse una metodología y terminología propias, independizando la materia y ampliando el objeto más allá del restringido enfoque criminal.[50]

Aunque con reservas, Aníyar le considera a la Victimología autonomía: "aún en su estado actual de simple hipótesis de trabajo, como objeto de una posible ciencia autónoma",[51] y más adelante: "vemos así cómo se delinean los contornos de una ciencia nueva, protectora también ella de la tranquilidad y el plácido desenvolvimiento de la sociedad; tan importante casi como la Criminología, y que sirve igualmente al Derecho Penal para la determinación de la culpabilidad jurídica...".[52]

Ramírez González le concede autonomía, aunque su enfoque es criminológico, exponiendo que: "Nosotros la definiríamos como el estudio psicológico y físico de la víctima que, con el auxilio de las disciplinas que le son afines, procura la formación de un sistema efectivo para la prevención y control del delito".[53]

Más adelante, el mismo autor dice: "En conclusión, la Victimología es considerada, desde cierto punto de vista, como disciplina autónoma, el campo donde se debe estudiar con una observación más directa a la víctima de la infracción, sea ésta una persona moral o una persona natural, como base del interés en el análisis de los fenómenos criminales." [54]

Kirchhoff explica cómo la Victimología crece desde la Criminología, pero su independencia era superflua; al principiar los victimólogos a hacerse diferentes preguntas y desarrollar intereses y explicaciones diversas, aunado a la conciencia del gran sufrimiento que hay en el mundo por causa del hombre mismo, la necesidad de reducir tanto padecimiento justifica plenamente el mantener este campo vivo.[55]

López Tapia dice que: "Victimología es la disciplina que mediante el análisis de los datos de los hechos ilícitos (circunstancias del hecho, características de la víctima y de los delincuentes, armas usadas, etc.), la intervención de testigos y de la policía y de sucesos posteriores por los que pasó la víctima, trata de buscar soluciones

---

[50] Young-Rifai, Marlene. *Victimology: a theoretical framework*. III Symposium, Alemania, 1976.

[51] Aníyar de Castro, Lola. *Victimología*. Universidad del Zulia, Venezuela, 1969, p. 27.

[52] *Ibid.*, p. 31.

[53] Ramírez González, Rodrigo. *La Victimología*. Editorial Temis, Colombia, 1983, p. 7.

[54] *Ibidem*, p. 9.

[55] *Cfr.* Kirchhoff, Gerd Ferdinand. *An endeavor to define Victimology*. En: Global perspectives in Victimology, p. 37, India, 1995.

para recluir o eliminar la delincuencia y para reparar el daño causado a la víctima." [56]

En nuestro medio, hemos afirmado que la Victimología puede definirse como el estudio científico de las víctimas. En este aspecto amplio, la Victimología no se agota con el estudio del sujeto pasivo del delito, sino que atiende a otras personas que son afectadas y a otros campos no delictivos como puede ser el de los accidentes.[57] Como puede observarse, en mucho todo depende de lo que entendamos por víctima, problema que dilucidaremos más adelante.

II.4 Autores que niegan la Victimología

El tercer grupo lo integran aquellos tratadistas que niegan no sólo la autonomía, sino la posibilidad misma de la existencia de la Victimología.

Una de las críticas más acerbas la estructuró Luis Jiménez de Asúa,[58] quien considera las ideas de Mendelsohn "harto ampulosas, exageradas y jactanciosas", negando toda originalidad al concepto y afirmando que: "el asunto no consiste en crear una nueva ciencia, sino en poner varias a contribución para establecer el papel de la víctima en los delitos".

Sin embargo, el maestro español hace un intento de clasificación de las víctimas, analiza a la víctima del delito de homicidio y de delitos contra la propiedad, acepta el concepto de "pareja penal" y concluye que: "los problemas de la víctima, más que nuevos, aparecen hoy cargados de nuevo sentido. Pero si algo puede dañar a estos estudios es la exageración: el querer hacer de ellos una ciencia nueva, independiente de la Criminología y del Derecho Penal, con el título de Victimología o Victimiología".[59]

Kaiser dice que: "las necesarias uniformidad y multiplicidad del enfoque criminológico hacen por ello cuestionable independizar el estudio de la situación, comportamiento y personalidad de la víctima en un plano teórico o configurarlo como una rama autónoma de la investigación, la llamada Victimología".[60]

---

[56] López Tapia, Guillermo. *Victimología y compensación a las víctimas*. Criminalia XLIII núms. 1-12, Editorial Porrúa, S. A. México, 1982, p. 29.

[57] Rodríguez Manzanera, Luis. *Criminología.* 19ª edición. Editorial Porrúa, S. A. México, 2004, p. 73.

[58] Jiménez de Asúa, Luis. *La llamada Victimiología.* Estudios de Derecho Penal y Criminología I. OMEBA, Buenos Aires, Argentina, 1961, pp. 19 y ss.

[59] *Ibidem*, p. 40.

[60] Kaiser, Günter. *Op. cit.*, p. 93.

Por su parte López Rey afirma que: "la Victimología no es más que el residuo de una concepción superada de la criminalidad y de la Criminología",[61] agregando que: "es interesante señalar que la mayor parte de los sostenedores de la Victimología son los que, sin pretenderlo, contribuyen más efectivamente a su demolición".[62]

El autor en estudio se hace una serie de preguntas para justificar su rechazo a la Victimología, entre ellas que ésta significaría la existencia de victimólogos, cuyo papel es oscuro, pues en materia penal ya está prevista la intervención del sujeto pasivo, y en el caso concreto no parece haber justificación para hacer el examen de *todas* las víctimas además de que el fenómeno victimal representa una pequeña parte del problema de la criminalidad.

Cressey califica la Victimología como: "Un programa no académico bajo cuyo techo una mezcla de ideas, intereses, ideologías y métodos de investigación han sido agrupados arbitrariamente." [63]

La Victimología no se ha visto, como podemos ver, exenta de críticas; algunos autores, sin negarla tajantemente la han impugnado en formas diversas.

Bruinsma y Fiselier [64] consideran que la Victimología se enfrenta a problemas similares a los que encaró la Criminología en sus orígenes, y que le impedirán su desarrollo científico.

Estos problemas consisten en la creencia de que las víctimas son un tipo peculiar de gente, en la inexistencia de grupos de control, en las muestras no representativas y en lo simplista del modelo crimen-victimización, en que la víctima puede ser la causa directa.

En el momento actual, el problema se está analizando desde otro ángulo, que estudiaremos a continuación.

II.5. Diversos modelos, tendencias y paradigmas

La realidad es que existen diversos enfoques de lo que es la Victimología.

Estos enfoques dependen en mucho de cómo se defina a la víctima, lo que está muy ligado a la orientación ideológica y filosófica del investigador.

---

[61] López Rey y Arrojo, Manuel. *Criminología.* Tomo II. Editorial Aguilar, Madrid, España, 1978, p. 145.

[62] López Rey y Arrojo, Manuel. *Op. cit.,* p. 146.

[63] Cressey, Donald R. *Warehousing Criminals.* University of California, USA, 1982.

[64] Bruinsma, Gerber y Fiselier, Jan. *The poverty of Victimology.* III Symposium, Alemania, 1979.

Las corrientes que tenemos actualmente son tres: la positivista, la interaccionista y la crítica, que han sido consideradas como verdaderos paradigmas, es decir conjuntos de conocimientos que resuelven (o intenta resolver) determinados problemas (o grupo de problemas), bajo un patrón aceptado por una parte de la comunidad científica.[65]

Cada paradigma tiene su propia ideología (y en mucho la ideología lleva a elegir el paradigma) y su modelo para resolver los problemas que plantea el propio paradigma.

Para mejor comprensión, elaboramos el siguiente esquema, que puede ser aplicable tanto a la Criminología[66] como a la Victimología.[67]

Paradigma (teoría)	*Tendencia (ideología)*	*Modelo (perspectiva)*
Positivista	Conservadora	Consensual
Interaccionista	Liberal	Pluralista
Crítico	Socialista	Conflictual

Ahora explicaremos cómo puede entenderse la Victimología según los diferentes enfoques:

A) *Victimología conservadora*

El enfoque conservador es fundamentalmente positivista y por lo tanto es causalista, la Victimología estudia las relaciones víctima-criminal, y es concebida como una rama de la Criminología.

El modelo de explicación es el consensual, la sociedad es captada como una estructura bien integrada persistente y estable, basada en el consenso acerca de los valores imperantes.

La ley refleja los deseos y esperanzas colectivas, y representa el sentir popular, por lo tanto, sirve a todos por igual, protegiendo al ciudadano de la victimización.

[65] Para estudiar la teoría de los paradigmas véase: Kuhn, Thomas S. *La estructura de las revoluciones científicas.* Fondo de Cultura Económica, México, 1983.

[66] *Cfr.* Michalowski, Raymond J. *Perspective and Paradigm.* En Theory in Criminology, SAGE Publications, USA, 1977, pp. 17 y ss.

[67] Falandysz, Lech y Kubala, Krysztof. *Theoretical Issues and Developments in Victimology.* Victimology Newsletter, vol. 4, núm. 1. Fachhochschule Niederrhein. School of Social Studies, República Federal de Alemania, 1985, pp. 1 y ss.

El criminal es diferente al no criminal y, desde luego, a la víctima.

La víctima es identificada con el sujeto pasivo del delito; los casos de autovictimización (drogadictos, alcohólicos, prostitutas, otros desviados) son tratados en forma similar a los delincuentes.

Las víctimas estudiadas son las víctimas conocidas, es decir las que llegan al sistema de justicia, y el interés máximo es saber si son "culpables" o "inocentes", debiéndose socorrer a estas últimas.

Esta Victimología, llamada conservadora, criminal, penal o "antivictimología", es la que con mayor facilidad adoptan los sistemas de justicia (independientemente de la ideología oficial), ya que les permite evadir toda responsabilidad estatal en el fenómeno victimal; las víctimas lo son por causa de los criminales rebeldes e inconformes, o por su propia culpa al provocar o precipitar el crimen.

B) *Victimología liberal*

La Victimología liberal sigue un modelo pluralista, en el que la ley existe no porque los individuos estén generalmente de acuerdo con la definición de lo bueno y lo malo, sino precisamente porque están en desacuerdo.

La sociedad es captada como múltiple y plural, donde coinciden grupos con diferencias marcadas (raza, religión, status, etc.), y por lo tanto valores, metas e intereses diversos y aun contradictorios.

Este pluralismo lleva al acuerdo general de un mecanismo que pueda resolver los conflictos pacíficamente, por lo que se establece el sistema legal, que es neutral y está por encima de las partes, es tan sólo el árbitro que dirime las disputas.

La Victimología de corte liberal ha tomado el paradigma interaccionista, en que se considera la criminalidad no desde la conducta sino desde la respuesta que provoca.

La conducta criminal es la que se etiqueta como tal, y por lo tanto, el sujeto es también etiquetado como criminal o desviado.

Todo esto sucede en un fenómeno de interacción entre etiquetador y etiquetado, de aquí las diferentes etiquetas para conductas o sujetos similares.

El sujeto etiquetado tiende a identificarse con su etiqueta, y aun cumplir la "profecía cumplida".

El interaccionismo se ha considerado básicamente "victimológico", sobre todo en conceptos como desviación secundaria (Lemert) o carrera desviada (Becker), donde el desviado es considerado una víctima.

Las soluciones propuestas van hacia un mejoramiento progresivo de la sociedad y una justicia que logre mitigar el sufrimiento humano.

C) *Victimología socialista*

El modelo conflictual seguido por la Victimología de corte socialista reconoce las diferencias sociales, los diversos grupos y sus conflictos de valores, metas e intereses

El fondo real del conflicto es la lucha por el poder, en que unos tratan de obtenerlo y otros de mantenerlo.

La ley defiende los intereses de aquellos que tienen el poder para hacerlo; el aparato judicial por lo tanto no es neutro, y protege los intereses de la clase en el poder, y no de la colectividad en general.

Esta Victimología censura básicamente el estado capitalista, en el que se sostiene un orden social y económico que preserva el poder y sus privilegios, criminalizando conductas que atentan contra dicho orden.

La Victimología socialista maneja un paradigma crítico, que propone un cambio de estructuras sociales definitivo, que evite la victimización y la violación de derechos humanos igualitarios.

Por lo tanto, acepta un estándar de justicia, y capta al Estado y su sistema de justicia como naturalmente victimizador, ya que atenta principalmente contra las clases menos privilegiadas de la sociedad, y olvida las víctimas de la dominación y la represión.

La definición de víctima en este enfoque es notablemente amplia.

II.6. CONCLUSIONES

Independientemente de la posición tomada respecto a la Victimología la mayoría (por no decir la totalidad) de los tratadistas reconocen que los aspectos bio-psico-sociales, criminológicos, políticos y legales referentes a la víctima han sido descuidados.

Se ha hecho una toma de conciencia con relación a la víctima, y es acuerdo unánime que no puede abandonarse el estudio de su personalidad y su participación en hechos de carácter criminal.

La opinión de que la Victimologia debe formar parte de la Criminología es cada vez más difundida; de hecho, no hay criminólogo moderno que olvide tratar el problema victimal en su obra, aunque pueda negar la autonomía o existencia de la joven ciencia.[68, 69, 70]

En un principio, tan sólo una minoría aceptaba a la Victimología como una ciencia separada y autónoma, pero conforme se ha profundizado en el estudio de las víctimas, un mayor número de científicos van optando por considerar al menos la posibilidad de autonomía, tomando en cuenta fenómenos como los de la víctima sin crimen y autovictimización.

Fattah[71] nos relata cómo los esfuerzos tendientes a arrojar luz sobre el rol efectivo de la víctima dentro de la génesis del crimen y las tentativas de desarrollar un modelo dinámico que vaya más allá del enfoque de las características y los atributos, han sufrido un retroceso y han sido minados por una crítica exacerbante del concepto de víctima catalizadora o precipitante (aquella que contribuye mayormente a la comisión del delito).

Ciertos autores han extendido sus críticas al concepto de víctimas catalizadoras o precipitantes a toda la Victimología acusándola de ser "el arte de culpar a la víctima".

El hacer alusión a la negligencia de la víctima, a su imprudencia o a su falta de precaución, es simplemente una manera entre otras, de poner en evidencia la importancia de factores situacionales o actualizantes y de subrayar la relación estrecha entre ciertos delitos y las oportunidades de cometerlos.

Lo anterior no debe ser interpretado como un esfuerzo deliberado de culpar a la víctima o de disculpar al criminal. Es una tentativa de explicar los motivos de la agresión y de analizar la cadena de eventos que ha finalmente desembocado en la comisión de un delito.

La preocupación por la definición de la Victimología y de su objeto de estudio se vio patente en los tres primeros Symposia, dando lugar a apasionadas discusiones.

Algunos autores han llevado a considerar el debate sobre la independencia como estéril, así, en el IV Symposium se propuso no discutir el problema de la autonomía de la Victimología, quedando de acuerdo en que cada quien puede tener un concepto de la Victimología, sea éste ámplio (en la proposición de Mendelsohn) o restringido, es decir puramente criminológico.

---

[68] Un ejemplo lo representan: Garrido, Vicente, Stangeland, Per y Redondo, Santiago. *Principios de Criminología*. Tirant lo Blanch, Valencia, España, 1999, p. 662.

[69] Ver también: Herrero Herrero, César. *Criminología*. Dykinson, España, 1997, p. 156.

[70] Por todos: García-Pablos de Molina, Antonio. *Tratado de Criminología*. Tirant lo Blanch, España, 1999, p. 105.

[71] Fattah, Ezzat. *Op. cit.*, p. 34.

A la misma conclusión llegó el Convenio de Bellagio (Italia, 1975), que partió del punto de que no era correcto proponer una definición completa de la Victimología, a causa de la variedad de las disciplinas descritas e involucradas en el tema y a causa de su actual etapa de desarrollo.

En la reunión de Japón se vio ya la tendencia clara a aceptar una Victimología en sentido amplio y a estudiar categorías victimales independientes del fenómeno criminal.

Es necesario tomar una postura al respecto, pues en mucho de ella depende el resto del desarrollo de esta obra.

Aunque pudiere parecer paradoja, nosotros concedemos en toda su amplitud la autonomía a la Victimología, y a la vez aceptamos su pertenencia a la Criminología.

En los siguientes capítulos fundamentaremos nuestra afirmación; adelantemos ahora cuál es el planteamiento básico.

En cuanto logra identificar un objeto propio y reunir las características requeridas para toda ciencia fáctica, la Victimología adquiere su autonomía científica.

Por otra parte, concurre a formar la gran síntesis criminológica; que no se puede concebir, sin el análisis de las víctimas.

Nadie negaría que la Biología, la Antropología, la Psicología o la Sociología tienen total autonomía científica, y que su objeto de estudio supera en mucho al fenómeno antisocial.

Nadie duda ya que estas ciencias vienen a conformar la síntesis criminológica, creando un conjunto de conocimientos nuevos, diversos de su objeto original.

Algo semejante sucede con la Victimología; su objeto de estudio es más amplio que el fenómeno criminal y la relación criminal-víctima, por lo que puede manejarse en forma independiente; por otra parte, concurre con las otras ciencias criminológicas a conformar la síntesis que es la esencia de la Criminología.

Situación semejante guarda la Penología, cuya autonomía científica ha sido demostrada,[72] al identificar plenamente su objeto (la reacción social), y esto no obsta para que sea parte fundamental de la Criminología.

El problema es, por lo tanto, aparente. La solución puede encontrarse en el reconocimiento de una Victimología General (como de una Psicología, Sociología o Biología Generales), que estudia a

[72] *Cfr.* Rodríguez Manzanera, Luis. *Penología.* Editorial Porrúa, México, 7ª edición, 2015.

todas las víctimas, y de una Victimología Criminológica, concurrente a la síntesis criminológica y encargada específicamente de estudiar a las víctimas de conductas antisociales.

En cuanto a los diversos enfoques, teorías y planteamientos, son naturales y aun necesarios en una comunidad científica.

Es claro que la Victimología nace dentro de un paradigma positivista, y que es este enfoque el que aún prevalece; reconocemos que en esta obra utilizamos en diversas partes la metodología propia del positivismo, y que nos interesan varios de los problemas planteados por el mencionado paradigma, pero sin aceptar el modelo consensual.

El interaccionismo primero y las tendencias socialistas después, han abierto indudablemente nuevos campos de investigación, planteando nuevos problemas y proponiendo soluciones diferentes, que necesariamente debemos tomar en cuenta.

CAPÍTULO III

LA CIENCIA VICTIMOLÓGICA

III.1. INTRODUCCIÓN

En este capítulo desarrollaremos el tema de la condición científica de la Victimología, analizando en primer lugar las características de una ciencia fáctica para poder a continuación situar al conjunto de conocimientos relativos a la víctima en esta categoría.

Necesario es estudiar los problemas del objeto y el método de la Victimología, pues sólo analizando éstos podremos avanzar en el conocimiento científico.

La precisión del objeto es fundamental en el trabajo científico, es el punto de arranque, no puede haber error en esta materia; en este capítulo enunciaremos el objeto, a reserva de desarrollarlo posteriormente.

En cuanto al método, daremos algunas reglas generales, recalcando su importancia, pues es requisito indispensable en el quehacer científico, y mencionaremos algunos avances en esta materia.

III.2. LA VICTIMOLOGÍA COMO CIENCIA FÁCTICA

Un primer problema a resolver es si la Victimología puede tener categoría científica, cuestión bien diferente a si puede tener autonomía científica; en este apartado nos dedicaremos a tratar de resolver el primer dilema.

Entendemos por ciencia el "conocimiento racional, sistemático, exacto, verificable y por consiguiente falible".[73]

Las ciencias pueden clasificarse en dos grandes categorías: formales o ideales y fácticas, materiales o empíricas.

---

[73] Bunge, Mario. *La Ciencia, su Método y su Filosofía.* Siglo XX. Buenos Aires, Argentina, 1976, p. 9.

Las ciencias formales demuestran o prueban, utilizan la lógica y manejan símbolos vacíos.

Las ciencias fácticas verifican hipótesis, y requieren de la observación y/o de la experimentación, utilizando símbolos interpretados.

La Victimología formaría parte de las ciencias fácticas, reuniendo requisitos de racionalidad y objetividad.

La racionalidad se interpreta como el uso de conceptos, juicios y raciocinios que pueden combinarse de acuerdo a normas lógicas, organizados en sistemas de ideas, en conjuntos ordenados de proposiciones, es decir de teorías.

La objetividad se logra en la aproximación con el objeto y la verificación de las ideas con los hechos.

Siendo así, la Victimología debe fortalecer su categoría científica reuniendo una serie de características que son, de acuerdo al esquema propuesto por Mario Bunge:[74]

La *facticidad*; debe partir de los hechos y volver a ellos, debe utilizar datos empíricos, pero a la vez ser *trascendente*, ir más allá de los hechos mismos, *racionalizando* la experiencia, sin limitarse a describirla.

Debe ser *analítica*: abordar problemas concretos descomponiéndolos en sus elementos, esto implica la *especialización*.

Los conocimientos obtenidos deben ser *claros y precisos*, lo que les va a dar la categoría de *comunicables*.

La *verificación* es considerada una característica científica clave, el conocimiento debe aprobar el examen de la experiencia, lograda a través de la observación y de la experimentación.

El *método* es otro gran requisito, la ciencia no es errática sino planificada. A este problema, por su importancia, dedicaremos varios párrafos más adelante.

La Victimología debe ser *sistemática*, y no un agregado de informaciones inconexas, sino un sistema conectado lógicamente entre sí.

Todo hecho victimal debe ser *clasificable y legal*, entendiendo por legal su capacidad de ser sometido a leyes científicas.

Así, se debe llegar a la *explicación* y a la *predicción*. Efectivamente, la Victimología debe ser explicativa, debe intentar explicar los hechos en términos de leyes, y éstas convertirlas en principios.

El conocimiento es *predictivo* en cuanto trasciende el conjunto de experiencias de los hechos, imaginando el pasado para decir cómo debe ser el futuro en el fenómeno estudiado. La predicción pone a prueba la hipótesis.

---

[74] Bunge, Mario, *op. cit.*, pp. 16 y ss.

Finalmente, opinamos que la Victimología debe ser abierta, falible y útil.

La *apertura* consiste en el reconocimiento de la falibilidad, en no cerrarse en dogmas ni axiomas, en saber que todo conocimiento científico es superable.

La *falibilidad* del conocimiento científico es aceptada por todos los hombres de ciencia del momento actual; el victimólogo debe presentar teorías para que puedan ser aceptadas, refutadas, corregidas, aumentadas o limitadas.

Además, la Victimología debe ser *útil*, buscar la verdad (científica) y su aplicación para el bien, en este caso la mejor comprensión de los que sufren, la atención y la prevención victimales.

Con lo anteriormente expuesto, fundamentaremos nuestra creencia de que a la Victimología debe reconocérsele su categoría científica, pues reúne los requisitos exigidos a toda ciencia fáctica.

Es de entenderse que una ciencia en proceso de fortificación tenga aún errores, tautologías y contradicciones, y que sus leyes y teorías sean aún escasas, pero es admisible que, en lo esencial, ha alcanzado la tan preciada calidad científica.

III.3. El objeto de estudio de la Victimología

Una vez asentada la categoría científica de la Victimología, es necesario fijar su objeto de estudio y el método a seguirse.

La precisión del objeto es fundamental en toda la problemática victimológica, y en mucho depende de cómo contemplemos el objeto, si consideramos a la Victimología como ciencia y si le concedemos autonomía o no.

El objeto de estudio es, en primer lugar, la víctima, en general parece no haber oposición para este postulado básico.

Mendelsohn,[75] Aniyar [76] y Moura,[77] en sus respectivas obras, consideran que la Victimología, de acuerdo a este primer objeto de estudio, está construida sobre tres planos constitutivos:

I. El plano primordial sería bio-psico-social: el sujeto puesto de frente a todos los factores que lo estimulan a convertirse en víctima, comprendidos los casos en los cuales no existe la otra parte de la

---

[75] Mendelsohn, Beniamin, *op. cit.*

[76] Aniyar de Castro, Lola, *op. cit. (Victimología)*, p. 26.

[77] Moura Bittencourt, Edgard. *Vittima.* Editora Universitaria de Direito, Ltda. São Paulo, Brasil, s.f., p. 27.

pareja penal, o sea el delincuente. Por ejemplo, los accidentes de trabajo o de tránsito, en los cuales se es víctima del propio acto; en estos casos se habla de víctima independiente;

II. El plano criminológico, sobre el cual el problema de la personalidad de la víctima está en relación bio-psico-social solamente con el conjunto de los problemas de la criminalidad, y siempre desde el punto de vista terapéutico y profiláctico victimal, y

III. El plano jurídico, el cual consideraría a la víctima en relación con la ley, sea ésta penal o bien civil, para los casos de resarcimiento de los daños por ella sufridos.

Este esquema parece ser lo suficientemente amplio, pues admite tanto la víctima del criminal como a otras víctimas, así como diversos campos de aplicación.

Göppinger nos señala que, en el objeto de la Victimología, "son subsumidas no sólo las víctimas de los delincuentes, sino también aquellas personas que llegan a ser víctimas sin la intervención de otros, o que llegan a sufrir daños (accidentes laborales, accidentes en viaje, etc., 'el accidentado'); para la Criminología, estos campos ofrecen, a lo sumo, interés a los fines de una contemplación comparativa".[78]

La opinión de Göppinger es coherente con su enfoque de la Victimología, sin embargo, podemos comprobar que el análisis de la víctima fuera del contexto criminal ofrece un interés que va más allá de la simple contemplación comparativa.

Siguiendo a Vasalli, Nieves afirma que en el ámbito de los estudios criminológicos, deberían ser incluidas conductas no tipificadas como hecho punible. En la misma forma, "los análisis y estudios victimológicos, deben extenderse a conductas que si no son descritas por la ley como delitos o falta, sin embargo, poseen un gran índice victimogenético y que de sus conclusiones podría deducirse que constituye una gran fuente de penalización, o cualquiera otra medida sustitutiva".[79]

Este enfoque amplio es el que nos satisface para una Victimología *Criminológica*, cuya finalidad, en palabras de Fattah, es "desarrollar, por el estudio profundo de la víctima, un conjunto de reglas generales y de principios comunes así como otro tipo de conocimientos que pueden contribuir al desarrollo y al progreso de las ciencias criminológicas y jurídicas, permitiendo una mejor comprensión del

---

[78] Göppinger, Hans, *op. cit.* (*Criminología*), p. 362.

[79] Nieves, Héctor. *Hacia una Victimología Comparada*. Universidad de Carabobo, Venezuela, 1979, p. 5.

fenómeno criminal, de los procesos criminogénicos, de la personalidad y de la peligrosidad del delincuente".[80]

Sin embargo, para una Victimología *general* el campo de acción nos parece limitativo, y proponemos, de acuerdo a los autores ya mencionados, a la víctima *en general*, es decir, a la víctima de conductas no criminales, criminales, o hechos fortuitos, como objeto primordial de la Victimología.

La definición amplia de la víctima ha sido adoptada, según Geis, Chappell y Agopian,[81] por múltiples tratadistas, como Carranza E., Separovic Z., Hatchard, Jackovljevic, Jancovic, Halasi, Triffterer, etc., que en el V Symposium presentaron trabajos sobre sujetos tan variados como refugiados, minorías, desviados, presos políticos, excluidos de educación y empleo, y sobre víctimas de desastres naturales, abusos de poder, discriminación, conflictos armados, contaminación, etcétera.

Pero el objeto de estudio no puede limitarse a la víctima en sí, pues parece lógico, como veremos más adelante, atacar el objeto desde tres niveles de interpretación, a saber:

a) Nivel individual: *la víctima*
b) Nivel conductual: *la victimización*
c) Nivel general: *la victimidad*

Es decir, el objeto de estudio no se circunscribe a la víctima, su personalidad y características; debe estudiarse también su conducta, aislada y en relación con la conducta criminal (si la hay), así como el fenómeno victimal en general, en su conjunto, como suma de víctimas y victimizaciones, con características independientes de las individualizadas que la conforman.

Estamos totalmente de acuerdo con Anttila [82] en que uno de los peligros de la investigación victimológica es el obtener conclusiones de estudios singulares de las características individuales de las víctimas. Es el mismo error en que incurrió la Criminología al estudiar solamente al criminal, olvidando que éste y su víctima son dos partes del mismo problema, que interaccionan dentro de un contexto social.

No es válido el sacar conclusiones en un nivel basándose en otro, es decir la conducta no explica al individuo, así como el caso individual no explica la generalidad, ni ésta puede aplicarse a todo

---

[80] Fattah, Abdel Ezzat, *op. cit.* (*Quelques problemes...*), p. 336.

[81] Geis, G.; Chappell, D.; Agopian, M. Reporte del V Symposium Internacional de Victimología. Zagreb, Yugoslavia, 1985.

[82] Anttila, Inkeri. *Who are the victims of crimes?* II Symposium. USA, 1976.

caso individual, que podría ser exactamente la excepción que confirmara la regla.

Debe pues tenerse un extremo cuidado para precisar el objeto, y el nivel de interpretación en que vamos a trabajar, para no exponernos a obtener conclusiones falsas.

Debemos recordar que el objeto determina el método y una confusión de nivel de interpretación, o una falsa elección de objeto nos llevará a equivocarnos de método, lo que equivale a una investigación desacertada.

III.4. El método

Método es el medio de que se vale o el camino que sigue una ciencia para adquirir el conocimiento de su objeto.[83]

El método es un procedimiento regular, explícito y repetible para hacer algo; en materia científica, es la forma de resolver problemas.

Si la Victimología presume de categoría científica, debe seguir un método afín a la misma categoría.

Existen dos métodos: el general, que es adoptado por toda la ciencia y el especial, que se utiliza en cada problema en particular.

El método científico en lo general sigue reglas fundamentales, ya enunciadas por Descartes en su *Discurso del Método*.[84]

La Victimología, en cuanto a ciencia fáctica, debe atenerse a las reglas científicas generales, pero para lograr una total autonomía, debe buscar los métodos especiales que puedan resolver sus peculiares problemas.

Hay autores que consideran que el método debe ser el mismo que utiliza la Criminología,[85] esto parece ser equivocado; ya Mendelsohn ha señalado, por ejemplo, que la Victimología no debe valerse de la metodología criminológica para el examen de la personalidad de la víctima, cuya situación es profundamente diversa de aquella del agente.[86]

Hasta el momento, es verdad que la Victimología ha seguido los pasos de la Criminología, y ha procurado seguir una metodología de corte criminológico; diversos autores han llamado la atención en este

---

[83] *Cfr.* Apel, Max y Ludz, Peter. *Diccionario de Filosofía.* UTEHA. México, 1961, p. 211.

[84] Descartes, René. *Discurso del Método y Meditaciones Metafísicas.* Bruguera, España, 1972, p. 89.

[85] Santcs Seixas, J. W. *Pequeno Dicionário de Criminologia.* Pro-Livro, Sâo Paulo, Brasil, 1976, p. 161.

[86] En el mismo sentido: Moura Bittencourt, *op. cit.*, p. 46.

punto, recomendando, tal como lo hemos mencionado, que la Victimología debe desarrollar su propia metodología.

Para Mendelsohn, la Victimología implica específicamente la detección de medios y técnicas de investigación, así como la elaboración de test victimológicos, la medición y explicación de éstos, y la unificación de una terminología propia.[87]

El punto de partida, independientemente del modelo elegido, es sin duda la observación, que consiste en examinar atentamente el objeto.

De la observación se pasa a la descripción, definiendo en principio el objeto, no por sus predicados esenciales, sino dando una idea general de sus partes o propiedades.

El paso siguiente es el de la clasificación, en nuestro caso, una vez observadas y descritas las víctimas, las relaciones victimales, la victimización y la victimidad, pasaremos al intento de establecer una tipología, de ordenar o disponer por clases.

Finalmente viene la explicación, es decir el intento de formular leyes, o sea encontrar relaciones constantes entre los diversos fenómenos.

Las leyes deben constatarse; ya mencionamos la verificabilidad como una característica básica del conocimiento científico. Para esto es de gran utilidad la experimentación.

Experimentar es provocar una observación, la que podemos dirigir, reproduciendo el fenómeno e intentando controlar las variables.

La experimentación en Victimología es por demás limitada, por razones éticas, sociales y jurídicas.

Parece lógico que no es posible reproducir el fenómeno victimal, que no es dable victimizar a título de experimento científico.

Sin embargo, la Victimología no se reduce a una ciencia de observación pura; es indudable que en materia de prevención victimal es necesario experimentar para poder obtener éxito.

Lo mismo podríamos decir en el terreno de la clínica victimal, en el que es indispensable ensayar las diversas técnicas para el tratamiento de las víctimas.

III.5 La investigación victimológica

En 1975 se celebró un Convenio Internacional de Estudios sobre Victimología en la Ciudad de Bellagio, Italia, de particular interés pues se analizó la problemática metodológica.

---

[87] Mendelsohn, Beniamin. *Victimology and the Technical and Social Sciences, Victimology, a new focus*. Vol. I (Drapkin). Lexington Books. USA, 1974, p. 33.

Entre las conclusiones, se consideró que, hasta ese momento, las áreas básicas a las que se ha dirigido la investigación en materia victimológica son:

1. *El papel de la víctima.* Se trata de averiguar hasta qué punto la víctima ayudó, contribuyó, fomentó, dio lugar o participó en su propia victimización.

En este sentido son importantes las dificultades metodológicas, y las necesidades para futuros trabajos, principalmente en lo relacionado a la terminología (participación, vulnerabilidad en lugar de precipitación y provocación).

2. *El reporte del delito.* Un área de interés sustancial es el conocer por qué las personas llaman a la policía en busca de ayuda para sí o para otros.

Aquí es importante conocer los factores que conducen a un aumento en reportes, así como los factores que llevan a una disminución en los reportes.

Estas investigaciones tienen implicación para conocer cuáles factores están relacionados y cuáles no, y cómo lograr una mayor cooperación con la policía.

3. *La víctima y el sistema de justicia penal.* La víctima está relacionada con el sistema de justicia penal, principalmente en los casos en que denunció.

La investigación se ha centrado sobre las formas en que las decisiones de la víctima afectan al sistema de justicia penal, la percepción de la víctima del sistema penal en cuanto a sus decisiones, y la forma en que la víctima es afectada por el proceso y las decisiones judiciales.

Actualmente, la investigación se ha ampliado notablemente, y ha salido en mucho de los límites criminológicos, abarcando cada vez mayor cantidad y variedad de campos.

III.6. Diversos métodos

En la mencionada reunión de Bellagio, se concluyó que, en lo referente a investigación y metodología, hay cinco títulos principales: métodos de encuesta; métodos de archivo (datos de policía o de médico forense); métodos de observación; diseños experimentales; e investigación no cuantitativa. Para ser útiles en el desarrollo de la teoría, prevención guiada o tratamiento, y modificación del sistema de justicia criminal, estos métodos deben sujetarse a los criterios de confianza en relaciones causales y generalización, como se muestra en la tabla 1. Además, estarán restringidos por los costos y consideraciones éticas.

MÉTODOS USADOS EN LA INVESTIGACIÓN VICTIMOLÓGICA

(TABLA 1)

Categoría y tipo de método	*Confianza en inferencias causales*	*Habilidad para hacer generalizaciones*	*Costos*	*Problemas éticos*	*Usos y ventajas*
Investigaciones:					
Victimización	bajo	bajo	alto	bajo	Límite de la victimización y relación entre diversas variables.
Situaciones hipotéticas	alto	alto	medio	bajo	
Cotejo revertido de datos	bajo	medio	medio	alto	
De archivo:					
Datos de policía, hospital, seguros y juzgados	bajo	medio	bajo	bajo	Hace uso de información disponible: comparaciones entre localidades y a través del tiempo.
Experimental:					
Laboratorio	alto	bajo	medio	alto	Proveer relaciones causales entre un número limitado de variables evaluación de programas de acción.
De campo (pequeña escala)	alto	medio	medio	alto	
De campo (gran escala)	medio	alto	alto	alto	
Observaciones cuantitativas:					
En sitios naturales	medio	medio	medio	bajo	No reactivas; describe comportamiento real.
No cuantitativas:					
Estudio de casos; observación de participantes; de anécdota; teoría deducida	bajo	bajo	bajo	bajo	Generación de hipótesis. Fenomenología del proceso de la víctima.

Como guía para las personas interesadas en investigación sobre víctimas, cada uno de los cinco métodos está indicado como "alto" o "bajo", en términos de que también han sido estimados para pasar los criterios, sus costos y el punto hasta el cual ocasione problemas éticos. Están indicados los usos y ventajas de cada uno.

Haremos algunas observaciones sobre estos diversos métodos.

III.6.1. *Los cuestionarios*

En 1937, Mendelsohn publicó un cuestionario de más de 300 preguntas para preparar las defensas penales.[88] En este cuestionario se indagan datos del presunto delincuente y de su víctima, desde diversos puntos de vista, debiendo aplicarse al acusado y a aquellas personas que pudiesen tener información del caso.

Se intenta obtener en detalle las características de la personalidad del acusado desde un punto de vista bio-psico-social, y paralelamente, datos concernientes a la personalidad de las víctimas y de las relaciones entre ambas personalidades.

Este puede ser uno de los puntos de partida en la investigación victimológica, y obviamente se centraba en las víctimas "conocidas", es decir en aquellos sujetos cuya victimización era de tipo delincuencial y llegaban por esto a la administración de justicia.

La investigación victimológica se dirigió entonces hacia las víctimas (conocidas) de un delito, poniendo énfasis en el estudio de la personalidad del ofendido y el papel que ésta juega en la comisión del hecho punible.

La información puede obtenerse en varias formas; la más lógica es la entrevista y la observación directa de la víctima, aunque esto no siempre es posible (en homicidio por ejemplo), por lo que se recurre al interrogatorio del delincuente, y a la investigación con aquellos que hayan tenido conocimiento directo del ofendido.

Lo aconsejable en este modelo es utilizar todas las vías por las que podamos obtener información, no sólo las personales mencionadas, sino también las documentales, como registros, informes periodísticos, etcétera.

Este modelo, demostró su gran utilidad, principalmente en sus aplicaciones en el medio de la administración de justicia, dando al juez mayores elementos de juicio.

---

[88] Mendelsohn, Beniamin. *Method to be used by counsel for the defense in researches made into the personality of the criminal.* Revue de Droit Penal et de Criminologie, 1937, pp. 877 y ss. Bélgica, 1977 (mencionado en *The origen of Victimology*).

III.6.2. *Método clínico*

De aquí se pasó al modelo clínico, con el estudio directo de la víctima, aplicando (esto es incuestionable) una metodología de corte criminológico, en mucho porque los encargados de hacer los estudios eran los mismos profesionistas que realizaban exámenes y observaciones en delincuentes.

Todo lo anterior representó un gran avance, y proporcionó una gran cantidad de conocimientos, sin embargo, se puede cometer el mismo viejo error de la Criminología tradicional: estudiar tan sólo a las víctimas conocidas y, podríamos decir, "captadas" por el sistema de justicia, olvidando a las demás víctimas, tal como la Criminología tradicional estudió sólo los delincuentes "capturados".

En varias partes de esta obra regresaremos sobre el modelo clínico de investigación de la víctima.

III.6.3. *Las encuestas*

Se procuró después averiguar qué pasa con las víctimas "desconocidas", o sea aquellas que quedan fuera del sistema de justicia.

Al método de encuestas le dedicamos el apartado 7, en vista de su peculiar desarrollo.

III.6.4. *Investigación en archivos*

Generalmente son menos confiables que las encuestas, pero es necesario utilizarlos.

Los más confiables son los reportes sobre homicidios y suicidios.

La ventaja de los archivos es que pueden relacionar a factores macroestructurales como desempleo, inflación, urbanismo, etcétera.

Estamos conscientes, tal como se expuso en el VII Congreso para la prevención del delito de la ONU, que: "Las estadísticas oficiales sobre delincuencia proporcionan una imagen inadecuada y a veces realmente distorsionada del verdadero alcance de la victimización".[89]

III.6.5. *Otros métodos*

Además de los métodos mencionados, se está trabajando en el desarrollo de técnicas para lograr descubrir factores victimógenos en

[89] VII Congreso de la ONU. Milán, 1985. A/conf.121/122, p. 158.

víctimas de accidentes de trabajo y de la circulación, todo ello para lograr diseñar programas de prevención y medidas terapéuticas para evitar la reincidencia victimal.

III.6.6. *El futuro*

Finalmente, debemos mencionar que la Victimología proporciona el acceso a nuevos campos de investigación, así, en palabras de Aníyar:[90]

"Una manera de hacer Victimología es estudiar la personalidad y las condiciones de la víctima, sus motivaciones, pulsiones y tendencias. Otra manera, es analizar los mecanismos de la dinámica social capaz de sacrificar un grupo determinado de personas en la búsqueda de los objetivos prevalentes de la ideología del sistema. Es decir, la victimización por obra de las fuerzas del sistema social."

III.7. Las encuestas de victimización

El estudio de las víctimas desconocidas u "ocultas" demostró una extraordinaria utilidad, principalmente en sus aplicaciones al descubrimiento de la "cifra negra" de la criminalidad.

Por diversas causas, una gran cantidad de delitos no llegan al conocimiento de las autoridades,[91] y esto constituye la llamada "cifra negra" u "oculta" de la criminalidad.[92]

Se procedió entonces a las encuestas de victimización, consistentes en la aplicación de cuestionarios a una muestra de la población, haciendo preguntas sobre las características de los hechos por los cuales una parte de la muestra se ha convertido en víctima.[93]

Las encuestas de victimización responden, en realidad a diversos objetivos, entre los principales podemos mencionar:[94]

1) Evaluar la frecuencia y distribución de diversos delitos, es decir, obtener informaciones exactas sobre la amplitud y distribución de la criminalidad.

[90] Aníyar de Castro, Lola. *Los desviados como víctimas.* Capítulo criminológico 2. Universidad del Zulia, Maracaibo, Venezuela, 1974, p. 96.

[91] *Cfr.* Hentig, Hans von. *El delito desconocido.* Espasa Calpe. Madrid, España, 1969.

[92] *Cfr.* Hood, Roger y Sparks, Richard. *Problemas clave en Criminología.* Biblioteca para el Hombre Actual. Guadarrama, España, 1970.

[93] *Cfr.* Vetter, H. y Silverman, *op. cit.*, p. 350.

[94] *Cfr.* Vázquez, Ángela. *La víctima como objeto de la Criminología.* Criminalia. Año XLIX, núm. 1-12. Editorial Porrúa. México, 1983, p. 95.

2) Evaluar las repercusiones de ciertos delitos sobre las víctimas. Principalmente se pretende llevar a cabo una evaluación de los costos directos, en términos de pérdidas financieras y de los daños personales sufridos por las víctimas.

3) Valorar el riesgo de victimización o de ser víctima de un crimen. Se prevé, a través de las encuestas, acrecentar el conocimiento sobre diversos factores, como variables demográficas, ciertos comportamientos, etcétera.

4) Obtener indicadores sobre el funcionamiento del sistema de justicia penal, tanto en su operatividad real como en la percepción que de él tiene el público.

En Bellagio, se dijo que las razones básicas para las encuestas de victimización son:

1. Existe la función de indicador social (como indicadores más precisos cuando se estudia la problemática criminal que otras fuentes).
2. Para la prevención del crimen y evaluación de los programas.
3. Función de control político-social (funciones y planes son más precisos con estadísticas de victimización que por estadísticas incompletas y distorsionadas del delito).

Se agregó que los principales objetivos de las encuestas de víctimas son:

a) Una mayor exactitud en las medidas de incidencias a la victimización criminológica, y

b) La investigación del impacto de la actividad criminal en la población en general.

En un estudio del LEAA (Law Enforcement Assistance Administration),[95] se dijo que las encuestas pueden dar información sobre:

a) Estimar el valor de lo perdido, daños causados, medidas tomadas para prevenir más crímenes, pólizas de seguro, etcétera;

b) Obtener descripción directa de los delincuentes y con ello, adquiriendo la información nueva por primera vez desde 1930;

c) Conocer el *modus-operandi* de los delincuentes, incluyendo el uso de armas, medios de acceso a sus víctimas, la eficacia de alarmas, inutilidad de hacer desistir al delincuente, y

d) Descubrir quién llama a la policía y por qué; qué sucede cuando lo hacen, y si están o no satisfechos de los resultados.

---

[95] Citado por López Tapia, Guillermo, *op. cit.*

Las encuestas de victimización no se han visto exentas de críticas, así, Young Rifai expone algunos problemas y soluciones al respecto:[96]

a) Algunas preguntas para hacer los registros sobre el impacto de la victimización criminal y del miedo a la misma, no han sido formulados con precisión, sino con escaso rigor;

b) Las causas verdaderas del miedo y los tipos específicos de impacto negativo no han sido definidos precisamente para tener medidas cuantitativas, y

c) La determinación del impacto y del miedo por la victimización criminal son problemas basados en presunciones hechas sobre las consecuencias negativas de la victimización, estas consecuencias han sido obtenidas por casos subjetivos e impresiones personales pero no han sido documentados por estudios cuantitativos.

Por su parte, Bustos y Larrauri señalan como objeciones de tomar en cuenta:[97, 98]

a) Son incapaces de recoger delitos de cuello blanco;

b) Tienden ineludiblemente a sobre representar el delito común;

c) Están subrepresentadas las víctimas más vulnerables y las víctimas múltiples;

d) Se minimizan los delitos acontecidos en el área privada;

e) Hay una serie de fallas técnicas, como puede ser la diferencia entre el concepto legal y el popular del delito, y

f) Pueden ser fácilmente cooptadas por los sectores políticos más partidarios de endurecer el Derecho Penal.

El trabajo con encuestas se ha generalizado e internacionalizado, así, Estados Unidos de Norteamérica publica anualmente su *National Crime Victimization Survey* (NCVS)[99] y a nivel internacional es invaluable la obra de J. van Dijk y la *International Crime Victims Survey* (ICVS), iniciada en 1987, con el seguimiento de 54 países.[100]

---

[96] Young-Rifai, Marlene. *Methods of measuring the impact of criminal victimization survey.* III Symposium. Alemania, 1979.

[97] Bustos, Juan y Larrauri, Elena. *Victimología: Presente y Futuro.* Editorial Themis. Bogotá, Colombia, 1993, p. 58.

[98] También: Larrauri, Elena. *Victimología,* en: De los Delitos y de las víctimas. Editorial Ad-hoc. Argentina, 1992, pp. 288 y ss.

[99] U.S. Department of Justice. Bureau of Justice Statistics. *Criminal Victimization in the United States.*

[100] Un resumen puede verse en: Dijk, Jan J. M. van. *Caring for Crime Victims.* Criminal Justice Press. USA, 1999.

Efectivamente, si bien las encuestas de victimización son superiores al trabajo sobre registros policíacos o judiciales, debemos tener un gran cuidado, pues las respuestas de la víctima o presunta víctima consisten en lo que ella capta como crimen o delito, además, siempre hay la posibilidad de que la persona haya sido víctima sin saberlo.

Los problemas metodológicos son muy similares a los de encuesta sobre delito.

La versión de las víctimas acerca de los sucesos está limitada a fallas de memoria, distorsión de los hechos por el tiempo transcurrido, ocultamiento o invención de la información.

Para una correcta medición y análisis en materia de victimización se sugieren tres medidas:

1. Una rigurosa prueba de las preguntas que para hacer los registros van a ser empleadas.
2. Un estudio completo será necesario para definir las causas y manifestaciones del miedo y del impacto de la victimización criminal.
3. Será necesario validar empíricamente las presunciones de las consecuencias de victimización.

En la parte conducente de este trabajo relataremos los resultados de algunas encuestas de victimización.

III.8. La interdisciplina

La Victimología debe utilizar un método interdisciplinario, en otra forma no puede llegarse al conocimiento integral de la víctima.

En el momento actual de desarrollo científico esta forma de trabajo es común, más aún tratándose de problemas sociales.

Es difícil para una sola disciplina resolver en forma total un problema sin concurrencia de otros conocimientos.

La cuestión había sido ya captada por Mendelsohn: "La Victimología implica específicamente, el descubrimiento de medios de investigación y elaboración de pruebas, recursos, terminología única, etc. Para lograrlo, es necesario que un grupo de científicos inicie alguna acción en favor de la Victimología, con un espíritu como el descrito antes. Principalmente, le incumbe a los médicos, sociólogos, psiquiatras, psicoanalistas, criminólogos y juristas. Es necesario señalar, en esta primera ocasión, el interés y colaboración de los ingenieros mecánicos y electricistas, ecólogos, ciberneticólogos, demógrafos, etc. Algunos de ellos contribuirán al conocimiento de varias categorías de víctimas que le interesan a la sociedad como factores causales. Otros podrán sugerir soluciones o problemas que únicamente las ciencias técnicas son capaces de proporcionar."[101]

Efectivamente, en la amplia Victimología general, el volumen de problemas a resolver es de tal magnitud, que sólo con la concurrencia de una gran variedad de conocimientos se puede obtener éxito.

Por lo tanto, la Victimología general se vislumbra como una ciencia sintética.

Hasta aquí no parece haber problema, la cuestión principia en lo referente a la Victimología criminológica: ¿Debe ser una ciencia sintética que se compone de Antropología victimal, Biología victimal, Psicología victimal, Sociología victimal, etcétera?

¿Es por lo tanto una síntesis que pasa a conformar otra síntesis (como puede ser el caso de la Criminalística)? ¿O basta su inclusión a la síntesis criminológica para resolver el problema?

Por razones prácticas (principalmente la falta de especialistas), nos parece que el nivel criminológico, bastaría la inclusión de la Victimología a la interdisciplina criminológica para resolver el problema, siempre y cuando se esté haciendo verdadera interdisciplina, es decir una retroalimentación, un trabajo en forma de *Feed-back*, un esquema circular en el que la contribución de cada uno de los especialistas complete y enriquezca las conclusiones de los demás.

---

[101] Mendelsohn, Beniamin, *op. cit.* (*La Victimología y las necesidades de la sociedad...*), p. 76.

CAPÍTULO IV

VICTIMOLOGÍA Y CIENCIAS PENALES

IV.1. INTRODUCCIÓN

Este capítulo lo dedicaremos a estudiar las relaciones de la Victimología con las llamadas Ciencias Penales; esto desde luego va reduciendo nuestro campo de estudio, pues quiere decir que nos limitamos a la victimización producto de una conducta antisocial.

La *Enciclopedia de las Ciencias Penales* (llamada también *Constelación*), es el esquema de las ciencias que se ocupan de estudiar en alguna forma las conductas consideradas antisociales y las normas que las rigen.

Cada autor tiene su propio esquema, por lo que no entraremos a la discusión del mismo, simplemente expondremos el que usaremos en esta obra, sin pretender que sea el único verdadero o válido.[102]

Las ciencias penales pueden dividirse en cinco grandes rubros, a saber:

I. Las ciencias criminológicas, que conforman la Criminología: Antropología, Biología, Psicología, Sociología, Criminalística, Victimología y Penología.

II. Las ciencias histórico-filosóficas, que comprenden la Historia, la Filosofía y la comparación de las ciencias penales.

III. Las ciencias jurídicas, integradas por el Derecho Penal, Derecho Procesal Penal, Derecho Ejecutivo Penal, Derecho de Policía y Derecho Victimal.

IV. Las ciencias médicas, a saber: Medicina Forense y Psiquiatría Forense.

V. Las ciencias denominadas básicas, esenciales o fundamentales, que son: la Metodología y la Política Criminológica.

---

[102] En caso de duda, remitimos a nuestra obra *Criminología*, capítulo IV, Editorial Porrúa, 30ª edición, 2016.

Cada una de estas ciencias guarda una gran autonomía, pero a la vez tiene una apreciable cantidad de ligas con todas las demás disciplinas; en realidad, en múltiples casos se van uniendo, entretejiendo, para dar conocimientos y soluciones a problemas complejos, sin que por ello puedan confundirse entre ellas, pues se manejan con métodos y técnicas diferentes.

La Victimología se relaciona así con toda la enciclopedia penal, aporta y recibe conocimientos, sugiere soluciones, acepta sugerencias y se va convirtiendo en parte indispensable del trabajo interdisciplinario.

Actualmente, ha surgido un gran interés por la materia victimológica no sólo en el campo de la Criminología, sino también en otras disciplinas, penales o no penales, así como en los diversos órganos de justicia penal, y en otras instituciones oficiales o privadas.

En tanto que, en el mundo científico el interés es tratar de explicar el fenómeno victimal, a nivel institucional la preocupación se va centrando en la reparación del daño y en el auxilio y asistencia a las víctimas.

IV.2. VICTIMOLOGÍA Y CRIMINOLOGÍA

Como hemos expresado, no nos parece descabellada la idea de una ciencia Victimológica de amplio espectro, con una gran autonomía, y un objeto de estudio de gran extensión.

La Victimología ha nacido a la sombra de la Criminología, como ésta en sus inicios lo hizo con respecto al Derecho Penal.

Por esta razón, la Victimología ha adoptado terminología y metodología criminológica, pero en forma alguna puede confundirse con la Criminología.

En nuestra opinión la Victimología, o por lo menos una parte de ella, la Victimología Criminológica, viene a formar parte de la síntesis criminológica.

A la Criminología le interesan las víctimas de los crímenes, es decir de conductas antisociales que atentan contra el bien común.

Difícilmente puede explicarse el fenómeno criminal sin su contraparte, el fenómeno victimal; parecería ser idéntico acontecimiento, pero no lo es, el enfoque es totalmente diverso.

El unilateral análisis del criminal, sin considerar a su víctima, ha demostrado su pobreza en el momento actual.

Por mucho que logremos una anatomía biopsicosocial del criminal, nuestra comprensión es trunca si no tenemos el estudio de la víctima.

Por esta razón, la Victimología pasa a formar parte de la síntesis criminológica, sin perder su autonomía (como no la pierden la Psicología o la Sociología).

"Ella no es una rama de la Antropología criminal, porque no se ha aceptado, desde luego, que la víctima pertenezca a esta categoría, aun cuando sea posible que el status de víctima pueda, en determinadas circunstancias, pasarse al status de agente criminal. No es, tampoco, e indudablemente, sociología criminal, porque sabemos que ésta se ocupa del delito como fenómeno de masa. Si la Criminología se considera política criminal, menos aún podríamos citar nuestro estudio bajo esta denominación." [103]

Efectivamente, se puede apreciar con claridad su diferencia con las demás ciencias, y a la vez su íntima relación. "En realidad la Criminología es la ciencia del fenómeno criminal en su conjunto, y la Victimología, que estudia uno de los aspectos interpersonales de la conducta criminal, se le integra perfectamente." [104]

Es de aclararse, que esta integración no implica exclusividad, la Victimología no permanece únicamente ligada a la Criminología, sino que "está relacionada con muchos campos de especulación, lo que explica la necesidad de especialización de estudios ligados a la víctima. El conjunto de conocimientos sobre el papel de ésta en la génesis del delito y en las relaciones sociales, económicas y jurídicas ya ha asumido una forma nítida, no se liga a una ciencia sola (mucho menos se ligará exclusivamente a la Criminología), sino que se intercomunica con otras varias. La necesidad de su autonomía podrá perfectamente, con la elevación de los progresos, estudios y resultados, ser tomada en buena consideración".[105]

Estudiemos a continuación cuál es el lugar que, a nuestro entender, ocupa la Victimología en la síntesis criminológica, así como las relaciones que mantiene con las demás ciencias que concurren a la formación de la Criminología.

IV.3. La Victimología en la síntesis criminológica

IV.3.1. *La síntesis*

Los componentes mínimos de la síntesis criminológica son:

1. Antropología Criminológica
2. Biología Criminológica

---

[103] Aníyar de Castro, Lola, *op. cit.* (*Victimología*), p. 22.
[104] Yamarellos y Kellens, *op. cit.*, p. 232.
[105] Moura Bittencourt, *op. cit.*, p. 28.

3. Psicología Criminológica
4. Sociología Criminológica
5. Criminalística
6. Victimología
7. Penología

La Victimología, al participar en la síntesis criminológica, tiene muy estrechas relaciones con las demás ciencias que vienen a concurrir a la síntesis.

En estas relaciones, la Victimología recibe y aporta una serie de conocimientos que van enriqueciendo el conjunto.

Los victimólogos han tomado como punto obligado de referencia a la Criminología, por su parte, un sector cada vez mayor de los investigadores en Criminología dirige su atención al papel jugado por la víctima en el fenómeno criminal, y utiliza los estudios de victimización para ampliar su conocimiento en lo referente a cifra negra (u oculta) y a criminales que han evadido la acción del sistema penal.

En este apartado mencionaremos las conexiones principales entre la Victimología y las demás ciencias criminológicas.

IV.3.2. *Antropología criminológica*

Considerada como la ciencia del conocimiento del hombre criminal en sus aspectos físicos y culturales, ha contribuido notablemente al desarrollo criminológico. No podemos olvidar que la Criminología nace con Lombroso, como Antropología Criminal.

La Antropología puede aportar conocimientos básicos a la Victimología; en su rama de Antropología física o Antropobiología nos indica las relaciones y las diferencias en la victimización según la pertenencia de la víctima a determinado grupo étnico, y podría indicarnos si el aspecto físico de determinadas personas puede atraer sobre ellas la victimización.

En cuanto a la Antropología cultural y su tradicional división:

a) Arqueología, estudio de la cultura mediante sus restos materiales. Se pueden hacer estudios de Arqueología victimal; los museos son prueba fehaciente de la victimización que en múltiples formas ha sufrido el género humano a través de su historia.

b) Etnología, estudio de las diversas manifestaciones de la cultura. La víctima está inmersa en una cultura que debe estudiarse para un cabal conocimiento del fenómeno victimal.

La literatura, la poesía, el teatro, la escultura, la música, etc., nos dan una gran información sobre las víctimas y las victimizaciones de cada época y lugar.

c) Lingüística, interpretada actualmente como el estudio de las diversas formas de comunicación, es por demás interesante para nuestra materia; ¿no es la victimización, en muchas ocasiones una forma de comunicación?

La victimización realizada por los medios de comunicación, las diversas formas de denominar a la víctima, las expresiones de ésta, son temas del mayor interés para la Victimología.

IV.3.3. *Biología criminológica*

La Biología estudia al hombre en cuanto ser vivo. En Victimología nos puede explicar los factores biológicos que pueden influir en la víctima para caer en la victimización.

En el estudio de la víctima se debe partir, sobre todo cuando sufrió un daño en su persona, de su estructura biológica. Los estudios sobre enfermedad y dolor son básicos para la Victimología.

Los factores hereditarios, cromosomáticos, endocrinológicos, el sexo y la salud en general deben ser contemplados con el debido cuidado.

Uno de los temas que se ha desarrollado es el de las víctimas minusválidas, así como el de ciertas formas de victimización biológica.

IV.3.4. *Psicología criminológica*

La Psicología, en tanto que el estudio de la mente humana, debe adentrarse en los misterios de la psique de la víctima.

En mucho la Victimología fue tomando forma gracias a los estudios de la Psicología de determinadas víctimas, como la de violación (Mendelsohn) y la de fraude (von Hentig).

Es indudable que la personalidad (temperamento y carácter) de la víctima es, por lo general, un factor preponderante en el proceso victimal.

La inteligencia, la sensopercepción, la emotividad, la imaginación, la memoria, la instintividad, etc., son fenómenos psicológicos que deben ser valorados al estudiar el fenómeno victimal.

El sentimiento de victimización y la consciencia de ser víctima son temas fundamentales de la Victimología.

Asimismo, la psicopatología tiene gran importancia, al analizar los traumas, frustraciones, complejos, desviaciones, neurosis, neurastenias, etc., de la víctima.

Finalmente, nos será útil para conocer el daño psicológico que a la víctima se produjo, y nos dará elementos para compensación y tratamiento victimal.

IV.3.5. *Sociología criminológica*

La Sociología estudia las relaciones que se dan entre los miembros de una colectividad, la organización de ésta, y los diversos fenómenos que pueden calificarse como sociales.

En materia de Victimología criminológica, con excepción de los sujetos que son víctimas de sí mismos, la totalidad de las victimizaciones se producen en una relación social.

El conocimiento de los factores sociológicos que intervienen en el fenómeno victimal es indispensable para su real comprensión.

Así, de principio se ha hablado de una "pareja penal" (criminal-víctima), y una buena parte de las clasificaciones victimales (ver *infra*) se basan en la relación entre víctima y victimario(s).

Además, debemos contemplar el fenómeno consistente en que un sujeto puede ser víctima de la sociedad, así como la comunidad puede ser también victimizada.

Se han estudiado varios grupos, dentro del contexto social, considerados especialmente propensos a la victimización (ancianos, niños), así como a inmigrantes, minorías étnicas y religiosas, subculturas, etcétera.

Los diferentes grupos, las variables demográficas, el factor económico, el espacio social, el trabajo, la escuela, los grupos étnicos, las clases sociales, etc., son temas sociológicos que contribuyen a un mayor y mejor conocimiento de la relación victimal.

IV.3.6. *La Criminalística*

Considerada como el conjunto de conocimientos aplicables a la búsqueda, descubrimiento y verificación científica de un hecho criminal, la Criminalística aporta a la Victimología datos inapreciables.

La primera y gran aportación es el conocimiento de las formas y técnicas de victimización.

Efectivamente, gracias a la Criminalística conocemos el cómo, cuándo, dónde, con qué y para qué fue victimizado un individuo.

Sabemos también los *modus operandi*, los instrumentos, las armas, los procedimientos y mecanismos de victimización.

IV.3.7. *Penología*

La Penología es el estudio de la reacción social que se produce frente a ciertos sujetos o a determinadas conductas que son captadas por la colectividad como peligrosas o dañosas.

El estudio de la víctima y del hecho victimal pueden dar luz sobre muchos problemas penológicos, y ayuda a la mejor clarificación del fenómeno de la reacción social.

Así, es notable cómo la reacción puede variar de acuerdo a la edad, sexo, condición social, posición económica, profesión, etc., de la víctima.

Nos hace notar Aníyar que: "así como la mayor categoría social de la víctima de un delito aumenta generalmente el *quantum* de la sanción penal por disposición de las leyes o por mecanismos psicosociales de peso en la discrecionalidad del magistrado, y en la opinión pública (cuando la víctima es funcionario público, el Presidente, un importante miembro de la comunidad, un científico conocido, un atleta famoso, o un millonario o persona influyente), la menor categoría social del imputado determina generalmente la certeza de la pena y modifica el interés del juez y el contenido de la sentencia. La diferencia entre aquélla y esta víctima es que es esta última quien debe cumplir la pena".[106]

Por otra parte, la Victimología ha hecho un novedoso planteamiento a la Penología, ya que, al producirse la reacción social, el criminal deja de serlo para convertirse en víctima.

La Penología, al describir las diversas formas de reacción social y principalmente de reacción penal, ha contribuido al conocimiento victimológico, al demostrar cómo los sujetos sometidos a pena son victimizados en múltiples ocasiones, principalmente cuando se trata de sanciones corporales o privativas de libertad.

En la sociedad primitiva la víctima buscaba el castigo por sí mismo, al llegar la idea del "consenso social" la víctima dio su derecho a castigar al Estado, bajo la condición que el Estado tomara en sus manos el daño y la compensación.

Por otra parte, es digno de contemplarse el fenómeno de que la víctima en sí puede atraer la reacción social, y aún ser sancionada.

---

[106] Aníyar de Castro, Lola, *op. cit.* (*Los desviados...*), p. 99.

Podemos concluir con Lernell: "Me parece que los problemas de la Victimología deben ser analizados a la luz de la Penología, es decir, a la luz de la historia del castigo." [107]

IV.4. Victimología y ciencias jurídicas

Dentro de la *Enciclopedia de las Ciencias Penales*, el grupo denominado jurídico —penal o jurídico— represivo se compone básicamente de cinco ciencias:

a) Derecho Penal
b) Derecho Procesal Penal
c) Derecho Ejecutivo Penal
d) Derecho de Policía
e) Derecho Victimal

Estas ciencias son normativas, es decir, estudian conjuntos de normas jurídicas, y por lo tanto tienen metodología propia.

Debe hacerse diferencia clara entre la Victimología, que como hemos visto es ciencia fáctica, y estas ciencias jurídicas.

Si la Criminología desciende del Derecho Penal, y la Victimología proviene de la Criminología, es claro que la Victimología está íntimamente ligada al Derecho Penal, aunque esta liga no implique confusión en forma alguna.

Uno de los temas de Derecho Penal, que tiene una gran afinidad con la Victimología, es el sujeto pasivo del delito.

Aunque sujeto pasivo y víctima no siempre se identifiquen, y sean tratados desde ángulos diferentes, las aportaciones de la Victimología parecen ser definitivas para los juristas, que prestan a la materia mayor atención de la que hasta ahora le han otorgado, como veremos más adelante, ya que por el interés del tema le dedicaremos capítulo especial.

El Derecho Penal, por su parte, ha sido punto de partida para varios estudiosos de la Victimología, que han aprovechado los esfuerzos que los juristas han realizado para precisar quién es el sujeto pasivo de cada delito.

El derecho de la reparación del daño al ofendido es otro problema desarrollado por los juristas y que ha repercutido en el conocimiento victimológico.

---

[107] Lernell, Leszek. *Victimology: Some General Questions.* II Symposium. USA, 1976.

En cuanto al Derecho Procesal Penal, que estudia las normas que rigen el procedimiento, las relaciones con la Victimología son cada vez más estrechas, en primer lugar porque la tendencia actual es que la víctima tenga una mayor participación en el proceso.

La víctima en el proceso adquiere relevancia no sólo como testigo de cargo, sino también como detentador de un derecho a la reparación del daño; y todavía más, se puede plantear su intervención como parte.

Es notable que uno de los temas en que se ha logrado mayor participación en los Symposia internacionales de Victimología, es precisamente el de la víctima dentro del proceso penal (ver *infra*).

Además, algunos autores han señalado cómo la víctima puede convertirse en un agente informal de control social, al contribuir a iniciar el procedimiento penal.

El Derecho Ejecutivo Penal ha tenido un desarrollo notable en el país en los últimos años, saliendo del estado materialmente extralegal en que se encontraba.

En muchos aspectos, el avance del Ejecutivo Penal se debe a los estudios victimológicos realizados en las prisiones y otros lugares de ejecución de pena.

Las denuncias sobre el maltrato y la victimización en general de presos y reos, llevó a las Naciones Unidas a elaborar sus célebres Reglas Mínimas para el tratamiento de los reclusos, que paulatinamente se han ido imponiendo, aunque no con la velocidad y eficiencia que todos desearíamos.

El especial enfoque de la Victimología, al analizar al criminal que sufre una pena, como víctima o presunta víctima del sistema penal, ha sido útil para proponer cambios importantes a los sistemas de ejecución penal.

El Derecho de Policía es materia poco estudiada en nuestro medio, a pesar de su importancia, ya que el roce del ciudadano medio con el Derecho Penal es por lo general por vía policiaca.

Actualmente, una de las preocupaciones más profundas de la ciudadanía es la corrupción e ineficiencia policiacas.

El alto índice de victimización sufrido por los ciudadanos, de parte de la policía, ha llevado a las más altas autoridades del país a tomar cartas en el asunto, e intentar reformas de fondo.

La Victimología puede aquí hacer notables contribuciones, investigando la cruda realidad y proponiendo medidas que pueden quedar plasmadas en los códigos que contengan las normas básicas del Derecho de Policía.

Pero además, la Victimología se va convirtiendo en una herramienta de incalculable valor para la policía, pues "es impensable que un mando policial minimice, ignore o niegue el valor del fenómeno de la victimización y de la Victimología en la lucha contra la criminalidad, para restaurar el imperio de la ley".[108]

Otro tema cercano, poco explorado y apasionante, es el de los Derechos del Policía, así como el de la victimización de la policía, problema por demás preocupante.[109]

La Victimología ha tenido un impacto notable en la legislación penal, desde cambios importantes en la normatividad substantiva y procesal, la elaboración de leyes especiales de auxilio, protección y justicia a las víctimas del delito, hasta llegar a lo que hoy denominamos *Derecho Victimal.*

Así, en diversas partes del mundo se ha logrado disminuir la diferencia entre la ley civil y la penal, se han buscado formas de reconciliación entre víctimas y criminal y no sólo el castigo de este último, se han cambiado las reglas de evidencia, dando mayor participación a la víctima, se ha revaluado el concepto de "crimen sin víctima".[110]

Finalmente, es necesario aclarar que las relaciones entre Victimología y Ciencias Jurídicas no se reducen sólo al campo penal, sino que se amplían a otras ramas del derecho; así, en el Derecho Social, en el capítulo de la infortunística y la protección social; en el Laboral, los accidentes de trabajo, los despidos injustificados y los abusos a los trabajadores; en el Agrario, las violaciones a derechos de campesinos.

En el área civil tenemos las reparaciones de daño, y en el Administrativo las victimizaciones por parte de órganos estatales y paraestatales.

En el Derecho Constitucional, la Victimología tiene injerencia en capítulos tan importantes como la violación a las garantías individuales y todas las formas de abuso de poder, y en México se logra una reforma a la Constitución (artículo 20) en 1993, enriquecida en el 2000, 2008 y 2011, para introducir los derechos de la víctima (ver *infra,* capítulo XXII).

En el Derecho Internacional el campo es también amplio, desde los derechos humanos hasta problemas como la guerra, el genocidio,

---

[108] Mato Revoreda, José Ma. *Revista Policía Española.* Informe Monográfico núm. 43. Dirección General de Policía. Madrid, España, p. 17.

[109] *Cfr.* Rodríguez Manzanera, Luis. *Violencia policial, violencia antipolicial y robo con violencia en la Ciudad de México.* Revista Mexicana de Justicia núm. 3, vol. VII, p. 127. INACIPE, PGR, PJDF, México, 1989.

[110] *Cfr.* Sheleff, León. *The impact of Victimology on Criminal Law.* Institute of Criminology and Criminal Law. Tel-Aviv University. Israel.

las transnacionales, etc. Prueba de ello son las múltiples declaraciones de la ONU en materia de protección de las víctimas.

En una palabra, podemos decir que la Victimología ha quitado un poco el aspecto represivo del derecho, preocupándose más por la prevención del delito (al buscar que haya menos víctimas) y por la protección de la víctima, que por el castigo del criminal, así nace el *Derecho Victimal*. Como veremos adelante con mayor amplitud, el *Derecho Victimal* es el conjunto de normas que regula los derechos de las víctimas de un delito, desde las normas internacionales y constitucionales, hasta leyes propias y reglamentos.

IV.5. VICTIMOLOGÍA Y CIENCIAS MÉDICAS

En este apartado haremos algunas reflexiones sobre las ciencias médicas (básicamente Medicina y Psiquiatría Forenses) y sus relaciones con la Victimología.

La medicina en general se ha ocupado desde siempre de las víctimas de la enfermedad, de aquellos que sufren por haber perdido la salud.

El médico se acostumbra a tratar con víctimas, y sus conocimientos han sido esenciales para la Victimología.

Hay que reconocer, por otra parte, que los malos médicos llegan a victimizar seriamente a sus pacientes, así, se han estudiado los casos de medicación abusiva, intervenciones quirúrgicas innecesarias, análisis que no son indispensables, sin contar los casos de negligencia o incompetencia.

La inadecuada atención médica a la víctima de un delito, puede producir fenómenos de sobrevictimización. Los médicos forenses deben tener amplios conocimientos de Victimología, al igual que los médicos de los servicios de urgencias.

La Medicina Forense es la técnica, el procedimiento mediante el cual aprovecha una o varias ramas de la medicina o de las ciencias conexas para estudiar y resolver casos concretos, habitualmente ligados a situaciones legales o jurídicas.[111]

Pocas ciencias tienen una relación tan estrecha con la Victimología como la Medicina Forense.

Efectivamente, la mayoría (por no decir la totalidad) de los temas de la Medicina Forense hacen referencia a víctimas.

---

[111] Quiroz Cuarón, Alfonso. *Medicina Forense*. Editorial Porrúa, S. A. México, 1976, p. 73.

El enfoque es mucho más amplio, ya que no se detiene en las víctimas de un delito, ampliando su campo de estudio, entre otras, a víctimas de sí mismos (suicidio), a víctimas de hechos de tránsito y a víctimas de accidentes de trabajo.

La temática médico-forense nos va recordando múltiples formas de victimización (por cierto las más graves), así se analizan: traumatología, asfixiología, tanatología, exhumación, necropsia, identidad, etcétera.

Por su trato continuo y abundante con las víctimas, la *Medicina Forense* ha aportado múltiples conocimientos a la Victimología, y ésta debe enriquecer a aquélla, pues el saber las reglas básicas de la victimización, del comportamiento de la víctima, de las características de la misma, etc., será de utilidad inapreciable para el médico legista.

La *Psiquiatría Forense* estudia los problemas médico-jurídicos que surgen de la enfermedad mental.

Ha sido peculiarmente útil para explicar la conducta de ciertas víctimas afectadas por una enfermedad mental.

Así mismo, puede auxiliarnos a entender el por qué hay sujetos que son fácilmente victimizables por su enfermedad.

Tema importante es el de la victimización del enfermo mental por la sociedad en general, por ciertos métodos curativos, y por determinadas instituciones victimógenas.[112]

IV.6 Victimología y otras ciencias afines

Para terminar este capítulo, haremos la revisión del resto de la *Enciclopedia de las Ciencias Penales* en sus relaciones con la Victimología.

En cuanto a las *ciencias penales comparadas,* hay todo un universo de compaıación, desde la confrontación de la victimización animal con la humana, hasta la confrontación de los resultados de las diversas ciencias.

Nieves, en su obra ya citada, nos señala la posibilidad de una victimología comparada, y Clinard[113] nos indica su utilidad: "el primer paso para hacer Victimología comparada es distinguir la variación de diferentes tipos de crimen en los diversos países. El uso de estadísticas oficiales es insatisfactorio, otros medios son posibles, incluyendo

[112] *Cfr.* Goffman, Erving. *Internados.* Amorrortu Editores. Argentina, 1972.

[113] Clinard, Marshall B. *Comparative Crime Victimization Surveys: Some Problems and Results.* II Symposium. USA, 1976.

estudios de legislación, seguros contra robo, estadísticas de hospitales sobre víctima".

Las investigaciones transculturales demuestran la existencia de diferencias en la percepción individual de la conducta. Una gran proporción de robos o asaltos "triviales" pueden ser reportados en un país y no en otro.

Hay considerables diferencias en método de muestreo, elección de los sujetos, edad de la victimización, construcción del cuestionario, y entrenamiento de los entrevistadores. Los períodos no siempre coinciden, la policía reclasifica el crimen reportado, y la estadística policiaca incluye reportes de no residentes en el área.

Las investigaciones sobre victimización criminal ofrecen actualmente una excelente base de comparación, y pueden ser útiles para precisar con mayor exactitud el objeto, método y fin de nuestra ciencia.

Un notable ejemplo de lo que puede hacerse en Victimología Comparada lo representa el estudio de Richard Block, que reunió investigaciones de victimización de diversas partes del mundo, interviniendo J. Brathwaite y Bailes (Australia), K. Aromas (Finlandia), J. J. Van Dijk y C. Steinmetz (Holanda), G. Fishman (Israel), G. Kirchhoff y C. Kirchhoff (Alemania Federal), H. D. Schwind (Alemania Federal), M. Baril (Canadá), G. J. Smale (Holanda), I. Waller (Canadá), el mismo Block (Estados Unidos de Norteamérica) y el que esto escribe (México).[114]

Respecto a la *Historia,* ya hicimos la mención en el capítulo inicial de esta obra, y en cuanto a la *Filosofía,* es indudable que debe llegarse a una Filosofía Victimológica, que nos llevará a los principios generales, pero ahora estamos en la estructuración definitiva de nuestra ciencia, por lo que aún no parece ser tiempo de principiar el desarrollo filosófico.

Sin embargo, son necesarias continuas referencias a aspectos filosóficos, pues en mucho depende el enfoque victimológico de la cosmovisión que tenga el victimólogo.

Así, de la Filosofía, la Victimología puede tomar la fundamentación en sus esfuerzos por consolidarse como ciencia autónoma, sobre la licitud de sus supuestos y métodos fundamentales. En su nivel epistemológico, debe explicar la función de sus diferentes componentes.

En relación a las dos ciencias básicas, esenciales o fundamentales: la *Metodología* y la *Política Criminológica,* por su importancia les dedicaremos apartados específicos.

---

[114] Block, Richard. *Victimization and fear of Crime: World perspectives, Bureau of Justice Statistics.* Department of Justice. USA, 1984.

Basta decir aquí que sin método no hay ciencia, y que, como ya lo hemos mencionado, la Victimología debe seguir, en lo general, la metodología científica, y en lo particular, desarrollar sus propias técnicas y métodos.

La *Política Criminológica* (como nosotros la llamamos, pues nos repugna el término "política criminal", que puede llevar a serias confusiones) es un instrumento de cambio social que busca romper la incomunicación que existe entre los planificadores de diversas actividades y sectores, buscando dirigir la acción hacia una sola resultante: la justicia social.[115]

La Política Criminológica se convierte así en la ciencia de la estrategia global en la lucha contras las conductas antisociales, y aquí coinciden todas las ciencias penales, por lo que puede hablarse de una política legislativa, judicial, penitenciaria, policiaca, penológica, etc., a éstas viene a unirse la Política Victimal, dando una perspectiva novedosa, centrando la prevención alrededor de las víctimas potenciales.

La Política Victimológica debe quedar integrada dentro del plan general de Política Criminológica, no debiendo haber divorcio entre ambas.

La Política Criminológica es el puente de plata, el punto de unión entre todas las ciencias penales, no puede concebirse la prevención, fin supremo de toda la enciclopedia penal, sin esta piedra de toque, sin esta unificación final que da orientación y sentido a todo el sistema.

---

[115] *Cfr.* Lima, María de la Luz. *La Política Criminal. La Reforma Penal en los Países en Desarrollo.* México, UNAM, 1978, pp. 82 y ss. *Ver también,* de la misma autora: *"Políticas Públicas en la Atención a Víctimas".* INACIPE, México, 2015.

Capítulo V

LA VÍCTIMA

V.1. Introducción

En el capítulo II insistimos en que el concepto que se tenga de Victimología depende en mucho de la definición que se maneje de víctima.

No es pacífico el acuerdo sobre una definición única de víctima, aún hay autores que dudan que se puede llegar a unificar criterios.

Sin embargo, no parece posible llegar a hacer ciencia sin precisar el objeto de estudio.

Sin ignorar los diversos enfoques y modelos victimológicos, debemos intentar un acercamiento al concepto toral de nuestra materia.

Principiamos por la etimología y el significado gramatical, para pasar a las diversas definiciones que han elaborado los victimólogos. Hacemos algunas observaciones acerca de las definiciones jurídicas, tratando a continuación el problema de las víctimas sin crimen, para terminar exponiendo algunas dificultades y proponiendo una definición.

V.2. Víctima (Etimología)

Víctima viene del latín *victima,* y con ello se designa a la persona o animal sacrificado o que se destina al sacrificio.[116]

En este sentido, se hace referencia al concepto original de sacrificio, del hebreo *korbán,* aunque esta palabra tiene ahora un significado más amplio, en cuanto representa al individuo que se sacrifica a sí mismo, o que es inmolado en cualquier forma.

[116] En este concepto coinciden: *Diccionario de la Real Academia, Diccionario Sopena, Petit Larousse, Oxford English Dictionary, Vocabolario della Lingua Italiana, The Randon House Dictionary, Dicionário Brasileiro de Língua Portuguesa,* etcétera.

Sobre la autenticidad de su origen latino los estudiosos no están muy acordes. Por ejemplo, Ernotu y Millet ponen en duda esa procedencia y aluden a la posibilidad de que los etruscos la hubiesen tomado en préstamo de alguna lengua indo-europea y la hubiesen transmitido al latín, mientras que Litré, a pesar de que la hace provenir del latín, se refiere a las divergencias de los mismos etimologistas latinos en cuanto al origen del término.

Como la víctima era sacrificada al retorno de la victoria, basan su significado en la palabra *vincire* que significa atar. Otros, en cambio, la atribuyen a *viger:* ser vigoroso, pues la víctima era un animal robusto y grande en comparación con la hostia, que era un animal pequeño.[117]

Sin embargo, la similitud de origen etimológico es clara, pues si en latín es *víctima,* pasa idéntico al español, para convertirse en *vítima* en portugués. En italiano es *vittima,* en francés *victime* y en inglés *victim.*

Independientemente de la discusión etimológica, es indudable que el concepto de víctima ha evolucionado, como ya lo hemos mencionado, desde aquel que podía vengarse libremente hasta el que tenía como límite el talión, para llegar a conceptos como sujeto pasivo del delito y, más actualmente, víctima precipitante o participante.

En la evolución de la humanidad, el concepto de víctima ha cambiado, según el lugar y la época, según si el hombre ha sido creyente o ateo, libre o esclavo, nacional o extranjero, etcétera.[118]

Actualmente, en los diversos diccionarios de diferentes lenguas consultados, encontramos múltiples significados, entre los que destacan:

- El ya mencionado, de animal destinado al sacrificio (de carácter religioso).
- Por extensión, también el ser humano destinado al sacrificio.
- La persona que se sacrifica voluntariamente.
- El que sufre por culpa de otro.
- El que sufre por sus propias faltas.
- La persona que se ofrece o expone a un grave riesgo en obsequio de otra.
- El que padece daño por causa fortuita.
- El que sufre por acciones destructivas o dañosas.
- Persona que es engañada o defraudada.

---

[117] *Cfr.* Ramírez González, Rodrigo, *op. cit.*, p. 4.

[118] Un relato muy completo de la evolución histórica del fenómeno victimal, de la "edad de oro" al "crepúsculo", puede verse en: Herrera Moreno, Myriam. *La hora de la víctima.* Edersa. España, 1996.

- Sujeto pasivo de un ilícito penal.
- Persona sacrificada a los intereses o pasiones de otro.
- Quien se siente o quiere parecer perseguido o abandonado.

V.3. Definiciones de víctima

Como puede observarse, son múltiples las acepciones del vocablo víctima; en términos generales podríamos aceptar que víctima es el sujeto que padece un daño por culpa propia, ajena o por causa fortuita.

Este sentido es el que ha sido tomado en principio por una buena parte de los victimólogos, algunos de los cuales lo amplían aún más, así por ejemplo, para Mendelsohn[119] víctima "Es la personalidad del individuo o de la colectividad en la medida en que está afectada por las consecuencias sociales de su sufrimiento determinado por factores de origen muy diverso: físico, psíquico, económico, político o social, así como el ambiente natural o *técnico.*"

Separovic dice que: "cualquier persona, física o moral, que sufre como resultado de un despiadado designio, incidental o accidentalmente, puede considerarse víctima".[120]

Para otros, el sentido es más restringido; Stanciu nos señala que la víctima es un ser que sufre de una manera injusta, los dos rasgos característicos de la víctima son por lo tanto el sufrimiento y la injusticia, aclarando que lo injusto no es necesariamente lo ilegal.[121]

Desde el punto de vista puramente jurídico, una persona es victimizada cuando cualquiera de sus derechos ha sido violado por actos deliberados y "maliciosos".[122]

Así, víctima sería la persona sobre quien recae la acción criminal o sufre en sí misma, en sus bienes o en sus derechos, las consecuencias nocivas de dicha acción.[123]

Hentig agrega un elemento, al referirse a personas que han sido lesionadas objetivamente en alguno de sus bienes jurídicamente protegidos, y que experimenta subjetivamente el daño con malestar o dolor.

---

[119] Mendelsohn, Beniamin, *op. cit. (Victimología y tendencias...)*, p. 58.

[120] Separovic, Z. Paul, *op. cit.* (Victimology).

[121] Stanciu, V. V., *op. cit. (Etat Victimal.).*

[122] Bedu, Hugo. *Are there really crimes Without victims?* en: *Victimology.* Lexington Books. USA, 1975, p. 66.

[123] Pratt Fairchild, Henry. *Diccionario de Sociología.* Fondo de Cultura Económica. México, 1980, p. 311.

La Organización de las Naciones Unidas se preocupó por el problema del concepto de víctima, y tanto en el VI Congreso de Prevención del Delito y Tratamiento del Delincuente (Caracas, 1980), como en las reuniones preparatorias del VII Congreso (Milán, 1985), se planteó que el término "víctima" puede indicar que la persona ha sufrido una pérdida o daño o lesión, sea en su persona propiamente dicha, su propiedad o sus derechos humanos, como resultado de una conducta que:

a) Constituya una violación a la legislación penal nacional.
b) Constituya un delito bajo el derecho internacional que constituya una violación a los principios sobre derechos humanos reconocidos internacionalmente.
c) Que de alguna forma implique un abuso de poder por parte de personas que ocupen posiciones de autoridad política o económica.

La víctima puede ser un individuo o colectividad, incluyendo grupos, clases o comunidades de individuos, corporaciones económicas o comerciales, y grupos u organizaciones políticas.

Para el VII Congreso, y con miras al proyecto de declaración propuesto, se expusieron las tres hipótesis siguientes:[124]

a) Que la tipificación como "víctimas" debía basarse únicamente en las leyes penales nacionales imperantes;
b) Que la tipificación como "víctimas" debía incluir a las personas afectadas por los casos de abuso de poder producidos dentro de la jurisdicción nacional y aún no proscritos por el derecho penal o posiblemente ni siquiera por el derecho civil, y
c) Que la tipificación como "víctimas" debía incluir a las personas afectadas por las violaciones del derecho penal internacional o las violaciones de las normas reconocidas internacionalmente, relativas a los derechos humanos, la actuación de las empresas, o los abusos de poder económico o político.

Se llegó a la conclusión de manejar a las víctimas en dos grandes grupos: las víctimas de delitos y las de abuso de poder, que quedaron definidas en la Declaración Sobre los Principios Fundamentales de justicia relativos a las víctimas, en la forma siguiente:

A) *Víctimas de delitos:* (artículo 1º). "Se entenderá por 'víctimas' las personas que, individual o colectivamente, hayan sufrido daños, incluidos lesiones físicas o mentales, sufrimiento emocional, pérdida financiera o menoscabo sustancial de sus derechos fundamentales,

[124] VII Congreso, *op. cit.*, Informe final, pfo. 223, p. 159.

como consecuencia de acciones u omisiones que violen la legislación penal vigente en los Estados miembros, incluida la que proscribe el abuso de poder."

B) *Víctimas del abuso de poder:* (artículo 18). "Se entenderá por 'víctimas' las personas que, individual o colectivamente, hayan sufrido daños, incluidos lesiones físicas o mentales, sufrimiento emocional, pérdida financiera o menoscabo sustancial de sus derechos fundamentales, como consecuencia de acciones u omisiones que no lleguen a constituir violaciones del derecho penal nacional, pero violen normas internacionalmente reconocidas relativas a los derechos humanos."

En cuanto a la primera categoría, se considera víctima de un delito no sólo al que lo sufre directamente, sino que se incluye además a los familiares o dependientes inmediatos de la víctima directa y a las personas que hayan sufrido daños al intervenir para asistir a la víctima en peligro o para prevenir la victimización (artículo 2º).

La segunda categoría, víctimas del abuso de poder, fue objeto de amplias discusiones y, por su peculiar importancia, le dedicamos capítulo aparte.

V.4. La definición jurídica

Las definiciones de corte jurídico, en que se toma en cuenta que el bien afectado esté jurídicamente tutelado o que el comportamiento del victimizado esté tipificado por la ley penal, nos llevan a una Victimología sumamente limitada.

En este tipo de enfoques juridicistas, la contribución de la víctima no parece tener relevancia y, lo que distingue a una víctima de una no víctima, es la tipificación de la conducta agresora por la ley penal.

Es lógico que no podamos tomar como punto de partida la definición jurídica de la víctima, es decir, no parece válido confundir el concepto de víctima con el del sujeto pasivo del delito.

Se pueden sufrir serios daños (como veremos más adelante), por conductas no previstas en la ley como delitos, y sin embargo existir victimización; en este punto nos parece acertada la observación de Stanciu en el sentido de que lo injusto no es por fuerza lo ilegal.

Las definiciones restringidas se basan en la estrecha relación criminal-víctima, relación en mucho más jurídica que fáctica, y olvidan que existen otras posibilidades.

Mendelsohn[125] ha señalado que un delincuente tiene un solo camino que se le abre, el de infringir la ley. Sin embargo una víctima tiene por lo menos cinco posibilidades.

Se puede ser víctima de:

1. Un criminal.
2. De sí mismo, por deficiencias o inclinación instintiva, impulso psíquico o decisión consciente.
3. Del comportamiento antisocial, individual o colectivo.
4. De la tecnología.
5. De energía no controlada.

Y Neuman,[126] en el mismo sentido comenta que se es delincuente cuando por un hacer u omitir se infringe la ley penal. Esa es la única oportunidad, por así decirlo, de figuración que alcanza. En cambio, se puede llegar a la situación de víctima, en amplio sentido, por la actividad de ese delincuente cualquiera sea la interrelación criminogenética; pero también por minusvalías de tipo físico o psíquico o por propia decisión, sin implicaciones exógenas; devenir víctima de la dureza de la ley procesal y penal, del poder abusivo que se ejerce desde el gobierno, por opresión colectiva o individual, por razones de raza, credo religioso o ideas políticas; sumergido social por razones de índole económico y estructural de la sociedad; por razones atinentes a la tecnología... y a todo esto habría que sumarle factores sociales y predisponentes de carácter endógeno y exógeno.

La descripción de un Código Penal con sus tipos, muchas veces no alcanza por su propio vacío a ciertos hechos criminales de nuestro tiempo y ciertos delincuentes que por ineluctables razones no llegan al banquillo de los acusados. No es posible continuar con la idea de la víctima "codificada" como contrapartida de la actividad del criminal, también codificada. Menos aún como único objeto de estudio de la Victimología.

Otro error en las definiciones restringidas es el considerar solamente al sujeto individual, olvidándose de las personas morales, o de la sociedad misma, que puede también ser victimizada.

A todo lo anterior podríamos agregar que, así como hay leyes criminógenas las hay también victimógenas, y que un sujeto puede ser victimizado por la misma ley, lo que invalida de entrada la definición jurídica, que tiene como presupuesto *a priori* que toda ley, por el hecho de serlo, es justa.

---

[125] Mendelsohn, Beniamin, *op. cit. (Victimología y Tendencias),* p. 60.

[126] Neuman, Elías, *op. cit.* (Victimología), p. 44.

Además, la ley por lo general no toma en cuenta a las víctimas indirectas del delito, como familiares, dependientes o personas ligadas al sujeto pasivo en diversas formas, y que son en ocasiones seriamente afectadas por la conducta ilícita.

Sin embargo, no podemos desconocer la utilidad de las definiciones jurídicas, nos sirven para hacer Victimología comparada y son tomadas en cuenta, en primer lugar, por Naciones Unidas para intentar precisar el concepto de víctima.

Al menos la categoría de víctimas del delito debe ser contemplada para protección ciudadana y para la reparación del daño.

La definición jurídica es (y debe ser) dinámica, pues las legislaciones cambian, y es necesario un proceso constante de adaptación del derecho positivo para incluir nuevas formas de victimización.

De todas formas, siempre queda abierto el camino para incluir esas nuevas formas de victimización en los pactos y declaraciones internacionales.

V.5. Víctima sin crimen

Uno de los problemas importantes en Victimología es el de la víctima sin crimen y el crimen sin víctima.

Trataremos en primer lugar a la víctima sin crimen, o sea los casos en los cuales se puede llegar a la situación victimal por hechos ajenos a la antisocialidad, el problema del crimen sin víctima lo trataremos en el capítulo siguiente.

El concepto de víctima sin crimen ha sido de gran importancia dentro de la Victimología, ya que ha ampliado en forma notable su campo de acción.

Como hemos señalado, se puede ser víctima en sentido por demás amplio, y en múltiples casos sin mediar una conducta antisocial.

Para aclarar la semántica utilizada (que no coincide con la usada en inglés), definimos el delito en su forma más convencional, es decir, como la acción u omisión que sancionan las leyes penales.

Crimen, por el contrario, lo identificamos con conducta antisocial entendiendo ésta como la que atenta contra el bien común, que afecta los valores reconocidos y aceptados por el conglomerado social, y en el sentido más moderno, que es violatoria de los Derechos Humanos.

Las posibilidades de devenir víctima son las siguientes:

- SIN INTERVENCIÓN HUMANA
  - Desastres naturales *
  - Ataques de animales, etc. *
- CONDUCTA HUMANA
  - PROPIA
    - Voluntaria *
    - Involuntaria *
      - Social *
      - Antisocial *
  - AJENA
    - Sin delito ni crimen *
    - Sin crimen con delito *
    - Sin delito con crimen
    - Con delito y con crimen

En primer lugar, podemos contemplar a las personas que se convierten en víctimas sin intervención humana. Tal es el caso de los desastres naturales, como terremotos, inundaciones, derrumbes, huracanes, temblores, rayos, avalanchas, maremotos, etcétera.

La misma hipótesis puede manejarse cuando el hombre es atacado por animales o agentes biológicos.

Desde luego que la situación puede combinarse con imprudencia (salir durante una tormenta), impericia (construcciones defectuosas que se caen en un temblor), fraude (uso de materiales de inferior calidad, que se dañen con la lluvia), o actividades humanas francamente antisociales, como lo es el provocar el fenómeno victimógeno (inundación, avalanchas).

En segundo lugar tenemos los casos de autovictimización, en los que no hay una conducta antisocial, que pueden ser por imprudencia (meterse al mar sin saber nadar), o voluntariamente (autopunición).

En esta segunda hipótesis tenemos algunos accidentes, como los laborales, y formas de autopunición, como las "penitencias" acostumbradas en ciertas religiones (cilicios, flagelos, ayunos, etcétera.)

Debe prestarse atención ya que algunos de estos casos sí implican conducta antisocial, y por lo tanto no entran en la categoría de víctimas sin crimen, por ejemplo el sujeto que se estrella con su automóvil por manejar en estado de ebriedad, o la persona que se automutila para cobrar un seguro.

La tercera hipótesis es aquella en la cual existe victimización producida por una conducta humana (ajena a la víctima) que no podemos calificar de antisocial.

---

* Víctimas sin crimen.

En esta parte debemos recordar nuevamente que hay diferencia entre conducta antisocial y delito, pues la primera (para la que hemos reservado la denominación semántica "crimen") es la agresión al bien común, en tanto que el segundo, es la acción u omisión que sancionan las leyes penales.

Queda claro que no toda conducta antisocial está sancionada por la ley penal, y que no todo delito implica, pues, la comisión de una conducta antisocial.[127]

Contemplado en esta forma hay víctimas sin delito y/o víctimas sin conducta antisocial, es decir, las posibilidades lógicas de victimización son:

a) Sin delito ni conducta antisocial.
b) Sin conducta antisocial con delito.
c) Sin delito con conducta antisocial.
d) Con delito y con conducta antisocial.

El primer caso, la victimización sin delito y sin contenido antisocial, se presenta cuando el victimario realiza una conducta legal y legítima, por ejemplo el cirujano que amputa una pierna gangrenada al enfermo, o las lesiones infligidas en los deportes.

El segundo caso es cuando la acción no causa un daño social pero está tipificada como delito, por ejemplo la evasión de impuestos cuando el gobierno está corrompido y utiliza el dinero recabado en beneficio personal de sus miembros. En este ejemplo, las "víctimas" serían los funcionarios que dejen de enriquecerse.

En esta hipótesis entran varios de los delitos "políticos", en que el sujeto lucha contra un régimen injusto por medio de conductas que no afectan a la comunidad, pero que dañan a los detentadores del poder, por ejemplo la denuncia periodística o la incitación a la "rebelión", que pueden estar contempladas por la ley penal.

La tercera posibilidad la representan los casos de conductas que afectan seriamente a la comunidad, pero que no están contempladas por la ley penal.

Esta situación adquiere la mayor importancia desde el punto de vista victimológico, ya que las víctimas están jurídicamente desamparadas, como puede ser el caso de abuso de poder.

El abuso de poder es una de las formas más temibles de victimización, ya que la víctima no tiene defensa, el victimario actúa dentro de la ley, los daños por lo general son graves, y se puede victimizar a grandes núcleos de población.

---

[127] *Cfr.* Rodríguez Manzanera, Luis, *op. cit. (Criminología),* p. 18.

Debemos recordar que el poder del que se puede abusar no es solamente el político, sino también el económico; la situación se agrava cuando poder económico y político se unen, en la llamada "criminalidad dorada".[128]

Otro caso necesario de mencionar es el de la contaminación ambiental, que durante mucho tiempo no fue perseguido penalmente, y que produjo gran cantidad de víctimas, por lo que puede considerarse altamente antisocial.

La última posibilidad lógica la representan los casos en que la víctima sufre por una conducta antisocial y penalmente perseguida; por no ser materia de este inciso nos abstenemos de mayores explicaciones.

De lo anteriormente expuesto podemos concluir que efectivamente existen víctimas sin crimen, recomendando que, en los casos de delito sin conducta antisocial, se debe proceder a descriminalizar y, en el caso contrario, de conducta antisocial sin delito, se debe criminalizar, es decir se debe proteger a las posibles víctimas mediante la amenaza penal contra el victimario, cuando la conducta lo amerite por la gravedad del daño producido.

V.6. Conclusiones

"La principal noción de la victimología (aquella de víctima) es todavía la más controvertida. Se pregunta si sólo el ser humano puede ser considerado víctima o si también algunos bienes legales abstractos o valores sociales pueden ser abarcados por tal noción también. Nosotros pensamos que es el tiempo de frenar nuestros esfuerzos para encontrar un único e incuestionable concepto de víctima." [129]

En realidad, el término "víctima" hace surgir en el espíritu reacciones emocionales diversas, y hemos podido observar la multiplicidad de acepciones y enfoques según los diversos autores. Quizá podríamos hablar de "víctima(s)", como lo hace Cario.[130]

El concepto víctima tiene varios sentidos, desde el originario, que parece tener contenido religioso, como ofrenda a la divinidad, pasando por el concepto popular, de sufrimiento, hasta el jurídico, que a su vez puede ser general (el que padece por un acto

---

[128] *Cfr.* Versele, Severín Carlos. *Il numero dorato della delinquenza. Le Droit et la Justice.* Editions de l'Université de Bruxelles. Bélgica, 1979, p. 305.

[129] Falandysz y Kubala, *op. cit.*, p. 2.

[130] Cario, Robert. *Victimologie.* L'Harmattan. Francia, 2000, p. 25.

ilícito), penal restringido (el sujeto pasivo) o penal amplio (la sociedad ofendida por el delito).

Parece necesario estructurar un concepto netamente victimológico de "víctima", como se planteó en el coloquio de Bellagio o en el Congreso de Milán, aunque esto topa con una serie de dificultades y problemas.

Debemos aclarar primero el concepto de "sufrimiento", que en principio quiere decir dolor o pena, en este caso la víctima siente un dolor, es decir es consciente de su victimización.

Pero no podemos aceptar ese darse cuenta de la víctima de su condición como requisito para ser considerada como tal.

Existe lo que podríamos llamar víctima inconsciente, aquella que ha sufrido un daño y no se ha dado cuenta, como el que ha sido robado y cree que perdió la cosa, o el asesinado que muere en forma instantánea, sin darse cuenta que fue inmolado.

El elemento interno propuesto por Hentig, en el sentido de que la víctima debe experimentar subjetivamente, con malestar o dolor, la lesión objetiva de sus bienes jurídicamente protegidos, no sólo elimina a las personas morales, sino que dificulta la precisión del concepto.

No se desconoce el problema de la "autodefinición" de las víctimas; la experiencia nos conduce (principalmente en las investigaciones de victimización y en los centros de atención a las víctimas) a reconocer que múltiples personas se consideran víctimas y así lo declaran, aun judicialmente, superando en mucho la categorización presupuesta originalmente de "víctimas de un delito".

Este proceso de autodefinición ha puesto de manifiesto la necesidad de reconocer que el concepto de víctima se debe analizar en un contexto más amplio.

Un aspecto que es necesario analizar es el de la "moralidad" o "justicia" que rodea al fenómeno victimal. Quinney nos hace ver que, para contemplar alguna clase de personas como víctimas y otras como no víctimas, se debe apelar al propio concepto de moralidad.[131]

Así, sólo se puede concebir el aborto como crimen sin víctima si se niega al feto la calidad de víctima; no se aceptará que la población civil sea víctima de acciones de guerra si se acepta moralmente la política bélica del país, ni se considerará a los presos como víctimas si se admite como válido el sistema penitenciario.

---

[131] Quinney, Richard. *Who is the victim?* en: *Victimology* (Drapkin, Viano). Lexington Books. USA, 1974, p. 108.

Reiman ha llamado también la atención sobre esto, pues afirma que se debe hacer un juicio de valor para saber quién es la víctima; así, el asaltante muerto en un robo bancario no puede ser considerado como "víctima", de la misma manera que el policía bancario que cae en cumplimiento de su deber. Se reconoce que ciertos crímenes son en realidad respuestas a claras injusticias, producidas no por los criminales sino por los detentadores del poder.[132]

Como estudiamos en el capítulo II, la definición de víctima depende en mucho del paradigma científico del modelo y de la ideología adoptada y viceversa: cada teoría, tendencia y perspectiva elaborará su definición de víctima.

En la Victimología conservadora se adoptará una definición jurídica y por lo tanto restringida, en tanto que la definición más amplia será propuesta por la Victimología de corte crítico o radical.

Como dice Quinney,[133] la pregunta de: ¿quién es la víctima?, no es una pregunta inocente, sino que implica una serie de apreciaciones sociológicas y axiológicas importantes, por esto no estamos de acuerdo con la afirmación de Kaiser en el sentido de que "parece científicamente poco fértil la cristalización de un concepto especial de víctima".[134]

Proponemos por lo tanto una definición amplia de víctima, que sirva en principio para clarificar el objeto de estudio de la Victimología general.

En este sentido, *víctima es el individuo o grupo que padece un daño por acción u omisión propia o ajena, o por causa fortuita.*

Sin embargo, proponemos hacer la diferencia con la *víctima de un crimen,* entendiendo por ésta *aquella persona física o moral que sufre un daño producido por una conducta antisocial (y por lo tanto injusta) propia o ajena, esté tipificada o no, aunque no sea el detentador del derecho vulnerado.*

Esta víctima sería el objeto de estudio de la Victimología Criminológica, que concurre a la síntesis criminológica.

Como podemos observar, este concepto de víctima del crimen es notablemente amplio, ya que incluye: personas físicas y personas morales, sujetos a los que matan, torturan o mutilan, son oprimidos y sujetos a depravación o sufrimiento; aquellos a quienes ilegítimamente (aunque pueda ser legalmente) se priva de sus derechos, o son lesionados en su persona o propiedades.

---

[132] Reiman, Jeffrey H. *Victims, Harm and Justice: A philosopher looks at the problem of defining the concept of victim.* I Symposium. Israel, 1973.

[133] Quinney, Richard, *op. cit.,* p. 104.

[134] Kaiser, *op. cit.,* p. 94.

Incluye también a aquellos que son víctimas indirectas, es decir a los que, sin recibir el daño directo, sufren un daño; el ejemplo más claro es la familia de la víctima directa.

Un enfoque que no puede estar a discusión lo constituye el de los derechos humanos, que son violados aun por la misma ley y por aquellos que deberían defender a la justicia. Esta es la forma de victimización más clara y más dramática.

Finalmente, tenemos a los sujetos que se autovictimizan con una conducta antisocial o parasocial, es decir la víctima de sí mismo, como el suicida o el drogadicto.

En este terreno tenemos al criminal, cuya conducta se revierte en su contra, y termina siendo victimizado, tema que trataremos más adelante.

CAPÍTULO VI

CONCEPTOS VICTIMOLÓGICOS BÁSICOS

VI.1. INTRODUCCIÓN

Existe aún hoy una gran discusión entre los especialistas respecto a algunos conceptos victimológicos y, como hemos visto, también con relación a la Victimología misma.

Recordemos las palabras de Cressey[135] en la sesión de clausura del III Symposium, cuando afirmó que antiguamente cualquiera podía llamarse criminólogo y ahora cualquiera puede ser victimólogo. En efecto, durante la reunión mencionada se tuvo libertad para llamar Victimología a una buena variedad de cosas, desde los informes de los grupos encargados de la vigilancia de los derechos humanos, hasta conjuntos de teorías, pasando por reportes de instituciones que se ocupan de auxilio a la víctima, las investigaciones de las universidades, etcétera.

Lo anterior no es más que una muestra del ímpetu que ha tomado la Victimología en el momento actual, pero señala también la necesidad de acordar algunos conceptos básicos y precisar la semántica que debe seguirse.

En este capítulo nos dedicaremos a hacer una revisión de los conceptos operacionales que son indispensables para llegar a un cabal entendimiento del problema.

Uno de los esfuerzos que está realizando la Victimología es el crear una terminología con semántica propia.

Así, se han desarrollado una serie de términos como victimización, victimidad, victimario, victimizable, victimizador, victimógeno, victimal, victimar, victimante, etcétera.

Es de aclararse que muchos de estos vocablos son neologismos, no localizables en los diccionarios clásicos (ni aun en los especializa-

[135] Cressey, Donald R. *Observaciones finales*. III Symposium. Alemania, 1979.

dos), en ocasiones traducciones demasiado literales o acomodos y construcciones que no serían de una gran corrección idiomática.

Las incorrecciones lingüísticas son, pues, justificables por tratarse de una ciencia de reciente creación y rápido desarrollo.

Nos ocupamos ya del concepto de víctima, por ser el punto de partida, la raíz de todo el desarrollo científico, y en mucho la precisión del objeto, tema en el que hemos insistido en capítulos anteriores.

Ahora desarrollaremos el problema de víctima sin crimen, para completar el de crimen sin víctima.

A continuación, analizaremos los conceptos de victimización y victimidad, útiles sobre todo para una clara distinción de niveles de interpretación. Se intenta definir los demás términos que se utilizarán en el transcurso de la obra.

Finalmente se consignan algunas cifras de victimización, que son punto de partida para la comprensión del resto de la obra.

Es indudable que el entendimiento de algunas cifras, y más en el orden comparado, nos irá consolidando el conocimiento victimológico, de la misma forma que la estandarización de la terminología permitirá el desarrollo más preciso y una mayor y mejor comunicación entre los expertos de la materia.

VI.2. Crimen sin víctima

Se ha discutido si puede haber crímenes sin víctima; una parte de la teoría piensa que esto es imposible, otros consideran que no hay problema en aceptarlo.

Edwin M. Schur llamó la atención sobre este tema (1965), indicando que en casos como el aborto, la homosexualidad y la drogadicción, no se podía precisar a una víctima propiamente dicha. En ciertos casos de autovictimización la situación es también confusa, como lo es en conductas contra víctimas colectivas e inmateriales.

Es necesario, nuevamente, hacer la diferencia entre delito y conducta antisocial. Hay delitos que no tienen una víctima claramente identificable, la mayoría de los llamados delitos de pura conducta podrían ilustrar el caso.

Como ejemplo mencionaremos la portación de arma prohibida, el disparo de arma de fuego, la posesión de droga o el transporte de mercancía ilícita; en estos casos nadie en lo particular puede llamarse damnificado.

Lo anterior acarrea problemas muy interesantes, que tan sólo mencionaremos. ¿Quién es el poseedor del derecho vulnerado?

¿A quién corresponde la reparación del daño? ¿Cómo puede cuantificarse éste?

En cuanto a las conductas antisociales o parasociales, muchas de ellas no parecen tener víctima precisa; así, el alcoholismo, la drogadicción, la prostitución, la homosexualidad, algunas de las cuales admitirían la autovictimización, en la que quien sufre es el mismo autor de la conducta.

Bedu dice que el concepto de delito sin víctima *(victimless crime)* debe ser objeto de reflexión "es una realidad que el uso de marihuana, la intoxicación (embriaguez) pública, el ejercicio de la prostitución, no implica a una víctima, y por esta razón es absurdo y equivocado convertir semejantes conductas en violaciones penales, que traen consigo pesadas penalidades y provocan millones de arrestos cada año".[136]

El mismo autor reduce el concepto al señalar que una actividad puede considerarse como delito sin víctima solamente si es prohibida por el Código Penal y amenazada con una pena, y consiste en el intercambio o transacciones de bienes y servicios para adultos con pleno consentimiento, y que no se consideran lesionados por la actividad realizada, y están de acuerdo en no informar a las autoridades de su participación en los hechos.[137]

En verdad, hay conductas en las cuales los participantes no consideran estar victimizando ni ser victimizados, sino que, por el contrario, ambas partes están obteniendo un provecho; uno de los ejemplos más típicos es la compraventa de artículos de contrabando.

Otro ejemplo puede ser el cohecho, en el que una parte obtiene una ganancia económica y la otra logra un beneficio (permiso, licencia, trámite, etc.), que de otra forma no hubiera gozado, o que hubiera debido esperar un tiempo exagerado para conseguirlo.

La prostitución, la homosexualidad, algunos casos de incesto (conductas prohibidas en varios países), son comportamientos en los cuales las partes están de acuerdo, y ninguna se siente engañada, dañada o agredida.

Esta es la razón por la que estas actividades son tan difíciles de controlar, no hay una víctima definida que denuncie los hechos, que presente pruebas, que acuda a juicio contra el ofensor que tampoco es definido.

Los participantes en estas conductas muy comúnmente no las consideran ilegales, ni siquiera inmorales o antisociales, por lo contra-

---

136 Bedu, Hugo, *op. cit.*, p. 64.

137 *Ibid.*, p. 72.

rio, en ocasiones afirman estar prestando un servicio o cumpliendo una función social; lo que contemplan como ilógica u obsoleta es la ley que las prohibe.

La contraparte (el cliente de la prostituta, el comprador de "fayuca", contrabando, el que obtiene licor clandestino o adquiere droga) no se siente delincuente, él necesita un servicio y simplemente paga por él.

Robertson acepta también la categoría de delitos sin víctima, en los cuales nadie sufre directamente (con excepción, en algunos casos, de los mismos ofensores), y pone como ejemplos: el juego, prostitución, vagancia, drogadicción, actos sexuales prohibidos por la ley y realizados voluntariamente entre adultos. Afirma que estos actos han sido definidos como delitos, básicamente porque los grupos sociales en el poder los contemplan como moralmente repugnantes, asegurándose de que sean consignados como ilegales.[138]

Otros autores no conciben la posibilidad de crímenes sin víctima, así Nieves, basándose en Foschini, dice que fuera de todo artificio lógico y de todo equívoco, es absolutamente inconcebible una lesión penal, sin que exista un sujeto que la haya sufrido. "Aceptar la existencia de una lesión, significa precisamente aceptar la existencia de una parte ofensora y por lo tanto responsable; pero significa también e imprescindidamente aceptar la existencia de una parte ofendida." [139]

López Rey afirma que: "con evidente superficialidad, se afirma que hay delitos que carecen de víctima",[140] pues en principio siempre todo el delito tiene una víctima o víctimas, que no siempre pueden ser personificados.

Quinney plantea el problema en forma por demás interesante: para la construcción legal de la sociedad, todos los crímenes tienen una víctima. Ciertas conductas, de hecho son definidas como criminales porque algo o alguien es concebido como víctima. En este sentido, la víctima (esto es el concepto de víctima) precede a la definición de un acto como criminal. Perkins (1957) define el crimen como "todo daño social definido y castigado por la ley".

Obviamente, no toda conducta que pueda dar como resultado un daño social está regulada por la ley. Solamente aquellas faltas que causan daño a los que tienen la capacidad para hacer y aplicar la legislación penal son consideradas como delitos.

---

[138] Robertson, Ian. *Sociology*. 2nd Edition. Worth Publishers, Inc. USA, 1981, p. 192.

[139] Nieves, Héctor. *El comportamiento culpable de la víctima*. Universidad de Carabobo. Venezuela, 1973, p. 73.

[140] López Rey, *op. cit.*, p. 145.

Similarmente, cuando ciertas conductas perjudiciales para la sociedad que forman parte de la normatividad, dejan de ser consideradas por aquellos que detentan el poder como dañosas para sus propios intereses, estas leyes no son más aplicadas.

Mientras múltiples actos pueden concebirse como productores de víctimas, sólo aquellos que atenten contra el bienestar de la clase dominante serán considerados como delitos. El daño social, no importando qué tan abstracto, es una realidad decidida por aquellos que tienen el poder.

Quinney opina que la retórica de la victimización es un arma más que usa la clase dominante para justificar y perpetuar su propia existencia.[141]

Tyndel[142] maneja el concepto de "ofensores sin víctima", poniendo como ejemplo alcohólicos crónicos y simuladores de enfermedad para obtener ganancias; y Lernell[143] nos recuerda cómo en el Symposium de Criminología Comparada (mayo, 1971), se llegó a proponer que solamente el ser humano puede ser considerado víctima de un crimen.

La discusión se plantea en el sentido de si la intervención de la víctima en el hecho y su existencia (o posibilidad de identificación) deben ser los que determinen la intervención estatal frente al hecho.

Los crímenes contra mayorías anónimas o personas morales, por causa de la calidad impersonal o indefinida de la víctima, se cometen en gran cantidad y cuentan, por lo general, con una reacción social débil.

De aquí se deduce que, si no existe una víctima claramente definida, cuando no personalizada, el concepto de daño es difuso y por lo tanto no parece haber razón para criminalizar la conducta.

Schneider [144] ha señalado, con gran precisión, el peligro que implica esta idea, y reafirma la idea de Shafer en cuanto que puede haber víctimas abstractas, "este último concepto es especialmente importante en las víctimas de crimen de cuello blanco, porque aunque pierden su identidad, la víctima del crimen puede ser una persona, una organización, el orden moral, el sistema legal que es dañado por un acto criminal. Caracterizar el crimen económico como un crimen sin víctima o como un crimen con una víctima de iden-

---

[141] Quinney, *op. cit.*, p. 103.

[142] Tyndel, Milo. *Offenders Without Victims.* I Symposium. Israel, 1973.

[143] Lernell, Leszek. *Some Remarks on the main problems of Victimology.* I Symposium,. Israel, 1973.

[144] Schneider, *op. cit.*

tidad elusiva, es poner en duda demasiado fácilmente el peligro y el daño potenciales de la criminalidad económica".

Efectivamente, el concepto de crimen sin víctima y su consecuencia lógica que es la descriminalización y por tanto la no persecución penal, puede traer una segunda intención, consistente en liberar de castigo a empresas transnacionales y a otro tipo de delincuentes de alta peligrosidad.

Así, la descriminalización de la pornografía será promovida por la gran industria de lo obsceno; la liberación del aborto será impulsado por los mercaderes de la medicina; la permisibilidad de la usura será un clamor entre prestamistas y banqueros sin escrúpulos; los traficantes de armas lucharán por la libre portación de las mismas.

El argumento de "no víctima identificable no castigo" debe ser manejado con extrema precaución, y no puede ser enunciado como regla general.

Ahora bien, regresando al problema de si hay o no crímenes sin víctima, debemos exponer nuestra opinión señalando en primer lugar la confusión semántica, producida en mucho por la traducción de inglés "crime" como "crimen", cuando en realidad muchos autores la están utilizando como "delito".

Debemos insistir en que hay una clara diferencia entre crimen, considerado como conducta antisocial, y delito, definido como acción u omisión que sancionan las leyes penales.

Si aceptamos esta diferencia, el problema parece tener una solución sencilla, ya que es indudable que hay delitos en los que no existe víctima, nadie es perjudicado ni dañado, ni podría clarificarse quién es el detentador del bien jurídicamente tutelado (y en ocasiones no es claro ni siquiera este bien).

Pero en lo referente a las conductas antisociales la situación es diferente, pues el mismo adjetivo de "antisocial" nos está indicando que hay por lo menos una víctima: la comunidad.

Si la conducta antisocial agrede el bien común, y éste es aquel que siendo bien de la colectividad es a la vez bien de cada uno de sus miembros, es incontestable que el ataque al bien común victimiza a cada componente del conjunto.

Claro que debemos diferenciar una conducta antisocial de aquella que es simplemente parasocial o asocial, varias de las conductas de las que se pide la descriminalización, lo son no tanto por la falta de víctima, sino por su escaso potencial antisocial.

Estamos de acuerdo en que los delitos sin víctimas desaparezcan, siempre y cuando no se trate de conductas que realmente atenten contra el bien común.

VI.3. VICTIMIZACIÓN

La victimización ha sido considerada como el resultado de una conducta antisocial contra un grupo o persona,[145] o como el mecanismo por el cual una persona llega a convertirse en sujeto pasivo de un hecho punible.[146] Para la reunión de Bellagio, victimización significa la explotación y/o el abuso de una o más personas por otras.

Como puede observarse, las anteriores definiciones captan el fenómeno en un sentido restringido, es decir, de victimización criminal.

Inmediatamente surgen las preguntas de si es posible la autovictimización y de si es factible el ser victimizado por una conducta no criminal.

Las respuestas, en principio, pueden ser afirmativas: no parece haber objeción válida para negar la autovictimización, así como no es posible dudar que alguien pueda ser victimizado por conductas no criminales.

Al tema de la autovictimización dedicaremos varias partes de esta obra; en cuanto a la victimización sin conducta criminal, nos ocupamos ya de ella en el apartado de "víctimas sin crimen".

Por lo anterior, es necesario elaborar un concepto de mayor amplitud para explicar el fenómeno de la victimización.

Victimización es la acción y efecto de victimizar o victimar, o el hecho de ser victimizado o victimado en cualquier sentido.

Para los efectos de este estudio consideramos la victimización como el fenómeno por el cual una persona (o grupo) se convierte(n) en víctima(s).

Por victimización criminal entenderemos el fenómeno por el cual se deviene víctima por causa de una conducta antisocial.

La victimización es un fenómeno por demás complejo, ya que implica un proceso y un resultado, y no puede considerarse en forma única; así, se han establecido tipos de victimización.

Se habla de una victimización primaria, secundaria y terciaria, aunque con interpretación muy diferente según los diversos autores, nosotros adoptamos la de Thorsten Sellin:

a) Victimización primaria, es la dirigida contra una persona o individuo en particular.

b) Victimización secundaria, es la que padecen grupos específicos o sea una parte de la población.

---

[145] Fattah, Ezzat. *La victime, est-elle coupable?* Les presses de l'Université de Montreal. Canadá, 1971.

[146] Nieves, Héctor, *op. cit. (El comportamiento...)*, p. 73.

c) Victimización terciaria, dirigida contra la comunidad en general, es decir la población total.

Por nuestra parte, reconocemos una victimización directa y una victimización indirecta.

La primera es la que va en contra de la víctima en sí, es decir, es la agresión que cae de inmediato sobre el sufriente.

La segunda es aquella que se da como consecuencia de la primera, y recae sobre las personas que tienen una relación estrecha con el agredido.

Así, por ejemplo, victimización directa es la que padece el asesinado, la violada, el robado, etc. En cuanto que la indirecta es la que sufren los familiares de esas víctimas.

Puede hablarse también de una victimización conocida y de una oculta, la primera es la que llega al conocimiento de las autoridades (o podemos aceptar también que sea aquella captada por la comunidad), la segunda es la que queda tan sólo en la consciencia de la víctima (y del criminal, si lo hay).

VI.4. VICTIMIDAD

Para Mendelsohn, la victimidad es "la totalidad de las características socio-bio-psicológicas, comunes a todas las víctimas en general, que la sociedad desea prevenir y combatir, sin importar cuáles sean sus determinantes (criminales u otros factores)".[147]

Es decir, que para este autor, consiste en el conjunto de factores que predisponen a una persona o grupo a ser víctimas. Los factores que provocan victimidad son: el hombre mismo, la sociedad, la naturaleza en estado normal o alterado, etcétera.[148]

Para Fattah, la victimidad es la predisposición de unas personas a ser víctimas. La búsqueda de la Victimología es de establecer si los riesgos de ser víctima de algún crimen son igualmente repartidos en la población o bien si algunos individuos, a causa de ciertas características, son más predispuestos que otros a volverse víctimas.[149]

El término "victimidad" puede contraponerse al de criminalidad, ya que, si éste es el conjunto de conductas (y/o sujetos) antisociales que se presentan en un tiempo y lugar determinados, la victimidad puede ser el total de victimizaciones dadas también dentro de un límite especial y temporal.

---

[147] Mendelsohn, *op. cit. (La Victimología y las Necesidades).*

[148] Mendelsohn, *op. cit. (La Victimología y las Tendencias).*

[149] Fattah, *op. cit. (La victime...).*

Es decir, que la victimidad representa el nivel de interpretación general dentro de la Victimología, frente a un nivel individual (la víctima) y un nivel conductual (la victimización).

En este sentido utilizaremos el vocablo, y estamos de acuerdo con Mendelsohn en que "victimidad" es un término de alcances mayores que "criminalidad", ya que el criminal comete conductas antisociales, en tanto que la víctima, como ya citamos, puede serlo de:

1) Un criminal.

2) De sí mismo, a causa de deficiencia o inclinación instintiva, impulso psíquico y a veces incluso a causa de una decisión consciente (suicidio), en que no está implicado ningún criminal. Algunos criminales buscan víctimas de esta categoría para tener más probabilidades de éxito en sus actividades.

3) Del comportamiento antisocial, sea individual, sea colectivo (partidos políticos, genocidios, crímenes de guerra).

4) De la tecnología, como resultado de una insuficiente prevención.

5) De energías no controladas, como resultado de la falta de control humano o pérdida de control (condiciones meteorológicas: lluvia, inundaciones, viento, etcétera).

VI.5. VICTIMARIO

Victimario, del latín *victimarius*, en su acepción original es el sirviente de los antiguos sacerdotes gentiles, que encendía el fuego, ataba a las víctimas al ara y las sujetaba en el acto del sacrificio.

En el sentido victimológico, victimario es aquel que produce el daño, sufrimiento o padecimiento de la víctima.

Surge la duda si el victimario se identifica con el delincuente o criminal. Proponemos que no sea así, pues se puede ser victimario por una acción u omisión que no sea antisocial o delictiva, es decir "victimario" sería el género, los otros términos son la especie.

En la autovictimización, las calidades de victimario y víctima se unen en la misma persona, aunque la Victimología observa al sujeto en su papel de víctima.

Este fenómeno, de la víctima de sí mismo, es interesante y no consiste en un simple juego de palabras, las consecuencias de considerar al sujeto como víctima o como victimario saltan a la vista, e históricamente podemos observar la persecución como criminales de personas que en realidad y por lo general son víctimas, tal es el caso de la prostituta o del drogadicto.

Algunos autores utilizan "victimizador" como sinónimo de victimario.

VI.6. Otros conceptos

Victimar es hacer objeto a otro u otros de una acción victimante, es, en última instancia, convertir a alguien en víctima.

Se trata de un verbo transitivo regular (victimando, victimado). Se utiliza como sinónimo el vocablo «victimizar».

Victimizable es el sujeto capaz de ser víctima; parecería igualmente correcto (y quizás más) hablar de victimable.

Victimante es aquello con capacidad de victimar.

Victimógeno es lo que puede producir la victimización; más adelante haremos una revisión de los factores victimógenos.

VI.7. Cifras de victimización

Para terminar este capítulo, consignaremos algunas cifras de victimización en el medio mexicano. Con esto, a la vez, principiamos el estudio de la realidad victimal en nuestro país.

Los datos han sido obtenidos básicamente de tres investigaciones, una realizada por nosotros en la ciudad de Xalapa, Veracruz, otra por Susana Muñoz en el Distrito Federal y Zona Conurbada de la Ciudad de México, y la tercera la del CONSEGU, ahora enriquecidas por el ICESI y el periódico Reforma.

VI.7.1. *Xalapa*

Nuestra investigación[150] fue llevada a cabo en el año de 1976, con el apoyo de los alumnos de la maestría en ciencias Penales de la Universidad Veracruzana.[151]

---

[150] *Cfr.* Rodríguez Manzanera, Luis. *Victimización criminal en la ciudad de Xalapa, Veracruz.* Estudios Jurídicos núm. 10, pp. 21 y ss. Universidad Veracruzana. México, 1979. La versión alemana está en Das Verbrechensopfer in der Strafrechtapflege, de Hans Joachin Schneider, Walter de Gryter. República Federal de Alemania, 1982. En inglés, un resumen puede verse en *Victimization and fear of crime* de Richard Block. Department of Justice. USA, 1984.

[151] Los colegas que trabajaron en esta investigación, y para los que va nuestro reconocimiento, son: Lic. Ma. del Carmen Ainaga Vargas, Lic. Armando Benítez Rodríguez, Lic. Humberto Raúl Campos Amador, Dr. Daniel Castillo Landero, Lic. Guadalupe Contreras Aguilera, Lic. Luz Ma. Díaz Pensado, Lic. Ma. Del Pilar Espinosa Torres, Prof. y Lic. Emilio Fernández Ochoa, Juez Mario Manuel Gutiérrez Calderón, Lic. Gustavo Gutiérrez Hernández, Lic. Ma. de la Luz Gutiérrez Sandoval de Hernández, Lic. Margarita Herrera Ortiz, Lic. Emeterio López Márquez, Lic. Marina Malpica López, Lic. Virginia Manzur Aguilar, Lic. Salvador Martínez y Martínez, Lic. Marta S. Moreo Luce, Prof. Fernando Pensabé de la Cruz, Prof. Braulio Pérez Barragán, Lic. Laura Teresa Quéchol Mota, Dr. José Ramón Rodríguez Barradas, Lic. Esperanza Sandoval Pérez, Lic. Manuel C. Torres Orta, Lic. José Luis Zamora Salicrup, Lic. Rosa Aurora Zulueta de Ortiz y Augusto César Zurita Morales.

Para realizar la investigación se utilizó un cuestionario y una muestra al azar de 3,000 personas, siendo utilizables 2,405 casos, de los cuales 1,216 fueron hombres y 1,189 mujeres.

Xalapa, en el momento de la investigación, era una ciudad de 122,277 habitantes (censo de 1970), que reunía muchas de las características generales de la nación mexicana en aquellos años: El 60.5% de la población menor de 24 años, el 6.5% mayores de 60; el 6.4% de las familias constituido por 9 miembros o más; el promedio de natalidad de 2.5 hijos por cada mujer mayor de 12 años.

La inmigración a la ciudad procede principalmente de los estados cercanos: Puebla (38.7%), México y Distrito Federal, el 14.5% de los mayores de 10 años es analfabeto, el 29.17% de la población son estudiantes, pues Xalapa es una ciudad universitaria, con muy notables manifestaciones culturales y artísticas, y es la capital del Estado de Veracruz.

En la investigación de Xalapa, el 53.85% de los encuestados aceptó haber sido víctima, durante 1975, es decir uno de cada dos sujetos sufrió un daño que él considera delito, en el año investigado.

En el cuadro Nº 1 podemos ver cómo se reportan los delitos, es de aclararse que el número de respuestas es superior al de casos, por aquellos que fueron victimizados más de una vez.

CUADRO Nº 1

DELITO
(XALAPA, 1976)

Tipo	*Hombres*	*Mujeres*	*Total*
Robo	185	278	463
Lesiones	148	67	215
Injurias	58	132	190
Abuso de confianza	36	61	97
Atentado al pudor	3	62	65
Abuso de autoridad	35	25	60
Allanamiento de morada	13	34	47
Fraude	13	29	42
Daño en propiedad ajena	19	17	36
Abandono de persona	7	27	34
Violación	4	25	29
Despojo	6	13	19
Estupro	2	11	13
Rapto	1	7	8
Otros	66	13	79
Robo tentado	12	7	19
Amenazas	8	3	11
Difamación	3	0	3
Sin respuesta	47	—	47
Total:	666	811	1 477

Como puede verse, tres son los delitos de mayor frecuencia: el robo con 31.3%, las lesiones con 14.5% y las injurias con 13%, entre estos tres se reúne el 58.8% de todas las ofensas.

En cuanto al número de delitos sufridos en el año investigado, los resultados pueden verse en el cuadro Nº 2.

CUADRO Nº 2

NÚMERO DE DELITOS SUFRIDOS EN EL AÑO

Respuesta	*Hombres*	*Mujeres*	*Total*
Ningún delito	104	114	218
Un delito	280	254	534
Dos delitos	88	111	99
Tres delitos	29	42	71
Cuatro o más delitos	31	34	65
Sin respuesta	134	74	208
Total:	666	629	1 295

La reincidencia victimal es alta, y se obtuvo preguntando si alguna vez había sido ya víctima del mismo delito (reincidencia específica).

El total de las víctimas había ya sufrido el mismo delito en el 36.75% de los casos, es decir una de cada 3 víctimas lo había ya sido.

Es de gran importancia victimológica conocer cuáles formas de victimización se repiten con mayor frecuencia, esto lo consignamos en el cuadro Nº 3.

CUADRO Nº 3

REINCIDENCIA VICTIMAL

Delito	*Hombres*	*Mujeres*	*Total*
Robo	66	76	142
Injurias	51	46	97
Lesiones	46	6	51
Abuso de confianza	21	9	30
Abuso de autoridad	13	5	18
Atentado al pudor	1	12	13
Fraude	9	0	9
Amenazas	3	6	9
Daño en propiedad ajena	5	2	7
Violación	1	2	3
Calumnias	0	3	3
Robo tentado	0	2	2
Asalto	2	0	2
Abandono de persona	0	1	1
Rapto	0	1	1
Estupro	0	1	1
Total:	217	172	389

Dentro de las personas que respondieron en cuál delito han sido víctimas más de una vez, el primer lugar lo ocupa el robo (36.5%), el segundo las injurias (25%), y el tercero las lesiones (13.1%).

Comparando con la tabla general de victimización, encontramos que una de cada 3 personas ha sido robada más de una vez, una de cada 4, lesionada más de una vez, y una de cada 2 injuriada más de una vez.

El delito en que se encuentra mayor reincidencia es el de amenazas (81.8%), es decir, de cada 10 personas amenazadas ocho lo han sido más de una vez.

Encontramos un alto porcentaje también en abuso de autoridad (30%), en atentado al pudor (20%), y en daño en propiedad ajena (19.4%).

Por el contrario, los delitos en que menor repetición existe son: la violación (10.3%), el estupro (7.6%), y el abandono de hogar (2.9%).

En cuanto a la reincidencia "genérica", es decir, haber sido víctima de algún otro delito en alguna ocasión, el 20% de las víctimas aceptó haber sido previamente victimizada.

VI.7.2. *INACIPE*

La investigación de Susana Muñoz,[152] patrocinada por el INACIPE, se efectuó en 1983 a partir de una versión levemente modificada del cuestionario usado por nosotros en Xalapa, utilizando una muestra de 1,969 sujetos para el Distrito Federal y de 1,000 para la Zona Conurbada.

El Distrito Federal tenía 9,373,353 habitantes (censo de 1980) en 1,479 Km², las características de población más notables eran: El 59.8% menor de 24 años, el 49.8% son hombres y el 38.4% solteros; el 40% económicamente activa, el 91% de los habitantes mayores de 15 años está alfabetizado.

El área conurbada del Distrito Federal (que conforma con éste la gran Ciudad de México) superaba ya los 9,000,000 de habitantes; para la investigación sólo se tomó la del Estado de México que contaba con 6,325,926 pobladores.

La investigación en el Distrito Federal (D.F.) y Zona Conurbada (Z.C.) da cifras muy diferentes, pues en el D.F. sólo el 19.9% y en

[152] Muñoz Sánchez, María Susana. *Cifra Oculta.* Instituto Nacional de Ciencias Penales. México, 1984.

la Z.C. apenas el 14.2% de las personas entrevistadas aceptó haber sido víctima.

La forma en que se distribuyen las victimizaciones puede observarse en el cuadro Nº 4 (F= Frecuencia, D.F.= Distrito Federal, Z.C.= Zona Conurbada).

Las víctimas que habían sufrido el mismo delito son el 30.2% (D.F.) y el 22.9% (Z.C.), siendo el robo lo más frecuente, pues el 78.6% (D.F.) y el 87.5% (Z.C.) habían sufrido ya la pérdida de alguna propiedad.

La reincidencia genérica, es decir de algún otro delito, es de 13% para el Distrito Federal y 6.4% para la Zona Conurbada, siendo el robo el más común (51.1% D.F.)

CUADRO Nº 4
DELITO
(D.F., Z.C., 1983)

Delito	*F. Absoluta*		*F. Relativa*		*Ajuste **	
	D.F.	*Z.C.*	*D.F. %*	*Z.C. %*	*D.F. %*	*Z.C. %*
Lesiones	17	8	.9	.8	4.3	5.3
Robo	254	97	12.9	9.7	65.0	68.3
Fraude	3	1	.2	.1	.8	.7
Violación	11	0	.6	–	.8	.7
Abuso de confianza	10	4	.5	.4	2.6	2.8
Abuso de autoridad	17	8	.9	.8	4.3	5.6
Allanamiento	6	3	.3	.3	1.5	2.1
Daño en propiedad ajena	7	2	.4	.2	1.8	1.4
Injurias	1	2	.1	.2	.3	1.4
Varios	60	16	3.0	1.6	15.3	11.3
Privación de libertad	5	–	.3	–	1.3	0
No víctimas	1,577	858	80.1	85.8	ajuste	
Total:	1,969	1,000	100.0	100.0	100.0	100.0

* La columna "ajuste" contiene los porcentuales que corresponden *sólo a víctimas;* en cambio en frecuencia relativa se consigna el porcentual que le correspondió sobre el total de encuestados.

VI.7.3. *CONSEGU*

A finales de 2000, el CONSEGU (Comité Nacional de Consulta y Participación de la Comunidad en Seguridad Pública), realizó una encuesta en el Distrito Federal, levantando 2,000 cuestionarios en viviendas.

La encuesta de CONSEGU fue un estudio de opinión aplicado en el Distrito Federal, con cuestionarios en viviendas, con un nivel de error de ± 2.2% y 95% de confianza.

Se utilizó una selección de muestra en muestreo polietápico y se levantó del 7 al 11 de octubre de 2000.

Para esa fecha, el D.F. tenía 8,591,309 habitantes (censo 2000, preliminares), 47.6% hombres y 52.4% mujeres; el 97% de la población mayor de 15 años alfabeta; la escolaridad promedio de 9.6 años; el 54.6% de la población económicamente activa; la población urbana 98.7%.

Al preguntar si durante los últimos doce meses (octubre-octubre), alguna de las personas que habitan el hogar había sido víctima de un delito, el 33.9% respondió afirmativamente; esto representa el 11.2% del total de los moradores de los hogares entrevistados.

Las ofensas se cargan totalmente hacia delitos contra la propiedad, pues el 91.3% son robo o asalto (en México no se hace diferencia entre hurto, robo y asalto), 1% fraude, 0.4% abuso de confianza, 0.5% daño en propiedad.

Lesiones sólo representa el 0.9% y los delitos sexuales 0.6%. El segundo delito en importancia, después del robo, es el abuso de autoridad, con 2.3%.

Lo anterior nos indica una evolución clara de la victimización en dos décadas, hacia lo patrimonial (desgraciadamente, como veremos más adelante, con un terrible aumento de violencia).

VI.7.4 *Reforma*

El periódico Reforma, a partir de 1998, realiza trimestralmente una encuesta en el Distrito Federal, en personas mayores de 18 años, con entrevista personal y muestra estratificada. Lo interesante es tener las series de más de diez años, para conocer la variación en las cifras de victimización y el comportamiento victimal a través de la denuncia.

Hacemos aquí un breve resumen con los promedios anuales, aclarando que de 1998 hasta 2006, la pregunta fue *¿ha sido víctima de algún delito en los últimos tres meses?*, y a partir de 2007 se inquiere por los últimos doce meses.

CUADRO Nº 5

REFORMA, ENCUESTA VICTIMIZACIÓN
¿HA SIDO VÍCTIMA?

1998	22.25%	2006	14.30%
1999	16.25%	2007	17.50%
2000	15.50%	2008	20.75%
2001	18.25%	2009	22.00%
2002	21.00%	2010	23.00%
2003	15.25%	2011	27.00%
2004	14.50%	2012	27.00%
2005	14.00%	2013	27.00%

El promedio general a partir de 2007, sería de 23.5%, cifra superior a la obtenida por el ICESI.

VI.7.5 *ICESI*

El Instituto Ciudadano de Estudios sobre la Inseguridad (ICESI), fue una asociación civil, constituida para generar información estadística sobre la criminalidad en México, y organizó las Encuestas Nacionales sobre Inseguridad (ENSI), que mencionaremos varias veces en esta obra.

Las ENSI se apegan a los estándares internacionales, se iniciaron en el 2002, y son las investigaciones más completas a nivel nacional, en lo referente a cifra negra de la criminalidad, basadas en metodología victimológica y de una gran utilidad, pues nos permiten la comparación con cifras oficiales.

Consideramos la ENSI-6, publicada en 2009 sobre los resultados de la encuesta aplicada en 2008 a 71,370 viviendas, a nivel nacional, sobre delitos del fuero común (95% del total) cometidos en zona urbana contra víctimas mayores de 18 años.

En el 2008, el 13.1% de los hogares del país tuvieron al menos una víctima entre sus moradores (13.0% en 2007). En el mismo año, el 11.5% de los encuestados declaró haber sido víctima de algún delito (11.3% en 2004 y 10.8% en 2007).

Lo anterior implica 7,500 víctimas por cada 100,000 habitantes (7,200 en 2004 y 6,700 en 2007); considerando por delitos, son 12,000 por 100,000 habitantes (11,200 en 2004 y 10,500 en 2007), a nivel nacional. La reincidencia victimal alcanza el 32% (54% hombres y 46% mujeres).

En el Distrito Federal, las personas que aceptaron haber sido víctimas durante 2008 es el 19% (19% para 2004 y 21% en 2007), cifra similar a la obtenida en el INACIPE 25 años antes (19.9%). Por 100,000 habitantes, el Distrito Federal supera en mucho la media nacional, ya que alcanza las 14,100 víctimas (13,300 en 2004 y 14,800 en 2007), y 22,800 delitos (19,700 en 2004 y 25,700 en 2007).

VI.7.6 *Encuesta Internacional*

Como ya mencionamos (III-7) a partir de 1987 se realiza una encuesta internacional de victimización (ICVS), en la cual han ya participado, en sus diversas etapas, 80 países, reuniendo una base de datos superior a los 300,000 registros.

Varios países han patrocinado este trabajo en colaboración con los institutos regionales de las Naciones Unidas (UNICRI, HEUNI, ILANUD, UNAFRI), con el apoyo de UNODC y de diversas instituciones independientes como INTERVICT de la Universidad de Tilburg, y el ICESI de México, que participa por primera vez en 2004-2005.[153]

En esta quinta etapa se reporta una victimización mundial de 15.7% en los delitos escogidos, que sube a 21.7% si se toman en cuenta sólo las grandes ciudades.

Por la gran dificultad para hacer comparaciones, se tomaron en consideración diez crímenes convencionales: los relacionados con vehículos (robo de automóviles, robo a automóviles, robo de bicicleta, robo de motocicleta o motoneta), robo a casa habitación, tentativa de robo a casa habitación, robo de propiedad personal y crímenes de contacto (asalto, ofensas sexuales, robo con amenazas).

Se consideran también los crímenes "no convencionales", como fraude al consumidor, corrupción, crímenes de odio y exposición a problemas relacionados con drogas.

Además, se exploran las relaciones con la policía, la satisfacción de la víctima frente a la policía, el apoyo a las víctimas, el miedo al crimen, las medidas de prevención y las actitudes hacia la ley y la justicia.

---

[153] Dijk, Jan van; Kesteren, John van; Smit, Paul. *Criminal Victimisation in international perspective.* Tilburg University, UNICRI, UNODC, WODC. Holanda, 2007. Hay traducción al español por el ICESI de México, 2008.

En este concierto internacional, México ocupa el triste primer lugar en asalto a mano armada, pero el último en ataque sexual; el segundo lugar en corrupción y el penúltimo en satisfacción del trabajo policiaco. En compensación, se da un gran reconocimiento al trabajo de agencias especializadas en atención a víctimas. Un punto que llama la atención es que el público mexicano es el que más está de acuerdo en la pena de prisión, principalmente para ladrones reincidentes.

VI.7.7 *La "ENVIPE" del INEGI*

A partir de 2010, la Encuesta Nacional de Victimización y Percepción sobre Seguridad Pública (ENVIPE), substituye a la ENSI, y el Instituto Nacional de Estadística y Geografía (INEGI) es el encargado exclusivo de realizar la encuesta (ver D.O.F. 16/VI/2010), por lo que los datos son considerados oficiales.

Preparamos un cuadro de concentración con los principales resultados de los primeros cinco años del ENVIPE (2010-2014), obtenidos con entrevistas en más de 95,000 viviendas al año, de las cuales el 33.18% ha tenido, al menos, una víctima del delito. Se presenta el cálculo de los millones de delitos cometidos y la tasa por 100,000 habitantes, así como los millones de víctimas, consideradas sólo las mayores de 18 años, y la respectiva tasa por 100,000 habitantes. Se agrega una columna con la cifra negra, que es el porcentaje de delitos en los que no hubo denuncia o no se inició averiguación previa.

ENVIPE - INEGI						
AÑO	*Hogares Víctimas*	*Delitos (millones)*	*Delitos (tasa x100,000 h)*	*Víctimas (millones)*	*Víctimas (x 100,000 h)*	*Cifra Negra*
2010	36.0 %	23.1	30,535	18.1	23,993	92.0
2011	30.4 %	22.6	29,200	18.8	24,317	91.6
2012	32.4 %	27.8	35,139	21.6	27,337	92.1
2013	33.9 %	33.1	41,563	22.5	28,224	93.8
2014	33.2 %	33.7	41,655	22.8	28,200	92.8
2015	34.0 %	29.3	35,497	23.3	28,202	93.7
2016	34.2 %	31.1	37,017	24.2	28,788	93.6
2017	33.6 %	33.6	39,369	25.4	29,746	93.2
2018	33.9 %	33.0	37,807	24.7	28,289	93.2

Capítulo VII

TIPOLOGÍAS VICTIMOLÓGICAS

VII.1. Introducción

Una de las preocupaciones básicas de cualquier ciencia es lograr una buena taxonomía; de hecho el principio del quehacer científico se basa en la estructuración de tipologías.

Ya mencionamos que, metodológicamente se debe seguir un camino consistente en la observación, la descripción y la clasificación del objeto de estudio.

De una clasificación clara, objetiva, exhaustiva y mutuamente exclusiva, depende en mucho el avance de la ciencia misma.

La tipología no es el simple gusto de ordenar los fenómenos, sino que debe servir también para orientar las nuevas investigaciones, además de que nos hacer ver con gran facilidad las tautologías y las contradicciones.

La Victimología no es excepción, y desde el principio intentó tipologías propias, que permitieran comprender mejor el papel desempeñado por la víctima en el fenómeno de la victimización.

En este capítulo haremos una revisión de las tipologías más importantes en materia victimológica, poniendo énfasis en las primeras que aparecieron, como las de Mendelsohn y de Hentig. Haremos desde luego una apreciación crítica de cada clasificación.

VII.2. Mendelsohn

Una de las primeras tentativas de clasificación de las víctimas se debe a Mendelsohn; es indudablemente la tipología más conocida y comentada, y se fundamenta en la correlación de culpabilidad entre la víctima y el infractor.[154]

---

[154] Mendelsohn, *op. cit. (La Victimología y las Tendencias).*

La hipótesis de base es que hay una correlación inversa entre la culpabilidad del agresor y la del ofendido, a mayor culpabilidad de uno, menor culpabilidad del otro.

Es decir, que si uno tuviera 100% de culpabilidad, el otro tendría 0%; frente a una víctima totalmente inocente debemos encontrar un criminal absolutamente culpable.

La segunda parte de la hipótesis es que las relaciones entre criminal y víctima tienen siempre un origen biopsicosocial en la personalidad de la víctima (que es quien ahora importa).

El autor comenta que esto es tan sólo un planteamiento teórico, pues en la realidad no se encuentran casos de culpabilidad o inocencia total, como lo demuestra la psicología de las relaciones entre los seres humanos y el estudio de los factores biopsicosociales.

La clasificación queda en la forma siguiente:

1. *Víctima completamente inocente,* que puede calificarse como víctima "ideal"; es decir la víctima *inconsciente;* por ejemplo: el niño víctima.

2. *Víctima de culpabilidad menor-víctima por ignorancia;* por ejemplo: la mujer que se provoca un aborto por medios impropios, pagando con su vida su ignorancia.

3. *Víctima tan culpable como el infractor-víctima voluntaria:*

A) Aquellas que cometen suicidio tirándolo a la suerte (ruleta rusa), lo que está sancionado por ciertos códigos penales.

B) Suicidio por adhesión:

a) La víctima que sufre una enfermedad incurable y que pide que la maten, no pudiendo soportar el dolor (eutanasia).

b) La pareja que pacta el suicidio (íncubo y súcubo): los amantes desesperados, el esposo que mata a la mujer enferma y se suicida.

4. *La víctima más culpable que el infractor*:

A) *Víctima provocadora* que, por su conducta, incita al infractor a comer la infracción.

B) *Víctima por imprudencia,* que determina el accidente por falta de control en sí mismo.

5. *Víctima más culpable* o *únicamente culpable*:

A) *Víctima infractora*: cometiendo una infracción, el agresor cae víctima (exclusivamente culpable-ideal), se trata del caso de legítima defensa, en que el acusado debe ser absuelto.

B) *Víctima simuladora:* el acusador que premeditada e irresponsablemente inculpa al acusado, recurriendo a cualquier maniobra con tal de hacer caer a la justicia en un error.

C) *Víctima imaginaria:* es decir, el paranoico (reivindicador, litigioso, interpretativo, perseguidor-perseguido), histérico, mitómano, senil, infantil o adolescente.

Concluye Mendelsohn que, basándose siempre en las correlaciones de culpabilidad, las víctimas pueden ser clasificadas en tres grandes grupos, para efecto de aplicación de la pena al infractor.

I. Primer grupo:

Víctima inocente: no hay provocación ni otra forma de participación en el delito más que la puramente victimal. Debe aplicarse pena integral al delincuente.

II. Segundo grupo:

a) Víctima provocadora
b) Víctima imprudencial
c) Víctima voluntaria
d) Víctima por ignorancia

En estos casos la víctima colabora en mayor o menor grado, y en ocasiones intencionalmente, por lo tanto debe disminuirse la pena al criminal, en el grado en que la víctima participó en el delito.

III. Tercer grupo:

a) La víctima agresora
b) La víctima simuladora
c) La víctima imaginaria

En estos casos la víctima comete el hecho delictuoso, o éste no existe, por lo que el inculpado debe ser absuelto.

Crítica

La tipología mendelsohniana llama la atención por ser bastante completa y por sus aplicaciones prácticas.

Sin embargo, no se ha visto exenta de críticas, así, Silverman[155] hace ver que solamente toma en consideración a las víctimas individuales, y por lo tanto no contempla a todas las víctimas.

Es verdad que los ejemplos que se dan son exclusivamente personales, pero nos parece que en un análisis detenido, la clasificación puede extenderse a víctimas colectivas.

---

[155] Silverman, Robert A. *Victim Tipologies: Overview, critique, and reformulation.* Victimology. Lexington Books. USA, 1975, p. 56.

Otra observación es que la tipología en cuestión hace referencia a categorías legales, y que el punto de partida es el de culpabilidad, manejado no como fenómeno psicológico sino como ente jurídico, Además, la culpabilidad no es previamente definida, y en ocasiones se usa indistintamente el término "imputabilidad".

Esta clasificación de las víctimas ha sido considerada de gran importancia no sólo para la victimología, sino en sus aplicaciones jurídico-penales, ya que de ésta se desprende el grado de responsabilidad del delincuente, pues nos indicará qué tan culpable puede ser la víctima en la comisión del delito, restando ésta a la responsabilidad del infractor.

VII.3. Hentig

Hans von Hentig, en sus primeras obras,[156] intenta una clasificación en la cual se aparta de criterios legales para proponer cinco categorías de "clases generales" y seis de "tipos psicológicos". Es de advertirse que no pretende hacer una clasificación de todas las víctimas, sino de categorizar a las más frecuentes o mayormente victimizables.

A) Las clases generales *(general classes)* son:

1. *El joven,* que por su debilidad, en el reino animal y en la especie humana, es el más propenso a sufrir un ataque.
2. *La mujer,* cuya debilidad es reconocida, aun por la ley.
3. *El anciano,* que está incapacitado en diferentes formas.
4. *Los débiles y enfermos mentales,* entre los que sitúa al drogadicto, al alcohólico y a otras víctimas potenciales por problemas mentales.
5. *Los inmigrantes, las minorías y los tontos (dull normals),* pues tienen una desventaja frente al resto de la población.

B) Los tipos psicológicos *(psychological types)* son:

1. El *deprimido,* en el cual está abatido el instinto de conservación, por lo que se pone constantemente en peligro.
2. El *ambicioso (acquisitive),* cuyo deseo de lucro y avaricia lo hacen fácilmente victimizable.
3. El *lascivo (wanton),* aplicado principalmente a mujeres víctimas de delitos sexuales que han provocado o seducido.
4. El *solitario* y el *acongojado (heart broken),* que bajan sus defensas en busca de compañía y de consuelo.

---

156 Hentig, Hans von. *The Criminal and his Victim.* Yale University. New Haven, USA, 1948.

5. El *atormentador,* quien ha martirizado a otros hasta provocar su victimización.

6. El *bloqueado,* el *excluido* y el *agresivo (fighting),* que por su imposibilidad de defensa, su marginación, o su provocación, son fáciles víctimas.

En la parte final de su obra *El delito,*[157] Hentig da un tratamiento diferente, y sin intentar propiamente una clasificación, divide a las víctimas según cuatro criterios: la situación; los impulsos y eliminación de inhibiciones; la capacidad de resistencia; la propensión a ser víctima.

Hagamos un breve resumen de esta tipología.

1) *Situaciones de la víctima*

a) *Víctima aislada.* Se aparta de las normales relaciones sociales, se torna solitaria, poniendo en peligro su integridad, ya que se priva de la natural protección de la comunidad. Son ejemplos el anciano, el extranjero, la viuda, el desertor, el misántropo, etcétera.

b) *Víctima por proximidad.* La proximidad "excesiva, angustiosa" es un factor victimógeno; Hentig distingue la proximidad espacial, familiar y profesional.

En la primera tenemos las aglomeraciones, que son la "proximidad condensada", y producen víctimas de robo (carteristas) y atentados al pudor (frotadores). Hay ocasiones en que una persona fue victimizada tan sólo por "estar cerca".

La proximidad familiar produce parricidios, incestos y violaciones.

Hay profesiones que llevan a una proximidad peligrosa, como el médico, el párroco, el profesor, la prostituta, que pueden convertirse en víctimas o en victimarios.

2) *Impulsos y eliminación de inhibiciones de la víctima*

a) *Víctima con ánimo de lucro.* Es aquella que por codicia, por deseo de enriquecimiento fácil, cae en manos de estafadores.

b) *Víctima con ansias de vivir.* Es aquella que se ha privado de las cosas de que la mayoría ha gozado, y trata de recuperar el tiempo perdido, de vivir lo que no ha vivido. Se ponen como ejemplo de este deseo el ansia de libertad, la búsqueda de aventuras y peligros, de nuevas impresiones, la pasión por el juego, el emigrar, el derroche, etcétera.

---

[157] Hentig, Hans von, *op. cit. (El delito),* pp. 408 y ss.

c) *Víctimas agresivas.* Son aquellas que han torturado a su familia, a sus amigos, su amante o subordinados, los que llegado el momento y por un mecanismo de saturación, se convierten de víctimas en victimarios.

d) *Víctimas sin valor.* Parece ser un sentimiento arraigado en el pueblo, de que determinadas personas inútiles son víctimas de menos valor. Se ponen como ejemplo los viejos, los "pesados", los malos, los pecadores, los "infieles", etcétera.

3) *Víctima con resistencia reducida*

a) *Víctima por estados emocionales.* "Los sentimientos fuertes arrastran consigo a la totalidad de las funciones psíquicas y las agotan y varían en su favor. Eliminan todo atisbo de crítica que impida su pleno desarrollo y que suponga de momento un debilitamiento".[158] Así, la esperanza, la compasión, la devoción, el miedo, el odio, etc., son estados emocionales propicios a la victimización.

b) *Víctima por transiciones normales en el curso de la vida.* En este caso cuenta en primer lugar la corta edad, por ingenuidad, la confianza y la inexperiencia. La pubertad y la vejez están en segundo lugar. En las mujeres el embarazo y la menopausia ocupan un lugar privilegiado.

c) *Víctima perversa.* Hentig incluye aquí a los que él denomina "psicopáticos". Se trata de desviados que son explotados por su problema.

Se dan como ejemplos los homosexuales, las prostitutas, el estuprador, el violador y el masoquista.

d) *Víctima bebedora.* La existencia de alcoholismo es fácilmente comprobable en una buena cantidad de víctimas, "el alcohol está a la cabeza de los factores que crean víctimas".

e) *Víctima depresiva.* La preocupación y la depresión llevan a buscar la autodestrucción, pues el instinto de conservación "padece achaques" y por lo tanto el sujeto padece "accidentes" y se pone en situaciones francamente victimógenas.

f) *Víctima voluntaria.* Es aquella que permite que se cometa el ilícito, o que por lo menos no ofrece resistencia ninguna. Se dan ejemplos principalmente en materia sexual.

4) *Víctima propensa*

a) *Víctima indefensa.* Es aquella que se ve privada de la ayuda del Estado, porque tiene que evitar la persecución penal. La víctima tiene

---

158 Hentig, Hans von, *op. cit. (El delito)*, p. 512.

que tolerar la lesión, pues la persecución judicial le causaría más daños que los que se han producido hasta el momento.

b) *Víctima falsa.* Es la que se autovictimiza para obtener un beneficio, sea para cobrar un seguro, cubrir un desfalco, etcétera.

c) *Víctima inmune.* Hay ciertas personas que son "tabú" en el mundo del crimen, y que se considera un error victimizarla, es una especie de código no escrito. Como ejemplos se dan los sacerdotes, jueces, fiscales, policías, periodistas, etcétera.

d) *Victima hereditaria.* Es un tema que apenas ha sido objeto de atención, Hentig presenta varios casos.

e) *Víctima reincidente.* A pesar de que la víctima ha sufrido, hay casos en que no toma las precauciones para evitar volver a ser victimizada. Es un fenómeno similar al del criminal reincidente. Se trata de sujetos con impulsos defensivos demasiado débiles o con capacidad de resistencia demasiado pequeña.

f) *Víctima que se convierte en autor.* Parte del postulado de que en la vida no se da únicamente el claro contraste entre autor y ofendido. La transmigración de la violencia del autor a la víctima y de la víctima de nuevo al autor, es un fenómeno que encontramos continuamente. Es algo así como el vencido que se pasa al enemigo, pues le convencen sus mejores métodos de combate.

Crítica

La primera clasificación de Hentig no es en realidad una tipología, en primer lugar porque no contempla un criterio único para encasillar sus casos, más bien parece una ejemplificación de situaciones, de actitudes, de personalidades y de percepciones sociales.

Además, no es exhaustiva, característica reconocida por el mismo Hentig. Al tomar diversos criterios, una misma víctima puede ser considerada en varias categorías.

La clasificación es útil desde el punto de vista ilustrativo, pero no puede ser utilizada para otros fines.

La segunda clasificación tiene ya más claros criterios para ordenar los tipos; la gran virtud de este segundo intento es (además de su amplitud) la intervención de una serie de factores biológicos, psicológicos y sociales, que le dan una gran riqueza.

Sin embargo, un mismo caso puede caer en diversos tipos, así, cualquiera de ellos puede ser reincidente.

VII.4. Jiménez de Asúa

Clasifica en víctimas indiferentes y víctimas determinadas.[159] El cuadro quedaría en la forma siguiente:

- Víctimas
  - Indiferentes (indefinidas)
  - Determinadas
    - resistentes
      - real
      - presunta
    - coadyuvantes

Las víctimas indiferentes a quienes también llama indefinidas, son aquellas en las cuales la víctima pudo haber sido cualquiera, es decir, fue escogida por el criminal al azar.

Las víctimas determinadas son aquellas escogidas específicamente por el criminal, al que no da lo mismo victimizar a cualquiera otra.

Dentro de las víctimas determinadas hay víctimas resistentes y víctimas coadyuvantes.

Las víctimas resistentes lo pueden ser en forma real o en forma presunta, la primera se defiende de manera efectiva, la segunda es victimizada en forma tal que nos indica que el criminal sabía que se iba a defender.

Las víctimas coadyuvantes son aquellas que participan activamente en el delito, y son ejemplificadas por Jiménez de Asúa principalmente en el delito de homicidio, tiranicidio, homicidio justiciero, atormentador-atormentado, pasional, duelo, riña, homicidio consentido, suicidio, muerte y lesiones en accidentes causados por otros, delitos sexuales, delitos contra la propiedad, la estafa, etcétera.

Crítica

La clasificación del maestro español tiene una gran coherencia al tomar un criterio general; sólo haremos la observación de que en la víctima indiferente o indefinida puede encontrarse también la resistente y la coadyuvante, aunque se suponga que la víctima ha siempre de defenderse, en la realidad esto no sucede con la frecuencia esperada.

El problema se ve con mayor claridad en los delitos culposos, por ejemplo los hechos de tránsito.

---

[159] Jiménez de Asúa, *op. cit.*, p. 25.

VII.5. FATTAH

En un primer intento de clasificación, Abdel Ezzat Fattah divide a las víctimas en aquellas que no tienen ninguna responsabilidad y las que tienen una parte de la responsabilidad en la infracción, estas últimas pueden ser clasificadas en tres categorías:[160]

1. *La víctima deseosa o suplicante.* Esta es una víctima que desea el acto delictuoso y que hace todo lo posible por incitar a la gente a cometerlo; ella pide, ella suplica y presta su ayuda y aun asistencia para facilitar la ejecución del acto (menores que piden alcohol, eutanasia solicitada, aborto pedido, etcétera.)

2. *La víctima que consiente libremente.* La víctima voluntaria, con diferencia de la víctima deseosa o suplicante, no toma generalmente una parte activa en la comisión de la infracción. Por otra parte ella no se decide, no hace objeción, no resiste y no ensaya defenderse o impedir que la infracción tenga lugar.

3. *La víctima sin consentimiento.* El hecho de que la infracción tenga lugar sin el consentimiento de la víctima no quiere necesariamente decir que ella no haya favorecido la comisión de la infracción, y que ella sea por lo tanto excluida de toda responsabilidad.

Posteriormente, va a proponer una compleja clasificación, compuesta de cinco tipos básicos y varias subclasificaciones;[161] haremos un apretado resumen:

1. *Víctima no participante.* Es aquella que rechaza al ofensor y a la ofensa, y no ha contribuido al origen de la agresión.

2. *Víctima latente o predispuesta.* Es en la que se puede encontrar cierta inclinación a ser víctima, por defectos de carácter o por otros factores. Las predisposiciones se clasifican en:

A) Predisposiciones biopsicológicas.
a) Edad
b) Sexo
c) Estado físico
d) Alcoholismo

B) Predisposiciones sociales.
a) Profesión u oficio

[160] Fattah, *op. cit. (Quelques problemes),* p. 354.

[161] Fattah, Abdel Ezzat. *Towards a Criminological clasification of Victims.* International Criminal Police Review. USA, 1967, p. 209.

b) Condición económica
c) Condiciones de vida (aislamiento-asocialidad)

C) Predisposiciones psicológicas.
a) Desviaciones sexuales
b) Negligencia, imprudencia
c) Confianza o desconfianza
d) Defectos de carácter (avaricia-vanidad)

3. *Víctima provocativa.* Incita al criminal a cometer la acción, creando una situación que puede conducir al crimen.

4. *Víctima participante.* Interviene en el crimen adoptando una actitud pasiva o facilitando la acción, o aun auxiliando al criminal.

5. *Víctima falsa.* Es la presunta víctima de un crimen cometido por otra persona, o que ha sido víctima de sus propias acciones.

Crítica

La tipología de Fattah es confusa, principalmente por la revoltura en los niveles de interpretación.

Efectivamente, algunos tipos (no participante, participante, provocativas) están concebidos desde un nivel de interpretación conductual, en tanto que otros (latentes, predispuestas) lo están desde el nivel de interpretación individual o personal.

Por lo tanto, las categorías pueden yuxtaponerse, y una víctima puede colocarse en varios supuestos al mismo tiempo.

La subclasificación de la víctima predispuesta es en realidad un cuadro, útil aunque incompleto, de factores victimales.

Obviamente pueden hacérsele las mismas objeciones que a la tipología de Hentig, en el sentido de que no es exhaustiva y de que sólo mira a la víctima individual.

VII.6. SELLIN Y WOLFGANG

Ya habíamos mencionado, en el lugar correspondiente, la división que Sellin hace de la victimización en primaria, secundaria y terciaria.

En un trabajo realizado con Wolfgang,[162] se plantea una tipología de acuerdo a la victimización, es decir, en cuanto a la relación víctima-victimario.

---

[162] Sellin, Thorsten y Wolfgang, Marvin. *The Measurament of Delincuency.* John Wiley and Sons. Nueva York, USA, 1964.

La tipología quedaría en la siguiente forma:

1. *Victimización primaria,* que hace referencia a una víctima individual o personalizada. Esta víctima pudo haber sido atacada "cara a cara" o indirectamente, sin contacto visual o físico.[163]

2. *Victimización secundaria,* que indica una víctima impersonal, comercial o colectiva, a un grupo en particular

3. *Victimización terciaria,* que presupone una víctima difusa y generalizada, en delitos contra el orden público, por ejemplo.

4. *Victimización mutua,* que plantea los casos en los que ambos participantes pueden ser criminal y víctima a la vez. Se trata, por lo general, de actos consensuales (homosexualidad, incesto, etcétera.)

5. *No victimización,* en esta categoría se hace referencia más bien al ofensor que a la víctima; se acerca mucho al "crimen sin víctima".

Crítica

Nuevamente el problema parece ser el de los niveles de interpretación, pues llega a confundirse la conducta con el individuo y con la generalidad.

En esta tipología se está partiendo de conceptos legales (lo cual la limita notablemente), así por ejemplo, se maneja la victimización terciaria como delitos previstos en ciertas leyes, haciendo a un lado la víctima y quedando la relación más bien entre el criminal y la ley.

Es clara y lógica la división en víctimas primarias, secundarias y terciarias, y en esta forma nosotros la hemos tomado, considerando al individuo, al grupo y a la colectividad, y hasta aquí no parece haber problema.

La preocupación principia con la clasificación de "víctima mutua", pues no es exclusiva ya que puede coincidir, por lo menos, con las de víctima primaria y secundaria, y aun con la de "no victimización".

La categoría de "no victimización" es por demás confusa, además de abiertamente contradictoria, pues "no victimización" implicaría "no víctima", y es absurdo meter una categoría de "no víctima" en una clasificación de víctimas, pues la lógica elemental nos dice que la tipología de víctimas implica la existencia de "no víctimas". (Es como si en una clasificación de "no víctimas" incluyéramos la categoría de "víctima").

---

163 *Cfr.* Silverman, *op. cit.*, p. 61.

VII.7. Aníyar

Lola Aníyar de Castro propone las siguientes clasificaciones:[164]

1. *a)* Víctima singular
   b) Víctima colectiva
2. *a)* Víctima de delito
   b) Víctima de sí misma
3. *a)* Víctima por tendencia
   b) Víctima reincidente
   c) Víctima habitual
   d) Víctima profesional
4. *a)* Víctima culposa
   b) Víctima consciente
   c) Víctima dolosa

Crítica

Las clasificaciones de Aníyar son por demás claras; podemos hacer las siguientes observaciones:

Al primer grupo no hay observación, efectivamente puede haber víctima singular y víctima colectiva.

El segundo grupo está estructurado de acuerdo a un criterio jurídico, nosotros agregaríamos las víctimas de conductas antisociales no tipificadas.

El tercer grupo denota, para ser coherente, la ausencia de la víctima que podríamos calificar de "ocasional" o "fortuita", para poder abarcar esta posibilidad, que además es la más abundante.

Es interesante la diferencia entre reincidente, habitual y profesional, ya que la primera es aquella que recae en la victimización, la segunda es la que, de hecho, vive en una situación victimal, y la tercera es la que vive de ser víctima. Obviamente, la prevención, atención y tratamiento deben diferir según la clasificación.

En la cuarta clasificación, Aníyar hace diferencia entre la víctima dolosa y la consciente, pues en la primera, la intención de convertirse en víctima va más allá de la simple actitud que la lleva a ello, busca obtener un lucro o dañar a alguien.

Nos parece que en esta cuarta tipología hace falta la víctima inocente, pues las posibilidades no se agotan en dolo, culpa y consciencia, y además agregaríamos la víctima preterintencional, que esperan-

[164] Aníyar de Castro, Lola, *op. cit. (Victimología)*, p. 76.

do no ser víctima, o sufrir un mal menor, cae en un estado victimal no esperado o mayor al calculado.

VII.8. Gulotta

En un primer trabajo, publicado en conjunto con Augusto Ermentini,[165] Guglielmo Gulotta presenta la siguiente clasificación:

1. Víctima simuladora
a) consciente
b) inconsciente

2. Víctima accidental.

3. Víctima participante
a) provocadoras
b) imprudentes
c) voluntarias

Posteriormente, en su obra *La vittima,* propone la siguiente tipología:[166]

Víctima falsa	Simulada	
	Imaginaria	
Víctima real	Fungible	Accidental
		Indiscriminada
	No fungible participante	Imprudente
		Alternativa
		Provocadora
		Voluntaria

La víctima falsa no es en realidad víctima, o puede haber sufrido en efecto un daño, por accidente o autovictimización, del que acusa a una persona inocente (víctima simulada), la víctima imaginaria no ha sufrido en realidad daño alguno.

Las víctimas fungibles lo son por azar, y pueden sufrir el daño por accidente o por victimización indiscriminada.

---

[165] Ermentini, Augusto y Gulotta, Guglielmo. *Psicología, Psicopatología e Delitto.* Guiffré. Milán, Italia, 1971, p. 211.

[166] Gulotta, *op. cit.,* p. 37.

La víctima no fungible es la que participa en su victimización, por propia voluntad o por provocación o imprudencia, o por el desarrollo de la acción (alternativa: duelo).

Crítica

La primera clasificación de Gulotta nos parece más coherente que la segunda, y se basa en mucho en las ideas mendelsohnianas.

La segunda es más completa, pero puede prestarse a cierta confusión.

VII.9. NEUMAN

El maestro argentino Elías Neuman elabora un cuadro con gran cantidad de tipos que copiamos a continuación:[167]

a) Individuales	Sin actitud victimal	Inocentes Resistentes
	Con actitud victimal culposa	Provocadores (legítima defensa) Provocadoras genéricas Cooperadoras o coadyuvantes Solicitantes o rogantes (mutilación, eutanasia)
	Con actitud victimal dolosa	Por propia determinación (suicidio) Delincuentes (ciertos timos en la estafa)
b) Familiares	Niños golpeados y explotados económicamente (trabajo, instigación a robar) Mujeres maltratadas Delitos del ámbito conyugal (violación, incesto)	
c) Colectivas	La comunidad como nación	Alta traición Rebelión Sedición Levantamiento Toda otra forma de conspiración para derrocar un gobierno legítimamente establecido

[167] Neuman, Elías, *op. cit.*, p. 70.

- *c)* Colectivas (*cont.*)
  - La comunidad social
    - Terrorismo subversivo
    - Genocidio
    - Etnocidio
    - Delitos de "cuello blanco" cometidos por particulares (fraude bancario, financiero)
    - Polución de la atmósfera, la tierra y las aguas
    - Falsificación de medicamentos
    - Falsificación de alimentos
    - Tráfico internacional de drogas
    - Compra fraudulenta de armas de guerra
    - Abuso de poder gubernamental
    - Terrorismo de Estado
    - Abuso de poder económico - social
    - Evasión fraudulenta de capitales por funcionarios
    - Ocultación de "beneficios" por funcionarios
    - Monopolios ilegales
    - Especulaciones ilegítimas desde el poder (con motivo del conocimiento de desvalorizaciones monetarias, por ejemplo)
    - Fraudes con planos urbanísticos
    - Persecuciones políticas a disidentes de todo tipo
    - Censura y uso abusivo de medios de comunicación
  - Determinados grupos comunitarios por medio del sistema penal
    - Leyes que crean delincuentes (drogadictos, usuarios, tenedores)
    - Menores con conductas antisociales
    - Detenidos en sede policial (vejaciones, tratamiento cruel, tortura)
    - Inexistencia de asistencia jurídica
    - Exceso de detenciones preventivas
    - Prisiones de máxima seguridad, promiscuas, que sólo atienden al depósito
    - Inoperancia en la reinserción social de liberados (definitivos o condicionales)
    - Dificultades para el resarcimiento económico de las víctimas

d) Víctimas de la sociedad o del sistema social
- Niños material o moralmente abandonados
- Enfermos
- Minusválidos
- Locos
- Ancianos
- Sumergidos sociales
- Minorías étnicas, raciales y religiosas
- Homosexuales
- Algunos casos de accidentes de trabajo

Crítica

El minucioso trabajo de Neuman es de gran utilidad por la cantidad de posibilidades.

El mismo autor reconoce la dificultad para asir el número, calidad y covariantes de las víctimas, por lo cual la característica esencial de la clasificación es no ser exhaustiva.

El criterio de clasificación (víctimas individuales, familiares y colectivas) es correcto, aunque tenemos nuestras dudas en el último grupo (víctimas de la sociedad o del sistema social) que puede prestarse a dualidad de tipología.

VII.10. Stanciu

La clasificación de Vasile V. Stanciu está basada en los factores victimales, y es la siguiente, con una brevísima explicación:[168]

1. *Víctimas de nacimiento.* Se trata de herencia de los temperamentos y de la transmisión de ciertas enfermedades, así como traumatismos sufridos en la vida intrauterina o al momento del nacimiento.
2. *Víctimas de los padres.* Muy tratada en la literatura, la infancia mártir es siempre actual.
3. *Víctimas de la civilización.* La civilización, en tanto que el modo de pensar y de actual, esculpe la personalidad, cada ser es hombre de una cierta civilización.
4. *Víctimas del Estado.* El Estado, ya sea representado por uno o por muchos, es creador de víctimas.

---

[168] Stanciu, *op. cit. (Les droits...)*, pp. 45 y ss.

5. *Víctimas de la técnica.* La causalidad no es indirecta e inmediata, pero el progreso técnico incide sobre la criminalidad y sobre la victimidad.

Crítica

Desde luego que la primera observación es que la clasificación no es exhaustiva, ni podría serlo, pues los factores victimógenos son múltiples y pueden combinarse.

Stanciu evita el problema afirmando que, de manera general, los factores podrían clasificarse en endógenos y exógenos.

La clasificación está dirigida, en mucho, a la prevención victimal.

VII.11. Schafer

La clasificación de Stephen Schafer está fundamentada en la medida de responsabilidad de la víctima, que viene siendo el eje de la relación criminal-víctima y constituye el punto crítico del problema sobre cómo entender y juzgar el crimen.

1) Víctima sin relación con el criminal.
2) Víctimas provocativas.
3) Víctimas precipitadoras.
4) Víctimas biológicamente débiles.
5) Víctimas socialmente débiles.
6) Víctimas "auto-víctimas".
7) Víctimas políticas.

La primera clasificación es obvia, no hay relación previa entre ofensor y ofendido; las víctimas provocativas incitan la agresión en su contra; las precipitadoras inducen o atraen al criminal; las biológicamente débiles padecen por sus características físicas o mentales; las socialmente débiles no son bien vistas por la sociedad como parte de ella, y las autovíctimas, como su nombre lo indica, se victimizan a sí mismas; finalmente, las víctimas políticas son aquellas que padecen persecución y sufrimiento a causa de sus ideas políticas.

Crítica

Nuevamente encontramos confusión en los niveles de interpretación, pues se encuentran criterios basados en la actitud o comportamiento de la víctima, mezclados con características individuales de la misma.

VII.12. OTRAS TIPOLOGÍAS

Ponti (citado por Gulotta), divide a las víctimas en pasivas y activas.[169]

Dentro de las víctimas pasivas están:

a) La víctima simbólica, es quien sufre un delito con el cual se quiere golpear un sistema, del cual la víctima es exponente.
b) La víctima equivocada, es quien por error sufre el daño que estaba destinado a otra persona.

Dentro de las víctimas activas tenemos:

a) Víctima por el papel desempeñado (por oficio, trabajo, etc.).
b) Víctima por inversión del papel desempeñado. Se da más que todo entre elementos de la mala vida.

Jakovljevic propone la siguiente tipología:[170]

1. Víctimas de delitos tipificados en la ley común.
2. Víctimas de accidentes.
3. Víctimas de terrorismo.
4. Víctimas de desastres naturales.
5. Víctimas de conflictos armados.

Marchiori, en su obra, hace una clasificación de acuerdo a cada delito y en cuanto a la clínica distingue:[171]

a) Víctimas pertenecientes al grupo familiar del autor del delito.
b) Víctima conocida por el autor.
c) Víctima desconocida por el victimario.

Landau-Freeman-Longo, consideran una tipología multidimensional, e incluye:[172]

a) Fuente de victimización
b) Marco legal
c) Intencionalidad del victimario
d) Identificación de la víctima
e) Vulnerabilidad de la víctima

---

[169] Gulotta, *op. cit.*

[170] Jakovljevic, Ivan. *Political Prisioners as Victims.* V Symposium. Yugoslavia, 1985.

[171] Marchiori, Hilda. *La Víctima del Delito.* Marcos Lerner. Editora Argentina, 1990. Hay edición Mexicana de Porrúa, 2000.

[172] Landau-Freeman-Longo, *cit.* por Friday, Paul. *The Faces of Victimology*, en: International Faces of Victimology. WSV Publishing. Alemania, 1992, p. 12.

f) Percepción de la víctima de la victimización
g) Percepción de los otros sobre la victimización
h) Modus Operandi y tipo de victimización
i) Severidad de la victimización
j) Relación víctima-victimario
k) Contribución de la víctima al evento

Esta última tipología ofrece la oportunidad de una visión completa de cualquier victimización, y es útil no solamente por razones académicas, sino que puede aplicarse en la práctica para asistencia a víctimas.

Capítulo VIII

FACTORES VICTIMÓGENOS

VIII.1. Introducción

Por factor victimógeno entendemos todo aquello que favorece la victimización, o sea las condiciones o situaciones de un individuo que lo hacen proclive a convertirse en víctima.

No debe confundirse *factor* con *causa,* ya que el primero favorece, facilita, conduce hacia el fenómeno victimal, en tanto que la segunda produce la victimización.

Solamente podemos hablar de causa victimógena en el caso concreto, ya que causa es aquello que necesariamente produce un efecto, y quitando la causa eliminamos el efecto.

El factor victimógeno posibilita la victimización, pero no la produce; podemos encontrar dos personas con los mismos factores victimógenos, y una llega a ser víctima y la otra no.

En palabras de Stanciu:[173] "De la misma manera que todas las personas que sufren los factores criminógenos no se convierten en criminales, igualmente todos los individuos que se encuentran bajo situaciones victimógenas no se convierten en víctimas.

La personalidad de cada quien y ciertas circunstancias pueden realizar compensaciones y neutralizar la nocividad de las situaciones desfavorables.

Por lo general, los autores aceptan la existencia de los factores victimógenos y la predisposición de ciertas personas para ser víctimas.

Di Tullio,[174] sostiene que existen individuos que poseen una simpatía criminógena, es decir, su personalidad está constituida de tal forma que fácilmente se convierten en víctimas no sólo pasivas, sino hasta voluntarias, de los más variados delitos.

---

[173] Stanciu, Vasile V., *op. cit.* (*Les droits...*), p. 52.

[174] Di Tullio, Benigno. *Principios de Criminología Clínica y Psiquiatría Forense.* Aguilar. España, 1966, p. 300.

Exner [175] opina que: "hay algo así como una aptitud personal, de llegar a ser víctima de una acción delictiva de tipo determinado".

Para Fattah,[176] las predisposiciones victimógenas no solamente contribuyen a la escogencia de esta o de aquella persona como objeto del crimen, sino que desempeñan también el rol de agente provocador que incita a la acción o inspira al criminal la idea del crimen.

Se ha llegado a plantear la existencia de una "víctima nata"; así Aldous Huxley[177] llega a afirmar que: "Existen víctimas por nacimiento, nacidas para ser degolladas así como los criminales nacen para ser colgados de la horca. Tú lo puedes ver en sus caras. Existe un tipo de víctima, así como existe un tipo de criminal."

Este es un error a evitar, más aún si lo enfocamos en el mismo sentido de "criminal nato", o de "predestinación victimal".

Sin embargo, es de reconocer que hay personas con una gran proclividad para ser víctimas, pues se reúne en su contra una gran cantidad de factores victimógenos.

"Se trata de personas que presentan tres características esenciales: un débil instinto de conservación, credulidad e imprudencia. Estas personas tienen un comportamiento tal contra sus intereses y contra su vida que parecen buscar de una manera inconsciente o subconsciente ser robados, defraudados, lesionados y hasta muertos. Nosotros los calificamos como casos de insuficiencia egoísta."[178]

En muchas ocasiones, son sujetos con graves defectos psicológicos (inseguridad, depresión, obsesión, etc.), o que están conectados con ilícitos como el juego, la prostitución y las drogas.[179]

No podemos comprender el fenómeno victimal sin estudiar la personalidad de la víctima, sus cualidades objetivas y subjetivas, así como las circunstancias de la victimización.

Toda conducta o situación humana, aun la de ser víctima, llevan la impronta de la personalidad del sujeto.

Cada hombre tiene su estilo de vida, igual que cada artista tiene su distintivo, cada criminal y cada víctima tienen su estilo.

Por lo tanto hay un estilo criminal y un estilo victimal.[180]

Sin pretender un estudio exhaustivo, en este capítulo analizaremos algunos de los principales factores victimógenos de naturaleza

---

[175] Exner, Franz. *Biología Criminal.* Bosch. España, 1957, p. 430. También en *Criminología,* Vallerdi, Italia, 1953, p. 284.

[176] Fattah, *op. cit.*

[177] Huxley, Aldous *(Contrapunto).*

[178] Stanciu, *op. cit. (Les droits...),* p. 15.

[179] *Cfr.* Aníyar, *op. cit. (Victimología),* p. 55.

[180] Stanciu, *op. cit. (Les droits...),* p. 32.

exógena, dejando para el capítulo siguiente el análisis de los factores de naturaleza endógena.

VIII.2. Clasificación de factores

Existen diversas clasificaciones de factores victimógenos; algunos autores les llaman "predisposiciones", otros "factores de riesgo". Varios los tratan como clasificaciones victimales. En este apartado citaremos algunos ejemplos.

Para Stanciu,[181] los factores que explican la victimidad pueden ser divididos en dos grupos:

1. Factores endógenos (ciertas deficiencias orgánicas).
2. Los factores exógenos (de orden social).

Gulotta[182] clasifica las predisposiciones en función del origen, distinguiendo entre las innatas y las adquiridas. Las primeras son aquellas que posee el individuo desde el nacimiento, como: el sexo, un vicio parcial o total de la mente, una deficiencia física como sordomudez, la ceguera, etcétera.

En cambio, las predisposiciones adquiridas son aquellas que el individuo desarrolla en el curso de su existencia, y por lo tanto, esencialmente, los tratamientos psicosociales y todas aquellas enfermedades que han intervenido después del nacimiento.

Desde el punto de vista temporal, Gulotta distingue entre predisposiciones permanentes y temporales. Las primeras son aquellas que acompañan al individuo durante toda su existencia. Las segundas solamente por un período de tiempo más o menos largo.

Ramírez González desarrolla el siguiente esquema:[183]

Predisposiciones biofisiológicas	Edad Sexo Raza Estado físico
Predisposiciones sociales	Profesión Status social Condiciones económicas Condiciones de vida
Predisposiciones psicológicas	Desviaciones sexuales Estados psicopatológicos Rasgos de carácter

[181] *Ibid.*, p. 44.
[182] Gulotta, *op. cit.* (Vittima), p. 23.
[183] Ramírez González, Rodrigo, *op. cit.*, p. 17.

Mendelsohn[184] considera que son factores determinantes:

I. El ambiente endógeno (bio-psicológico). En situaciones en que cualquier persona razonable debe pensar en su propia seguridad, implica medida de precaución.

II. El medio natural circundante. Constituido por fuerzas independientes o incontrolables.

III. El medio natural circundante modificado. Este es resultado de la contaminación de los componentes necesarios para la vida en el medio natural.

IV. El medio social.

a) Individuos antisociales.

b) Organizaciones antisociales.

V. El medio antisocial. (Política de Estado o partido dictatorial, totalitario o racista).

VI. El medio de manejo. Se trata del manejo de todas las máquinas domésticas o industriales.

Steinmetz[185] presenta el siguiente cuadro:

Factores de riesgo	*Aspectos*	*Operacionalización*
Factor de atracción	Posesión de objetos valiosos	Nivel de ingresos, conducta de comprador, ajuar de la casa, traer dinero suelto en lugar de cheques.
	Características sexuales	Mujer joven (forma de vestir).
	Tener las características de un rival	Adolescentes (conducta de cambio).
Factor de proximidad	Vivir en los alrededores de delincuentes potenciales.	Vivir en una gran ciudad o en un distrito criminal.
	Visitar lugares frecuentados por delincuentes potenciales	Conducta de paseo de compras, utilizar medios de transporte colectivos.
Factor de exposición	Prevención técnica	Accesibilidad a la habitación, los automóviles, las chapas.
	Vigilancia/protección	Vivir en una casa sin custodia, vivir en un lugar aislado.
		Ir o estar en situaciones en las cuales nadie puede ayudar.
		Falta de disposición o inclinación de los vecinos para auxiliar.

184 Mendelsohn, *op. cit. (La Victimología y las Necesidades).*

185 Steinmetz, C. H. D. *Victimization Risks.* III Symposium. Alemania, 1979.

Podríamos proponer también la división de factores en víctimo-impelentes y víctimo-repelentes; los primeros serían aquellos que impulsan al sujeto hacia una situación victimal, en tanto que los segundos inhiben o impiden tal situación.

Se llegaría a la victimización en aquellos casos en los que los factores víctimo-repelentes no son suficientes en calidad y cantidad, y son superados por los factores víctimo-impelentes.

Es interesante señalar que ciertos factores pueden ser víctimo-impelentes y víctimo-repelentes simultáneamente, por ejemplo: el poseer una gran fortuna representa un imán para los ladrones, y ponen al sujeto en un riesgo de ser víctima de un delito patrimonial, pero al mismo tiempo, la abundancia de medios permite adquirir una serie de mecanismos de protección que impiden múltiples atentados.

En un esquema dinámico, y tomando como base las ideas de Di Tullio,[186] dividimos los factores victimógenos en predisponentes, preparantes y desencadenantes.

Los factores predisponentes son, por lo general, de naturaleza endógena; crean en el sujeto una serie de debilidades que lo hacen propenso a caer víctima de sí o de otros. Pueden ser biológicos (edad, enfermedad), psicológicos (deficiencia mental, complejos), o aun sociales (marginación, discriminación).

Los factores preparantes son, por lo general exógenos, y se van desarrollando con el tiempo; así: una relación de enemistad, la ingestión de alcohol o drogas, etcétera.

El factor desencadenante puede ser cualquiera, y su naturaleza puede ser mixta. La provocación al victimario, el descuido momentáneo, el asistir a un lugar victimógeno, pueden ser ejemplos claros.

VIII.3. Los factores exógenos

Como su nombre lo indica, los factores exógenos son aquellos que se encuentran fuera del individuo.

Los factores exógenos pueden ser de muy diversa naturaleza: telúricos, espaciales, temporales, sociales, etcétera.

Quetelet, desde el primer tercio del siglo pasado había enunciado sus "leyes térmicas", señalando la relación entre temperatura, clima, época del año y crimen. Guerry, por su parte, realizó mapas de las zonas criminógenas.

---

[186] Di Tullio, *op. cit.*, p. 301.

Estos conocimientos son aprovechadas hoy por la Victimología, pues se pueden identificar situaciones y lugares victimales, haciendo calendarios y mapas de la victimización.

Para nadie es desconocido que existen ciertos lugares (bares, puertos, determinados barrios, etc.) que son "peligrosos", es decir que en ellos se corre peligro, o sea que son victimógenos.

De la misma manera, es de sentido común que a determinadas horas no es conveniente "salir solo(a)", y que en vacaciones es riesgoso dejar la casa sin custodia.

La teoría de la oportunidad[187] está siendo utilizada ampliamente en explicaciones victimológicas:[188] la "oportunidad" de ser víctima aumenta de acuerdo a los cambios sociales y desarrollo de la tecnología.

Este último punto ha sido contemplado por Mendelsohn: "una civilización tecnológica tiene un punto débil: el número de sus víctimas aumenta en proporción directa con su progreso".[189]

En los apartados siguientes estudiaremos algunos factores victimógenos de naturaleza exógena, haciendo hincapié en nuestra realidad y en los resultados de nuestras investigaciones.

Antes de continuar es necesario hacer un par de aclaraciones: indudablemente el fenómeno victimal es una combinación de factores, por esto la escasa significancia en algunos de ellos si se estudian aislados.

Dentro de los factores sociales, parece tener especial importancia la estructura política y las relaciones de poder, a esto dedicaremos capítulo aparte.

VIII.4. Estado civil

El estado civil de la víctima es determinante en cierto tipo de delitos como el adulterio o la bigamia, y puede tener peculiar importancia en otros (sexuales).

En este apartado no haremos diferencia por delitos, sino que expondremos lo encontrado en nuestra realidad en las víctimas en general.

---

[187] Cloward, Richard & Ohlin, Lloyd. *Delincuency and Opportunity*. The Free Press. USA, 1966.

[188] Dijk, Jan J. M. Van; Steinmetz, Carl. *The burden of crimen in Dutch Society*, en: *Victimization and Fear of Crimen: World Perspectives*. U. S. Department of Justice. USA, 1984, p. 40.

[189] Mendelsohn, *op. cit. (La Victimología y las Tendencias)*, p. 61.

Los resultados obtenidos en la investigación de Xalapa son los siguientes:

CUADRO Nº 6
ESTADO CIVIL
(XALAPA)

Estado civil	*Víctimas* *Hombres*	*Mujeres*	*No víctimas* *Hombres*	*Mujeres*	*Total*
Soltero	447	410	433	400	1 690
Casado	158	145	99	101	503
Viudo	11	25	1	3	40
Divorciado	11	18	6	8	43
Unión libre	28	28	20	24	100
Sin respuesta	11	3	1	14	29
Total:	666	629	560	550	2405

En primer lugar, llama la atención el gran número de solteros (70.27% frente al 42.96% obtenido en el censo general), esto se debe al gran número de estudiantes entrevistados.

La soltería no parece ser factor importante, hay el mismo porcentaje de solteros víctimas y no víctimas, tanto en hombres como en mujeres (50.7% y 49.4% respectivamente).

De los casados, el 61.5% de los hombres y el 58.9% de las mujeres han sido víctimas, en la unión libre es de 58.3% hombres y 53% mujeres.

En los divorciados, el 64.70% de los hombres y el 69.23% de las mujeres han sido víctimas.

En los viudos la cifra sí es importante, ya que el 89.3% de las mujeres y el 91.7% de los hombres, cuyo estado civil es la viudez, confesaron haber sido víctimas, lo que parece confirmar la idea popular de los "negocios de viuda", así como la afirmación de algunos autores sobre la indefensión, soledad, etc., de los viudos.

Es decir, encontramos una escala de victimización, de menos a más, en la forma siguiente: solteros-unión libre-casados-divorciados-viudos.

Para cotejar estos resultados, obtenidos de la pregunta: ¿cuál es su estado civil?, se hizo la pregunta: ¿cuál era su estado civil cuando fue víctima?, no encontrándose diferencias notables en cuanto a porcentajes, solamente se encontró un mayor número de casos sin respuesta.

En la investigación del Distrito Federal y zona conurbada, se obtuvieron los siguientes resultados:

CUADRO Nº 7
ESTADO CIVIL
(D.F., Z.C.)

	Víctimas				*No-víctimas*			
	Total		*%*		*Total*		*%*	
	D.F.	*Z.C.*	*D.F.*	*Z.C.*	*D.F.*	*Z.C.*	*D.F.*	*Z.C.*
Soltero (a)	162	52	41.	37.	580	320	37.	38.
Casado (a)	181	81	46.	58.	820	477	52.	56.
Viudo (a)	20	4	5.	3.	90	24	6.	3.
Divorciado (a)	5	1	1.	1.	29	7	2.	1.
Unión libre	23	2	6.	1.	47	17	3.	2.
Total:	391	140	99.	100.	1 566	845	100.	100.

Como puede observarse, el 46% y 58% fueron víctimas casadas y el 41% y 37% fueron solteras. Para no-víctimas el 52% y 56% fueron casadas y el 37% y 38% solteras. No se encontraron diferencias sustanciales que pudieran indicar mayor victimización según el estado civil de las personas.

La escala de victimización, comparando proporción entre víctimas y no-víctimas del Distrito Federal sería la siguiente, de menos a más: divorciados, casados, viudos, solteros, unión libre.

VIII.5. ESCOLARIDAD

La escuela es un factor social de importancia en todo fenómeno que se presenta en la colectividad; la victimización no puede ser una excepción.

La escuela en sí puede ser victimizante, puede ser también un medio victimógeno (ver *infra*). Por el contrario, debe ser un instrumento de protección y enseñanza para evitar la victimización.

El grado escolar más alto que han completado los entrevistados en Xalapa es el siguiente:

CUADRO Nº 8
ESCOLARIDAD

Respuesta	*Hombres*	*Mujeres*	*Víctimas* *Total*	*%*	*No-víctimas* *Total*	*%*
Menos de sexto año	68	89	157	14	74	10
De sexto año a tercero de secundaria	200	197	397	36	339	44
Terminó preparatoria (bachillerato)	112	90	202	18	188	24
Universidad no terminada	64	53	117	11	68	9
Escuela Técnica	18	14	32	3	21	3
Terminó Universidad	30	28	58	5	44	6
Obtuvo Licenciatura	40	30	70	6	22	3
Algún otro	22	56	78	7	14	2
Sin respuesta	116	78	194	—	367	—
Total:	670	635	1 305		1 137	

La escolaridad más abundante está entre el sexto de primaria y el tercero de secundaria.

Haciendo comparación con las no-víctimas, vemos que éstas tienen, en proporción, menos personas debajo de primaria y con título universitario, y más personas con secundaria y bachillerato, estando casi iguales en técnicos, y siendo menos diversificados que las víctimas.

VIII.6. PROCEDENCIA

La Victimología ha estudiado la procedencia de las víctimas, principalmente en lo referente a victimización de extranjeros.

En nuestras investigaciones los resultados son pobres, pues sólo el 0.755% de la muestra en Xalapa y el 0.71% de la del INACIPE resultó ser extranjero.

En cuanto al lugar de nacimiento de las víctimas, en Veracruz hay la tendencia a ser originarios del Estado, en tanto que en el Distrito Federal el 57% de las víctimas son nativos del mismo (en la zona conurbada, que es de inmigración, el porcentaje es de 46.2%).

En teoría, los extranjeros son victimizables por su desconocimiento del medio, de las costumbres y del idioma. En ocasiones por la discriminación y la xenofobia.

No es aquí el momento de tratar el tema, pero sí consideramos necesario al menos mencionar a los trabajadores indocumentados, impropiamente llamados "ilegales" (principalmente latinoamericanos) en los Estados Unidos de Norteamérica, que son victimizados en toda la extensión de la palabra (explotados, robados, perseguidos, estigmatizados, etcétera).[190, 191]

VIII.7. La familia

Mucho se ha escrito sobre la víctima solitaria, por esto averiguamos cuántas víctimas viven solas, encontrando (en Xalapa) que el porcentaje es de 4.95%, frente al 5.5% de las no-víctimas; en el Distrito Federal y zona conurbada las víctimas que viven solas son el 5% y 4%, en tanto que las no-víctimas son 5% y 4.2%.

Lo anterior nos lleva a concluir que el número de personas con las que se vive parece no tener la menor influencia en la victimización.

Podemos agregar que las víctimas viven en promedio con 4.43 personas, en tanto que las no-víctimas comparten habitación con 4.44 sujetos.

En cuanto a la victimización de otras personas que viven con los entrevistados, encontramos que en las casas de las víctimas hay más victimización que en las casas de las no-víctimas.

Al 44.68% de las víctimas le fue victimizada otra persona que vive con ellas, en las no-víctimas es de 32.42%.

Lo anterior nos hace pensar que hay factores sociales y ambientales de victimización (*v.gr.* barrio criminógeno).

Este resultado, que nos parece por demás interesante, toma en cuenta tan sólo la victimización producida por extraños, y no hemos considerado la violencia intrafamiliar.

La violencia intrafamiliar es uno de los problemas que más preocupan en la actualidad por su gran potencial victimógeno; más adelante analizaremos diversas manifestaciones, como el maltrato a niños, las mujeres golpeadas, etcétera.

---

190 Para una mayor información ver nuestro estudio: "Migración y Crimen Organizado en Centro y Norteamérica". *Criminalia.* Año LXIII, Nº 2. pp. 166 y ss. Editorial Porrúa, México, 1997. También en *Migration and Crime.* ISPAC. Italia, 1996.

191 Ver Lima Malvido, María de la Luz. "Control Social y movimientos de población". *Criminalia.* Año LXIII. Nº 2. pp. 125 y ss. Editorial Porrúa. México, 1996.

Así como existen familias criminógenas, las hay también victimógenas, en cuyo seno abundan las víctimas.

VIII.8. La profesión

El trabajo puede ser un factor victimógeno de importancia; desde los primeros estudios de Victimología se descubrió que existen profesiones que llevan consigo situaciones de peligro.[192]

Sin considerar los accidentes laborales, que podrían ilustrar ampliamente lo aseverado en el párrafo anterior, y tomando en cuenta exclusivamente la victimización criminal, podemos afirmar que hay ocupaciones plenamente victimógenas.

Como ejemplos típicos podemos citar a los policías, taxistas, repartidores de mercancía, cajeros de banco, cobradores, y algunas profesiones ilegales (prostitución, apostadores).

Por el contrario, hay profesiones "intocables", que están más a salvo (generalmente) de la victimización, así, los sacerdotes, médicos, maestros, misioneros, jueces, fiscales, etcétera.

En nuestra investigación (Xalapa), la ocupación de las víctimas se distribuyó de la manera siguiente:

Cuadro Nº 9
OCUPACIÓN VÍCTIMAS
(Xalapa)

Ocupación	*Hombres*	*Mujeres*	*Total*
Estudiante	267	134	401
Empleado	81	52	133
Ama de casa	0	58	58
Profesor	11	26	37
Comerciante	12	8	20
Obrero	9	0	9
Profesional	28	9	37
Campesino	36	1	37
Sin oficio	4	2	6
Jubilado	1	2	3
Servicios	60	12	72
Sin respuesta	159	325	484
Total:	668	629	1 297

[192] Así, Hentig, Göppinger, Aniyar, *op. cit.*, pp. 483, 370 y 45, respectivamente.

La ocupación de estudiante parece ser la más "victimógena", pues reúne el 49.32% de las personas que respondieron (el 29.7% de la población total de Xalapa son estudiantes).

Esto puede tener varias explicaciones, entre ellas que:

a) Xalapa es una ciudad estudiantil.

b) La mayor parte de los encuestados son estudiantes.

c) La edad de iniciación victimal (16-20 años) coincide con la etapa de ir a la escuela.

d) Efectivamente se tienen problemas de criminalidad en el medio escolar actual.

En cuanto a las otras ocupaciones, ente las principales tenemos: empleados (16.35%), servicios (8.85%), amas de casa (7.13%) y profesores, profesionistas y campesinos con un 4.5% cada uno.

Los datos para el Distrito Federal y zona conurbada son similares, pues el primer lugar lo ocupan los estudiantes con 31.5% y 12.82% respectivamente. Los empleados administrativos y los prestadores de servicios van a continuación con 15.8%, 13.85, 16.1% y 16.5%. Las amas de casa tienen el 13.1% y 12.8%

CUADRO Nº 10

OCUPACIÓN VÍCTIMAS

(D.F., Z.C.)

	F. absoluta		*F. relativa*	
Ocupación	*D.F.*	*Z.C.*	*D.F.*	*Z.C.*
Profesionales y Técnicos	29	11	9.7	10.1
Funcionarios superiores y directivos	—	1	—	.9
Personal administrativo	47	15	15.8	13.8
Comerciantes, vendedores y similares	17	14	5.7	12.8
Trabajadores servicios diversos y conductores	48	18	16.1	16.5
Trabajadores agrícolas	—	—	—	—
Trabajadores no-agrícolas	24	16	8.11	4.7
Estudiantes	94	20	31.5	18.3
Hogar	39	14	13.1	12.8
Sin dato	95	—	ajuste	—

Muy unido al factor ocupación está el de ingresos; la teoría indica que a mayor poder económico menor victimización, pues los elementos de defensa son mejores.

Esta teoría la vimos confirmada en nuestra investigación, aunque se trata de datos que los entrevistados de la muestra son renuentes a proporcionar (posiblemente por razones fiscales), sí resulta que la victimización se carga hacia sujetos de ingresos medios (27%) o muy bajos (22.5%); el 35.6% obtenían ingresos menores a 2,000 pesos (para 1976).

VIII.9. El espacio y tiempo victimales

Toda victimización se realiza dentro de un tiempo y un espacio determinados.

El tema tiene mayor importancia ya que existen lugares, barrios y zonas victimógenas, que no deben confundirse con los lugares, barrios y zonas criminógenas, pues no siempre coinciden.

Las zonas victimógenas son aquellas en que se realizan las victimizaciones, a diferencia de las criminógenas en que se gesta la criminalidad.

La Escuela de Chicago ha desarrollado una teoría ecológica de la victimización.[193]

Las zonas urbanas tienen un índice de victimización mayor a las suburbanas, las que tienen un índice más alto que las rurales.

La investigación finlandesa indica que en las zonas urbanas hay un incremento en victimización, de crecimiento rápido, en tanto que en las áreas rurales hay un pequeño y lento incremento.[194]

Las investigaciones concuerdan en la importancia que tiene el vecindario, pero señalan también las variaciones de las cifras por las características personales (edad, sexo, status, etc.), la forma de vida, el empleo del tiempo, así como las dificultades para investigar violencia intrafamiliar.

Es por demás interesante consignar los lugares en que la víctima sufrió el ataque; en nuestra investigación, presentamos separados los resultados de hombres y mujeres, especificando los diversos delitos.

---

[193] Pope, Carl. *Personal victimization rates and neighborhood characteristics.* III Symposium. Alemania, 1979.

[194] Aromaa, Kanko. "Three surveys of violence in Finland, II", en: *Victimization and fear of crimen: World Perspectives.* U.S. Department of Justice. USA, 1984, p. 20.

CUADRO Nº 11
LUGAR (MUJERES)
(XALAPA)

Delito	*Lugar público*	*Vía públ.*	*Lugar cerrado*	*Despo- blado*	*Casa- habit.*	*Trans- porte*	*Total*
Robo	52	45	36	1	95	47	276
Injurias	43	29	10	3	40	10	135
Lesiones	20	18	5	5	17	10	75
Atentado al pudor	15	14	2	2	—	31	64
Abuso confianza	17	2	7	—	37	—	63
Daños en propiedad ajena	4	5	1	1	21	1	33
Allanamiento morada	3	—	2	—	25	—	30
Fraude	14	1	2	—	11	—	28
Abandono persona	6	—	1	—	21	—	28
Abuso autoridad	8	5	2	—	8	—	23
Violación	3	—	7	7	5	1	23
Despojo	2	1	1	1	7	—	12
Estupro	2	—	—	3	3	2	10
Otros	3	—	—	2	2	1	8
Rapto	1	—	1	2	1	2	6
Amenazas	—	—	—	—	5	—	5
Difamación	—	—	—	—	1	—	1
Asalto	—	—	1	—	—	—	1
Falsificación firma	—	—	1	—	—	—	1
Total:	193	120	78	27	299	105	822

CUADRO Nº 12
LUGAR (HOMBRES)
(XALAPA)

Delito	*Lugar públ.*	*Vía públ.*	*Lugar cerrado*	*Despoblado*	*Casa-habit.*	*Transporte*	*Total*
Robo	64	79	28	6	50	31	258
Lesiones	78	86	13	8	10	7	202
Injurias	62	51	11	2	9	10	145
Abuso confianza	22	16	13	—	18	2	71
Abuso autoridad	23	29	11	—	4	2	69
Daños en propiedad ajena	7	12	2	2	16	1	40
Fraude	13	3	2	—	4	—	22
Allanamiento morada	2	—	—	—	18	—	20
Despojo	3	2	2	2	5	—	14
Abandono persona	4	2	1	—	4	—	11
Otros	6	1	1	—	1	—	9
Atentado al pudor	1	—	—	—	2	2	5
Golpes	—	4	1	—	—	—	5
Asalto	1	1	—	—	2	—	4
Violación	—	—	—	2	—	—	2
Tentativa de robo	—	2	—	—	—	—	2
Rapto	—	—	—	1	1	—	2
Difamación	—	—	—	—	2	—	2
Amenazas	—	1	—	—	—	—	1
Total:	286	289	85	23	146	55	884

El lugar de victimización es variable, según el delito y según el sexo.

Los lugares públicos obtienen el primer lugar, 28% de las víctimas lo fueron en un lugar público. La casa-habitación es el segundo, con 26%, luego siguen la vía pública, los lugares cerrados, los transportes y despoblados, con 23, 10, 9 y 3 por ciento respectivamente.

Entre lugar público y vía pública suman el 51% de los hechos victimales.

Para las mujeres el lugar de mayor victimización es la casa-habitación, pues el 36% de las victimizaciones femeninas sucedieron ahí (frente al 17% de los hombres).

Solamente los atentados al pudor son cometidos fuera de casa, en la gran mayoría de los delitos las mujeres son víctimas en su propio hogar.

Lo anterior es explicable, por la gran cantidad de amas de casa en la muestra, y porque la mujer pasa más tiempo en casa que en lugares públicos.

En los hombres, por el contrario, los lugares públicos y la calle son los sitios de mayor victimización.

En los cuadros queda expuesto el lugar que consignaron las víctimas para cada delito.

Considerando tan solo robo, asalto y violación, los lugares más peligrosos, en su orden serían:

En casa o departamento	26.2%
En la calle, fuera de casa	25.2%
En la calle, cerca de la casa (dentro de unas cuantas manzanas)	11.3%
En la escuela	7.4%
En el lugar de empleo, trabajando	6.7%
En una tienda, cantina o cabaret, u otro sitio comercial	1.0%
En algún otro sitio	15.6%
	93.4%

Contra lo que pudiera suponerse, el lugar más inseguro es la propia casa, seguido de la calle lejos de casa.

Para los hombres es más peligrosa la calle, lejos o cerca de casa, para las mujeres el propio hogar, el trabajo y la escuela.

Se investigó también el tiempo de residencia de víctimas y no-víctimas, no encontrándose diferencia significativa en este renglón en ninguna de las investigaciones.

En cuanto al tiempo victimal, no creemos necesario reproducir los cuadros, pues simplemente comprueban lo muy sabido de que las victimizaciones en general aumentan hacia fines de año (septiembre, octubre, noviembre y diciembre). El más victimógeno es diciembre, el menos es abril.

El día de la semana con mayor frecuencia victimógeno es el sábado, que reúne el doble de hechos que cualquier otro día, el de menor victimización es el martes.

En la investigación de CONSEGU podemos apreciar un cambio notable en la estructura espacial de la victimización, pues la inseguridad se carga fuera de la casa, que sólo da el 12%, en comparación con la vía pública (53%), transporte público (22%), centro de trabajo (5%), centro comercial (4%) y escuela (2%).

En lo temporal, CONSEGU reporta como los meses más victimógenos septiembre y julio, los menos enero y diciembre, y en cuanto al día jueves y viernes como los de mayor frecuencia y el domingo como el menos peligroso.

Capítulo IX

LOS FACTORES ENDÓGENOS

IX.1. Introducción

En este capítulo mencionaremos la influencia de los factores endógenos en la victimidad.

A diferencia de los factores exógenos que están fuera del individuo, los endógenos están dentro del mismo.

Para su mejor análisis, los hemos dividido en dos grandes grupos: los de índole biológica y los de naturaleza psicológica.

IX.2. Factores biológicos

Mucho se ha discutido la intervención de los factores biológicos en la génesis del crimen. Sin tocar el problema en el victimario, debemos reconocer que en la víctima pueden intervenir con relativa frecuencia y de manera especial en ciertas formas de victimización.

Para Hentig: "El individuo débil, tanto en el reino animal como entre los hombres, es aquel que probablemente será víctima de un ataque. Algunos como los menores y los ancianos son débiles en lo físico; otros pertenecen al sexo débil; otros son débiles de espíritu."

El mismo autor [195] dice que: "es comprensible, y estaba además objetivamente justificado, que el interés de la ciencia se centrara en primer término en la influencia de la herencia en el autor".

"La transmisión por la herencia de rasgos esenciales del ofendido, no ha sido apenas objeto de atención."

Algunos autores, como Pérez Zárate, afirman que se encuentra entre familiares, la transmisión por la herencia de algunas cualidades, como la codicia, el carácter pendenciero y la tendencia a la depresión, se transmiten los genes a este tipo de víctimas.[196]

---

[195] Hentig, *op. cit. (El Delito)*, p. 553.

[196] Pérez Zárate, Arturo. *La Victimología.* Tesis UAVT. México, 1976, p. 43.

Opinamos que aún falta mucho por investigar en este terreno, no hemos encontrado trabajos de importancia en materia de factores hereditarios, aunque la razón indica que el debilitamiento congénito hace al sujeto proclive a ser víctima.

El sujeto enfermo, desnutrido, inválido, deforme, es ya de por sí una víctima, por atraer la curiosidad o la no siempre sana piedad de la sociedad; en muchos casos sufre por no tener acceso a la atención sanitaria necesaria (falta de medicación, de vacunación, de asistencia médica y hospitalaria) y, en ocasiones, sus deficiencias se deben a la carencia de los satisfactores básicos, como es el caso de la desnutrición, o la ausencia de una educación adecuada.

Sumada a esta victimización viene la sobrevictimización de los que se aprovechan de su debilidad.

La persona hambreada y/o enferma cae fácilmente en garras de los explotadores, que le pagarán un mísero salario, o de los charlatanes, que terminarán de exprimirla ofreciéndole curas milagrosas.

La persona enferma o con minusvalías físicas puede ser también propensa a victimización no criminal, es decir a accidentes.[197]

En la investigación mexicana, resulta que, en el momento de la victimización, tenían algún problema físico el 11.95% de las víctimas del D.F., el 7.3% en la zona conurbada y el 8.68% en Xalapa (ver el problema concreto en los cuadros 13 y 14).

CUADRO Nº 13
ESTADO FÍSICO DE LA VÍCTIMA
(XALAPA)

Estado	*Hombres*	*Mujeres*	*Total*
Normal	515	474	989
Ebrio	47	13	60
Drogado	9	2	11
Imposibilitado	4	4	8
Enfermo	4	9	13
Dormido	1	1	2
Sin respuesta	86	129	215
Total:	666	632	1 298

[197] En este sentido, es interesante el trabajo de Meyersohn, basado en autopsias de personas fallecidas en accidente, en los que se encontró patologías pre-existentes que darían una explicación diferente a la muerte del sujeto. *Cfr.* Meyersohn, J. *The importance of pre-existing pathological changes in accident victims.* I Symposium. Israel, 1973.

La importancia estriba en que 9 de cada 10 víctimas tenían alguna posibilidad de defensa. Es de notar que, dentro de aquellos que no estaban normales, el 63.83% se encontraba ebrio, siendo éste un factor victimógeno como veremos más adelante.

Es más común que las mujeres víctimas estén normales (94%), que los hombres (88%).

CUADRO Nº 14
ESTADO FÍSICO DE LA VÍCTIMA
(D.F., Z.C.)

	F. absoluta		*F. relativa (%)*	
	D.F.	*Z.C.*	*D.F.*	*Z.C.*
Normal	333	127	88.1	92.7
Ebrio	17	7	4.5	5.1
Drogado	7	1	1.9	.7
Imposibilitado	12	—	3.1	—
Enfermo	9	2	2.4	1.5
Total:	378	137	100.0	100.0

IX.3. LA EDAD

Es pacífico entre los autores el aceptar que la edad es un factor victimógeno.

En este apartado daremos solamente algunas ideas generales, ya que dedicaremos sendos capítulos a la victimización del menor de edad y del anciano.

En la investigación de Xalapa, el 68% de la muestra fue menor de 25 años, el 63.085% de las víctimas tenía menos de 25 años, frente al 75.98% de las no-víctimas, es decir, la edad de las víctimas es superior a la de las no-víctimas, por lo que la menor edad no parece influir.

En cambio la mayor edad es significativa, pues mientras el 3.7% de las víctimas superan los 50 años, solamente el 0.6% de las no-víctimas están por encima de esa edad.

La edad parece tener importancia en cuanto al delito padecido.[198]

En cuanto a la edad de inicio victimal, de las personas que recuerdan su primera victimización, el 53.7% lo fue entre los 10 y los 20 años.

[198] *Cfr.* Göppinger, *op. cit. (Criminología)*, p. 371.

Tanto las curvas de inicio victimal como las de victimización recuerdan las de inicio criminal y de criminalidad, el fenómeno se carga hacia la edad juvenil, por lo que se puede proponer la hipótesis de que los jóvenes son victimizados por otros jóvenes.

Lo anterior se desprende de la pirámide poblacional del país, en que la mayoría todavía está compuesta por jóvenes.

Sin embargo, países con muy diferente pirámide poblacional, reportan también altas tasas de victimización en los jóvenes.[199, 200]

CUADRO Nº 15
EDAD
(XALAPA)

	Víctimas		*No víctimas*		
Edad	*Hombres*	*Mujeres*	*Hombres*	*Mujeres*	*Total*
Hasta10	4	—	1	—	5
11 a 15	51	38	70	54	213
16 a 20	238	197	225	234	894
21 a 25	137	152	124	135	548
26 a 30	96	87	56	68	307
31 a 35	39	56	22	26	143
36 a 40	30	33	15	20	98
41 a 45	25	21	16	13	75
46 a 50	13	21	14	8	56
51 a 55	13	7	—	1	21
56 a 60	11	7	1	1	20
61 a 65	1	—	1	—	2
66 a 70	3	4	3	—	10
71 a 75	1	1	—	—	2
Sin respuesta	4	5	1	0	10
Total:	666	629	549	560	2 404

[199] Ver. Referente a Norteamérica y Australia: Braitwaite, John; Biles, David. *Victims and offenders: The australian experience,* en: Victimization and fear of crime: World Perspectives. U.S. Department of Justice. USA, 1984, p. 3.

[200] Para Alemania (R.F.), consultar: Kirchhoff, Ferdinand; Kirchhoff, Claudia. *Victimological Research in Germany: Victimal surveys and research on sexual victimization,* en: Victimization and fear of Crime: World Perspectives. U.S. Department of Justice. USA, 1984, p. 59.

IX.4. El sexo

En la investigación de Xalapa, la muestra se dividió por igual en hombres (50.56%) y mujeres (49.44%), resultando que de las víctimas el 51% son hombres y el 49% mujeres. Del total de hombres el 54.76% confesó haber sido víctima, frente al 52.90% de las mujeres.

Lo anterior nos demuestra que no existe una diferencia significativa en cuanto al sexo, y que la capacidad victimal es sólo ligeramente superior en los hombres.

Hay diferencia en la investigación del INACIPE, en que el 56% (D.F.) y el 65% (Z.C.) de las víctimas son hombres, lo que da una preferencia por el sexo masculino para los fines de victimización.

En lo referente al tipo de victimización sufrido, encontramos diferencias muy marcadas en cuanto al sexo de las víctimas. Independientemente de los delitos de víctima típicamente femenina (violación, estupro, atentado al pudor, abandono y rapto), encontramos un mayor número de mujeres en robo e injurias, mientras que los hombres predominan en lesiones. Para ejemplificar las diferencias resumimos los 5 delitos más frecuentes, en su relación de víctimas masculinas y femeninas.

Cuadro Nº 16
CINCO DELITOS MÁS FRECUENTES

Delito	*Hombres*	*Mujeres*	*Total*
Robo	39.9%	60.1%	100%
Lesiones	68.8%	31.2%	100%
Injurias	30.5%	69.5%	100%
Abuso de confianza	37.1%	62.9%	100%
Atentado al pudor	4.6%	95.4%	100%

Visto en otra forma, el 23% de las víctimas masculinas lo fue por lesiones (8.26% del total de las femeninas), el 29.88% por robo (34.26% mujeres), y el 9.4% por injurias (16.28% mujeres)

Los estudios sobre asalto con violencia en Estados Unidos y en Holanda encuentran que los jóvenes de sexo masculino tienen mayor probabilidad de ser víctimas que las personas viejas y las mujeres.[201]

[201] Block, Richard. *"The impact of victimization, rates and paterns: A comparison of the Netherlands and the United States". Op. cit.* (*Victimization*), p. 25.

IX.5. FACTORES PSICOLÓGICOS

No es muy abundante la investigación de los factores psicológicos que intervienen en el fenómeno victimal. Parece ser un campo de gran riqueza para la exploración.

La Psicología (y aun la Psiquiatría) criminológica se ha dedicado, casi exclusivamente, al análisis de la personalidad del criminal, y ha contemplado a la víctima como un producto de la conducta antisocial.

En los apartados siguientes haremos mención de los factores psicológicos que inciden en la victimización, en un intento más ejemplificativo que exhaustivo, pues el análisis de cada proceso psíquico rebasaría en mucho la intención de la obra.

Queda este esfuerzo como un esquema para posterior desarrollo e investigación.[202]

IX.6. LOS PROCESOS COGNOSCITIVOS

La *sensopercepción*, muy relacionada con los órganos de los sentidos, tiene influencia lógica en la victimización.

El sujeto con deficiencias auditivas o visuales presenta una debilidad que lo hace más fácilmente victimizable. Es sabido que hay más víctimas en los lugares o a las horas en que la visibilidad es menor.

La persona con poca sensibilidad cutánea es víctima propicia de los carteristas. El que tenga fallas olfativas o gustativas puede caer en fraudes con fragancias, alimentos o bebidas.

La capacidad de *atención* nos pone en guardia contra la victimización. El sujeto distraído puede ser víctima con mayor frecuencia que el atento, piénsese en la cantidad de accidentes de tránsito producidos en un momento de distracción.

El *aprendizaje* juega un papel importante en la prevención victimal, ya que las personas pueden aprender a no ser víctimas. Se debe investigar el fenómeno contrario, o sea si se aprende a ser víctima.

La inexperiencia de la víctima ha sido estudiada y considerada desde hace mucho tiempo por el Derecho Penal.

---

[202] Para mayor información: Scripcare, G. y Pirozynski, T. *Victimologic incidents in maladjusted pathologic behavior.* II Symposium. Boston, USA, 1976. Tomorug-Miarka, Epaminonda y Pirozynski, T. *Victimological relations in psycho-involutive maladjustments.* II Symposium. Boston, USA, 1976.

En cuanto a la *memoria,* todos conocemos muchos casos (y quizá la propia experiencia) de personas que omitieron cerrar su casa o automóvil, o que olvidan algún objeto y cuando regresan (desde luego) ya no está.

El *pensamiento* lógico nos previene contra la victimización.

La *fantasía* y la *imaginación* son dignas de estudio, cuántas veces la víctima ha fantaseado su victimización hasta que se hace cierta (la profecía cumplida). Lo anterior tiene gran conexión con los procesos subconscientes.

La *inteligencia* es uno de los factores estudiados; la mayoría de los autores concuerdan en que las deficiencias intelectuales facilitan la victimización.

En teoría, a mayor inteligencia menor victimización. La víctima de los delitos de astucia es concebida siempre como menos inteligente que el victimario.

No se interprete que sólo los tontos son víctimas; independientemente de la intervención de los demás procesos psicológicos, hay delitos en que sólo pueden caer victimizados individuos con buena inteligencia, como fraudes muy elaborados, en que el deficiente no comprendería cuál es la presunta ganancia.

IX.7. Las esferas afectiva y volitiva

Así como existe una *motivación* para el crimen, en muchos casos la hay para ser víctima. Los casos más obvios son aquellos en que se obtendrá una ganancia (cobrar el seguro, por ejemplo).

Sin aludir por ahora a los motivos subconscientes (o inconscientes), sino únicamente a los conscientes, mencionemos como ejemplo el deseo de seguridad, de realización, de status social, de participación, de aprobación.

Así, el individuo cuya motivación básica es la seguridad, puede extremar sus precauciones para conservar sus propiedades, a tal grado que atraerá la atención de los ladrones. El que desea aprobación o reconocimiento social puede correr riesgos innecesarios (frecuente en los jóvenes). El que está motivado por la participación puede integrarse a grupos criminógenos (que lo victimizarán) o victimógenos (en que será víctima con el resto del grupo).

Hentig [203] señala la víctima con ansia de vivir: "por ansia de vivir no debe entenderse únicamente los caminos tortuosos, de los impul-

---

[203] Hentig, *op. cit. (El Delito),* p. 493.

sos a los que se da el nombre de amor. Comprende también otros impulsos de importancia vital, el de emigrar, el ansia de libertad, la búsqueda de aventuras y peligros, de nuevas impresiones y vivencias, la pasión del juego, de la excitación y el cambio de escena, e incluso del derroche y del placer de regalar".

Los *sentimientos* intervienen en toda conducta humana, la victimización no es una excepción; de hecho, el ser víctima produce sentimientos realmente desagradables.

En su "Víctima de resistencia reducida", Hentig plantea los casos en que un sentimiento lleva a la victimización: "Los sentimientos fuertes arrastran consigo a la totalidad de las funciones psíquicas y las agotan y vacían en su favor. Eliminan todo atisbo de crítica que impida su pleno desarrollo y que suponga de momento un debilitamiento."[204]

Cita como ejemplos (no discutimos si realmente son sentimientos o no):

a) La esperanza (estafadores en casos de prisioneros de guerra).
b) La compasión (seudo-viudas, inválidos, limosneros, simuladores, etcétera).
c) Nacionalismo (colectas en casos de catástrofes, etcétera).
d) La beneficencia.
e) La devoción.
f) La inclinación a la subordinación (principalmente burócratas).

La *emoción* es uno de los fenómenos psicológicos con mayor significación criminológica y victimológica; su contenido físico y mental hace que el sujeto difícilmente pueda gobernarla.

La ira, el odio, el amor, el miedo, son cuatro gigantes del alma que en un momento dado se apoderan de nosotros y nos hacen perder el control y quedar en una posición de desconcierto tal que somos fácilmente victimizables.

El *amor,* tema favorito del arte, puede llevar a realizar verdaderas tonterías; el individuo idealiza al sujeto amado y queda totalmente indefenso, entregando sus bienes, dándose a sí mismo, y llegando al extremo de la autodestrucción (suicidio por amor).

El *miedo,* la reina de las emociones, la más dramática e incontrolable es, en nuestra opinión, la más victimógena. Su reacción física, con taquicardia, hipertensión, sudación, la descarga de adrenalina y la acción del hipotálamo, dejan al sujeto fuera de control, y en muchos casos lo inmovilizan impidiendo la defensa.

---

[204] Hentig, *op. cit.* (*El Delito*), p. 512.

La voluntad (cuyo contrario sería la impulsividad) debería ser el principio rector de nuestros actos, por desgracia no siempre es así.

La persona sin voluntad cede fácilmente a la victimización; hay quienes no saben decir *no* y son envueltas por el victimario.

Múltiples autores se ocupan de la víctima por negligencia, que no es más que un individuo con voluntad débil. "Como la negligencia de las personas negligentes es permanente, la reincidencia victimal es en todo el tiempo virtual." [205]

IX.8. La personalidad

Podríamos proponer como hipótesis de trabajo, que una personalidad bien integrada es menos victimizable que una personalidad lábil, desintegrada o desequilibrada.

A la vez, podríamos plantear la cuestión de si existe una personalidad victimal, tal y como lo mencionamos en la introducción a este capítulo.

La personalidad, según la teoría psicoanalítica, está regida por un aparato intrapsíquico dividido en dos partes: una dinámica compuesta de yo, ello y super yo, y otra topográfica integrada por consciente, preconsciente e inconsciente.

El yo es la parte más importante de la personalidad, pues está en contacto con la realidad, y en él residen inteligencia y voluntad. Un yo mal integrado puede llevar a problemas victimógenos.

En el ello se encuentran instintos, pulsiones y tendencias que pueden impulsar al sujeto a ser victimizado. El ello es por demás "ciego" y responde tan sólo al principio de placer, que por satisfacerse no mide consecuencias.

El super yo es la parte "moral" de la personalidad; su ausencia o su rigidez ponen al individuo en una falta de adaptabilidad que puede victimizarlo.

Es trascendente el equilibrio entre yo, ello y super yo, es decir entre realidad, deber y placer, pues esto es lo que puede considerarse como "normalidad".

El *inconsciente* de la víctima (en terminología freudiana) tiene un papel preponderante en el proceso de victimización.

Hemos mencionado la motivación consciente, pero no toda motivación entra en esta categoría, gran parte de nuestra motivación queda fuera de la consciencia, y realmente no la conocemos; múlti-

---

[205] Stanciu, *op. cit.,* p. 34.

ples veces la víctima afirma (y es cierto) no saber el por qué se puso en estado victimal.

Muchos de los fenómenos mencionados (distracción, olvido) y otros como los actos fallidos, las equivocaciones y los errores, tienen su explicación en el inconsciente.[206]

La teoría indica que hay muchas víctimas que inconscientemente deseaban serlo, y por esto se pusieron en situación victimal.

El razonamiento se desprende de un artículo de Freud denominado "El delincuente por sentimiento de culpabilidad",[207] en el que plantea el descubrimiento de que el sentimiento de culpabilidad existía antes del delito, es decir que el delincuente delinque para que lo castiguen, aplacando así sus sentimientos de culpa inconscientes.

De igual forma, ciertos individuos satisfacen sus deseos inconscientes de castigo al ser víctimas, disminuyendo (o eliminando) así el sentimiento de culpa.

Abrahamsen[208] descubrió que los delincuentes tienen una propensión a los accidentes dos veces mayor que los no delincuentes, interpretando con esto que en el fondo, criminal y víctima tienen un substrato de culpa que debe ser satisfecho con castigo.

Aunque generalizar sería inadecuado, es incuestionable que existen sujetos a los cuales persigue la "mala suerte", todo les sale mal y continuamente sufren accidentes, siendo victimizados reiteradamente. Mucha de esta "mala suerte" podría explicarse con una buena exploración del inconsciente.

Insistimos en lo peligroso de las generalizaciones, pues "sería un error y una injusticia imaginarse que todos los humillados y ofendidos, los resignados y los prisioneros de la vida en la libertad republicana son víctimas de su constitución psicofísica y que su condición inhumana es una situación inconscientemente escogida por ellos".[209]

IX.9. Los instintos

El *instinto* básico es el de conservación, que puede dividirse en tres formas esenciales: conservación propia (instinto de conservación), conservación de la especie (sexual) y conservación del grupo de pertenencia (gregario).

---

[206] *Cfr.* Freud, Sigmund. *Psicopatología de la vida cotidiana.* Obras completas. Editorial Biblioteca Nueva. Madrid, España, 1948, pp. 635 y ss.

[207] *Cfr.* Freud, Sigmund. *Psicoanálisis Aplicado, op. cit.* (Obras completas), p. 951.

[208] Abrahamsen, David. *The Psychology of Crime.* Columbia University Press. Nueva York, USA, 1967, p. 94.

[209] Stanciu, *op. cit. (Etat Victimal...),* p. 36.

El instinto es fundamental para la supervivencia, y consiste en una forma de reacción filogenéticamente determinada.

Para la teoría psicoanalítica existen dos instintos: el *eros* y el *tánatos*, el primero es el instinto de vida, creador y positivo; el segundo es el instinto de muerte, de destrucción.

Cuando hay equilibrio entre los dos no hay problema, pero si predomina el *tánatos* el sujeto tiende a la heteroagresión o a la autoagresión (o ambas), este último caso es el que nos interesa en la Victimología.

El comportamiento tanático puede llevar a la autodestrucción, como es el caso del alcohólico, del drogadicto, o, en su forma más grave, al suicidio.

El instinto de *conservación personal* puede desviarse, y el individuo con tendencias autopunitivas o depresivas demuestra un absoluto desinterés por la vida, un fatalismo tal que les impide luchar, cuidarse, asumir una posición alerta frente a situaciones de peligro.

El extremo de la desviación lo representa el masoquismo, en el que la víctima goza con el sufrimiento. Se supone que instintivamente buscamos el placer y huimos del dolor, pero el masoquista busca la aflicción, pues con ella se siente feliz; es en muchos aspectos la víctima ideal.

Las desviaciones del instinto sexual son peculiarmente victimógenas; piénsese en el homosexual, que sufre la brutalidad y el desprecio social, y que son víctimas de persecución, agresiones y chantajes.

Lo mismo podemos decir del pederasta, el paidófilo, el exhibicionista, la ninfómana, el bestialista, etcétera.

Una forma peculiarmente peligrosa lo significa el masoquismo sexual, en que el sujeto sólo puede excitarse mediante golpes, humillaciones, tormentos o poniendo en peligro su vida (DSM IV-TR F65.5).

El individuo con fallas en el *instinto gregario* tiende a aislarse, carece de solidaridad social, y esto lo lleva a perder la defensa natural que representa el grupo.

IX.10. Otros factores psicológicos y psiquiátricos

Existen múltiples factores psicológicos victimógenos aparte de los mencionados.

Mendelsohn hace referencia al *endo tabú*, definiéndolo como "la tendencia existente en el hombre para ignorar el hecho de que él puede ser víctima de sus propios actos irracionales".[210]

---

[210] Mendelsohn, *op. cit. (Victimología y necesidades)*.

La angustia es un síntoma que puede ser paralizante, una de sus formas es el temor a ser víctima, lo que puede presentarse también dentro de los estados fóbicos.[211]

La *depresión,* ya mencionada anteriormente, y todos los trastornos afectivos, principalmente la *melancolía.*

La *agresividad,* que lleva al individuo a retar seriamente al victimario; son algunos de los casos que los autores denominan "víctima provocadora".

Debemos insistir en el alcoholismo, que "está a la cabeza de los factores que crean víctimas", ya que "desde la familiaridad expansiva hasta el estado de coma, el bebedor es la víctima ideal de todos los delincuentes contra la propiedad, de los autores de robo con violencia o intimidación en las personas, y más aún de los de hurto y estafa".[212]

Hentig señala que la tercera parte de los blancos y casi la mitad de los negros, encuentran la muerte cuando ambos, el autor y la víctima, se hallan bajo la influencia del alcohol, y afirma que "las víctimas embriagadas son bien recibidas".[213]

Finalmente, hagamos mención de las psicosis, es decir, de las enfermedades mentales.

Excedería en mucho el hacer la descripción de cada enfermedad y sus características victimales, baste señalar que el enfermo mental es de por sí una víctima, por la incomprensión, animadversión y rechazo que sufre de parte de la sociedad.

Es conocida en la literatura y en la vida real, la figura del loco del pueblo, blanco de las burlas, bromas y agresiones de su grupo social.

Además el psicótico sufre de falta de atención, o atención insuficiente o inadecuada; desde Howard y Pinel hasta nuestros días se han hecho múltiples denuncias sobre los abusos realizados en los hospitales psiquiátricos.[214]

---

211 *Cfr.* CIE-10 (F-40), también DSM IV-TR y DSM-5 (Clasificaciones internacionales).

212 Hentig, *op. cit. (El Delito),* p. 535.

213 *Ibidem.*

214 *Cfr.* Goffman, Ervin, *op. cit.,* también: Scheff, Thomas. *El rol del enfermo mental.* Amorrortu Editores. Argentina, 1973.

Capítulo X

RELACIONES ENTRE VÍCTIMA Y VICTIMARIO

X.1. Introducción

Desde el punto de vista popular, es decir en sentido común, el criminal y la víctima son radicalmente diferentes; desde el punto de vista jurídico esto es verdadero, aunque hay algunas excepciones.

Tanto el punto de vista popular como la concepción jurídica no han cambiado, aunque la Victimología ha realizado encuestas que pueden poner en duda estas creencias.[215]

Tradicionalmente se consideró al delincuente agresor y a la víctima inocente, hasta que la nueva disciplina reveló la relatividad de las culpas y la dialéctica interpersonal, haciendo tabla rasa de un maniqueísmo de siglos.[216, 217]

"La relación entre el criminal y la víctima es más compleja de lo que la ley está dispuesta a admitir. Criminal y víctima obran uno sobre otro inconscientemente. Podemos decir que, en la misma medida en que el criminal moldea a su víctima ésta moldea al criminal. Y mientras la ley juzga estas relaciones desde un punto de vista objetivo, no emocional, la actitud psicológica de los participantes es muy diferente. La ley distingue con toda claridad al atacante de la víctima. Pero en realidad esta relación puede ser, y a menudo lo es, de estrecha intimidad, de modo que los papeles se invierten y la víctima pasa a ser el agente determinante, mientras que el victimario se convierte en víctima de sí mismo." [218]

Esto, dicho en palabras del poeta Gibrán Jalil, es aún más impactante:[219]

---

215 *Cfr.* Fattah, *op. cit. (Quelques problemes...)*, p. 335.
216 *Cfr.* Aníyar, *op. cit. (Los desviados...)*, p. 96.
217 *Cfr.* Oliveira, Edmundo. *O Crime precipitado pela vítima.* Ediçoes CEJUP. Brasil, 1988
218 Abrahamsen, *op. cit. (La Mente)*, p. 46.
218 Jalil Gibrán, Gibrán. *El Profeta.* Editorial Orión. México, 1968, p. 92.

"El asesinado no es irresponsable de su asesinato. Y el robado no es inculpable de haber sido robado. El justo no es inocente de los actos del malvado. Y el puro no está limpio de los actos del felón. Es más, el delincuente es a menudo la víctima del injuriado. Y el condenado es, con frecuencia, quien carga la cadena del inocente inmaculado. No podéis separar al justo del injusto y al bueno del malvado.

"Pues juntos se yerguen de cara al sol, como juntos se entretejen el hilo negro y el hilo blanco. Y cuando el hilo negro se rompe, el tejedor revisará toda la tela y examinará el telar entero."

Neuman dice que: "hay una sepulcral danza entre eros y tanatos, que han celebrado de antiguo inescrutables esponsales recogidos en leyendas mitológicas, en viejas civilizaciones y en múltiples libros religiosos y sus exégesis".[220] Stanciu lo interpreta como "Ormuzd y Ahrikan (en la religión Masden), Dios y Satán (en la creencia cristiana), el principio del bien y del mal (en ciertas morales), tienen su equivalente en los dos conceptos: la víctima y el criminal." [221]

La interacción víctima-criminal se convierte en uno de los temas de mayor interés para las diversas Ciencias penales.

Para Di Tullio, "el comportamiento de la víctima puede tener particular importancia en las relaciones de la Criminogénesis, por cuando de ello pueden partir estímulos capaces de reforzar y desencadenar el impulso y las fuerzas crimino-impelentes".[222]

Para el maestro italiano, el comportamiento de la víctima puede influir sobre los contra-impulsos y sobre las fuerzas crimino-repelentes. Puede haber procesos de atracción, repulsión, pasividad, provocación, etcétera.

Efectivamente, la Victimología nos ofrece la oportunidad de analizar a la víctima como factor predisponente, preparante o desencadenante, y de integrar sus características personales con las del autor, además de establecer un modelo dinámico comparando los motivos del autor y la actitud de la víctima.

Tiene razón Göppinger cuando afirma que: "si se pretende cargar la relación delincuente-víctima de una forma criminológicamente relevante, es necesario integrarla en el conjunto del delincuente y su esfera social. Una visión parcial a partir de la víctima o el autor debe necesariamente conducir a resultados parciales. Es necesario intentar abarcar la relación delincuente-víctima como una unidad." [223]

---

220 Neuman, Elías, *op. cit. (Victimología)*, p. 101.

221 Stanciu, *op. cit. (Les Droits)*, p. 71.

222 Di Tullio, *op. cit.*

223 Göppinger, *op. cit. (Criminología)*, p. 366.

Podríamos completar diciendo que, si se pretende dar a la relación víctima-criminal una gran importancia victimológica, es necesario integrarla en el conjunto que conforman la víctima y su esfera social.

En la dinámica víctima-criminal, podemos encontrar que la víctima puede intervenir en cuatro formas diferentes:[224]

a) La víctima puede ser la causa de la infracción.
b) La víctima puede ser el pretexto de la infracción.
c) La víctima puede ser el resultado de un consenso.
d) La víctima es el resultado de una coincidencia.

Eisenberg intenta clasificar las relaciones entre delincuente y víctima, y llega a cuatro grupos principales:

1. El centro de la relación lo ocupa una vinculación personal nacida de una fijación psíquica o física (simbiosis).
2. En el segundo grupo existe una relación de mero contacto anterior al delito.
3. En el tercero, una relación semejante que surge sólo y/o exclusivamente durante la comisión del hecho (es importante si la víctima fue elegida de acuerdo a algún criterio o no).
4. El cuarto grupo se caracteriza por el anonimato, por la calidad impersonal de la relación.

En el presente capítulo, desarrollaremos algunas de las ideas expuestas anteriormente, para tratar de dar una idea general de la "pareja penal", es decir de la compleja relación víctima-victimario.

Estamos de acuerdo con Stanciu en que la pareja criminal-víctima no puede ser pensada en términos antagonistas, y en que "si todos los criminales no son culpables todas las víctimas no son inocentes".[225]

Pero es de advertirse en el peligro de convertir la Victimología en el "arte de culpar a la víctima", y debe quedar claro cuál es el objetivo del análisis de la dinámica víctima-victimario.

X.2. La pareja penal

Mendelsohn propone este término para la pareja (couple) formada por el criminal y su víctima. No debe confundirse con la pareja criminal (coppia criminale o crime a deux) de Escipión Sighele.[226]

---

[224] Solórzano Juárez, Jesús. *La Victimología.* Universidad Michoacana de San Nicolás de Hidalgo. México, s/f., p. 27.

[225] Stanciu, *op. cit. (Les Droits),* p. 14.

[226] Sighele, Escipión. *La Coppia Criminale.* Fratelli Bocca. Torino, Italia, 1892.

El fenómeno de la complicidad para el crimen se basa en el principio de "la unión hace la fuerza" (para el bien o para el mal, agrega Sighele),[227] y consiste en la conjunción de esfuerzos de dos o más personas para lograr con mayor facilidad su propósito antisocial.

Cuando se trata de dos personas, se habla de "pareja criminal", como puede hablarse de "tercia" y "cuadrilla" cuando son tres o cuatro, aunque la dinámica del dúo es por demás especial.

La pareja criminal es la forma más simple de delincuencia asociada, y la razón de individualizarla y examinarla reside en que sigue normas particulares de conducta merecedoras de especial consideración, pues debe valuarse la personalidad de aquellos que la componen. Hay toda una clasificación de parejas criminales que, por ser tema diverso, en esta ocasión no tratamos.[228] Debe hacerse entonces una diferencia clara entre la pareja criminal, estudiada por Sighele, que reconoce un íncubo y un súcubo, y la pareja penal en la que hay un criminal y una víctima.

La pareja penal la componen víctima y victimario. En principio, en tanto que en la pareja criminal los intereses son homogéneos, en la pareja penal son antagonistas.

La pareja criminal puede transformarse en pareja penal, o sea, se puede pasar de la criminalidad a dos a la criminalidad de uno de los componentes hacia el otro (lo que Pinatel llama un crimen de liberación).

Hay ocasiones en las cuales la pareja penal puede convertirse en una pareja criminal (como por ejemplo el caso de rufián y prostituta que cometen crímenes juntos).

No siempre el victimario y la víctima se contraponen claramente, hay situaciones en las cuales no se encuentra una diferenciación notable; esto lo podemos notar en ciertos casos de incesto o de pacto suicida.

En palabras de Neuman: "Hay situaciones que anudan de tal modo la "pareja penal" que no llega a visualizarse claramente, desde el punto de vista estrictamente victimológico, quién es el verdadero autor del homicidio y quién lo es simbólicamente y, más precisamente, quién ès en realidad la víctima." [229]

La pareja penal debe ser estudiada minuciosamente, y en sus relaciones antes y después del delito, sólo así se podrá realizar un juicio adecuado.

---

[227] Sighele, Escipión. *La Teorica Positiva della Complicitá.* Fratelli Bocca. Torino, Italia, 1894, p. 1.

[228] *Cfr.* Zerboglio, Adolfo. *La coppia criminale.* Dizionario di Criminología. Vallardi. Milán, Italia, 1943.

[229] Neuman, *op. cit.*, p. 118.

Así, se han propuesto diversos modelos de investigación, por ejemplo, Sengstock y Liang [230] sugieren los siguientes:

a) El modelo de precipitación victimal, en el cual la víctima verdaderamente seduce o tienta al ofensor para cometer el acto ilegal.

b) El modelo de conflicto victimal, en el cual el agresor y víctima están envueltos en un largo conflicto, en un período de tiempo, y alternan los roles de agresor y víctima.

c) El modelo de disponibilidad victimal en el cual el agresor ha observado a la víctima y puede predecir su comportamiento, pero la víctima tiene un limitado conocimiento del ofensor.

Estudiar al criminal sin estudiar a su víctima es inadecuado e incompleto; al estudiar el fenómeno criminal, deben tomarse en cuenta los siguientes factores: 1) el infractor; 2) la víctima; 3) las correlaciones biopsicosociales entre ellos, y 4) las causas psíquicas profundas que han producido la aproximación de los dos factores.

Terminamos este apartado señalando que el problema no es tan simple como a primera vista parece, ya que hay casos de multiplicidad de víctimas, así como existen situaciones en las que la víctima lo es por la acción de varios victimarios, lo que complica notablemente la dinámica.

Es necesario también señalar que algunos autores están mencionando la "tercial penal" (*triple penal*, en francés o *penal threesome* en inglés), para indicar la participación de un tercero (*involved bystander*), que puede ser un simple testigo de la victimización, y que en ocasiones juega un importante papel en los mecanismos motivacionales, sobre todo cuando estimula los motivos del victimario.[231]

La actuación del tercero puede influir no sólo en el victimario, sino también en la víctima (o en ambos). Recordemos en la literatura la inmortal *Celestina* de Fernando de Rojas.

X.3. La relación víctima-criminal

Para poder hacer un análisis lógico de las relaciones entre la víctima y el criminal, hemos elaborado un cuadro que presentamos a continuación:

---

[230] Sengstock, Mary C., y Liang, Jersey. *Elderly victims of crime: a refinement of theory in victimology*. III Symposium. Alemania, 1979.

[231] *Cfr.* Carich, Ante. *The motive in Victimology*. I Symposium. Israel, 1973.

CUADRO Nº 17

RELACIÓN CRIMINAL - VÍCTIMA

Sujeto	*Conocimiento*				*Actitud*								
CRIMINAL	C	C	D	D	A	A	R	R	A	R	I	I	I
VÍCTIMA	C	D	C	D	A	R	A	R	I	I	A	R	I

C – Conoce A – Atracción I – Indiferencia

D – Desconoce R - Rechazo

Como puede observarse, se utilizan dos variables, el conocimiento entre el criminal y la víctima y la actitud que uno guarda respecto al otro.

X.3.1. *El conocimiento*

En cuanto al conocimiento, se manejan dos posibilidades: conocimiento y desconocimiento, lo que a la vez da cuatro situaciones lógicas que mencionamos a continuación:

a) Criminal y víctima se conocen. Este es requisito indispensable para ciertos delitos, como el estupro.

b) El criminal conoce a la víctima pero ésta no al criminal. Es el caso en que este último ha estado "cazando" al ofendido.

c) La víctima conoce al criminal pero éste desconoce previamente a la víctima.

d) Víctima y criminal eran desconocidos. Caso común en los hechos de tránsito.

Como puede fácilmente comprenderse, el hecho del conocimiento previo tiene importancia mayúscula, tanto en la dinámica del hecho como en sus consecuencias jurídicas, desde la circunstancia de si la víctima denuncia o no hasta la responsabilidad de cada uno.

Hay crímenes que no hubieran sucedido si no existiera el conocimiento previo, así como hay casos en los que jamás se hubiera victimizado a un conocido.

En ciertas formas de victimización es necesario el conocimiento previo de ambas partes, y no sólo eso, sino la consciencia de cierta relación (incesto, por ejemplo).

Algunos autores hablan de "delitos de relación".

En este tema, es interesante ver la obra de Marchiori, que habla de la víctima conocida y cómo puede ser elegida por circunstancias personales, de lugar y de tiempo, y de una víctima desconocida, principalmente aquella victimizada por organizaciones criminales, delincuencia económica y delitos no convencionales como al contaminación ambiental.[232]

En nuestra investigación (Xalapa), encontramos que el 39% de las víctimas masculinas y el 41% de las femeninas conocían previamente al victimario.

En tanto que, en el Distrito Federal y la zona conurbada, sólo el 13.6% conocía al autor del hecho; el ENSI-6 del ICESI confirma el fenómeno, pues el 85% de las víctimas fue agredido por un desconocido.

Esto último parece confirmar la aseveración de López Rey en el sentido de que: "No hay duda en que bastantes casos la relación entre autor y víctima pone en contacto dos personalidades, pero en la inmensa mayoría ese contacto es mínimo o no existe."[233]

Sin embargo, lo que en mucho nos está indicando la discrepancia de datos en las dos investigaciones mencionadas, es la diferencia de las poblaciones investigadas, pues es lógico que en una ciudad media las gentes se conozcan con mayor frecuencia que en una macrometrópoli como es la ciudad de México.

Debemos tomar en cuenta también, las diferencias marcadas entre los diversos delitos, como mencionaremos en su oportunidad.

X.3.2. *La actitud*

En cuanto a la actitud, proponemos tres variables: atracción (A), rechazo o repudio (R) e indiferencia (I), las posibilidades lógicas son:

a) Víctima y criminal se atraen. Esto puede explicar delitos como el estupro, o hechos como el pacto suicida.

Una atracción recíproca puede unir a dos sujetos con tipos constitucionales complementarios. La atracción puede basarse en una herencia similar. La relación neurótica pura constituye un ejemplo de la relación específica criminal-víctima.[234]

b) El criminal se siente atraído por la víctima pero ésta rechaza al criminal. Es el caso de múltiples crímenes pasionales, la música y la literatura están llenas de ejemplos de crímenes por "despecho".

---

[232] Marchiori, Hilda. *Criminología. La Víctima del Delito* (2a. edición). Porrúa. México, 2000, pp. 139 y ss.

[233] López Rey, *op. cit.*, p. 145.

[234] Yamarellos y Kellens, *op. cit.*, p. 233.

c) El criminal rechaza a la víctima pero ésta se ve atraída por aquél. Se puede ejemplificar con el hecho del ofensor que se ve atosigado por la víctima hasta que decide quitarla de en medio. Puede también plantearse la víctima consensual.

d) Ambos se rechazan. La enemistad que puede llevar a la riña o al duelo, a las venganzas y a la violencia. Es desde luego la situación más crítica.

e) El criminal se ve atraído por la víctima, pero ésta es indiferente. Es un caso menos grave que el planteado en *b)*, pero que puede llevar también a situaciones trágicas.

f) El criminal rechaza a la víctima, a ésta le es indiferente aquél. Es importante, pues la víctima está hasta cierto punto indefensa.

g) La víctima se ve atraída por el criminal, a éste le es indiferente. Son casos de delito ocasional o por oportunidad; la víctima se presta a recibir un daño y el criminal, sin atracción ni rechazo, puede aprovechar la ocasión.

h) La víctima repudia al victimario, éste adopta una actitud indiferente. Podría plantearse la legítima defensa, en que la "víctima" ataca a su inmolador y éste se defiende.

i) Ambos son indiferentes. Es el caso de victimización culposa, como la producida en hechos de tránsito. Es también el caso del ladrón que roba a una persona sin atracción ni repudio, y en que la víctima guarda actitud indiferente.

Nos parece que, al igual que la primera parte del cuadro (conocimiento), la actitud de la víctima y del criminal son fundamentales para aclarar la dinámica de los hechos.

La actividad o inactividad de la pareja penal depende en mucho de ese juego atracción-rechazo-indiferencia.

Pensamos que podrían combinarse los dos cuadros, y agregar mayor número de variables dando una gran riqueza de probabilidades. Por la naturaleza de este ensayo no lo hacemos.

X.4. Percepción del criminal por su víctima

La forma en que el criminal percibe a la víctima y la manera en que ésta percibe al criminal puede arrojar múltiples luces sobre la dinámica de la pareja penal.

En este apartado mencionaremos algunos aspectos de cómo es percibido el criminal por la víctima.

La primera reacción de la víctima en un 27% es, por lo general, la de "coraje o rabia", como lo ha probado nuestra investigación, la segunda es de temor (14%); esto nos puede decir que las reacciones más comunes hacia el criminal son de odio, rabia, y miedo, quizá en muchos casos confundidas entre sí.

Para el Distrito Federal y zona conurbada, la reacción principal es coraje-llanto con 47.3% y 54.8%, siguiendo el temor con 17.7% y 15.3% respectivamente.

Las variaciones se dan, en mucho, de acuerdo al conocimiento previo del criminal y a la actitud que se tenía hacia él, como hemos visto anteriormente.

Sin embargo, estas reacciones de rechazo, odio, temor y deseo de venganza no son universales, ya que nos encontramos con la actitud contraria: una admiración por el criminal (eclitofilia criminal).

Pocos fenómenos pueden ejemplificar tan ampliamente esto como el llamado "síndrome de Estocolmo".

En 1973, el Credit Bank de Estocolmo fue asaltado por dos bandidos, que a mano armada se apoderaron del local y encerraron a varios rehenes en la caja de seguridad. Conforme pasó el tiempo, y mientras se realizaban pláticas entre los secuestradores y la autoridad, los lazos de afectividad entre rehenes y bandidos se fueron haciendo más estrechos, hasta llegar a unirse en contra de las autoridades.

Otro ejemplo, por demás conocido, es el de Patricia Hearst, que termina uniéndose a sus captores y formando parte de la banda.[235]

El síndrome de Estocolmo consiste entonces en la afinidad que los rehenes desarrollan hacia sus captores, y depende en mucho de la intensidad de la experiencia, la duración de los acontecimientos, la dependencia del rehén para todos sus movimientos, la intransigencia de las autoridades, etc., elementos que coadyuvan para la identificación de la víctima con el criminal.

X.5. Percepción de la víctima por el criminal

Este es un tema de mayúscula importancia para explicar las relaciones entre la pareja penal; en mucho la elección de la víctima depende de la percepción que de ésta tenga el criminal.

Existen entre los delincuentes definiciones estereotipadas de las víctimas. Un camino interesante para conocer esto es el estudio de la denominación de las víctimas en la jerga criminal.

Hentig hace un detenido estudio de este tema,[236] ejemplificando cómo en Alemania se denomina *Kaffernfänger* (caza-aldeanos) al es-

---

[235] Pascal, John y Francine. *El extraño caso de Paty Hearst.* Lasser Press. México, 1974.
[236] Hentig, *op. cit. (El delito),* pp. 422 y ss.

tafador, en tanto que en Inglaterra a la víctima se le denomina *mug* (loco), *gull* (ingenuo), *chum* (tonto), *block* (zoquete), *log* (tontísimo), *booby* (bobo).

En Estados Unidos se les llama *hoosier* (montañés), *clown* (payaso, torpe), *hick* (chico de campo), *bumkin* (duro de seso), *villain* (villano), *giver-up* (el que entrega), *come on* (el que acude), *chippy* (niño), *sucker* (bebé), *lusch* (bebedor, ebrio), *mooch* (drogadicto), *degenerate* (víctima homosexual), *sailor* (marinero, derrochador).

En Latinoamérica, en caliche (caló, jerga usada en México), la víctima es llamada amo (porque da para el sustento del ladrón), Gil, Gilberto, o Hermenegildo (víctima de robo o fraude), indito (indígena, ignorante), jincho o cincho ("agarrar cincho", tomar desprevenido, bien amarrado), longines (de gil), maje (tonto, también magis, magallanes, maguez, magistrado), pagador (el que paga), primo (tonto, quizá de "primerizo"), bato (rústico), conejo (tonto, quizá de "pendejo"), huiso (tonto), mopri (metátesis de primo), barco (agarrar barco), pichón (paloma, pájaro inmaduro), sello (indígena), etcétera.[237, 238, 239]

En replana la víctima será cholifacio, chonta, chontal, chontano, chontril (de cholo, en Perú, hombre de las serranías), dorao (de "oro"), gil, larcho (metátesis de cholo), logi (metátesis de gil).

En lunfardo la víctima será logi, otario (de otaria, animal que en Argentina es considerado de escasa o nula inteligencia), gil, etcétera.

Como puede observarse, la intención es infravalorar a la víctima, demostrar su estupidez frente al delincuente, que es carnal (hermano), mano (hermano), causa (compañero), ñero (compañero), yori o yori cumpa (amigo), afán, camiztle, carranclán, lanza, manilón, pifión, ponedor, rupa, ruperto y otra cantidad de denominaciones en caliche, lunfardo o replana, que no tienen una acepción despectiva sino por el contrario, se señala la superioridad del malhechor.

El contenido psicológico es importante, pues conlleva no solamente la definición estereotipada, sino también la justificación o racionalización del delito.

Decíamos al principio de este apartado, que de la percepción que el criminal tenga de la víctima depende en mucho la elección de ésta y no sólo esto, sino el paso al acto mismo.

---

[237] *Cfr.* Aguilar, José Raúl. *Los métodos criminales en México.* Lux. México, s/f.

[238] *Cfr.* Trejo, Arnulfo. *Léxico de la Delincuencia.* UTHEA. México, 1968.

[239] *Cfr.* Colín Sánchez, Guillermo. *Así habla de la delincuencia.* Editorial Porra. México, D.F. (3ª edición), México, 1997.

El paso al acto a menudo implica para el criminal reducir la distancia fisica y aumentar la distancia afectiva entre él y la víctima.[240]

Una empatía por la víctima y una consciencia más acentuada de sus sentimientos constituyen, con toda evidencia, fuerzas inhibitorias de control.

Es decir que el criminal necesita una distancia física apropiada para cometer el crimen, le es indispensable acercarse a la víctima, tiene que entrar en contacto con ella.

Pero al mismo tiempo debe tomar distancia afectiva, pues si siente amor, compasión, afecto, respeto, esto será un impedimento para victimizarla.

No se pude considerar al criminal como un ser carente de sentimientos, el crimen puede producir una seria crisis moral.

Para evitar la tensión moral, el sentimiento de culpabilidad y los remordimientos que pueden estar asociados, los criminales deben desensibilizarse previamente con relación a los dolores y los sentimientos de la víctima.

Esta es la explicación psicológica del por qué muchos criminales ingieren alcohol o se drogan para "darse valor" para cometer su ilícito.

La desensibilización sirve igualmente para neutralizar la resistencia moral, para sobreponerse a la inhibición y para reducir al silencio la conciencia del delincuente; la legitimación del acto, la negación de la víctima, la drogadicción y la desvalorización de ésta, son mecanismos importantes en el proceso de desensibilización.[241]

La víctima, por su parte, conoce intuitivamente este fenómeno, por esto trata siempre de poner distancia física con el agresor, y de apelar a sus sentimientos de piedad y probidad.

Después del crimen, el ofensor trata de reforzar la distancia afectiva que lo separa de la víctima, y aliviar sus sentimientos de culpa lanzando la responsabilidad de los hechos al ofendido.

Así, al imputar la culpabilidad a la víctima (real o imaginada, fundada en acciones de la víctima o en hechos fortuitos y malinterpretados por el criminal), se evade la responsabilidad propia.

Es sabido que el violador interpreta que la víctima se insinuó sexualmente ("es lo que ella quería"), el homicida alega que fue provocado, el ladrón simplemente aprovechó el descuido de la víctima, o se apoderó de lo superfluo ("no le hacía falta").

Además, viene el mecanismo de infravaloración de la víctima, en el primer caso, la violada es captada como promiscua, deshonesta y

---

[240] Fattah, *op. cit. (Regards).*

[241] *Idem.*

casi prostituta; en el segundo caso, el asesinado será presentado como agresivo, feroz, temible, y en el último, el robado era un sujeto avaro, codicioso y poco honrado.

Landau, en sus investigaciones ha comprobado algunas de estas afirmaciones, revelando que la percepción de la víctima varía según el tipo de crimen.[242]

Hilda Marchiori cita también algunos ejemplos de este mecanismo de distorsión de la percepción que de la víctima tienen los delincuentes:[243]

En el homicidio, el victimario percibe como peligrosa para su integridad a la víctima; en la estafa, la víctima es un objeto de satisfacción para el ego; en el incesto, la víctima es considerada como propiedad.

Para terminar este apartado, es interesante la opinión expresada en la reunión de Bellagio (1975), en el sentido de que el conocimiento del ofensor acerca de la víctima se disminuye en muchos casos a causa del rechazo de la víctima. Es necesario un cambio en la actitud del ofensor hacia la víctima para poder tener éxito en el proceso correccional. Al poner mayor énfasis en la restitución y la compensación, la sociedad puede aumentar el conocimiento de la víctima por el ofensor y así aumentar el éxito del proceso correccional. El juntar al ofensor y a la víctima en el proceso judicial o correccional, puede tener valor terapéutico en ciertos casos y es apto para sensibilizar al ofensor en los problemas causados a sus víctimas. Se deberán recomendar medios informales de reconciliación y arbitramento en los cuales la víctima y el ofensor interactúan directamente en la presencia de una tercera parte. Tales esfuerzos pueden conducir a ahorros considerables de costos y energía, al aligerar la carga de trabajo de un sistema de justicia penal abrumado con tanto trabajo. Pueden también restaurar la armonía en las relaciones familiares interrumpidas por una ofensa.

X.6. Similitudes de criminal y víctima

No queremos terminar este capítulo sin mencionar un interesante descubrimiento cada vez más confirmado por los tratadistas. Las víctimas y sus victimarios, principalmente en ciertos delitos (violentos) tienen más semejanzas que diferencias.

---

[242] Landau, Simha. *The offender's perception of the Victim.* I Symposium. Israel, 1973.

[243] Marchiori, Hilda. *Psicología Criminal.* Editorial Porrúa. México, 1980, p. 15.

Ya hemos señalado el fenómeno de que los jóvenes victimizan jóvenes; más adelante veremos cómo las víctimas parecen proceder más comúnmente del mismo estrato socioeconómico de su victimario; también hablaremos de la cercanía geográfica (cuando no identidad) de zonas criminógenas con zonas victimógenas.

En cuanto a la edad, en nuestra investigación (Xalapa), de los casos en que puede determinarse la edad del agresor: el 18% son menores de 18 años, y el 48% entre 18 y 25 años, por lo que el 68% son menores de 25 años, lo que coincide con el 63.08% de las víctimas menores de esa edad (la diferencia podría ser explicada por el fenómeno de que la víctima por lo general calcula la edad del agresor en un poco mayor que la real).

En el Distrito Federal los resultados son similares, pues el 10% son menores de 18 años y el 54.5% entre 18 y 25 años, lo que implica que el 64.5% de los agresores son menores de 25 años.

Las investigaciones norteamericana y australiana, demuestran que los perfiles demográficos de las víctimas de delitos son notablemente similares a las características de los criminales convictos; las peculiaridades comunes son: sujeto de sexo masculino, joven, residente urbano, negro, de bajo nivel socioeconómico, desempleado y soltero.[244]

En otra investigación norteamericana, sobre jóvenes urbanos, se encontró que los delincuentes no perciben su mundo más o menos peligroso que los no delincuentes; la delincuencia no está asociada con menor miedo; los delincuentes han sido más victimizados que los no delincuentes, pero no se encuentra mayor cambio en sus vidas después de la victimización que estos últimos.

Braitwaite y Biles indican cómo diversas interpretaciones se han hecho a la semejanza entre víctima y victimario: se ha dicho que las víctimas muy comúnmente son también criminales (exceso de definiciones favorables a la Ley según Sutherland). El sujeto que se reúne con criminales es victimizado por ellos, pero aprende también a delinquir.[245]

Una segunda explicación es que la gente con características comunes a los criminales y las víctimas (jóvenes, masculinos, desempleados, solteros, etc.), tienden a utilizar su tiempo con mayor frecuencia en lugares públicos (trenes y autobuses en lugar de auto privado, calles y parques en lugar de oficinas y casas, bares en vez de clubs privados.)

---

[244] Sevitz, L. D.; Lallí, M.; Rosen L. *City Life and Delinquency: victimization, fear of crime and altered behavior.* LEAA, USA, 1977.

[245] Braitwaite y Biles, *op. cit.*, p. 7.

Una característica es que estos sujetos pasan una gran proporción de su tiempo con sujetos ajenos a su familia.

Una curiosa correlación muy significativa es que mientras menos se va a la Iglesia se es más susceptible de victimización.

La tercera interpretación es que las características comunes entre víctima y criminales están asociadas con ciertos patrones de conducta y actividades que pueden producir tanto crimen como victimización.

Tres características que se unen a la juventud, desempleo, soltería y masculinidad son: propensión a tomar riesgos, propensión a la violencia y consumo de alcohol.

Lo anterior puede resumirse en el siguiente esquema:

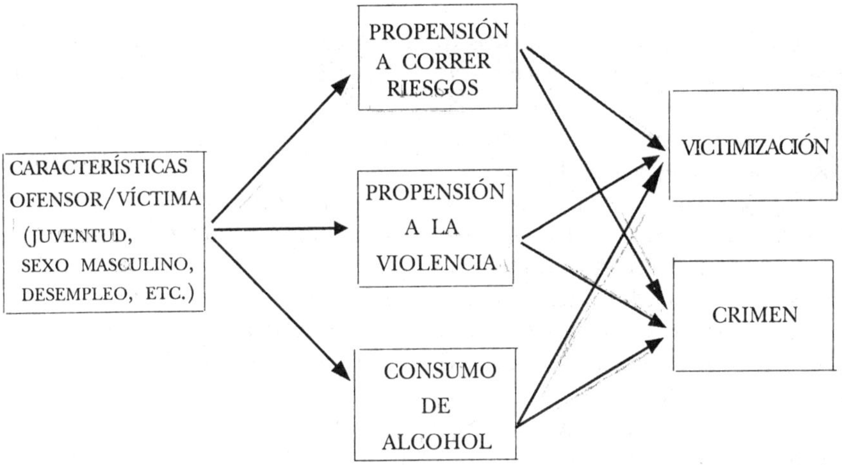

Nos parece que no debe ignorarse este planteamiento y que es necesaria mayor investigación al respecto.

Finalizamos con el siguiente pensamiento de Stanciu: "El amo no es más libre que el esclavo, el vencedor no es más feliz que el vencido y el criminal no es menos víctima del determinismo antropobiológico y sociológico." [246]

[246] Stanciu, *op. cit.,* p. 71.

Capítulo XI

EL *ITER VICTIMAE*

XI.1. Introducción

En los anteriores capítulos hemos estudiado los factores victimógenos y las relaciones entre víctima y victimario; toca ahora asomarnos a la dinámica de la victimización.

Hemos bautizado *iter victimae* el camino que sigue un individuo para convertirse en víctima.

El fenómeno victimal es notablemente dinámico, la participación de la víctima es fundamental para llegar a la victimización, y deben tomarse en cuenta todos los factores predisponentes, preparantes y desencadenantes mencionados con anticipación.

Hay autores que afirman que esta dinámica sigue, más que las leyes de la psicología, las leyes de la física, tal como fueron formuladas por Newton.[247]

Sin pretender, desde luego, hacer una "física victimal", vamos a plantear una serie de mecanismos dentro del *iter victimae,* aclarando que se trata de esquemas muy generales, pues cada situación victimal presenta una dinámica propia, y que trataremos más adelante al escribir sobre los diferentes tipos de víctimas y de victimizaciones.

XI.2. El *iter criminis*

Iter criminis significa literalmente "itinerario del crimen".

Con este latinajo se designan las fases por las que pasa el delito, desde la ideación hasta el agotamiento, desde que la idea nace en la mente del criminal hasta la consumación del delito... "Tiene dos fases fundamentales: interna y externa. La primera sólo existe mien-

[247] *Cfr.* Teutsch, Joel; Teutsch, Champion. *Victimology: an effect of consciousness, interpersonal dynamics and human physics.* I Symposium. Israel, 1973.

tras el delito, encerrado en la mente del autor, no se manifestó exteriormente, la fase externa es ya manifiesta. Sale a la luz por actos, incluso de preparación. El delito recorre un camino que tiene su partida en el proceso interno y en esta parte idea, delibera y resuelve; por último en la exteriorización prepara, tienta o consuma."[248]

¿Y la víctima?

Veamos en nuestro admirado Zaffaroni: "Desde que el designio criminal surge como producto de la imaginación en el fuero íntimo del sujeto hasta que se opera el agotamiento de la ejecución del delito, tiene lugar un proceso, parte del cual no se exterioriza necesariamente en forma que pueda ser advertida por ningún observador fuera del propio autor. A este proceso se denomina *iter criminis* o "camino del crimen", significando así el conjunto de etapas que se suceden cronológicamente en el desarrollo del delito." [249]

¿Y la víctima?

Esto nos trae a la memoria una frase de Quincey, en su inolvidable *Asesinato como una de las Bellas Artes*: "Nadie se somete tranquilamente a que le corten la garganta; corre, pelea, muerde; el artista encuentra obstáculos en este exceso de movimiento."[250]

Nuestro concepto del crimen es diferente al del expuesto en la teoría del *iter criminis*, pues se trata no de un camino (el del criminal) sino de dos, el del victimario y el de la víctima, que en un momento inexorable se cruzan.

Hentig dice que, separando en el tiempo la fatal armonización de las partes, la formación de una explosiva combinación social puede ser advertida: Puede quedar esperando el potencial perpetrador sin una víctima y una potencial víctima sin un compañero quien pudiera victimizarla.[251]

Deming afirma que la relación entre víctima y ofensor es muy significativa y de gran potencialidad para construir teoría, o investigación. Se debe de analizar la relación víctima-ofensor antes del crimen, en el momento del mismo y después de cometido.[252]

---

[248] Goldstein, R., *op. cit.*, p. 448.

[249] Zaffaroni, Raúl. *Tratado de Derecho Penal*. Tomo IV. Ediar. Buenos Aires, Argentina, 1982, p. 409.

[250] Quincey, Tomas de. *El asesinato, considerado como una de las Bellas Artes*. Editorial Mundo Latino. Madrid, España, s/f. p. 55. Hay edición actual: Océano, Grupo Editorial. España, 1999.

[251] Hentig, Hans von. *Remarks on the interaction of perpetrator and victim*, en: Victimology (Drapkin-Viano). Lexington Books. USA, 1974, p. 51.

[252] Deming, Romine R. *Advocating the concept of the victim-offender relationship*. II Symposium. USA, 1976.

Y Fattah por su parte afirma que, en el caso donde el crimen fue el resultado de una larga o breve interacción entre el agresor y la víctima, es prácticamente imposible de explicar la génesis del comportamiento del autor o de comprender sus motivos, sin examinar la psicodinámica de los protagonistas y sin analizar la sociodinámica de la situación.[253]

Como simples ejemplos de la intervención del ofendido, podemos señalar las investigaciones de David y Claster [254] sobre las medidas de prevención y la resistencia de la víctima, explorando el poder del ofensor y los recursos del ofendido.

En el mismo sentido, Block [255] nos señala cómo víctima y delincuentes interactúan de manera instrumental y el éxito o el fracaso están determinados por la resistencia de la víctima y por la posesión o no de armas de fuego.

La importancia criminológica de la víctima ha sido resaltada por Nuvolone,[256] quien plantea la siguiente casuística:

En primer lugar, estarían los crímenes caracterizados por la preexistencia de relaciones ilícitas, tanto de enfoque jurídico como éticosocial (se refiere a los miembros de asociaciones delictuosas).

Paralelamente están los sujetos que sin tener alguna relación ilícita precedente, pertenecen ambos a un medio social subcultivado (se refiere a subculturas criminógenas).

Analogía se puede encontrar con los crímenes recíprocos, donde los dos sujetos se ponen sobre el mismo plano, cada uno acepta *a priori* la violencia del otro, violencia que puede llegar a la eliminación del adversario (duelo).

En los tres casos anteriores se encuentra un elemento común que es la aceptación implícita o explícita de riesgo por la víctima, se puede hablar de una alternativa potencial o efectiva entre el sujeto activo o pasivo en el acto delictuoso.

Otro caso es cuando el móvil debe ser buscado en la conducta antecedente del sujeto pasivo. Es la hipótesis de la provocación: la víctima ha cometido una acción injusta contra el sujeto activo del crimen y esta provocación ha sido la fuente de la resolución criminal.

En todos estos casos la constante es una liga entre el sujeto activo y el sujeto pasivo.

---

[253] Fattah, *op. cit. (Regards sur la...)*.

[254] David, Deborah y Claster, Daniel. *The resisting victim: extending the concept of victim responsibility*. II Symposium. USA, 1976.

[255] Block, Richard. *Victim-offender interaction in violent crime*. II Symposium. USA, 1976.

[256] Nuvolone, Pietro. *La victime dans la genese du crime*. Etudes Internationales de Psychosociologie Criminelle. Núms. 26-28. París, Francia, 1975, p. 49.

La motivación del acto criminal puede surgir también en relaciones enteramente lícitas y socialmente admisibles entre los dos sujetos (el caso en que uno de los sujetos tenga alguna anomalía psíquica).

El sujeto pasivo del crimen puede también situarse en la motivación del acto bajo otros aspectos, por lo que es, por lo que representa su comportamiento a los ojos del autor o por lo que posee o pudiera poseer (toda la gama de delitos).

En tanto que el criminal ataque al sujeto pasivo con el deseo de realización de un interés personal, nos encontramos frente a un tipo de delincuencia y un peligro social muy circunscriptos.

Pero cuando la víctima es escogida en cuestión de sus ideas políticas, de su religión, de su raza, el peligro criminal llega a su más alto punto.

El grado máximo de peligro se identifica con la criminalidad política con víctima indiscriminada, lo que se denomina ordinariamente terrorismo.

XI.3. El *iter victimae*

Así como se habla de un *iter criminis*, debe de hablarse de un *iter victimae*, es decir, si se estudia el camino tanto interno como externo que sigue el criminal para llegar al crimen, debe estudiarse también el camino (interno y externo) que sigue la víctima para llegar a ser victimizada.

Debe considerarse desde el momento en que cruza por la mente la idea de ser sacrificada; esta idea puede ser aceptada (víctima consensual) o rechazada (víctima resistente).

Esta parte del *iter victimae* puede ser rastreado, viendo los movimientos de la víctima, sus actos preparatorios (cuando es consensual), las medidas que toma para defenderse (si es resistente), o su simple inmovilidad (en los casos de víctima "resignada").

Ya vimos, en su oportunidad, los delitos sin víctima, en estos casos es evidente que sólo habrá un *iter criminis*, sin *iter victimae*. En el caso contrario, de víctima sin delito, o víctima de sí mismo, únicamente tendremos un *iter victimae*.

Lo más común es encontrar víctima y victimario, y por lo tanto, para poder estudiar lo que es un crimen, a nivel conductual tenemos que analizar con cuidado las dos líneas, una que es el camino del criminal y otra que es el itinerario de la víctima, líneas que se cruzan en el momento preciso del crimen.

Este fenómeno lo podemos esquematizar de la manera siguiente:

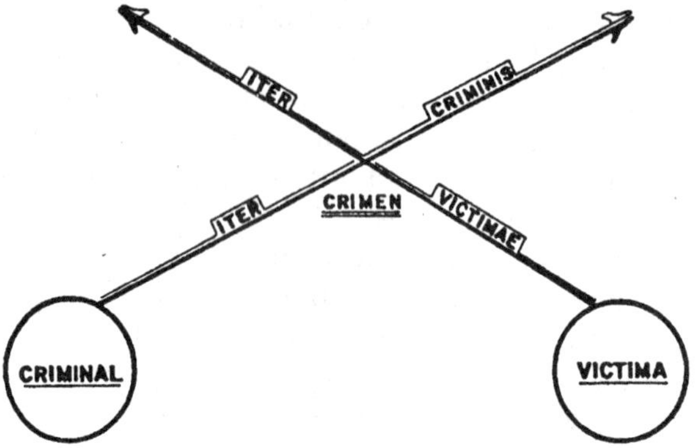

En este esquema se puede ver con claridad la conducta del criminal y de la víctima antes, en el momento de, y después del crimen.

Es de vital importancia plantear el esquema en amplio, pues el crimen es sólo un cruce, un momento, un acontecimiento fijado en el tiempo y que no puede explicarse por sí mismo, hay que explicar cómo se llegó a ese punto, qué caminos se siguieron, hacia dónde se dirigía cada uno de los participantes.

Pero la explicación no se queda en el camino anterior y en el momento del cruce, sino que debe explicarse lo que sucedió después, qué itinerario tomó cada uno de los actores.

Con este esquema podemos estudiar las posibilidades de caminos divergentes, de caminos convergentes y de otras combinaciones, por ejemplo, en el homicidio tendríamos:

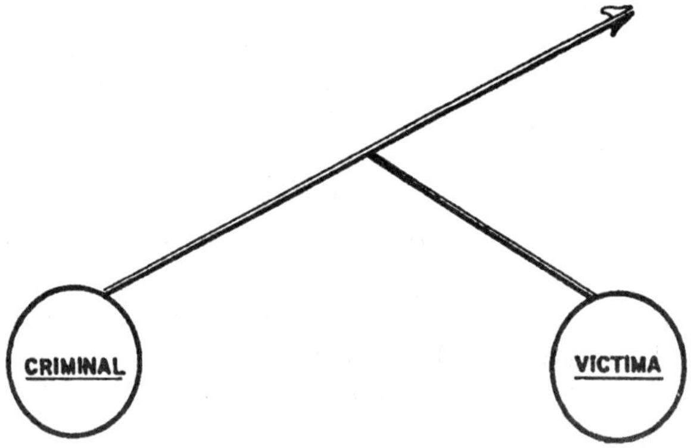

Es decir, el *iter victimae* termina con el acto victimal, aunque de aquí surgirían otros caminos: los de las víctimas indirectas, como los familiares del occiso.

El caso en el que la víctima que sigue el camino del criminal (la violada o estuprada que se prostituye por el criminal), puede ser ilustrado en la forma siguiente.

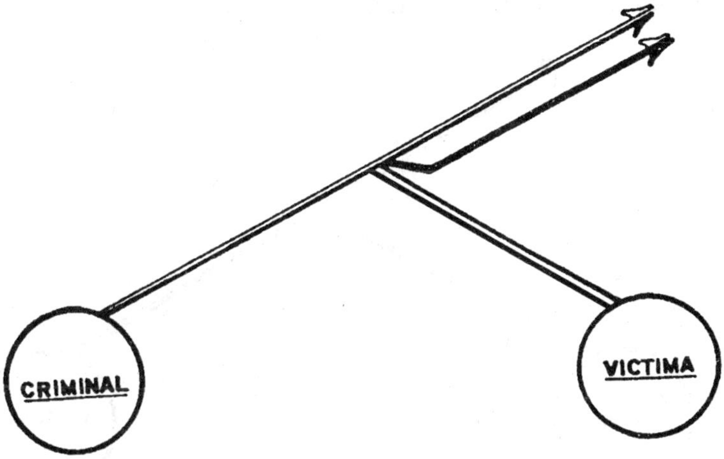

Cuando la víctima lo es de un delito culposo, o es víctima puramente circunstancial, el camino anterior no es, por lo general, tan claramente marcado, pues es más difícil rastrear los antecedentes.

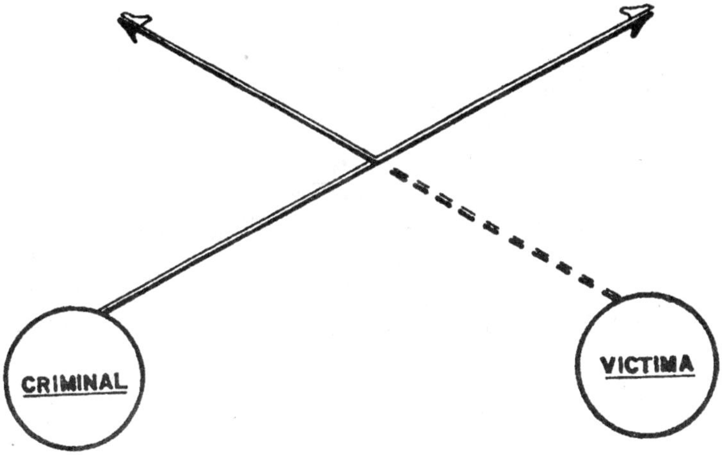

Puede darse el caso en el que el *iter criminis* termina con el hecho, tal es la situación en la que el criminal muere una vez realizado el acto o en el momento de efectuarlo (pensar en la legítima defensa, o en el asaltante que es muerto cuando, habiéndose apoderado del botín, se dispone a huir).

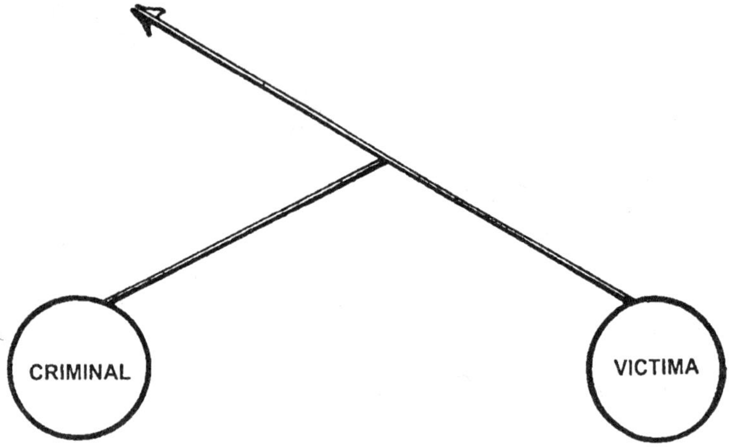

Otra posibilidad es que el criminal siga el camino de la víctima, por ejemplo, el violador o estuprador que, para reparar su daño (o para evitar el castigo) contrae matrimonio con la víctima.

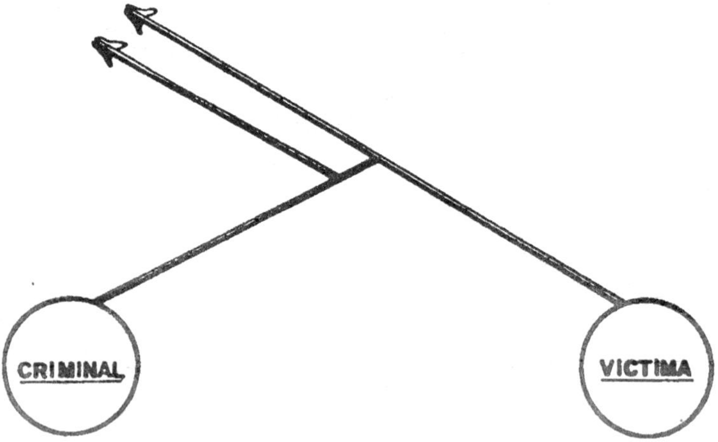

Finalmente, puede plantearse el caso, que discutiremos con amplitud más adelante, de que la víctima inicie un camino contra el criminal, buscando la venganza.

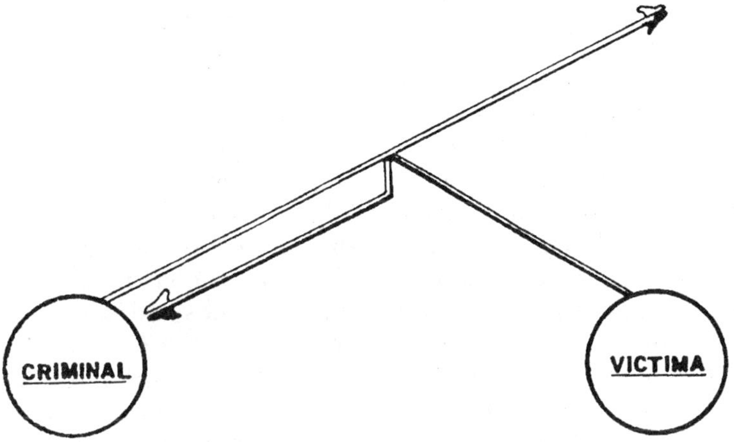

Desde luego estas son las posibilidades simples, el esquema puede complicarse notablemente si consideramos a las víctimas indirectas, o si observamos los casos en que hay varios criminales y/o varias víctimas.

XI.4. La precipitación victimal

Para iniciar el estudio de algunos aspectos de la dinámica victimal, mencionaremos el concepto de precipitación victimal.

La idea de una víctima precipitante (*victim-precipitated*) se debe a Wolfgang, que en varios trabajos la utiliza como hipótesis,[257] exponiendo que en múltiples crímenes, la víctima contribuye ampliamente al hecho, siendo el directo y positivo precipitante del mismo.

La idea es compartida por varios autores, así, Reckless afirma que la víctima vicia la relación, envía diversas señales que recibe el receptor (victimario), y puede presumirse que la víctima genera el comportamiento criminal en el autor. Aníyar usa el concepto en las víctimas que tienen antecedentes deshonestos y patrones socialmente negativos.[258]

[257] Ver, por ejemplo: Wolfgang, Marvin. *Victim-Precipitated, Criminal Homicide,* en: Victimology (Drapkin-Viano). Lexington Books. USA, 1975, p. 79.

[258] Aníyar, *op. cit. (Victimología),* p. 49.

Neuman señala que: "hay casos en que la víctima crea con su actitud o su obrar o, simplemente, por sola presencia, un nucleamiento espontáneo en su contra que con desconcertante rapidez está dispuesto a todo".[259]

Aunque la noción misma de una víctima que ha provocado su propia victimización es aceptada por todos los autores, la denominación de "víctima precipitante" o "precipitación de la víctima" no se ha visto exenta de críticas.

Así, por ejemplo, Silverman revisa el concepto y considera que las definiciones operacionales utilizadas carecen de precisión científica.[260]

En la reunión de Bellagio (Italia, 1975), se hizo la siguiente proposición: "El papel de la víctima puede ser enfocado mejor a través de conceptos tales como 'participación de la víctima' y 'vulnerabilidad de la víctima', mejor que por conceptos tales como 'precipitación de la víctima' y 'provocación de la víctima'. A pesar de haberlos utilizado en investigaciones pasadas, los dos últimos términos pueden denotar cierto prejuicio contra la víctima y, en caso de crimen sexual, pueden ser considerados sexistas. Los términos mencionados en primer lugar son más neutrales, tienen potencial para una mejor aproximación del comportamiento real de la víctima, y tienden a evitar tratamientos legales estereotipados. Entre otras aplicaciones, la noción de la participación de la víctima se dirige hacia actos de ataque físico, en el cual el conflicto mutuo oscurece e intercambia los papeles del ofensor y de la víctima. O la idea de la vulnerabilidad de la víctima en situaciones, faltas o estímulo aparente, en las cuales la víctima puede no haber tomado precauciones adecuadas, como es el caso de delitos sexuales y de hurto."

XI.5. La dinámica victimal

En su momento explicamos cómo hay situaciones y lugares victimales; así, los fines de semana, las vacaciones, las horas nocturnas, ciertas ciudades, determinados barrios, momentos de crisis moral o económica, etc. Ampliemos ahora algunos aspectos de esta fenomenología.

La dualidad cercanía-alejamiento es fundamental en la dinámica victimal: por lo general el criminal necesita estar cerca de la vícti-

---

[259] Neuman, *op. cit. (Victimología)*, p. 131.

[260] Silverman, Robert A. *Victim Precipitation: an examination of the concept*. I Symposium. Israel, 1973.

ma para lograr sus propósitos, y es necesario que la víctima esté lejos de quienes puedan protegerla o auxiliarla.

La proximidad en sí es un peligro, "la delincuencia que surge de la situación de víctima, que se deriva de la proximidad excesiva, angustiosa, y en la que cabe distinguir la proximidad espacial, familiar y profesional, hacen menos incomprensible la inclinación al aislamiento del ermitaño. El alejamiento es considerado por todos los animales como un método para evitar los conflictos".[261]

La proximidad familiar lleva a delitos sexuales y a la violencia doméstica, la proximidad profesional a delitos de cuello blanco, y la cercanía social a todos los delitos.

Las aglomeraciones son buscadas por ciertos delincuentes; los medios colectivos de transporte, los grandes almacenes, los espectáculos masivos, las peregrinaciones, los actos públicos, son el medio propicio para caer víctima de carteristas, cruzadoras, frotadores y demás antisociales.

La cercanía con una zona criminógena produce la zona victimógena; debe hacerse con gran precisión esta diferencia: zona criminógena es aquella donde se producen los antisociales, ahí es donde aprenden, se reúnen, se refugian; zona victimógena es donde ejercen, es aquella región en que, por la abundancia de bienes, por la escasa vigilancia, por soledad, oscuridad, etc., se dan las condiciones propicias para la victimización.

Desde luego que pueden coincidir zona criminógena y victimógena, pero esto no es forzoso; el antisocial prefiere actuar en territorio donde no es conocido, pero que él no desconozca.

Esta última es la razón por la cual se victimiza en la propia zona o en una aledaña, no son comunes los grandes desplazamientos.

El factor de proximidad geográfica es influenciado por otros factores de riesgo, como la identidad social, atracción y exposición.

Por otra parte, la lejanía, el aislamiento, la separación de la comunidad, hace a la persona vulnerable y proclive a la victimización, ya que pierde la protección natural que da el grupo, al no ser solidario con la colectividad, ésta no puede solidarizarse con él.

Otro aspecto fundamental que debe contemplarse al tratar de descifrar la dinámica victimal, es el de la identidad socioeconómica.

Con excepción de los delitos culposos, los de cuello blanco y los de abuso de poder, se victimiza por lo general a una persona de la misma clase socioeconómica o de una clase cercana o inmediata.

---

[261] Hentig, *op. cit. (El Delito),* p. 459.

Esta hipótesis se vio confirmada en una investigación del Instituto de Defensa Social de la ONU, en que se concluye que la delincuencia juvenil tiende a ser un fenómeno intraclases, la mayoría de las víctimas pertenecen a la misma clase social a la que pertenecen los delincuentes.[262]

El fenómeno se ha hecho consciente, y quedó plasmado en el informe del VII Congreso de la ONU (Milán, 1985) en la forma siguiente: "Respecto de los delitos corrientes, los delincuentes y las víctimas tendían a ser de condición social similar y a provenir de un medio similar. Era más probable que las víctimas compartiesen más características socioeconómicas, raciales y otras características demográficas similares con los delincuentes que abusaban de ellas que con otros grupos de la misma sociedad." [263]

De lo anterior se concluyó que los programas de prevención del delito eficaces eran también programas válidos para reducir la victimización.

Con esto podemos reafirmar lo dicho en la parte final del capítulo anterior, y agregar que el fenómeno de proximidad geográfica va muy unido al de proximidad socioeconómica.

En las grandes ciudades el fenómeno de la proximidad se ve aumentado en forma tal que exacerba a la población y favorece la victimización.

Sin embargo, no basta la proximidad para explicar la dinámica victimal, la simple cercanía da coyuntura a la victimización, pero se necesita algo más, otros factores de oportunidad, como el aumento de bienes, gracias a la producción en serie, la mayor disponibilidad de tiempo libre, o la mayor libertad en jóvenes y mujeres.

Sirva como ejemplo el explosivo aumento de automóviles: hay una relación directa entre vehículos y víctimas de hechos de tránsito, pero no sólo esto, sino mayor oportunidad de robo y vandalismo.

Otro ejemplo válido es el de la paulatina sustitución de los pequeños negocios (atendidos por dependientes), por grandes tiendas de autoservicio, con múltiples productos a la mano y escasa vigilancia.

La disponibilidad de tiempo libre, con largos períodos de ocio sin nada productivo que hacer, da lugar a oportunidad victimógena.

Lo mismo podemos decir de la libertad de que gozan actualmente los jóvenes, impensable hace algunos años, que va unida a la sed de aventuras y natural inexperiencia.

---

[262] UNSDRI. *El desajuste Social Juvenil y los Derechos Humanos dentro del contexto del desarrollo urbano.* Fratelli Palombi Editori. Roma, Italia, 1984.

[263] ONU, *op. cit. (VII Congreso).* Informe final, párrafo 235.

Vivimos una sociedad altamente permisiva y tolerante, lo que a la vez repercute en una disminución de vigilancia por parte de la autoridad paterna y social en general.

XI.6. EL HECHO VICTIMAL

"Así como nadie está exento de culpa penal o, dicho de otra manera, así como cualquier individuo puede llegar al delito canalizando una tendencia inmanente o ante determinadas condiciones sociales, así también, aunque por diversos motivos, con igual o mayor facilidad, se puede llegar a ser víctima de un crimen."[264]

Quizá no todo mundo ha hecho consciente el hecho de que, en cualquier momento, puede llegar a ser criminal, pero creo que todos sabemos que padecemos el peligro constante de ser víctimas.

Sin embargo, no siempre tomamos las precauciones debidas para evitar la victimización, quizá porque el inconsciente nos traiciona, tal vez por causa de factores psicológicos como la distracción, las preocupaciones o ciertos complejos, o acaso porque ignoramos cómo protegernos.

La posibilidad de ser víctima aumenta notablemente en la vida moderna, por la concentración urbana, la tecnología y el aumento de vehículos automotores.

Las víctimas de delitos de imprudencia están preocupando notablemente a los autores,[265] por su número, gravedad de los daños y participación en los hechos.[266]

Nuevas (o no tan nuevas) formas de delito, como el terrorismo, aumentan la posibilidad de ser víctima, ya que se elige indiscriminadamente, se es una víctima reemplazable.

Cuando la víctima no es sustituible, su relación específica con el autor puede actuar no sólo dando forma al delito, sino también fortaleciéndolo e incluso desencadenándolo.

En el momento del hecho victimal actúa una serie de factores en ocasiones no previsibles.

El haber sido seleccionado como víctima en forma aleatoria, es decir al azar, disminuye las probabilidades de defensa, pues no se puede anticipar o evitar la consumación de la victimización o minimizar el daño.

---

[264] Neuman, *op. cit. (Victimología),* p. 22.

[265] Prado y Muñoz, Javier. *La victime dans le delit d'inprudence.* I Symposium. Israel, 1973.

[266] Hentig, *op. cit. (El Delito),* p. 41.

Durante la victimización, la víctima puede intentar defenderse; las dimensiones de la resistencia y la forma de ésta dependen de diversos factores, como el número de agresores, su fortaleza física, la presencia de armas, el lugar y la hora, etcétera.

A manera de ejemplo, mencionemos que en la investigación de Xalapa, de las personas que saben cuántos victimarios tomaron parte en el acto, la mitad (49.1%) afirma que eran varios, se puede notar cómo las mujeres son atacadas más seguido por un solo agresor (67%), en tanto que los hombres son victimizados, más comúnmente, por varias personas.

En el Distrito Federal y zona conurbada, parece ser más notable la actuación criminal en banda o pandilla, véase el siguiente cuadro sobre los delitos de mayor frecuencia.

CUADRO Nº 18

NÚMERO DE VICTIMARIOS

(D. F., Z. C.)

	Uno %		*Varios %*	
Delitos	*D.F.*	*Z.C.*	*D.F.*	*Z.C.*
Lesiones	11.1	14.3	88.9	85.7
Robo	33.9	28.1	66.1	70.3
Violación	55.6	—	44.4	—
Abuso Autoridad	15.6	—	84.6	100.0
Varios	9.1	—	90.7	100.0
Abuso Confianza	83.3	—	16.7	—

En la investigación del CONSEGU, sólo en el 24% de los casos conocidos el victimario fue individual, en 40% fueron 2, en 21% tres, en 15% más de tres. En la ENSI-6 del ICESI, para 2008, en el 29% de los casos fue un agresor, en 35% fueron 2, en 16% tres, y en 20% más de tres.

XI.7. LA REACCIÓN DE LA VÍCTIMA

La reacción inmediata de la víctima a la victimización varía según el delito sufrido, la magnitud del daño y la personalidad del sujeto. Influyen también las circunstancias del hecho y la relación que se tenga con el victimario.

Es claro que mientras más grave sea el delito y más cuantiosas las pérdidas, la reacción debe ser mayor, sin embargo esto debe ser matizado con la posición socioeconómica de la víctima y la cultura circundante.

Lo que para un pobre puede ser un grave quebranto, para un rico significa una leve disminución del patrimonio. La duda de la virilidad de un sujeto expresada en una cultura machista puede ser fatal, en tanto que en otra no pasa de ser un insulto menor.

La reacción varía también según el hecho sea cometido en público o en privado, en la calle o en el hogar.

La relación con el victimario es fundamental, y esto es tomado en cuenta en muchos casos por el derecho, pues en ocasiones es agravante y en otros atenuante el parentesco, amistad, confianza, relación profesional, etcétera.

Pongamos como ejemplo extremo el de la violación carnal: la reacción de la víctima será diferente si el agresor es un pariente (y de acuerdo al grado de parentesco, hermano, tío, primo, etc.), o si se trata del novio, un amigo, simple conocido, desconocido o enemigo.

No hay dos personalidades iguales, todos reaccionamos en forma peculiar, y ante el hecho victimal se comportará diferente el optimista del pesimista, el inteligente del limitado mental, el introvertido del extrovertido.

Se supone (y creemos que acertadamente) que la reacción será siempre negativa, sin embargo hay que tomar esto con las reservas que deben tenerse en toda generalización cuando nos movemos en el campo de las ciencias sociales.

Ya tratamos fenómenos como la enclitofilia criminal y el síndrome de Estocolmo, y mencionamos la víctima con sentimientos de culpa y deseo de autopunición, hasta llegar al clímax de la víctima masoquista, cuya reacción será de placer y satisfacción por el dolor recibido.

La reacción será diversa también según el grado de participación de la víctima en los acontecimientos; pensemos en la víctima voluntaria, que buscó su propia victimización, y que en ocasiones ni siquiera se siente ofendida, o que su liga con el victimario es tal, que le perdonaría cualquier ofensa.

Veamos ahora cuáles fueron los resultados de la investigación en cuanto a la reacción inmediata de la víctima en lo general.

CUADRO Nº 19
REACCIÓN DE LA VÍCTIMA
(XALAPA)

Reacción	*Hombres*	*Mujeres*	*Total*
Coraje	99	89	188
Temor	64	35	99
Llanto	12	20	32
"Normal"	14	12	26
Huida	7	18	25
Lástima	17	3	20
Venganza	6	12	18
Prevención	13	1	14
Sorpresa	2	10	12
Denuncia	0	3	3
Pasiva	0	2	2
Ceder	0	1	1
Resignarse	1	0	1
Otras	102	56	158
Ninguna	53	36	89
Sin respuesta	312	349	661
Total:	702	647	1,349

Es fundamental conocer cuál es la reacción inmediata de la víctima de un delito.

En la investigación de Xalapa, el "coraje" o "rabia" ocupa el primer lugar, seguido por el temor, la huida, la lástima y los deseos de venganza.

Puede observarse que el recurrir a la autoridad no es una reacción inmediata, sino que debe ser muy posterior.

Es curioso que el temor sea más común en los hombres que en las mujeres, y que el deseo de venganza se apodere con mayor frecuencia de las mujeres que de los hombres.

Las sumas son superiores al número de casos, ya que varias víctimas consignaron más de una respuesta.

CUADRO Nº 20
REACCIÓN DE LA VÍCTIMA
(D. F., Z. C.)

	F. absoluta		*F. relativa %*	
	D. F.	*Z. C.*	*D. F.*	*Z. C.*
Coraje-llanto	158	68	47.3	54.8
Temor	59	19	17.7	15.3
Denuncia	24	10	7.2	8.1
Venganza	30	7	9.0	5.6
Huida	38	3	11.4	2.4
Otra	25	17	7.5	13.7
Total:	334	124	100.0	100.0

Con respecto a la reacción provocada en los entrevistados del Distrito Federal y zona conurbada, el 47% y 55% declaró haber sentido coraje, llanto; el 18% y 15% temor; el 11% y 2% huida, y sólo el 7% y 8% se pronunció por denunciar el delito.

No deja de ser interesante el estudiar la reacción de acuerdo al delito, nótense las diferencias entre el Distrito Federal y la zona conurbada, que reflejan diferentes contextos culturales.

CUADRO Nº 21
REACCIÓN POR DELITO
(D. F., Z. C.)

	Lesiones		*Robo*		*Violacion*		*Abuso autoridad*		*Varios*	
	D.F.	*Z.C.*	*D.F.*	*Z.C.*	*D.F.*	*Z.C.*	*D.F.*	*Z.C.*	*D.F.*	*Z.C.*
Coraje-llanto	42.9	40.0	51.2	55.8	50.0	_	14.3	62.5	40.7	50.0
Temor	28.6	_	17.5	16.3	20.0	_	14.3	12.5	13.0	14.3
Venganza	14.3	20.0	6.4	4.7	20.0	_	14.3	_	14.8	7.1
Huida	14.3	_	11.1	3.5	10.0	_	7.1	_	18.5	_
Denuncia	_	_	5.5	9.3	_	_	21.4	12.5	7.4	7.1
Otra	_	40.0	7.4	10.5	_	_	28.6	12.5	5.6	21.4

Y en la más reciente investigación (CONSEGU 2000), el "coraje" es también la reacción más común (41%), seguido igualmente del miedo (28%) y la sensación de impotencia (25%).

En este caso es el 26% el que inmediatamente después recurrió a alguna autoridad (14% M.P., 10% policía); en 46% optaron por irse a su casa.

XI.8. Consecuencias de la victimización

A reserva de hacer el análisis de los daños sufridos según cada grupo de delitos, en este apartado trataremos de las alteraciones de la conducta y de las medidas tomadas por la víctima después de la victimización.

Es natural que el hecho victimal produzca en la víctima un desajuste psicológico y un deseo de no reincidir, por lo que su forma de vida va a cambiar, en ocasiones de forma radical.

Todos estamos de acuerdo en que la tasa de victimización descendería si las relaciones interpersonales fueran más cercanas, si la interacción entre los residentes de la comunidad fuera más frecuente y si las ligas sociales fueran más estrechas. Sin embargo, como ya lo ha señalado algún autor,[267] la victimización aísla a la víctima, la que, por lo general, busca medios de autodefensa.

Lo anterior parece contradecir la tesis de Durkheim, de que el crimen sirve de punto de unión social.

El haber sido víctima produce una reacción inmediata y una reacción mediata, el apartado anterior se ocupó de la primera, éste describe la segunda.

La mitad de las personas "víctimas" de la muestra de Xalapa (50.96%) no tomaron ninguna medida o no respondieron a la pregunta, la otra mitad tomaron no una sino varias medidas.

Las medidas más comunes son de autolimitación: consiste principalmente en no salir de noche (23.86%) y no salir solo(a) (21.3%), que comprenden el 45% del total.

Otra medida que puede considerarse autolimitativa es la de cambiarse de casa (16.42%), con lo que estas conductas aumentarían a un 61.42%.

El uso de ofensículas, chapas, candados, etc., lo encontramos en 15% de casos.

Alarmante es el hecho de que el 8.44% se haya procurado un arma para repeler futuras agresiones.

Un 7.5% se aseguró, un 6.2% buscó otros medios de protección, y tan sólo el 1.2% buscó o contrató vigilancia, esto por naturales razones económicas.

---

[267] Conklin, John. *Impact of Crime*. MacMillan Co. USA, 1975.

Las medidas tomadas *a posteriori* en el Distrito Federal y zona conurbada, indicaron un 23% y 25% de "evitar salir solo de noche"; el 17% y 23% "evitar salir solo(a)"; el 12% y 3% ninguna medida en particular, lo que da una gran coincidencia con la muestra de Xalapa. La diferencia está en "otros medios", que en la zona conurbada representan el 31%; sería por demás importante saber cuáles son éstos.

Otra diferencia notable es la adquisición de armas, que en el Distrito Federal representa el doble que en Xalapa (17.2% de las medidas, frente al 8.44%), es decir, una de cada 5 víctimas obtuvo una arma en un país en el que no hay venta libre de las mismas.

En la investigación en el Distrito Federal, de CONSEGU, el 41% ha dejado de realizar algunas actividades, y se coincide en que la limitación más común es no salir de noche, seguida de no usar joyas y no llevar dinero en efectivo; llama la atención el evitar tomar taxis o transporte público (recordar que el 22% de las víctimas lo fueron al trasladarse por estos medios).

Es de aclararse que en esta investigación se pidió mencionar 3 situaciones (ver cuadro 24).

Las medidas tomadas son básicamente para prevenir la victimización en robo; en este caso ya no encontramos la adquisición de armas, pues su libre venta está prohibida en México (cuadro 25).

CUADRO Nº 22

MEDIDA TOMADA

(XALAPA)

Medida	*Hombres*	*Mujeres*	*Total*
No sale de noche	119	144	263
No sale solo(a)	93	141	234
Cambió de domicilio	82	99	181
Medios de seguridad	71	96	167
Compró armas	59	34	93
Adquirió seguro	37	46	83
Contrató vigilancia	5	8	13
Otros	31	37	68
Ninguna	15	5	20
Sin respuesta	229	213	442
Total:	741	823	1 564

CUADRO Nº 23
MEDIDA TOMADA
(D.F., Z.C.)

	F. absoluta		*F. relativa %*	
	D.F.	*Z.C.*	*D.F.*	*Z.C.*
Ha comprado armas	54	4	15.2	3.4
Evita salir solo de noche	82	29	23.0	24.8
Evita salir solo(a)	62	27	17.4	23.1
Se cambió de domicilio	14	2	3.9	1.7
Compró algún seguro	4	4	1.1	3.4
Contrató vigilancia	6	1	1.7	.9
Tomó medidas de seguridad en su casa	28	10	7.9	8.5
Otro tipo de medidas	64	36	18.0	30.8
Ninguna medida	42	4	11.8	3.4
Total:	356	117	100.0	100.0

CUADRO Nº 24
AUTOLIMITACIONES
(CONSEGU 2000)

Limitación	*1ª Mención*	*2ª Mención*	*3ª Mención*
Salir de noche	31.9%	26.2%	20.9%
Usar joyas	19.9%	23.4%	18.8%
Llevar dinero en efectivo	11.3%	20.3%	20.1%
Salir muy temprano	10.8%	4.2%	4.2%
Visitar a parientes o amigos que viven lejos	6.5%	5.7%	7.9%
Tomar taxi	6.4%	7.4%	11.1%
Llevar tarjeta de crédito/débito	5.7%	6.4%	8.9%
Usar transporte público	3.6%	6.4%	8.1%
Ns/Nc	3.9%	0.0%	0.0%
Total:	100.0 %	100.0 %	100.0 %

CUADRO Nº 25

MEDIDA TOMADA

(CONSEGU 2000)

Seguros adicionales en puertas y ventanas	45.5%
Colocar rejas y bardas	31.7%
Poner alarmas en casa o trabajo	17.9%
Medidas con los vecinos	15.4%
Policía particular en colonia o calle	13.4%
Alarma en auto	29.9%
Otros	3.3%

Es muy interesante hacer la comparación con otro país, en los Estados Unidos de Norteamérica, en una investigación del Housing Management (Departamento para el desarrollo urbano), se obtuvieron los siguientes resultados, que muestran las alteraciones de conducta en víctimas de un crimen:

CUADRO Nº 26

MEDIDA TOMADA

(ESTADOS UNIDOS DE NORTEAMÉRICA)

1. Tienen las puertas cerradas en su casa	85%
2. Mantienen a sus niños en casa por la noche	65%
3. Mantienen prendidas sus luces cuando salen y dejan la casa sola	65%
4. Han comprado pistola	60%
5. No hacen compras en la noche	55%
6. No salen por la noche si no es con alguien más	55%
7. No visitan a sus amigos o parientes que viven cerca	50%
8. No salen lejos en la noche	45%
9. Cambian de dirección si ven a un extraño	45%
10. Han hecho algo para protegerse a sí mismos	20%

De lo anterior podemos deducir que el miedo a volver a ser víctimas es mayor en la población norteamericana.

XI.9. El miedo al crimen

El miedo al crimen es uno de los fenómenos sociales y psicológicos más preocupantes, ya que tiende a inmovilizar o al menos a limitar notablemente al individuo.

No es el momento de discutir si el miedo al crimen coincide con la realidad criminológica, o es producido por los mass-media, principalmente la prensa "amarillista" y la televisión.

Tampoco nos detendremos en el examen de hasta dónde el miedo al crimen es funcional al poder, y sirve para reforzar medidas represivas.

Lo que deseamos dejar asentado en este apartado es que la victimización produce y aumenta el miedo al crimen, es decir a ser víctima de una conducta antisocial.

La hipótesis de que una persona que ha sido victimizada tiene más temor al crimen que aquella que no lo ha sido se vio plenamente confirmada en la investigación, ya que los que han sido ya víctimas piensan con mayor frecuencia que pueden ser victimizados que las no-víctimas, y estas últimas tienen el sentimiento de que no serán víctimas, más marcado que aquellos que ya han sido víctimas

Una diferencia digna de señalar es que las mujeres que ya han sido víctimas demuestran mucho más temor a ser victimizadas que las mujeres no-víctimas o que los hombres en general.

Cuadro Nº 27

PUEDEN SER VÍCTIMAS EL AÑO PRÓXIMO
(Xalapa)

Respuesta	*Víctimas*				*No-víctimas*			
	Hombres	*Mujeres*	*Total*	*%*	*Hombres*	*Mujeres*	*Total*	*%*
Sí	207	235	442	34.1	154	144	298	26.9
No	110	111	221	17.0	102	120	222	20.0
Ninguna opinión	187	221	408	31.5	228	205	433	39.0
Sin respuesta	162	62	224	17.3	66	91	157	14.1
Total:	666	629	1,295	99.9	550	560	1,110	100.0

En cuanto al delito que se considera como probable, se confirma que las personas que han sido victimizadas creen que pueden ser víctimas con mayor frecuencia en todos los delitos (con excepción del homicidio) que las no-víctimas, como podemos ver en el cuadro siguiente.

CUADRO Nº 28
DELITO PROBABLE
(XALAPA)

Respuesta	*Víctimas*			*No-víctimas*		
	Hombres	*Mujeres*	*Total*	*Hombres*	*Mujeres*	*Total*
Robo de su bolsa o de su cartera	55	129	184	37	106	143
Asalto violento y con golpes	133	25	158	52	26	78
Entrada violenta o robo en su casa	56	90	146	36	37	73
Robo de vehículo de motor	41	30	71	26	9	35
Robo con pistola	25	9	34	9	9	18
Violación o asalto sexual	9	21	30	5	14	19
Intento de asesinato	6	5	11	28	3	31
Ningún delito en particular	214	207	421	245	174	419
Otro delito	32	26	58	22	17	39
Sin respuesta	95	87	182	133	165	298
Total:	666	629	1,295	593	560	1,153

Cuando se preguntó cuál delito es más probable que suceda en su vecindario, la respuesta más frecuente, tanto en víctimas como en no-víctimas, coincidió en la entrada violenta o robo en casa-habitación y el asalto violento y con golpes.

Lo anterior es altamente proyectivo, y representa posiblemente los dos delitos más temidos en lo general. Es además un reflejo de la sociedad violenta en que vivimos.

En la investigación del Distrito Federal y zona conurbada, resulta que el 71% y 53% de las víctimas manifiestan temor ante la posibilidad de reincidir y básicamente en los delitos de abuso de autoridad (83% y 50%) y varios (84.5% y 75.0%).

El ilícito más temido por las personas victimadas corresponde casi al ya experimentado, es decir robo en cualquiera de sus modalidades. Las no-víctimas también coinciden en ese delito en particular. El 12% y 10% manifestó robo con pistola; el 29% y 30% robo de bolsa o cartera; el 12% y 13% asalto violento y con golpes y un 25% y 31% ningún delito en particular.

Otro criterio para averiguar diversos aspectos del miedo al crimen fue preguntar cuál es el lugar donde las personas se sienten más seguras, es decir a salvo de la victimización, los resultados pueden verse en el cuadro Nº 29.

CUADRO Nº 29

LUGAR DONDE SE SIENTEN MÁS SEGUROS

(XALAPA)

Lugar	*Víctimas (%)*			*No-víctimas (%)*		
	Hombres	*Mujeres*	*Total*	*Hombres*	*Mujeres*	*Total*
Casa	77.6	85.7	81.7	81.3	88.8	85.0
Trabajo	8.0	8.4	8.2	7.0	4.3	5.7
Calle, cerca de su casa	4.6	1.4	3.0	3.4	2.6	3.0
Calle, lejos de su casa o trabajo	2.2	2.1	2.1	0.9	1.0	1.0
Calle, cerca de su trabajo	0.7	0.0	0.4	0.9	0.0	0.7
Otro sitio	6.8	2.4	4.6	6.4	2.6	4.6

Tanto víctimas como no-víctimas consideran su casa como el lugar más seguro, aunque las no-víctimas lo sienten más seguro que las víctimas. Las mujeres están más seguras en sus casas que los hombres.

La calle será siempre el lugar percibido como menos seguro.

Y el trabajo es considerado mucho más seguro por las víctimas que por las no-víctimas.

CUADRO Nº 30
LUGAR CONSIDERADO MÁS PELIGROSO
(XALAPA)

Lugar	*Víctimas (%)* *Hombres*	*Mujeres*	*Total*	*No víctimas (%)* *Hombres*	*Mujeres*	*Total*
Por la calle, lejos de su casa o trabajo	68	73	71	64	65	64
En la calle, cerca de su casa	11	12	12	8	11	10
En su casa	3	3	3	5	4	4
En su trabajo	4	3	3	5	1	3
Otro sitio	9	5	7	16	16	16

En cuanto al lugar captado como más peligroso, hay coincidencia en que se trata de la calle, lo que confirma el cuadro anterior. Las víctimas se sienten más inseguras en la calle que las no-víctimas.

En el Distrito Federal y zona conurbada con respecto al lugar donde los entrevistados se sienten más seguros, todas las personas coincidieron que en su casa (88.5% y 88.8%). El 7% y 5% correspondiente a "otro", generalmente obedeció a la respuesta "en ningún lado".

Correlativamente se interrogó sobre el lugar considerado como menos seguro y el 75% y 64% de las víctimas y no-víctimas respondieron que en la calle, cerca o lejos de su casa o trabajo. El 10% y 8% de los que respondieron "otro sitio" aclaró que "en cualquier lugar" o "en provincia".

Con la investigación de CONSEGU hemos construido un cuadro (N° 31) que nos presenta una escala de mayor a menor seguridad y los diferentes lugares de percepción del entrevistado (independientemente si ha sido o no víctima).

CUADRO Nº 31
SEGURIDAD-INSEGURIDAD
CONSEGU (porcentajes)

	Hogar	*Trabajo*	*Escuela*	*Calle*	*Mercado*	*Transporte*	*Auto*	*Carretera*
Muy seguro	16.6	5.8	3.8	0.9	1.5	0.5	1.7	2.2
Seguro	54.2	40.4	31.3	12.4	25.6	6.5	20.7	25.0
Poco seguro	20.2	24.6	25.7	35.1	40.0	28.0	30.8	36.5
Inseguro	6.4	9.3	10.5	35.2	24.0	36.6	14.0	13.7
Muy inseguro	2.1	2.0	2.9	14.2	6.6	24.5	6.2	5.4
Sin respuesta	0.5	17.9	25.8	2.2	2.3	3.9	26.6	17.2
Total:	100.0	100.0	100.0	100.0	100.0	100.0	100.0	100.0

XI.10. EL CÍRCULO VICTIMAL

Para finalizar este capítulo, hagamos algunas breves reflexiones sobre uno de los fenómenos más apasionantes en el mundo de la Victimología: los casos en los cuales el criminal se convierte en víctima y aquellos en los que la víctima se convierte en criminal.

El círculo más cerrado es aquel en el que el criminal se convierte en víctima de su víctima y ésta victimiza a aquel que la victimizó.

Esto, que hemos llamado teoría circular de la victimización o retroalimentación victimal, fue tratado en el VII Congreso de la ONU con la denominación de espiral de la victimización.[268]

Ball analiza el ciclo victimal desde diversos ángulos, planteando nueve ciclos que van desde los microprocesos de mutua victimización hasta el macroproceso de victimización entre diferentes sociedades o grupos o segmentos de la sociedad.[269]

El ciclo victimal es captado como una dialéctica disfuncional, entre criminogénesis y victimogénesis, ambas trazadas con igual proceso victimológico.

Dentro de la dinámica de la pareja penal, en ocasiones es eventual quién termine siendo la víctima y quién el criminal, esto sucede, por ejemplo, en el duelo. Hay ocasiones en que ambos son a la vez criminales y víctimas, por ejemplo, en una riña en la que ambos protagonistas se infirieron mutuamente lesiones.

---

[268] *Cfr.* ONU, *op. cit. (VII Congreso),* Informe Final, párrafo 221.

[269] Ball, Richard A. *The Victimological cycle.* Victimology: an International Journal Nº 2. USA, 1977, p. 52.

La investigación ha llevado a un punto que es necesario ampliar: muchas víctimas fueron previamente criminales y muchos criminales son posteriormente victimizados.

Newman, por ejemplo, encuentra en su muestra que el 50% de los criminales alegaron que ellos habían sido previamente víctimas, y el 75% mostraban fuertes sentimientos de victimización.[270]

Kirchhoff y Kirchhoff mencionan en una investigación alemana (Emmendingen, por Stephan y Villnow), que el 38% de las víctimas reportó haber cometido por lo menos un delito de una lista de 12, y el 50% resultó víctima en el período de referencia.[271]

Ya Mendelsohn, en sus primeros trabajos mencionaba una "víctima culpable", que en realidad es un criminal, ya que agredió injustamente y sacó la peor parte.

Aníyar nos señala como es común encontrar que las víctimas tienen antecedentes deshonestos, principalmente en los casos llamados por Wolfgang *victim precipitated;* entre estas víctimas se alcanzan altos porcentajes de sujetos con antecedentes y patrones sociales negativos.[272] Así, se menciona al comerciante deshonesto, al toxicómano, la prostituta, el homosexual, el defraudador como víctimas en potencia.

Además, debemos considerar que la venganza es una de las características psicológicas más acentuadas en el ser humano, reforzada en ocasiones por patrones culturales de machismo y *vendetta.*

"Algunas víctimas agredidas se convierten en delincuentes. Atacan y, en realidad, no hacen sino devolver el golpe." [273]

Los crímenes motivados por la venganza y dentro de muchos delitos políticos, el hecho injurioso es vivido y perpetrado como un acto de justicia, una retribución justificada que se impone.[274]

El proceso para convertirse en víctima tiene dos dimensiones, una individual y otra social, que interactúan en formas aún no suficientemente identificadas.

Parte de la realidad de convertirse en víctima y parte del proceso de adaptación a la victimización, envuelve la definición que se hace de uno mismo como víctima. Hay una gran importancia en hacer consciente y aceptar que se ha sido víctima.

Friday señala que el lado negativo de este hacer consciencia consiste en la justificación para convertirse en victimizador "en nom-

---

[270] Newman, J. *The offender as the victim.* I Symposium. Israel, 1974.

[271] Kirchhoff y Kirchhoff, *op. cit. (Victimological),* p. 61.

[272] Aniyar, *op. cit. (Victimología),* p. 49.

[273] Hentig, *op. cit. (El Delito),* p. 498.

[274] Fattah, *op. cit. (Regards).*

bre de la justicia" la reparación es demandada, la penalización requerida y aparecen aquellos que tienen la responsabilidad política, en nombre de la víctima, de vengar la injusticia que la victimización representa. "Irónicamente, para la literatura criminológica, uno puede deducir que el victimario puede percibirse a sí mismo como víctima y tener razón, especialmente cuando hay una motivación política (en terrorismo). Por lo tanto, ¿quién es la víctima y quién es el victimario?; en mucho depende de quién es el redentor. El riesgo para nosotros, los victimólogos, es jugar el papel de redentor, identificando y perpetuando el rol de la víctima, reafirmando y juzgando al victimario como perseguidor o el malo en el proceso." [275]

El sentimiento de injusticia sufrida es uno de los sentimientos más fuertes. Él engendra, a la larga, un resentimiento que es una verdadera fuerza explosiva. Las víctimas están listas a hacer otras víctimas.[276]

A esto debemos agregar que una apreciable cantidad de víctimas prefiere buscar el desquite por propia mano, ya que hay desconfianza o miedo a la administración de justicia.

Baste recordar estudios anteriores acerca de la sobrevictimización que de la víctima hace la policía, con sus interrogatorios y poco tacto, el fiscal, para el que sólo es un testigo de calidad, el defensor, que se empeñará en demostrar que la víctima provocó o incitó al delito, la falta de reparación del daño en la mayoría de los casos, etc. (Borafia, Blesofsky, Chesney, Calway, Nkpa, Renitz, Vennard, McBarnet, McDonald, etcétera).

Por otra parte está el fenómeno, que ahora simplemente mencionaremos, del criminal que se ve victimizado por el aparato de justicia penal, victimización que se ve a todos los niveles: legislativo, judicial, policiaco, penitenciario, etcétera

Para finalizar, recordemos a Hentig: "La transmigración de la violencia del autor a la víctima, y de la víctima de nuevo al autor, es un fenómeno que encontramos continuamente. Con buenas razones intentamos cortar la cadena en un punto determinado.[277]

Efectivamente, tenemos que reconocer que el criminal de hoy será la víctima del mañana, y la víctima de hoy puede ser el criminal de mañana, de aquí la importancia de realizar una adecuada política victimal.

---

[275] Friday, Paul, *op. cit. (The faces...)*, pp. 6-7.

[276] Stanciu, *op. cit. (Droits)*, p. 26.

[277] Hentig, *op. cit. (El Delito)*, p. 561

Capítulo XII

LA VÍCTIMA MENOR DE EDAD

XII.1. Introducción

El problema del maltrato y la victimización de menores no es nuevo, imposible detenernos en ejemplos históricos que demuestran cómo los menores han sufrido en el tiempo y en el espacio, y han sido agredidos en todas las formas posibles.

Desde la propiedad absoluta del hijo, con derecho a venderlo o sacrificarlo, hasta la patria potestad y el derecho de corregir, la humanidad se ha ensañado con sus vástagos, en mucho repitiendo una conducta aprendida, que se convierte en un siniestro atavismo.

El reciente énfasis en los derechos del niño, el Año Internacional del Niño (1979), la Declaración Universal de los Derechos del Niño (Ginebra, 1928, 1948 y 1959), las Reglas Mínimas de las Naciones Unidas para la Administración de Justicia de Menores (Reglas de Beijing, 1985), y la Convención sobre los Derechos del Niño (1989), han llamado la atención de una mayor cantidad de personas sobre los problemas de victimización de menores.

Sin embargo, a pesar de que cada vez es más consciente la humanidad, de este doloroso problema, estamos muy lejos de lograr solucionarlo, véanse si no estos datos proporcionados por Grant en su informe sobre la infancia:[278]

> 1981 ha sido otro año de emergencia silenciosa, 40,000 (cuarenta mil) niños han muerto silenciosamente cada día, ... 100,000,000 (cien millones) de niños se han acostado en silencio y hambrientos todas las noches; 10,000,000 (diez millones) de niños se han convertido silenciosamente en deficientes físicos o mentales; 200,000,000 (doscientos millones) de niños entre los 6 y 11 años de edad, han

---

[278] Grant, James E. *El Estado Mundial de la Infancia 1981-1982.* UNICEF. Nueva York, USA, 1982.

contemplado en silencio cómo otros iban a la escuela, en fin, un quinto de la población mundial ha luchado en silencio por la mera supervivencia.

Diez años después (1991) la situación no parece haber mejorado, durante la última década del siglo XX, poco más de 120 millones de niños perecerían víctimas de desnutrición y de enfermedades fácilmente evitables.

De acuerdo con cifras del UNICEF, 7 mil pequeños mueren *cada día* sumidos en el coma de la deshidratación; 6 mil en las garras de la neumonía y 8 mil presas del espasmo del tétano, la tortura de la tosferina y la fiebre del sarampión. Hay que calcular además que por cada uno que muere varios más siguen viviendo en condiciones de desnutrición y deplorable salud.

El remedio a esto es relativamente barato y sencillo (la vacunación completa cuesta un dólar y medio, la rehidratación oral por sales cuesta 10 centavos, un tratamiento de antibióticos, se puede hacer por menos de un dólar).

Un programa completo costaría 2,500 millones de dólares, lo que equivale al 2% del gasto en armamentos de los gobiernos del tercer mundo. A nivel mundial implica un día en gastos militares, o lo que paga el tercer mundo semanalmente por el servicio de deuda externa.

La menor edad pone al individuo en una situación de inferioridad; su menor fortaleza física, la natural falta de experiencia, su dependencia económica, la subordinación social, la inmadurez psicológica, lo ponen en desventaja y lo hacen fácilmente victimizable.

Por algo von Hentig dice que: "No sólo por la corta edad es la juventud un período de debilidad. El joven no se ha adaptado todavía a la "dureza" de la vida. Se cobija en la comunidad paterna como un parásito, y tiene que aprender poco a poco a defender su piel sin ayuda de nadie." [279]

En algunos casos, como veremos más adelante, ni siquiera en el seno familiar el menor está seguro, y es víctima de sus propios progenitores.

En el reino animal es menos común que los padres agredan a sus hijos, pero sí es regla que los animales inmaduros sean fácil presa de los depredadores.

Podemos comprobar esa proclividad victimal de los pequeños en las estadísticas de supervivencia animal, o en las terroríficas cifras de mortalidad infantil.

---

[279] Hentig, *op. cit. (El Delito),* p. 520.

Algunos autores interpretan esta debilidad como uno de los factores básicos de unión entre los menores (principalmente adolescentes), que forman pandillas y bandas como medio de protección (la alianza de muchas debilidades da una fortaleza).

En este capítulo estudiaremos esta problemática, utilizándola como ejemplo de cómo puede hacerse análisis de un tipo de víctimas en especial.

El siguiente capítulo (XIII) lo dedicaremos al examen de una forma concreta de victimización: el maltrato físico de niños.

XII.2. VICTIMIZACIÓN DE MENORES

Según Thorsten Sellin, existen las siguientes clases de victimización, que analizaremos en lo referente al menor victimizado.

1. *Victimización primaria.* Es la que hace referencia a la víctima individual. En este sentido todo menor de edad puede ser víctima en sentido amplio y en sentido estricto.

La victimización primaria toma parte preponderante en el maltrato infligido al menor por sus propios padres, problema de tal importancia victimológica, que le dedicaremos el capítulo siguiente.

Otra forma preocupante de victimización de menores la tenemos en los abusos sexuales. En nuestro país no tenemos información fidedigna al respecto, y sabemos que es uno de los delitos de más alta cifra negra (ver capítulo referente a victimización sexual).

Las formas de victimización son múltiples, desde estupro hasta violación, pasando por incesto, corrupción, exhibicionismo, atentados al pudor, proxenetismo y la floreciente industria de la pornografía infantil.[280]

En 1983 la opinión pública se vio sacudida por la noticia de que en uno de los colegios más selectos de México, habían sucedido una serie de atentados homosexuales perpetrados por personal de la institución, la noticia se ha repetido ya en varias ocasiones.

Una tercera forma de victimización primaria la encontramos en el maltrato a niños en las escuelas, en este sentido es urgente realizar una amplia investigación.

En nuestra experiencia hemos encontrado que muchos fracasos escolares se deben a agresiones físicas o psíquicas de los profesores contra los alumnos.

---

[280] Un estudio muy completo puede verse en: Thomas, Charles. *Sexual Victimology of Youth.* L. G. Shultz Ed. USA, 1980.

La idea de que "la letra con sangre entra" está fuertemente arraigada con nuestra sociedad, y no tiene nada de original, pues aun pedagogos de la talla de Petrarca, Pestalozzi o Juan Bautista de la Salle, aceptaron los castigos físicos, o por lo menos psíquicos a los niños.

Es impresionante observar cómo en algunas escuelas europeas, todavía se recaba la autorización de los padres para infligir "maltratos menores" a los educandos.

Los profesores golpeadores o torturadores psíquicamente de los alumnos deben ser identificados a su debido tiempo, de aquí la importancia de la selección.

2. *Victimización secundaria.* Independientemente de que un menor de edad pueda ser víctima en forma individual de cualquier delito (robo, homicidio, violación, etc.), lo puede ser de delitos propios (infanticidio, corrupción, estupro) o de accidentes (tránsito).

Pero también pueden ser víctimas (victimización secundaria) grupos determinados de menores, muy claramente especificados por ocupación, clase social, etcétera.

Efectivamente, hay grupos de menores que tienen una mayor capacidad victimal. Pensemos en los menores que estudian en determinados centros en los que existen los grupos denominados "porros" (bandas de pseudo estudiantes dedicados al pillaje contra los verdaderos estudiantes). La gran mayoría de víctimas en estos casos son menores de edad que sufren por conductas delictivas.

Por desgracia el fenómeno es cíclico y además viaja de una institución a otra, mezclándose en ocasiones con otro tipo de problemas sociales y políticos.

Para dar idea de la magnitud del problema, demos algunas cifras obtenidas en una investigación realizada sobre el total de la población en un plantel de la Escuela Nacional Preparatoria de la UNAM, durante una de las épocas álgidas del problema (1969-1973).

Únicamente el 0.4% de los alumnos declararon su adhesión a la porra, el 84.79% consideraron negativa la presencia de la porra en la escuela, o sea que no puede tratarse de actos consensuales.

Los alumnos directamente afectados por la porra fueron el 47.43% de la población escolar, de éstos el 31.70% fueron robados, el 8.15% golpeados y el 8.05% amenazados.

Respecto a los actos anteriores es notable que el número de víctimas desciende según la edad, o sea que los más pequeños son los más fácilmente victimizables.

Es verdaderamente lamentable el hecho de que uno de cada dos menores de edad que estudian a nivel bachillerato se haya visto victimizado por este grupo.

Es también inaudito que uno de cada tres estudiantes haya sido robado, y uno de cada diez lesionado. Debemos considerar que en esta encuesta no se tomaron en cuenta delitos como violación, que quedan en la cifra negra.

El problema no es solamente de México; en un informe a la Asamblea de la Educación Nacional de Dallas, las estadísticas indicaban que el 4% de la población escolar del Estado era atacada durante el curso. Esto significa que en el año escolar 1977-1978, se produjeron 60,000 agresiones.

Y el problema va en aumento, ahora en Estados Unidos los homicidios en las escuelas se convierten en un dolor de cabeza. Así, en 1999, en Colorado dos adolescentes mataron a 13 de sus compañeros en su propio colegio, para ser luego muertos; y en el 2001, un muchacho de 15 años mata a 2 compañeros y hiere a 13 más.

Otro grupo físicamente victimizable es de los menores económicamente débiles, éstos son víctimas de varios delitos (lenocinio) y principalmente de explotación laboral. Las cifras que dan la Oficina Internacional del Trabajo (OIT) y la UNICEF son desalentadoras, pues nos indican que 250 millones de niños, entre los 5 y los 14 años, son explotados en el mundo, de los cuales la gran mayoría pertenecen a los países en vías de desarrollo.[281]

La explotación consiste no sólo en obligarlos a laborar, sino en el bajo salario (30% de lo que recibe un adulto, según OIT), en el tipo de trabajo, difícil y peligroso (minas, caza, pesca, curtido de pieles, agricultura en medio de pesticidas y agroquímicos, etc.) y la falta absoluta de garantías en cuanto a horario mínimo, etcétera.[282]

Aunque Asia y Africa presentan los mayores problemas, la OIT calcula que el 17% de los niños de Latinoamérica trabaja (dos niñas por cada tres niños), la mitad a tiempo completo.

Simplemente en México han sido detectados por el DIF tres millones quinientos mil niños que trabajan, a veces en condiciones infrahumanas, con flagrante violación constitucional y de la Declaración Universal de Derechos Humanos (los datos de la OIT implican a 5 millones de niños).

De acuerdo al estudio DIF-UNICEF de 1999, sobre 100 ciudades, los menores "de" y "en" la calle suman más de 114,000 en situación de subempleo o mendicidad clara. En el estudio DIF-FINCA, se registraron 14,320 menores en el D. F. con trabajo regular.

---

[281] Oficina Internacional del Trabajo (OIT). *Statistics on Working Children and Hazardous Child Labour in Brief.* (Revised April 1998). Ginebra, Suiza, 1998.

[282] *Cfr.* Ashagrie, Kebebew. *Youngest Workers an Hazardous Child Labour.* OIT. Ginebra, Suiza, 1999. También, del mismo autor: *Methodological Child Labour Surveys and Statistics.* OIT, 1997.

Otro grupo victimizado es de los débiles mentales. Aparte de las formas de victimización anteriormente señalados, estos niños pierden toda oportunidad al no existir instituciones para su tratamiento y adaptación social.

Los deficientes mentales alcanzan en el país (según los diversos autores) del 8 al 12% de la población. Si a éstos agregamos aquellos que el Instituto Interamericano del Niño llama: "menores de alto riesgo" (deficientes visuales, auditivos, inválidos, desnutridos, etc.), nos encontramos con el 25% de la población escolar del país.

Tiene razón Beristain cuando afirma que:[283]

1º Los menores difíciles y/o anormales merecen atención especial a la luz de las ciencias contemporáneas en la legislación y en la práctica de asistencia y del tratamiento.

2º La atención especial a los menores anormales y/o difíciles debe dirigir sus esfuerzos a que su tratamiento se parezca lo más posible a la de "todos los niños".

3º A los niños nunca se les debe castigar aunque sean difíciles y/o anormales, solamente se les debe reprender, lo que es muy distinto.

Tenemos que mencionar aquí a un grupo específico, que es el de los llamados "menores infractores", que es victimizado por la falta de garantías procesales, carencia de instituciones adecuadas, ausencia de oportunidades de adaptación (volveremos sobre el tema).[284]

También es de mencionarse los grupos escolares victimizados por profesores faltistas, excesivamente rígidos o apáticos, incapaces e impreparados.

3. *Victimización terciaria.* Por victimización terciaria se entiende a la dirigida contra la comunidad en general, y dentro de ésta en forma muy marcada hacia los menores de edad.

Efectivamente, los menores de edad son más fácilmente victimizables por razones de edad, lo que implica una inferioridad física, intelectual, económica y psicológica.

Lo anterior hace patente la necesidad de crear leyes a nivel federal para proteger a este grupo, que forma una parte importante de la población (en el 2000, en México, el 39.71%, o sea casi 39 millones, era menor de 18 años), con instituciones adecuadas para ejecutar la ley, y evitar que quede en simples buenos deseos.

En México se decretó la "Ley para la Protección de los Derechos de Niñas, Niños y Adolescentes", que entró en vigor el 30 de mayo

---

[283] Beristain, Antonio. *La Protección a los niños difíciles y anormales de España.* Estudios Vascos de Criminología 1. Editorial Murguía. Bilbao, España, 1983.

[284] Para una amplia información ver nuestra obra: *Criminalidad de menores.* 3ª edición. Editorial Porrúa. México, 2000.

de 2000, y que puede ser un instrumento notable para prevenir la victimización.

El 25 de julio de 2001 (*Diario Oficial*) se crea el Consejo Nacional para la Infancia y la Adolescencia, que es una comisión intersecretarial permanente para coordinar y definir las políticas de este delicado campo.

4. *Victimización mutua.* Estos son casos en los que los partícipes están inmiscuidos en actos consensuales. En materia de menores se entiende que ambos son menores de edad.

Estos actos representan un problema digno de estudio, sobre todo si se toma en cuenta que el delincuente menor difícilmente actúa solo. Ya mencionamos en el apartado X.6 las similitudes de víctima-victimario en jóvenes.

Los casos más comunes de victimización mutua los encontramos en infractores sexuales (incesto), en lesiones, en riña y en problemática de drogas.

XII.3. Clases de víctima

Siguiendo un patrón establecido por Mendelsohn, desde el punto de vista de la culpabilidad, y tomando en cuenta las características biopsicosociales de la víctima, éstas se pueden clasificar en la forma siguiente:

1. *Víctima inocente.* Esta es la llamada víctima ideal, es la que no ha provocado en forma alguna la agresión ni tiene culpa en el hecho. Es muy común encontrar menores con estas características, un ejemplo clásico es el del infanticidio. Estas víctimas deben ser mayormente protegidas; en el ejemplo mencionado sería apropiado quitar el delito de "exposición de menores" (otro ejemplo de víctima inocente), estableciendo casas de cuna donde la presunta infanticida pudiese abandonar al menor, salvándole así la vida al pequeño.

2. *Víctima de culpabilidad menor.* Esta víctima generalmente lo es por ignorancia, y es también fácil encontrarla entre menores de edad, que al no tener una formación adecuada pueden ignorar los alcances de su acción, prestándose a ser victimizados.

Este es el caso de estupro, en el que la inexperiencia sexual de la víctima la hace fácil presa del engaño del victimario. Otro caso es el del aborto, en el que la menor acepta la intervención sin medir el alcance de ella.

3. *Víctima tan culpable como el infractor.* Es la llamada víctima consensual, la que voluntariamente acepta ser víctima, consciente del

hecho. Ejemplos de esta situación son los menores que aceptan un pacto suicida, que juegan "ruleta rusa" o que aceptan usar drogas.

Generalmente, para que pueda hablarse de este tipo de víctimas, es necesario que el infractor sea también menor de edad, pues en otra forma, la inexperiencia hace que el menor sea una víctima de culpabilidad menor.

4. *Víctima más culpable que el infractor.* En muchos de estos casos la víctima denota gran peligrosidad, por lo menos contra sí misma. Los ejemplos más claros son los de la víctima provocadora, la que incita al infractor a cometer la infracción.

Otro ejemplo es el de la víctima por imprudencia, por demás común en menores de edad, sobre todo en problemas de tránsito, el número de menores lesionados y muertos en este renglón es por demás impresionante.

5. *Víctima únicamente culpable.* El primer ejemplo de este tipo de víctimas lo constituyen las víctimas infractoras, como en el caso de la legítima defensa. Este caso denota en la víctima una gran peligrosidad, pues el sujeto agrede y cae víctima de su propia agresión. En sentido amplio pueden incluirse aquí varios casos de suicidio.

Mendelsohn incluye en este punto dos tipos de víctima que en realidad no lo son: la víctima simuladora y la víctima imaginaria. La primera es aquella que intenta hacer caer a la justicia en un error, haciéndose pasar por víctima cuando en realidad él fue el agresor, o cuando simula un daño mayor que el que en realidad se cometió.

La segunda es de capital importancia en nuestro tema, ya que se puede encontrar con relativa frecuencia entre los menores, que por fantasías o por mentiras para ocultar alguna falta, o por inconsciente juego, dicen haber sido víctimas de algún delito. Debe tenerse una especial atención en estos casos, que pueden acarrear serias injusticias. Remitimos aquí a los estudios hechos en Psicología Judicial sobre testimonio de los niños.

6. *Víctima fortuita.* Aunque Mendelsohn no la incluye, seguramente por no haber culpabilidad alguna, es necesario mencionarla, principalmente por la cantidad de menores que sufren accidentes fuera de toda responsabilidad propia o ajena.

XII.4. Victimidad y criminalidad

La investigación ha conducido al descubrimiento de que una buena cantidad de delincuentes fueron, antes de su conducta antisocial, victimizados en alguna forma.

Por otra parte, Aníyar nos señala que es común encontrar que las víctimas tienen antecedentes deshonestos, principalmente en los casos llamados por Wolfgang *"victim precipitated"*, como el comerciante tramposo, el toxicómano, la prostituta, el homosexual, el defraudador, etcétera.[285]

En cuestión de menores infractores, se han hecho patentes los antecedentes de maltrato físico y psíquico, así, ya los Glueck en sus estudios sugirieron la relación entre abuso y abandono de menores y su posterior antisocialidad.

Un estudio de cien menores antisociales en Filadelfia reportó en el 82% historias de maltrato; un estudio en Denver ha reportado el 84% en los juveniles delincuentes que fueron maltratados antes de la edad escolar, mientras el 92% ha reportado haber recibido golpes, laceraciones o huesos rotos, infligidos por sus padres entre el año y el año y medio anteriores a su aprehensión. Una investigación de seguimiento de cuatro años sobre 34 casos de abuso en el hospital para niños de Washington, indicó que el 20% de los niños maltratados han sido presentados ante las cortes juveniles por actitudes antisociales.

Hay casos en los cuales menores de edad han sido enviados a los tribunales para menores como víctimas y cuando dejan la institución han sido ya definidos como infractores.

No cabe duda que los niños abandonados tienden a ser más fácilmente etiquetados como infractores.

Otro dato interesante es que niños maltratados que son también delincuentes o infractores, se quedan en la institución el doble de tiempo que los no maltratados.

La relación entre abuso, maltrato, abandono y delincuencia ha sido enfocado desde tres perspectivas básicas.[286]

a) Histórica, que indica múltiples antecedentes en el sentido de que niños maltratados y abandonados han sido tratados en el sistema de justicia de menores.

b) Empírica, que sugiere que existe una relación causal entre abuso, abandono y delincuencia.

c) De sistema, que considera el efecto del etiquetamiento de menores que han sido maltratados o abandonados, y a los cuales se les adjudica la etiqueta de infractores o delincuentes.

O sea que existen tres formas de relación entre victimización de menores y criminalidad:

---

[285] Aníyar, *op. cit. (Victimología),* p. 49.

[286] Smith, Charles P., Berkman, David J., Warren, Fraser M. *The Shadows of Distress.* LEAA. U.S. Department of Justice. EUA, 1980, p. 25.

1. La relación que emerge de una perspectiva histórica, sobre el manejo de abuso y abandono de menores y casos de menores que han sido oficialmente etiquetados como delincuentes.

2. La relación causal entre el haber sido abandonado, maltratado y posteriormente haberse convertido en delincuente.

3. La relación que se crea como resultado de la adjudicación de un status como delincuente u ofensor.

XII.5. La prevención victimal

Así como debe existir una política criminológica, la debe haber también victimológica. Así como existen delincuentes con gran predisposición a delinquir, hay también personas con una gran capacidad victimal; se ha llegado a afirmar que existe una "víctima nata", totalmente predispuesta a ser víctima. Encontramos por ejemplo el caso de la víctima reincidente, que a pesar de haber sufrido algún daño, no toma las precauciones suficientes para evitar el volver a sufrirlo.

El problema debe atacarse en diversas formas, en primer lugar legislativamente, con un capítulo de protección a la víctima, dentro del Código del Menor y con normas de procedimiento como las que mencionaremos más adelante.

La parte más importante de la prevención victimal es la educación. Debe enseñarse a los niños a prevenir su victimización. Es necesario enseñarles a evitar accidentes y, aunque puede parecer desagradable, hacerlos desconfiados. La educación en materia sexual, cuando es adecuada, puede prevenir eficazmente la victimización sexual; el adiestramiento en primeros auxilios es útil en casos de lesiones, la educación vial es imprescindible.

XII.6. El problema procesal

Un aspecto que ha sido recalcado por los especialistas, es el cuidado que debe tenerse con las víctimas menores de edad en el proceso. Ejemplo digno de citarse es el del Código de Protección a la Infancia de Israel.[287]

En el citado código se dan las siguientes disposiciones; que en nuestra opinión son de tomarse en cuenta:

---

[287] *Cfr.* Reifen, David. *Court Procedures in Israel to protect child victims of sexual assault.* I Symposium. Israel, 1973.

a) No se puede hacer ninguna investigación cuando la víctima sea menor de 14 años, tratándose de delitos contra las buenas costumbres, sin el permiso de un pesquisidor de la juventud (figura similar a la de promotor o procurador que existe, con funciones limitadas, en México).

b) Un menor no puede ser testigo en delitos contra las buenas costumbres, sin el requisito señalado en el punto anterior.

c) Los pesquisidores son nombrados por una comisión formada por el juez de menores, un experto en sanidad mental, un educador y un experto en protección a la infancia.

d) Sólo los testimonios preparados y aprobados por el pesquisidor, en casos de delitos contra la moralidad, son válidos ante los tribunales.

e) Los documentos anteriormente mencionados serán examinados por el tribunal, el que puede pedir una ampliación al pesquisidor, pero éste puede negarse a examinar nuevamente al menor si considera que esto puede causarle un daño.

f) Las pruebas presentadas por el pesquisidor no tienen validez si no se ven corroboradas por otros hechos, pruebas o testimonios que aseguren su verosimilitud.

En varios códigos del mundo se encuentran medidas similares para proteger a las víctimas menores de edad, principalmente en casos de delitos sexuales o contra las buenas costumbres o la moral.

Las medidas que encontramos más comúnmente son:

a) El juicio en estos casos no puede ser público.

b) La víctima menor sólo puede ser interrogada por un especialista.

c) Se necesita el consentimiento de los padres.

d) Se prohibe la divulgación pública de la identidad de la víctima.

Debemos hacer hincapié en este último aspecto, uno de los más olvidados en nuestro medio por periodistas carentes de ética profesional, que sin ningún recato publican noticias de menores víctimas de delitos sexuales, corrupción, lenocinio, faltas a la moral, etc. Una pena grave debe prever la ley para estos casos.

No podemos terminar este apartado referente a la víctima menor en el proceso, sin referirnos a la otra cara de la moneda: el menor infractor.

En México, en el 2005, la Constitución se reforma en su artículo 18, para establecer un nuevo sistema integral de justicia para "adolescentes" que cometen conductas tipificadas como delito por las leyes penales. Aunque no muy afortunada en sus términos, sí afirma que gozan de los derechos fundamentales que reconoce la misma Constitución para todo individuo.

Como ya hemos mencionado en la dinámica (*iter victimae*), el victimario puede convertirse en víctima, los menores no son una excepción.

El tema de justicia de menores ha preocupado grandemente a los especialistas [288] y a la Organización de las Naciones Unidas, que desde su primer congreso de prevención del delito y tratamiento al delincuente (Ginebra, 1955) se ocupó del tema.

Para el segundo congreso (Londres, 1960) restringió el concepto de "delincuencia de menores" a las conductas tipificadas por la ley como delito.

En el sexto congreso (Caracas, 1980) se decidió elaborar unas reglas rectoras de la justicia de menores, que fueron aprobadas en el séptimo congreso (Milán, 1985).[289]

La tendencia actual es abandonar la función *parens patriae* (el Estado actúa con los menores infractores como un "buen padre"), pues se considera victimizante.

En su lugar se propone una justicia de menores respetuosa de las más elementales garantías procesales (legalidad, defensa, participación de los padres, separación por edades, etcétera), además de la consabida protección y tratamiento.

Lo anterior se logró a partir de 1992, con la «Ley para el tratamiento de menores infractores para el Distrito Federal en materia común y para toda la República en materia federal», que consagra las garantías básicas de todo procedimiento para menores, pues adopta las Reglas Mínimas de la ONU para la administración de la Justicia de Menores (Reglas de Beijing, 1985).

Por desgracia, una tendencia retributiva, represiva y victimizante, ha llevado la Justicia Minoril al área penal, con una Ley Federal de Justicia para adolescentes, de 2012, que fue abrogada en 2015 (antes de entrar en vigor), y substituida por una penosa «Ley Naciónal del Sistema Integral de Justicia Penal para Adolescentes» (DOF, 16/VI/2016).

XII.7. Drogas, sectas y bebetráfico

Múltiples son las formas de victimización de los menores; excedería en mucho tratar de analizarlas.

Sin embargo, deseamos mencionar al menos tres que, por su novedad y capacidad victimológica son preocupantes.

---

[288] Ver por ejemplo el capítulo XVI de la *Victimología, nueve palabras clave*, de Antonio Beristain, que se denomina "Menores infractores-víctimas, ante las Naciones Unidas y el Congreso de Europa". Tirant lo Blanc. España, 2000, p. 375.

[289] Las versiones oficiales pueden consultarse en mi libro: *Criminalidad de Menores*, *op. cit.*, p. 487.

La primera es el problema de la droga, que afecta principalmente a menores de edad, y tuvo proporciones alarmantes en la década de los setenta, con tendencia a recrudecer, principalmente con los inhalantes y los nuevos tóxicos como el crack, el bazuco y ahora las meta-anfetaminas.

Los menores toxicómanos fueron sobrevictimizados al ser considerados como delincuentes, pero al llegar el problema a todas las clases sociales se cambió la etiqueta por la de "enfermo".

La droga afecta no solamente al usuario (al afectar salud, trabajo, escuela y relaciones interpersonales) en cuanto víctima directa, sino también tiene un gran poder victimógeno hacia las víctimas indirectas (familia, sociedad).

La segunda se debe a la aparición de sectas de diverso corte religioso, que buscan sus víctimas principalmente en menores de edad.

Las sectas hacen proselitismo partiendo de ideas religiosas, en ocasiones de corte cristiano (bíblicas), en otros casos con orientalismos o extravagancias.

Con la base de que la única salvación está en la secta, se elimina todo elemento que pueda defender la libertad, intimidad, contactos con el mundo real y tiempo libre.

Se crean elementos desorientadores que llevan a la confusión mental, como ayunos, dietas, ritos obsesivos, con vestimentas especiales, bailes y cantos repetitivos y en ocasiones drogas.

Las sectas tienden al aislamiento, son anticomunistas y anticatólicas y minan los sentimientos de familia, nacionalidad y colectividad.

Baste recordar el terrorífico caso del "Templo del Pueblo" de Jim Jones, que fundó una colonia en Guyana, y que en 1978 ordenó a los pobladores matar a los niños y suicidarse; fueron 913 víctimas.

La tercera forma de victimización de menores, de la que sólo ha asomado la punta del iceberg es el "bebetráfico".

Este alarmante fenómeno está cundiendo en Latinoamérica; generalmente se trata del secuestro o compra de niños recién nacidos para ser dados en "adopción" a matrimonios sin hijos en Europa y Estados Unidos.

El problema se ha generalizado, así, tan sólo en los tres primeros meses de 1987 en Chile se descubrieron 36 bebés "exportados" al extranjero, su precio era hasta de 15,000 U.S. dólares. En Brasil el precio varía entre 1,000 y 10,000 dólares, en 1983 fueron procesados unos peruanos que habían vendido 30 pequeños brasileños.

En 1986 en el Estado de Paraná (de población predominantemente blanca) se vendían niños recién nacidos, principalmente a Europa e Israel. El precio era de cinco mil dólares, y los entregaban ya con documentos.

Principalmente se trataba de madres solteras o de criadas domésticas que trabajaban lejos de sus familias y eran procuradas y asistidas por la organización, que les pagaban los cuidados médicos y hospitalarios, con la condición de que al nacimiento de sus hijos, que generalmente no llegaban a ver, los entregaran incondicionalmente. El asunto tomó actualidad, y se hizo una telenovela: "Corposanto", que trata de María do Brasil, una prostituta embarazada que ha recibido dinero de los "gringos" para dar su hijo al nacer.

En Argentina se calcula en 200 el número de bebés vendidos por año (datos de Atilio Álvarez, del Tribunal de Menores). En Honduras, la esposa del presidente (Miriam Azcona) ha encabezado la investigación, al descubrirse una casa en Tegucigalpa con 13 niños, el precio era de 3,000 dólares cada uno (enero, 1987).

En Guatemala el escándalo ha sido mayúsculo, pues se implicó a la cuñada del expresidente Mejía Víctores, se rescataron 24 pequeños; en fecha reciente, Rigoberta Menchú, premio Nobel, hizo una nueva denuncia.

En México, en febrero de 1987, en Tijuana (frontera norte) se desbarató una banda que tenía en su poder a 27 bebés.

El problema ha ido en aumento al terminar el éxodo de refugiados de Kampuchea, Vietnam y otros países orientales que eran los principales surtidores del mercado.

En noticia dada por Reuter el 18 de marzo de 1996, Estados Unidos acusó a España de respaldar la difusión de mentiras peligrosas, al entregar el premio "Rey de España" a un periódico brasileño que publicó una serie de artículos sobre tráfico de niños.

Los Reyes de España concedieron el premio a la periodista brasileña Da Silva, del periódico *Correio Brasiliense*, en 1994, que realizó investigaciones sobre niños desaparecidos en Brasil, y los casos de adopciones y tráfico de órganos.

Los vendedores son por lo general madres solteras o familias miserables con muchos hijos, que ven en esta forma la solución a un doble problema. En otros casos se trata de parturientas a las que informan que el neonato ha muerto. No faltan las situaciones de robo de infante.

Podría pensarse que la alarma es injustificada, pues el bebé víctima, desnutrido, parasitado, tercermundista endeudado, sin futuro cierto, pasa a una familia "decente", del primer mundo, con medios económicos y futuro asegurado.

Siempre nos llamó la atención que estas parejas de los países desarrollados aceptaran en adopción niños de otra raza, cuya herencia era dudosa y su estado lastimoso.

Ahora se sabe parte de la cruda realidad: los bebés son exportados en varios casos para esclavitud, prostitución o pornografía, a muy temprana edad.

Mucho se ha hablado de que el tráfico se produce para extraer órganos vitales, para ser transplantados a niños del primer mundo que en otra forma fallecerían.

A pesar de la cantidad de artículos y noticias que se han publicado al respecto, no hemos podido conocer un solo caso en que se haya constatado fehacientemente el bebetráfico para donación forzada de órganos.

Un problema que sí está claramente documentado es el de la esclavitud infantil; para la UNICEF unos 200,000 son objeto de tráfico en África Occidental (Benin, Togo y Ghana, hacia Costa de Marfil, Nigeria y Gabón).

En abril del año 2001, en África Occidental, fue descubierto un buque, el *Etireno*, que navegaba con bandera nigeriana y transportaba entre 200 y 300 niños para ser vendidos como esclavos.

En Dowala, Camerún, las autoridades portuarias impidieron el desembarco de los niños a solicitud del Gobierno de Benin, que tenía la información de que el barco transportaba decenas de niños esclavos, comprados a un precio de 15 a 20 dólares, para ser revendidos por unos 300 dólares.

El barco reapareció una semana después, pero llevaba ya tan sólo 23 niños y 20 adolescentes, acompañados por sus padres, por lo que se supone que todos los demás niños, de los cuales no podía saberse la procedencia, fueron arrojados al mar.

Aparte de la venta de niños esclavos, hay el gran problema de los niños combatientes; la ONU calcula que hay 300,000 niños combatientes, la mayoría en África. El 60% tiene menos de 15 años.

Ampliamente documentado está también el gravísimo problema de la pornografía infantil, ahora vía internet, los casos claros son el de "Wonderland", que tenía su centro de operaciones en Inglaterra y el de "Apollo", en Holanda, grandes organizaciones internacionales; descubiertos en 1998 con casi un millón de imágenes, con niños de todas las edades, y unos tan pequeños como de 3 años de edad.

México no ha sido excepción y, después de casos tan sonados como el de Tabachines y el de Acapulco, en el que una banda de norteamericanos secuestraba, drogaba, violaba y filmaba a niños, se hizo una reforma penal (enero de 2000) para aumentar penas y en su caso tipificar los delitos de corrupción de menores, pornografía infantil y prostitución de menores, la pena es agravada si es cometida por delincuencia organizada (artículos 201, 201 bis, 201 bis 3, 203).

Finalmente, mencionemos que México ha firmado la Convención Interamericana sobre Tráfico Internacional de Menores (1996) y que la Procuraduría General de la República creó una Fiscalía Especializada para la Atención de Delitos de Tráfico de Menores (2000).

XII.8. La protección a la víctima menor

Cuando la prevención falla, y un menor ha sido victimizado, debe protegérsele de la manera más amplia. El ejemplo del Estado de México al publicar su ley sobre auxilio a las víctimas del delito (20 de agosto de 1969) debe seguirse y ampliarse, poniendo especial atención a los menores de edad.

El problema no es exclusivamente de reparación de daño, sino de apoyo y terapia cuando sea necesaria.

Debe eliminarse (como de hecho ha sucedido) la nefasta costumbre de recluir en el Tribunal para Menores o Consejos Tutelares a víctimas de delitos, principalmente cuando éstos sean de naturaleza sexual. Un deseo de protección no justifica en forma alguna este procedimiento.

Es hasta cierto punto absurdo que se multipliquen los esfuerzos para el tratamiento de menores delincuentes y se olvide a los menores víctimas, respecto a éstos no hay legislación ni instalaciones adecuadas para tratamiento.

Comprendemos que el problema más grave está en todas esas víctimas menores inocentes que forman la niñez desamparada y desvalida, que son víctimas por haber nacido en un país en vías de desarrollo, de una familia miserable y en una sociedad fría y egoísta, por esto son plausibles todos los esfuerzos de instituciones oficiales como el DIF, o de grupos de asistencia privada, instituciones y grupos que deben unificarse en un solo organismo para su mejor funcionamiento.

Recordemos el artículo 39 de la Convención sobre los Derechos del Niño, que trata sobre el niño víctima:

> "Artículo 39.—Los Estados Partes adoptarán todas las medidas apropiadas para promover la recuperación física y psicológica y la reintegración social de todo niño víctima de: cualquier forma de abandono, explotación o abuso; tortura u otra forma de tratos o penas crueles, inhumanos o degradantes; o conflictos armados. Esa recuperación y reintegración se llevarán a cabo en un ambiente que fomente la salud, el respeto de sí mismo y la dignidad del niño."

CAPÍTULO XIII

EL MALTRATO FÍSICO EN NIÑOS

XIIII.1. INTRODUCCIÓN

En este capítulo nos ocuparemos de una de las formas de victimización más dramáticas: el maltrato físico a niños.

Nuestra intención es ejemplificar sobre una forma concreta de victimización, aunque podría parecer que esto rompe un poco el equilibrio de la obra, debemos recordar que gran parte de la población está formada por menores de edad, y que el problema que vamos a relatar ha tomado proporciones alarmantes.

Ya en el capítulo anterior mencionamos cómo el niño ha sido víctima en todos los países y muy particularmente en ciertas épocas.

El derecho de propiedad sobre los hijos llegó a ser absoluto, el padre podía venderlo, sacrificarlo a los dioses, alquilarlo, regalarlo, etcétera.

En 1977 el presidente de los Estados Unidos, con motivo del Año Internacional del Niño dio a conocer que en aquel país existen 10 millones de niños carentes de asistencia médica y al menos un millón fueron objeto de maltrato físico. Hay que recordar que, a solicitud de la Sociedad Protectora de Animales, se creó en 1871 en Norteamérica la Society for the Prevention of Cruelty to Children, a partir del caso de Mary Ellen, una niña cuyos padres adoptivos la tenían encadenada a una cama.

En Alemania (Ulrich, Bonn y Nix), estiman que la cifra negra rebasa el 20%, en Francia (Raboulle) se estima que hay al menos un caso mensual en cada hospital infantil, en Holanda (Kinpers) se calcula que al menos 16% queda con secuelas de lesión cerebral, en México (Foncerrada) se afirma que la mortalidad no es menor al 10% de los casos.[290]

---

[290] Para mayor afirmación véase: Viano, Emilio. *The Battered Child: a review of studies and research in the area of child abuse.* I Symposium. Israel, 1973. Y, Drapkin, Israel; Viano, Emilio. *Victimology.* Vol. 4. Lexington Books. USA, 1975.

XIIII.2. Antecedentes

Desde 1935, Snedecor (E.U.) llamó la atención sobre "el origen traumático de engrosamientos corticales y fragmentaciones metafisiarias" encontradas en el estudio de un grupo de niños nacidos por extracción y parto traumático. Posteriormente un radiólogo, Caffey, en 1946 encontró una asociación entre algunas contusiones, fracturas y hematomas subperiósticos y/o subdurales "idiopáticos". Silverman (E.U.) en 1953 refirió la fragmentación metafísica y el engrosamiento cortical por traumatismos, llamando la atención sobre las historias clínicas incompetentes e incoherentes de niños golpeados. Wooley y Evans (E.U.) en 1955, reportaron los cambios esqueléticos producidos por traumatismos, considerando por primera vez al aspecto familiar y social del niño golpeado, proponiendo un mejor estudio y tomando medidas preventivas.

Baker y Berdon (E.U.), en agosto de 1966, estudiaron especialmente los problemas traumáticos en los niños, refiriendo las características del hueso en crecimiento y su singular habilidad para reparar las lesiones. Einsenstein y Col (E.U.), comunicaron la presencia de un hematoma en el duodeno de un niño golpeado. Berant y Col (E.U.) comunicaron alteraciones en estructuras óseas, semejantes a las señaladas anteriormente, consecutivas a maltrato en niños desnutridos.

Caffey, continuó sus estudios sobre hematoma subdural y fracturas de los huesos largos, llegando a hablarse de un "Caffey-Kempe Syndrome".[291, 292]

En México varios médicos (Riojas, 1971) (Marcovich, 1977), del Hospital de Pediatría del IMSS y del Hospital Infantil, han estudiado el problema, encontrando varios casos en el síndrome de niño golpeado, como mencionaremos más adelante.

XIII.3. Formas de maltrato

Kempe define el maltrato como el uso de la fuerza física en forma intencional, no accidental, dirigida a herir, lesionar o destruir a un niño, ejercida por parte de un padre o de otra persona responsable del cuidado del menor.

---

[291] Caffey, John. *Multiples Fractures in the long bons of infanto suffering from Chronic subdural hematoma.* American Journal of Roentgenology. Vol. 56, núm. 2, USA, 1946, pp. 163-173.

[292] Caffey, John. *The parent-infant traumatic stress syndrome.* American Journal of Roentgenology, Radium therapy and Nuclear Medicine. Vol. 114. USA, 1972, pp. 218-229.

Y por niño maltratado, según Osorio y Nieto, se entiende "la persona humana que se encuentra en el período de la vida comprendido entre el nacimiento y el inicio de la pubertad, objeto de acciones u omisiones intencionales que producen lesiones físicas o mentales, muerte o cualquier otro daño personal, proveniente de sujetos que por cualquier motivo tengan relación con ella."[293]

Se reconocen básicamente dos formas de maltrato con consecuencias físicas: una activa, caracterizada por golpes y agresión corporal, y una pasiva, en la que se omiten cuidados esenciales para la salud del menor.

Así, resultan dos síndromes, uno del niño golpeado y otro del niño abandonado.

En cuanto al maltrato activo, se ha distinguido entre abuso físico en general, síndrome del niño golpeado y síndrome del bebé golpeado.

La lesión emocional o física no accidental producida a un sujeto menor de 18 años por un pariente o por la persona que esté encargada del menor, por lo general constituye un acto de *abuso.*[294]

"El síndrome del niño golpeado, es un cuadro clínico causado por una patología mental familiar que hace víctima al niño en la época de su vida en que se encuentra más indefenso, aprovechándose de su incapacidad de comunicación, para canalizar hacia él una agresión largamente reprimida."[295]

Se habla de un síndrome de bebé golpeado *(Battered babe syndrome)* cuando la víctima tiene menos de un año.

En la forma pasiva de maltrato, la deliberada abstención de proveer a las necesidades físicas y patológicas de un niño es generalmente vista como *abandono.*

XIII.4. SINTOMATOLOGÍA MÉDICA

En los casos de abandono, debe destacarse la desnutrición y, desde el punto de vista pediátrico, las desnutriciones se clasifican en tres grados:[296] desnutrición de primer grado, cuando el niño tiene un

---

[293] Osorio y Nieto, César. *Niño maltratado.* 4ª reimpresión. Editorial Trillas. México, 1992.

[294] Smith, Berkman y Warren, *op. cit.,* p. 1.

[295] Riojas Dávila, Ubaldo. *Aspectos clínicos y Radiológicos en el Síndrome del Niño Golpeado, Maltrato Físico del Niño.* IMSS. México, 1971, p. 12.

[296] Vargas Alvarado, Eduardo. *Maltrato a Menores, Síndrome del Niño Agredido.* Capacitación para personal en Centros de Menores Infractores. ILANUD. Costa Rica, 1980, p. 74.

peso que es el 75 al 85% del peso normal; desnutrición de segundo grado, cuando este peso oscila entre 60 y 75% del peso normal, y de tercer grado, cuando está por debajo del 60% del peso normal.

A un estado de desnutrición no se llega en pocos días, la desnutrición implica en sí negligencia, cuando no ausencia de ayuda social.

Para Riojas,[297] es importante descubrir a tiempo el síndrome de niño golpeado, y el médico pediatra o el médico ortopedista pueden sospechar este síndrome en las circunstancias siguientes:

a) En un paciente que presenta datos clínicos y radiológicos de un traumatismo reciente en cráneo o en miembros, en tanto que la exploración física revela deformación esquelética en otras partes.

b) En un niño con traumatismos múltiples en el que el mecanismo invocado no explique las lesiones encontradas por exploración física.

c) En presencia de retraso en el desarrollo y otras malformaciones, que lleguen con traumatismo reciente y en el que se encuentran equimosis y cicatrices en diferentes partes del cuerpo.

d) En niños que llegan con manifestaciones de sangrado por aparatos digestivo o urinario, en los cuales se encuentran deformaciones del esqueleto o cicatrices.

e) En presencia de un tumor en las extremidades, que concurra con deformación ósea, desnutrición, hematoma o cicatrices antiguas.

f) En un padecimiento neurológico, tipo meningoencefalitis o paraplejía, en el cual existen datos de traumatismo anteriores.

El médico radiólogo deberá sospechar este síndrome, ante los datos siguientes:

a) Siempre que encuentre deslizamientos epifisiarios, más aparentes en miembros superiores.

b) Cuando existen despegamientos del periostio con estructuras diafisiarias normales.

c) Ante pequeños levantamientos del periostio en diferentes partes del cuerpo, asimétricos y de diferentes grados.

d) Cuando vea levantamientos periósticos que concurren con alteraciones articulares importantes.

e) Si hay fracturas recientes en un paciente en el que se encuentran datos radiológicos de fracturas antiguas, sin existir un dato que lo explique (osteogénesis imperfecta, raquitismo, etcétera).

---

[297] Riojas, *op. cit.*, pp. 17 y ss.

f) Cuando las alteraciones radiológicas no guarden una relación con el mecanismo que se invoca clínicamente (hemoperitoneo).

g) Ante un traumatismo de abdomen en el cual se encuentran datos radiológicos de despegamiento perióstico, fracturas antiguas o anquilosis.

h) Finalmente, en aquellos pacientes que llegan por causas ajenas a un traumatismo y en quienes por el estudio radiológico se descubren despegamientos periósticos, deslizamientos epifisiarios, fracturas antiguas, etcétera.[298]

XIII.5. Características de la agresión

En las diversas investigaciones resulta que la forma de agresión más común son los golpes, utilizando manos, pies y objetos contundentes (reatas, cuerdas, varas, palos, fuetes, etcétera.)

Las lesiones predominan (o al menos afectan) en la cabeza y cara.

Hay una alta incidencia de quemaduras (cigarrillos, planchas, hierros, etc.) (32.9% en Marcovich).

Jaime Marcovich realizó una muy completa investigación sobre 686 casos comprobados de maltrato a niños internados en el Hospital Infantil del Distrito Federal (México), durante 1977.[299]

De éstos, el 18.2% de los casos presentaba trastornos serios de inanición y desnutrición, causados por el abandono y el castigo, consistente en encerrar al menor sin alimentos por tiempo prolongado.

Los casos estudiados por Marcovich eran graves, y sólo 307 sobrevivieron, es decir que 379, o sea el 55.2% falleció a causa de maltratos sufridos.

Entre las causas directas de muerte encontramos: ahorcamiento 42.2%, heridas por objetos punzocortantes 19.3%, heridas de bala 5.4%, varias 33.1%.

Es impresionante lo que puede encontrarse en este último 33.1% y va desde congelamiento en el refrigerador hasta suspensión de las manos, pasando desde luego por golpes, asfixia con bolsas de plástico, quemaduras, lanzamiento a los animales, defenestración, lapidación, etcétera.

Más impresionantes aún son las razones por las que los niños fueron golpeados, las principales son:

---

[298] Para mejor información ver: Cameron, J.M. y Rae, L.J. *Atlas of the Battered Child Syndrome.* Longman, Inc. Nueva York, USA, 1975.

[299] Marcovich, Jaime. *El maltrato a los hijos.* Editorial Edicol. México, 1978.

Pedir comida	22.6%
No posibilidad de manutención	21.2%
No traer dinero	20.7%
Llorar	8.7%
Desobedecer	7.5%
Hacer travesuras	6.4%

En una investigación del DIF (Sistema Nacional para el Desarrollo Integral de la Familia), sobre 834 denuncias registradas de mayo de 1982 a marzo de 1983, se encontraron los siguientes datos:[300] El 79% recibió golpes, 43% insultos, 6% quemaduras. Se presentaron lesiones en un 7.39%, llagas de 1.17% (quemaduras), 0.22% violación, moretones en 13.31% y otras varias en 77.91%.

En los registros de 1999, para todo el país, el DIF recibió 25,046 denuncias, en 14,054 de ellas se pudo comprobar el maltrato, llegando a denuncia ante el Ministerio Público 1,967.

El tipo de maltrato es el siguiente:

CUADRO Nº 32
MALTRATO
(DIF, 1999)

Tipo	Nº	%
Físico	8,162	34.0
Emocional	5,235	21.8
Omisión del cuidado	4,516	18.8
Negligencia	2,594	10.8
Abandono	1,704	7.1
Sexual	1,044	4.3
Explotación laboral	644	2.7
Explotación sexual	110	0.5
Total:	24,009	100.0

Como puede observarse, en 20 años el concepto de maltrato se ha ampliado, pues en las primeras investigaciones sólo se averiguaba sobre maltratos físicos graves.

[300] DIF. *Análisis Sistemático de los datos registrados de menores maltratados, en el Programa DIF-PREMAN.* DIF. México, 1985.

XIII.6. Factores de agresión

Para Foncerrada,[301] el origen de la crueldad hacia los niños en su sentido más amplio puede ser dividido en cuatro categorías:

1. Crueldad inspirada en conceptos exagerados de disciplina y en base a sus funciones que resultan ser sujetos profundamente inadecuados e irresponsables: alcohólicos, drogadictos, criminales, delincuentes, débiles mentales, psicóticos, etcétera.

2. Actos de violencia y/o negligencia cometidos por padres o adultos, ejerciendo rígidas interpretaciones de la autoridad y de normas y reglas de conducta.

3. Crueldad patológica cuyos oscuros orígenes mentales o psicológicos son muy difíciles de identificar y todavía más de tratar: sujetos con cargas desusadamente intensas de hostilidad o mecanismos deficientes de inhibición de la misma, percepciones distorsionadas, etc. Como resultado de lo cual, asociados o no a otras circunstancias o factores externos, manifiestan verdaderas explosiones o paroxismos de violencia.

4. La crueldad más intangible de todas, la crueldad oficial o la organizada, aquella que se comete inintencionalmente por ignorancia, por insensibilidad o por omisión en la forma de falta de legislación o de cumplimiento de la misma que proteja adecuadamente al menor; en la de instituciones y escuelas inapropiadas; en la carencia y/o insuficiencia de ellas, de hogares sustitutos, de servicios sociales y de rehabilitación para todos aquellos que lo requieren.

El maltrato a los niños no es un problema social singular y aislado; como la mayoría de los problemas sociales está estrechamente relacionado con otros problemas que afectan en general al individuo y a su familia.

Así se ha sugerido que el maltrato va relacionado con habilitación inadecuada y gran movimiento de población, lo que da como lógico resultado un alto nivel de estrés ambiental.

Sin embargo, debemos ser cautos, pues aún falta mucha investigación en este terreno, y no podemos desconocer que los padres golpeadores de alto nivel económico no llevarán a sus hijos lesionados a hospitales públicos, sino que asistirán al médico o sanatorio privado donde su conducta será más fácilmente ocultable.

La combinación de factores es patente, y vale la pena analizar por separado al agresor, a la víctima y a la situación o medio en que se efectúa la agresión.

---

[301] Foncerrada, Miguel. *El maltrato físico al niño.* IMSS. México, 1971, pp. 13 y ss.

Respecto a esta última, el peso de ciertos factores socioeconómicos es evidente, se trata de familias con alto nivel de estrés; Marcovich encuentra que en el 61.3% de los casos el padre o la madre maltratadores carecían de empleo.

La mayoría de los padres que maltratan tenían cuatro o más hijos y el 30% de esos padres vivían con su familia en un solo cuarto.

En la investigación del DIF (1982-83), resulta que sólo el 11.01% eran familias integradas, 34.8% desintegradas, 2.64% organizadas, 32.59% desorganizadas y el 18.94% pueden considerarse como extensas.

Las familias con 2 a 4 miembros son el 44.5%, de 5 a 7 personas el 38.76%, de 8 a 10 el 13.2%.

Los progenitores están casados tan solo en el 42.73%, viviendo en unión libre y concubinato el 47.23%.

Las características de la habitación son las siguientes: 66.52% en zona urbana y 30.39% en suburbana. De tipo "vecindad" en 34.36% y departamento en el 22.91%. El 23% vive en una habitación, con mobiliario completo en el 46.25%, sólo el 20.7% tiene condiciones buenas de higiene.

XIII.7. El agresor

En la mayoría de los casos la agresión viene por parte de la madre, que interviene dos veces más que el padre (58% por 26% Kitsu, 39% por 19%, Marcovich). Agreden también, en orden descendente el padrastro, la madrastra, los hermanos mayores, otros parientes y el "cuidador".

En la investigación del DIF (1982-83), el agresor es el padre en el 24%, la madre en el 44%, padrastro en 5%, madrastra en 3%.

En los datos del DIF de 1999, las proporciones de los agresores son las siguientes: madre 51.84%, padre 25% (se conserva la tendencia en cuanto la progenitora agrede el doble que el progenitor, es más, tenemos un aumento de agresión femenina de 7 puntos porcentuales).

El padrastro es el agresor en el 5.19% y la madrastra 3.04% (en este caso el hombre agrede mucho más). Los abuelos son responsables en el 2.45%, los tíos en el 2.15% y los maestros en 0.56%

Es una tendencia común ver a los padres que maltratan o abandonan a sus hijos como un grupo distinto, que reacciona en formas diferentes de otros padres bajo singulares circunstancias; semejantes distinciones deben ser hechas con extrema precaución y con cierto grado de escepticismo.

Muchos de aquellos padres que se ven involucrados en maltrato a menores, son personas que han perdido el control de su agresividad e impulsos destructivos debido a un gran número de razones socio-económicas y ambientales. Algunas de las fuerzas que dirigen la conducta son endógenas y relacionadas con experiencias de la propia niñez.[302]

Podemos encontrar algunos rasgos comunes, así, por ejemplo, Vargas [303] encuentra que los agresores tienen entre los antecedentes más frecuentes: embarazos indeseados, madre soltera, matrimonio de adolescentes, padres con problemas económicos, padres que de niños fueron, a su vez, víctimas de maltrato; padres sádicos que hacen víctima al niño de lesiones.

Por su parte, Kitsu[304] nos señala que se trata de personas jóvenes (25 años como promedio), provienen de todas las clases sociales y están dentro de todos los niveles de inteligencia; como rasgos psicológicos está la inmadurez emocional, su dificultad para aceptar el rol paterno o materno, una gran necesidad de dependencia. Los padres golpeadores tienen antecedentes de maltrato en su niñez, así en la experiencia mexicana el 52% de los posibles agresores fueron maltratados en su infancia, porcentaje que sube a 71% en los casos en los que hay seguridad o sospecha fundada de agresión al menor. Se ha enfatizado también la existencia de un grado especialmente alto de impulsividad y pobres mecanismos de control.

Para Smith, Berkman y Warren,[305] los padres que maltratan a sus hijos son típicamente inmaduros, dependientes, impulsivos, rígidos, egoístas y rechazantes.

Los padres vienen de una clase socioeconómicamente baja, tienen personalidades inadecuadas y son impulsivos. Las familias en que hay maltrato tienen un alto nivel de estrés, los padres maltratadores generalmente carecen de "actitud maternal", el alcoholismo es un factor asociado, muy sustancial al porcentaje de abuso y abandono.

Los padres maltratadores tienen altas expectativas de aislamiento y soledad, gran ansiedad hacia su conducta de los niños y sus niveles de logro, pobre calidad en relaciones con sus propios padres y esposa.

---

[302] Smith, Berkman y Warren, *op. cit.*, p. 59.

[303] Vargas Alvarado, Eduardo, *op. cit.*, p. 73.

[304] Kitsu Ogasewara, María. *Características del niño y el agente agresor, Maltrato físico al niño.* IMSS. 1971, p. 24.

[305] Smith, Berkman y Warren, *op. cit.*

Marcovich confirma la idea de la juventud de los padres, la mayoría estuvo entre los 20 y los 29 años de edad, con un porcentaje significativo (6%) menores de 19 años.

El mismo investigador encuentra un 10% de sujetos con trastornos evidentes de la conducta o sociopáticas, y un 9.2% de alcohólicos.

El DIF reporta que, de los agresores atendidos en el programa PREMAN, el 51.98% tienen problemas emocionales, alcoholismo en 19.82%, farmacodependencia en 2.64%, abandono de menores en 5.72%, explotación de los mismos en 1.32%, problemas mentales en 1.32%, prostitución en 2.64%, problemas de comunicación en 23.78%.

En el hospital, el agresor tiene patrones de comportamiento característicos: "Poco interés del familiar involucrado acerca de la seriedad de las lesiones y evolución del padecimiento, con abandono del niño en el hospital o, al menos, visitas cortas muy esporádicas y el comentario frecuente de las enfermeras de la sala de 'no conocer al padre o madre del niño' a pesar de estancias prolongadas."[306]

Otros datos aportados por el DIF son: ocupación en el hogar 22.84%, empleados 22.51%, obreros 13.24%, comerciantes 10.26%, doméstica 7.61%, desempleados 3.64%.

La escolaridad se compone de: 9.27% analfabetas, primaria incompleta 22.52%, primaria terminada 20.19%, secundaria incompleta 9.27%, secundaria completa 5.62%, preparatoria incompleta 1.98%, preparatoria completa 2.98%, estudios profesionales 1.65%, siendo profesionales el 2.31%.

XIII.8. La víctima

La edad predominante de los niños estudiados por Marcovich, fue entre los cuatro y los seis años, aunque se encuentran varios casos de bebés maltratados (11.7%) menores de ocho días.

Una de las características del problema que ya hemos señalado es que la víctima es ideal, por indefensa e incapaz de acusar al agresor.

La edad es importante, pues a los siete años el niño va a la escuela, quedando muchas horas fuera del alcance de los padres, además, a esa edad ha aprendido a evitar conductas provocadoras y a huir del agresor.

El sexo del menor, en la muestra del DIF (1982-83) es de 49.04% de hombres y el 50.92% de mujeres, predominando las edades de

[306] Kitsu, *op. cit.*, p. 24.

menores de 9 años (76.35%) ocupando el 26.75% los que van de 10 a 14 años.

En los datos de 1999 tenemos 12,516 niños por 12,433 niñas, el 50.16% y el 49.84% respectivamente, por lo que el sexo no parece tener importancia en el total.

La escolaridad es: sin edad para la escuela 23.23%, jardín de niños 1.64%, primaria 54.46% y secundaria 6.10%; el 13% no tienen escolaridad.

En los datos actuales (1999), encontramos: sin edad para la escuela 18.9%, jardín de niños 13.5%, primaria 42.8%, secundaria 9.3%, sin escolaridad 14.2%.

El orden de nacimiento es: primogénito 29.18%, 2º 12.20%, 3º 7.27%, 4º 3.05%, 5º 1.40%.

Hay niños en mayor riesgo de ser maltratados, como los hijos no deseados, los de familias numerosas, y ciertos niños hiperactivos, dominantes, desafiantes, que provocan la agresión.

También se ha observado que en determinadas etapas los niños provocan con mayor frecuencia las agresiones, sacando de control a los padres.

En cuanto a los resultados, cuando el abuso es físico los efectos en corto tiempo son obvios; sin embargo, cuando es psíquico o emocional, los efectos en corto plazo con más difíciles de determinar. Se han estudiado efectos como daño neurológico, alto índice de retardo mental y defectos de lenguaje.

En estudios de seguimiento *(follow-up)* los niños maltratados han sido descritos como irresponsables, negativistas, crónicamente malhumorados, deprimidos, apáticos, dóciles, inactivos, obstinados, temerosos y más sombríos que los niños que no han sido maltratados.

Estos niños muestran un patrón de comportamiento muy característico cuando están internados en el hospital. Aun en ausencia de lesiones que comprometan al estado general, el niño aparece triste, apático y en ocasiones estuporoso; rehuye el acercamiento del adulto y frecuentemente se oculta bajo las sábanas. En general, es un niño que llora poco y se muestra ansioso, cuando se trata de un lactante mayor o un preescolar, por la ausencia de la madre y aun puede mostrar franco rechazo hacia ésta cuando ha sido agresora.[307]

Se ha descubierto también conducta autodestructora (incluido intento de suicidio y automutilación) en niños víctimas de maltrato, en comparación con niños no víctimas de algún abuso.[308]

---

[307] Kitsu, *op. cit.*, p. 24.

[308] Green, Arthur H. *Self destructive Behavior in Battered Children.* American Journal of Psychiatry. Núm. 135. USA, 1978.

Finalmente, es interesante mencionar que se ha observado una conducta "talionaria" de los hijos, que contraatacan a las agresiones. Esta conducta se hace más patente en la adolescencia, y se habla ya de un "síndrome del padre golpeado".

XIII.9. ALGUNAS SOLUCIONES

El problema estudiado es bastante grave, no sólo por sus consecuencias victimológicas, sino además porque la víctima de hoy puede ser el criminal del mañana.

Se han intentado y propuesto diversas soluciones; Vargas las resume en:[309]

Medidas médicas: consistirán en conocer el problema y tener el criterio diagnóstico; tener en cuenta la agresión física en los casos sospechosos; informar a los agentes de protección infantil o a Juzgados de Menores; insistir en la educación del médico y en el cumplimiento de sus responsabilidades profesionales, morales y legales en el manejo del niño maltratado.

Medidas sociales: reconocimiento del problema por la sociedad; cooperación de la comunidad, mantenimiento de agencias protectoras del niño; servicio social de investigación continua, precisa y completa en los casos sospechosos; educación familiar y de orientación a los padres culpables, pues se trata de rehabilitar socialmente, y una coordinación de todas las agencias públicas para combatir el problema.

Medidas conjuntas: un procedimiento adecuado consistiría en equipos hospitalarios especializados, con los médicos que atienden al paciente a su llegada a emergencias, pediatras, trabajadores sociales, psiquiatras, abogados, etc., centros para niños agredidos, grupos de padres anónimos, medida que se ha propuesto como análoga a lo que existe en alcoholismo, leyes sobre derechos de los niños.

Es necesario hacer algunos comentarios al respecto, ya que es cada vez mayor el número de casos descubiertos, y la reacción social es muy comúnmente retributiva, pidiendo sanciones penales para los padres torturadores.

Desde luego que la persecución por vía penal debe quedar como una opción en casos peculiarmente graves, pero no puede ni debe usarse indiscriminadamente.

La crisis de la familia no puede solucionarse con tratamientos punitivos, deben buscarse vías alternativas, por los efectos nocivos

---

[309] Vargas Alvarado, Eduardo, *op. cit.*, p. 76.

que trae la encarcelación de alguno de los padres, así como la posibilidad de que sean sancionados tan sólo "chivos expiatorios" de escasos recursos.

La mayoría de los casos de abuso, abandono y maltrato de menores no llega al conocimiento de las autoridades, la cifra negra es por demás alta.

La legislación mexicana había sido muy tolerante al permitir lesiones inferidas por quienes ejercían la patria potestad o la tutela.

El artículo 347 del Código Penal Federal consignaba: "los golpes dados y la violencia simples hechas en el ejercicio del derecho de corrección no son punibles".

El artículo 294 del mismo ordenamiento excluía de pena a los que tuvieran la patria potestad, por las lesiones inferidas, siempre y cuando el autor no abusare de su derecho, corrigiendo con crueldad o con innecesaria frecuencia.

El artículo 294 fue derogado en 1983, el 347 en 1985, y no reaparecieron en el Código para el Distrito Federal.

Más grave aún es el internar en instituciones de justicia de menores (Tribunales o Consejos Tutelares), so pretexto de protección a estos menores en estado de "peligro". La etiquetación y estigmatización ha sido demostrada en el desarrollo de estos dos capítulos.

Las soluciones que mejor resultado han dado son:

El *guardián ad litem*, abogado de los niños nombrado para vigilar y representar los intereses del menor, formal e informalmente.

Los grupos de padres anónimos con problema de violencia familiar, en México hay uno formado por la Junior League.

Terapias de tipo familiar, en grupo, ya que la agresión representa una dinámica compleja.

Intervención de la comunidad para vigilar y auxiliar.

Intervención de las instituciones oficiales (DIF, Procuraduría del Menor) y de las privadas, así como la escuela, iglesia, etcétera.

Finalmente, la capacitación de personal especializado en el problema, tanto para trabajo en comunidad como para tratamiento institucional.[310, 311]

---

[310] Ver: Schmitt, B. D. (Editor). *Child Protection Team Handbook.* Garland Publishing, Inc. Nueva York, USA, 1978.

[311] Ver: *International Association of Chiefs of Police, Police perspectives in child abuse and neglect.* USA, 1977.

Capítulo XIV

VICTIMIZACIÓN FEMENINA *

XIV.1. Introducción

Una de las formas más comunes de victimización que puede encontrarse en la sociedad es la de la mujer, que data desde tiempos muy antiguos, formando parte estructural en la mayoría de las culturas.

Toda una gama de rituales, costumbres, símbolos, palabras, nos demuestran a qué grado esta victimización forma parte de las distintas culturas, transmitidas como "formas de socialización", potencian relaciones de dominación que se aprenden en los "supuestos básicos subyacentes" y funcionan como copartícipes silenciosos en la historia.

Así mismo encontramos cierta ambivalencia respecto a la figura femenina, ya que a pesar de ser victimizada, a su vez se ve venerada y protegida; bástenos leer, para intentar entender esto, a Samuel Ramos.

Esto se debe a que se percibe a la mujer, por un lado, como aquella figura de la madre eterna, todo dulzura y pureza, respetándola y amparándola, y por otro es un ser débil que merece desprecio y victimización.

Afirma García Ramírez que: "hay en este binomio, protagonizado por Apolo y su hermana Artemisa, o por el Dios masculino de los cristianos y sus correspondientes femeninos, la madre del Redentor, la Iglesia o el alma, una vaga presencia interior de Eros y Tánatos, que mutuamente se requieren y rechazan; por una parte, de amor y superación, por la otra, de sumisión y destrucción".[312]

En el estudio científico de la victimización femenina como en ningún otro, debe determinarse con mucha precisión el método de análisis, ya que si no se realiza un acercamiento histórico, se sesgaría y

* Este capítulo fue elaborado por la Dra. María de la Luz Lima Malvido.

312 García Ramírez, Sergio. *Justicia Penal*. Editorial Porrúa. México, 1982, pp. 195-196.

tendría resultados similares a los positivistas, a propósito de los realizados en la criminología tradicional de la mujer.

Se sugiere partir para su análisis del modelo del control social, entendido como el conjunto de instrumentos (generalmente normativos, institucionales y acciones), encaminados al cumplimiento de los fines y valores del imperante, logrando en esta forma mantener el orden social.[313]

XIV.2. Antecedentes

Es a través de la familia, escuela, medios de comunicación y la religión, mecanismos de control social informal, como muchas de las formas de victimización están perpetradas con sermones, consejos, adagios, cuentos, canciones, mandatos religiosos, mensajes. Los que deben estudiarse exhaustivamente, para poder erradicarlos.

Por otro lado las leyes que imponen los estados, que tienen carácter coercitivo y dan sustento a las instituciones a través de su aparato jurídico penal, las instituciones penales, militares, correccionales, etc., han controlado a la mujer sancionando sus conductas, al grado de utilizarlas condonando formas de violencia y discriminación contra ellas.

Igual es el caso de leyes administrativas, civiles, laborales; no obstante que en el artículo 4º Constitucional se estableció la igualdad entre el hombre y la mujer, y las disposiciones que en abril de 2000 se incluyen para niños y niñas, para fortalecer sus derechos.

Varios autores sostienen que en el principio, la víctima era el hombre, quien fue ferozmente victimizado por la mujer.

Graves Robert, en su obra *Los mitos griegos,* comentó que: "En este sistema religioso arcaico no había aún dioses ni sacerdotes, sino únicamente una diosa universal y sus sacerdotisas, siendo la mujer el sexo dominante y el hombre su víctima atemorizada." [314]

Casi en todos los pueblos, salvo raras excepciones como en el lejano Tibet y en Mesoamérica entre los chichimecas, se recuerda la existencia de culturas con organización patriarcal. De ésta emanan naturalmente esas prácticas que en muchas ocasiones respondían a una religión que colocaba a la mujer en un lugar reservado, en el claustro de su hogar, guiando toda su existencia al servicio de su dios, de su esposo, de los hijos, no existiendo como ser independiente.

---

[313] Rodríguez Manzanera, Luis. *Control Social en América Latina.* Estudio Monográfico. México, 1990, p. 3.

[314] Stanley, Frank. *El Hombre Sexualmente Activo después de los Cuarenta.* Editorial Diana. México, 1975, p. 172.

En cada cultura encontramos formas de victimización peculiar.

Según la ley asiria, la mujer no existía como persona, era tan sólo una parte del marido, era castigada por los delitos del mismo.[315]

La mujer que no respondiere a las expectativas para ella predeterminadas, recibía ultrajes como una víctima resignada, mutilaciones, aun la muerte, en ocasiones por razones superfluas e insignificantes, vistas con la óptica de una cultura contemporánea.

Es decir, también la mujer en la antigüedad fue victimizada por el estatus inferior que se le concedía. Por ejemplo, "Durante el Sínodo de Mâcon en el año 585, varios obispos deliberaron largos meses para determinar de una vez por todas si la mujer podía ser considerada como ser humano".[316] La votación resultó de mayoría a favor por un solo voto, decidiendo que desde ese día se le podía conceder a las mujeres ese estatus.

Por ejemplo, era castigada aquella mujer que tocara las ropas del marido o se sentare a comer con los varones.

En México Tenochtitlán, se le aconsejaba a la mujer no ver de frente al varón cuando pasare por la calle, debía ésta de inclinarse y voltearse de lado para que él pasara.

La victimización de la mujer, entre los nahuas, estaba correlacionada no sólo a costumbres sino a una cosmovisión perfectamente integrada en el calendario astrológico, ya que el destino de cada persona lo contenía el Tonalphualli, según el signo del día de su nacimiento. Si había la mujer nacido en uno de los llamados días nefastos, su destino atroz debía ser mitigado en la ceremonia del bautizo. Por ejemplo, si había nacido en el año Chiconauh ácatl (Nueve caña), la mujer sería desdichada y de mala vida. Si nacía en Chiconauh mazatl, sería aborrecida por todos, y poseería todas las malas indicaciones y vicios.[317] El conocimiento por parte de la mujer azteca de su destino nefasto, la conducía probablemente a aceptarlo y actuarlo, siendo ya una víctima nata.

Otro ejemplo de victimización de la mujer, es el caso de la deformación de los pies entre las mujeres chinas, deformación ósea que es considerada componente de belleza. Se creía que realizándola resultaba una postura en la pelvis que creaba pliegues en la vagina, que aumenta la necesidad sexual femenina y el placer por la pareja. Esta costumbre ha sido practicada durante diez siglos.

---

[315] Cardascia, Guillaume. *Les Lois Assyriennes.* Editions du Cerf. France, 1969, p. 79.

[316] Urquidi, María y Salazar, Graciela. *La mujer Invisible.* Citado en: Alegría, Juana Armanda. *Mujer, viento y ventura.* Editorial Diana, 1977, p. 203.

[317] *Cfr. Códice Florentino.* Facsímil del manuscrito 218-20 de la Colección Palatina de la Biblioteca Nacional Laurenziana. Reproducción del Archivo General de la Nación, 1979.

Las mujeres con esta atrofia en sus pies son lentas y torpes, por lo que pueden ser fácilmente victimizadas.[318]

Diódoro Siculo en sus escritos, afirma que entre los habitantes de las Islas Baleares la novia era propiedad, durante la primera noche, de todos los huéspedes presentes. Herodoto refiere que análoga costumbre seguían las nasagetas y habitantes de Chipre, así mismo, narra Garcilaso, la practicaban las tribus peruanas y en las Islas Marquesas.[319]

Se encuentra también entre antecedentes de victimización, el *jus primae noctis* que consistía en el derecho de disfrutar a la novia la primera noche. Entre los esquimales este derecho le es concedido al Gran Pontífice. En Brasil, al cacique o jefe de la tribu. En la Edad Media y en la Colonia en México, se le concedía al señor feudal o hacendado.[320]

Una de las etapas de mayor victimización femenina en México fue la de la Conquista y Virreinato.

Las mujeres negras, mulatas, mestizas y zambaigas, fueron estigmatizadas con prohibiciones absurdas como la de portar perlas, oro o mantón de manila, por sólo estar reservadas estas prendas a las españolas, so pena de azotes públicos.

Las indias sufrieron vejaciones más crueles, que consistieron desde venta en almoneda como esclavas, por oficiales reales o soldados, sometimiento a servidumbre y amasiato con españoles, hasta la violación.

En lo que corresponde a las mujeres españolas y nuevas mestizas, eran tratadas como menores de edad, sin posibilidades de elegir su propio destino, ya que en realidad contaban con sólo dos opciones: el matrimonio o el convento, sin que en la elección en muchas ocasiones interviniera su voluntad. En esa época la mujer no podía aceptar herencia, ni desempeñar puestos públicos, ni hacer ni deshacer contratos, ni servir de testigo, y no tenía derecho a educación superior.

En el Continente africano también tenemos ejemplos de victimización femenina a través de rituales religiosos, tal es el caso de la "circuncisión" femenina o clitorictomía.

En varias tribus se aplicaba y aplica hasta nuestros días a las jóvenes, para asegurar su virginidad hasta el matrimonio; se someten a aquellas que están entrando a la pubertad como una ceremonia de iniciación.

Esta práctica se celebra en forma pública, sin anestesia, utilizando un puñal de obsidiana de doble filo. Una vez que se ha extirpado

---

[318] Roberts Chapman, Jane y Gates, Margaret. *The Victimization of Women.* SAGE Yearbooks in Women's Studies. USA, 1978, p. 16.

[319] Leret de Matheus, María Gabriel. *Aborto, Prejuicios y Ley.* Colección Ciencias Sociales. Vol. 18. B. Costa Amic Editor. México, 1977.

[320] *Ibid.*, p. 33.

el clítoris y labios superiores, se cose hasta dejar un pequeño orificio del grosor de un lápiz.

En el matrimonio, la primera relación la realiza el varón cortando con el puñal los ligamentos de la mujer. Y, si posteriormente sale por alguna razón el varón de viaje, la vuelven a coser para preservación de la pareja.[321]

En un informe rendido ante el Tribunal Internacional de Crimen contra las Mujeres, en Bruselas, en 1976 (Russell and Von de Ven, 1976), dieron testimonio de que la clitorictomía era muy común practicarla en África y partes del "Near East" (Cercano Oriente).

En Guinea se aplica a niñas entre los 7 y 12 años, ya el 85% de mujeres en ese lugar la han recibido.[322]

Existe una gran diversidad de investigaciones y publicaciones de los últimos 15 años, que abordan desde diversas ópticas el fenómeno. Quizás una de las aportaciones que con todo esto se ha logrado es visualizar el fenómeno, empezando a realizar los análisis retrospectivos de una realidad que se tenía vedada.[323]

Varios organismos internacionales han realizado cumbres, firmado cartas, convenios, declaraciones, para evitar la desigualdad o la victimización como lo son, entre las más importantes:

a) Convenciones de La Haya de 1902.

b) Análisis de la Asamblea de la Liga de las Naciones Unidas de 1937.

c) Quinta conferencia Internacional de los Estados Americanos de 1923.

d) Conferencia de La Habana de 1928.

e) Conferencia de Montevideo de 1933.

f) Carta de San Francisco de 1943.

g) Conferencia de Bogotá en 1948.

h) Declaración Universal de los Derechos del Hombre de 1948.

i) Convención sobre Derechos Políticos de la Mujer en 1952.

j) Llamado del Papa Pío XII a la Unión Mundial de Organizaciones Católicas de 1957.

k) Declaración de las Naciones Unidas sobre la Eliminación de Discriminación de la Mujer de 1967, a la cual México se adhiere en el *Diario Oficial* de 1974.

l) La Conferencia sobre el Año Internacional de la Mujer de 1975, en México.

---

[321] Roberts y Gates, *op. cit.*, p. 17.

[322] Roberts y Gates, *op. cit.*, p. 17.

[323] Lima Malvido María de la Luz. *Criminalidad Femenina, Teorías y Reacción Social.* Tercera Edición. Editorial Porrúa. México, 1998, p. 119.

m) Convención sobre Eliminación de todas las formas de Discriminación contra la Mujer de 1979, ratificada por México el 23 de marzo de 1981.

n) Segunda Conferencia sobre el Decenio de la Mujer. "Igualdad, Desarrollo y Paz", de Copenhague, 1980.

o) Conferencia Mundial para Examen y Evaluación de los logros del Decenio de las Naciones Unidas para la Mujer, de Nairobi, del 15 al 26 de julio de 1985.[324]

p) IV Conferencia Internacional de la Mujer, en Beijing, China, en 1995.

q) Convención Interamericana para Prevenir, Sancionar y Erradicar la Violencia contra la Mujer, o Convención de Belém de Do Pará, promulgada en México en el *Diario Oficial* de la Federación el 19 de enero de 1999.

r) Reunión Especial "La mujer en el año 2000: Igualdad de Género, Desarrollo y Paz en el Siglo XXI", celebrada del 5 al 9 de junio del año 2000.

s) Convención de la Naciones Unidas contra la Delincuencia Organizada Transnacional, firmada en Palermo, Italia, y sus protocolos.

XIV.3. LO ACTUAL

Existen muchas explicaciones que han tratado de esclarecer el problema de cuáles son los factores que han influido para que la mujer acepte y adopte actitudes, mitos y costumbres que la dominan culturalmente; es decir, lo que algunos autores llaman la "predisposición victimal".

Uno de los factores que se mencionan es la influencia en torno a la moralidad judeo-cristiana. Otro, la condición humana inferior que tiene la mujer en la cultura occidental, precondición para su victimización.[325]

En el último decenio se han realizado distintas investigaciones que puedan esclarecer incógnitas como ésta, para poder proyectar un plan preventivo efectivo.

Distintas encuestas victimológicas ya reflejan datos sugerentes de las características de las víctimas de diversos delitos, y se estudia la dinámica que se da entre víctimas, victimarios y la comunidad.

---

[324] Picado Sotelo, Sonia. *La Mujer y los Derechos Humanos*. Rev. HDH. Núm. 2, julio-diciembre. San José Costa Rica, 1985, pp. 17 y ss.

[325] Saltzman, Katherine. *Women Victimization: The Aftermath,* publicado en: *The Victimization of Women, op. cit.*, p. 272.

La denuncia de lo que implican estas agresiones en el desarrollo de las naciones, han sido de tal magnitud que en reuniones de las Naciones Unidas, a la par de temas tales como el del crimen organizado y sus consecuencias, se incluye como otro igual, el de la violencia contra las mujeres.

Pero en el momento actual aún subsisten muchos mecanismos que son utilizados precisamente para crear una visión errónea sobre las personas, propiciando consciente o inconscientemente la victimización.

Entre las propuestas que se derivaron de la Conferencia Mundial de la Mujer, celebrada en Pekín en 1995, está la necesidad de diseñar y ejecutar estrategias de denuncia contra los guiones utilizados por películas, programas de televisión, revistas, fotonovelas, discos, libros de texto, en los que presentan a la mujer jugando un papel pasivo y el varón un activo, determinando formas de actuar, el hombre victimiza, la mujer sufre como víctima dominada.

El problema de la permanencia de diversas formas de victimización femenina e incluso su sofisticación a propósito de la globalización (tráfico y explotación de personas, por dar un ejemplo), y nuevas expresiones bélicas como las observadas en algunas guerras (violaciones como forma de control racial) no obstante tantos esfuerzos por erradicarla, tienen una importancia tal porque el cambio implica no sólo trabajar en programas o leyes que criminalicen estas formas de agresión, sino radica en un cambio de mentalidad que dé a la mujer su lugar en el mundo que le pertenece, potenciando su dignificación.

Cuando exista un mayor porcentaje de mujeres participando en el diseño, ejecución y vigilancia de las políticas públicas, los niveles de desigualdad disminuirán y por ende los niveles de victimización.

En este siglo, en casi todos los países del mundo se pasó del establecimiento de programas especiales diseñados para afrontar problemas de desigualdad, a la participación directa de las mujeres en cargos de primer nivel.

Ejemplos tenemos en los Estados Unidos, en donde uno de los cargos más importantes como es el ser jefe de la oficina de Seguridad Nacional lo tiene una mujer; y en países donde esto era impensable como en Japón, tienen por primera vez una canciller mujer, la que ha sorprendido al mundo con su estilo de hacer las cosas.

México dio el paso que ya era forzado, y de un programa de la mujer pasó al establecimiento de una Comisión Nacional de la Mujer y, finalmente, a la creación de un Instituto Nacional de la Mujer que tiene sus correspondientes en cada estado. Estos organismos, entre sus mandatos, encuentran el de trabajar en el diseño de estrategias específicas, que con otras dependencias apliquen para disminuir los niveles de victimización femenina y aumentar su participación en todos los campos de la vida nacional.

Adicionalmente se han abierto espacios para mujeres en cargos en los que era asimismo impensable, espacialmente en el ramo de la procuración y administración de justicia local y federal.

Llama la atención la gran participación que en la prevención, atención, investigación y estudio del tema, han tenido las organizaciones de la sociedad civil; esto ha influido, como en el caso de México, en el hecho de que sea por la influencia de ellas que muchas acciones legislativas, operativas y preventivas sean detonadas por el gobierno.

El aprender a trabajar juntos gobierno y sociedad civil en el tema, ha sido uno de los principales aprendizajes que se han tenido en México en los últimos tiempos.

XIV.4. Formas de victimización

XIV.4.1. *Primaria*

Como formas más comunes de victimización primaria en la mujer, se encuentran: homicidio, violación, lesiones, asalto y secuestro.

La cantidad y calidad de información sobre estos temas ha aumentado considerablemente en los últimos años, tanto la nacional como la internacional.

Se ha emitido infinidad de leyes y realizado reformas legislativas, desde las genéricas que hablan de las víctimas en general, como las específicas que mencionan por delito.

Las escuelas psiquiátrica, psicológica, criminológica y victimológica, han realizado investigaciones empíricas fundamentales sobre esta clase de víctimas, en las que marcan las secuelas que los hechos dejan en ellas, no sólo psicológicas que modifican sus rutinas diarias, sino sociales y económicas.

Se han desarrollado distintos modelos de atención para esta clase de víctimas, encontrándose, en el Manual que emitió Naciones Unidas, la referencia sobre prácticas exitosas, para que los distintos países puedan acceder a las estrategias básicas para su establecimiento.[326]

---

[326] ONU. *Estrategias para luchar contra la violencia doméstica: Un manual de recursos.* PNUD. Nueva York, 1997. Hay edición de la Sociedad Mexicana de Criminología (SMC) con la Cruz Roja Mexicana. México, 1998. Y de la Academia Nacional de Seguridad Pública, SMC y CONSEGU. México, 1999.

XIV.4.2. *Secundaria*

Las mujeres también sufren victimización por pertenecer a grupos específicos, o por formar parte de determinado núcleo de la población.

Históricamente, en nuestro país lo fueron las mujeres que pertenecían al grupo de mulatas, mestizas o negras, durante la Conquista, como ya lo comentamos. Este grupo fue explotado económicamente durante mucho tiempo, y hay lugares en donde es aún victimizado.

En este siglo, dadas las condiciones y consecuencias del fenómeno de la globalización, se originan procesos nuevos de victimización y otros que ya existían se ven exacerbados.

Uno de los grupos que principalmente deben merecer nuestra atención es el conformado por mujeres en extrema pobreza, que viven en condiciones infrahumanas. Según datos de la Secretaría de Desarrollo Social sobre niveles de pobreza en México, reportan que el 59% de los hogares rurales están en esta condición.

En el Distrito Federal tuvimos como antecedente ya a un grupo de mujeres en extrema pobreza: "Las Marías", que constituyó un fenómeno digno de estudios sociológicos. Mujeres indígenas que vienen a la capital con sus hijos, a trabajar en venta de productos en las calles, vestidas con su indumentaria típica regional, a quienes los programas indigenistas les ha ofrecido trabajo y no lo aceptan, o se les recluta y devuelve a sus Estados, pero es muy común que regresen. Este grupo aún se encuentra en las calles de la ciudad de México.

Según datos aportados en la síntesis del Informe de Ejecución de México, preparado para la reunión de "Pekín+5",[327] en estos hogares sólo el 60.4% de las niñas estudia, en contraste con el 70% de los niños; mujeres que además de carecer de las condiciones elementales de salud, alimentación, servicios y comunicaciones, adicionalmente son discriminadas.

Estos grupos de mujeres corren ahora más riesgo, con el acelerado impacto de la globalización y de la liberación de mercados; por ello se requieren políticas urgentes para protegerlas, especialmente las que son además indígenas.

Otro núcleo milenariamente victimizado ha sido el de las prostitutas, grupo que es estigmatizado por la sociedad y que conforma una gran subcultura.

---

[327] Programa Nacional contra la Violencia Intrafamiliar 1999-2000 (PRONAVI). Síntesis del Informe de Ejecución. Plataforma de Acción "Pekín+5". Cuarta Conferencia Mundial sobre la Mujer. México, junio de 2000.

Dentro de ésta se encuentran involucradas muchas personas con muy distintos intereses. Tenemos a los regenteadores que las organizan, administran y por supuesto, las victimizan.

El negocio de trata de personas, especialmente mujeres y niños, ahora tiene un contexto internacional, al grado que sido uno de los temas que mereció incluso un protocolo adicional para complementar la Convención de la Naciones Unidas contra la Delincuencia Organizada Transnacional, firmada en Palermo, Italia.

En México fue famoso dentro de este grupo de mujeres delincuentes las llamadas "Poquianchis", que se dedicaban a este negocio. Cuando investigó la policía el caso, se descubrieron en la averiguación 29 cadáveres sepultados, de los cuales sólo se pudieron identificar cinco. Sus actividades las realizaban principalmente en Guanajuato, Guadalajara, y en otros estados.

Tenían calabozos en sus locales para las rebeldes y un cementerio oficial para las "desaparecidas". Eran torturadas, azotadas y si quedaban, por descuido, preñadas, se esperaba a que naciera el bebé y posteriormente lo asesinaban y lo enterraban junto con la madre.[328]

El protocolo de marras[329] tiene como finalidad prevenir y combatir la trata de personas, prestando especial atención a mujeres y niños, proteger y ayudar a las víctimas de dicha trata respetando sus derechos humanos, y promover la cooperación entre Estados Parte para lograr esos fines. Estas medidas se establecerán en México con mayor facilidad ahora que se ha reformado la Constitución Federal en su apartado 20. (Ver infra, cap. XXIII).

Además tendrá que lograrse la participación de las organizaciones de la sociedad civil y otros sectores de la población, a fin de lograr cumplir con los compromisos que este instrumento establece.

En Courmayeur, Mont Blanc, Italia, en el mes de septiembre del año 2001, las Naciones Unidas celebraron, con apoyo del ISPAC, una reunión a fin de evaluar el esfuerzo realizado por los países en la ratificación y aplicación de la Convención antes mencionada y los protocolos.

Otro grupo que merece nuestro estudio lo conforman las mujeres refugiadas e inmigrantes; los movimientos de población es uno de los principales fenómenos de este nuevo siglo, ya que tiene aristas

---

[328] Sohel, Helmuth von. *Mujer, Sexo y Delito.* Producciones Editoriales. Barcelona, España, 1977, p. 127.

[329] ONU. *Protocolo para prevenir, reprimir, y sancionar la trata de personas, especialmente mujeres y niños.* Que complementa la Convención de las Naciones Unidas contra la Delincuencia Organizada Transnacional, 2000.

victimológicas determinantes, especialmente para los países llamados "en vías de desarrollo".[330]

Según cifras que el Alto Comisionado de las Naciones Unidas para los Refugiados informó en 1994,[331] huían entonces de persecuciones y guerras más de 20 millones de refugiados; personas que viven en condiciones de alto riesgo, con dificultades económicas y sanitarias, especialmente las mujeres que huyen con los hijos.

Las inmigrantes son estigmatizadas por su raza, origen, además del sexo; ya que según los datos del Colegio de la Frontera, las mujeres son más vulnerables que los varones, especialmente las que están entre los 20 y 30 años de edad y tienen menor nivel de educación. Muchas de ellas carecen de acceso a los modelos de atención, por el riesgo de ser expulsadas a su país al buscar ayuda.[332]

Estas mujeres sufren ataques xenofóbicos de parte de la comunidad, cuya hostilidad las hace vivir en estado de pánico, aislamiento, ansiedad, convirtiéndose en presas fáciles para la explotación y el abuso.[333]

Este grupo también mereció, en la Convención de Palermo, un protocolo adicional [334] que tiene como finalidad prevenir y combatir el tráfico ilícito de migrantes, así como promover la cooperación entre los Estados Parte con ese fin, protegiendo al mismo tiempo los derechos de los inmigrantes objeto de dicho tráfico.

En el Noveno Congreso de Naciones Unidas sobre Prevención del Delito y Tratamiento del Delincuente, se menciona como preocupación especial el racismo, la discriminación racial, la xenofobia y otras formas conexas de intolerancia que han ido en aumento, grupos en los que un número significativo son mujeres.

Así se insistió a los Estados miembros a no escatimar esfuerzos para adoptar medidas eficaces destinadas a combatir estas formas de victimización.

---

[330] *Cfr.* Beristáin Ipiña, Antonio. *Criminología, Victimología y Cárceles.* Tomo I Colección Profesores. Nº 22. Pontificia Universidad Javierana. Facultad de Ciencias Jurídicas. España, 1996, p. 44.

[331] ONU - Alto Comisionado de las Naciones Unidas para los Refugiados (ACNUR). *La Situación de los refugiados en el mundo: El desafío de la Protección.* Alianza. Madrid, 1994, pp. 2 y ss.

[332] *Cfr.* ONU-ISPAC. *Migration and Crime.* Courmayeur Mont Blanc. Italia, 1996.

[333] *Ibid.*, Lima Malvido, María de la Luz. *Social Control and Population Movements.* pp. 333 y ss.

[334] ONU. *Protocolo contra el tráfico ilícito de migrantes por tierra, mar y aire,* que complementa la Convención de las Naciones Unidas contra la Delincuencia Organizada Transnacional, 2000.

También se mencionaron las víctimas que surgen en las zonas urbanas, por lo que se hizo un llamado a trabajar en ciudades seguras, con estrategias especiales de planificación urbana, vivienda, educación, capacitación; impulsando instalaciones recreativas y deportivas en zonas de alto riesgo.

Otro es el grupo de las mujeres golpeadas, las cuales generan hijas infravaloradas, ya que al ver a la madre inmadura, insegura, golpeada, se separan emocionalmente de ellas, perdiendo las madres autoridad y respetabilidad. Crean así un grupo de hijas con imagen de víctimas voluntarias.

"El niño (y la niña) captan desde pequeños que la figura femenina es infravalorada, se dan cuenta que las figuras a representar están muy bien determinadas, casi caricaturizadas. El hombre siempre tiene razón, siempre es superior, pues es fuerte y debe imponerse; la mujer, por el contrario, debe siempre aceptar, estar callada".[335]

Esta cadena violenta que ha sido aceptada culturalmente, de que el padre golpee a su pareja, la madre a los hijos, y los hijos entre ellos se lastimen, responde a patrones parentales negativos que se transmiten a veces ni siquiera en forma verbal, sino simbólica por medio de actitudes de rechazo, de indiferencia y a través de todos los pequeños actos cotidianos.

Otro es el grupo de mujeres embarazadas, ya que: "La mujer se ve mucho más afectada que el hombre por el proceso de reproducción. La crisis corporal influye en su psique y entorpece su relación con el mundo de los demás. Sin duda tiene una significación profunda el que una perturbación de este tipo afecte tanto al autor como a la víctima."

El embarazo es un factor victimal "la mujer embarazada puede ser una víctima imprudente, casi voluntaria".[336]

Las mujeres preclimatéricas, en quienes se generan cambios orgánicos que las inquietan y les producen actitudes hostiles, propician con ello su victimización. Suelen ser en esta época altamente susceptibles, agresivas y depresivas.[337]

Por supuesto, un grupo también vulnerable es el de las mujeres seniles, ya que a medida que avanzan en edad, aumentan su debilidad.

Las mujeres que trabajan fuera del hogar son también victimizadas en fábricas, oficinas y talleres, esto en dos sentidos básicamente:

---

[335] Rodríguez Manzanera, Luis. *La Delincuencia de Menores en México.* Editorial Messis. México, 1975, p. 72.

[336] Hentig, *op. cit. (El delito),* p. 525.

[337] *Cfr. Ibid.*, p. 494.

uno a través del acoso sexual y otro por medio de la discriminación laboral; ya que la comunidad exige, tratándose de mujeres, el doble de requisitos de los que piden al varón en igualdad de circunstancias.

Las mujeres que trabajan dentro del hogar son víctimas de una injusta división del trabajo que las deja sin tiempo libre, generándose en ellas crisis existenciales y desviaciones, como escapatorias a tal situación.

El espacio personal de la mujer y su privacidad no están reconocidas por la ley. Es así como las miradas o palabras sucias no están prohibidas; aun cuando invaden la privacía y en ocasiones el espacio personal.[338]

Según investigaciones hechas en Estados Unidos, pueden darse distintas clases de molestias sexuales que en la relación laboral sufren las mujeres trabajadoras:[339]

a) La constante mirada atrevida y sucia de su cuerpo.
b) El manoseo "no voluntario" en el cuerpo de la mujer.
c) Los apretones y pellizcos, sometiendo por la fuerza a la mujer a recibirlos.
d) Intimidaciones sexuales cuando se encuentra sola la mujer, llevada por la fuerza.
e) Proposiciones sexuales, amenazándolas con perder el trabajo si no aceptan.
f) Relaciones sexuales arrancadas por la fuerza.

El acoso sexual no es desviación alguna, es una forma común de ser del varón frente a la mujer.

Para no ser radicales es necesario revisar estudios científicos tales como el preparado hace más de dos décadas por Alexander Szalaiya, de la Universidad de Budapest, Hungría,[340] en donde planteó que efectivamente existe una división del trabajo y tiempo libre desigual, misma que acarrea una polarización entre intereses masculinos y femeninos, que generan desigualdades y problemas.

Rogers, en su estudio realizado en los ochenta, afirma que las mujeres africanas realizan el doble de faenas que los hombres, efectúan un 60 a 80% del trabajo agrícola. Y si el 80% de la población vive de la tierra, se manifiesta la importancia económica de la mujer.

---

[338] Evans J., Laura. *Sexual Harassment, Women's Hidden Occupational Hazard,* en: The Victimization of Women, *op. cit.*, p. 218.

[339] *Ibidem,* p. 203.

[340] Szalai, Alexander. *La Situación de la Mujer a la Luz de las Investigaciones Contemporáneas sobre la utilización del tiempo.* Conferencia Mundial del año Internacional de la Mujer. (E/Conf./66/BP/6). México, 1975.

Hace más de tres decadas se analizó cómo la mujer trabaja dos terceras partes de las horas laborales de todo el mundo, pero gana sólo una décima parte de los ingresos mundiales.[341]

Un grupo importante de mencionarse es el de mujeres en prisión, personas que reciben, por el solo hecho de ser reclusas, una cantidad de agresiones gratuitas que están establecidas ya a nivel institucional.

En primer lugar son estigmatizadas y rechazadas por su familia y por la sociedad y, al entrar al establecimiento penitenciario, se encuentran con un mínimo de condiciones que resultan inadecuadas para su posible readaptación social; la razón del descuido en los servicios penitenciarios se trata de explicar en base a que son un número muy reducido las reclusas y, por lo tanto, resulta incosteable cumplir con el precepto constitucional que indica la necesidad de albergar por separado a los varones de las mujeres, y a estas últimas separarlas por su condición jurídica.

Por lo general, según se analizó en el Séptimo Congreso de Naciones Unidas sobre Prevención del Delito y Tratamiento del Delincuente, la mujer sufre en el Sistema de Justicia Penal un trato inequitativo, ya que no sólo no se dispone de servicios adecuados, sino tampoco de programas que proyecten la solución de los problemas de la mujer en el proceso de ejecución de sanciones.

Otro es el grupo que conforman "las feministas", cuyos antecedentes datan desde 1792, cuando Mary Wollstonecrart publicó en Inglaterra su libro llamado *Vindications of Women's Rights* (Reivindicación de los Derechos de la Mujer). Partiendo de los principios de la Revolución Francesa, la autora abordó el tema de la inferioridad social y política de las mujeres, reclamando reformas.[342]

Este movimiento disminuyó en las mujeres de ciertos grupos su autoestima, quedando peor, ya que ahora, estando convencidas de que son víctimas, empiezan a creer o a estar convencidas de las percepciones que sobre ellas poseen los demás son reales, válidas y justifican su victimización. Es decir, logró dicho movimiento que esas mujeres se autoidentifiquen como grupo oprimido, generando todo esto relaciones asimétricas con su pareja, hijos y gente que les rodean; sufren en realidad un fenómeno de autoestigmatización.

Como podemos ver, en tiempos modernos se desarrollan nuevos grupos victimales en donde las mujeres aparecen como constante,

[341] Rogers, Bárbara. *Informe del Continente Negro.* Enviado al Centro de Naciones Unidas para el Desarrollo Social y Asuntos Humanitarios. *Excélsior.* México, 1980.

[342] Alegría, Juana Armanda. *Emancipación Femenina en el Subdesarrollo.* Editorial Diana. México, 1982, p. 19.

por lo que debemos desarrollar nuevos modelos de atención e intervención victimológicos, además de políticas sociales, económicas y de otra índole.

XIV.5. Clase de víctimas

1. *Inocente.* Como ya mencionamos, ésta se da fundamentalmente en menores de edad, como es el caso del incesto o la circuncisión en edad temprana.

2. *Víctima de culpabilidad menor.* Es aquella que por ignorancia acepta sobre ella prácticas por convencimiento religioso, como la desfloración colectiva, o casos de aborto por indigencia.

3. *Víctimas tan culpables como el infractor.* Aquí tenemos a la joven que participa en el estupro gustosa o ilusionada por las promesas recibidas, o aquella que acepta la relación simbiótica con su pareja, permitiendo que le peguen, y en ocasiones ella misma provocando a su conveniencia dicha agresión.

4. *La víctima más culpable que el agresor.* Es frecuente el caso de mujeres que debido a patologías (o problemas como la menopausia) buscan inconscientemente ser agredidas para vivir explotando su papel de víctimas.

En este tipo de víctimas se encuentran también aquellas que simulan o imaginan las victimizaciones, exagerando en el daño que reciben; llegan a reaccionar con violencia frente a estímulos insignificantes, en ocasiones provenientes incluso de sus hijos.

5. *Víctima fortuita.* Es cuando por causas ya sea naturales o humanas, la mujer sufre un daño. Por ejemplo, si cae de la escalera y provoca su aborto, cuando en un desastre otra persona al caer mata a la víctima, etcétera.

XIV.6. Victimidad-criminalidad

Es muy frecuente que exista una relación directa entre criminalidad y victimidad.

Esto es, ciertas formas de victimización dan como consecuencia el surgimiento de conductas agresivas que pueden originar actos antisociales y delictivos como mecanismos de defensa, convertidos en una enfermedad de adaptación.

En Inglaterra, de 100 mujeres golpeadas (1975), encontró Gayford que 54% de ellas aceptaron que sus frustraciones las desahogaban contra sus hijos.[343]

Se da una cadena en los fenómenos de victimidad y criminalidad que en ciertos casos es fácil comprobar. Tal es el caso de las prostitutas.

La prostituta siempre ha sido víctima de la sociedad, que según los cambios en las actitudes de la comunidad es castigada, tolerada o "halagada". Es victimizada por gobiernos como el de Carlos el Bello (1325), Luis XI (1463) y Juan (1363), quienes utilizaron contra ellas procedimientos represivos y penas infamantes.

A través de leyes y reglamentos como el expedido en México el 19 de septiembre de 1900, se le victimiza orillándola al crimen y a su búsqueda de compañía entre los miembros de una subcultura criminal. Ya que en dicho reglamento, como en otros, se les prohíbe a las prostitutas visitar casas de gente honorable.

A la prostituta se le explota, se le rechaza socialmente, se le somete a revisiones en las que violan los Derechos Humanos, todo esto resulta ser determinante en su ingreso a los caminos de la criminalidad. Quedando así ligadas a lo ilegal, a la farmacodependencia, enfermedad, miseria, etcétera.

El inicio de la mujer en la prostitución es curioso. En estudios de seguimiento de víctimas de incesto, se ha probado que son propensas a llegar a la prostitución, al uso de drogas, o al alcohol, como consecuencia de su victimización.[344]

Generalmente, según estudios hechos por autores como James, analizando la infancia de una muestra de 136 prostitutas, el 70.4% reportó que le faltó uno o más de sus padres; 65.4% habían vivido apartadas de su hogar por tiempo determinado o permanentemente; el 91.9% de ellas reveló no haber llegado virgen a los 18 años; 23% tuvieron relaciones sexuales antes de los 13 años.

Es interesante analizar cómo fue su primera experiencia sexual, que en ocasiones es determinante para su futuro comportamiento sexual.[345]

Se ha comprobado que si esa primera relación sexual es frustrante, se padecerán secuelas casi toda la vida, algunas de las cuales las llevan a la antisocialidad.

---

[343] Martín, Del. *Battered Women: Society's Problem,* publicado en: The Victimization of Women, *op. cit.,* Vol. 3. p. 127.

[344] Roberts Chapman, Jane. *The Economics of Women's Victimization,* publicado en: The Victimization of Women, *op. cit.,* p. 255.

[345] James, Jennifer. *The Prostitute as Victim,* publicado en: The Victimization of Women, *op. cit.,* pp. 194-195.

El inicio en la prostitución también es originado por la miseria económica y la desintegración familiar, que orilla a la menor a iniciar su carrera delincuencial.

Federico Torres Padilla, en una investigación hecha en México en 1985, con una muestra tomada al azar de 50 menores infractoras prostitutas pertenecientes al Consejo Tutelar, encontró que en el 66% de los casos las menores carecían de uno de sus padres, y el 58% provenía de hogares de nivel socioeconómico precario.[346]

Reyes Echandía, en un estudio que realizó de 1,000 prostitutas en Bogotá en 1970, encontró que se ejercía la prostitución en la misma zona donde la delincuencia era proporcionalmente más elevada. El 77% eran mujeres que provenían de hogares desintegrados y que en un 52.9% vivieron su infancia en un ambiente de promiscuidad.[347]

En varios estudios hechos en México, se ha estudiado la influencia que tiene en las prostitutas la droga y su paso a la subcultura criminal.[348]

Otro problema con las prostitutas es el de la estigmatización que sufren, lo que las conduce por reacción a reedificar su imagen entrando en una subcultura criminal.

En el sistema procesal, son aún más victimizadas, ya que les piden favores para no llegar a manos del sistema legal de ejecución.

Según el estudio de James, el 70% de las mujeres en las cárceles americanas revelan haber sido inicialmente detenidas por prostitución. El sistema de ejecución influye de forma determinante en su introducción en el mundo del crimen.[349]

La relación victimidad-criminalidad se da fundamentalmente en los siguientes aspectos:

a) La mujer que es victimizada por agresiones físicas y como reacción victimiza a los hijos o ascendientes.

b) La mujer que habiendo sido victimizada en delitos sexuales, entra a la prostitución.

c) La prostituta que ingresa a una subcultura criminal por haber sido victimizada y estigmatizada por la sociedad que reprueba su comportamiento.

---

[346] Torres Padilla, Federico. *El Perfil Criminológico de la Menor Prostituta del D. F.* UNAM. México, 1985.

[347] Reyes Echandía, Alfonso. *Criminalidad Femenina y Prostitución,* sobretiro de la Revista Michoacana de Derecho Penal. Núm. 11. México, 1970, p. 19.

[348] *Cfr.* Romero A., Lourdes y Quintanilla, Ana María E. *Prostitución y Drogas.* CEMF. Editorial Trillas. México, 1976, p. 75.

[349] James, Jennifer, *op. cit.,* p. 178.

d) La mujer que es victimizada por el sistema procesal, obligándola a caer en delitos como el adulterio.

e) La mujer que siendo ya reclusa es victimizada por el sistema de ejecución, por falta de instalaciones adecuadas, trato con vigilancia masculina, falta total de investigaciones y programas específicos adecuados a la delincuencia femenina, so pretexto de su escaso índice.

f) Discriminación que resta oportunidades a la mujer, orillándola a delinquir o dedicarse a la prostitución.

g) Victimización por parte de la criminología que no ha puesto atención al tema de la criminalidad femenina, desconociendo el problema a fondo, ya que la cifra negra aún es muy alta; la Criminología, al no estudiar este tema, no ha podido quitar la imagen de que la mujer no sólo es víctima, sino que en muchos casos es victimizadora.

Estudiando Wilson 17 libros de texto de Criminología, publicados en un período de 12 años, analiza qué importancia dan al problema de la criminalidad femenina.

Sólo cinco de ellos contienen un capítulo especial llamado *feme offenders,* mujeres delincuentes. Tres mencionan sólo en subtítulo el tema.

Entre estos autores lo popular es hacer la diferencia basada en los distintos roles sexuales, diferencias en oportunidades, en cultura y así mencionan los principales delitos que ellas cometen (prostitución, robo, embriagarse, etcétera).

Pero poco se ha estudiado, de manera científica, el problema etiológico de la conducta delictiva de la mujer. Esa incógnita interesantísima del por qué es proporcionalmente tan reducida la delincuencia femenina.

E incluso este tema fue olvidado en la Plataforma de Acción de la Cuarta Conferencia Mundial sobre la Mujer, emanada de la reunión de China, sólo muy pocos países entre ellos el informe de México lo incluyen. No así en el Informe de Ejecución de México, publicado en junio de 2000, preparado para la reunión de Nueva York a la que ya se hizo referencia.

XIV.7. Prevención victimal

XIV.7.1. *Prevención general*

El gobierno mexicano, respondiendo a los llamados internacionales, modificó en 1974 los artículos 4º, 5º, 30 y 123 de la Constitución Política de los Estados Unidos Mexicanos, en relación con la igualdad jurídica de la mujer.

En 1974 y 1990, se articuló en la Ley General de Población la promoción de la plena integración de la mujer al proceso económico, educativo, social y cultural (artículo 3º, fracción V, y 7º último párrafo), y la facultad de la Secretaría de Gobernación para velar por el respeto a los derechos humanos y especialmente por la integridad familiar de los sujetos de esta ley. Se legisló así mismo, en los planes demográficos de la misma ley, la necesidad de revaluar el papel de los varones y de las mujeres en el seno familiar, evitando toda forma de discriminación individual y colectiva hacia la mujer.

El nuevo Reglamento de la Ley General de Población, publicado en el *Diario Oficial* del 14 de abril de 2000, en la Sección II y III, dedica a la familia, mujer y grupos marginados diversos artículos (13 al 25), e incluye una Sección IV, dedicada expresamente a la mujer y equidad de género (artículos 26 al 30).

El artículo 27 menciona:

> "ARTÍCULO 27.—Los programas del Ejecutivo Federal, en relación con la mujer, deberán considerar cuando menos las siguientes áreas:
> Fracción III. Combate a la pobreza;
> Fracción VI. Mujer indígena;
> Fracción VIII. Mujer y familia;
> Fracción XII. Combate a la violencia, abusos y prácticas discriminatorias hacia la mujer."

Al lograrse paulatinamente algunos de los objetivos de esta ley, se victimizará menos a la población femenina, conduciendo ello a evitar directamente la aparición de nuevas formas de desadaptación social que conduzcan a la criminalidad.

Por otro lado, en el *Diario Oficial* del 9 de enero de 1986, a través de la Ley sobre el Sistema Nacional de Asistencia Social, el Estado dará servicios asistenciales, entre otros, a mujeres en gestación o lactancia (artículo 4º, fracción IV), a los ancianos en desamparo, incapacidad, marginación o sujetos a maltrato (artículo 4º, fracción V); a víctimas de la comisión de delitos en estado de abandono (artículo 4º, fracción XI); a familiares que dependan económicamente de quienes se encuentren detenidos por causas penales y que queden en estado de abandono (artículo 4º, fracción X); etcétera.

Esta ley puede considerarse una ley de protección a las víctimas, que deberá crear una infraestructura estatal adecuada para su posible cumplimiento.

También es recomendable la revisión o creación de disposiciones concretas en los códigos penales, que reparen el daño en forma específica de acuerdo a cada delito, y que se limiten los beneficios del sistema progresivo a los sujetos que ya hayan reparado el daño, no extendiéndolos a los que prometan pagarlo y, en caso de imposibilidad por parte del recluso de repararlo, debe el Estado hacerlo en forma subsidiaria. Lo que ahora constituye una garantía, por lo que se convierte en obligatoria conforme a la reciente reforma constitucional.

Deben revisarse aún muchos otros reglamentos, a fin de buscar en la comunidad un cambio de consciencia revalorizadora de la mujer y sensibilizadora de los grupos más vulnerables. Esto se podrá lograr por medio de programas de coordinación de la participación social, como lo está realizando la Secretaría de Desarrollo Social, para vincular el problema con los sectores representativos de la sociedad.

En el renglón educativo, que es prioritario en la prevención victimal, deben iniciarse planes dirigidos a la educación en los primeros años de vida, por lo que es conveniente una actualización permanente de los libros de texto, fortaleciendo las enseñanzas tempranas sobre Derechos Humanos, manejo adecuado de su agresividad, el rol del varón y la mujer en igualdad de derechos y obligaciones; reforzando en las mujeres su autoestima, para que puedan emprender sus tareas con la expectativa de que serán bien recibidas y tendrá éxito, y puedan mantenerla a un nivel relativamente alto y aceptable.

Y por último, considerando que los dos problemas victimales más generalizados a nivel mundial son, como las Naciones Unidas han concluido, la violencia contra la mujer y malos tratos en el hogar y el tratamiento inequitativo de la mujer dentro del Sistema de Justicia, veamos las recomendaciones que para este último se acordaron, ya que el primero lo abordaremos en el capítulo siguiente:

a) Se invita a los gobiernos a que presten particular atención a la realización, en condiciones de igualdad, de los programas y servicios para las mujeres delincuentes y a que reconozcan y prevean las necesidades especiales, tanto de las adultas como de las jóvenes.

b) Se invita a las autoridades de la justicia penal a que examinen la posibilidad de sustituir por otras medidas la reclusión de las mujeres delincuentes, en cada etapa del procedimiento penal y a que se esfuercen por garantizar un proceso justo y equitativo y la imposición de sanciones adecuadas al delito.

c) Que se elaboren estrategias adecuadas para garantizar el trato justo de las mujeres como delincuentes, como víctimas y como encargadas de la administración de la justicia penal y promuevan la cooperación con los servicios sociales, médicos y de salud mental.

d) Que se otorgue a la mujer igualdad de oportunidades en cuanto a su contratación, capacitación y carrera, en todos los sectores del sistema de justicia penal.

e) Que se intensifiquen los esfuerzos en las esferas de la capacitación, el intercambio de personal, la investigación y la formulación y evaluación de políticas, así como en la de la asistencia técnica, en todo lo relativo al tratamiento equitativo de la mujer en el sistema de justicia penal.

XIV.7.2. *Prevención especial*

Algunas medidas adoptadas para prevenir la victimización femenina han sido:

a) Se ha buscado ayudar de alguna forma a las mujeres víctimas de molestias sexuales en el trabajo.

Como ejemplo tenemos el seguro para el desempleado, si la mujer demuestra que tuvo causa suficiente para haber abandonado el trabajo.[350]

b) Se han elaborado manuales con consejos para que, cuando a una mujer la intenten violar, sepa dónde y qué golpes le podrían servir para evitarlo.

Cuando la violación ha sido inevitable, se dan consejos prácticos para que una mujer no destruya los elementos de prueba, prevenga enfermedades venéreas, etcétera.[351]

c) Es importante entrenar a médicos, así como a policías especiales del sexo femenino, que atiendan a las mujeres víctimas de delitos sexuales.

d) Se aconsejan cursos de defensa personal para mujeres que por su trabajo salen a deshoras a la calle.

Son muchas las medidas que deben implementarse para ayudar a prevenir la victimización de la mujer, pero quizá para ello falte un cambio de mentalidad, menos paternalismo y más objetividad en la comprensión de este fenómeno victimológico.

Y todo lo anterior es un paliativo que no será efectivo sin un programa serio a nivel estatal, que dé apertura a procesos alternativos de socialización, para buscar un descenso de la crisis económica que vivimos, que activa la cadena criminalidad-victimidad.

---

350 Evans J., Laura (*Sexual Harassment...*), *op cit.*, p. 211.

351 Medea, Andra y Thompson, Kathleen. *Si a Usted la Violan.* E.P.S. Almanaque de la Mujer. 10 Manuales en Uno. Bogotá, Colombia, 1968, p. 93.

Capítulo XV

MUJERES GOLPEADAS*

XV.1. Introducción

Uno de los fenómenos victimológicos que más preocupa a los países sigue siendo el de la violencia intrafamiliar, no sólo por las implicaciones que tiene en el plano humano, sino por sus repercusiones en el desarrollo de una sociedad democrática, con justicia y paz. No obstante que en su dinámica esta clase de acciones permean a todos los miembros de la familia, según los datos empíricos disponibles aún son las mujer y las niñas las más vulnerables.

Para hablar de este fenómeno que hoy es ya de discusión pública, debemos partir de varias coordenadas que nos permitirán distintas perspectivas de análisis según los fines que perseguimos con ello.

Las coordenadas para un estudio integral, no sólo victimológico deben ser: los valores de la familia y los derechos humanos; la disfunción familiar y sus implicaciones; la violencia; las víctimas y victimarios; la dinámica del fenómeno; y las políticas públicas y propuestas para su prevención.

Entenderemos por violencia intrafamiliar o doméstica a las acciones u omisiones que tienen por objeto o como fin, causar intencionalmente un daño total o parcial a bienes jurídicamente protegidos en el entorno familiar.

Las acciones u omisiones deben ser intencionales, de ahí deriva la idea de considerarlas una violación a los derechos humanos.

Entendemos por violación a un derecho humano, la conducta que pone en peligro o afecta el reconocimiento, el goce y el ejercicio del mismo.

El maltrato físico de la mujer en el hogar es un fenómeno universal, que ha estado enraizado por siglos en la estructura social.

---

* Este capítulo fue elaborado con la colaboración de la Dra. María de la Luz Lima Malvido.

El problema se había negado, cuando no francamente tolerado, pero ahora se ha hecho consciente; en todas las reuniones nacionales e internacionales que se han desarrollado los últimos 30 años, el tema está constante en las agendas, para su análisis entre los temas prioritarios a resolver.

La Organización de las Naciones Unidas, el Consejo de Europa, la Organización de Estados Americanos, entre otras entidades, han tomado cartas en el asunto, elaborando diversos informes y aprobando resoluciones que comprometen a los países miembros a definir estrategias y diseñar políticas públicas para proteger a las mujeres y a las niñas contra comportamientos abusivos, tolerados por prácticas consuetudinarias y tradiciones así como por las leyes nacionales.

En el VII Congreso de Prevención del Delito y Tratamiento del Delincuente (Milán, 1985),[352] "se observó que la mujer era particularmente vulnerable a la explotación, a la privación de sus derechos y a la violencia interpersonal grave, especialmente la agresión sexual y la violencia en el hogar. Se señaló que se estaban reconociendo cada vez más a nivel oficial la gravedad y el alcance de la victimización de la mujer, y estaban aumentando los esfuerzos por responder a esta situación con mayor eficacia y sensibilidad". Y similares menciones se oyeron en los congresos subsecuentes así como en las reuniones de la Comisión del Delito y Justicia Penal que se efectúan cada año en Viena.

De igual manera se elaboró la Convención de Belém do Pará, que México, en 1999, suscribe y ratifica para prevenir, erradicar y sancionar la violencia contra la mujer.

Han sido así los cinco años, tiempo de una intensa actividad que ha permitido conocer más el fenómeno, comprometer más a los gobiernos y sobre todo contar con mejores modelos de intervención y estrategias de prevención.

En este capítulo nos ocuparemos del maltrato físico a la mujer, producto de la violencia intrafamiliar, que es una forma específica de victimización.

Mencionaremos algunos antecedentes antes de plantear el problema, analizaremos a la víctima y al victimario, estudiaremos la dinámica de la victimización, daremos a conocer resultados de investigaciones en México y enunciaremos algunas acciones que consideramos exitosas, realizadas tanto en el plano internacional como nacional, obtenidas en los últimos años gracias el esfuerzo de todos.[353]

---

[352] ONU. VII Congreso. Informe, *op. cit.*, párrafo 230.

[353] *Conf.* PRONAVI. Síntesis del Informe de Ejecución, *op. cit.*

XV.2. ANTECEDENTES

A los victimólogos deben preocuparnos las políticas preventivas, asistenciales y victimológicas para este tipo de víctimas, pero no puede abandonarse el esquema etiológico que nos ayude a conocer integralmente el problema. Es debido a esto que vale la pena realizar un ejercicio retrospectivo histórico, que nos ayude a reconstruir las formas de control informal de diversas culturas, dando seguimiento a formas de agresiones toleradas siglo tras siglo, para ver cómo fueron gestándose, incluso transformándose algunas en las atenuantes legales en un tiempo y en agravantes en otro, para quien las cometiere.

Nosotros explicamos el origen del síndrome de referencia, por medio de las primeras reglas de juego en la descalificación de conductas captadas como desviadas, "peligrosas", o criminales, en la antigüedad.

Como ya hemos expuesto, la criminalización de conductas femeninas respondía por lo general a la rebeldía por parte de la mujer para aceptar el rol al cual había sido programada. Si la mujer se desviaba con prácticas adúlteras, o era rebelde con el marido, o simplemente platicaba con extraños, debía ser castigada; muchos indicios históricos nos revelan que por mucho tiempo el poder del *jus puniendi* era reservado al marido ofendido, a quien la sociedad cedía el derecho de hacerse justicia.

El varón recibía un poderío llamado disciplina doméstica, que le otorgaba el derecho sobre su familia, inclusive sobre las propias vidas de sus miembros.

Esta idea fue transmitida a casi todas las culturas, así el gobierno prefería mantenerse al margen de todo lo que significaba conflicto doméstico. Esto es muy comprensible, recordando que el Estado crea leyes en un afán de coordinar en forma ordenada y justa la convivencia dentro de la sociedad, manteniéndose al margen de lo moral y lo íntimo.

Poco a poco fueron desligándose del derecho conductas como las blasfemias, y todas aquellas que no implicaron un conflicto social.

Se pensó prudente no tocar el ámbito familiar y en las legislaciones surgieron circunstancias atenuantes, excusas absolutorias, y otras figuras penales que limitaban al Estado frente al sagrado derecho a la disciplina doméstica.

Pasando ya esos tiempos en donde las conductas criminales eran inequívocas, en una sociedad en la que no se tematizaban los ideales de las normas de vida, que eran un telón a través del cual se organizaba la justicia social, llegamos ahora a una sociedad conflictiva, que cuestiona lo absoluto de los valores, la justicia, la desviación; suscitándose un estado emergente, que se introduce hasta el seno de familias que se notan en vías de desaparición, para legislar y criminalizar todas aquellas conductas que no respeten los derechos humanos.

Hoy por hoy no se justifica que sea el *pater familiae* quien corrija a su mujer, habiendo leyes que deben juzgar y velar por resucitar el valor justicia.

Se acostumbró la comunidad a que el varón golpeaba a su mujer, considerada para la comunidad como una persona no independiente, casi siempre excluida, analfabeta, asilada, que nunca cruzaba los umbrales del hogar, del patrón de casa, pero ahora, en el Siglo de la Mujer, en donde hasta la Iglesia católica hace llamados reclamando la presencia de la mujer en los caminos del desarrollo, deben sumarse los esfuerzos de todos para desaparecer ese fenómeno, resabio de sociedades medievales, sociedades varoniles en las que ese eco femenino reclamando, suplicando atención o ayuda, no llegaba a oírse ni en el patio de las casas de las familias de la colonia.

No es posible que subsistan legislaciones que aún permitan golpes simples, golpes que tardan en sanar menos de quince días y no ponen en peligro la vida, y otros delitos cometidos entre cónyuges, concubinos, ascendientes sobre descendientes.

No faltará alguien que aún quiera legislar el largo del látigo autorizado para golpear a la mujer, o como decía una legislación derogada en un estado de Estados Unidos de Norteamérica, sólo tiene el varón permiso de golpear a la esposa, siempre que no se hiciere en domingo, día festivo, o después de las 22:00 horas.

XV.3. PLANTEAMIENTO

Existe una especie de tabú respecto al tema de la mujer golpeada. Recientes investigaciones demuestran que, en primer lugar, hay una confusión en el término, ya que mujer maltratada o golpeada es una expresión confusa, pues no nos especifica si en ella se incluyen casos de agresiones psicológicas que pueden, en ocasiones, producir trastornos o crisis nerviosas graves.

Leonore Walker [354] opina que los dos tipos de agresiones deben considerarse dentro de la definición de mujeres maltratadas. Ella

[354] Walker E., Leonore. *Treatment Alternatives for Battered Women*, publicado en: The Victimization of Women, *op. cit.*, p. 144.

estima que hay un promedio de 20% de las mujeres maltratadas que reciben agresiones físicas.

La imagen que hasta ahora se tenía de que la mujer es una pobre víctima a la cual golpean y sufre, dista de ser la verdadera.

En general, se está estudiando la relación patológica que se genera entre el hombre y la mujer, en que ambos, cayendo en el fenómeno denominado simbiosis, viven requiriéndose y hasta cierto grado amándose, a pesar de victimizarse mutuamente.

"La simbiosis se da entre dos personas, cuando las mismas se comportan como si fueran una sola persona completa. Es una relación de dependencia, determinada porque ambas que la integran no consideran la opción de ser personas completas en sí mismas." [355]

Entre las parejas en que la mujer es golpeada, se da un círculo vicioso en torno a la idea de quién está en lo correcto y quién es el culpable.

Existen a la vez los fenómenos de descalificación y grandiosidad.

El primero es un mecanismo interno por el cual las personas minimizan o ignoran ciertos aspectos de la realidad (de ellas mismas, de otras, del mundo) y el segundo, o sea la grandiosidad, es un mecanismo que implica una exageración (maximización o minimización) de ciertos aspectos de la realidad (referidos a mí mismo, a otros, a la situación).

La descalificación mantiene la simbiosis y la grandiosidad, la justifica.[356]

XV.4. El victimario

El índice de golpeadores, pese a que la victimización femenina es casi un fenómeno mundial, disminuye notablemente en ciertas culturas.

Así por ejemplo, tenemos el caso de los judíos, entre quienes existe una tendencia más notable a expresar las agresiones y el comportamiento en forma verbal; entre ellos hay pocos divorcios y poca violencia física.[357]

Es notable asimismo, la infrecuencia de divorcios entre los irlandeses e italianos, por la facilidad de expresar sus emociones.

---

[355] Kertesz, Roberto e Induni, Guillermo. *Manual de Análisis Transaccional.* Editorial Canantal. Argentina, 1977, p. 63.

[356] *Cfr. Ibidem.*, p. 66.

[357] Stanley, Frank, *op. cit.*, p. 109.

No así el anglosajón silencioso, digno, áspero, cree que esquivar conflictos verbales o físicos entre esposos promueve la paz y dicha,[358] y es entre los alemanes, ingleses y norteamericanos, donde se reporta un alto índice de mujeres golpeadas.

Esto se explica debido a que, cuando un individuo tiene una gran energía pasiva acumulada, porque estuvo mucho tiempo controlado, o por circunstancias externas, es una bomba de tiempo que puede inesperadamente hacer que tenga una explosión de esa energía por medio de actos violentos. A veces esa energía fluye por canales no controlables totalmente por la voluntad, como podrían ser los tics, rituales compulsivos o pensamientos obsesivos.[359]

En público, el victimizador se muestra pacífico, debido a que hasta el hombre más violento, en ciertos lugares se muestra tranquilo. Es común que la imagen del golpeador de su mujer, sea contrastante fuera del hogar.

Los chinos y los iraníes que golpean a sus esposas poseen tres actitudes en común:

1. Piensan que su conducta es aceptable o justificada.
2. No se callan lo que hacen, es más, forma parte de rituales.
3. No se sienten culpables o avergonzados.

Estas actitudes parecen ser comunes también en varones de América.[360]

La mayoría de los hombres que golpean a sus mujeres no las dejan usar métodos de control natal, y 60% de esas mujeres fueron preñadas antes del matrimonio, por lo que no fue muy libre su elección de casamiento.[361]

Roure, Rouse y Ollier, estudian 62 casos de mujeres golpeadas en Niza durante 1978-1979, internadas en el Hospital Pasteur; sus descubrimientos respecto al agresor son los siguientes:

Su edad es calculable en 5 años sobre la víctima; se trata 47 veces del esposo o ex-esposo, 9 veces del concubino, 6 veces del amante, y una vez el novio; agredió él solo en 59 casos y en 3 con "la ayuda de un pariente"; empleó un solo medio en 32 ocasiones, y en 30 con medios asociados; el arma empleada preferentemente son los puños (55 veces), los pies en 15 ocasiones; solamente en dos ocasiones se asoció la golpiza al acto sexual; las lesiones son princi-

---

358 *Ibidem.*

359 Kertesz, Roberto e Induni, Guillermo, *op. cit.,* p. 45,

360 Davidson, Terry. *Conjugal Crime.* Understanding and Changing the Wifebeating Pattern. Ballatine Books. Nueva York, 1978, p. 25.

361 *Ibid.,* p. 31.

palmente en la cara, en 44 casos, en los miembros superiores 55 casos, y en los glúteos en 38 casos.[362]

Las características de los victimarios en México, las consignaremos en el penúltimo apartado de este capítulo.

XV.5. LA VÍCTIMA

La víctima de malos tratos es por lo general una mujer con baja autoestima, inmadura, insegura de sí misma, que busca en la pareja una autoridad a veces semipaterna. Se trata de personas con una actitud infantil y tolerante, que rápidamente perdonan e inician un nuevo juego en su relación. Son torpes para enfrentar sus problemas y fricciones personales, cargando en forma tácita o expresa con las culpas de cualquier discusión conyugal; se comportan como víctimas "natas", poniéndose en el blanco del agresor para después vivir explotando su papel de víctimas.

Son mujeres que consciente o inconscientemente quieren ser agredidas por su compañero, y aceptan la aparente "lección" pasivamente.

Al verse golpeadas y avergonzadas, justifican virtualmente a su pareja, incriminándose fallas que por lo general son ficticias o exageradas.

La victimización de la mujer basada en el sexo, como se afirmó en el VII Congreso de la ONU (Milán, 1985), constituye un problema sin fronteras. Las hoy víctimas son, desde analfabetas hasta doctoras en Sociología y otras especialidades, desde féminas de países tercermundistas hasta mujeres de potencias civilizadas como Alemania, país que arroja quizá una de las cifras más alarmantes.

Las mujeres que permiten agresiones físicas sobre sus personas poseen, por regla general, como hemos mencionado, una noción muy baja de autoestima, son mujeres que aceptan desde el inicio de sus relaciones una posición desigual e inferior a la de su pareja.

Según investigaciones de campo realizadas en el extranjero, la edad promedio de mujeres golpeadas fluctúa entre 30 y 44 años. En su mayoría con hijos, sin profesión, con varios años de casadas.

Como veremos en el apartado XV.8., en México, con excepción de la edad que es de 26 a 29 años, se coincide en los demás rasgos.

Las agresiones que reciben las mujeres ocurren por lo general los fines de semana, o en discusiones a altas horas de la noche, por

[362] Roure, M. C., Roure, L. y Ollier, A. *Les Femmes Battues par leur Partenaire.* III Symposium. Alemania, 1979.

lo que se ven desprotegidas, ya que las agencias de policía están cerradas. Y si salen a pedir ayuda pueden ser agredidas fuera de su hogar, así que regresan y no saben qué hacer.

Por eso debe haber servicios de emergencia para ayudarlas, con personal que reciba un entrenamiento especial, ya que se va a meter en asuntos del castillo familiar.

Uno de los problemas básicos que existen con un padre golpeador de la madre, es que se asimilan por los hijos los roles que reviven en el hogar, el niño que golpeará y la niña que soportará, aun cuando los hijos perciban que ambos roles son denigrantes.

Para concluir este apartado, veamos un dato que fue alarmante. El Bureau Federal de Investigaciones de los Estados Unidos, según un estudio publicado en 1978, estimó que aproximadamente en el 50% de mujeres muertas, el homicidio ha sido perpetrado por un varón con el que ella había entablado relaciones.[363]

Las características de la víctima en México, las consignaremos en el apartado 8 de este capítulo.

XV.6. La dinámica victimizadora

Lo primero que debemos analizar es la naturaleza de las provocaciones, qué genera que sea golpeada la mujer.

Es una gama multidimensional de percepciones, ya que el mismo estímulo frente al mismo sujeto puede originar respuestas diametralmente opuestas, dependiendo del estado psíquico en que se encuentre.

La provocación en ocasiones sólo existe en la mente del que la recibe. Es interesante, por ejemplo, analizar la sufrida por el hombre golpeador.

Su precario y vulnerable sentimiento de autoestima lo conduce a reacciones violentas frente a "provocaciones" insignificantes o imaginarias.

Son raros los casos de provocaciones dolosas por parte de la mujer golpeada, éstas las menos, forman parte de anomalías masoquistas que requieren un tratamiento psiquiátrico, y no sólo asistencia sociopsicológica.

En Estados Unidos, según las investigaciones realizadas, no son los problemas de sado-masoquismo los principales factores de la existencia de mujeres golpeadas.

---

[363] Walker E. Leonore, *op. cit.*, pp. 143-144.

En la dinámica victimizadora tiene un papel decisivo el aprendizaje de patrones parentales negativos, que delinean el comportamiento del niño, por lo general de los 2 a 8 años de vida.

Los mandatos parentales se reciben a través de actos cotidianos, no necesariamente por medio de palabras, esos son los mandatos simbólicos, quizá de los más aprensibles por el receptor, ya que poseen una energía especial.

El varón que observó una actitud de desprecio por parte de su figura paterna a todo lo que fuese femenino (a sus hermanas, tías, esposa, etc.), será muy difícil que tenga una actitud positiva y altruista frente a las mujeres que le rodean.

A pesar de tener inteligencia para intuir que ese mandato era negativo, se vitaliza y se desprecia lo femenino.

Es muy útil revisar en el caso concreto los mensajes parentales, para entender en forma adecuada las percepciones tanto de las provocaciones como de los argumentos que conducen al varón a golpear y a la mujer a "tolerar" dicha victimización.

Cuando la pareja conscientemente observa que no hace sino seguir un argumento de vida, y que no es el óptimo, puede trabajarse por intentar el cambio de mandatos que traduzcan mensajes más adecuados a los hijos.

XV.7. Etapas de agresión

Según estudios realizados por Walker,[364] la dinámica victimizadora en el síndrome de la mujer golpeada pasa por varias etapas, que conforman un verdadero círculo en el comportamiento del agresor, mismo que se encuentra distribuido en períodos más o menos precisos. Son tres etapas las que podemos distinguir: la primera, que es construcción de la tensión; explosión del incidente agresivo la segunda; y un período amoroso, de calma, la tercera.

Primera etapa: Se puede instrumentar a la víctima por medio de técnicas, con las cuales la mujer prevea cuando sobreviene el incidente agresivo.

En esta etapa regularmente la mujer deja que el futuro agresor sepa que ella acepta los abusos en su contra como legítimos. Ella debería de prevenir que los enojos del agresor escalarán y que si respondiera con éxito no sobrevendría el incidente, pero resulta que frecuentemente la mujer acepta la agresión futura, ya sea física o psicológica, y la justifica.

[364] Walker E., Leonore, *op. cit.*, pp. 144-151.

Es común que en esta etapa la mujer niegue los acontecimientos que está viviendo e incluso el terror de la inevitable segunda etapa. No quiere ayuda, ya que piensa que puede controlar la situación y evitar la agresión que espera. La actitud pasiva y de aceptación que la mujer presenta, sirve de reforzamiento al agresor sobre su "derecho a disciplinar a su manera a su mujer". Él sabe que su conducta es inapropiada y aun si no lo reconoce se torna muy opresivo y brutal frente a ella, ya que percibe que puede llegar a tal grado el enojo de la mujer que se atreva a abandonarlo. Busca mantenerla cautiva.

Es frecuente que en una sociedad sexista como en la que vivimos, la mayoría de las mujeres experimenten agresiones menores de este estilo.

La diferencia esencial entre esta mayoría y la mujer maltratada, es que esta última ha aprendido que es inferior y pobre para prevenir el resto del círculo. Entre más haya avanzado la escalada de tensión, más difícil se hace para la mujer el aplicar técnicas para prevenir la etapa de la agresión.

El varón empieza a incrementar su espíritu posesivo, su actitud sofocante y brutal. Se vuelven más frecuentes las humillaciones psicológicas.

Las peleas se tornan más frecuentes y largas. La mujer se torna incapaz de restaurar el equilibrio. Está indefensa frente a la agresión y es psicológicamente torturada, manejada y oprimida. Él espera una respuesta de enojo y, al no haberla, siente que posee su consentimiento para agredirla.

Segunda etapa: En ésta el agresor adopta un comportamiento que queda fuera de control.

En la primera etapa su conducta es regular y se puede medir como sobreviene, pero en la segunda empiezan los acontecimientos inesperadamente, por motivos injustificados, frecuentemente después del hecho, él desconoce qué es lo que le ha sucedido, la rabia del agresor es tal que ciega su comportamiento.

Frecuentemente el varón comienza tratando de dar una lección a su mujer, no queriéndola agredir particularmente en algún sentido. Detiene su contienda física cuando piensa que ella ya ha aprendido su lección. Para ese momento ella ya ha recibido algún abuso físico.

El móvil dentro de la segunda etapa es rara vez una conducta de la mujer; cuando está muy cercana la explosión, la víctima ya no puede controlar la ansiedad y terror, ella sabe que después de ésta sobreviene una etapa de calma y amor, así que prefiere que pase lo más rápido la segunda etapa, llegando incluso a provocarlo.

Sucede que si la mujer tiene algún plan especial para el fin de semana, como ir a casa de su madre, deliberadamente lo provoca el viernes, para que él placenteramente la lleve y pase el fin de semana agradable. Esto demuestra la aparición de actitudes masoquistas.

La segunda fase es muy breve, usualmente dura entre 2 y 24 horas. En este período de duración el golpeador no puede parar, incluso viendo que la mujer ya está severamente herida.

Tercera etapa: Ésta se caracteriza porque el agresor se da cuenta de que ha llegado muy lejos y trata de enmendar su falta frente a su víctima.

Es una etapa de absoluta calma, él le obsequia a ella regalos, le hace promesas de que eso no volverá a repetirse nunca.

Su conducta es descrita como la conducta típica de un niño pequeño, que llora después de su travesura implorando que le perdonen. En esta etapa es cuando el varón entabla sus relaciones amorosas, la mujer vive su sueño maravilloso de qué increíble es su esposo con ella.

Sueña con lo bello que es el amor y esto es un reforzamiento para mantener esa relación. En esta etapa posee todo cuanto ella ha deseado en un hombre. Se ha vuelto el agresor fuerte, dependiente y un extraordinario amante. El lugar que ella ocupa en esta etapa es el que ella siempre ha deseado, esto la hace convertirse en cómplice de su propia agresión.

Estas mujeres se muestran plenamente convencidas de que ya quieren dejar de ser víctimas de esas agresiones, hasta que éstas han comenzado de nuevo.

Es tal la simbiosis que existe en estas parejas, que las mujeres golpeadas se niegan a abandonar al varón para que no se sienta solo, decepcionado, hasta que él encuentre otra mujer.

XV.8. La situación en México

XV.8.1. *La investigación*

A la fecha hay un sinnúmero de investigaciones empíricas que se han realizado en México en torno a este tema, en este capítulo nos referiremos a la primera de ellas, por el valor que tuvo a nivel victimológico, la cual ha servido de base para las subsecuentes. A este respecto consideramos de interés para los investigadores revisar la primera encuesta de victimización sobre violencia intrafamiliar, que realizó en el año 1999 el INEGI en el Distrito Federal.[365]

El Instituto de Formación Profesional de la Procuraduría General de Justicia del Distrito Federal, atinadamente dirigido por el Dr. Roberto Tocaven García, realizó una investigación para conocer la dimensión y características del problema de maltrato físico a mujeres en el seno del hogar.

Esta investigación se efectuó con nuestra asesoría y bajo la dirección del M. C. Álvaro Martínez González, participando en ella las trabajadoras sociales María Esther Solano Radilla y Elsa Delgadillo Aguirre.

Se trató de 502 casos de mujeres que se presentaron a formular denuncia o queja, en cualquiera de las agencias de los cuatro sectores del Ministerio Público, en el período mayo-noviembre de 1986.

Al recibir el Ministerio Público o el Juez Calificador un caso de lesiones, amenazas o maltrato a una mujer por parte de su pareja, o de un hombre con el que existiese vínculo, se avisó a Trabajo Social, quienes acudían a aplicar un cuestionario.

Se eligieron los 502 casos que tenían información completa y se procesaron en la computadora de la Procuraduría; los principales resultados los consignamos a continuación.

XV.8.2. *Las lesiones*

Se concentró la investigación en el maltrato físico a la mujer por parte de su pareja, en casos llevados ante las autoridades.

Por lo tanto, el primer paso era estudiar las lesiones producidas, teniendo 333 casos con fe médica de lesiones y 169 sin este documento.

Del total de casos (502), las lesiones son leves en un 56.57%, pero si consideramos tan solo aquellas que pasaron a Ministerio Público, y por lo tanto tienen fe de lesiones (excluyendo los casos presentados ante Juez Calificador y aquellos en que no hay huella física de daño), resulta que el 83.16% de las víctimas recibió lesiones leves o simples golpes.

Lo anterior tiene peculiar importancia criminológica, pues denota que el agresor no tiene *animus necandi* ni *animus laedendi*, es decir, no lleva la intención de matar y ni siquiera de lesionar.

Esta aseveración se ve confirmada al estudiar los medios materiales de agresión, que son en 96.62% las manos, o sea que no hay

---

365 INEGI. *Violencia Intrafamiliar. Encuesta.* Documento Metodológico y Resultados. México, 1999.

la utilización de armas, ni medios idóneos para producir lesiones o muerte.

Aunque esto no fue tabulado, la mayoría de los golpes son en la cara, cabeza y brazos (reacción de defensa).

Lo anterior nos lleva a suponer que la intención no es realmente lastimar, lesionar, dañar o matar, sino imponer dominio, demostrar superioridad, establecer una relación de poder, en la que el hombre sea captado como predominante y la mujer quede subyugada.

Desde luego que, para poder explicar esto, tendríamos que utilizar la psicología profunda, y bajar a las profundidades del inconsciente, ya que no puede considerarse que, en la mayoría de los casos, la agresión sea consciente, premeditada o planeada con anticipación.

Se busca entonces una situación de poder, que llega a los extremos de amo-esclavo, de íncubo-súcubo.

XV.8.3. *La víctima*

Las características fundamentales de la víctima son las siguientes:

Edad: la mitad de la muestra está en la tercera década de la vida; en comparación con la población del país, son mujeres con edad superior a la media.

Estado Civil: una de cada 4 víctimas está unida en concubinato, tres de cuatro están casadas.

Origen: la mayoría (68.53%) son originarias del Distrito Federal.

Hijos: la gran mayoría (92.43%) tienen hijos, la frecuencia mayor la encontramos en el intervalo de 1 a 3 hijos (69.12%).

Escolaridad: el 22.12% tiene menos de primaria; el 26.30% terminó la primaria, si agregamos las que no terminaron secundaria tenemos que la mitad de las víctimas no tiene grado superior al de primaria.

Ocupación: la mayoría (61.15%) están dedicadas a labores domésticas en su hogar.

Hay correlación entre la escolaridad y la ocupación de la víctima. A menor preparación académica, mayor dedicación al hogar. Así, el 75% de las analfabetas es ama de casa, frente al 30% de las profesionales.

La ocupación incide en la frecuencia de riña; así, las mujeres dedicadas al hogar riñen con mayor frecuencia (diariamente el 41.69%) que las profesionales (19.23%).

Proporcionalmente, las amas de casa denuncian menos que los otros grupos.

De las personas que discuten por los hijos, el 83.38% son amas de casa; las profesionales discuten menos por dinero (26.92%) que las técnicas y obreras (66.67% y 61.11%).

Imposible saber si las mujeres más jóvenes son menos victimizadas o acuden menos a las autoridades; si comparamos con investigaciones extranjeras (básicamente europeas y norteamericanas), veremos que la mayor frecuencia la encontramos en mujeres de 30-33 años (lo que coincidiría con nuestra apreciación, ya que la pirámide de edades es diferente). Es decir que la mayor victimización es en mujeres maduras.

El hecho de que la casi totalidad del universo estudiado esté unido en matrimonio o concubinato, nos autoriza a suponer que puede aplicarse la teoría de la oportunidad, en el sentido de que se abusa de quien está ligada de alguna forma, lo que además parece "legitimar" la conducta del agresor.

La presencia casi constante de hijos nos refuerza la idea de la existencia de una "liga" como presupuesto de la victimización.

Parece contradictorio, pero la presencia de los hijos no impide la victimización, por el contrario, parece favorecerla.

Aunque la escolaridad es similar a la de la población general, sí se convierte en un factor victimógeno de forma indirecta, por la correlación descubierta entre escolaridad y ocupación.

Encontrar una mayoría de amas de casa nos confirma la utilidad de las teorías de oportunidad, ya que la mujer, al estar atada al hogar, está "a la mano" para la agresión.

Esto explica también que las amas de casa riñan con mayor frecuencia que aquellas que trabajan, pues están en el hogar mayor tiempo.

También se explica que las amas de casa denuncian menos y discuten por los hijos y el dinero, su falta de autonomía y de autosuficiencia les produce un temor a quedarse solas, sin el sostén que puede presentar la pareja.

Es necesario, sin embargo, señalar dos fenómenos: el primero, casi todas las mujeres que trabajan son también amas de casa; el segundo, el maltrato no se debe tan sólo a escolaridad y ocupación, pues encontramos toda la gama y todos los niveles.

XV.8.4. *El victimario*

En cuanto al agresor, sus características son:

Edad: El 40% está en los fines de la tercera década y principios de la cuarta (26-33 años), lo que implica promedio superior a la media nacional.

Escolaridad: 50.60% tiene un grado inferior a secundaria.

Ocupación: Entre empleados, choferes y artesanos, se encuentra el 70% de la muestra.

Salud: Una de cada 3 víctimas capta que su pareja padece algún tipo de enfermedad, la mitad de tipo físico y la otra mental.

La ocupación tiene influencia en el alcoholismo (y éste en el golpeo, como veremos). Los desempleados beben casi el doble que los profesionales.

También tiene que ver con los motivos de discusión, los desempleados discuten más por dinero y por relaciones sexuales que los otros grupos; en cuanto a la frecuencia de golpeo, los desempleados riñen diariamente, el doble de los profesionales.

La edad puede tener importancia en cuanto a la frecuencia del maltrato, los jóvenes golpean menos, pero cuando lo hacen es más seguido.

La idea de que el golpeo puede ser un problema de inmadurez del agresor debe ser descartada, se trata de hombres maduros.

Tampoco puede plantearse como falta de educación o cultura, pues encontramos, al igual que en las víctimas, toda la escala escolar y profesional.

Al grupo de desempleados, que tiene un perfil diferente, puede aplicarse también la teoría de la oportunidad, pues tienen contacto mayor tiempo con la víctima. Además, desde luego, de una mayor conflictiva personal, que se refleja en el alcoholismo frecuente y la agresión.

Pensamos que el agresor es un sujeto "normal" (fenómeno similar al de los padres golpeadores de sus hijos), el único dato patológico es el alto índice de alcoholismo. No sabemos hasta dónde la declaración de las víctimas de que su pareja está "enfermo", pueda ser un intento de justificar el hecho y restar culpabilidad al compañero.

XV.8.5. *Comparación entre víctima y victimario*

De los perfiles delineados en los apartados anteriores, podemos hacer las siguientes apreciaciones respecto a la pareja involucrada en la relación de maltrato:

La edad del autor es superior a la de la víctima, la mayor frecuencia del primero está en 30-33 años, en tanto que la segunda está en 26-29 años.

La escolaridad del hombre es superior a la de la mujer; hay diferencias cualitativas importantes, pues la mujer tiende a estudiar "comercio", más que secundaria o preparatoria.

En la ocupación hay diferencias sustanciales, ya que la mayoría de las mujeres están dedicadas (podríamos decir "únicamente") al hogar (61.15%). Entre las mujeres no hay "desempleadas" y se encuentran ocupaciones típicamente "femeninas" (secretaria, sirvienta). Entre los hombres hay mayor diversificación de empleos, más profesionales y desempleados, y ocupaciones "masculinas" (chofer).

Deducimos aquí una superioridad del hombre. Es mayor en edad, tiene más estudios, mayores ingresos, más trabajo y mayor independencia.

Sin embargo hay una inferioridad subyacente, pues a pesar de su ventaja real sobre la mujer, necesita el uso de la fuerza física (en la cual es también superior), para mantener su supremacía.

XV.8.6. *El hecho*

Además de las características de las lesiones, es importante destacar las siguientes peculiaridades del hecho:

Las horas más frecuentes del maltrato son las nocturnas; si consideramos el horario de 19:00 a 6:00 hrs., representa el 73% de los casos, en tanto que en la mañana 7:00 a 12:00 hrs. sólo se da el 10%.

En cuanto al día de la victimización, la mitad de las agresiones se lleva a cabo el fin de semana.

El lugar de comisión del hecho es por lo general la propia casa, pues alcanza el 96.81%.

Un dato importante es que, a pesar de que la agresión se comete en la casa, no se realiza en privado, sino que se efectúa en presencia de terceros, generalmente los hijos (90.04%).

Como puede observarse el hecho sigue, en principio, las reglas de toda victimización: las horas más victimógenas son las nocturnas, y los días de mayor riesgo son los fines de semana.

Aunado a esto el hecho de que el lugar victimógeno sea la propia casa, nos resulta un cuadro de proximidad y por lo tanto de oportunidad, es claro que las agresiones se dan cuando los cónyuges están reunidos, y más aún cuando ha transcurrido un lapso de tiempo suficiente para que se desarrolle la dinámica victimal.

El dato de que la agresión no sea siempre en privado (como podría suponerse) tiene importancia criminológica, pues nos hace ver que el maltrato a mujeres y la violencia intrafamiliar en general, no es simplemente un problema de oportunidad, sino que además es funcional, es decir, tiene un objetivo claro: mantener el poder.

Al maltratar, golpear y humillar a la mujer delante de los hijos u otros familiares (y aun extraños), se está transmitiendo un mensaje, se está demostrando quién manda, quién es el supremo, quién tiene el poder.

Así, se obtiene una ganancia secundaria, que es infundir temor y respeto a los demás.

XV.8.7. *La convivencia*

Es de resaltar que una de cada tres víctimas no tiene formado su hogar independientemente, ya que vive con la familia de ella o de su cónyuge. Esto sin contar aquellas que tienen viviendo en su casa a otros familiares.

El asunto tiene importancia en cuanto a que las víctimas que viven con la familia del agresor, denuncian menos que las que habitan en su casa.

Una cuarta parte de las parejas tiene menos de 3 años de vivir juntos y casi la mitad han convivido hasta 6 años.

Un dato importante es que la gran mayoría de las víctimas (68.93%) fue agredida por primera vez durante el primer año de convivencia.

La probabilidad de ser agredida va descendiendo con toda claridad conforme va transcurriendo el tiempo de vivir juntos; es decir, hay una escala de riesgo victimal bien determinada.

Por otra parte, a pesar de lo temprano del inicio del maltrato, es notoria la duración de la relación, lo que nos indica que las mujeres golpeadas son víctimas reincidentes (cuando no habituales).

El hecho de vivir "arrimados" (como se dice en México) con la familia de él o ella, no obstaculiza el maltrato; ya vimos que la presencia de terceros hace aún más funcional la agresión.

Podría esperarse que, en los casos en que viven con la familia de ella, la víctima se sintiera apoyada y denunciara con mayor frecuencia; sin embargo no es así, el contexto cultural aparece, la tradición indica que ese es un problema privado, que no se puede intervenir.

Sin embargo, cuando viven con la familia del agresor, según parece éste sí se ve apoyado, pues las víctimas denuncian con menos frecuencia.

Todo lo anterior nos indica lo sola que se encuentra la mujer ante el problema de la violencia intrafamiliar y la relación simbiótica que se forma entre golpeador y golpeada, pues a pesar de lo temprano del maltrato, se persiste en vivir juntos, en el temor constante, sin atreverse a huir o a denunciar.

XV.8.8. *La dinámica*

De los diversos reactivos puede desprenderse cuál es la dinámica más común en el maltrato físico a mujeres.

Se principia por lo general por el disgusto, los naturales enojos en la vida cotidiana, por causas en ocasiones validadas; el 94.22% de las víctimas se "enojan" frecuentemente con su pareja.

Del enojo se pasa a la discusión (el 92.82% discute con frecuencia), por razones diversas, entre las que destacan las económicas, ya que casi la mitad de las discusiones son por cuestión de dinero.

De la discusión se pasa a la riña, con agresiones verbales, insultos, palabras ofensivas, que se van generalizando hasta hacerse cotidianas en el 41.64% de los casos.

Finalmente se llega a la agresión física, con gran facilidad, pues el 84.26% de las disputas verbales terminan en golpes.

Llaman la atención los motivos de riña (y por lo tanto de agresión), y la prioridad de la cuestión económica, ¿hasta dónde se trata de simples pretextos para imponer la superioridad?, ¿hasta qué punto la víctima provoca al agresor con reclamos, exigencias y protestas?

Entre las causas varias de discusión encontramos "insignificancias", "malos tratos", "incompatibilidad", "desobediencia", "aseo del hogar", etcétera.

XV.8.9. *La denuncia*

Como hemos visto en el primer punto, en la tercera parte de los casos estudiados en ese entonces, no hay denuncia propiamente dicha, sino tan sólo presencia ante el juez calificador.

Al investigarse si la víctima había ya denunciado al agresor en ocasión anterior, nos llevamos la sorpresa de que una de cada dos mujeres había recurrido ya a las autoridades.

Sin embargo, de los casos estudiados ya ante las autoridades, el 13.15% de las víctimas no se atreven a formular denuncia formal.

Muy interesante es conocer el por qué las víctimas no se habían atrevido a denunciar a su victimario, o a presentarse ante las autoridades, a pesar de las continuas agresiones y humillaciones.

El temor al agresor, las amenazas de males mayores, el miedo, en una palabra, es la causa primordial que comprende el 66.74% de los casos.

Los hijos, el amor, la indecisión, la sumisión y la ignorancia, son causas fundamentales dentro de los impedimentos para denunciar.

A veces los motivos parecen banales, pero es difícil saber la verdad dentro de la compleja dinámica humana.

Otro dato de interés es que más de la mitad de las víctimas (58.56%) saben que el maltrato físico es causal de divorcio, sin embargo no se atreven a la separación legal, quizá por razones muy similares a las expuestas para no denunciar.

Sabemos que la víctima es el más importante agente informal de control del delito: si la víctima no denuncia, difícilmente el aparato de justicia se pone en movimiento.

La mitad de las víctimas había ya denunciado, sin embargo, la situación continuó igual, esto nos lleva a tres reflexiones: la primera es que la justicia parece ser inoperante, no ha logrado dar una solución correcta al problema, tomando en cuenta el alto índice de "reincidencia" (o no se trata entonces de un problema jurídico, al menos de orden penal, hay que buscar otras vías de solución).

La segunda, que refuerza la primera, es que la denuncia no parece tener efecto intimidante en el autor del hecho, que va a repetir su conducta.

La tercera es que aún después de la primera denuncia, la mujer se dejó convencer (o siempre estuvo convencida) de volver con la pareja, con una vana ilusión de que mejorarían las cosas.

La idea de que se trata de una relación simbiótica, se ve confirmada por lo anterior y reforzada por el hecho de que la mitad de las mujeres están conscientes de que pueden recurrir al divorcio, sin embargo no lo hacen.

XV.8.10. *Alcoholismo*

Finalmente, deseamos recalcar el factor preponderante en el maltrato conyugal: el alcoholismo.

La ingestión de bebidas alcohólicas fue el factor indubitable en el desarrollo de la violencia intrafamiliar.

Dos de cada tres agresores suelen llegar tomados a su casa, y uno de cada dos sujetos que llega tomado, golpea a su compañera.

La aparición de drogas es mínima (1.39%), aunque combinada con alcohol da el 6.57%, si unimos las cifras veremos que el alcohol interviene en el 63.95% de los casos de maltrato físico conyugal.

Los sujetos que toman, riñen con mayor frecuencia que los que no lo hacen; así, de los sujetos que riñen a diario, los que tienen problema alcohólico lo hacen el doble que los que no lo tienen.

La correlación tan alta (0.89%) entre alcoholismo y maltrato físico, se puede demostrar con el siguiente dato: de los sujetos que golpean a su compañera cuando llegan tomados (57.38% del total), el 88.15% pueden considerarse alcohólicos habituales, y de los tomadores consuetudinarios, el 79.56% golpea a sus mujeres.

El día de la semana se correlaciona con el alcoholismo: es sabido que la ingestión de bebidas embriagantes es mayor los fines de semana; señalamos ya que el golpeo de mujeres es más común los fines de semana; cruzando las dos variables encontramos que, de los alcohólicos, la mitad golpea los fines de semana, y de las víctimas agredidas en viernes, sábado y domingo, el 69% lo fue por la pareja que es alcohólico habitual.

Es sabido que el alcoholismo es un factor criminógeno y victimógeno; el 45.66% de los homicidas habían ingerido bebidas alcohólicas el día de los hechos, el 40% de los atropellamientos automovilísticos registraron víctimas en estado alcohólico, en el 66% de las muertes surgidas por manejo de vehículos, se encontró uso inmoderado de alcohol, al igual que el 36% de todos los accidentes de tránsito.

El fenómeno en estudio no podía ser excepción, la ingestión de bebidas alcohólicas es un factor determinante en la violencia intrafamiliar.

XV.9. ACCIONES REALIZADAS CON ÉXITO

XV.9.1. *Ámbito internacional*

Es importante referir que, como ya es de todos conocido, el fenómeno no es privativo de nuestro país, sino que tiene presencia en todas las sociedades, tanto rurales como urbanas; ello explica su reciente arribo a las agendas internacionales y nacionales, las cuales han ido creciendo al paso del tiempo.

A continuación mencionaremos algunas de las acciones más recientes, realizadas en diversas partes del mundo, encaminadas al reconocimiento, a la igualdad de género, al tratamiento en general de la violencia a la mujer y la familia, tales como:

El grupo de expertos del cual fuimos parte por mandato de las Naciones Unidas, trabajó casi dos años (1997-1998) para crear otro manual práctico diseñado para personal de justicia criminal, que contiene una serie de prácticas exitosas que serán de gran utilidad para todos. Este manual se encuentra disponible sólo en inglés y francés.

En el Décimo Congreso Internacional de las Naciones Unidas sobre Prevención del Delito y Tratamiento del Delincuente, celebrado en Viena en abril de 2000, así como en reuniones regionales, se mencionó a la violencia intrafamiliar como un asunto de grandes dimensiones y preocupación.

Los países miembros de América Latina, analizaron el fenómeno dentro de los temas: sistema de justicia penal y prevención del delito, donde se estableció que deben tener consideración las perspectivas de género, en todas las esferas de la justicia penal y en la promoción de valores sociales y culturales.

En África, se trató dentro de la prevención del delito, recomendándose medidas para prevenir la discriminación de las minorías.

En Asia y Pacífico, se desarrolló entre los planteamientos para mejorar la calidad de vida y el respeto a los derechos humanos.

En Asia Occidental, se abordó en los temas de la educación, pobreza y aumento de la delincuencia juvenil.

Son numerosas las instancias, dentro de la Organización de las Naciones Unidas, que se dedican al desarrollo de planes concretos para que los países prevengan, sancionen y eliminen este problema, entre ellos, organismos intergubernamentales y regionales; también otros organismos como el Banco Mundial, el Banco Interamericano de Desarrollo, la Fundación Ford, el British Council, entre muchos más, los cuales tienen documentos muy valiosos para ilustrar su preocupación y apoyo a las acciones de lucha contra esta terrible forma de violación a los derechos humanos.

Adicionalmente se celebró en el 2000, en Nueva York, la reunión "Pekín + 5", en donde se evaluaron las acciones y compromisos que todos adquirieron en la Conferencia Mundial de la Mujer. Y en 2001, se celebró en Chipre una Cumbre de Violencia contra la Mujer, para conjuntar los esfuerzos de todos en una sola línea de acción.

XV.9.2. *En México*

En el esfuerzo que se ha realizado en este tema, debe señalarse el desempeñado por organizaciones civiles y movimientos sociales, que ven en todo lo antes mencionado el fruto de su trabajo de más de veinte años.

Uno de esos trabajos pioneros fue el que realizó la Sociedad Mexicana de Criminología que, desde el Programa "Mujer y Violencia en México", copatrocinado por el PNUD de la ONU (1994-96), efectuó lo siguiente:

La instalación en 1995, en la Cámara de Diputados Federal, de una mesa de diálogo para establecer las bases técnicas para la elaboración de una ley de prevención de la violencia intrafamiliar, en la cual intervinieron diversas organizaciones civiles e instituciones; trabajo que sirvió de base para la elaboración de distintas leyes ahora vigentes en los estados de la República; el desarrollo de una investigación que consistió en efectuar el Primer Diagnóstico Nacional de las Instituciones Gubernamentales de la Sociedad Civil dedicadas a la Atención y Prevención de la Violencia Doméstica; la publicación en 1997 del Primer Directorio Nacional de "Mujeres y Violencia Doméstica en México" [366] de la investigación efectuada; la celebración del Primer Congreso Internacional de Violencia Intrafamiliar, celebrado en Jalisco en 1997; así como la traducción y publicación de un manual: *Estrategias para luchar contra la violencia doméstica: un manual de recursos*, documento básico para la capacitación de recursos humanos que atiendan a las víctimas de estos delitos.[367]

Los esfuerzos que hasta el momento se han realizado en nuestro país, por parte de los distintos organismos, instituciones y personalidades del ámbito jurídico nacional, expertos en la investigación y políticas que se han centrado en construir una nueva visión para enfrentar esta problemática que se vive en México.

Las cámaras han aprobado distintas leyes, desde la de Violencia para el Distrito Federal, hasta varias de diversas entidades federativa, cuyos resultados en la práctica aún están por evaluarse.

El gobierno de México ha desplegado un conjunto de acciones para garantizar en el país la protección de los derechos fundamentales de las mujeres y las niñas, en esto han tratado de involucrar la participación de los tres niveles de gobierno (Federación, Estados y Municipios).

El 12 de noviembre de 1998, la Delegación Permanente de México ante la Organización de los Estados Americanos (OEA) entregó los instrumentos de ratificación de la Convención Interamericana para Prevenir, Sancionar y Erradicar la Violencia contra la Mujer, o Convención de Belém Do Pará, a la Secretaría Permanente de dicha organización, y la Convención entró en vigor el 12 de diciembre de ese mismo año. El Decreto de Promulgación de la Convención fue publicado en el *Diario Oficial* de la Federación, el 19 de enero de 1999.

[366] ONU. *Directorio Nacional Mujeres y Violencia Doméstica en México*. PNUD. Sociedad Mexicana de Criminología y DIF. México, 1997.

[367] ONU, *op. cit. (Estrategias)*.

El Gobierno Federal Mexicano, desde la Secretaría de Gobernación a través de "Comisión Nacional de la Mujer", creó en 1999 el Programa Nacional Contra la Violencia Intrafamiliar (PRONAVI), que concluyó con la entrega de los resultados del período 1999-2000, el cual describiremos brevemente a continuación:

El Programa Nacional Contra la Violencia Intrafamiliar 1999-2000, tuvo su fundamento legal principalmente en el artículo 4º constitucional, que establece la igualdad de hombres y mujeres, el derecho de los niños y las niñas a ser protegidos y la obligación de brindar protección a la familia.

El PRONAVI tuvo como prioridad combatir la violencia intrafamiliar, previniendo y sancionando mediante respuestas integrales encaminadas a superar los modos de autoritarismo, a instaurar valores de respeto a la dignidad de las personas y de convivencia pacífica.

Para ello PRONAVI tuvo como objetivo instituir un sistema integral, interdisciplinario, interinstitucional y concertado que incluya sistemas de:

- Detección de los casos de violencia intrafamiliar.
- Atención de las personas involucradas en relaciones de violencia dentro de la familia.
- Prevención de la violencia intrafamiliar.
- Sistema de evaluación e información.
- Marco jurídico.
- Comunicación y enlace interinstitucional.
- Coordinación para la promoción de las medidas en el marco del federalismo.

Mencionamos también que las instancias que participaron en PRONAVI fueron, básicamente:

Secretaría de Gobernación, Coordinación General de la Comisión Nacional de la Mujer, Procuraduría General de la República, Sistema Nacional para el Desarrollo Integral de la Familia, Secretaría de Relaciones Exteriores, Secretaría de Salud, Secretaría de Educación Pública, Instituto Nacional de Estadística, Geografía e Informática, Consejo Nacional de la Población, Instituto Nacional de la Senectud, y un grupo de consejeras, quienes nos reuníamos a diseñar la parte estratégica y aprobábamos las acciones a seguir.

Otra de las acciones que vale la pena recalcar fue el esfuerzo que emprendió la Secretaría de Salud para la elaboración de la Norma Oficial Mexicana 190-SSA1-1999, Prestación de Servicios de Salud, Criterios para la Atención Médica de la Violencia Familiar, que fue un producto del trabajo de más de 73 expertos de diversos sectores tanto del gobierno como de la sociedad civil, que actualmente se encuentra en vigor, la cual fue publicada en el *Diario Oficial* de la Federación el 20 de octubre de 1999. El Comité Consultivo de Normalización de Regulación y Fomento Sanitario la aprobó el 14 de febrero de 2000. El 18 del mismo mes fueron publicadas en el *Diario Oficial* las respuestas a 260 propuestas recibidas durante la consulta pública, período que duró 60 días naturales, y finalmente la versión definitiva de la norma se emitió el 8 de marzo, Día Internacional de la Mujer.

Depende ahora de las 31 entidades federativas y del Distrito Federal apoyar su difusión e instrumentación.

"En 1998, el gobierno de México conformó una Comisión Nacional Interinstitucional para instrumentar el *Plan de Acción contra la Explotación Sexual Comercial de Menores,* encabezada por el Sistema Nacional para el Desarrollo Integral de la Familia (DIF), en la que participan instituciones de los sectores público, legislativo, académico y de la sociedad civil.

En 1999 fue presentado el *Programa Nacional contra la Violencia Intrafamiliar 1999-2000* (PRONAVI). La Comisión Nacional de la Mujer actúa como Secretariado Técnico del PRONAVI y es la responsable de dar seguimiento a las acciones y metas de este programa." [368]

"*ACCIONES Y LOGROS*

Acciones legislativas para eliminar la violencia contra las mujeres:

→ En 1993 se aprobaron reformas a la Constitución en las que se establece la obligación del Estado de proporcionar asistencia jurídica a las víctimas de delitos (incluyendo los de tipo sexual) y el derecho de la víctima a recibir reparación del daño y atención médica de urgencia. Se aprobó la Ley de Asistencia y Prevención de la Violencia Intrafamiliar del Distrito Federal.

→ En 1996 fue aprobada la Ley contra la Delincuencia Organizada. Esa ley incluye el tráfico de menores de edad y el secuestro, que son delitos que suelen cometerse contra las niñas y las mujeres.

→ En ese mismo año, la Comisión Nacional de Derechos Humanos (CNDH) auspició la elaboración de un estudio sobre las adecuaciones que requieren las principales leyes federales y locales del país para tutelar los derechos de las mujeres, las niñas y los niños. De este estudio surgieron propuestas concretas de modificaciones tendientes a que en nuestras leyes se proteja el derecho de la persona a una vida libre de violencia.

---

[368] PRONAVI, *op. cit.* (Capítulo V "La violencia contra la mujer"), p. 28.

→ El Grupo Plural Pro-Víctimas presentó una propuesta de modificaciones legales en materia penal y civil contra la violencia intrafamiliar, que se constituyó un punto de referencia para la iniciativa del decreto que reforma, adiciona y deroga diversas disposiciones del Código Civil para el Distrito Federal; del Código de Procedimientos Civiles para el Distrito Federal; del Código Penal para el Distrito Federal en materia de Fuero Común y para toda la República en materia de Fuero Federal; y del Código de Procedimientos Penales para el Distrito Federal, suscrita por el Presidente de la República y las legisladoras de los cinco partidos políticos representados en el Congreso de la Unión, y que fue aprobada y publicada en el *Diario Oficial* de la Federación del 30 de diciembre de 1997. Dichas modificaciones se elaboraron con el objetivo de brindar protección jurídica a las víctimas de violencia intrafamiliar.

→ En 1998, se reformó y adicionó el Código para el Distrito Federal en materia de Fuero Común y para toda la República en materia de Fuero Federal, así como el Código Federal de Procedimientos Penales y el Código de Procedimientos Penales para el Distrito Federal, a fin de tipificar la pornografía infantil, corrupción de menores y turismo sexual.

→ Con relación a la corrupción o violencia sobre menores y personas con discapacidad, se incrementó la pena y se amplió el universo de sujetos activos. Asimismo, se agrava la penalidad del abuso sexual.

→ A partir de 1998, las legisladoras federales y locales de todos los partidos políticos se abocaron a promover la revisión y la ela-boración de iniciativas de reformas tendientes a tipificar la violencia familiar y sexual en las entidades federativas.

→ En el año 2000 se aprobaron reformas a la Constitución Política para que en los casos de delitos sexuales con menores, no se obligue al careo, y cuando la víctima lo solicite, no sea necesario enfrentarse al agresor en la audiencia y su declaración sea tomada por separado.

Acciones implementadas por las dependencias federales en materia de violencia intrafamiliar:

→ En 1998 la Procuraduría General de la República (PGR) celebró un convenio con el DIF, con el fin de crear agencias especializadas en atención a menores; promover la capacitación a los agentes del Ministerio Público especializados en la atención de menores; proponer la tipificación del delito de violencia intrafamiliar así como la participación del DIF en el proyecto *Unidades Deportivo Recreativas.*

→ En la República existe un total de 84 Agencias Especializadas en delitos intrafamiliares, asuntos familiares y de discapacitados, atención a víctimas, así como en asuntos del menor, mujeres, personas de la tercera edad y delitos sexuales.

→ La Secretaría de Gobernación ha emprendido dentro del PRONAVI la creación de un modelo para la detección de la violencia intrafamiliar entre los menores infractores.

→ En 1998 se realizó, en la Secretaría de Relaciones Exteriores, la firma de un Acuerdo de Colaboración entre el Gobierno de México y la Organización y el Sistema de Naciones Unidas, para llevar a cabo una *Campaña Nacional contra la Violencia hacia las Mujeres, las Niñas y los Niños de México*, en el marco de la conmemoración de los 50 años de la Declaración Universal de los Derechos Humanos de 1948.

→ La Secretaría de Educación Pública (SEP) ha implementado múltiples actividades orientadas a eliminar la violencia contra las mujeres. En 1998, organizó la *Segunda Reunión de la Red Nacional contra la Violencia hacia las Mujeres y Los Hombres*, con el objetivo de vincular los lineamientos de las distintas convenciones sobre los derechos de la mujer y el combate a la violencia.

→ La Dirección General de Salud Reproductiva (DGSR) de la SSA, en colaboración con el Colegio de México y la Organización Panamericana de la Salud, ha diseñado un *Programa de Prevención y Atención a la Violencia Intrafamiliar contra la Mujer*, auspiciado por el Banco Interamericano de Desarrollo (BID), cuyo objetivo es desarrollar un modelo de prevención, información y atención a víctimas de la violencia doméstica.

→ A través de la Comisión de Equidad y Género, la Cámara de Diputados aprobó la Iniciativa de Ley en contra de la Violencia Intrafamiliar y fomentó la aprobación de legislaciones contra la Violencia Intrafamiliar en las entidades federativas.

→ El Consejo Nacional de Población (CONAPO), en el marco del Programa Nacional contra la Violencia Intrafamiliar, ha establecido un sistema de detección de los casos de violencia intrafamiliar a través del Programa de Atención Telefónica *De joven a joven.*

→ En 1999, la CNDH concentró sus esfuerzos en el proyecto *Contra la Violencia y el Maltrato*, con el fin de promover un mayor conocimiento, respeto y protección de los derechos de las niñas y los niños mexicanos. Respecto a las niñas y niños en situación de riesgo –incluyendo la explotación laboral y sexual–, la CNDH realiza también actividades de formación de promotores para la defensa de los derechos de la infancia y para la difusión y promoción de estos derechos, así como acciones de capacitación sobre el tema.

→ A través de la Coordinación del *Programa sobre Asuntos de la Mujer, el Niño y la Familia*, la CNDH propuso que en la Ley General de Salud se contemple que son actividades básicas de Asistencia Social, entre otras, la atención de mujeres, niñas y niños, ancianos y discapacitados víctimas de violencia intrafamiliar y que la SSA, el DIF y la SEGOB se coordinen para la ejecución del programa contra la violencia intrafamiliar.

→ Las 32 Procuradurías de la Defensa del Menor y la Familia, que el Sistema DIF tiene en todo el país, cuentan con servicios especiales para la atención de problemas derivados de la violencia intrafamiliar.

El Gobierno del Distrito Federal ha impulsado la creación de diversas instancias relacionadas con el problema de la violencia intrafamiliar, tales como la Dirección de Prevención de la Violencia Intrafamiliar, la Dirección de Atención a Grupos Vulnerables y la Dirección General de Equidad y Desarrollo Social (DGEDS). Asimismo reinstaló el Consejo para la Asistencia y Prevención de la Violencia Familiar en el Distrito Federal e integró los Consejos para la Asistencia y Prevención de la Violencia Familiar Delegacionales. En materia de delitos sexuales, la Comisión de Equidad y Género ha propuesto la instalación de una Agencia sobre Delitos Sexuales en Iztapalapa, y el Gobierno del Distrito Federal, a través de la Dirección de Prevención de Violencia Intrafamiliar, ha dado marcha a dos servicios especializados de LOCATEL, *Línea Mujer y Línea Dorada*, cuyo objetivo es ofrecer asistencia y asesoría a las y los afectados por este tipo de delitos.

Medidas de atención a mujeres víctimas de violencia:

En los últimos se han creado diversas instituciones especializadas en el tratamiento a las víctimas de violencia, entre las que destacan:

→ La Procuraduría General de la República (PGR): Unidades de Atención a la Violencia Familiar; el Centro de Atención a la Violencia Intrafamiliar (CAVI); el Centro de Atención de Víctimas del Delito Violento (ADEVI); y el Centro de Terapia de Apoyo de Delitos Sexuales.
→ En 1993 se crea la Red de Apoyo a Mujeres Víctimas de Abuso, por parte de la Comisión Nacional de Derechos Humanos.
→ En el Distrito Federal se formó una instancia específica de promoción de los derechos de las mujeres (PROMUJER) y se han creado siete unidades de atención de violencia familiar.
→ Se crearon más Centros de Atención a la Violencia Intrafamiliar (CAVI) en los Estados de San Luis Potosí, Durango, Guerrero, Puebla y Oaxaca y, en 1994, se estableció el *Programa de Atención Integral para Víctimas de Ataques Sexuales.*
→ En 1997, el entonces Departamento del Distrito Federal (DDF) inauguró el Albergue Temporal Alianza para las Mujeres Víctimas de la Violencia Intrafamiliar.

Estrategias de información, educación y comunicación, para la prevención de la violencia contra la mujer:

→ Las comisiones gubernamentales de derechos humanos de las entidades de la República promueven, a través de cursos, talleres, seminarios y conferencias, el conocimiento de los derechos humanos y la cultura de equidad de género.

→ Desde 1995 se distribuye un tríptico de tiraje masivo, elaborado por la CNDH, denominado *Qué es la violencia intrafamiliar y cómo contrarrestarla.* Asimismo, continúa en marcha la campaña de sensibilización en los medios a favor de la mujer, que cuestiona valores y creencias sexistas todavía comunes.
→ En 1998 se realizó la Campaña Nacional contra la Violencia hacia las Mujeres, las Niñas y los Niños de México.

RETOS Y PERSPECTIVAS

El trabajo desarrollado por instituciones públicas y privadas y de la sociedad civil, ha permitido identificar algunos de los principales obstáculos que dificultan el desarrollo de acciones para combatir la violencia hacia las mujeres, entre los cuales se encuentran: la escasez de recursos para la implementación de programas y proyectos; insuficientes espacios especializados en la atención a víctimas de violencia intrafamiliar; resistencia a la sensibilización en género y a la problemática de violencia intrafamiliar por parte de algunos servidores públicos dedicados a la procuración e impartición de justicia; cultura incipiente de denuncia de los delitos de violencia familiar; y falta de información sobre el problema, desagregada por sexo.
Frente a lo anterior, se destacan las siguientes propuestas:

→ Adecuación de las leyes estatales para que en todas las entidades federativas se prevean los medios para contrarrestar la violencia familiar y contra las mujeres.
→ En materia penal, el delito de violencia familiar debe per-seguirse de oficio, para que no se pueda retirar la denuncia sin que antes se solucione el problema (en los códigos que falten).
→ Enlaces con las Procuradurías estatales, para crear Agencias Especializadas en atención de menores en toda la República.
→ Elaborar un programa de capacitación para los Agentes del Ministerio Público especializados en la atención de menores y personas con discapacidad.
→ Proponer la tipificación del delito de violencia intrafamiliar en los códigos penales en las entidades federativas (que falten).
→ Difundir entre la población indígena la información referida a los derechos de las mujeres y las niñas, y legislar en sus comunidades contra la violencia intrafamiliar.
→ Proporcionar a las mujeres indígenas atención legal y psicológica bilingüe, en caso de ser víctimas de violencia intrafamiliar."[369]
→ Firmar convenios con las Organizaciones No Gubernamentales (ONGS), para dar tratamiento al agresor.

[369] PRONAVI, *op. cit.* (Capítulo V "La violencia contra la mujer"), pp. 28-30.

→ Eliminar el derecho de corrección, mediante las reformas a los Códigos Estatales que aún lo contemplen.
→ Fomentar la participación de las personas mayores de 60 años, en el cuidado de los hijos de las mujeres que trabajan, lo que les dará un sentido de utilidad y rentabilidad social.
→ Considerar la reiteración del abuso sexual en menores en cuanto a su punición, así como los daños psicológicos causados.

Vale la pena resaltar la tarea que en este tema realizó el Comité Nacional de Consulta y Participación de la Comunidad en Seguridad Pública, A. C. (CONSEGU), a través del cual se realizaron distintas acciones en el año 2000, relacionadas con este tema y su prevención, impartiendo cursos de capacitación, realizando actividades exitosas como reuniones estatales para la celebración de convenios; organización de foros y difusión de programas y mensajes en medios de comunicación; así como también la impresión y distribución de carteles, trípticos, manuales y normas técnicas, en apoyo a las acciones preventivas, entre otras.

Por último, es necesario mencionar la Ley General de Acceso de las Mujeres a una Vida Libre de Violencia (D.O., 1º de febrero de 2007), que con sus claroscuros no deja de ser el documento jurídico más importante en la materia.

Capítulo XVI

VICTIMIZACIÓN DEL ANCIANO *

XVI.1. Introducción

Otro de los problemas victimológicos que demanda una estrategia oportuna, es el de la victimización de los ancianos.

Existen tres razones fundamentales que han conducido a que este problema llegue a niveles críticos y son, por una parte, el cambio de actitud que las nuevas generaciones han desarrollado frente a los ancianos.

A esto debemos agregar el aumento de expectativas de vida, con el natural crecimiento de la población de personas de edad avanzada.

Por otra parte, debemos contemplar la actitud en general de los ancianos (víctimas y no víctimas), que los hace más susceptibles de victimización.

En cuanto a la evolución de actitudes de la sociedad hacia los ancianos, es de remarcarse que, antiguamente, la etapa de la senectud era respetada, venerada y admirada por toda la colectividad. Los consejos de ancianos tenían la autoridad de los pueblos.

En la cultura náhuatl, por ejemplo: "esta sociedad extremadamente rígida tenía un gran respeto y consideración a los ancianos. Éstos eran los únicos que podían beber sin ser castigados; esto se hacía en consideración de que ya tenían 'fríos los huesos' ".[370]

Representaban los ancianos una pieza de continuidad, eran un puente entre el presente y el pasado. Sus reminiscencias proporcionaban el principal eslabón vital y contribuían a tener un sentido de identidad grupal.[371]

---

* Este capítulo fue elaborado por la Dra. María de la Luz Lima Malvido.

[370] Jiménez Olivares, Ernestina. *La Delincuencia Femenina en México,* en: La Mujer Delincuente. UNAM. México, 1983, p. 41.

[371] Stanley, Frank, *op. cit.,* p. 32.

Pero ahora difícilmente se les acepta, en su mayoría los ancianos son rechazados, marginados, abandonados o abiertamente eliminados.[372]

Los jóvenes actualmente se dirigen a los viejos para burlarse de ellos, los senescentes se han percatado de eso y hacen enormes esfuerzos por parecer simpáticos, útiles, pulcros, lo cual, como afirma Stanley, simboliza su voluntad de vivir. Como diría Chateaubriand: "la vejez y la maternidad son sacerdocios de la naturaleza".

Otra razón de preocupación es el aumento de ancianos en el mundo. Según informes de Naciones Unidas, el número de ancianos está aumentando. En México en los últimos siete decenios, ha descendido la esperaza de mortalidad. En 1930, los hombre vivían, en promedio 35 años, y las mujeres, 38; en 1999 la esperanza de vida era de 71 años para los hombres y 77 para las mujeres, existiendo diferencias entre las zonas rurales y la urbanas.

La longevidad se recorre en términos estadísticos de intervalo a intervalo, suscitándose problemas graves de victimización que demandan un análisis ontológico del problema, estudios de indicadores de cambio, de leyes penales, de sistemas de control social e investigaciones de los diversos niveles conductuales e individuales; todo esto con el fin de instrumentar con oportunidad los lineamientos de una política criminológica que contrarreste la victimización de la tercera edad.

Una tercera razón la constituyen las actitudes y el silencio que ancianos victimizados presentan, negando que han sido víctimas, ya que el aceptarlo implica confirmar su vulnerabilidad y vejez. Es por esto que la cifra negra de victimidad en senescentes en muy superior a la observada en otros casos.[373]

Los ancianos creen estar a salvo, más de lo que en realidad se encuentran, por la idea de que nadie se fija en ellos, pero ahora se están presentando violaciones sexuales contra ancianos, lesiones por parte de los hijos a sus ascendientes viejos, fraudes médicos y otras conductas que nos obligan a estudiar el problema con acuciosidad.

En Estados Unidos, en la ciudad de Washington, en 1975 se llevó a cabo el Primer Foro Nacional que estudió el problema de la victimización criminal de la tercera edad.[374]

---

[372] Murray Fernando. *La ancianidad y maltrato en Panamá.* Universidad de Panamá. Instituto de Criminología. Panamá, 1990.

[373] Malinckak, A. A. and Wright, D. *Older Americans and Crimen: The Scope of Elderly.* Victimization, Aging. Núm. 281-282. 10-16 March-April. USA, 1978.

[374] Goldsmith, J. and Goldsmith, S.S. *Crime and the Elderly, Challenge and Response.* Lexington Books. Massachusetts, USA, 1976, p. 4.

XVI.2. Clases de victimización

1. *Primaria.* Varias son las formas como se victimiza al anciano en forma individual, contra su persona.

Se encuentran como daños graves los robos a senescentes, con violencia física o moral, aprovechando su estado de decadencia corporal y por lo tanto su escasa resistencia.

Es sorprendente ver cómo los ancianos se vuelven muy desconfiados y precavidos, siempre traen consigo dinero para emergencias y, en promedio, portan más valores que las gentes de otros grupos.

Por ejemplo, las mujeres de edad de cierta clase social, traen miles de pesos sólo en alhajas, todos los días en sus actividades cotidianas.

Muchos ancianos "no confían en los bancos y esconden su dinero en metálico en casa y olvidan el escondite que todo buen ladrón encuentra sin buscar mucho tiempo".[375]

Los senescentes son también victimizados con otros delitos patrimoniales como en el caso de fraudes médicos, que consisten algunos de ellos en ofrecer a los ancianos tratamientos sofisticados e inútiles, aprovechando el ansia de vivir y bienestar que poseen.

Otra forma de victimización primaria es el síndrome del anciano maltratado.

Dentro de esta forma de victimización tenemos una extensa gama de conductas realizadas en su mayoría por los descendientes, que van desde golpes simples sin trascendencia aparente, como bofetadas, injurias y otras conductas que ofenden su honor, hasta lesiones de variada gravedad.

En E.U., según informes recientes, se han incrementado en forma alarmante las cifras de los adolescentes que golpean a sus padres.

Otros casos de victimización son los asaltos sexuales, específicamente la violación que, por ser un problema que en su mayoría se da sólo en mujeres ancianas, se analizará en la victimización secundaria.

2. *Victimización secundaria.* Hay varios ancianos que se ven victimizados por pertenecer a un grupo específico; entre ellos se encuentran los ancianos jubilados o desocupados, las mujeres solas y viudas, los enfermos o seniles y los reclusos.

El costo de la vida aumenta vertiginosamente y por desgracia el Estado no ha previsto en forma objetiva y eficiente qué sucederá con sus jubilados. La victimización de este grupo laboral empieza desde

---

375 Hentig, *op. cit.*, p. 523.

las artimañas sucias en las que se ven envueltos los ancianos, con el propósito de despedirlos y negarlos los derechos que en toda una vida fueron adquiriendo. Se ven forzados a renunciar, quedando en la miseria o a soportarlo todo y sufrir para no morir en la pobreza.

Esta frivolidad y rechazo, esta búsqueda de ganancias ilícitas a costa de los viejos trabajadores de la empresa, hace que algunos de ellos escojan el camino de la antisocialidad.

Hay que agregar una sobrevictimización en los jubilados, y es que, después de haber logrado los beneficios de la jubilación, ahora resulta que no alcanza para nada, es decir que, por la inflación galopante que hemos padecido, el monto de la jubilación rápidamente se convierte en una compensación simbólica, obligando al retirado a buscar cómo ganarse la vida.

La jubilación acarrea tres problemas básicos:

a) El hecho en sí mismo, que en ocasiones es celebrado y otras pasa desapercibido.

b) El proceso administrativo de la jubilación; el carácter legal del nuevo estado, las credenciales, la verificación del domicilio de cobro de la jubilación, los nuevos derechos y obligaciones, etc.; etapa en la cual el individuo muchas veces se ve victimizado en cuanto a la tramitación del hecho que se convierte en un proceso, largo, morboso, burocratizado, cansado y hasta humillantes para el interesado, quien por las limitaciones propias de su condición física o de falta de orientación y ayuda, muchas veces se ve obligado a perderla.

c) El estado de retiro: pasada ya toda novedad, olvidadas las penurias de los trámites, festejos, etc., empieza la marginación en cuanto a sueldo que, a pesar de los acuerdos gubernamentales para considerarlos dentro de los aumentos salariales, se les continúan pagando cuotas obsoletas que no van acordes a la realidad económica existente y que no les permiten llevar una vida digna de subsistencia.

Así, la jubilación aparece como una crisis. Es la certificación burocrática que el estado da, respecto de la vejez del jubilado. Es la marginación de la cadena productiva, la obligación a desertar de derechos como la posibilidad de trabajo, de educación, de recreación, etcétera.

Y de aquí caerá en una nueva victimización, tan cruel como las demás, consistente en negarle, por su edad, la posibilidad de ingresar a casi cualquier trabajo.

Muchas compañías, la mayoría, desprecian el trabajo del anciano, sin embargo, hay una correlación entre la calidad del trabajo y el aumento de edad del trabajador. "La lentitud un poco mayor de las ancianas es más compensada por su consistencia y su trabajo de calibre superior." [376]

Los roles sociales que el hombre y la mujer viven, hacen que resulte más afectado el varón, ya que en su rutina diaria muchas mujeres ancianas siguen realizando las mismas tareas, pero los varones regresan jubilados al hogar y se sienten y son victimizados por su familia, que no está acostumbrada a tener al viejo en casa.

Pero los pobres ancianos que no lograron jubilarse, o las ancianas solas o viudas, como ya vimos que son la mayoría, a pesar de superar los 65 años estas últimas se ven forzadas a seguir dentro de la población económicamente activa, constituyendo otro grupo de victimización secundaria.

Aproximadamente el 90% de la gente en edad avanzada vive en núcleos familiares donde aún mantiene y conserva su *status* y respeto: un alto porcentaje de la gente mayor de 60 años es todavía el sostén de la economía familiar en todas las clases sociales.

Es interesante analizar el número de mujeres que a pesar de su edad, 65 a 74 años o más, siguen ocupando un lugar importante en la población económicamente activa. Damos el número de mujeres, ya que está comprobado que tres de cuatro esposas enviudarán, la mayor parte de ellas en sus cincuentas. Es decir, que más de la mitad de las mujeres van a vivir en sus últimos años en la pobreza.

En el orden nacional, encontramos que el 7.1% (6,948,457) de la población son personas mayores de 60 años, de las cuales 3,252,357 son hombres y 3,696,100 mujeres.[377] Relacionado con las cifras anteriores, un estudio del Consejo Nacional de Población (CONAPO) indica que "del total de hombres de 60 años de edad y más, el 59 por ciento realiza alguna actividad económica, mientras que 18 por ciento está pensionado o jubilado por alguna empresa o institución, 1 por ciento está incapacitado para trabajar y 20 por ciento no realiza actividad alguna". "En el caso de las mujeres, sólo 17 por ciento realiza alguna actividad económica, en cambio, 59 por ciento se dedica a labores domésticas en su hogar, mientras que 4 por ciento está pensionada o jubilada, uno por ciento está incapacitada para trabajar y 19 por ciento no realiza actividad alguna." [378]

---

[376] Stanley, Frank, *op. cit.*, p. 217.

[377] INEGI. XII Censo General de Población y Vivienda, 2000. Tabulados Básicos y por Entidad Federativa, Bases de Datos y Tabulados de la Muestra Censal. México, 2001.

[378] CONAPO. "El Empleo en la Tercera Edad". 28 de agosto. Día Nacional del Adulto Mayor. México, 2001.

Las mujeres solas o viudas son víctimas de múltiples delitos, inclusive de abusos sexuales, por su limitada movilidad, deficiente habilidad física y por su soledad. Muchas viven en cuartos aislados, sin servicio, sin amigos, en condiciones infrahumanas.

O si pertenecen a otra clase social, permanecen en sus casas tipo familiar, grandes, solas propiciando su victimización.

Si analizamos el número de ancianas que están enfermas o aquellas que por su proceso de envejecimiento son seniles, constituyen un grupo que recibe victimización por parte de todos. Empezando por la familia, la cual no se acostumbra a darles los cuidados que enfermos y seniles requieren. Molestan los detalles de aseo elemental que hay que hacerles; ya que deben ser ayudadas para bañarse y comer, hacer sus necesidades, etc. La familia discute y se turna dicha atención, o logra dejar en abandono total al anciano.

El costo de ese mantenimiento, las molestias que causan, aunado a la actitud por lo general grosera e infantil del anciano, crea un ambiente propicio para la victimización.

Sucede que si la familia se decide y encuentra la oportunidad, lleva al anciano a un asilo o institución de enfermos, para quitárselo de encima.

Surge así este grupo secundario, que se conforma con enfermos y seniles.

Los asilos son principalmente privados o a cargo de instituciones eclesiásticas; sólo el 10% de ellos recibe subsidios del gobierno y por carecer de personal capacitado no se siguen técnicas geriátricas.

Las instituciones, muchas de ellas auspiciadas por religiosas, carecen en su mayoría de recursos técnicos, humanos y económicos, para solventar el sinnúmero de atenciones especializadas que sus internos requieren. Se dedican a consolar y a preparar a los seniles a la muerte.

Es común que el anciano pase en su lecho, ya muerto, horas, hasta que se dan cuenta sus compañeros o se logra localizar a la familia que, creyendo que el anciano va a ser regresado al hogar, se desaparecen hasta donde les es posible.

A falta de recursos económicos, hay familias que nunca se presentan, siendo enterrado el anciano en absoluto abandono.

En los países en desarrollo, donde los recursos primordialmente se deben dedicar a los vivos, en las clases menesterosas hasta la muerte del anciano molesta.

No hay programas específicos de salud para los ancianos, ni hospitales geriátricos. El Hospital Español tiene servicio geriátrico desde 1979 y es una excepción.

Para 1985 sólo había 5 profesionales geriatras, es hasta ese año en que se firmó un acuerdo entre el Instituto Nacional de la Senectud y el Instituto Politécnico Nacional, para formar profesionales en el área.

Según datos del INEGI, en una proyección quinquenal de la población mexicana mayor de 60 años, durante 2000-2050, va a aumentar considerablemente en los próximos 50 años, por ello el Estado mexicano debe consolidar un programa de mediano y largo plazo que evite aumento de la población victimizada.[379]

CUADRO Nº 33

PROYECCIÓN QUINQUENAL DE LA POBLACIÓN MEXICANA MAYOR DE 60 AÑOS DURANTE 2000-2050

Años	*Mujeres*	*Hombres*	*Total*
2000	3,772,339	3,318,534	7,090,873
2005	4,328,282	3,821,938	8,150,220
2010	5,248,337	4,648,526	9,896,863
2015	6,487,891	5,754,440	12,242,331
2020	8,115,109	7,198,079	15,313,188
2025	10,132,409	9,029,010	19,161,419
2030	12,458,270	11,160,584	23,618,854
2035	14,942,864	13,469,770	28,412,634
2040	17,310,505	15,697,525	33,008,030
2045	19,495,245	17,766,635	37,261,880
2050	21,448,596	19,631,874	41,080,470

Y por último, debemos referirnos al anciano que llega a la prisión. Los reclusos seniles constituyen un grupo que es victimizado por el sistema de ejecución penal.

"La pena de prisión es inhumana, triste, inadaptadora, corrupta, ... pero cuando ésta se aplica a un anciano mayor de 65 años, se vuelve un camino acelerado hacia el patíbulo." [380]

Como ejemplo de legislaciones que otorgaban a los ancianos delincuentes algunos privilegios, como conmutar la pena o excluir la pena por las condiciones personales del delincuente senil, están: el Código Napoleónico (artículo 68), Código Español de 1822 (artículo 64),

[379] INEGI. Censo General de Población y Vivienda 2000. Nº 2000, pp. 43-49, México, 1998.

[380] Lima Malvido, María de la Luz. *Asilos Penales y Victimología.* Ponencia al I Congreso Nacional de Criminología. Monterrey, Nuevo León, México, 1983.

Código Penal del Distrito Federal de 1871 (artículos 34, fracción IV; 42, fracción II; 165 y 238, fracción I).

No podemos dejar al anciano en prisión después de los 70 años, porque aceleramos su muerte y ya no lo alcanzaríamos a readaptar. Por lo que la victimización consiste en simular una readaptación, que sabemos tendrá consecuencias fatales. Es aplicar en realidad una pena con fines eliminatorios.

Marchiori, en una investigación realizada en el Estado de México, encontró que el porcentaje de defunción posterior al internamiento en asilo, es el siguiente:[381]

8.0%	Mueren los primeros ocho días
28.7%	En el primer mes
45.0%	En los primeros seis meses
54.4%	En el primer año
65.4%	En los primeros dos años

3. *Victimización terciaria.* Llámase victimización terciaria a la que comunitariamente se realiza sobre el grupo de los ancianos en general.

Ya han pasado los tiempos en que se respetaba a los ancianos por su experiencia y sabiduría, por la sociedad utilitarista en la cual vivimos: si un ser humano no produce, no sirve. Es así como se desecha y se le convierte en un verdadero parasocial.

Es un grupo victimizado fundamentalmente por su alta vulnerabilidad, producto no de una entidad nosológica, sino de la presencia estrecha de múltiples factores que actúan por acumulación.

Sus organismos acumulan deficiencias hasta que por su número generan un estado clínico deficitario. Todo esto que les sucede a los ancianos, la comunidad lo percibe y, lejos de ayudarlos a sobrellevar sus crisis de adaptación, los rechaza, los estigmatiza y los hace sentir dependientes. Al negarles un lugar en la sociedad y coartarles oportunidades, los atrofia y los convierte verdaderamente en unos parásitos.

El anciano pierde su autoestima, generándose en él un sentimiento de inferioridad que el victimizador descubre rápidamente. Se vuelve inseguro, agresivo, y disminuye sus relaciones interpersonales, que lo conducen a formar parte de un grupo marginado.

Los jóvenes niegan muchas oportunidades placenteras a los ancianos, consciente o inconscientemente. Creen que por ser viejos ya no encuentran satisfacción en los placeres de los "jóvenes", y es como se les ha anulado la vida sexual.

---

[381] Marchiori, Hilda. *Delito y vejez.* Revista Mexicana de Justicia. Núm. 2. Vol. I, abril-junio de 1983. PGR, PGJDF, INACIPE. México, 1983, p. 43.

Es totalmente falso que el anciano(a) no encuentre satisfacción en sus relaciones sexuales, existen miles de desertores voluntarios, por la idea absurda de la comunidad de que es cosa de jóvenes. Sin darse cuenta cuánto les daña esa actitud, la comunidad no apoya a este grupo a recibir uno de los estímulos básicos de apoyo emocional, que es precondición básica para la longevidad.

Recordemos que Stanley afirma que: "Después de los 75 años un hombre cuya esposa vive, tiene una posibilidad casi doble respecto a la de un soltero, de sobrevivir de un año al siguiente." [382]

Lo que hace sentir al hombre viejo en realidad no es su estado deficitario, ni aun sus enfermedades, es el sentirse victimizado y rechazado socialmente.

XVI.3. Clases de víctimas

1. *Inocentes*. Existe reacción social en muchas ocasiones frente a sujetos, sólo por el hecho de poseer ciertas características que generan ya sea miedo, repulsión, lástima, etc. Es el caso del inválido, del contrahecho y del anciano.

Sin que medie una provocación, la comunidad rechaza al anciano por el solo hecho de serlo, conformándose en estos casos la víctima inocente, que sin más participación en la dinámica victimizadora se le relega y margina. Podemos citar ejemplos, los despidos injustificados, los robos en sus casas, las agresiones y asaltos en la vía pública.

2. *Víctimas de culpabilidad menor.* Son aquellas que por olvido, negligencia o franca actitud rebelde, no toman las precauciones adecuadas para no ser victimizadas. Por ejemplo, los ancianos que no se ponen los lentes que se les ha recomendado que usen y los atropellan, o chocan y se lastiman. Salen a la calle solos a deshoras, o muy temprano o muy tarde, imprudentemente, y los roban o golpean.

3. *Víctimas tan culpables como el infractor.* Salvo los casos de ancianos mayores de 70 años, a los cuales ya no les podemos recriminar sus conductas con criterios establecidos por los adultos imputables, porque se encuentran en un proceso vital que genera reacciones que demandan una individualización específica, como es en caso de una riña, deben ser considerados víctimas tan culpables como el infractor, como el anciano que reta a duelo a su mejor amigo, en ocasiones por pequeñas discusiones intrascendentes.

---

[382] Stanley, Frank, *op. cit.*, p. 209.

4. *Víctimas de culpabilidad mayor.* Por los estados de irritabilidad que hemos mencionado, en ocasiones el anciano puede caer en provocaciones o agresiones graves, que lo llevan a ser victimizado.

Así mismo, hay casos de imprudencia tales, en que la víctima hace recaer en sí toda la culpa.

Es también peculiar el caso de ancianos "falsa víctima" o "víctima imaginaria", por las fabulaciones y delirios propios de los estados psicológicos de tipo senil.

5. *Víctima fortuita.* En cualquier emergencia comunitaria, los más afectados siempre resultan ser los ancianos. Por ejemplo, en casos de incendio, mueren los ancianos por su imposibilidad de correr, saltar y reaccionar rápidamente.

En los domicilios familiares, el numero mayor de accidentes, después de los sufridos por los niños, son los que padecen los ancianos. Por ejemplo, el anciano que no ve y tira una olla y se quema, o no escucha una llamada de alerta y muere cuando todos evacuaron el lugar.

Estas víctimas son algunas de las que mayor atención requieren por parte de la comunidad, y en especial de las familias, para mantenerlos instrumentados para evitar algunos desastres.

XVI.4. Victimización y criminalización

La actitud de la comunidad frente a los ancianos, genera reacciones y sentimientos por parte de éstos, de índole antisocial, delictiva y en ocasiones claramente patológica, ya que se les niegan o restringen sus actividades básicas, tanto fisiológicas como emocionales.

El sujeto victimizado, en la búsqueda de comprensiones psicológicas para aliviar la soledad y el rechazo, entra en el laberíntico mundo de la criminalización.

En la tercera edad, entre la victimización y la criminalización hay lazos muy estrechos, que conforman un verdadero canal cíclico.

Las reacciones fundamentales con que responden a las victimizaciones los senescentes son:

a) Frente a la actitud social de infravaloración del sujeto, se genera alto índice de agresividad, respondiendo frente a estímulos pequeños en forma desproporcionada, llegando incluso a la comisión del homicidio. Discuten con facilidad, siendo terriblemente obstinados. Es común que riñan por todo y cuestionen todo.

Según los informes estadísticos de la República Mexicana, la población de más de 60 años comete con mayor frecuencia, en primer lugar lesiones y homicidios, en segundo lugar robo, y en tercero delitos sexuales.

Afirma Marchiori que: "Es posible que el anciano se sienta marginado, disminuido en sus capacidades, en sus relaciones interpersonales y en sus actividades y compense este sentimiento de minusvalía con un acto de brutal destrucción como es el hecho de matar a otra persona." [383]

b) La segunda conducta criminógena que en importancia estadística se desarrolla entre los ancianos, como reacción a su victimización, es el robo.

"Los viejos son despojados del respeto hacia sí mismos, si no tienen dinero para comprar y retener la consideración de sus familias, su experiencia es olvidada y se mofan de sus contribuciones culturales." [384] Todo ello los conduce a buscar sus satisfactores básicos robando.

c) Hay que entender que en el anciano, el renacimiento de un deseo urgente de cópula es una reacción al envejecimiento y la inevitabilidad de la muerte. Ejecutar el acto sexual es su identificación con la continuidad de la vida,[385] pero al encontrarse con la actitud social que repudia una sexualidad en la tercera edad, orilla al anciano a cometer conductas desviadas y delictivas, como son atentados al pudor, incesto, y violación impropia, con menores que no los rechacen.

"Un crimen es por lo general la culminación de una serie de incidentes que intensifican los sentimientos del aislamiento del ambiente de un anciano. Cuando se les niegan oportunidades para las relaciones heterosexuales normales, puede buscar una fuente de satisfacción fácil. Como no está disponible para él una mujer madura y se resistirá al uso de la fuerza, fija su atención erótica en una niña indefensa. Un ataque criminal comienza frecuentemente sin intención maliciosa. El hombre acaricia a una niña o niño para aliviar su soledad, y después se encoleriza al interpretar el miedo de su víctima como rechazo a su afecto." [386]

Marchiori afirma que, en los ataques sexuales de los ancianos se observa una profunda patología afectiva de parte del individuo y la carencia de una pareja adulta estable.[387]

---

[383] Marchiori, Hilda, *op. cit.* (*Delito y Vejez*), p. 67.

[384] Stanley, Frank, *op. cit.*, p. 216.

[385] Stanley, Frank, *op. cit.*, p. 212.

[386] *Ibidem.*

[387] Marchiori, Hilda, *op. cit.* (*Delito y Vejez*), p. 71.

Debemos recordar, para efectos de prevención y tratamiento penitenciario, que la mayoría de las reacciones mencionadas que hacen pasar al anciano de la victimidad a la criminalidad, van acompañadas por lo general de una patología, producto de su estado deficitario.

Por lo tanto, *no deben ser recriminados como cualquier adulto, sino que la comunidad, a través de los organismos adecuados, tiene la obligación de implementar medios de reacción social que están cimentados en criterios de individualización.*

XVI.5. Prevención

Todo problema criminológico debe verse a través del gran lente que es para nosotros la política criminológica. Instrumento de cambio social que permite reglamentar estrategias de desarrollo social adecuadas a nuevos requerimientos en el campo de la prevención.[388]

1. *Prevención general.* A través del Sistema Nacional para el Desarrollo Integral de la Familia, con estatuto orgánico del 13 de septiembre de 1991, se establece que este organismo público descentralizado operará establecimientos de Asistencia Social en beneficio, entre otros, de ancianos desamparados y minusválidos sin recursos.

Así mismo, en el artículo 2º, fracción XII, se ofrece a éstos asistencia jurídica y orientación.

La Ley sobre el Sistema Nacional de Asistencia Social del 9 de enero de 1986, en su artículo 4º, fracción V, menciona que se contará con servicios asistenciales para ancianos y, en la fracción III del artículo 9º, se menciona el interés en dar atención integral a los grupos más vulnerables.

Otras medidas de prevención general la conforman las leyes que sancionan a los que agreden a los ancianos.

Se sugiere revisar las leyes para ver si podría instrumentarse una forma general de agravación por el hecho de cometer conductas delictivas contra personas en la tercera edad.[389] Por ejemplo: en el Código Penal de 1871 de México, en el artículo 44, fracción I, se consideraba una circunstancia agravante de la primera clase el hecho de ejecutar un delito contra la persona de edad avanzada.

El Reglamento Gubernativo de Justicia Cívica para el Distrito Federal (1993), en su artículo 7º fracción V, prohíbe tratar en forma violenta a los ancianos. La nueva Ley de Justicia Cívica (1999) no incorpora disposición similar.

---

[388] *Cfr.* Lima Malvido, María de la Luz, *op. cit. (La Política Criminal)*, p. 82.

[389] Geys, G. *Defrauding the Elderly*, en: *Crime and the Elderly*. Lexington Books. USA, 1976.

En algunos lugares de Estados Unidos, se están elaborando manuales para capacitar a la policía y a grupos de la comunidad, para que evalúen y cooperen en los programas de prevención de la victimización de ancianos.[390] Igualmente se ha buscado implantar redes especiales de transporte para personas de avanzada edad, especialmente para mujeres.[391]

Es necesario que el sistema educativo, a través de sus programas a diversos niveles, se esfuerce por reubicar la imagen de los ancianos en toda la colectividad, contrarrestando con admiración, respeto y algunos privilegios, los males que los aquejan por razón de su edad.

No reportaría una carga para el Estado el hecho de que con la credencial para el anciano éste pudiera hacer uso gratuito de transportes públicos, museos y espectáculos culturales y tuviese preferencia para adquirir productos en tiendas de descuento, farmacias y tiendas de productos básicos.

En México existió en Instituto Nacional de la Senectud como órgano rector a nivel nacional, para el desarrollo social de los hombres y mujeres mayores de 60 años.

Este instituto se ha transformado en fecha reciente en el Instituto Nacional del Adulto en Plenitud (INAPLEN), organismo público descentralizado, con personalidad jurídica y patrimonio propio, cuya finalidad consiste en ayudar, atender y orientar a las personas de edad.

Con una red de 31 delegaciones estatales, apoyadas por 1,176 subdelegados voluntarios en municipios. Existen 3,614 Clubes de la Tercera Edad en el interior de la República y 109 en la Ciudad de México. En el Distrito Federal funcionan cuatro Centros Culturales, así como 14 unidades gerontológicas y tres Centros de Atención Integral para Adultos en Plenitud.

Los medios de comunicación son otro elemento clave para lograr una actitud menos victimizadora frente a los ancianos.

En el ámbito jurídico-penal, como ya se ha dicho, hay soluciones que van desde otorgar una excusa absolutoria al delincuente senescente, disminuirle la sanción en orden a criterios de individualización, conmutarle la pena, sustituirle la pena; hasta crear instituciones penitenciaras que alberguen exclusivamente a delincuentes seniles.

En España, en el Reglamento de los servicios de prisiones, está previsto, en el artículo 5º, un instituto geriátrico penitenciario al que

---

[390] *Cfr. Metropolitan Atlanta Crime Commision.* Crime Prevention. Atlanta, Georgia, USA, 1977.

[391] Richardson, J. B. *Purse–Snatch Robbery's Ugly Stepchild,* en: *Crime and the Elderly.* Lexington Books. USA, 1976, p. 125.

son destinados los penados que hubieren cumplido 70 años de edad o estén imposibilitados para seguir el régimen normal de los establecimientos de cumplimiento ordinarios.[392]

Otra medida que está practicándose en algunos países es el entrenamiento de gentes jóvenes que como cortesía colaboren en áreas criminógenas, para ayudar a la policía en emergencias y fundamentalmente en aspectos preventivos.[393]

Los programas de prevención deben adecuarse a la edad, ya que hay un área de vulnerabilidad específica con relación al desarrollo físico y mental.

Deben iniciarse investigaciones que arrojen datos reales sobre la situación de las instituciones asilares, para organizarlas y adaptarlas para que puedan cumplir con su función en forma más humana.

Sería conveniente un censo penitenciario para evaluar si el número de ancianos recluidos merece la creación de asilos penales u otra solución penitenciaria.

El Estado debe crear algunos instrumentos que aseguren la atención médica para ancianos menesterosos. Los trabajadores de bienestar social, los planificadores y los encargados de trazas políticas, deben percatarse de las necesidades particulares de la población de edad avanzada, debido a problemas como la pérdida de condición de trabajador, el quedarse sin parientes y el aislamiento social y deben elaborar políticas y servicios que respondan a estas necesidades. En particular las políticas respecto del ingreso a la edad de retiro, deben prestar especial atención a la seguridad de la mujer en esa materia, haya o no formado parte de la población activa.

Estas son algunas sugerencias de prevención que deberán estar armonizadas por un programa de política criminológica, que responda a las necesidades actuales de prevención.

2. *Prevención especial.* Algunas soluciones que ya han dado resultados positivos en algunos países son:

Programas educativos en los que se les dan reglas sencillas tales como: llevar bolso de mano en las calles, sólo cuando sea estrictamente necesario.[394]

---

[392] *Cfr.* Garrido Guzmán, Luis. *Compendio de Ciencia Penitenciaria.* Instituto de Criminología. Departamento de Derecho Penal. Universidad de Valencia. España, 1976, p. 133.

[393] Butler, R. N. *Victimization of the Elderly.* In his Why survive–being old in America. Harper and Row. USA, 1975, p. 300.

[394] *Cfr. U.S. Congress, Elderly Crime Victimization.* Hearing Before the Home Subcommittee on Housing and Consumer Interests. Wilmington Delaware. Crime Resistance Task Force. May 6, Washington, USA, 1976, p. 68.

Procurar darle más facilidades o preferencia a la gente anciana para adquirir teléfono.

En E.U. se ha pensado incluso en un teléfono para cada gente anciana[395] o sistemas de radio alerta.

Elaboración de guías de educación y adiestramiento para anciano, por ejemplo está la "Guide Prevention and Protection", de Philadelphia, en la cual se discute el proceso de su vulnerabilidad y el impacto de una violación en una mujer de esa edad.

Examina así mismo las mujeres viejas que viven en vecindades, que se han vuelto áreas de alta criminalidad.

Sugiere la guía una serie de conductas que se pueden realizar en la casa, en los edificios, en las calles, en los viajes, etc.; recomendaciones que son también aplicables a mujeres jóvenes y a hombres.

Movilización de grupos de ancianos a áreas anticriminógenas, con ayuda de vecinos en actividades preventivas.[396]

Instalaciones de chapas dobles, ventanas irrompibles, sistemas exteriores de luces, lámparas, etcétera.[397, 398]

Debe fomentarse en el anciano el sentimiento de autoestima, que se reubique existencialmente, para que busque no un rincón social, sino el lugar que le corresponde por justicia.

Los ancianos son victimizados por ellos mismos, su familia, la sociedad y, a veces, por la historia.

---

[395] Grossman, D. A. *Reducing the Impact of Crime Against the Elderly: a Survey and Appraisal of Existing and Potential Programs.* Media five. Hollywood, California, USA, 1977, p. 40.

[396] Arnone, W. J. *Mobilizing the Elderly in Neighborhood.* Anticrime Programs, Aging. Núm. 281-281. USA, 1978, pp. 23 y ss.

[397] *Ver:* Fox, H. G. *Senior Citizen's Castle - The New Crime Scene.* Police Chief. V. 44, Núm. 2, pp. 62 y ss. February. USA, 1977.

[398] *Ver* la solución que sobre este concepto aporta el Sr. Lic. Gabriel Navarrete Rowe, en su trabajo titulado: *La Delincuencia contra la Tercera Edad.* Ponencia al I Congreso Nacional de Criminología, celebrado del 16 al 19 de noviembre de 1983, en la ciudad de Monterrey, Nuevo León, México.

CAPÍTULO XVII

VÍCTIMAS DE ABUSO DE PODER

XVII.1. INTRODUCCIÓN

Desde sus principios, la Victimología vislumbró la capacidad victimógena de los poderosos; ya en los primeros symposia se dedicaron mesas o secciones a tratar el problema de las víctimas del poder, y Naciones Unidas se ocupó del tema en el VI Congreso de Prevención del Delito y Tratamiento del Delincuente, recomendando que se estudiara a fondo y se hicieran proposiciones en el Congreso de Milán (VII), lo que se cumplió cabalmente.

Se ha dicho que el poder corrompe, y que el poder absoluto corrompe absolutamente. Toda generalización es peligrosa, la verdad es que el poder aleja al sujeto de la realidad, y lo hace desear cada vez más poder.

Es necesario distinguir entre el exceso de poder y el abuso del mismo.

El exceso de poder consiste en una extralimitación criticable, a menudo circunstancial y que sólo excepcionalmente es criminal; se debe mayormente a un excesivo celo de los detentadores del poder, a la imperfección de los órganos encargados de ejercerlo y a la falta de organización y coordinación.

Por el contrario, el abuso del poder es el empleo deliberado del mismo para finalidades específicas que tienden a lograr, a hacer o a evitar algo que legítimamente no puede justificarse.

El abuso de poder se da con frecuencia para beneficio exclusivo del poder mismo, para mantener un régimen político o una estructura social y económica injusta, o para provecho económico e individual de los poderosos.

Es necesario también distinguir entre poder político y poder económico. Hay autores que no están de acuerdo con esta diferencia, pues consideran que difícilmente puede hablarse de poder político sin poder económico o viceversa.

Efectivamente, poder político y poder económico tienden a estar relacionados entre sí, pero para un análisis más adecuado, deben estudiarse por separado.

No hay duda que la frecuencia de los abusos de poder está en aumento, y que además de las formas tradicionales y bien conocidas, aparecen nuevas modalidades, que producen una variedad de víctimas.

También es necesario señalar la aparición de nuevas fuentes de poder, algunas de ellas con terrible capacidad victimógena, como la delincuencia organizada, la industria de la droga, las organizaciones terroristas o las compañías transnacionales, que por lo general no están sujetas al poder del Estado.

XVII.2. Concepto de "víctima de abuso de poder"

Como puede observarse, el tema presenta dificultades iniciales, pues en ocasiones el concepto de "poder" puede ser ambiguo, ya que puede ser ejercido por organizaciones legales, y en mucho legítimamente establecidas (gobiernos, sociedades, empresas, etc.), que en un momento dado se desvían y principian a realizar actividades antisociales, o por organizaciones que son creadas fuera de la ley y con miras a realizar actividades criminales (crimen organizado, terrorismo, etcétera).

Asimismo, las actividades antisociales de los poderosos que nos interesan pueden ser de dos tipos:

a) Aquellas que no constituyen delitos pero que son perjudiciales para la sociedad.

b) Aquellos legalmente tipificados como delitos, pero que generalmente no son perseguidos o castigados, por la posición de los criminales o por circunstancias que llevan a la impunidad.

La carencia de un cuerpo de leyes a nivel internacional, dificulta más la precisión de las conductas que pueden considerarse abuso de poder; hay desde luego disposiciones, pero por lo general son vagas y están dispersas.

Puede hacerse sin embargo referencia a las convenciones internacionales sobre la tortura, el genocidio y el *apartheid*, y en general a las declaraciones sobre Derechos Humanos.

En el Proyecto de declaración sobre los derechos de las víctimas de delitos o de otros actos ilegales que impliquen abuso de poder, se propuso como hipótesis de trabajo la siguiente definición:

Artículo 1º.—"Es la víctima de un delito o de otros actos ilegales que impliquen abuso de poder toda persona que, ya sea individualmente o conjuntamente con otros en circunstancias semejantes, sufra un mal o un daño, o cualquier entidad organizada que sufra un mal o un daño, como consecuencia de actos criminales o de otro tipo de actos ilegales que impliquen abuso de poder cometidos por un Estado —incluidos sus agentes y cualquier otro órgano o persona cuya conducta se pueda atribuir al Estado— o por cualquier otra persona o entidad organizada, incluidas las organizaciones comerciales u otras personas jurídicas."[399]

En definitiva, en el VII Congreso se adoptó la siguiente definición de víctimas de abuso de poder, concretada en el artículo 18 de la Declaración:

> Se entenderá por "víctimas" las personas que, individual o colectivamente, hayan sufrido daños, incluidos lesiones físicas o mentales, sufrimiento emocional, pérdida financiera o menoscabo sustancial de sus derechos fundamentales, como consecuencia de acciones u omisiones que no lleguen a constituir violaciones del Derecho Penal nacional, pero violen normas internacionalmente reconocidas relativas a los derechos humanos.

Como puede observarse, se limita a personas que sean victimizadas por conductas no tipificadas en el Derecho Penal nacional (pues entonces quedan en la categoría general de "Víctimas del Delito") y que afecten derechos fundamentales internacionalmente reconocidos.

XVII.3. Víctimas del poder político

El abuso del poder público tiene, por lo general, la finalidad de acrecentar y conservar el dominio sobre los gobernados.

El abuso del poder político es la forma más grave de abuso de poder, pues tiene consecuencias más serias y efectos más prolongados.

Desde luego que hay grados, por el número de víctimas y la seriedad del daño. Hay macrovictimización como en los casos de genocidio y discriminación, y hay casos individuales, como la eliminación de enemigos políticos, encarcelamiento, tortura, secuestros, "desapariciones", etcétera.

---

399 ONU. E/AC.57/1984/14. *Directrices para la adopción de medidas en beneficio de las víctimas de delitos y abusos de poder*, p. 27.

Sin embargo, el abuso de poder público tiene siempre efectos secundarios, desde la pérdida de autoridad moral hasta daños serios a la cohesión social, la economía y la estabilidad política.

Además producen gran cantidad de víctimas indirectas, como los familiares, correligionarios, y aun los "buenos samaritanos" que hayan prestado ayuda, o aun los testigos, que serán amenazados, cuando no también victimizados en forma directa.

En el delito común, la víctima es apoyada por el Estado, hay interés de castigar al culpable, los testigos son protegidos, los que auxiliaron son reconocidos, el hecho es reprobado.

En el abuso de poder político sucede lo contrario, y muchas de las conductas abusivas se cometen en nombre de la ley y el orden, y se les da un carácter de legitimidad formal.

Por regla, los actos de abuso de poder político tratan de justificarse o de ocultarse.

En el primer caso, el terrorismo de Estado se presenta como simple aplicación de la ley, y el terrorismo contra el gobierno es interpretado por sus autores como actos de justicia, aunque en uno y otro puedan sufrir víctimas totalmente ajenas al conflicto.

"Una de las técnicas que facilitan la perpetración de delitos contra gran número de víctimas indefensas y desprevenidas, es la conocida técnica que consiste en culpabilizar a la víctima. Puesto que la 'culpa', real o imaginaria, de la víctima precede al acto delictivo, el autor del abuso de autoridad puede deshacerse casi por completo de todo sentimiento de culpabilidad."[400]

Así, el acto se ve legitimado, pues la víctima es un "enemigo" que constituye una amenaza y del cual solamente se está defendiendo, lo que autoriza a los peores extremos, incluido el exterminio. Este mecanismo de culpar a la víctima, que hemos estudiado ya para los delitos comunes, se ve acrecentado y llevado a sus últimos extremos en los casos de abuso de poder político, por esta razón los terroristas (de arriba o de abajo) no muestran remordimiento, ni se sienten culpables de actos de extrema crueldad y violencia, que captan como simples acciones de justicia.

Cuando las conductas abusivas no son presentadas como actos legítimos tienden a ocultarse (aunque la parte contraria tiende a publicitarlos), lo que al gobierno se le facilita por el control que generalmente ejercen sobre los medios de difusión, y por la posibilidad de esconder a los directamente responsables, pues no hay quien

---

[400] ONU. E/AC.57/1984/13. *Modalidades, Tendencia, Dinámica y Consecuencias de los Actos Delictivos que entrañan Abusos de Poder, Tipos de Delincuentes y Víctimas*, p. 36.

realice efectivamente la investigación, y de conocerse a los directos culpables, se les protegerá y no se les sancionará.

Uno de los efectos más terribles del abuso de poder público, es que la colectividad se va involucrando, hasta quedar en medio de la vorágine, así: "Hay momentos en que toda la sociedad delinque individual y colectivamente. El crimen llega 'desde arriba' por el abuso de poder. El pueblo está infundido por el temor a la represión opresora que a todos alcanza. El oprimido se ve compelido al silencio cómplice, a la convalidación y encubrimiento de ciertos actos."[401]

XVII.4. Victimización política

Las modalidades de la victimización en materia de abuso del poder político son variadas, y pueden presentar formas de gravedad extrema, como es el caso del genocidio.[402]

Las víctimas de genocidio son los miembros de un grupo nacional, étnico, racial o religioso que es destruido en forma total o parcial, por medio de la muerte de sus componentes, su traslado a otras tierras, el entorpecimiento de nacimiento en el seno del grupo, la desmembración del mismo o la sumisión intencional del conglomerado a condiciones de existencia que entrañan su destrucción física total o parcial.

Los ejemplos más conocidos en el siglo XX, son el de los armenios a manos de los turcos otomanos durante la Primera Guerra Mundial y el de los judíos por los alemanes nazis durante la segunda;[403] sin embargo no son los únicos casos, por desgracia, pues el genocidio sigue siendo un problema presente, latente y amenazante, que es necesario descubrir y denunciar a tiempo.

Otros ejemplos de macrovictimización lo representan conductas como el colonialismo, el *apartheid*, la "ocupación" y el intervencionismo.

El colonialismo (y neocolonialismo) es una de las formas extremas de victimización aún existentes; los países latinoamericanos podemos dar amplio testimonio de lo que fue la brutal dominación española.

---

[401] Neuman, *op. cit. (Victimología)*, p. 18.

[402] Hay una Convención de Naciones Unidas para la Prevención del Delito de Genocidio, del 9 de diciembre de 1948.

[403] La bibliografía es muy abundante, por ejemplo: *Cfr.* Dadrian, Vahakn N. *The Common Features of the Armenian and Jewish Cases of Genocide: A Comparative Victimological Perspective.* I Symposium. Israel, 1973.

Bastaría ver un mapamundi político para darse cuenta de lo que son los actuales imperialismos, y la cantidad de posesiones y colonias que tienen las grandes potencias, en ocasiones disfrazadas con interesantes eufemismos.

La "ocupación", como su nombre lo indica, consiste en enviar tropas a un país extranjero para apoyar determinado régimen, que no podría sostenerse sin ayuda externa. El "intervencionismo" se realiza por medio de mercenarios, comandos disfrazados o tropas no regulares. Ambas formas han provocado una gran cantidad de víctimas, e indudablemente se trata de abusos de poder.

El *apartheid* es la segregación y discriminación racial, legalizada y mantenida por la fuerza. Repudiada y condenada por todos los países. Sin embargo, esta forma de macrovictimización se encuentra *de facto* en muchos lugares en que, aunque la ley otorga igualdad de derechos, en la práctica no existe, manteniendo a las personas discriminadas en campos, reservaciones, *ghettos*, etc., e impidiéndoles el libre acceso a los lugares reservados para los poderosos o mayoritarios.

Una de las formas de victimización más preocupantes, producto del abuso de poder político, es la privación arbitraria de la vida, que ha sido definida como "la privación de la vida a instigación o con la convivencia o la condonación del gobierno o de quienes actúan bajo su autoridad, de un modo que contraviene los principios de la justicia natural o del debido proceso legal, o que viola las normas jurídicas nacionales o las de los derechos humanos internacionales. La privación arbitraria de la vida generalmente se manifiesta en prácticas como las ejecuciones sumarias, las ejecuciones extrajudiciales, las desapariciones forzadas o involuntarias, abusos de poder por parte de los encargados de aplicar la ley y excesos militares".[404]

De por sí la penal capital es un abuso de poder injustificable, más grave aun cuando es extralegal y arbitrario, e incalificable cuando toma la forma de "desaparición", que se ha utilizado cada vez con mayor frecuencia por regímenes dictatoriales.

La "desaparición" es una de las formas de victimizar más crueles e inhumanas, principalmente por la zozobra y angustia que produce en los familiares del desaparecido.

El encarcelamiento sin proceso se encuentra también con frecuencia; la víctima puede pasar largos períodos de tiempo privada de su libertad sin saber la causa y generalmente incomunicada.

Inquietante es el hecho de que agentes policiacos puedan privar de la libertad sin orden o mandamiento de autoridad competente;

---

[404] ONU. E/AC.57/1984/13, p. 18.

hay reportes (y no solamente de países dictatoriales) de que las víctimas son llevadas a cárceles o centros de detención no oficiales, donde quedan detenidas por tiempo indeterminado, violatorio de los plazos legales.

La tortura merecería capítulo aparte, ya que se ha generalizado en forma alarmante. Organismos como Amnistía Internacional y Naciones Unidas se han ocupado ampliamente del tema.

La Asamblea General de las Naciones Unidas aprobó el 9 de diciembre de 1975 la "Declaración sobre la protección de todas las personas contra la tortura y otros tratos o penas crueles, inhumanos o degradantes".

Esta declaración (que es, sin duda, de gran valor victimológico), define la tortura como "todo acto por el cual un funcionario público, u otra persona a instigación suya, inflija intencionalmente a una persona penas o sufrimientos graves, ya sean físicos o mentales, con el fin de obtener de ella o de un tercero información o una confesión, de castigarla por un acto que haya cometido o se sospeche que ha cometido, o de intimidar a esa persona o a otras".

El 10 de diciembre de 1984 la Asamblea General de la ONU aprobó la Convención contra la tortura y otros tratos o penas crueles, inhumanas o degradantes, a la que se adhirió México el 9 de diciembre de 1985 (*D.O.* 17/I/86, promulgado en el *D.O.* 6/III/86).

Además, en México existe la Ley Federal para Prevenir y Sancionar la Tortura, publicada en el *Diario Oficial* de 27 de diciembre de 1991, que sigue los cánones de la Convención.

No cabe la menor duda que la tortura es "una ofensa a la dignidad humana" y una seria violación a los Derechos Humanos de la indefensa víctima.

XVII.5. Víctimas del poder económico

El poder económico tiene como finalidad básica el aumentar sus ganancias, para lo cual, en forma cada vez más frecuente, se abusa de la capacidad, de la técnica, y de la organización de la empresa, sin importar la victimización que se produce.

Desde hace tiempo, y a partir de los estudios de Sutherland,[405] preocupó la criminalidad de "cuello blanco", aquella cometida por personas de clase socioeconómica elevada, generalmente en el ejercicio de alguna actividad profesional. Los estudios sobre estos crimi-

[405] Sutherland, Edwin. *Delito de Cuello Blanco.* Universidad de Caracas. Venezuela, 1969.

nales se fueron ampliando hasta llegar al análisis de los crímenes de los poderosos, sin embargo, poca atención se había prestado a las víctimas del delito de cuello blanco.

Se han podido precisar las características de los criminales de cuello blanco, pero es más difícil hacer una descripción de las víctimas, ya que no se trata por fuerza de "débiles" frente a "poderosos".

Así, ciertas personas son blancos preferidos en algunas formas de victimización de cuello blanco, generalmente los ingenuos y opulentos, es decir los que además de ricos son estúpidos.[406]

Pensemos en el tan conocido caso de los tratamientos médicos para rejuvenecer o los negocios de inversión con ganancias fabulosas, que son ofrecidos a víctimas pudientes, pues los pobres no pueden pagar aquellos tratamientos ni participar en estos negocios.

Sin embargo, dejemos este tipo de crimen para el capítulo del fraude y ocupémonos de las víctimas de abuso de poder económico, sin discutir si éste es siempre un delito de "cuello blanco", o si se puede considerar simplemente un delito de "cuello sucio".

En el abuso de poder económico encontraremos desde el caso de "delito sin víctima" hasta el de víctima colectiva, en que toda la sociedad sufre.

Existen desde luego las víctimas fácilmente identificables, como en los casos de espionaje industrial, despido injustificado de trabajadores, revelación de secreto comercial, incumplimiento de acuerdos o contratos, etcétera.

Hay también víctimas aleatorias, en mucho anónimas, que pueden representar una parte considerable de la población, como accionistas, pequeños ahorradores, consumidores, etcétera.

En el caso de los *delitos económicos,* tales como los perpetrados contra los consumidores, particularmente en los países en desarrollo, es posible que las víctimas no sepan siquiera que están siendo objeto de un abuso, debido a que el daño tiene carácter acumulativo y se distribuye entre un gran número de personas.

Dentro de los delitos sin víctimas podríamos considerar la evasión de impuestos y el contrabando, aunque este último cada vez daña más al comercio legalmente establecido.

Sin embargo, en todo abuso de poder económico hay una victimización real, aunque sea genérica y difusa, siempre resulta perjudicada la comunidad en general.

El costo social, es decir todas las pérdidas directas o indirectas sufridas por terceros o el público en general como resultado de

---

[406] *Cfr.* Geis, Gilbert. *Victimization Patterns in White-collar crime.* I Symposium. Israel, 1973.

actividades económicas fuera de control, llega a ser altísimo, ya que puede incluir pérdida de vidas, efectos nocivos contra la salud humana, destrucción o deterioro de bienes, contaminación ambiental, empobrecimiento general, etcétera.

Hay por lo tanto víctimas directas y víctimas indirectas, que son las que no constituyen el objeto primario del hecho abusivo, pero que sufren sus efectos, como el encarecimiento de bienes y servicios que eleva el costo de vida en general.

XVII.6. Victimización económica

Es asombrosa la cantidad de formas de victimización por abuso del poder económico; lo grave es que no produce tan sólo una mengua en el patrimonio de la víctima, sino que pueden agredir seriamente la salud y aun llegar a privar de la vida.

Algunas formas de abuso están claramente tipificadas y deben ser perseguidas penalmente, así: robo de secretos industriales y comerciales, revelación de secretos, fraude al fisco, asociación delictuosa, fraude crediticio, fraude aduanal, malversación de fondos, contrabando, delitos ecológicos, adulteración, acaparamiento y contaminación de alimentos, daño en propiedad ajena, algunas formas de fraude al consumidor, etcétera.

Pero hay una gran diversidad de actos que no son contemplados por la legislación penal (al menos no en todo el mundo), y que son considerados como simples "faltas de ética" comercial o industrial, y que conllevan cuando mucho una sanción administrativa, por ejemplo: colusión para fijar precios, prácticas comerciales restrictivas, *dumping*, venta de tecnología atrasada u obsoleta, venta de fármacos no suficientemente ensayados, venta de alimentos sin control sanitario, evasión de impuestos, agotamiento prematuro de los recursos naturales, explotación irracional de los mismos, contaminación ambiental, acaparamiento de mercancías, especulación en terrenos, empleo de esquiroles, explotación de mano de obra ilegal (indocumentados), no pago de salarios mínimos, ahorro en medidas de seguridad empresariales, restricción de la producción para elevar precios, destrucción de productos para crear una carencia ficticia, engaños al consumidor, publicidad abusiva, etcétera.

Como puede entenderse, rebasaría en mucho las intenciones de este estudio la descripción de cada una de las formas de victimización económica, por lo que solamente mencionaremos algunas por considerarlas de especial interés.

En primer lugar nos ocuparemos del fraude al consumidor, que es grave por la gran cantidad de víctimas, y que se ha definido como "un acto intencional cuyo objeto es obtener de alguien la entrega de dinero o bienes sobre los que tiene derecho", y como "una representación falsa o errónea de un hecho material, ya sea mediante el lenguaje o la conducta, que induce a engaño al consumidor".[407]

Se han identificado más de 800 tipos de fraude al consumidor, los principales son:

1. Ventas fraudulentas.
2. Engaño en cuanto a pesos y medidas.
3. Productos peligrosos o de mala calidad.
4. Alimentos adulterados.
5. Medicamentos obsoletos o nocivos.
6. Estafa sobre bienes raíces.
7. Ofertas colusivas.
8. Reparaciones innecesarias.
9. Usura y crédito fraudulento.
10. Robo, contrabando y otras acciones que entrañan engaño, ocultamiento, manipulación, abuso de confianza, subterfugio o ardid ilícito.

La situación de indefensión de la víctima es patente, ya que por lo general está desinformada, cree en la bondad del producto y en la buena fe del fabricante y del distribuidor, necesita (real o artificialmente) el producto, carece de organización y no tiene los conocimientos para detectar el fraude, y si lo descubre poco o nada puede hacer pues no hay los canales adecuados, o éstos son lentos y caros.

Uno de los ejemplos más claros de este tipo de fraude es el de los alimentos "chatarra", generalmente refrescos y golosinas, sin valor nutritivo, introducidos en el gusto del público a base de una publicidad engañosa y abusiva.

"En el caso del consumidor de escasos recursos, que debe obtener el máximo del valor por su dinero, es ésta una forma especialmente artera de abuso que entraña la explotación de vastos sectores de la población pobre y desinformada de los países en desarrollo, en términos realmente graves. Los costos de la publicidad se traspasan también a los consumidores por la vía de los precios excesivos que se aplican a veces a bienes de calidad inferior o inadecuados aunque de gran demanda."[408]

---

[407] ONU. E/AC.57/1984/13, *op. cit.*, p. 28.
[408] ONU. E/AC.57/1984/13, *op. cit.*, p. 29.

Un niño norteamericano mira un promedio de 25,000 mensajes publicitarios por año, de los cuales la mitad están dedicados a productos alimentarios. Lo anterior ha sido considerado por algunos técnicos como una de las causas por las cuales un niño norteamericano de cada cinco está mal nutrido. ¡Qué podemos decir de los niños latinoamericanos!

Otro ejemplo claro de victimización por abuso de poder económico lo encontramos en el mundo laboral.

Conocida desde siempre es la explotación del hombre por el hombre, desde la esclavitud hasta las formas contemporáneas, algunas de las cuales no tienen grandes diferencias, y nos pondrían a dudar sobre los avances de la humanidad.

Ya hemos mencionado la explotación de la fuerza laboral de los menores de edad, en algunos países por medio de contratos de aprendizaje, en el nuestro se eliminaron éstos; el resultado fue aún peor.

Miles de nuestros compatriotas (y miles de latinoamericanos) son víctimas de empresarios inescrupulosos que en Estados Unidos de Norteamérica los explotan y lucran con la mano de obra barata aprovechando la circunstancia de que carecen de permisos para trabajar en aquel país, pues son inmigrantes ilegales o migrantes sin derecho a trabajo, por lo que se les paga menos del salario mínimo y no se les da ningún beneficio de seguridad social.

Y, en el mundo laboral, preocupa cada vez más el fenómeno de las víctimas de accidentes de trabajo y de enfermedades profesionales.

Hasta hace poco, se consideraba este fenómeno como realmente "accidental": era el precio a pagar por el desarrollo y el industrialismo. Los estudios han demostrado que la mayoría de los accidentes y enfermedades laborales se pueden prevenir, pero desde luego, esto cuesta, y en algunos campos es bastante caro.

Las empresas prefieren ahorrarse estos gastos, pues saben que saldrán del problema pagando una pequeña indemnización al trabajador afectado, lo que es más redituable que instalar costosos equipos de seguridad.

El avance tecnológico trae también mayor capacidad de daño, y ahora tenemos el problema de que grandes fábricas sin los adecuados equipos de seguridad, no sólo han victimizado a sus propios empleados, sino que también han producido derrames, emisiones y fugas de sustancias seriamente dañinas para la comunidad aledaña a sus instalaciones.

XVII.7. VÍCTIMAS TRANSNACIONALES

El fenómeno transnacional amplía cualitativa y cuantitativamente el espectro victimológico. Allí encontramos al patrimonio nacional, al fisco, a los trabajadores, a los consumidores, a empresas y comerciantes nacionales, a la población próxima a plantas industriales y bodegas y a la población en general.[409]

El poderío de las empresas transnacionales es tal que, para lograr obtener ganancias pueden afectar (y de hecho lo hacen):

1) El Patrimonio Nacional y los recursos naturales, como aquellos que se encuentran en el subsuelo (minerales, petróleo), el mismo suelo (erosión), las aguas, los ríos, los bosques, en general la flora y la fauna. Frecuentemente el daño es a través de una sobreexplotación, sin preocuparse por renovar los recursos renovables, ni por el futuro del país al que saquean los bienes no renovables.

2) El Ecosistema, al no atender a la ecología, rompe el equilibrio al no usar los recursos racionalmente y permitirles reproducirse en todos sus elementos. Así, se encuentra deforestación, desecamientos, salinidad, contaminación, extinción de especies, etcétera.

3) Los trabajadores. Como hemos visto, accidentes, enfermedades profesionales, falta de seguridad social.

4) Los Consumidores; tanto aquellos "cautivos" por tenerse el monopolio de bienes de primera necesidad, como los habituales o potenciales. Aquí tenemos la guerra de las marcas y múltiples fraudes al consumidor.

5) Los pequeños productores, los proveedores, acreedores y todo lo que pueda significar competencia, que será eliminada sistemática e inmisericordemente.

"La diversidad de abusos de poder económico es virtualmente ilimitada: desde la publicidad engañosa y el tamaño de los precios, hasta la venta letal de sustancias peligrosas o de alimentos contaminados en mercados en que los controles locales y la información son insuficientes para que el público pueda elegir con mayor conocimiento y acierto. Tales abusos proliferan especialmente al amparo de la contienda desigual entre el poder industrial de influyentes entidades comerciales y sus vulnerables clientes de países en desarrollo, a los que con frecuencia exceden en recursos e influencia. Aunque las empresas transnacionales no son la única ni la principal fuente de

---

[409] *Cfr.* Alaschi Otero, Carlos. *Notas acerca de los Ilícitos Transnacionales.* IV Encuentro Latinoamericano de Criminología Crítica. La Habana, septiembre 1986. También en Criminalia. Año LII, núms. 1-12. Porrúa, S. A. México, 1986.

posibles abusos, que pueden provenir también de las prácticas de explotación de otras entidades comerciales poderosas o del empleo de métodos ilícitos o perjudiciales por parte de empresas nacionales (comprendidas las estatales), dado el alcance de las operaciones de las empresas transnacionales, especialmente en el mundo en desarrollo con sus grandes masas de consumidores vulnerables y sin organizar, las prácticas perjudiciales seguidas por algunas de ellas merecen atención prioritaria."[410]

Efectivamente, no podemos culpar de todo mal a las empresas transnacionales, ni hacer generalizaciones peligrosas, pero su potencial victimógeno y su poder es tal, que es necesario dedicarles una mención especial, sobre todo por la repercusión que han tenido en Latinoamérica.

No todas las transnacionales infringen las leyes, más aún, algunas son realmente meticulosas en el cumplimiento estricto de las mismas, pero se adoptan formas mucho más sofisticadas de antisocialidad, como el transladarse a países en los que las leyes (fiscales, ecológicas, laborales, etc.) son menos rígidas o la observación de éstas es más elástica, o acatar las leyes nacionales pero dañando a otros países, realizando actividades anticompetitivas y afectando mercados exteriores.

En cuanto a aquellas que violan la ley, encontramos todas las modalidades ya señaladas en el apartado anterior, pero además, y muy significativamente: cohecho, corrupción, compra de prerrogativas (licencias, permisos, etc.), tráfico de influencias, cuando no intervención directa en los asuntos internos del país.

Dentro de las actividades comerciales mayormente victimizantes, en que se demuestra el abuso del poder económico, encontramos:[411]

1. La negativa de venta.
2. El boicot.
3. Las prácticas discriminatorias.
4. La restricción de la producción.
5. La venta en perjuicio del consumidor.
6. Los contratos de representación exclusiva.
7. Fijación excesiva o ilegal de precios.

Muchas de estas prácticas no son ilegales de por sí, pero constituyen un abuso en la posición dominante en el mercado, así:

[410] ONU. E/AC.57/1984/13, *op. cit.*, p. 23.
[411] ONU. E/AC.57/1984/13, *op. cit.*, p. 25.

1. La transferencia de tecnología.
2. Las cláusulas sobre vinculación de las compras.
3. Los descuentos por fidelidad.
4. Los arreglos sobre propiedad de marcas o patentes.
5. La distribución exclusiva.

Sin pretender explicar cada una de estas prácticas, y a guisa de ejemplo, mencionemos lo siguiente:

Una de las formas más simples de abuso de poder económico es la venta de artículos de primera necesidad a un precio excesivo, aprovechando que se ha eliminado la competencia, que se tiene el monopolio, que se posee la patente o las sales o materia prima, o por cualquier otra razón que impide al país subdesarrollado fabricar el producto.

El ejemplo más patente y quizá más patético es el de los fármacos, que en América Latina tienen índices de sobreprecio de 30% a 700%, sin contar con la venta de medicinas vencidas (postdatadas), inútiles, en vías de experimentación o ya prohibidas en el país de origen (la lista de estas últimas es impresionante) por haberse probado efectos secundarios indeseables.

Otro ejemplo es el de vender maquinaria y materiales antiguos, descontinuados o defectuosos al precio de los modelos más modernos.

La venta de tecnología anticuada, sobrevalorada, inadecuada o francamente obsoleta, y además cara, es una práctica altamente victimizante, pues mantiene al país adquirente en constante atraso y subdesarrollo.

Plaguicidas, y otras sustancias dañinas y peligrosas exportadas al tercer mundo no suscitan más que una atención limitada, aunque se trate de una práctica muy difundida.

Las empresas químicas de algunos países desarrollados gastan en la lucha contra la contaminación de sus plantas en el extranjero un 40% menos de lo que gastan en las que existen en su país de origen.

Ejemplos claros de esto son los cigarrillos que contienen hasta 76% más de alquitrán cuando son fabricados en el tercer mundo, que aquellos para consumo europeo; los millones de pijamas para niños, enviados a países en desarrollo a fines de los años 70 y que tenían sustancias carcinógenas. El uso de leches preparadas en detrimento de la práctica normal de la lactancia materna. Esto último es de lo más preocupante porque se estima que un millón de niños por año mueren en el tercer mundo por el uso, abuso y mal uso de las leches preparadas.

Consideramos que con los ejemplos anteriores basta para dar una idea clara de lo que es esta forma de macrovictimización.

XVII.8. CONCLUSIÓN

Al principio del tema mencionábamos que poder político y poder económico se atraen, se retroalimentan, y en ocasiones es difícil distinguirlos.

A este fenómeno de la unión del poder político con el económico es a lo que Versele ha llamado la "criminalidad dorada".

Es difícil que un sujeto con poder económico no tenga influencia política, y más difícil aún que un político de nuestros sufridos países sea económicamente pobre.

Al absorber el Estado múltiples funciones económicas que antes estaban en manos de los particulares, su posibilidad de abuso de poder económico se multiplica, y en ocasiones es difícil distinguir dónde principia el abuso político y dónde termina el económico.

Criminales "dorados" son entonces los que detentan tanto el poder político como el económico y lo ejercen impunemente y en beneficio propio, en perjuicio de toda la sociedad, causando un costo social y un daño muy superior al de la criminalidad convencional.

Se ha llegado a hablar de un síndrome de David y Goliat, donde David representa a la víctima y Goliat al poderoso, con una desproporción terrible de fuerzas, pues mientras Goliat tiene todos los recursos a su disposición, David está atenido a sus propias fuerzas.

En un informe de Naciones Unidas" [412] se caracteriza de la forma siguiente:

"La esencia del síndrome de David y Goliat consiste en que, si se tienen en cuenta los recursos financieros o los conocimientos técnicos necesarios para buscar y obtener justicia y reparación, las víctimas del abuso de poder político y económico están claramente en una posición de desventaja: mientras sus adversarios, ya sea el gobierno, el comercio o las empresas, disponen de enormes recursos financieros y técnicos, las víctimas en cambio apenas pueden sobrellevar la carga financiera que el litigio les suele representar. Y mientras en muchos casos las víctimas pueden verse obligadas por la escasez de recursos o las circunstancias a enfrentar la situación por sus propios medios, el presunto delincuente utiliza todos los recursos posibles para protegerse del procesamiento, el juicio y la condena, así

---

[412] ONU. E/AC.57/1984/13, *op. cit.*, p. 14.

como de sus consecuencias directas o indirectas. Un consumidor común u otro ciudadano particular tiene en realidad muy pocas posibilidades de triunfar contra esa constelación de poder; poca duda cabe de que la balanza de la justicia se inclina notablemente en contra de las víctimas del abuso de poder ilícito. Esto ocurre especialmente en el caso de los países en desarrollo donde las víctimas, ya sean particulares (es decir, consumidores) o incluso el Estado, por carecer de la capacidad necesaria para hacer cumplir la ley, no pueden competir con los poderosos empresarios que cuentan con vastos recursos y un enorme caudal de conocimientos y expertos jurídicos y de otra índole."

¿Qué posibilidades hay de que nuestro David, consumidor tercermundista, pueda derrotar a ese Goliat transnacional dorado? ¿Qué honda y qué guijarro utilizaremos para derrumbar al monstruo?

La misión parece imposible; la solución ideal es el cambio de estructuras sociales y de relación de fuerzas a nivel internacional; esto es fácil de decir, y se ha dicho tanto que principia a desgastarse.

Los intereses en juego son tan poderosos que dificultan las acciones concretas, sin embargo algo se ha logrado, y debemos principiar por la denuncia y, como se dice ahora, la "concientización" de la comunidad, al menos es lo que está a nuestro alcance.

Una proposición interesante es la del *Ombudsman*, que ha logrado éxitos inusitados en los países en que opera, y ha demostrado ser efectivo dique contra el abuso de poder público.

Naciones Unidas ha propuesto la creación de grupos de la comunidad como control para el abuso del poder estatal,[413] así como, en la Declaración tantas veces citada, dedica dos artículos al problema, el 19 y el 21, a saber:

19. Los Estados considerarán la posibilidad de incorporar a la legislación nacional normas que prescriban los abusos de poder y proporcione remedios a las víctimas de esos abusos. En particular, esos remedios incluirán el resarcimiento y la indemnización, así como la asistencia y el apoyo materiales, médicos, psicológicos y sociales necesarios.

21. Los Estados revisarán periódicamente la legislación y la práctica vigentes para asegurar su adaptación a las circunstancias cambiantes, promulgarán y aplicarán, en su caso, leyes que prohíban los actos que constituyan graves abusos de poder político o económico

[413] ONU. E/CN/5/469, párrafo 26, Kyoto, 1970.

y que fomenten medidas y mecanismos para prevenir esos actos, y establecerán derechos y recursos adecuados para las víctimas de tales actos, facilitándoles su ejercicio.

Por lo anterior ha sido tan importante la creación en México de la Comisión Nacional de Derechos Humanos (*Diario Oficial* del 29 de junio de 1992) y la del Distrito Federal (1993), seguidos por comisiones estatales en toda la República, así como el Tribunal Contencioso Administrativo y la Procuraduría Federal del Consumidor.

Capítulo XVIII

VÍCTIMAS DE HOMICIDIO Y LESIONES

XVIII.1. Introducción

En este capítulo incluimos a las víctimas de todas aquellas conductas que agreden la vida y la integridad corporal.

La variedad es muy grande, aunque pueden claramente dividirse en dos: aquellas que privan de la vida y las que en cualquier forma afectan la integridad corporal.

La privación de la vida (propia o ajena) es sin lugar a dudas la conducta más grave que puede realizar un ser humano; desde el punto de vista victimológico es irreparable, es la desaparición de la víctima directa, es el punto final del iter victimae.

Además, es una de las victimizaciones que produce mayor número de víctimas indirectas, y la de más alto costo social; Quiroz Cuarón calcula que el 75% del costo social total de los delitos más graves (homicidio-robo-lesiones-violación) se lo lleva el homicidio.[414]

En el año 1986, el Servicio Médico Forense del D.F. (SEMEFO) realizó 7,141 necropsias, de las cuales 1,629 fueron homicidios (22.8%); en 1996 el porcentaje de homicidios fue de 21.4%; en 2006 fue de 19.4% y en 2015 fue el 24.6% (1,215 sobre 4,929 necropsias). Reproducimos las estadísticas del actual Instituto de Ciencias Forenses de la Ciudad de México (INCIFO).

Los homicidios consignados en el D.F. fueron 955 en 2010, y 1,239 en 2011 (3.6% de todos los delitos), para 2015 tenemos 671 (el 5.18% de los delitos graves). Para lesiones tenemos: 2,944 en 2011 y 235 para 2015 (1.8% de los delitos graves).[414-bis]

Para Quiroz Cuarón, las lesiones ocuparían el tercer lugar en costo social (después de homicidio y robo) con un 8.7% del total.

Parece claro que en este delito hay una gama muy amplia, y que puede variar desde las lesiones levísimas hasta aquellas que dejan inutilizada a la víctima de por vida.

---

[414] Quiroz Cuarón, Alfonso y Quiroz Cuarón, Raúl. El Costo Social del Delito en México. Criminalia. Ano XXXVI. Núms. 7-8, pp. 431 y ss. Botas. México, 1970, p. 595.

[414-bis] Tomar en consideración que hay cambio de legislación y de sistema, por lo cual hay variación en los criterios de clasificación.

Cuadro N° 34
NECROPSIAS *
INCIFO, TSJ de la Cd. de México – 2006 al 2015

Tipo de Muerte	2006	2007	2008	2009	2010	2011	2012	2013	2014	2015
Hechos de tránsito	1,373	1,304	1,230	1,195	1,177	1,191	1,162	1,058	1,071	1,021
Accidentes de aviación	0	0	16	0	1	10	1	0	0	0
Accidentes en área de recreo	0	0	0	0	0	3	3	6	3	6
Accidentes en área de servicio público	89	78	60	61	70	70	66	80	65	74
Accidentes escolares	8	11	18	14	18	2	3	1	0	0
Accidentes en el hogar	458	384	415	356	404	380	359	417	391	423
Accidentes laborales	190	189	235	195	205	220	225	176	163	177
Accidentes en la vía pública	199	195	187	177	142	172	185	202	170	203
Homicidio	909	992	922	1,059	1,145	1,115	1,108	1,141	1,151	1,215
Suicidio	399	425	455	460	447	482	458	504	531	461
Muerte natural	883	964	898	949	1,005	1,028	1,004	1,061	1,070	1,168
Fetos y embriones	109	119	107	106	111	99	98	118	129	114
Indeterminado	56	44	39	31	50	85	79	73	49	67
Total:	**4,673**	**4,705**	**4,582**	**4,603**	**4,775**	**4,857**	**4,751**	**4,837**	**4,793**	**4,929**

Fuente: Dirección de Estadística de la Presidencia, con información del Instituto de Ciencias Forenses (INCIFO), ambos del Tribunal Superior de Justicia de la Ciudad de México.

XVIII.2. Víctimas de homicidio

El homicidio es, sin lugar a dudas, la más grave de todas las victimizaciones. En lo que va del siglo XXI, después de un alentador descenso de la violencia, se ha tenido un repunte muy alarmante, como puede verse en el cuadro N° 35.

Cuadro N° 35

Tasa de homicidio en México a nivel nacional

(por 100,000 habitantes)

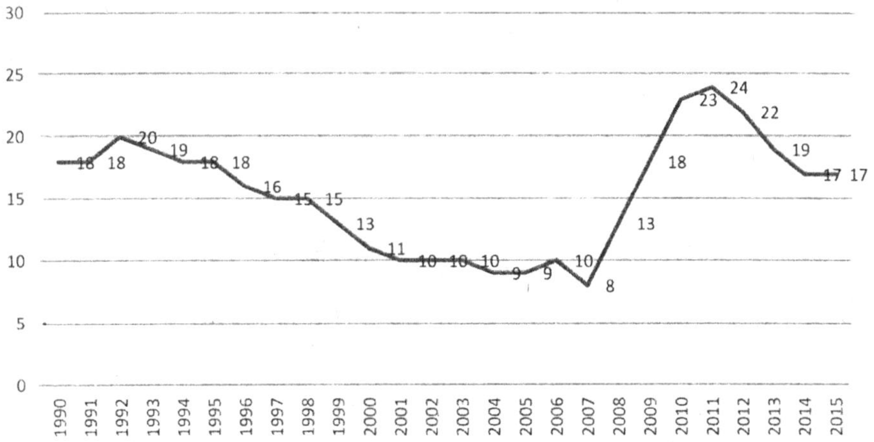

El perfil de la víctima de homicidio, de acuerdo con las necropsias realizadas por el Instituto de Ciencias Forenses de la Ciudad de México (2014-2015), es el siguiente:

Edad: Entre las edades de 11 y 40 años, homicidio es la principal causa de muerte; así, el 41% del total de los cadáveres de sujetos entre los 21 y los 30 años fue asesinado; en la fase etaria 31-40 es de 35%.

Sexo: El 86% son hombres, el 14% pertenecían al sexo femenino.

El medio de comisión es 61% arma de fuego, 16% arma blanca, 13% por traumatismo, 6% por asfixia.

Las ocupaciones más frecuentes son: por cuenta propia, empleado, obrero y estudiante.

La escolaridad más frecuente es secundaria y bachillerato.

Al tratar a las víctimas del homicidio, los autores se preguntan si puede hacerse una clasificación independiente de ellas. De Quincey habla de "la clase de personas que mejor se adaptan a ser asesinadas".[415]

Hentig, en su obra *El Asesinato,*[416] busca la correlación entre las categorías psicológicas de los asesinos y de las víctimas y, en otra obra,[417] trae la clasificación de las "víctimas perfectas de homicidio":

1) *El depresivo,* falto de prudencia y discreción, su instinto de conservación está debilitado, inconscientemente desean ser aniquilados.

2) *El codicioso,* en que la expectativa de ganancias fáciles actúa en él como una droga, que remueve todas las inhibiciones normales.

3) *El lascivo,* principalmente mujeres muy jóvenes o en el climaterio, cuya debilidad las hace exponerse.

4) *El atormentador,* que presiona y tortura a sus hijos, mujer, amante, empleados, etc., hasta que su tiranía se vuelve insufrible y viene la liberación.

Es lógico que así como hay sujetos proclives a ser robados, los hay a ser lesionados, asesinados o víctimas de chantaje o abuso sexual.

Estamos pues de acuerdo en que ciertas personas están en mayor peligro que otras de ser lesionadas o muertas, como veremos más adelante.

XVIII.3. Víctima de lesiones

En México se consideran lesiones (jurídicamente) toda alteración de la salud y cualquier daño que deje huella material en el cuerpo, siempre que haya sido producido por causa externa (art. 288 C.P.).

En nuestra investigación (Xalapa), el 15% del total de víctimas lo fue del delito de lesiones y, del total de lesionados, el 68.8% son hombres y el 31.2% mujeres. En la encuesta del CONSEGU, solamente se reporta el 0.9%.

En la investigación del INACIPE, sólo el 4.3% (D.F.) y el 5.6% (Z.C.) de las víctimas lo son por lesiones; la proporción de hombres y mujeres se mantiene en el D.F. (70.6% por 29.4%).

De lo anterior se confirma que los hombres son lesionados con mayor frecuencia (el doble) que las mujeres.

La reincidencia victimal en este delito es alta, pues una de 4 víctimas ha sido lesionada más de una vez.

---

[415] Quincey, *op. cit.,* p. 65.

[416] Hentig, Hans von. *El Asesinato.* Espasa-Calpe. Madrid, España, 1962, p. 283.

[417] Hentig, Hans von, *op. cit. (Remarks on the...),* p. 46.

El 70% de las lesiones fueron infligidas durante los últimos 3 meses del año (Xalapa); en el D.F. es el 50% y en la zona conurbada el 66.6%, lo que es digno de estudio, ya que rompe las leyes térmicas de Quetelet (temperatura), e indica factores sociales importantes (fiestas, alcoholismo, abundancia económica, etcétera).

En cuanto al día de la semana, las mujeres son víctimas de esta conducta en sábado en el 41% de los casos, y los hombres son victimizados en ese día en un 36%, con lo que se cumple la regla de que el fin de semana es victimógeno.

El lugar de victimización es diferente si se trata de víctima hombre o mujer, según podemos ver en el Cuadro Nº 33, el hombre es agredido en espacio abierto en el 85% de los casos, en tanto que la mujer es lesionada en lugar cerrado en un 42.5% (Xalapa).

CUADRO Nº 36

LUGAR DE LESIONES (%)

	Lugar público	*Vía pública*	*Lugar cerrado*	*Despoblado*	*Casa-habitación*	*Transporte*
Mujeres	26.6	24.0	6.6	6.6	22.6	13.3
Hombres	38.6	42.5	6.4	3.9	4.9	3.5

Lo anterior puede tener una lógica, pues la mujer pasa más tiempo en la casa que el hombre, pero aporta también otros datos, como puede ser el maltrato familiar, etc.

Ahora bien, si consideramos las víctimas que han salido lesionadas físicamente a causa de un delito (robo, violación, abuso de autoridad, etc.) la cifra aumenta hasta un 26.7%, es decir una de cada cuatro víctimas es lesionada, lo que mucho quiere decir en cuanto a criminalidad de tipo violento. De todas las lesiones el 22% pueden considerarse mayores, al requerir hospitalización.

Las cifras anteriores son para Xalapa, pero se confirman en el Distrito Federal, en donde el 26% de las víctimas de cualquier delito sufrieron daños físicos, y de éstos el 27% requirió hospitalización.

Esto es comprensible si se toma en cuenta que en el 27% de todos los delitos se usaron armas, y de éstas el 13.5% fueron pistolas y 18.5% armas blancas (Xalapa). En el D.F., el 23.5% de las víctimas fueron lesionadas con arma de fuego.

En cuanto a las lesiones psicológicas, en Xalapa el 14% de las víctimas aceptó haber sufrido este tipo de daño, de ellas, el 16% requirió tratamiento; en el D.F. es el 12.6%, de los cuales el 41% necesitó atención especializada.

Las lesiones representan, como ya mencionamos, la segunda causa de denuncia ante la Procuraduría (después del robo), lo que nos da también una clara imagen de la victimización violenta que estamos padeciendo.

Para finalizar este apartado mencionaremos la situación legal referente a lesiones.

CUADRO N° 37

PROCESADOS POR LESIONES *

CIUDAD DE MÉXICO – 2008 AL 2015

Año	N°	%	Año	N°	%
2008	4,155	12.5	2012	2,140	6.0
2009	3,914	12.7	2013	2,013	6.4
2010	3,039	11.7	2014	1,541	5.4
2011	2,944	8.6	2015	922	5.2

* *Hay cambio de sistema*

XVIII.4. DINÁMICA

Presentamos algunas ideas sobre la dinámica de la agresión física, dentro de lo difícil de hacer generalizaciones, lo que nos importa es el papel de la víctima en este proceso.

Es indudable que el homicidio, así como las lesiones, son una forma de relación humana y social, y que el agresor desea no sólo el daño o la destrucción de la víctima, sino que además quiere "decir algo".

Es decir la agresión física tiene no sólo un contenido social, sino también un profundo significado psicológico.

Como en toda relación social y humana, existe interacción, en ocasiones muy estrecha, entre víctima y victimario.

La criminogénesis y criminodinámica del homicida ha sido muy estudiada; sus rasgos, su personalidad, su *iter criminis.* Por el contrario, falta mucho por saber acerca de la víctima y de lo que nosotros denominamos *iter victimae.*

Una de las dificultades típicas es que, en el homicidio, no contamos ya con la víctima, no conocemos su versión de los hechos, sus sentimientos, su actuación después del crimen, etcétera.

Hay casos en que este impedimento puede superarse, como aquellos en que la víctima sobrevive un tiempo después de la agresión, o aquellos en que el homicidio quedó en grado de tentativa.

Otro problema es la dificultad que hay en separarse la tentativa de homicidio de la de lesiones, y las lesiones graves de la tentativa de homicidio.

Los juristas hablan del *animus necandi*, es decir la intención de matar que lleva el criminal, frente al *animus laedendi*, en que solamente intentaba lesionar; de aquí el problema del delito preterintencional, en que el agresor solamente deseaba lesionar, pero se excedió en su violencia y mató a la víctima.

Poco se ha estudiado este problema en relación a la víctima, ¿hasta dónde la víctima tenía la intención (consciente o inconsciente) de ser muerta? Algunos avances del fenómeno los hemos ya dado en los capítulos dedicados al niño maltratado y a la mujer golpeada, en que la víctima llega a provocar la agresión, pero desde luego sin el ánimo de ser asesinada.

Podríamos proponer como hipótesis que la víctima no lleva el "ánimo" de ser muerta, en la gran mayoría de los casos; aun en casos graves de masoquismo, se busca el placer por medio del dolor, pero no hay la intención de que el placer cese por la muerte.

Sólo en casos excepcionales la víctima lleva el *animus* de ser muerta, como puede ser el ejemplo de la eutanasia, del pacto suicida, del sacrificio por venganza; los otros casos son de suicidas potenciales, que carecen de valor para autodestruirse, o de sujetos que buscan ser héroes o santos por medio del martirio.

Lo que nos interesa de sobremanera, es la participación de la víctima en el asesinato, así, "La víctima no es únicamente un objeto inanimado, sino elemento activo en la dinámica del asesinato. No sólo se adecúan con frecuencia el autor y la víctima, uno a otro, como la cerradura y la llave, sino que también sus condiciones de vida presentan a menudo peculiaridades complementarias." [418]

Abrahamsen señala que "Sólo en muy raras ocasiones la mente humana se encuentra obsesa por el impulso total a matar. Por el contrario, según mi experiencia, el homicidio es provocado inconscientemente por la víctima." [419]

Se ha dicho en relación al homicidio, que el estudio de la Victimología se reduce al estudio de la provocación. Por este camino entra la Victimología en los ordenamientos jurídicos.[420]

---

[418] Hentig, Hans von, *op. cit. (El Asesinato)*, p. 273.

[419] Abrahamsen, *op. cit. (La Mente)*, p. 12.

[420] Aníyar, *op. cit. (Victimología)*, p. 78.

Sin embargo, la víctima provocadora o precipitante sería tan solo una categoría dentro del complejo mundo de la agresión. Podríamos considerar tres grupos principales de acuerdo a la participación de la víctima,[421] que en mucho coinciden con la clasificación mendelsohniana de víctimas inocentes, culpables y aquellas en que la culpabilidad se comparte.

1) Pequeña participación; cuando no hay provocación, la víctima participa levemente, en ocasiones sólo "estaba ahí". Se menciona como ejemplo el de los niños pequeños asesinados por maniáticos.

2) Participación moderada; la víctima interviene directamente: en ocasiones el papel de víctima o victimario son intercambiables, como en los homicidios en riña. Se menciona como ejemplo el de la violencia intrafamiliar.

3) Mucha participación; cuando la víctima toma un papel activo, como la mujer que muere en un aborto consentido, o en las subculturas violentas con patrones de *vendetta.*

Desde luego que, para ser lógicos debemos agregar los dos casos extremos, el de la víctima no participante y el de la víctima de participación total. En el primer caso tendríamos el infanticidio, o al sujeto que es asesinado al ser confundido, en el segundo al de la legítima defensa o al de verdadero suicidio (el que se lanza al paso de un automóvil).

XVIII.5. Relación víctima-victimario

Un punto básico en la criminogénesis y la criminodinámica de las lesiones y el homicidio es la relación anterior entre el criminal y su víctima; para algunas formas, el conocimiento previo y aun el parentesco son presupuestos ineludibles, así: el parricidio, el infanticidio, el conyugicidio.

En México opera la calificativa de "traición" (Art. 138-II, C.P.D.F.) que agrava las lesiones y el homicidio:

"Existe traición: Cuando el agente realiza el hecho quebrantando la confianza o seguridad que expresamente le había prometido al ofendido, o las mismas que en forma tácita debía éste esperar de aquél por las relaciones de confianza real y actual que existen entre ambos."

En la investigación resulta que el 46.2% de las víctimas de lesiones en el D.F. conocía previamente a su agresor; en la Zona Conurbada

---

[421] *Cfr.* Avison, Neville. *Victims of Homicide.* I Symposium. Israel, 1973.

el porcentaje es de 25%, lo que indica que es más frecuente la agresión por parte de un desconocido.

En lo referente a homicidio, la investigación de Ruiz Harrell, sobre la población de homicidas en la penitenciaría del D.F. de México, dio como resultado que tan sólo el 34.11% de los criminales conocía previamente a su víctima.[422] En 2004, encuentra que descendió a 25%

La proporción es notablemente más baja que la detectada en otros países, creemos que es necesario actualizar los datos antes de aventurar conclusiones.

Para España (Región Canaria), la relación entre victimario y víctima de homicidio es como sigue: extraños 39.2%, amigos 14.2%, amantes 5.9%, esposos 9.6%, otros parientes 25.2%, pareja homosexual 5.9%.[423]

Marvin Wolfgang, en 1958, sobre un total de 550 casos de homicidio cometidos en Filadelfia entre 1948-1952, consta una relación entre criminal y la víctima en los siguientes porcentajes: amigo íntimo 28.2%, relación de parentesco 24.7%, conocido 13.5%, desconocido 12.2%, amante o prostituta 9.8%, rival sexual 4%, enemigo 2.9%, agente de policía 1.1%, espectador inocente 1%, compañero homosexual 0.6%.[424]

Sessar, para Alemania (Laden, 1970-1971), descubre que el 50% de los homicidios se presentan entre familiares y amigos cercanos.[425]

Abrahamsen nos dice que el homicidio intrafamiliar constituyó el 25% del número total de homicidios registrados en los E.U. durante 1971. En el mismo año el 72% de los homicidios ocurrieron entre personas que se conocían entre sí, que vivían en el mismo vecindario o eran miembros de la misma familia.

Esto significa que de los 17,630 homicidios cometidos en 1971 (un incremento aproximado del 60% desde 1966) unos 12,700 ocurrieron entre personas que se conocían o se trataban. Misma regla siguen las lesiones.[426]

El Departamento de Justicia de Estados Unidos confirma esto pues, para el período 1973-1976, estima que 3.8 millones de incidentes de violencia "íntima" (amigos, parientes, vecinos, compañeros de

---

[422] Ruiz Harrell, Rafael y colaboradores. *El Homicidio y la Violencia como Factores de Salud Pública en México.* Edición Mimeografiada. México, 1973.

[423] Garrido Guzmán, Luis. *Aspectos Criminológicos de la Delincuencia de Sangre.* Aula de Cultura de Tenerife. España, 1974, p. 190.

[424] Wolfgang, Marvin, 1958, *cit.* por Neuman, *op. cit. (Victimología),* p. 108.

[425] Sessar, Klaus. *Observations of Offender-Victim Relationships in Criminal Homicide.* I Symposium. Israel, 1973.

[426] Abrahamsen, *op. cit. (La mente),* p. 50.

trabajo) ocurrieron durante el período estudiado; 1.2 millones fueron entre parientes. Se considera que el 55 % de la violencia "íntima" no es reportada a la policía.[427]

Para 1992, considerando los 12,489 cometidos con armas de fuego en E.U., la relación de la víctima era: conocido 27%, extraño 13%, familiar 12%, amigo (o vecino) 8%, no se sabe 39%.

El 22% de bajas de la policía norteamericana, así como el 28% de todas las lesiones y agresiones a la policía, fueron durante intervenciones policiacas en problemas familiares.

Las crisis familiares son tan peligrosas para los que intervienen en ellas, que las ¾ partes de todas las víctimas de homicidio son parientes, amigos o conocidos de los homicidas.[428]

Hentig, sobre 206 asesinos "normales" (citando a Norwood), encuentra la relación siguiente: extraño 16%, amigos 20.4%, amante 31.2%, esposa 16.5%, otros parientes 15.4%. Sin embargo, entre 332 homicidas enfermos mentales, los porcentajes varían en la forma siguiente: extraño 8.6%, amigo 29.2%, amante 8.1%, esposa 26.5%, otros parientes 29.6%.[429] El autor concluye que el acto violento del enfermo mental se dirige en especial medida contra la mujer y los parientes más próximos.

Exner, para Sajonia, de 116 homicidios pasionales encuentra 20 sin datos, 79 parientes y 17 amantes. Svalastoga, para Dinamarca, de 172 asesinatos, el 57% eran parientes, el 30.8% conocidos y el 12.2% desconocidos. Wurmser, de 22 homicidios, 11 tenían estrechas relaciones.[430]

Creemos que con los ejemplos anteriores basta para demostrar la importancia de la violencia intrafamiliar y de las relaciones existentes entre víctima y victimario en los delitos contra las personas en su vida e integridad física.

XVIII.6. Modalidades victimales

Entendemos que el tema de la víctima de los delitos contra la vida y la integridad personal es extraordinariamente amplio, una sola de sus modalidades (suicidio, homicidio pasional, delito culposo, magnicidio, etc.), bastaría para hacer un capítulo, cuando no un libro completo.

---

[427] U.S. Bureau of Justice Statistics. *Intimate Victims, a Study of Violence Among.* Friends and Relatives. USA, 1980.

[428] *Cfr.* U.S.-LEAA. NCJ/48/005, USA.

[429] Hentig, Hans von, *op. cit. (El asesinato),* p. 282.

[430] Exner, Svalastoga y Wurmser. Citados por Göppinger, *op. cit. (Criminología),* p. 367.

En este apartado mencionaremos algunas de estas modalidades, más a guisa de ejemplo que con la intención de hacer una explicación profunda, a reserva de ampliar su estudio en futuras publicaciones.

XVIII.6.1. *Victimización culposa*

En las lesiones u homicidio culposo, es decir aquel cometido por imprudencia o impericia del activo, donde no hay intención de dañar, pero no se tuvo el cuidado necesario al actuar, la víctima puede tener un papel predominante,

Como vimos líneas atrás, la participación de la víctima puede ser total o nula, graduándose en pequeña, mediana o grande.

Poco se ha estudiado la intención de la víctima, y creemos que puede hablarse de delitos culposos desde el punto de vista victimal, independientemente de la intencionalidad del victimario, como veremos en un capítulo posterior.

El gran número de víctimas de lesiones y homicidio culposo (desde el punto de vista del victimario) hace necesario poner mayor atención en este tópico, pensemos únicamente en hechos de tránsito, que pueden producir más muertos y heridos que otros delitos comunes, tal y como lo demuestra la estadística; recordemos que es generalmente la primera causa reconocida de muerte por los servicios médicos forenses, así, en 1999 tuvimos 1,629 casos (24.9% del total), en 2011 fueron 1,191 (24.5%), y en 2015 1,021 (20.7%).

Muchas de estas muertes, lesiones y daños pudieron evitarse si la víctima se hubiera conducido con mayor prudencia (independientemente de la precaución exigida al autor).

Creemos pues que la distinción entre hechos dolosos y culposos (y aun preterintencionales) desde el punto de vista victimal puede tener una gran utilidad, no sólo para precisar la culpabilidad y el grado de responsabilidad del autor, sino para la mejor elaboración de una política victimológica.

XVIII.6.2. *Terrorismo*

Una de las formas más graves de victimización la configura, sin lugar a dudas, el terrorismo, por el número de víctimas y la calidad de éstas, pues se trata en un sinnúmero de casos y de personas inocentes y totalmente ajenas al conflicto pretexto para el acto terrorista.

El terrorismo se caracteriza entonces por su crueldad excepcional y por el peligro que representa para todo mundo, pues aunque se trate de atentados contra una persona en particular, los medios empleados cobran vidas inocentes.

El terrorismo puede concebirse como el empleo sistemático de medidas excepcionales de violencia para lograr un fin político, sea éste la toma, la conservación o el ejercicio del poder.

Es decir, es la lucha cobarde y sucia por el poder, ya que es más fácil agredir a la población civil e inerme, que enfrentarse a cuerpos armados y entrenados.

El terrorismo puede ser, desde luego, de abajo hacia arriba o de arriba hacia abajo: en el primer caso se trata de una campaña organizada de violencia indiscriminada, llevada a cabo por un grupo opuesto a un gobierno establecido; en el segundo, es la violencia del gobierno mismo contra la población, para mantenerse en el poder y disuadir a los gobernados de cualquier intento de rebeldía.

En todo caso, lo que se busca es crear miedo y extender la esfera de influencia de los perpetradores, a base de impresionar a la población y crear un clima de inseguridad. Al final, las víctimas del terrorismo son los ciudadanos, generalmente víctimas inocentes o indefensas.

Marx mismo rechazó el pseudo-revolucionarismo de los terroristas, y calificó al terror de aventura, de acción desesperada, ilusión y falta de fe en las masas.[431]

Estamos totalmente de acuerdo con Stanciu, en la última publicación de su vida, cuando afirmó que no existe un terrorismo "bueno".[432]

La víctima del terrorismo es poco lo que puede hacer para prevenir su victimización, ya que debería de abstenerse de ir a bares, clubes, almacenes, mercados o cualquier lugar o espectáculo público, y no viajar en avión o tren, pues en el mejor de los casos puede ser tomado como rehén, y en el peor, ametrallado o volado en pedazos con un explosivo.

Aun en nuestra propia casa, no podemos afirmar que estamos a salvo de actos terroristas.

El ejemplo más trágico y conocido es el de las torres gemelas del World Trade Center de Nueva York, acaecido el 11 de septiembre de 2001, en el cual un grupo de suicidas (19) secuestró cuatro aviones comerciales y los utilizó como proyectiles contra los edificios y el

---

[431] *Cfr.* Blischenko, Igor y Zhdanov, Nikolai. *El Terrorismo como Crimen Internacional.* Editorial Progreso. URSS, 1983, pp. 9 y ss.

[432] Stanciu, V. V. *Y a-t-il un Bon Terrorisme?* Etudes Internationales de Psychosociologie Criminelle. Núms. 36-44, p. 21, Société Internationale de Prophylaxie Criminelle. París, Francia, 1987. Ver la versión en español en Criminalia, año LII. Editorial Porrúa. México, 1986.

Pentágono, provocando más de 6,000 víctimas mortales, miles de heridos y pérdidas materiales inmensas.

Por lo tanto, la solución está (y todos parecen de acuerdo) en una muy amplia cooperación internacional y en un estricto cumplimiento de los diversos tratados, pactos y declaraciones, realizados ante la sede de la Organización de las Naciones Unidas.

Se han elaborado diversas Convenciones Internacionales referentes al terrorismo en sus diversas manifestaciones: aereosecuestro (1963, 1970, 1971), asesinato (diplomáticos, 1973), material nuclear (1979), rehenes (1979), aeropuertos (1988), barcos (1988), plataformas (1988), explosivos plásticos (1991), bombas (1997), financiamiento (2000).[433]

XVIII.6.3. *Magnicidio*

El magnicidio (homicidio de algún personaje ilustre) es peculiar porque en él la víctima, y no el criminal, ocupa el papel central; es el caso típico en el cual el criminal se borra, cae en el piadoso olvido, en tanto que la víctima pasa a la historia, en mucho porque ya ocupaba un lugar en ella.

La víctima entonces sobresale: "un hombre que aventaja a los demás así sea en trivialidades, provoca resentimiento. ¿Por qué? Porque a su alrededor se mueven las figuritas inacabadas de los seres que en nada fraguan. Y esas figuritas —el hombre insatisfecho, el hombre frustrado, el hombre sin hacer— querrían que todos fuesen como ella, única forma de burlar la conciencia de su propio fracaso".[434]

Es saludable diferenciar el magnicidio del tiranicidio; en el primer caso la víctima lo es por su importancia, por lo que es, por lo que representa, por ser valiosa, lo que es insoportable al criminal.

En el tiranicidio la víctima ha buscado su propia destrucción al destruir valores básicos para la comunidad (justicia, seguridad, dignidad); es víctima por lo que hace, porque lo hace mal y hace el mal.

Por esta razón, en tanto que el magnicidio es universalmente reprobado, el tiranicidio es comúnmente aceptado (aunque no pueda

---

[433] Varios estudios muy actuales sobre el tema pueden verse en: ISPAC (Consejo Asesor Científico y Profesional de los Programas de prevención del Delito y Justicia Criminal de las Naciones Unidas). *Countering Terrorism trough International Cooperation.* (Actas de la Conferencia Internacional de Courmayeur. Septiembre 2000). Italia, 2000.

[434] Scherer García, Julio. En el *Prólogo* de *Psicoanálisis del Magnicidio,* de Quiroz Cuarón, Alfonso y Máynez Puente, Samuel. Editorial Jurídica Mexicana. México, 1965, p. 9.

justificarse el hacerse justicia por propia mano), aun los pensadores eclesiásticos lo admiten (Molina, Suárez, Tomás, Bellarmino, Mariana, etc.), y se considera un "homicidio justiciero".

XVIII.6.4. *Homicidio pasional*

El homicidio pasional ha sido uno de los temas favoritos de la Criminología. Aunque centrado siempre en el delincuente (configuró una de las clasificaciones base de la Escuela Positiva —Lombroso-Ferri—), tuvo acercamientos interesantes a la víctima que no es el momento de exponer.

Lo mencionamos en especial porque es uno de los ejemplos más interesantes de participación victimal.

"El delito no puede considerarse pasional en sentido estricto, por el solo análisis de la personalidad del delincuente, sino complementado con el examen de la conducta de la víctima, que influye de tal modo, que, suprimida ella, en algunos casos (en todos, diríamos nosotros) no se cometería el delito."[435]

Efectivamente, en el homicidio pasional la víctima no es tomada al azar, se trata siempre de una persona con la que existen fuertes ligas emocionales y sentimentales, y la que participa en la victimogénesis activamente, a veces en forma imperceptible, en ocasiones de manera totalmente inconsciente.

"En el crimen pasional la víctima está fijamente determinada en la mente del victimario... allí está el sujeto pasivo, generalmente muy cerca, con su poderoso y atrapante estímulo, buscando inconscientemente la reacción en cortocircuito, la respuesta huracanada, la descarga, en fin, que conduce a su supresión, la eliminación de esa víctima coadyuvante y provocadora significa para el victimario la solución de su conflicto interior, que es el centro de la angustiada lucha de tantos días."[436]

Otra particularidad es que siempre hay un tercero, real o imaginario, que puede llegar también a ser victimizado.

En esta dinámica encontramos desde la víctima que es celada sin fundamento hasta aquella que cela, provoca, agrede, se burla, desprecia, hasta que produce la explosión incontrolable.

---

[435] Crespo Solís, Oscar. *Psicología de las Víctimas del Homicidio Pasional.* Criminalia. Año XXXII. Núm. 8, p. 512. Ediciones Botas. México, 1966.

[436] Neuman, *op. cit. (Victimología),* p. 103.

XVIII.6.5. *Eutanasia*

La eutanasia, la buena muerte (del griego ευ, bien y θάνατος, muerte), es el fallecimiento sin dolor, es ser ayudado a bien morir sin padecimiento, es evitar una agonía larga y dolorosa.

Como es fácilmente comprensible, la eutanasia es un fenómeno de enormes implicaciones victimológicas, ya que la víctima pide, o al menos consiente que se le prive de la vida.

Hay ocasiones en que la víctima, padeciendo una enfermedad peculiarmente grave, no puede pronunciarse, y el activo actúa *per se*, pero de todas formas se considera como eutanasia.

El tema ha tomado actualidad por los avances de la medicina y los casos de vida artificial, en que el paciente no sobrevive si no es por los aparatos que lo mantienen.

Desde luego que los casos de víctima inconsciente, suplicante y consciente, son victimológicamente diferentes, pero las une el fenómeno de que la víctima es librada de un mal mayor, un sufrimiento insoportable, es decir, se trata de un caso único en el cual la victimización es a favor de la víctima.

XVIII.6.6. *Abusos médicos*

Otro aspecto de la victimización que exige atención, son los abusos médicos, psiquiátricos y la utilización de drogas psicotrópicas, aun con fines políticos.

La moderna medicina nos plantea una serie de cuestiones que tienen relación directa con la Victimología:[437] ¿Cuáles son los límites de operaciones y manipulaciones con el cuerpo humano, como transplantes de órganos, inseminación artificial, manejo genético, etc.?, ¿hasta dónde puede llegar la intromisión del Estado en la privación de los derechos de los pacientes, de los enfermos mentales, etcétera?

Capítulo especial merecería el tema de la experimentación con humanos, en ocasiones sin el conocimiento ni consentimiento de la víctima, a veces con éste, pero producido en personas particularmente vulnerables (reclusos, enfermos mentales, menores de edad, marginados, etcétera).

---

[437] Separovic, Zvonimir. *Some New Problems Posed by the Advancement of Medicine.* II Symposium. Boston, USA, 1976.

Opinamos, al igual que María de la Luz Lima, que es urgente la adaptación de principios básicos que controlen con mayor eficacia la experimentación.[438]

XVIII.6.7. *Victimización post-mortem*

Finalmente, es de utilidad mencionar el problema de la victimización *post-mortem*,[439] en cuanto al maltrato de los cadáveres en algunos hospitales, sanatorios y servicios médico forenses, caracterizados por su falta de técnica y de respeto al ser humano, que debe ser digno de consideración aún después de muerto.

Se conocen casos de tráfico de órganos y glándulas extraídas de los cadáveres sin consentimiento del difunto (ya que puede haber disposición de donación) o de sus familiares.

Y qué decir de las funerarias, en donde se viola el derecho de todo humano de tener un sepelio decoroso, y se explota inmisericordemente a los deudos, que están emocionalmente en un estado de indefensión y son por lo tanto fácilmente victimizables.

XVIII.7. AUTOVICTIMIZACIÓN

Una de las características más notables del homicidio y las lesiones es que el sujeto puede autovictimarse, es decir, reunir las características de víctima y victimario en la misma persona.

Esto no sucede en otro tipo de victimizaciones, en que es necesario un agresor y una víctima; nadie puede autorrobarse, autodefraudarse, autoviolarse, autoestuprarse, etcétera.

Principiemos con el autohomicidio, es decir, el suicidio.

El suicidio es un fenómeno que ha conmovido a la humanidad durante toda su existencia; lo hay de múltiples formas y por los más diversos motivos (honor, ritual, religión, depresión, venganza, tradición, psicosis, protesta, autopunición, etcétera).

El hecho de autodestruirse representa un acontecimiento en el que el sujeto logra interpretar los dos papeles: criminal y víctima, como diría Von Hentig "es el placer de poder ser víctima y de proporcionárselo con la propia mano, doble goce de dar y recibir".[440]

---

[438] Ver un proyecto de Principios en: Lima, María de la Luz. *Derechos Humanos en la Experimentación.* III Congreso Mexicano de Derecho Penal. UNAM ENEP Acatlán. México, 1987.

[439] *Cfr.* Geib, Frederick K. *The Ultimate Victim: the Life Cycle of a Corpse.* II Symposium. Boston, USA, 1976.

[440] Hentig, Hans von, *op. cit. (El Delito),* T. II, p. 413.

Durante mucho tiempo, en la cultura occidental, el suicida fue considerado como un criminal que se mata a sí mismo; la idea de pecado fue fundamental para este enfoque, el sujeto es estudiado criminológicamente, y aun sancionado, pues la tentativa de suicidio fue castigada en algunas legislaciones igual que la tentativa de homicidio, y el suicidio consumado traía consecuencias, como no poder ser enterrado en camposanto, no tener derecho a determinadas exequias, o aun ser exhibido el cadáver como póstuma pena infamante.

Ahora la idea ha cambiado, pues se considera al suicida una víctima (en principio de sí misma), y como tal es estudiado por la Victimología.

Y no se trata de un simple juego de palabras, sino que tiene implicaciones prácticas, pues nadie piensa ya en castigar al suicida o tentado suicida (aun la Iglesia católica ha variado su actitud en este campo); en el campo de la investigación tendríamos nuevos datos que aportar, y desde el punto de vista de la prevención se lograrían avances.

Si toda conducta humana y muy especialmente en la relación víctima-victimario es altamente simbólica, en el suicidio esto es peculiarmente cierto, ya que el suicida quiere no sólo destruirse, sino además "decir algo".

Además, es común que se quiera decir algo a alguien; el problema queda resuelto en algunos casos en que la carta final es muy explícita, pero esto no siempre sucede.

Es verdad que en una buena cantidad de suicidios hay otra (u otras) víctimas(s), es decir el suicida se destruye con intención de destruir o al menos dañar a otra persona.

Para prevención, es importante conocer que toda víctima potencial de suicidio está pasando por alguna (o varias) de las siguientes situaciones:[441]

- Una depresión mental importante u otro padecimiento psiquiátrico serio.
- Relaciones interpersonales en gradual deterioro.
- Antecedentes personales o familiares de intentos.
- Sentimientos marcados de soledad y hostilidad.
- Ausencia de creencias religiosas firmes.
- Pérdida reciente de alguna persona amada.
- Pérdida reciente de la salud (diagnóstico de enfermedad incurable).

---

[441] *Cfr.* Beck, A. T. *The Prediction of Suicide*. Charles Press Bowie. Maryland, USA, 1974, pp. 314-356.

- Primeros días de pérdida de libertad.
- Sentencia ejecutoriada.
- Desastres financieros que parezcan irremediables.
- Pérdida o disminución del "status" social.
- Jóvenes farmacodependientes en agrupaciones con ideologías extrañas a su ambiente social
- Adultos alcohólicos o farmacodependientes.
- Edad avanzada, sobre todo en el sexo masculino, con padecimientos físicos dolorosos; problemas económicos, abandono de la familia, e insomnio marcado.
- Amenazas frecuentes de suicidio.
- Verbalización de deseos de muerte.
- Gestos suicidas (jugar con armas de fuego, caminar por las azoteas, ventanas de edificios altos, puentes, etcétera).
- Historia de tendencias impulsivas o de actos agresivos.
- Paciente con psicosis asociada a pánico, alucinaciones o delirios paranoides.
- Homosexuales con problemas de rechazo.

Nuestro país tenía una tasa muy baja de suicidio, podríamos mencionar un 2.3 por cada 100,000 habitantes para 1969, que comparado con el 41.6 de Berlín Occidental (1964), 24.5 de Checoslovaquia (1968), 23.3 de Finlandia (1969), 22.0 de Suecia (1969), 17.1 de Suiza (1969) o 15.2 de Japón (1970), era en realidad un fenómeno poco frecuente.[442]

En las cifras del SEMEFO, del total de autopsias para 1986, en 375 pudo concluirse casos de suicidio, lo que representa el 5.2% (frente al 22.8% de homicidios). En 1999 encontramos 434, dando el 6.57% (frente al 17.68% de homicidios), en 2014 fueron 531 (11%).

El perfil del suicida, en el final del siglo XX, es el siguiente: cinco hombres por cada mujer; población joven, 19.82% de 11 a 20 años, 32.72% de 21 a 30 años y 20.97% de 31 a 40 (cifras del Servicio Médico Forense del Distrito Federal, 1999).

Otros datos son: por asfixia 57.14%, por arma de fuego 27.19%; la proporción hombre-mujer es 7 a 1 y 8 a 1, respectivamente.

El 44.7% son solteros y el 31.8% casados. La educación es 27.88% secundaria y 22.58% primaria. El 27.42% de ocupación empleado y el 13.59% estudiante. El lugar del suicidio es el hogar en 65.21% de los casos.

---

[442] *Cfr.* Rodríguez Sala, Ma. Luisa. *Suicidios y Suicidas en la Sociedad Mexicana.* UNAM. México, 1974.

No podríamos ignorar, desde luego, el fenómeno de la cifra oscura, negra o desconocida del suicidio, que podría (por diversas razones), ser muy alta, pero aún así, podemos afirmar que México es un país escasamente suicidógeno, lo que puede confirmar la conocida correlación homicidio-suicidio, pues se sabe que los países con altas tasas de homicidio (como es el caso), tienen escasez de suicidios, en tanto que los países con fuerte tendencia a la autodestrucción son escasamente heterodestructivos.

Sin embargo, Rafael Ruiz Harrell, en diversos artículos periodísticos[443] nos hace ver cómo el suicidio está aumentando con gran rapidez, pues si en 1980 eran 1.4 por cada 100,000 habitantes (proporción semejante a la de 1960), en 1990 llegan a 2.01 y en 1995 alcanzan 2.57.

Tenía razón Ruiz Harrell, de 1990 a 2010 el número de muertes por suicidio en el país aumentó de 1,941 a 5,012, es decir, el 158%; alarmante en adolescentes que es la tercera causa de muerte.

En la primera década del siglo, tres de cada cuatro suicidios se llevan a cabo en el hogar, tres de cuatro son por ahorcamiento, y en el 12% hay armas de fuego. Cada dos horas se suicida una persona.

El 80% de los suicidios son cometidos por hombres, aunque en las mujeres se observa un aumento proporcional del 14% al 20%. El suicidio representa ya el 7.7% de las muertes violentas (en 2000 era el 3.9%)

Caso diferente, pero digno de mencionar por sus implicaciones victimológicas, es el pacto suicida, donde ambos participantes son a la vez víctimas y victimarios.

El pacto suicida es una de las interrelaciones más complejas, pues lleva a situaciones límite difíciles de encontrar en otros casos.

No es raro que exista una relación íncubo-súcubo, en que una de las partes va envolviendo a la otra hasta convencerla de la mutua autodestrucción.

El suicidio no es la única forma de autoagresión, hay otras de gran significación victimológica como el autolesionismo, el alcoholismo y la drogadicción.

"El autolesionismo, más allá de los límites de la voluntad de ocasionar daño a una tercera persona que sería la víctima indirecta, no es delito si es cometido fuera de la esfera de las perturbaciones del orden público; pero es un síntoma evidente de peligrosidad victimal, porque aquél que lo hace desahoga una necesidad de autoafirmación,

---

[443] Ruiz Hárrell, Rafael. *Reforma*. México, julio y agosto del 2000. Ver también: "*La ciudad y el crimen*". INACIPE, México, 2010.

una necesidad de reclamar la atención ajena, o bien un deseo, consciente o no, de herir en última instancia a otra persona. Ésta es una peligrosidad auténtica porque raramente la víctima se resigna a un solo acto. En algunas oportunidades puede inclusive utilizar a un tercero inocente para el autolesionismo que le resulta psicológicamente indispensable".[444]

El autolesionismo es frecuente en el medio penitenciario, en que los reclusos se causan heridas como protesta, para llamar la atención, o ser trasladados a otra sección, principalmente la enfermería.

Lo encontramos también en sujetos que lo hacen para cobrar seguros (llamados en algunos países kamikazes)) o en enfermos mentales.

El alcoholismo, además de ser un relevante factor victimógeno, es una forma de autodestrucción, al igual que las diversas variedades de toxicomanía.

El drogadicto es una víctima de sí mismo, pero también lo es del narcotraficante, de la policía, de la sociedad, y aún del medio manicomial en que es tratado, cuando tuvo la suerte de salvarse de la cárcel.

En algunos países todavía es considerado un delito el drogarse, o el poseer pequeñas dosis de droga para exclusivo uso personal. Un problema grave lo presentan los adictos que a la vez son distribuidores de droga, que trafican para poderse financiar la dependencia. En este caso el sujeto sufre no sólo por ser farmaco-dependiente, sino también por pobre, ya que los ricos no necesitan traficar para obtener dinero con qué adquirir el tóxico.

Lo dramático de esta polivíctima es que por lo general es joven y, como dice Neuman, "la materia prima esencial de ese negocio es el ser humano joven. No se vende droga al ser humano. Se vende el ser humano a la droga".[445]

---

[444] Aníyar, *op. cit.* (*Victimología*), p. 100.

[445] Neuman, Elías. *Las Víctimas del Sistema Penal.* Editora Córdoba. Argentina, 1985, p. 35.

Capítulo XIX

VÍCTIMAS PATRIMONIALES

XIX.1. Introducción

En este capítulo hemos de estudiar las víctimas que sufren en alguna forma una mengua en su patrimonio.

Hay múltiples formas de victimización patrimonial, mencionaremos tan sólo las más frecuentes o aquellas que tienen especial significado victimológico.

La victimización patrimonial es la más frecuente; en nuestra investigación (Xalapa), el 47.27% de las víctimas fueron patrimoniales.

La victimización patrimonial se distribuye en la forma siguiente: robo 68.5%, abuso de confianza 14.3%, fraude 7.7%, daño en propiedad ajena 5.3%, despojo 2.8%, tentativa de robo 2.8%.

En el Distrito Federal (INACIPE), el 70.2% de toda la victimización es patrimonial, y en la zona conurbada aumenta a 73.2%. Las conductas son menos diversificadas, ya que de todas las patrimoniales, más del 90% lo constituye el robo.

De los delitos denunciados en el fuero común, 1998 todo el país, el 67.1% son patrimoniales, repartidos en 43.2% robo, 10.2% daños y 3.7% fraude.

La situación jurídica es la siguiente:

Cuadro Nº 38

DELITOS CONTRA LA PROPIEDAD
(Presuntos-Nacional)

Año	*Robo*	*Abuso de Confianza*	*Fraude*	*Daño en propiedad ajena*	*Total*
1995	41,436	2,693	6,312	10,139	60,580
1996	54,557	2,551	6,171	11,367	74,646
1997	54,005	2,071	5,066	10,779	71,921
1998	56,810	1,992	4,890	11,334	75,026
1999	55,764	1,824	5,069	12,305	74,962

CUADRO Nº 39
DELITOS CONTRA LA PROPIEDAD*
PROCESADOS, D.F. - 2008 al 2011

Delito:	2008	%	2009	%	2010	%	2011	%
Robo	14,996	45.1	16,382	53.3	14,884	57.1	20,022	58.2
Daño	5,584	16.8	1,995	6.5	1,385	5.3	1,503	4.4
Fraude	751	2.3	709	2.3	629	2.4	725	2.7
Total:	**21,331**	**64.2**	**19,086**	**62.1**	**16,898**	**64.8**	**22,250**	**65.3**

* *Fuente*: Dirección de Estadística de la Presidencia del TSJDF, con información de juzgados penales y de paz penal.

Estadísticamente, para 2011 el robo se divide en: Robo a transeúnte 6,905; Otros robos 5,491; Robo a negocios 3,466; Robo de vehículo o autopartes 1,936; robo a casa-habitación 1,208; Robo en transporte público 1,016.

En cuanto a la situación mundial, en los países ex-socialistas se reporta un aumento de delitos contra la propiedad, en África, aumento de violencia en este tipo de delitos, al igual que en Asia, en Europa Occidental (incluidos Canadá, EUA, Australia y Nueva Zelandia), mayor oportunidad para el delito económico, principalmente organizado e intelectual, y en América latina un aumento en la diversificación, con proliferación de delitos relacionados a corrupción y fraude.[446]

Se considera (ONU), que a nivel mundial en el período 19701975 el hurto se elevó en un 46% y el robo con violencia en un 197% la tendencia, por desgracia, sigue.

Está entonces fundamentada la preocupación por la victimización patrimonial, que es la más abundante en todos los países y en todos los sistemas.

XIX.2. ROBO

Como hemos mencionado en la introducción, la forma de victimización más común (con patrimoniales y sin patrimoniales) es el robo; podríamos decir algo más: todos hemos sido víctimas de robo alguna vez en nuestra vida.

Es de aclararse que en México (en materialmente toda su legislación penal) se considera como robo el apoderamiento de cosa ajena mueble, sin derecho y sin consentimiento de la persona que pueda disponer de ella de acuerdo a la ley (art. 367 C.P.).

No se hace diferencia entre robo y hurto, ni entre éstos y el asalto; todo apoderamiento de bien mueble queda englobado en el rubro de "robo".

[446] ONU. VI Congreso de Naciones Unidas para Prevención del Delito y Tratamiento del Delincuente. A/Conf.87/4. Caracas, Venezuela, 1980.

Una vez hecha la aclaración, pasemos a explicar algunas de las características de esta forma de victimización, de manera muy general.

En la investigación, nos ha llamado la atención que en Xalapa las mujeres resultaron mucho más robadas que los hombres (60.1%-39.9%), en el Distrito Federal se igualan las cifras (49%-51%) y en la zona conurbada su victimización en proporción es menor (37.1%-62.9%).

En cuanto al calendario de la victimización, en Xalapa encontramos una diferencia notable entre hombres y mujeres, pues para los primeros más de la mitad de los robos se cometen en los últimos 3 meses del año, en tanto que para las segundas es sólo el 33% en esta época del año.

En el Distrito Federal el 27.3% de los robos se cometen a fin de año, en la zona conurbada es el 26.1%.

En fin de semana (sábado y domingo)" se concentran los robos: 45.8% para las mujeres y 38% para los hombres, después de esto es el lunes el día más victimógeno para ambos (Xalapa).

En cuanto al lugar y forma del robo, del total de las víctimas de Xalapa, una de cada 5 fue robada en su casa, una de cada 3 directamente en su persona, una de cada 10 asaltada a mano armada, y una de cada 10 sin armas.

El lugar de victimización es más bien cerrado para las mujeres y abierto para los hombres, como podemos ver en el Cuadro No. 40 (Xalapa).

CUADRO Nº 40

LUGAR DE VICTIMIZACIÓN
(XALAPA)

	Lugar público	*Vía pública*	*Lugar cerrado*	*Despoblado*	*Casa habitación*	*Transporte*
Hombres	24.8	30.6	10.8	2.3	19.3	12.0
Mujeres	18.8	16.3	13.0	0.3	34.4	17.0

En el Distrito Federal, del total, el 46.2% fue robado en la calle (49% para zona conurbada) y el 26.7% en algún medio de transporte (20.2% para zona conurbada).

En cuanto a las denuncias (para el Distrito Federal en 1985), el 45.03% del total pertenece a robo. Se presentaron en 1984, 72,606 denuncias por este delito, siendo en 1985, 68,873 con una disminución de 3.76%.

El robo denunciado se reparte de la manera siguiente: dinero en efectivo 33.69%, automóvil 30.81%, accesorios de auto 3.76%, documentos 1.97%, aparatos eléctricos 1.91%, alhajas 1.83%, placas de vehículos 0.62%, objetos varios 24.82%, tentativa 0.59%.

Lo anterior nos da un perfil interesante de esta forma de victimización.

Sin embargo, tenemos un cambio radical en el perfil, ya que, en la investigación del CONSEGU, el 91.3% de las victimizaciones se reportan por robo, y es que la línea se mantiene hasta 1993 en que las denuncias por robo son el 44.9% del total y, en 1997, se disparan al 61.1%, pero no sólo eso sino que los robos con violencia crecieron en 180% y superaron a los sin violencia, que crecieron 118% en el mismo período; dicho en otra forma, en el Distrito Federal de cada 100 robos, 55 son con violencia.

XIX.3. Tipos de robo

Para nosotros, al no tener diferencia jurídica entre hurto y robo, es de la mayor importancia distinguir el robo con violencia de aquel en que no existe ésta.

El robo con violencia (que por comodidad llamaremos "asalto", ya que es la manera popular de denominarlo) es la forma más grave desde el punto de vista victimológico, ya que deja secuelas psicológicas en la víctima, cuando no heridas y golpes.

En el Distrito Federal, en 1984, no hubo violencia en el 59% de los casos de robo, en la zona conurbada en el 65.3%, en Xalapa en el 62.2%.

En Xalapa, el asalto a mano armada alcanza un 10.3% del total. Aquí puede verse que los hombres son más comúnmente lesionados que las mujeres, posiblemente porque ofrecen resistencia con mayor frecuencia, pues en el 57.3% de los asaltos a hombres hubo lesiones, frente al 40.5% de lesiones a mujeres.

El asalto sin armas lo encontramos en el 13% de las víctimas, y podemos comprobar nuevamente que los hombres son asaltados violentamente con mayor frecuencia que las mujeres (75% de hombres por 25% de mujeres), y que los hombres son lesionados en más ocasiones que las mujeres, 58.8% por 21.5%.

En el Distrito Federal, de los asaltos a mano armada, el 39.2% fue con pistola, el 34.1% con cuchillo, el 8.8% con un palo y el 17.7% con otras armas.

Lo anterior nos da una imagen de victimización muy violenta.

El robo de vehículos de motor es uno de los problemas frecuentes en la sociedad contemporánea. Esto lo reafirma el robo de 72 vehículos y 40 tentativas de robo en Xalapa. Los robos equivalen al 5.5% de las víctimas.

Los hombres en este campo son mayormente victimizables que las mujeres, quizá porque poseen mayor número de vehículos automotrices.

En el Distrito Federal, el rubro más alto de denuncias patrimoniales está relacionado con robo de autos y accesorios (35.19%), uno de cada 3 objetos denunciados como robados es un automóvil, es decir 21,527 autos en 1985, lo que aumentó en 10 años a 56,498, de los cuales 21,382 con violencia.

Lo anterior tiene sentido, ya que la víctima recurre siempre a las autoridades al serle sustraído su vehículo, en primer lugar para no meterse en un problema serio (auto usado en asalto o secuestro), en segundo lugar para poder cobrar el seguro (si tenía la suerte de estar asegurado) y por último con la esperanza de que se lo devuelvan.

En un interesante estudio sobre el perfil victimológico del robo de automóviles en México, Distrito Federal,[447] se obtuvieron los siguientes resultados: (entre paréntesis los datos de un estudio similar realizado en Venezuela).[448]

Sexo de la víctima: masculino 77.7% (82%); edad 21 a 25 años el 24% (36 a 40 años el 22.8%); estado civil, casado 57.49% (58.2%), soltero 40.20% (38.6%); hora de victimización, de 19 a 5 hrs. 54.4% (18 a 6 hrs. el 57.8%); días de victimización sábado 17.12% (18.90%); marca de automóvil, VW 46.13%, Ford 11.64% (Hillman 20%, Ford 27%).

El perfil victimal para México sería: sujeto varón de 24 a 28 años de edad, casado, sin preparación profesional y de preferencia empleado, habita en una vivienda unifamiliar o multifamiliar de tipo medio.

En cuando a la victimización, ésta sucede durante la noche, entre las 19:00 y las 5:00 hrs, los días sábado y jueves, no siendo relevante el mes para la conducta victimológica. Los hechos se efectúan en la vía pública, enfrente o cerca del domicilio de la víctima.

El automóvil más común es un Volkswagen sedán, color azul, dos años anterior al último modelo.

---

[447] Higuera Corona, Jorge. *Perfil Victimológico en el Delito de Robo de Automóviles en el Distrito Federal de México.* Tesis Profesional. UNAM, México, 1976.

[448] Mayorca, Juan Manuel. *Perfil Victimológico en Delitos contra la Propiedad.* Dirección de Prevención del Delito. Venezuela, 1973.

En una investigación actualizada (junio de 2001),[449] resulta que en la Ciudad de México el automóvil más robado es el Volkswagen (58%), seguido del Nissan (18%). Solamente el 52% estaban asegurados, el 19% ya había sido robado alguna vez, el 93% presentó denuncia y el 35% logró recuperar su vehículo.

Lo más alarmante es que, de las personas presentes durante el robo, el 79% manifestó haber sido víctima de violencia, y el problema se dimensiona cuando sabemos que en 1997 se robaron 160.2 automóviles diarios; en el año 2000 bajó a 119.2.

La victimización patrimonial varía según la sociedad se va transformando; ya Nicéforo señalaba cómo el robo con violencia tiende a disminuir, aumentando en cambio los delitos de fraude[450] (sin embargo, hacemos notar un repunte en los asaltos y otros delitos de violencia).

La realidad es que, como toda conducta que se presenta en sociedad, el robo se ve afectado por los cambios políticos, económicos, religiosos y sociales.

Parece lógico que haya un aumento de delitos patrimoniales en épocas de crisis, en las que aumenta también la preocupación y el temor de ser victimizado.

Alper ha estudiado el extremo contrario, el de la abundancia como factor victimógeno, pues la abundancia de bienes hace que aumente el robo de éstos; pone como ejemplo el robo de automóviles o de aparatos eléctricos, y reconoce que la victimización patrimonial es parte del precio que debe pagarse por el crecimiento desigual de la distribución de la riqueza.[451]

Para dar un ejemplo de cómo los cambios en la sociedad conllevan a una transformación de la victimización, citemos el problema de la sustracción de bienes mediante computadoras.[452]

"El desafío tecnológico echa por tierra una serie de pautas criminológicas. Al menos cabe admitir que quien delinca mediante computadora lleva notable ventaja a la víctima, al criminólogo, al penalista, a los sistemas de investigación y a la propia ley penal. Por supuesto que la 'pareja penal' parece destruida, salvo que alguna computadora no diga lo contrario. Pero la victimología puede cumplir un rol preventivo coadyuvante con los sistemas de seguridad.

---

[449] Periódico *Reforma*. México, 21 julio 2001.

[450] Nicéforo, Alfredo. *La Transformación del Delito*. Librería General de Victoria Suárez. Madrid, España, 1902, p. 5.

[451] Alper, Benedict S. *La Opulencia como Víctima*. X Aniversario del Instituto Nacional de Ciencias Penales (INACIPE). México, 1986, p. 27.

[452] Para una información más amplia consultar: Lima Malvido, María de la Luz. *Delitos Electrónicos*. Criminalia, Año L, núms. 1-6, p. 96. Editorial Porrúa. México, 1984.

No se trata esta vez de investigar el rol de la víctima en la criminogénesis, pero sí su labilidad victimal. Para ello habrá que alentarla a que coopere y no ahonde la cifra negra —esta vez sí que dorada— de la criminalidad y así permitir el conocimiento de las falencias en que ha caído y que el victimario ha aprovechado." [453]

XIX.4. La víctima de robo

Decía nuestro maestro Quiroz Cuarón que "psicológicamente muchos robos resultan no de habilidad, astucia o arrojo de los criminales, sino de la acción por omisión de las mismas víctimas, cuyos móviles subconscientes se dejan sentir desde lo profundo de sus sentimientos de culpa, de prodigalidad o tolstoísmo".

"La negligencia en el manejo del dinero (o de sus equivalentes) es una costumbre inveterada en la vida cotidiana. El dejarse robar es una conducta que equivale a un acto fallido, que, como toda conducta fallida, es activa, buscada, querida." [454]

Con estas frases comprendemos la importancia de la víctima en el robo, y la verdad del dicho "la ocasión hace al ladrón".

Podemos encontrar los dos extremos en la víctima: aquella tan descuidada que presenta una oportunidad tal al delincuente que éste materialmente se "encuentra" el objeto, y el de aquella que toma tal cantidad de precauciones (bardas, alarmas, ofensículas) que atrae a los amantes de lo ajeno.

La relación entre víctima y victimario es escasa; al contrario de otras formas de victimización, la víctima por lo general no conocía previamente al agresor; así, sólo el 7.3% de los casos en el Distrito Federal y el 5.2% en la zona conurbada tenía una relación previa con el ladrón, para las demás era desconocido (hay la probabilidad de que muchas no sepan en realidad quién las robó).

En realidad es difícil plantear el perfil de la víctima de robo, ya hemos dicho que todos hemos padecido pérdidas patrimoniales por esta conducta.

Lo que sí podemos afirmar es que "al perro más flaco se le cargan las pulgas", y que son los pobres y la clase media los más afectados, ya que tienen menor posibilidad de defensa (guardias, alarmas, etc.) y que sus pérdidas son proporcionalmente mayores.

---

[453] Neuman, *op. cit. (Victimología)*, p. 230.

[454] Quiroz Cuarón, Alfonso. *Asaltos a Bancos en Venezuela y América*. Imprenta Morales Hermanos. México, 1964, p. 174.

La víctima en mucho es elegida al azar, lo que se escoge es el objeto, lo que se busca es la ganancia económica; la víctima cuenta en cuanto a su capacidad de resistencia y de reacción; por lo demás da lo mismo victimar a *x* o a *y*.

Algo en que los autores han insistido es en los antecedentes de la víctima para ser elegida, ya que si la víctima es conocida por su falta de honestidad, entonces el ladrón encuentra en ello la seducción de la excusa de cumplir el rol de justiciero.[455]

Al ladrón le tranquiliza la conciencia el hecho de la deshonestidad que se encuentra entre los no delincuentes,[456] y es conocida la frase de "ladrón que roba ladrón tiene cien años de perdón", o como exclamaban los anarquistas "expropiar a los expropiadores".

Otro aspecto victimal de peculiar importancia en el robo es el hecho de que la víctima puede ser persona física o personal moral, lo que desde luego no sucede con otros delitos.

La víctima persona moral (o jurídica) es difusa, no tiene un rostro, no se puede captar su sufrimiento, sus pérdidas se distribuyen a veces entre miles de socios, y la reacción de la comunidad es menor, ya que no existe propiamente una identificación con la víctima.

Por esto es más fácil, psicológicamente hablando, robar a una persona moral que a una física. Pensemos en la diferencia entre robar un supermercado, que pertenece a una gran cadena (en ocasiones transnacional), y robar un pequeño puesto en un mercado, donde la mercancía es quizá el único patrimonio del vendedor, que es en nuestro medio el "marchante", alguien conocido, que sufre y es directamente dañado.

XIX.5. Fraude

Comete el delito de fraude el que engañando a uno o aprovechándose del error en que éste se halla se hace ilícitamente de alguna cosa o alcanza un lucro indebido (art. 386 C.P.).

En pocos delitos la actuación de la víctima es tan importante como en el fraude, ya que por lo general está buscando una ganancia, y voluntariamente entrega sus bienes.

La personalidad de la víctima cuenta poderosamente, es claro que no todo el mundo es defraudable, y esto lo saben bien los estafadores.

---

[455] Aníyar, *op. cit. (Victimología)*, p. 95.

[456] Hentig, Hans von. *Hurto, Robo con Fuerza en las Cosas-Robo con violencia o intimidación*. Espasa-Calpe. Madrid, España, 1962.

Recuerdo que mi maestro Quiroz Cuarón comentaba cómo un defraudador difícilmente se equivoca, y lo comparaba con el traficante de drogas y con el homosexual, que cuando se acercan a la presunta víctima saben que hay probabilidad de que caiga, un cierto instinto los guía hacia su presa, no pueden darse el lujo de errar, pues puede ser extremadamente peligroso.

Cuántas veces la presunta víctima responde con el consabido "usted me confunde", pero no, el estafador, el narcotraficante, el homosexual raramente se confunden.

En alguna ocasión, conversando con un "paquero" (estafador), éste interrumpió la plática, contuvo la respiración, adoptó la misma actitud de un perro de caza y exclamó ¡qué cara de gil tiene ése!, señalando a una persona, a la que yo desde luego no le notaba nada, sin embargo, el delincuente me aseguró que podría "sacarle todo" con cualquiera de sus trucos.

Con lo anterior queremos decir que la víctima de fraude tiene "algo" diferente a los demás, y ese algo es en primer lugar la desmedida codicia.

La mejor definición de esta víctima la encontramos en la literatura (Quevedo): "nunca se contenta con poco quien desea mucho y comúnmente se queda sin nada quien lo quiere todo."

Por esto el estafador promete grandes ganancias, y en ocasiones permite a la víctima obtener algunos beneficios, desencadenando con esto su ambición: "el que ha lamido una vez la sangre de las ganancias fraudulentas mediante un pequeño beneficio pasa a discurrir por el rumbo de su debilidad. Se alcanza lo óptimo de la coyuntura cuando el sujeto mismo manifiesta en la forma que sea el deseo de someterse al proceso de convertirse en víctima."[457]

La víctima es pues voluntaria, no como en el robo, pues nadie puede ser robado, por lo menos conscientemente, desde luego esa "voluntad" está viciada por el engaño, pues el sujeto ignora que no recibirá lo que espera.

La dinámica es aún más interesante porque es común que la víctima pensaba estafar al victimario, ha calculado obtener ganancias a costillas del otro (que se presenta como presunta víctima: ignorante, tonto, torpe), sabe que los beneficios que va a conseguir son desmesurados, cuando no indebidos.

Una vez picado el anzuelo la víctima seguirá a su victimario, y puede llegar hasta convertirse en víctima suplicante, pidiendo, rogando y hasta exigiendo ser victimizada.

---

[457] Hentig, Hans von. *La Estafa*. Espasa-Calpe. Madrid, España, 1964, p. 219.

Un caso claro es el de las llamadas "pirámides", "cartas cadena", "aviones", etc., en que la víctima es convencida de que enviará dinero a la primera persona de una lista y a vuelta de correo miles de personas le enviarán dinero a ella. Un ejemplo patético lo tuvimos en México, en que los defraudadores alquilaron una "suite" en un hotel de lujo, perfectamente instalados, con secretarias y papelería impresa, etc. Fueron descubiertos por el escándalo causado por el tumulto de presuntas víctimas que se peleaban por ser estafadas.

Quizá esta sea la razón por la que muchas víctimas de fraude no ponen en conocimiento de las autoridades el delito, pues denunciarlo equivale a reconocer que se pretendía hacer algo no muy correcto, que se intentaba engañar a otro, y que se fue menos inteligente (o más tonto) que el victimario. El coraje que hace el estafado es doble, pues no solamente perdió sus bienes, además quedó exhibido como torpe, por esto prefiere callar y ocultar los hechos, no sólo a la justicia, sino aun a sus propios allegados, disimulando sus pérdidas en alguna forma, o simulando un simple robo.

La codicia es la característica más notable de la víctima de estafa, pero no la única, se necesita además cierta confiabilidad y, aunque parezca paradójico, cierta inteligencia.

En mucho lo que da la confiabilidad de la víctima es su propia inteligencia, para que el fraude funcione, la víctima debe estar convencida de su superioridad.

Los mejores fraudes de la historia han victimizado personas inteligentes, importantes y poderosas. Baste recordar los fraudes de Víctor Lusting a banqueros, industriales, empresarios, financieros, hasta culminar con su obra de arte: vender la torre Eiffel, ¡dos veces y en pública subasta!

O sea que los medios, la forma y el mecanismo de victimización dependen de la víctima, de su inteligencia, su *status,* su mentalidad, etc.; no cualquier estafador defrauda a cualquier víctima, "en ningún otro delito tienen que acoplarse más finamente la táctica del autor y la vulnerabilidad del objeto humano".[458]

A pesar de que víctima y victimario recorren un trecho juntos (en ocasiones bastante largo), por lo general no había relación anterior entre ellos, los autores coinciden en que más de las dos terceras partes de los defraudados no conocían previamente a su defraudador.

Para finalizar este apartado, es necesario puntualizar que no toda víctima de fraude lo es por su codicia, ya que muchas personas son victimizadas por causa de otro tipo de emociones y pasiones.

---

[458] Hentig, *op. cit. (La Estafa),* p. 205.

Así, muchas personas son víctimas de su compasión, piedad, religiosidad, patriotismo, deseo de ayuda, etc.; generalmente, sus pérdidas se deben a su cooperación para obras pías, patrióticas o de auxilio a los necesitados, colaboración que nunca llega a su destino, sino que va a dar a los bolsillos de los vivales que han organizado la campaña.

Otras caen por su vanidad, por el deseo de ser reconocidos y admirados; en este caso están los que compran títulos nobiliarios o académicos (falsos, desde luego), o pagan por honores, publicidad o reconocimientos inexistentes.

Por último, tendríamos las víctimas de fraude matrimonial, que entregan su patrimonio al futuro cónyuge, y pierden bienes y prometido(a).

Como dato extra, diremos que se presentaron en el Distrito Federal 2,444 denuncias de fraude en 1984, siendo 3,472 en 1985, que representa un aumento de 42.06%, esto no deja de llamar la atención, pues el fraude pasó a ser perseguido a petición de parte ofendida (hasta 500 veces el salario mínimo) a partir de 1984, por lo que era de esperarse un descenso en las cifras.

XIX.6. Chantaje

El chantaje es otro delito en el que la víctima juega un papel preponderante.

Por lo general no se trata de una víctima inocente o ajena al problema, estos casos son raros, pero existen, por ejemplo: el chantajista que conoce los celos patológicos del marido, amenaza a la víctima con acusarla de adulterio, pues ésta sabe que su cónyuge va a creer la versión.

En épocas de inseguridad jurídica este delito aumenta, tal es el caso de los momentos de persecución, en que las víctimas son extorsionadas para no ser delatadas como miembros del grupo o fracción que está siendo acosado.

Como regla, la víctima tiene algo que ocultar, algo de lo que se siente culpable y que no desea que los demás conozcan.

El criminal posee ese secreto, y decide sacarle provecho; así se inicia la relación victimal, que llega a ser un verdadero vínculo amo-esclavo. ("A quien dices un secreto das tu libertad." Fernando de Rojas).

La víctima a quien han descubierto su secreto queda en absoluta inferioridad, reforzada por el sentimiento de superioridad que nace en el criminal, que se siente mejor que la víctima.

El criminal elude los reproches internos pensando que todos los que se yerguen sobre él son exactamente como él, con la única diferencia de que son más hipócritas. Cuando, donde quiera que sea, en la vida privada, en los negocios o en el amor tropiezan con oscuras manchas ocultas, ven confirmada y triunfante con ello su convicción.[459]

Aquel que está en falta se convierte en víctima potencial de chantaje, por esto la extorsión constituye una de las grandes dificultades en la vida de los desviados (criminales, homosexuales, prostitutas, lesbianas, y demás sujetos deshonestos o poco honrados).

Puede haber también víctimas colectivas, en que es necesario salvar el honor, el buen nombre o los simples intereses del grupo, familia o empresa. Esta víctima es por lo general más pudiente que la víctima individual y en muchos aspectos más frágil.

Hay dos clases de extorsión que es necesario recalcar: la policiaca y la periodística. Son importantes por provenir de grupos de los que se espera lo contrario: la protección y la verdad.

La extorsión policiaca (el "entre" y la "mordida" en nuestro medio), se ha convertido en todo el mundo en un problema grave; la víctima no sólo verá revelado su secreto, sino que será entregada a la máquina de justicia de no acceder a las pretensiones de los agentes.

En cuanto a la prensa, se maneja el llamado "embute", que tiene doble efecto: no se revelarán los secretos y por el contrario, se "tratará bien" a la víctima, exaltando sus virtudes y ocultando sus defectos.

Hemos tratado en este apartado el chantaje como victimización patrimonial, pues habitualmente se tienen pérdidas económicas al ser víctima, pero no desconocemos que en ocasiones lo que se pide a cambio del silencio es otro tipo de servicios.

El chantaje es un delito de muy alta cifra oscura, la víctima se abstiene de denunciar, pues si lo hace se verá revelado el secreto que tan celosamente ha tratado de guardar.

XIX.7. Otros delitos

Entre los delitos patrimoniales que causan mayor daño a las víctimas está la usura.

"Usura es cualquier operación de contenido o de carácter económico, realizada dentro del territorio de un país o desde uno a otro

---

[459] Hentig, Hans von. *El Chantaje.* Espasa-Calpe. Madrid, España, 1964, p. 297.

país, que consiste en la entrega de recursos financieros de cualquier clase o intercambio de mercancía (o una combinación de ambos) que se produce aprovechando la indefensión económica del que recibe la prestación, háyase producido esta indefensión por condiciones o circunstancias propias de la víctima o de mecanismos utilizados por el victimario, siempre que la operación u operaciones económicas realizadas, unidas a los procedimientos que produjeron la indefensión y a otros que pudieran haber aumentado el importe de la contraprestación, representen un lucro excesivo para el que entregó la prestación, aunque entre la víctima y el victimario medien terceros responsables o beneficiarios."[460]

Sin embargo, la víctima no siempre se siente como tal, no hay la consciencia de victimización, se capta que se está simplemente recibiendo un servicio por el que hay que pagar, y no es raro encontrar la víctima suplicante y aún más la que queda agradecida pues se le ha resuelto un problema.

El problema de la usura ha tomado una actualidad y unas dimensiones sorprendentes, gracias al descomunal problema de la deuda externa de los países llamados del Tercer Mundo; aquí la victimización toma proporciones extraordinarias, por el número desproporcionado de víctimas, a las que se les ha afectado seriamente su calidad de vida, pues se han visto limitados los servicios de beneficio social y la capacidad de adquisición de satisfactores.

Otra forma de victimización patrimonial que no podemos dejar de mencionar, es el saqueo arqueológico y el robo de objetos de arte, grave porque atenta contra la memoria histórica de una comunidad.

Los países con gran riqueza por tener un pasado cultural remarcable, hemos sufrido seriamente por esta actividad, baste recordar el robo al Museo Nacional de Antropología e Historia de México.

En estos casos la sociedad misma es víctima, se le ofende en lo más íntimo de su ser nacional, ante la pérdida de bienes irreemplazables y de profunda significación.

El daño en propiedad ajena produce pérdidas enormes, es un delito en el que el criminal (por lo general) no obtienen ganancias, pero la víctima sí ve disminuido (cuando no desaparecido) su patrimonio.

Fueron 19,755 denuncias en el Distrito Federal por daño, en 1985, lo que representa una disminución de 6.46% con respecto a

---

[460] Vega Vega, Juan. *El Delito Internacional de Usura: La Deuda Externa Usuraria del Tercer Mundo.* IV Encuentro Latinoamericano de Criminología Crítica. La Habana, septiembre 1986, *Criminalia,* Año LII, Núms. 1-12. Editorial Porrúa. México, 1986.

1984, en que se tuvieron 21,119; aun así representan el 12.73% del total de denuncias. Cambios en la legislación y en el sistema han hecho descender el número, pues de las 5,584 en 2008, bajó a 1,995 en 2009, y a 1,385 en 2010, representando sólo el 5.3% del total.

Los abultados números de años anteriores se deben a que la mayoría de las denuncias (64.58%) eran por daños producidos con motivo de tránsito de vehículos, lo que ya no es considerado delito. (*ver* reforma en G.O.D.F., 28/XI/2014)

En el abuso de confianza la víctima tiene, al igual que en el fraude y la usura, un papel predominante, ya que ha entregado voluntariamente los bienes, y en esta ocasión sin deseo directo de lucro.

La víctima se ve despojada no sólo de sus bienes, sino traicionada en su confianza y buena fe.

Capítulo XX

VÍCTIMAS SEXUALES

XX.1. Introducción

Bajo el título de "víctimas sexuales" trataremos todas aquellas que son victimizadas en relación a cualquier tipo de actividad sexual.

El tema, de por sí amplio, nos obligaría a extendernos inusitadamente si tratásemos de explicar todas las formas de victimización relacionadas con el sexo, baste recordar que para algunos autores *todo* delito tiene una base sexual.

Por lo anterior, nos reduciremos a aquellas conductas más frecuentes y que están reconocidas (y aún perseguidas) como antisociales, tal es el caso de la violación, el estupro, el rapto, los "atentados al pudor", el incesto y el adulterio.

Como podemos observar, desde el punto de vista victimológico puede no haber coincidencia con las clasificaciones legales, ya que no siempre se atenta contra la "libertad sexual".

Trataremos primero a la victimización sexual como un todo, para después analizar sus tres formas más importantes: violación, estupro e incesto.

No nos detendremos en otras formas menores de victimización como las "faltas a la moral", "atentados al pudor", exhibicionismo, voyeurismo, pornografía, hostigamiento, etcétera.

XX.2. La victimización sexual

El problema de la victimización sexual no es tan fácil como aparenta, pues trae una serie de implicaciones, por ejemplo: ¿hasta dónde la víctima tiene consciencia de haber sido victimizada?, ¿cuándo un acto sexual puede ser considerado como verdaderamente victimizante?

Las dos preguntas están ligadas, hay casos (estupro, incesto) en que la víctima puede no sentir que lo es; puede darse el caso contrario, en que el autor no pretendió victimizar (voyeurismo), o que la víctima se sienta ofendida sin serlo (exhibicionismo involuntario).

Una de las dificultades para el estudio de la victimización sexual es saber realmente qué sucedió, ya que van inmiscuidos aspectos sociales, morales, culturales y psicológicos; hay ocasiones en que la víctima, por falta de experiencia o estado de inconsciencia o semiconsciencia (sueño, drogas, alcohol, disturbio mental), no sabe a ciencia cierta lo que aconteció; en otros casos, el hecho se reprime de la consciencia, por ser altamente traumático, y los detalles tienden a olvidarse.

El acto sexual es propenso a ser interpretado de acuerdo a la personalidad de la víctima; cuántos casos conocemos en que la presunta ofendida afirma que hubo coito, sin existir tal, o capta como aberración sexual algo que, técnicamente, no lo es.

Otro problema para el desarrollo del tema, unido a la distorsión de la información, lo representa la carencia de ésta. Al ser la victimización sexual la más humillante, implica una de las cifras negras más elevadas.

En el período 1978-1988, las denuncias por delitos sexuales se comportaron en la forma siguiente: 1978, 2,843; 1979, 2,564; 1980, 2,218; 1981, 1,957; 1982, 1,664; 1983, 2,156; 1984, 2,039; 1985, 2,224; 1986, 2,202; 1987, 1,965; 1988, 2,113.

Esto significa que las denuncias por delitos sexuales no representan más del 1.5% del total de las denuncias, y se reparten en: 60% por violación, 15% por estupro, 10% por tentativa de violación y 10% por atentados al pudor, correspondiente el otro 5% a incesto, rapto y adulterio.

En la Procuraduría General de Justicia del Distrito Federal, se han realizado dos estudios sobre presuntas víctimas de delitos sexuales: el primero durante el primer semestre de 1984,[461] y el segundo en el primer semestre de 1988.[462]

En ambos estudios se aplicó un protocolo a presuntas víctimas de delitos sexuales, en entrevista directa por parte de las Trabajadoras Sociales de la Institución.

---

461 Sabido, Julia, *et al. Estudios Victimológicos del Delito Sexual.* Enero-junio 1984, Procuraduría General de Justicia del Distrito Federal, México, 1984.

462 Rodríguez Manzanera, Luis y Tocavén García, Roberto. Con la participación de Delgadillo Aguirre, Elsa; Solano Radilla, María Esther; González Medina, Bertha Patricia y Chavarría Aguirre, Felipe. *Víctimas de Delitos Sexuales. Resultados Preliminares.* Procuraduría General de Justicia del Distrito Federal. México, 1989.

En el estudio de 1984 se entrevistaron 380 casos, en el de 1988 fueron 317; los resultados más notables los presentamos a continuación *poniendo entre paréntesis los porcentajes del estudio de 1988.*

La victimización sexual se reparte en la siguiente forma: violación 56.05% (60.8%); tentativa de violación 10% (8,9%); estupro 19.74% (15.5%); rapto 5% (1.6%); atentado al pudor 7.63% (12.3%); incesto 1.58%.

La víctima es de sexo femenino en el 95.53% (95%), la mayor incidencia de edad está entre los 12 y los 18 años, 65% (63%), y entre los 10 y los 21 están el 73.93% (69.6%), es de notar que el 24.21% (23.4%) son menores de 12 años (lo que denota lo grave del abuso sexual en niños), o sea que se trata de víctimas muy jóvenes.

El 72.89% (76%) son originarias del mismo Distrito Federal, por lo que no puede interpretarse factor victimógeno el hecho de ser foráneas.

El 68.94% (88.6%) son solteras, 5.79% (6.3%) casadas, 2.89% (3.5%) en unión libre, 1.84% (3%) divorciadas, 0.27% (1.3%) viudas y 20.27% fueron consideradas menores de 12 años y fuera de las otras clasificaciones.

Se tomaron ciertos indicadores sociales de gran interés: el 74.47% (69.1%) de las víctimas cuentan con sanitario individual, sólo el 46.58% (45.5%) viven en una habitación adecuada (sin hacinamiento ni promiscuidad).

La familia puede considerarse organizada en el 55.5% (57.1%) de los casos, desorganizada en el 22.37%, organizada pero incompleta en 10.52%, desintegrada en 12.37%, desintegrada y además desorganizada en 9.74%, lo que nos muestra una vez más la importancia del núcleo familiar.

La escolaridad es de 43.42% (41.1%) instrucción primaria y 35.26% (31.7%) secundaria, lo que es lógico por la juventud de las víctimas.

Las diversiones tienen también mucho que decir, pues el 46.58% (53.5%) se concentra en cine y T.V., el 11.58% responde "discotecas" y sólo el 1.84% practica deportes.

En cuanto a la ocupación, el 24.74% (29.8%) son estudiantes, el 23.42% (26.5%) desempleadas, el 19.21% (16.6%) empleadas, el 10% (2%) obreras, el 7.89% (7.9%) sirvientas, el 4.74% (5.3%) se dedican al hogar.

Las consecuencias físicas de la victimización son las siguientes. No hay consecuencias (himen íntegro) en el 19.74% (32.3%), pero hay 21% de reportes de himen elástico), hay desfloración no reciente en el 42.36% (44%), desfloración reciente en el 17.89% (12.9%), embarazo en el 13.42% (18.5%), desgarro rectal en 3.95% (7.5%), desgarro rectal y vaginal en el 1.32%, lesiones varias y vaginales en el 1.32%.

Un dato interesante es que sólo el 4.48% fueron atendidas por médico particular, el resto lo fue en instituciones oficiales (SSA, IMSS, ISSSTE), el 39.79% recurrió al DIF (atención a menores).

De la mayor importancia es que sólo el 19.47% (31.5%) de las víctimas denunció por sí misma; el resto comprende: madre 43.32% (47.8%), padre 8.95% (6.7%), ambos padres 8.42% (3.5%), otros 16.84% (12.1%).

En lo referente a la relación entre víctima y victimario, en el 29.73% (27.5%) no hay relación previa, el agresor es un desconocido; el resto de los casos lo detallamos por ser relevante: novio 24.47% (20.6%), amigo 17.36% (5.4%, "conocidos" son 18%), vecino 9.21%, padre 5% (6%), tío 3.68% (5.1%), padrastro 2.1%, primo 2.1% (1.9%), cuñado 1.84% (2.5%), amante 1.57%, hermano, patrón y conserje 1.05% cada uno, esposo 0.26%.

Como podemos observar, las dos terceras partes de las víctimas conocían previamente a su victimario.

Las circunstancias de lugar del hecho son: la casa de la víctima 20% (27.2%), en asalto en la calle 21.32% (19.7%), en casa-habitación 20% (21.3%), en algún establecimiento 6.32%, casa del victimario 5.79%, asalto en el domicilio 3.42%, transporte 3.42% (3%), escuela 2.89 (0.7%), otros 0.79%, hotel (8.9%).

La reacción de la víctima durante los hechos fue de miedo en 36.05% (30.5%), aceptación en 35.01% (17.53%), ira en 15.52% (9.7%), y rechazo en 13.42%. El 35.05% había aceptado previamente la relación con el victimario (recordemos que se están estudiando *todos* los delitos sexuales).

Aunque se trate de un estudio de victimología, demos algunos datos del victimario: sexo masculino 100% (100%), de 14 a 25 años 47.9% (el promedio de edad es de 26.9 años), soltero 39.74% (56.4% en que hay datos), el 20.79% (29.9% con datos) son casados y en 33.68% se ignora el estado civil.

Se intentó hacer una clasificación victimal, con toda la dificultad que esto representa, pues no hay parámetros suficientes, y se puede tener un alto índice de subjetividad, aún así la consignamos por ser de interés para la investigación: víctima inocente 51.58%, propiciatoria 24.47%, imprudencial 14.21%, simuladora 3.69%, falsa 3.16%, provocadora 2.89%.

Como puede observarse, los datos obtenidos en ambas investigaciones son muy similares, lo que las valida, y muestra que el fenómeno ha tenido poca variación en el tiempo.

Para tener una idea más clara, en datos de diez años después (1995), de la misma Procuraduría del Distrito Federal encontramos: 90% de las agresiones son contra personas del sexo femenino (5% menos), 70% de los victimarios eran conocidos por la víctima, 30% son en la noche, en el 20% se presenta al culpable, son menores de 13 años el 24.7%

Veamos algunos datos de investigaciones extranjeras para poder hacer, posteriormente, algunas comparaciones.

En un estudio norteamericano, se encontró que el 44% de las estudiantes femeninas en Michigan que sufrieron un delito de orden sexual afirmaron que su reacción fue cooperativa; 40% resistieron activamente y el 12% reportan haber sido violadas por la fuerza. En cuanto a los varones, el 8% cooperaron, el 11% resistieron activamente y el 4% fueron violados por la fuerza.[463]

De un estudio de Michael C. Baurmanon, 1969-73, con la policía de Lower Saxony, sobre 8,050 victimizaciones se eligieron 400, de las cuales 112 cooperaron, muchos delitos son contacto sexual superficial, y la mayoría de los delitos fue no violento.

El ofensor generalmente es conocido por la víctima. Los encuentros agresivos e intensos son con miembros conocidos de la familia. El 50% de las víctimas reaccionó con conducta pasiva, una tercera parte resistió activamente y el 15% invitó o provocó el acto con su conducta. Los delitos se realizan en la casa de las víctimas.

La mayoría de las víctimas son mujeres, los ofensores sin excepción hombres. La mayoría de las víctimas fueron niñas entre 7 y 13 años. Sólo 75 de 112 recordaron con claridad cómo tuvo lugar la relación sexual. 12% cooperaron activamente, 40% describen su conducta como pasiva. Resistieron el 48%.

Todas las cifras anteriores son tomadas años después y son menores a las que se dieron en un principio. Después del delito el 44% de las víctimas lo comunicó a sus madres, 23% a una amiga, 8% a su padre, 37% siente que hubo daño por los hechos, 63% lo niegan.

En las 2/3 partes de los casos en que se reporta un daño, hubo violencia. Es necesario distinguir los actos violentos de los no violentos.

Se puede apreciar que el daño sufrido es causado por la reacción de el medio social de la víctima.[464]

Resumiendo las investigaciones alemanas, los Kirchhoff señalan que el 55% de las víctimas en Monchengladbach admitieron haber estado envueltas en algún acto que la ley castiga como ofensa sexual.

---

[463] Kirchhoff y Kirchhoff, *op. cit.* p. 63.

[464] *Ibidem,* p. 61.

Sólo un pequeño número comprende conducta violenta. La mayoría fueron de abuso sexual antes de los 14 años, incluyendo exhibicionismo, 37% de los delitos contra las mujeres y 81% de los delitos contra los hombres fueron víctimas de ofensores mayores de 14 años.

Entre 8 y 12% de las víctimas masculinas reportan haber resistido. Generalmente se conoce al ofensor, sólo el 16% de las victimizaciones son cometidas por extraños. Las mujeres conocían el 54% de sus ofensores, el 40% fueron victimizadas por extraños, 55% de las victimizaciones son femeninas.[465]

En la mayoría de los casos investigados por Stukat, la víctima conocía previamente al autor. Matthes descubre que en los 2/3 había conocimiento o parentesco. Wolfgang reporta la misma proporción.[466]

Schöfelder afirma que el 31% de las víctimas femeninas estudiadas (menores de edad) puede considerarse víctima provocadora. Según Matthes, la mitad de su muestra son ambivalentes; y la cuarta parte muestra actitud positiva. Schulz comprueba una actitud favorecedora en el 26.1% de los casos. Amir consigna que el 19% de las víctimas había contribuido personalmente al hecho.[467]

Cuando se habla de victimización sexual, inmediatamente viene a nuestra mente la imagen de la violación: la víctima que es salvajemente agredida por una pandilla de malhechores, que la golpean, la sevician y abusan sexualmente de ella.

Sin embargo, la victimización sexual es mucho más variada que esto, toma múltiples formas, la mayoría de ellas no ejercen violencia física directa contra la víctima.

Como puede desprenderse de las cifras mencionadas, la imagen cambia, y es que entre los delitos sexuales hay diferencias realmente notables, que pueden llevarnos a conclusiones equivocadas.

Tendríamos de entrada que hacer una triple división: por edad, por sexo y por consentimiento de la víctima.

La edad del ofendido es fundamental; para la mayoría de las legislaciones el tipo del delito es diferente o por lo menos agravado si se trata de menores de edad.

En cuanto al sexo, la agresión sexual al hombre tiene características radicalmente diferentes a la que se realiza contra una mujer, a tal grado que hay delitos que solamente pueden cometerse contra víctima femenina (estupro, rapto).

Y el consentimiento es básico, debemos por principio separar los casos en que la víctima acepta la relación, pues todo el proceso

[465] *Ibidem,* p. 62.

[466] Göppinger, *op. cit. (Criminología),* p. 367.

[467] *Ibidem,* p. 368.

de victimización es diferente de aquellos en que hay violencia y resistencia de la víctima.

Por esta razón trataremos al estupro, la violación y el incesto por separado.

XX.3. VIOLACIÓN

La violación es considerada como una de las formas de victimización más graves, que deja mayor número de secuelas en la víctima y que tiene una cifra negra muy elevada.

Por violación debemos entender el acceso carnal (por cualquier vía) contra la voluntad de la víctima.

Es necesario distinguir, como se hace en México, la violación propiamente dicha, es decir, la cópula tenida con persona sin su consentimiento, de la llamada violación impropia, que es el acceso carnal con menor de 12 años (15 años en el Código Federal), en que no importa si la víctima es consenciente o no.

Nos ocuparemos del primer caso, en que la víctima sufre el ataque sexual contra su voluntad, porque están en estado de indefensión (desmayada, drogada), o porque es sometida por la fuerza.

En pocos delitos se ha estudiado tanto a la víctima como en el que nos ocupa; la literatura es muy abundante y será imposible revisarla, por lo que sólo daremos algunas ideas generales.

En muchos delitos la presencia de la víctima no es necesaria para la realización del hecho, en otros sí, pero pueden efectuarse a una distancia física considerable, en la violación es indispensable el contacto corporal estrecho entre la víctima y el victimario.

Por esto el acercamiento a la víctima es fundamental, de ahí a que el violador, más comúnmente de lo que se supone, es conocido de la víctima, cuando no amigo o pariente.

En este sentido coinciden los investigadores: Matthes y Wolfgang en sus respectivos trabajos encontraron que las dos terceras partes de las víctimas conocían al autor.[468]

Para el Centro de Apoyo a Mujeres Violadas, el violador fue identificado en el 39% de los casos, resultando conocidos el 50% y familiares el 33%. En nuestra investigación, la víctima no conocía al violador en el 32.3% de los casos. El agresor es familiar en una de cada cuatro violaciones, y cuando es pariente, se trata del propio padre en uno de cada cinco casos.

---

[468] Göppinger, *op. cit. (Criminología)*, p. 367.

Pocos temas han sido tan discutidos como la participación de la víctima en la violación. En la historia del Derecho Penal encontramos una gran preocupación por la efectiva resistencia de la víctima frente al uso de fuerza física del agresor.

Así, Carrara dice que la resistencia debe ser "seria y constante",[469] y Jiménez Huerta[470] nos recuerda una buena cantidad de autores que describen los elementos probatorios de la oposición al coito (gritos, vestidos desgarrados, cabellos sueltos, lesiones).

La investigación victimológica viene a demostrar otra realidad; dejando a un lado las víctimas simuladoras y las falsas, encontramos que sólo en un 30% de los casos se pueden dictaminar lesiones, y no llega al 25% los casos en que se usaron armas.

La verdad es que, en la mayoría de los casos la víctima está paralizada por el terror, y es incapaz de defenderse.

No hay un claro perfil de víctimas de violación, parecería que toda mujer es una víctima en potencia; desde luego que la edad cuenta, pues la gran mayoría son muy jóvenes, pero se encuentra en las investigaciones casos de niñas de meses o ancianas cercanas al siglo.

Al investigar sobre 192 víctimas de violación (en 1988), encontramos las características siguientes: 93% son personas del sexo femenino, con edad promedio de 16.57 años (mediana 15.5, modo 15), 65.6% menores de edad, 88.5% solteras, la mitad trabajan, la ocupación más común es estudiante.

Muy interesante es la investigación de Jovarek y Lyon,[471] que realizan un estudio para descubrir diferencias entre víctimas de violación, víctimas de violación frustrada y mujeres en general. Se aplicó el C.P.I. (California Psychological Inventaries), con 21 tentativas, 28 violaciones y 5 000 mujeres de grupo control.

No se encontraron diferencias entre las mujeres violadas y el grupo control.

Sin embargo, aquellas mujeres en las cuales no se logró completar la violación son dramáticamente diferentes al grupo de violadas y al grupo control, pues son más listas, enérgicas, autoexigentes, seguras de sí mismas, reflexivas y cautelosas; se demuestra que las

---

[469] Carrara, Francesco. *Programa del Curso de Derecho Criminal.* Depalma. Argentina, 1944, pfo. 1520.

[470] Jiménez Huerta, Mariano. *Derecho Penal Mexicano.* Tomo III. Editorial Porrúa. México, 1978, p. 260.

[471] Javorek, Frank y Lyon, Lou. *Personality Characteristics which Differentiate Among Victims of Attempted Rape, Completed Rape and General Populations of Women: A Multivariate Aproach.* II Symposium. Boston, USA, 1976.

medidas de vigilancia y autodefensa (gritar, correr, resistir) parecen ser útiles para escapar de la violación.

Un inquietante problema es el de las llamadas "víctimas legítimas" en la violación; efectivamente, ciertas personas son consideradas consciente o inconscientemente como "violables" con cierta impunidad, por ejemplo, la mujer por el marido y la prostituta por cualquiera.

Este fenómeno está bastante generalizado: por una parte la idea de que la esposa es "propiedad" del marido y puede usar y abusar de ella; por otra que la prostituta deja de ser persona, y se convierte en "cosa pública", sobre todo en materia sexual.

El fenómeno de la víctima legítima se extiende a ciertos desviados como el homosexual o en su momento las *hippies* o las toxicómanas, y a personas que realizan determinadas profesiones (mesera, modelo, corista) o conductas (pedir "aventón" —*auto stop*—, tener promiscuidad sexual).

Siempre ha existido esta idea de la víctima legítima, baste recordar el derecho de pernada, la esclavitud, los harems, las mujeres de pueblos conquistados, etcétera.

Demos ahora algunas ideas sobre la llamada violación impropia.

El abuso sexual en niños es mucho más común de lo que se supone; lo que sucede es que sólo en una mínima proporción se llega realmente al coito completo, es decir a la penetración total, y es entonces cuando se producen lesiones o lastimaduras que descubren la relación.

Como en el niño no hay la conciencia de "mal" en cuanto a la relación sexual, no comunica a los demás los manipuleos de que es objeto, además, por lo general no hay violencia, sino que el infante se ve atraído por promesas de regalos, por puro afecto o por curiosidad.

Esa ausencia de conciencia hace que no se perciba la falta como agresión, ni haya sentimientos de culpa; éstos vendrán después, provocados por los mismos padres y/o por las autoridades encargadas del caso.

Se puede demostrar que, en los casos en que no hay violencia ni comparecencia ante los tribunales, las secuelas psicológicas que dejan los hechos son muy escasas. De aquí la importancia de tener un extremo cuidado en el procedimiento judicial; se ha propuesto la utilización de cine o video-tape para las declaraciones del menor, evitando así el trauma de aparecer en público.[472]

---

[472] Schultz, Leroy G. *The Child as a Sex Victim: Socio-Legal Perspectives,* en: *Victimology:* A New Focus, Vol. I, *op. cit.,* p. 177. Del mismo autor ver: *Sexual Victimology of Youth.* Charles C. Thomas. USA, 1980.

XX.4. La violación en cifras

En el D.F. fueron consignados 448 casos de violación en 2008, 402 en 2009, 364 en 2010 y 473 en 2011, lo que significa que la violación corresponde al 1.3 - 1.4% de todos los delitos.

El abuso sexual, por su parte, ocupa el quinto lugar en los juicios penales, con aproximadamente 4.5% del total.

Esto nos lleva directamente al problema de la cifra negra: ¿realmente es tan bajo el índice de violaciones?

En nuestra investigación (Xalapa), el 2.05% de las víctimas lo fueron por violación (de éstos 94.26% mujeres), en el Distrito Federal resultó el 2.8% (90.9% mujeres). De aquí podríamos decir que, al menos proporcionalmente, lo confesado por las víctimas a los investigadores es el triple de lo denunciado a la Procuraduría.

En una investigación llevada a cabo en la Delegación Azcapotzalco (Distrito Federal) durante 1983-1984, se detectaron 165 violaciones, de las que 43 (23%) fueron denunciadas, de éstas 14 porque hubo lesiones u homicidio.[473]

Para Ruiz Harrell, se cometerían, en 1976, 80,000 violaciones al año en la República Mexicana, 10,000 de ellas en el Distrito Federal, lo que indica 125 por cada 100,000 habitantes.[474] El Centro de Apoyo a Mujeres Violadas daba los mismos datos.

En Estados Unidos, los especialistas calculan que una mujer de cada 10 será violada alguna vez en su vida.[475]

De acuerdo con el F.B.I., en 1975 alrededor de 56,000 violaciones fueron reportadas a la policía (1 cada 9 minutos). Las investigaciones victimológicas indican que el número de víctimas puede ser el doble del reportado a la policía. En el mismo año el F.B.I. estima que 26,670 arrestos por violaciones fueron realizados (1 por cada 2 reportados), sin embargo solamente el 8.8% llega a un veredicto de culpabilidad.

El fin de la semana es el período más victimógeno, el 50% de las víctimas fueron violadas entre viernes y sábado (Xalapa); resulta-

---

473 Ortiz, Ma. de los Ángeles y Santillán, Iris Rocío. *La Cifra Negra en el Delito de Violación.* Alegatos, Núm. 4, Universidad Autónoma Metropolitana. México, 1986, p. 17.

474 Ruiz Harrell, Rafael. *La Violación en México: Un Crimen Impune.* Mundo Médico. Vol. V, Núm. 48. México, 1977, p. 14.

475 Rodabaugh, B. J. y Austin, M. *Sexual Assault.* American Institutes for Research in the Behavioral Sciences. USA, 1981.

do similar obtiene Ruiz Harrell, en que el 54.4% de su muestra sufrió la victimización en fin de semana.

La casa habitación es el lugar de comisión en el 27% de los casos (Ruiz Harrell), lo que coincide con el 21.74% de Xalapa; en el Distrito Federal es el 18.2%, en nuestra investigación se eleva a 47.4%.

En lo referente al costo social del delito, en la investigación de los Quiroz Cuarón, los sexuales ocupan el 7.23% del total de delitos investigados con el 4.59% del costo social total, pero la violación se lleva el 97.2% del costo social de los sexuales, a pesar de ser el 56.39% de los mismos. Para los autores el costo es alto por la falta de productividad de la familia del delincuente y por los gastos médicos de la víctima, y ocupa el cuarto lugar, después de homicidio, lesiones y robo.[476]

XX.5. INCESTO

El incesto ha sido repudiado en todos los pueblos y en todas las épocas, desde el hombre primitivo hasta nuestros días.

El término viene del griego *ancestos* que significa insanable, inexplicable, y del latín *in* y *castus*, lo que no es casto. *Incestare* quiere decir contaminar y algunos autores interpretan como "falta de cesto", pues "cesto" implica también lugar o lecho matrimonial, y el incesto es la relación sexual mantenida por parientes dentro de los grados en que está prohibido el matrimonio.

En los libros sagrados encontramos la prohibición del incesto. En la Biblia se hacen múltiples advertencias (Levítico 18), aunque se relatan varios casos (Lot, Abraham, Rubén, etc.). En la Grecia clásica los filósofos la repudian (Sócrates, Platón), aunque en la mitología los dioses lo practican. En Roma al principio la prohibición es amplia (en línea recta *ad infinitum*), pero se va relajando hasta limitarse al primer grado. En China se reprimió hasta el 5º grado.

Con la Iglesia Católica se prohíbe la relación hasta el 4º grado canónico (año de 517) y se extiende hasta el 7º en 731; actualmente es hasta el 4º (primos hermanos).

En España, tanto el Fuero Juzgo como el Real, así como las Partidas y la Novísima Recopilación lo sancionaron, extendiéndolo hasta las barraganas de los parientes.

Como podemos deducir, después de estos breves ejemplos, es más fácil mencionar las excepciones, así tenemos entre los Incas

---

[476] Quiroz Cuarón, Alfonso y Quiroz Cuarón, Raúl, *op. cit. (El Costo)*, p. 600.

primitivos el incesto fraternal, en Egipto se practica durante 10 generaciones de ptolomeos, y en la modalidad de "incesto real" en Irlanda, Hawai, Siam, Burma, Persia, etcétera.

Freud llamó la atención mundial del fenómeno,[477] alrededor del cual gira gran parte de su teoría.

Se han dado múltiples explicaciones, desde los más diversos ángulos, pero hay poco material respecto a la víctima en el incesto.

Porque surge de inmediato la duda: ¿quién es la víctima en el incesto?

En la relación sexual entre hermanos: ¿es el varón? ¿es el de mayor edad? ¿y si ambos son adultos, conscientes y consencientes? ¿es el que propuso la relación?

Entre primos hermanos o medios hermanos se plantean las mismas interrogantes.

En el incesto clásico, el materno-filial, parecería que es el hijo el ofendido pero, ¿lo es ya siendo mayor de edad?, en el ejemplo más conocido, Edipo y Yocasta, parecen ser ambos víctimas inocentes del destino.

El más común de los incestos es el paterno-filial; cuatro de cada cinco casos consisten en una relación padre-hija (el resto son fraternos, la relación madre-hijo no llega al 1% en la literatura especializada).

Aquí surgen dos dudas: ¿qué sucede si la hija es adulta?, ¿puede considerarse a la madre como víctima indirecta?

Tratemos de precisar algunos puntos: desde luego que cuando hay violencia física la víctima es fácilmente identificable, lo mismo que cuando una parte es adulto y la otra menor.

La diferencia de edades y la ascendencia de una parte sobre la otra pueden ayudarnos también a identificar a la víctima.

Tratándose de relaciones voluntarias entre adultos, parece que nos encontramos ante una típica ausencia de víctima.

En cuanto a la madre en el incesto paterno-filial, podría ser víctima indirecta, aunque no es infrecuente el caso de que sea encubridora, cuando no propiciadora de la relación.

Todo hace parecer que el incesto es un delito de muy alta cifra oscura, difícilmente se denuncia, pues trae deshonra a toda la familia, cuando no acaba con la misma.

Aparentemente el incesto es una conducta producto de miseria y promiscuidad, pero esto puede ser ilusorio, pues los delitos conocidos pertenecen a personas de extracción humilde, sin embargo, los

[477] *Cfr.* Freud, Sigmund. *Totem y Tabú. El Horror al Incesto,* en: Obras Completas, *op. cit.*, p. 419.

psicólogos, psiquiatras y psicoanalistas reportan un número inusitado de estas conductas en personas de alto nivel económico y social.

En la amplia investigación de Weinberg[478] se presentan estos datos: en la relación padre-hija (78%), la víctima tiene 15.3 años promedio (43.5 el padre), es de situación económica baja (55%), con 7.48 años de instrucción, soltera, hija mayor (64.36%), (en caso de ser la segunda, había incesto con la primera en 46%) 20.6% quedaron embarazadas, eran voluntarias el 8.6%, la mayoría de sus padres tenían problemas entre sí, alto índice de alcoholismo en el padre.

En el incesto fraterno (18%) se encuentra como edad 24 en él 19.3 en ella, casados él 27% ella 10.8%, hubo embarazo en 40.5% de casos, las hermanas estaban de acuerdo en las relaciones en 51.4%.

XX.6. Estupro

En el estupro la víctima toma una parte activa, está de acuerdo con la relación, no se opone a ella, coopera por lo general gustosamente, pues está enamorada, seducida, y/o con esperanza de matrimonio.

En nuestro medio, la víctima debe ser mayor de doce años (quince en el Federal) y menor de dieciocho y haber dado su consentimiento para la cópula por medio del engaño. Hasta 1984 se contemplaba también la seducción, y hasta 1991 se requería que la menor fuera casta y honesta.

Las reformas mencionadas en el artículo 180 del Código Penal del D.F., no nos parecen correctas, pues quedan desamparadas un buen número de víctimas, ahora se permite seducir niñas (o niños) de 12 años (no menos, pues entonces sería violación impropia), es decir impúberes inexpertas, siempre y cuando no se les engañe.

El artículo en comentario se convierte así en victimógeno y criminógeno: victimógeno porque deja sin protección a una amplia población de mujeres (12 a 18 años), y criminógeno porque la víctima indirecta (padres, hermanos) no tiene ahora recurso legal para la reparación del daño, no quedando otra alternativa para lavar el honor ofendido que hacerse justicia por propia mano.

El estupro (al igual que el incesto) es el delito en que víctima y victimario se conocen, en ocasiones han mantenido relaciones durante largo tiempo, y no es raro que continúen la relación después de que han sido descubiertos.

---

[478] Weinberg, Kirson. *Conducta Incestuosa.* Editorial Constancia. México, 1958.

Es también un delito (igual que el incesto) en el que la víctima excepcionalmente denuncia, se trata por lo general de los padres o algún pariente cercano.

Estudiamos 49 casos de estupro (en 1988), en que encontramos, por parte de la víctima, una edad promedio de 15.71 años, en su mayoría estudiantes o dedicadas al hogar. El victimario es seis años mayor en promedio, el 80% solteros.

En la mitad de los casos hay embarazo, sólo en 15% la denuncia corrió por parte de la víctima. El 50% de los casos ocurrió en casa habitación, y el 29% en hoteles.

XX.7. Atención y tratamiento

Los delitos sexuales son peculiarmente victimizantes, ya que dejan serias secuelas psicológicas y sociales, producen importantes cambios de personalidad, de conducta y de vida, y provocan una notable sobrevictimización.

Por esto la víctima debe ser especialmente atendida y tratada, y debe ponerse gran cuidado en la prevención, sobre todo en lo referente a niños.

Una adecuada información es aconsejable para las víctimas potenciales, aunque no sea suficiente, ya que deben ponerse todos los medios a la mano para evitar este tipo de victimizaciones.

Ante todo, la víctima no debe sentirse rechazada, fenómeno peculiar que no se presenta en otros delitos.

La sobrevictimización de la víctima principia al terminar la agresión, ya que tiene que decidir la conducta a seguir: si no denuncia, el hecho queda impune, no se le hará justicia, y además se presenta la probabilidad de que el agresor, al verse intocado, se vea tentado a reincidir.

Si denuncia, la víctima queda expuesta al estigma social, ya que la comunidad pensará que el ofendido provocó su victimización, que no es totalmente inocente y que andaba buscando lo que le pasó; de esto se salvan los niños pequeños, pero aún así quedan etiquetados.

Múltiples son los reportes de víctimas sexuales que son molestadas y abordadas con proposiciones deshonestas, en un fenómeno similar al de las mujeres divorciadas.

Al denunciar, la víctima se expone a la curiosidad pública y a todas las molestias del procedimiento penal.

Hay casos en que la víctima no está en condiciones de decidir (por edad, salud, lesiones, etc.) y es llevada ante las autoridades, lo que en ocasiones será más traumatizante que la agresión sexual misma: desde los exámenes médicos desconsiderados, hasta los insolentes interrogatorios de la policía, pasando por las entrevistas de reporteros y "periodistas".

Por esto debemos insistir en la necesidad de personal especializado, de preferencia femenino, para este tipo de asistencia, así como de instalaciones adecuadas para los exámenes y entrevistas.

Para evitar la sobrevictimización debe procurarse el mantener el caso en la mayor privacidad posible, manteniéndolo lejos de la curiosidad y el morbo.

No es justificable para estos casos (y en ningún otro en que se estigmatice a la víctima) salgan a la luz pública, y mucho menos en los medios masivos de comunicación.

En gran cantidad de países se han establecido centros para la atención, auxilio y tratamiento de víctimas de delitos sexuales, principalmente en los casos de violación. Estos centros han sido formados tanto por la iniciativa privada como por la administración pública.

Un punto que no debe olvidarse es la asistencia y (en ocasiones tratamiento completo) a las víctimas indirectas, pues es común que los padres, hermanos, esposo o novio de la víctima la repudien, no la comprendan y la sobrevictimicen.

También es necesario contemplar el delicado problema de las consecuencias posteriores, como enfermedades venéreas o embarazo. No podemos olvidar el patético caso de la víctima que queda embarazada como resultado de la violación y que, aunque la ley lo permita, las instituciones de salud se niegan a realizar el legrado.

En México, a partir de enero de 1989, la Procuraduría de Justicia del Distrito Federal inició un programa de Agencias Especializadas del Ministerio Público para la atención de víctimas de delitos sexuales, en que se cumplieran todos los requisitos señalados anteriormente, encargando del proyecto a la Dra. María de la Luz Lima.

Efectivamente, se seleccionó y capacitó cuidadosamente al personal, en su totalidad femenino, se construyeron módulos separados, perfectamente equipados, y se inauguraron las tres primeras agencias en abril, junio y septiembre.

Los resultados no se hicieron esperar, pues las denuncias subieron, de 3.5 diarias en el año anterior a 7 por día, solamente en lo relacionado a violación (en 2006 fueron 3.25 al día).

Además, se estableció una Supervisión de Servicios a la Comunidad, con una Dirección de Atención a Víctimas, que trabaja las 24 horas del día.

Capítulo XXI

VICTIMOLOGÍA Y DERECHO PENAL

"La víctima puede y debe demandaar, diría gritar, al Estado por el derecho a su no victimización y a una vida armoniosa y digna."

Elías Neuman

XXI.1. Introducción

La Victimología, ciencia nueva y pujante, ha realizado aportaciones fundamentales para el desarrollo de las Ciencias Penales.

La Victimología misma se ha transformado, y de una ciencia etiológica y muy unida a la Criminología tradicional, ha derivado a una Victimología preocupada por los derechos de las víctimas, su atención y auxilio y la prevención de la victimización.

Asimismo, sin desatender a la víctima común, ha volcado su interés por las víctimas de actos que conllevan un abuso de poder.

En esta parte de la obra, nos ocupamos del tema de los derechos de las víctimas, principalmente de los Derechos Humanos, pues sentimos que la atención de los especialistas se ha centrado en los derechos de los delincuentes, olvidando en mucho los de las víctimas.

Parte de la exposición gira alrededor de la Declaración de la ONU sobre los principios fundamentales de justicia relacionados a las víctimas, documento que viene en mucho a fortificar, aclarar y ampliar proposiciones que se venían haciendo, y que quizá pudieran parecer ilógicas o irreales.

Nos referimos en estos cuatro capítulos al papel de la víctima en el Derecho Penal y dentro del proceso penal, a la reparación del daño y, muy especialmente, al nacimiento del *Derecho Victimal.*

XXI.2. La víctima y la ley penal

Ya hemos mencionado las múltiples relaciones entre el Derecho Penal y la Victimología.

Un primer aspecto que salta de inmediato a la vista, es la poca atención que los juristas han prestado a la víctima.

En los tratados de Derecho Penal, en la parte general, se estudia a la víctima, en cuanto "sujeto pasivo", en forma por demás superflua; según parece lo verdaderamente importante para la dogmática penal es la teoría del delito, y dentro de ésta, ha tomado relevancia especial la teoría del tipo.

Algunos autores consideran al sujeto pasivo como un simple elemento del tipo, otros ni siquiera lo mencionan; en los tratados de parte general escasamente lo encontramos, y va a ser en la parte especial, y en algunos delitos, cuando se va a hacer referencia al mismo.

El Derecho Penal regula la conducta humana en un contexto social, protegiendo bienes particularmente importantes para la convivencia social y para ello ataca determinadas conductas denominándolas "delitos".

La ley, al regular los delitos, pone particular énfasis en el realizador de las conductas prohibidas y en la conducta misma, así como en el resultado, es decir, las consecuencias que deberá sufrir el autor del delito.

La ley, por lo general, trata de eliminar a la víctima de la participación en el delito y de todo lo relacionado a éste; sin embargo, cada vez va aceptando más su participación en el hecho delictivo.

En palabras de Hentig,[479] "aunque la ley trate de excluir a la víctima de la participación en el delito y de lo a él inherente, ha reconocido a veces, titubeando y de mala gana, su implicación. Las leyes de los países latinos han ido más lejos en este camino, probablemente porque su cólera está más próxima al punto de explosión".

Este fenómeno ha llevado a la dogmática penal a desatender el problema; la dogmática debe aspirar, en cuanto ciencia, a construir sistemas eficaces, de claridad lógica y simple en sus tipos,[480] pero esto no implica que deje de estudiar los nexos causales en las conductas, en relación con la actividad (o pasividad) de la víctima.

Göppinger [481] señala que: "La ciencia del Derecho afirma desde hace tiempo la existencia de determinadas relaciones entre delin-

---

[479] Hentig, *op. cit. (El Delito)*, p. 409.

[480] *Ibidem.*

[481] Göppinger, *op. cit. (Criminología)*, p. 362.

cuentes y víctimas, si bien éstas, en la configuración normativa del Derecho Penal, sólo quedan reflejadas en algunas situaciones consideradas como particularmente apropiadas."

Es verdad que en la construcción de algunos tipos delictivos, la víctima desempeña un papel decisivo en la producción del hecho ilícito, pero en esto hay amplias variaciones según los diversos delitos y los diferentes códigos.

En México, en el Código Penal vigente para toda la República en Materia Federal, las disposiciones generales referentes a la víctima están contempladas en el Título Tercero (aplicación de las sanciones), así, el artículo 52 dispone:

> "ARTÍCULO 52.—El juez fijará las penas y medidas de seguridad que estime justas y procedentes dentro de los límites señalados para cada delito, con base en la gravedad del ilícito, la calidad y condición específica de la víctima u ofendido y el grado de culpabilidad del agente..."

En forma inexplicable, en las reformas del 94 se quitó la obligación del juez de tomar conocimiento directo del sujeto y de la víctima, lo que sí consigna el artículo 72 del Código Penal para el Distrito Federal.

Y el artículo 53 del Código Federal ordena que:

"No es imputable al acusado el aumento de gravedad proveniente de circunstancias particulares del ofendido, si las ignoraba, inculpablemente, al cometer el delito" (en el mismo sentido el artículo 73 del Código Penal para el Distrito Federal).

Esto quiere decir que, en principio, la víctima es tomada en consideración solamente para medir la cantidad de pena aplicable.

Kaiser,[482] citando a Mannheim, opina que, puesto que el rol de la víctima y su contribución al hecho tiene tan variado y múltiple peso, ya no deben ser, en opinión actual, los intereses de la víctima y sus deseos de reparación los que deciden por sí solos la respuesta estatal frente al delito.

La contribución, a veces activa, de la víctima respecto al crimen, ilumina así la situación de culpabilidad y facilita un enjuiciamiento justo. Tiende además a la redistribución de las cargas tradicionales del comportamiento social de riesgo.

Wolfgang [483] nos hace ver que se pueden ver ciertos cambios en la filosofía penal: "A causa de la confluencia de la ética de la justicia

---

[482] Kaiser, Günter, *op. cit. (Criminología)*, p. 95.

[483] Wolfgang, Marvin. *Conceptos Básicos en la Teoría Victimológica: Individualización de la Víctima.* ILANUD al día, Año IV, Núm. 10. San José, Costa Rica, 1981, p. 68.

y la acumulación de investigaciones empíricas sofisticadas sobre la falta de eficacia de la rehabilitación, surgió una corriente neoclásica que centró su atención no en el utilitarismo sino en la retribución."

El modelo retributivo del merecido castigo fue resucitado para la satisfacción profesional y para la orientación hacia valores de muchos científicos, que se ocupan de ética o de las ciencias sociales.

Se hizo hincapié en que la severidad de la sanción debía basarse sólo en la gravedad del delito. Ninguno de los atributos del delincuente (las necesidades de su personalidad, su estado mental, sus antecedentes, su estado emocional) tiene importancia al llegar el momento de establecer la sentencia.

La desindividualización del delincuente podría ser reemplazada por la individualización de la víctima.

Debemos confesar que no nos hace mucha gracia un regreso a posturas retribucionistas, insistimos en la importancia de la víctima, sin que esto implique el olvido del delincuente; el retorno al retribucionismo es un retroceso, el Derecho Penal debe aprovechar el ya largo camino recorrido, y buscar nuevos panoramas que lo enriquezcan, uno de ellos es el de la Victimología.

XXI.3. El sujeto pasivo

En la parte conducente señalamos que no puede equipararse el sujeto pasivo del delito con la víctima, este concepto es notablemente más amplio que el primero, y podría ser peligroso para el Derecho Penal adoptarlo, principalmente porque podría hacer de protección pública todos los bienes jurídicos, y sabemos que el Derecho Penal debe tutelar tan sólo bienes de la más alta jerarquía y absolutamente necesarios para la adecuada convivencia social.

Se han hecho varias distinciones desde el punto de vista jurídico, así Carnelutti marca la diferencia entre perjudicado, paciente y ofendido.[484]

Perjudicado es la persona cuyo interés ha sido lesionado por el delito, en tanto que paciente es el hombre que constituye la materia del delito.

Por su parte, ofendido es el perjudicado en cuanto la ley encomienda a su juicio la disposición o el goce del bien agredido; en palabras más simples, en cuanto depende de su juicio el desarrollo del interés lesionado.

---

[484] Carnelutti, Francesco. *El Delito.* Ediciones Jurídicas Europa-América. Buenos Aires, Argentina, 1952, p. 70.

Una persona es ofendida por el delito en cuanto se le reconozca el poder jurídico sobre el bien que constituye la materia de él.

Para Nuvolone[485] el sujeto pasivo en el crimen se identifica con el titular del interés lesionado; frecuente pero no necesariamente es también el objeto material de la acción criminal.

Zaffaroni, siguiendo a Bettiol, Mantovani y Betti, dice que, en cuanto al sujeto pasivo, cabe consignar que es, en general, el titular del bien jurídico, pero puede darse el caso de que el sujeto pasivo se encuentre indeterminado, lo que nada obsta a la tipicidad del delito, salvo que se requieran en él determinadas calidades, pero al no darse su individualización, no pueden ser probadas; ello obedece a que hay bienes jurídicos que en ciertos momentos pueden hallarse sin sujeto, como acontece con la herencia yacente, cuando el heredero no es conocido.[486]

Ramos dice que el sujeto pasivo puede ser el hombre, una persona moral, una colectividad o el Estado, es decir, siempre un ente capaz de tener derechos a sufrir un ataque a los bienes jurídicos protegidos por la ley, como la vida, honor, etcétera.[487]

Creus, por su parte, afirma que el sujeto incapaz puede ser sujeto pasivo. También la persona por nacer. Las personas jurídicas caben siempre como sujetos pasivos. Y el Estado es sujeto pasivo mediato de todo delito, asimismo puede serlo inmediato.

Hay que distinguir entre el damnificado o perjudicado por el delito y el sujeto pasivo.

El primero (damnificado o perjudicado) es la persona (individual o jurídica) a la cual el delito le produce un daño de carácter civil, que debe ser reparado. En ocasiones éste coincide con el sujeto pasivo, pero en ocasiones no ocurre.

No se puede pensar en un delito sin sujeto pasivo, pero sí se puede pensar en un delito que carezca de damnificado o perjudicado.[488]

Para Núñez, son directamente damnificados por el delito sus víctimas, esto es, los entes físicos o colectivos sobre cuyas personas, cosas o derechos recae directamente el delito (daño material), o cuya seguridad personal o goce de los bienes o afecciones legítimas, el delito ataca directamente (daño moral).[489]

---

[485] Nuvolone, *op. cit.*

[486] Zaffaroni, Eugene Raúl. *Op. cit. (Tratado).* Parte General. Tomo III, p. 283.

[487] Ramos, Juan. *Curso de Derecho Penal.* Biblioteca Jurídica Argentina. Buenos Aires, Argentina, 1938, p. 57.

[488] Creus, Carlos. *Sinopsis de Derecho Penal.* Parte General. Zeus Editora. Rosario, Argentina, 1977, p. 56.

[489] Núñez, Ricardo. *Delito Penal Argentino.* Tomo II. Bibliográfica Omeba. Buenos Aires, Argentina, 1965, pp. 563-565.

Vázquez Sánchez.[490] opina que: ofendido es toda persona a la que resulta un perjuicio económico y moral, esta idea es común en algunos códigos de los Estados, pero nos parece adecuada la posición de la Ley de Atención a Víctimas del Distrito Federal, en considerar víctima a la persona que haya sufrido daño, como consecuencia de acciones u omisiones realizadas en su contra, tipificadas como delito (Art. 7º); y ofendido al titular del bien jurídico lesionado o puesto en peligro, que asume la condición de sujeto pasivo del delito (Art. 8º).

Para los efectos de esta obra, nosotros consideramos que tanto el sujeto pasivo como el ofendido, damnificado o perjudicado son víctimas del delito.

Por víctima del delito, entendemos toda persona física o moral que sufre un daño por causa de una conducta antijurídica, típica y culpable.

Sujeto pasivo es el titular del bien jurídicamente protegido.

Ofendido y sujeto pasivo se han identificado en nuestro medio es quien detenta el bien lesionado o puesto en peligro.

Por ejemplo, en un homicidio el asesinado es siempre sujeto pasivo y por lo tanto ofendido y víctima, sus familiares son también víctimas. Los términos damnificado y perjudicado se están reservando para los otros dañados por el delito pero que no tienen un derecho claro a la reparación del daño.

XXI.4. Dolo y culpa de la víctima

Los delitos pueden ser dolosos, culposos o preterintencionales; esta clasificación se ha estructurado tomando en consideración la intencionalidad del autor de los hechos.

Así, obra con dolo el que, conociendo los elementos del hecho típico o previniendo los resultados de su acción, quiere o acepta el resultado prohibido por la ley (art. 9 C.P.F. y 18 C.P.D.F.).

La víctima en el delito doloso ha sido estudiada en algunos sentidos, principalmente en lo referente a provocación y consentimiento.

---

[490] Vázquez Sánchez, Rogelio. *El Ofendido en el Delito y la Reparación del Daño.* Tesis Doctoral. UNAM, México, 1980, p. 13.

Efectivamente, la víctima puede desencadenar la acción delictuosa de dos maneras: por provocación o por petición.

En la petición existe consentimiento de la víctima, quien solicita la comisión de la acción dañina en su propio perjuicio; en consecuencia, hay una coincidencia entre los sujetos de la pareja penal. En el caso de la provocación, al contrario, hay desarmonía, y la víctima resulta tal, por haber ejercido previamente una acción contraria a los intereses de la otra parte, la cual reaccionando para conservar sus derechos atacados, o bien para ejercer una represalia, comete el acto considerado infracción.[491]

La víctima en los delitos culposos, es decir en aquellos que son producidos por la imprudencia o impericia del agente, es un tema poco explorado por la doctrina penal, que ha dedicado sus esfuerzos a la intencionalidad del sujeto activo.

Para el Derecho Mexicano, obra culposamente el que produce el resultado típico, que no previó siendo previsible o previó confiado en que no se produciría, en virtud de la violación a un deber de cuidado, que debía y podía observar según las circunstancias y condiciones personales (art. 9º Código Federal y 18 del D.F.).

Como podemos observar aquí la víctima es más sujeto "pasivo" que nunca.

Utilizando una clasificación ya citada, veremos que la víctima en el delito de imprudencia puede haber tenido una gran participación, una participación mediana o una pequeña participación. Puede darse el caso también que no haya tenido participación (el sujeto que está en su casa cuando un vehículo automotor conducido imprudentemente penetra en ella y lo mata), o que su participación sea total (el sujeto que cruza una vía de alta velocidad restringida a los peatones).

"En numerosos homicidios y lesiones culposas resulta ya casi imposible distinguir al autor y a la víctima, y determinar la medida de su culpabilidad; en ella interviene el azar, como la tercera forma de energía, favoreciendo o perjudicando, unas veces al autor y otras a la víctima." [492]

Como podemos deducir de lo anterior, los delitos pueden clasificarse también en dolosos, culposos y aún preterintencionales desde el punto de vista de la intencionalidad de la víctima.

Serían dolosos aquellos en que la víctima desea, pide y acepta que se realice en su contra el hecho típico.

---

[491] Sosa Chacín, Jorge. *La Victimología y el Derecho Penal.* Anuario del Instituto de Ciencias Penales y Criminológicas. Núm. 2. Universidad Central de Venezuela, Venezuela, 1968, p. 207.

[492] Hentig, *op. cit. (El Delito),* p. 412.

Serían culposos aquellos en que la víctima ha incumplido un deber de cuidado y ha sido imprudente.

Serían preterintencionales aquellos en que la víctima acepta el resultado típico de determinado hecho, pero recibe un mal mayor del esperado.

Se entiende que esta clasificación se maneja *independientemente* de la intencionalidad del autor.

Comprendemos que esta posición acarrea una serie de problemas realmente apasionantes, principiando por el número de combinaciones que pueden darse entre el autor y la víctima, y que esquematizamos en el siguiente cuadro, donde D = dolo, C = culpa, P = preterintencionalidad y 0 = cero (no hay ninguno de los 3).

CUADRO Nº 41

COMBINACIÓN VICTIMA - AUTOR
(DOLO – CULPA)

	1	2	3	4	5	6	7	8	9	10	11	12	13	14	15	16
Víctima	D	C	P	D	C	P	D	C	P	D	C	P	0	0	0	0
Autor	D	C	P	C	P	D	P	D	C	0	0	0	D	C	P	0

Demos algunos ejemplos simples:

1. Víctima (V) y autor (A) actúan con Dolo (D): duelo, ambos llevan el ánimo de matar o de ser muertos. Eutanasia, uno quiere matar y el otro ser muerto.

2. V y A actúan con Culpa (C): uno maneja un vehículo con exceso de velocidad y el otro se atraviesa por lugar prohibido.

3. V y A actúan con Preterintención (P): la mujer desea abortar, el médico manipula para que aborte pero, imperito, mata.

4. V – D, A – C. La víctima desea suicidarse y se atraviesa a un vehículo cuyo conductor viene manejando imprudentemente.

5. V – C, A – P. La víctima se atraviesa imprudentemente, el autor desea sólo lesionar y mata.

6. V – P, A – D. La víctima desea ser lesionada para chantajear al marido, pero éste tiene el *animus necandi* y mata.

7. V – D, A – P. El paciente quiere morir, el autor sin deseos de matar lo golpea para desmayarlo y que cese el dolor, pero mata.

8. V – C, A – D. El autor aprovecha la imprudencia de la víctima para eliminarla.

9. V – P, A – C. La víctima se atraviesa a un automóvil conducido imprudentemente para recibir lesiones y cobrar un seguro, pero muere.

10. V – D, A – 0. La víctima se lanza al paso del metro para suicidarse.

11. V – C, A – 0. El niño se mete abajo del coche para sacar un juguete, el conductor arranca.

12. V – P, A – 0. La víctima se atraviesa a un automóvil conducido con prudencia y pericia para recibir lesiones y cobrar un seguro, pero muere.

13. V – 0, A – D. Infanticidio: el autor quiere matar, la víctima no interviene para nada.

14. V – 0, A – C. El autor manejando imprudentemente se sube a la banqueta y mata a un peatón.

15. V – 0, A – P. El autor desea lesionar y mata a la víctima inocente.

16. V – 0, A – 0. Es el típico accidente, el hecho fortuito.

XXI.5. La víctima en el Derecho Penal

Las características personales de la víctima, su conducta y su relación con el victimario, pueden ser trascendentales desde el punto de vista jurídico, ya que en un momento dado la configuración del tipo, la existencia o no del delito, la agravación o atenuación de la pena, dependen ya no de lo que el autor haya realizado, sino de particularidades, actitudes o comportamiento de la víctima.

Así, podríamos mencionar como ejemplos:

1. La edad de la víctima: de ella depende si hay infanticidio, exposición, corrupción, estupro, violación impropia, abandono, etc.
2. El sexo, como en el estupro y el rapto.
3. El parentesco, que decide si hay infanticidio, incesto, parricidio.
4. La función o profesión, como desobediencia y resistencia de particulares.

Todas estas características pueden además favorecer o perjudicar al victimario como veremos a continuación.

XXI.5.1. *Casos en que se beneficia al autor*

Siguiendo un esquema sugerido por Fattah,[493] veamos a continuación aquellos casos en que las condiciones personales, el compor-

[493] Fattah, *op. cit. (Quelques...)*, p. 341.

tamiento, o las relaciones con la víctima, pueden influenciar en sentido favorable para el agente, disminuyendo la sanción penal o directamente eliminándola.

Las formas básicas son:

1. *Rindiendo lícito un hecho* que constituye normalmente una infracción si ha sido cometido con el consentimiento de la víctima, si ha sido realizado contra ciertas víctimas o en ciertas circunstancias provocadas por la víctima.

De aquí podemos desprender tres hipótesis:

a) El consentimiento del titular del bien jurídico afectado, siempre y cuando éste sea disponible y el titular tenga capacidad jurídica y no exista vicio en el consentimiento (artículos 15 del Código Penal Federal y 29 del Código del D.F.).

b) La permisibilidad de la ley para afectar determinadas víctimas. El caso más típico era el derogado artículo 294 del Código Federal, que dejaba sin sanción las lesiones levísimas (tardan menos de 15 días en sanar y no ponen en peligro la vida), infligidas en el ejercicio del derecho de corregir.

c) Ciertas conductas de la víctima, que quitan la ilicitud a la conducta del victimario, como la agresión real, actual, violenta y sin derecho, que da lugar a la legítima defensa (art. 15, frac. IV).

2. *Exentar al culpable por la pena prevista* por su acto, si éste ha sido cometido contra una cierta víctima.

La relación específica entre la víctima y el autor de la infracción, es algunas veces tomada en consideración por el legislador penal en un sentido favorable al agente. Esta actitud del legislador se explica por diversas razones, por ejemplo: el legislador, teniendo en cuenta la supervivencia de la antigua justicia familiar y juzgando que es preferible conservar las relaciones familiares que imponer una pena susceptible de romperlas o de agravar los conflictos de la familia, prefiere salvaguardar las tradiciones adecuadas para proteger la cohesión de la célula familiar, para mantener la inviolabilidad del hogar doméstico y para reforzar la autoridad ancestral.

En nuestro derecho existieron, hasta 1984, dos ejemplos claros, contenidos en los artículos 377 y 378, ahora derogados; en estos casos existía una excusa absolutoria para el robo entre ascendiente y descendientes, y para el robo entre cónyuges, era necesaria la querella de parte.

Valdría la pena volver a leer los argumentos que, para sostener los mencionados artículos, expuso el recordado Maestro González de la Vega,[494] y analizar si estos razonamientos pueden considerarse aún válidos (como en nuestra opinión lo son); señal de ello es que tuvo que agregarse el artículo 399 bis, que comentamos más adelante.

3. *Disminuir la responsabilidad penal* cambiando la naturaleza de la infracción o atenuando la pena prevista para ella si ha sido cometida contra una víctima en particular.

El ejemplo es la atenuación de la pena al que en estado de moción violenta cause homicidio o lesiones en circunstancias que atenúen su culpabilidad (art. 310 CPF, derogado 14/06/12).

El mismo caso estaba contemplado para el que mate o lesione al corruptor del descendiente que está bajo su potestad, al encontrarlos en el acto carnal o uno próximo a su consumación (si no propició la corrupción, desde luego) (art. 311 actualmente derogado).

4. *Subordinar la persecución a una queja de la víctima* y/o conceder a ésta el derecho de parar los efectos de la condena.

Múltiples son los ejemplos en nuestros ordenamientos penales en que se deja al ofendido (o a sus representantes, en caso de incapaces o de personas morales) el derecho de querella para iniciar el procedimiento.

Algunos de estos casos son, en el Código Penal Federal, art. 62, lesiones culposas o daños cometidos con motivo del tránsito de vehículos; art. 199 bis, peligro de contagio, cuando la víctima sea el cónyuge; art. 263, estupro; art. 274 (derogado), adulterio; art. 337, abandono de cónyuge; art. 360, injuria, difamación o calumnia; etcétera.

La regla general para los delitos patrimoniales la da el:

> ARTÍCULO 399 BIS.—Los delitos previstos en este título se perseguirán por querella de parte ofendida cuando sean cometidos por un ascendiente, descendiente, cónyuge, parientes por consanguinidad hasta el segundo grado, concubina o concubinario, adoptante o adoptado y parientes por afinidad asimismo hasta el segundo grado. Igualmente se requerirá querella para la persecución de terceros que hubiesen incurrido en la ejecución del delito con los sujetos a que se refiere el párrafo anterior. Si se cometiere algún otro hecho que por sí sólo constituya un delito, se aplicará la sanción que para éste señala la ley.

XXI.5.2. *Casos en que se perjudica al autor*

Por otra parte, tenemos los casos en los cuales la víctima de la infracción puede influenciar la represión en un sentido desfavorable, pueden citarse como ejemplos los siguientes:

---

[494] González de la Vega, Francisco. *Derecho Penal Mexicano*. Editorial Porrúa. México, 1958, p. 208.

1. *Ampliando el dominio de la incriminación,* sea rindiendo punibles algunos hechos que son normalmente legítimos, si han sido cometidos contra ciertas personas, sea incriminando conductas que están solamente toleradas en presencia de otras víctimas.

Uno de los ejemplos más típicos es el estupro, en que un hecho lícito se convierte en ilícito si la víctima tiene menos de 18 años (art. 262 C.P.).

2. *Cambiando la naturaleza de la infracción,* agravándola o agravando la pena.

El parricidio, o el homicidio de un pariente cercano (hermano, hijo, nieto, abuelo), o con persona con quien se tengan ligas muy cercanas (adopción, concubinato) (art. 323 C.P.).

3. *Agravando la situación procesal* del agente si el acto ha sido cometido contra una cierta víctima.

En el homicidio de un funcionario público por motivo de sus funciones, la situación procesal cambia, pasando al fuero federal.

4. *Aumentando la punibilidad.* La relación entre el criminal y su víctima puede inspirar al legislador para agravar la sanción; estos casos podrían clasificarse en los siguientes tres grupos:

a) Casos en que la víctima, gracias a la relación de parentesco con el agente, es digna de cierto respeto por parte de éste, el acto del agente demuestra una falta completa de consideración. La calidad de ascendiente es tomada en cuenta en varias legislaciones para agravar las penas que sancionan las infracciones contra la integridad física tales como golpes y heridas voluntarias.

En México, si el lesionado es ascendiente o descendiente, cónyuge, pariente hasta el 4º grado, adoptante o adoptado del autor, se aumenta la pena hasta en una tercera parte (art. 300 C.P.F.).

b) Casos en que el agente, gracias a su relación con la víctima, goza de una cierta superioridad o autoridad que pueden debilitar la defensa o la resistencia de la víctima. En estos casos el legislador presume que la infracción ha sido cometida abusando de la superioridad o la autoridad y aprovechándose de la defensa o resistencia disminuidas de la víctima.

El ejemplo más claro lo representa el delito de corrupción de menores, que cuando es cometido por ascendientes, padrastro o madrastra, la pena se duplica, o el de inducción, instigación, o auxilio en el consumo o tráfico de drogas cuando hay ascendencia o autoridad sobre la víctima (art. 196 C.P.F.), en cuyo caso la pena es aumentada en una mitad.

c) Casos en los que la relación entre el agente y la víctima está caracterizada por una cierta confianza que es debida a una calidad o a las funciones del delincuente; el agente comete su delito traicionando esta confianza. Generalmente en este caso se puede remarcar, al lado de la traición de esta confianza, que es la relación entre el agente y la víctima que ha brindado la ocasión de cometer el delito y ha hecho posible su ejecución.

La calificativa de "traición" en nuestro derecho consiste en violar la fe o seguridad que expresamente el criminal había prometido a su víctima, o la tácita que ésta debía prometerse de aquél por sus relaciones de parentesco, gratitud, amistad o cualquiera otra que inspire confianza (art. 319 C.P.).

En los delitos patrimoniales, puede aumentarse la pena hasta 5 años más de prisión, si fueron cometidos por dependientes domésticos, huéspedes, comensales, trabajadores, o personas en las que se ha depositado confianza (art. 381 C.P.).

Capítulo XXII

DERECHO VICTIMAL

> *"No es dentro del Derecho Penal desde donde va a surgir el derecho protector de las víctimas".*[495]
>
> María de la Luz Lima

XXII.1. Introducción

En el capítulo anterior explicamos en lo general el papel de la víctima dentro del Derecho Penal y las relaciones entre este último y la Victimología, para llegar a la conclusión de que existe y debe independizarse el *Derecho Victimal* y tener su propia *Victimodogmática.*

Las bases están puestas, tanto por la declaración de la ONU como, para nosotros, por las fundamentales reformas de 1993, del 2000 y del 2008 a la Constitución Mexicana, así como los nuevos códigos especializados en protección victimal.[496]

Esta puede considerarse una nueva y notable aportación de la Victimología que, como ya mencionamos, se ha ido transformando de una ciencia etiológica muy unida a la Criminología, hacia una ciencia con gran autonomía, muy preocupada por los derechos de las víctimas, su atención y la prevención de la victimización.

El enfoque victimológico es ya indispensable en el mundo jurídico; la víctima no puede ser ya la cenicienta del sistema penal.

XXII.2. Los derechos de las víctimas

Es indudable que el Derecho Penal debe ser, en palabras de uno de los clásicos, un Derecho protector de los delincuentes, pero esto

---

[495] Lima, María de la Luz. Protección a las Víctimas. *Criminalia.* Año LXVIII, Núm. 2. Editorial Porrúa. México, 1992, p. 71. También *Derecho Victimal. Serie Victimológica 1,* Universidad Nacional de Córdoba. Editora Universitaria Integral, Argentina, 2004.

[496] Para Argentina, aunque muy orientada a reparación del daño, es importante la obra de: Sproviero, Juan. H. *La víctima del delito y sus derechos.* Editorial Ábaco. Argentina, 2000.

no implica que se convierta en un derecho desprotector de las víctimas; parece indispensable la creación de un Derecho Victimal.

El artículo 17 de la Constitución Política de los Estados Unidos Mexicanos, en una de sus partes dispone que: "Ninguna persona podrá hacerse justicia por sí misma, ni ejercer violencia para reclamar su derecho."

Efectivamente, pasaron ya los días en que el ofendido tenía el derecho de vengar la ofensa por propia mano, ahora es el Estado el que debe impartir justicia.

La pérdida de este "derecho de venganza" no significa que la víctima haya perdido sus derechos, aún se considera el delito como una de las fuentes de las obligaciones, lo que trae aparejado el nacimiento de una serie de derechos para el ofendido.

No deja de ser curioso, nos comenta Israel Drapkin, que la primera intervención de derecho de los primitivos legisladores fue para defender a quien infringió inicialmente la norma social, es decir, al delincuente y no a la víctima. No podía ser de otra forma, ya que los derechos de esta última eran absolutos e ilimitados, mientras que los derechos del delincuente eran aún inexistentes.[497]

Sin embargo, el fenómeno se desarrolló de manera que casi todos los derechos se fueron dando al criminal y quitando a la víctima; con frecuencia se observa que a mayores garantías para el delincuente, menores son los derechos de las víctimas.

Zaffaroni lo explica de manera peculiar: "La exclusión de la víctima (llamada generalmente expropiación y que prefiero llamar más propiamente confiscación) se produjo con la introducción de la 'investigación' o 'inquisición', que los autores tradicionales consideran un avance o progreso. De este modo, se admite como progreso la omisión total de la víctima (y la peor brutalidad estatal). La víctima desapareció hasta hoy del modelo penal. Como máximo es un objeto, pero no un sujeto dentro de este modelo, porque no es compatible con el modelo penal, que por definición es confiscatorio del derecho lesionado por el conflicto."[498]

Stanciu afirma que si las libertades de los criminales están reducidas por la justicia según las indicaciones de la ley, las libertades en las víctimas están suprimidas o disminuidas por los actos del criminal.[499]

"La protección de nuestros derechos a no ser victimizados es mucho más urgente que ampliar nuestras garantías como delincuentes potenciales. También debemos precisar que estos derechos in-

---

[497] Drapkin, Israel, *op. cit. (El Derecho de las Víctimas)*, p. 117.

[498] Zaffaroni, Raúl. *La Mujer y el Poder Punitivo.*

[499] Stanciu, Vasile V., *op. cit. (Les droits de la Victime)*, p. 91.

cipientes de las víctimas están basados en el reconocimiento previo en el derecho de todo ciudadano a no ser victimizado."[500]

Beristain dice que en la sociedad tecnológica de la postmodernidad se ha subrayado y se subraya exageradamente que el crimen atenta contra el Estado; pero, se ha olvidado algo elemental como es que el delito atenta directa y primeramente a las personas individuales y a los grupos sociales.[501]

Por esto se deben crear y fortalecer los medios para detectar, enjuiciar y condenar a los culpables de los delitos, así como revisar periódicamente la legislación penal para adaptarla a las circunstancias cambiantes, principalmente en lo relativo a los Derechos Humanos, y de manera especial a los casos de abuso de poder, tanto político como económico.

Los criminólogos luchan actualmente por un replanteamiento en la justicia penal, atendiendo al proceso de sentencia, cuestionando las viciadas prácticas de encarcelamiento, reconociendo los derechos del procesado y considerando al criminal como un ciudadano que ha fallado en sus obligaciones, y no tanto como un enfermo o como un número en las estadísticas negativas.

En estas ideas, la víctima adquiere una importancia mayúscula, pues sus derechos deben ser atendidos por el Estado, previéndose la reparación por parte del criminal o del Estado mismo. El espíritu de este movimiento no puede estar basado en la retribución del delincuente ni en la venganza de la víctima.[502]

No hay duda que el legislador ha tratado de asegurar una protección especial a ciertos grupos (menores, ancianos, enfermos, deficientes, inexpertos), que a causa de ciertas cualidades están más expuestos, menos protegidos, o que son incapaces de defenderse, y que corren mayor riesgo de ser victimizados.

Pero no es posible limitar la protección y circunscribir los derechos a los grupos más desamparados, todos podemos ser víctimas, y como afirma Drapkin "sobre la base de un cálculo elemental de probabilidades, estamos convencidos de que corremos mayores peligros como posibles víctimas que como posibles delincuentes".[503]

La calidad de víctimas, nos dice Stanciu,[504] es inherente a la miserable condición humana, como es también la de mortal. De aquí

---

[500] Drapkin, Israel, *op. cit.*, pp. 121-123.

[501] Beristain, Antonio. *Proyecto de Declaración sobre Justicia y Asistencia a las Víctimas.* Revista *Criminalia.* Año LI, Núms. 1-12. Editorial Porrúa. México, 1985, p. 108.

[502] *Cfr.* Ryan, Leonard. *The Quest for Justice: Some Thoughts from an Observer.* I Symposium. Israel, 1973.

[503] Drapkin, Israel, *op. cit.*, p. 123.

[504] Stanciu, V. V., *op. cit. (État Victimal et Civilisation),* p. 40.

que la solidaridad universal debe imponerse. En tanto que el hombre no acepte la situación de víctima no todo está perdido, pero el problema es actual en el momento en que se instale en la victimidad y la considere como inevitable.

Ihering ha hablado de la lucha por el derecho. Aquél que no está cada momento listo a defender su derecho es más culpable que la persona abusiva.

La timidez de las víctimas anima al agresor, éste es un rasgo constante de la psicología humana y animal.

Todo animal busca amedrentar a su presa para evitar la resistencia, si lo logra, la víctima está perdida.

El Estado está pues obligado a garantizar los derechos de las víctimas, y éstas a exigirlos. Estamos presenciando en el mundo actual un fenómeno que puede ser deplorable: ante el fracaso del Estado para proteger a las víctimas (reales o potenciales), éstas optan por autodefenderse, convirtiendo sus casas en fortalezas, formando grupos de defensa ciudadana (en ocasiones fuertemente armados), contratando guardias privados, adquiriendo armas, etc.

Un punto básico es el de la información al público en lo referente a qué derechos tiene protegidos y en qué forma se le defiende, así como los peligros que puede correr y el riesgo de victimización.

Cuando la lucha contra el crimen queda en manos de las víctimas singulares, del individuo en lo personal, la batalla está perdida.

Queda claro pues, que estamos presenciando el nacimiento de una nueva y prometedora rama del Derecho: el Derecho Victimal, cuyas bases están ya sentadas, y que tiene diferencias claras y específicas con el Derecho Penal, que *no* fue creado propiamente para proteger los derechos de las víctimas.

XXII.3. El Derecho Victimal

En palabras de María de la Luz Lima: "Dentro de la enciclopedia de las Ciencias Penales, es necesario concebir y crear una nueva disciplina en el campo de las llamadas ciencias jurídico-penales, este es el Derecho Victimal que debe ser una ciencia normativa que se encargue del estudio de los derechos de la víctima, lo que puede consistir en derecho de hacer, no hacer o recibir algo, conferido por la ley o la constitución de un país, además del estudio del procedimiento que debe usarse para hacerlo efectivo."[505]

La necesidad de independizar el Derecho Victimal proviene no solamente del abandono que de la víctima ha perpetrado el Derecho

---

[505] Lima, María de la Luz, *op. cit. (Protección)*, p. 71.

Penal, sino de la incapacidad de éste para resolver una serie de problemas.

Por ejemplo, el conflicto queda sin solventarse, como dice Zaffaroni: La intervención del estado como único ofendido, invocando el bien común o la defensa social o cualquier otra vaguedad parecida, elimina la solución del conflicto; éste ya no podrá resolverse, porque falta una de sus partes: la víctima.

Como es lógico, este poder sólo podía alimentarse del fomento de la venganza y de su explicación mediante exaltación y desplazamiento. El acto de autoridad sólo puede satisfacer cierto impulso vindicativo de la víctima, y en el caso de la casi totalidad de las víctimas sin atención, el desplazamiento de ese impulso sobre el ínfimo grupo de criminalizados.[506]

La naturaleza misma del Derecho Penal le impide la atención de las víctimas, pues sus fines y funciones son muy concretos.

Así para Jescheck, el fin del Derecho Penal es el mantenimiento de la paz y la seguridad jurídica a través de los valores fundamentales de la convivencia en comunidad, y sólo en segundo término la indemnización de la víctima. Las funciones son la represiva y la preventiva, la primera en tanto interviene para sancionar el delito cometido y la segunda para impedir que en el futuro el mismo delincuente u otros realicen la conducta indeseada.[507]

Y para Zaffaroni las funciones del Derecho Penal son proveer a la seguridad jurídica y a la coexistencia, previniendo la comisión de nuevas conductas afectantes de bienes jurídicos, con una acción resocializadora sobre el autor.[508]

Por esto, como dice Beristain, debemos encontrar "Algo mejor que el Código Penal",[509] y eso debe ser, en nuestra opinión, una buena ley de justicia para las víctimas, cuyos lineamientos generales están dados en la fundamental Declaración de las Naciones Unidas.

XXII.4. La declaración de la ONU

En el VI Congreso de las Naciones Unidas sobre Prevención del Delito y Tratamiento del Delincuente (Caracas, 1980), se trató el

---

[506] Zaffaroni, *op. cit. (La Mujer)*.

[507] Jescheck, Hans-Heinrich. *Tratado de Derecho Penal.* Vol. I. Editorial Bosch. Barcelona, España, 1981, pp. 12 y ss.

[508] *Cfr.* Zaffaroni, Raúl, *op. cit. (Tratado de Derecho Penal),* Tomo I, p. 63.

[509] Beristain, Antonio. *Nueva Criminología desde el Derecho Penal y la Victimología.* Tirant le Blanch. Valencia, España, 1994, p. 355.

problema del abuso de poder económico y político, haciendo especial referencia a las víctimas y recomendando a los expertos y agencias de la ONU que continuaran su labor de elaboración de directrices y normas.

La Sociedad Mundial de Victimología, en el IV Symposium Internacional de Victimología (Tokio 1982), formó un comité presidido por Irvin Waller (Ottawa, Canadá), para realizar un proyecto de código para las conductas hacia las víctimas del delito.

En 1984, de Dubrovnik, se realizó una reunión de trabajo sobre los derechos de las víctimas organizada por el profesor Paul Separovic. Irene Melup, de Naciones Unidas, realizó una encuesta a nivel mundial sobre las necesidades de las víctimas, que sirviera de base para la declaración.

En el V Symposium Internacional de Victimología (Zagreb, 1985), se discutió y perfeccionó el documento, que se presentó ese mismo año al VII Congreso de Prevención del Delito y Tratamiento del Delincuente, celebrado en Milán, Italia.

El congreso debatió y aprobó una "Declaración sobre los Principios Fundamentales de Justicia Relativos a las Víctimas de Delitos y Relativos a las Víctimas del Abuso de Poder", que fue adoptada a fines del mismo año en la 96ª sesión plenaria de la ONU.

En esta forma la víctima, la gran olvidada del Derecho Penal y de la Criminología, pasaba a primer plano, y la Victimología refrendaba su lugar en el universo de las Ciencias Penales.

Se reconoció la necesidad de medidas más eficaces en los planos internacional, regional, y nacional en favor de las víctimas, así como la necesidad de promover el progreso de todos los Estados en sus esfuerzos por respetar y garantizar los derechos de las víctimas de delitos y del abuso de poder.

Los derechos de las víctimas no han sido reconocidos, aceptados ni protegidos adecuadamente, a pesar de que millones de personas en todo el mundo sufren daños como resultado de delitos y abusos de poder.

Dentro de esta gran cantidad de gente, se encuentran no sólo las víctimas directas, sino también sus familias, los testigos y otras personas que les presten ayuda, expuestos injustamente a pérdidas, daños y perjuicios.

De aquí la urgencia de adoptar medidas que garanticen el reconocimiento y respeto efectivos de los derechos de las víctimas.

La Declaración está dividida en dos grandes rubros: los principios relativos a las víctimas de delitos y los relacionados con las víctimas del abuso de poder, aclarando que deben aplicarse los conceptos (y las normas) sin distinción de sexo, raza, color, nacionalidad, etc.

En cuanto al primer grupo, da como concepto de *víctimas de delitos* el siguiente, ya mencionado anteriormente, pero que no sale sobrando repetir:

> 1. Se entenderá por víctimas las personas que, individual o colectivamente hayan sufrido daños, incluidos lesiones físicas o mentales, sufrimiento emocional, pérdida financiera o menoscabo sustancial de sus derechos fundamentales, como consecuencia de acciones u omisiones que violen la legislación penal vigente en los Estados Miembros, incluida la que proscribe el abuso de poder.
>
> 2. Podrá considerarse "víctima" a una persona con arreglo a la Declaración independientemente de la relación familiar entre el perpetrador y la víctima. En la expresión "víctima" se incluye además, en su caso, a los familiares o dependientes inmediatos de la víctima directa y a las personas que hayan sufrido daños al intervenir para asistir a la víctima en peligro o para prevenir la victimización.

En cuanto al segundo, las víctimas del abuso del poder, que tratamos con detenimiento en el capítulo XVII, son caracterizadas de la siguiente manera:

> 18. Se entenderá por "víctimas" las personas que, individual o colectivamente hayan sufrido daños, incluidos lesiones físicas o mentales, sufrimiento emocional, pérdida financiera o menoscabo sustancial de sus derechos fundamentales, como consecuencia de acciones u omisiones que no lleguen a constituir violaciones del Derecho Penal Nacional, pero violen normas internacionalmente reconocidas relativas a los Derechos Humanos.

La Declaración, organizada en 21 artículos, de los cuales 17 reglamentan el primer grupo y los otros 4 el segundo, se ha convertido en la "Carta Magna" de las víctimas, y por su importancia se anexa al final de esta obra.

XXII.5. La protección constitucional a las víctimas del delito

En 1989, dedicamos el III Congreso Nacional de Criminología a la Victimología, llegando a la conclusión de la necesidad de legislar en materia de derecho victimal. El Congreso de la ONU en La Habana (1990), recomendó nuevamente el atender legislativamente los derechos de las víctimas. En 1992 nos reunimos con legisladores, encabezados por el maestro Cuauhtémoc López Sánchez, proponiendo las reformas conducentes.

Afortunadamente, México se hizo eco del llamado de la ONU y, en 1993, se realiza una fundamental reforma a la Constitución Política, agregando al artículo 20 un párrafo en el que se consagra el derecho de víctimas y ofendidos por el delito, a recibir asesoría jurídica, a la reparación del daño, a coadyuvar con el Ministerio Público, y a la atención médica de urgencia.

El párrafo en cuestión a la letra dice:

> "En todo proceso penal, la víctima o el ofendido por algún delito, tendrá derecho a recibir asesoría jurídica, a que se le satisfaga la reparación del daño cuando proceda, a coadyuvar con el Ministerio Público, a que se le preste atención médica de urgencia cuando lo requiera y los demás que señalen las leyes."

La reforma fue un avance extraordinario en el área victimológica y propició cambios importantes en la legislación, tanto federal como local, y en los servicios de atención y auxilio a las víctimas.

Sin embargo, se consideró que aún era insuficiente, por lo que en el año 2000 se aprueba una nueva reforma al artículo 20 Constitucional, dividiéndolo en dos apartados, dedicando el "B" a los derechos de la víctima o del ofendido, y dejando el "A" para los derechos del inculpado. Además de las cuatro garantías originales (asesoría, coadyuvancia, reparación del daño y atención médica), se agregan nuevos derechos y se amplían y aclaran los ya existentes.

Así, a la asesoría se añade el derecho a la información (de derechos y de desarrollo del procedimiento); a la coadyuvancia se agrega el derecho a que se le reciban pruebas y se desahoguen las diligencias; a la atención médica se suma la asistencia psicológica; y la reparación del daño se refuerza con obligaciones del Ministerio Público (solicitar la reparación), y del Juez (condenar a la reparación en toda sentencia no absolutoria).

Además se otorgó el derecho de no carearse con el inculpado a los menores de edad víctimas de violación o de secuestro, y se adicionó una fracción que permite y garantiza el solicitar medidas y providencias que la ley prevea para su seguridad y auxilio.

Por otra parte, se eliminó la frase que otorgaba, además de las cuatro garantías originales "las demás que señalen las leyes", pues se consideró que implicaría transferir al legislador ordinario la facultad de incluir nuevas garantías que son materia estricta de la Constitución.

En la reforma constitucional de 2008, nuevamente se reforma el artículo 20 en su apartado "B" (que pasa a ser "C"), para ampliar una vez más los derechos de la víctima o del ofendido, respetándose en general (con excepción del no careo) todas las ya otorgadas, y agregando varias que nos parecen esenciales.

El artículo 20 impone ahora el proceso penal acusatorio y oral, regido por los principios de publicidad, contradicción, concentración, continuidad e inmediación.

El artículo está dividido en tres partes: la *"A"*, donde se norman los principios generales, la *"B"* en que aparecen los derechos de toda persona imputada, y la *"C"*, con los derechos de la víctima o del ofendido.

En este apartado "C" encontramos las siguientes garantías para la víctima u ofendido, que ya se habían reconocido desde la reforma del 2000:

1) Recibir asesoría jurídica, ser informado de los derechos que se establecen en su favor, y conocer del desarrollo del procedimiento penal.

2) Coadyuvar con el Ministerio Público y aportar pruebas desde la investigación y en el proceso, desahogándose las diligencias correspondientes.

3) Recibir, desde la comisión del delito, atención médica y psicológica de urgencia.

4) A la reparación del daño, que el Ministerio Público está obligado a solicitar y el juzgador a ordenar, siempre que hay sentencia condenatoria.

5) Solicitar todas las medidas cautelares y providencias necesarias para la protección y restitución de sus derechos.

Tenemos ahora varias novedades dignas de comentar:

La primera es que *(¡por fin!)* la víctima *"Puede intervenir en el juicio e interponer los recursos en los términos que prevea la ley"*, con lo que debe salir de la marginación en que había permanecido, al negársele sistemáticamente la calidad de "parte" en el proceso, a pesar de los múltiples alegatos expuestos en la reforma del 2000, y la opinión de distinguidos especialistas.

La dependencia que se tenía del Ministerio Público disminuye notablemente; así, ahora la víctima u ofendido pueden solicitar directamente al juzgador la reparación del daño.

La segunda es el resguardo de la identidad y datos personales de los menores de edad, de las víctimas de violación, trata de personas, secuestro o delincuencia organizada, y cuando el juzgador lo crea necesario.

Además, impone al Ministerio Público la obligación de garantizar la protección a víctimas u ofendidos (además de testigos y demás sujetos que intervienen en el proceso), y a los jueces vigilar su cumplimiento.

Finalmente, la víctima puede ahora impugnar ante autoridad judicial las omisiones del Ministerio Público en la investigación, así como las diversas resoluciones que puedan afectar la reparación del daño.

Aunque la reforma es en todo benéfica para la defensa de las víctimas, es de señalarse que se quitó la fracción V, que disponía que, cuando la víctima o el ofendido sean menores de edad, no estarán obligados a carearse con el inculpado cuando se trate de los delitos de violación o secuestro.

No estamos muy de acuerdo con la desaparición de esta fracción, pues el derecho a no carearse se había considerado uno de los avances importantes en la defensa de las víctimas; aunque limitado a ciertos sujetos y a determinados delitos; era un buen principio sustentado en la experiencia del terrible trauma para la víctima al verse enfrentada al victimario violento y revivir los hechos sufridos.

Probablemente la eliminación de esta disposición se deba a que en la reforma, también en las garantías del inculpado, quedó fuera el llamado "careo constitucional", en la forma en que estaba establecido.

Reproducimos textual la reforma al 20 Constitucional; en negritas puede verse lo que cambió de la versión del 2000 a la de 2008, con el agregado de 2011.

C. De los derechos de la víctima o del ofendido:

I. Recibir asesoría jurídica; ser informado de los derechos que en su favor establece la Constitución y, cuando lo solicite, ser informado del desarrollo del procedimiento penal;

II. Coadyuvar con el Ministerio Público; a que se le reciban todos los datos o elementos de prueba con los que cuente, tanto en la investigación como en el proceso, a que se desahoguen las diligencias correspondientes, **y a intervenir en el juicio e interponer los recursos en los términos que prevea la ley;**

Cuando el Ministerio Público considere que no es necesario el desahogo de la diligencia, deberá fundar y motivar su negativa;

III. Recibir, desde la comisión del delito, atención médica y psicológica de urgencia;

IV. Que se le repare el daño. En los casos en que sea procedente, el Ministerio Público estará obligado a solicitar la reparación del daño, sin menoscabo de que la víctima u ofendido lo pueda solicitar directamente, y el juzgador no podrá absolver al sentenciado de dicha reparación si ha emitido una sentencia condenatoria.

La ley fijará procedimientos ágiles para ejecutar las sentencias en materia de reparación del daño;

V. Al resguardo de su identidad y otros datos personales en los siguientes casos: cuando sean menores de edad; cuando se trate de delitos de violación, trata de personas, secuestro o delincuencia organizada; y cuando a juicio del juzgador sea necesario para su protección, salvaguardando en todo caso los derechos de la defensa.

El Ministerio Público deberá garantizar la protección de víctimas, ofendidos, testigos y en general todas los sujetos que intervengan en el proceso. Los jueces deberán vigilar el buen cumplimiento de esta obligación;

VI. Solicitar las medidas **cautelares** y providencias **necesarias para la protección y restitución de sus derechos,** y

VII. Impugnar ante autoridad judicial las omisiones del Ministerio Público en la investigación de los delitos, así como las resoluciones de reserva, no ejercicio, desistimiento de la acción penal o suspensión del procedimiento cuando no esté satisfecha la reparación del daño.

Como hemos comentado, en México tenemos ya un cuerpo normativo básico para una adecuada defensa de las víctimas, tomando en cuenta la última reforma constitucional y la cascada de leyes secundarias que vendrán a redondear el ya avanzado *Derecho Victimal.*

Sin embargo, sabemos que es necesario instrumentar una ley para poder aplicarla, que no bastan las buenas intenciones del legislador, y que para llegar a una adecuada justicia victimal es necesario estructurar una real atención y defensa de las víctimas (lo que en mucho quiere decir: instalaciones, personal, recursos, y una nueva cultura victimal).

XXII.6. Legislación secundaria

La legislación secundaria ha adoptado una buena cantidad de derechos y beneficios a las víctimas, y seguramente se tendrán más logros en cuanto avance la reforma.

Ante la imposibilidad de consignar todas las nuevas disposiciones, reproducimos, a guisa de ejemplo, las que contiene el artículo 109 del nuevo Código Nacional de Procedimientos Penales, vigente ahora para toda la República (reformas a junio de 2016)

«Artículo 109. Derechos de la víctima u ofendido

En los procedimientos previstos en este Código, la víctima u ofendido tendrán los siguientes derechos:

I. A ser informado de los derechos que en su favor le reconoce la Constitución;

II. A que el Ministerio Público y sus auxiliares, así como el Órgano jurisdiccional les faciliten el acceso a la justicia y les presten los servicios que constitucionalmente tienen encomendados con legalidad, honradez, lealtad, imparcialidad, profesionalismo, eficiencia y eficacia y con la debida diligencia;

III. A contar con información sobre los derechos que en su beneficio existan, como ser atendidos por personal del mismo sexo, o del sexo que la víctima elija, cuando así lo requieran y recibir desde la comisión del delito atención médica y psicológica de urgencia, así como asistencia jurídica a través de un Asesor jurídico;

IV. A comunicarse, inmediatamente después de haberse cometido el delito con un familiar, e incluso con su Asesor jurídico;

V. A ser informado, cuando así lo solicite, del desarrollo del procedimiento penal por su Asesor jurídico, el Ministerio Público y/o, en su caso, por el Juez o Tribunal;

VI. A ser tratado con respeto y dignidad;

VII. A contar con un Asesor jurídico gratuito en cualquier etapa del procedimiento, en los términos de la legislación aplicable;

VIII. A recibir trato sin discriminación a fin de evitar que se atente contra la dignidad humana y se anulen o menoscaben sus derechos y libertades, por lo que la protección de sus derechos se hará sin distinción alguna;

IX. A acceder a la justicia de manera pronta, gratuita e imparcial respecto de sus denuncias o querellas;

X. A participar en los mecanismos alternativos de solución de controversias;

XI. A recibir gratuitamente la asistencia de un intérprete o traductor desde la denuncia hasta la conclusión del procedimiento penal, cuando la víctima u ofendido pertenezca a un grupo étnico o pueblo indígena o no conozca o no comprenda el idioma español;

XII. En caso de tener alguna discapacidad, a que se realicen los ajustes al procedimiento penal que sean necesarios para salvaguardar sus derechos;

XIII. A que se le proporcione asistencia migratoria cuando tenga otra nacionalidad;

XIV. A que se le reciban todos los datos o elementos de prueba pertinentes con los que cuente, tanto en la investigación como en el proceso, a que se desahoguen las diligencias correspondientes, y a intervenir en el juicio e interponer los recursos en los términos que establece este Código;

XV. A intervenir en todo el procedimiento por sí o a través de su Asesor jurídico, conforme lo dispuesto en este Código;

XVI. A que se le provea protección cuando exista riesgo para su vida o integridad personal;

XVII. A solicitar la realización de actos de investigación que en su caso correspondan, salvo que el Ministerio Público considere que no es necesario, debiendo fundar y motivar su negativa;

XVIII. A recibir atención médica y psicológica o a ser canalizado a instituciones que le proporcionen estos servicios, así como a recibir protección especial de su integridad física y psíquica cuando así lo solicite, o cuando se trate de delitos que así lo requieran;

XIX. A solicitar medidas de protección, providencias precautorias y medidas cautelares;

XX. A solicitar el traslado de la autoridad al lugar en donde se encuentre, para ser interrogada o participar en el acto para el cual fue citada, cuando por su edad, enfermedad grave o por alguna otra imposibilidad física o psicológica se dificulte su comparecencia, a cuyo fin deberá requerir la dispensa, por sí o por un tercero, con anticipación;

XXI. A impugnar por sí o por medio de su representante, las omisiones o negligencia que cometa el Ministerio Público en el desempeño de sus funciones de investigación, en los términos previstos en este Código y en las demás disposiciones legales aplicables;

XXII. A tener acceso a los registros de la investigación durante el procedimiento, así como a obtener copia gratuita de éstos, salvo que la información esté sujeta a reserva así determinada por el Órgano jurisdiccional;

XXIII. A ser restituido en sus derechos, cuando éstos estén acreditados;

XXIV. A que se le garantice la reparación del daño durante el procedimiento en cualquiera de las formas previstas en este Código;

XXV. A que se le repare el daño causado por la comisión del delito, pudiendo solicitarlo directamente al Órgano jurisdiccional, sin perjuicio de que el Ministerio Público lo solicite;

XXVI. Al resguardo de su identidad y demás datos personales cuando sean menores de edad, se trate de delitos de violación contra la libertad y el normal desarrollo psicosexual, violencia familiar, secuestro, trata de personas o cuando a juicio del Órgano jurisdiccional sea necesario para su protección, salvaguardando en todo caso los derechos de la defensa;

XXVII. A ser notificado del desistimiento de la acción penal y de todas las resoluciones que finalicen el procedimiento, de conformidad con las reglas que establece este Código;

XXVIII. A solicitar la reapertura del proceso cuando se haya decretado su suspensión, y

XXIX. Los demás que establezcan este Código y otras leyes aplicables.

En el caso de que las víctimas sean personas menores de dieciocho años, el Órgano jurisdiccional o el Ministerio Público tendrán en cuenta los principios del interés superior de los niños o adolescentes, la prevalencia de sus derechos, su protección integral y los derechos consagrados en la Constitución, en los Tratados, así como los previstos en el presente Código.

Para los delitos que impliquen violencia contra las mujeres, se deberán observar todos los derechos que en su favor establece la Ley General de Acceso de las Mujeres a una Vida Libre de Violencia y demás disposiciones aplicables.»

Además de lo relacionado en el Art. 109, el Código Nacional de Procedimientos Penales contiene una buena cantidad de referencias a la víctima, de las cuales pueden deducirse más derechos, *v.gr.* confrontar artículos 105, 106, 108, 110, 132, 137, 138, 153, 170, 201, 275, 336 (reformado), 338, 366, 428, 432 y 459.

Por su parte, la Ley General de Víctimas, en su artículo 7, dispone como derechos en lo general de las víctimas:

> «**Artículo 7**. Los derechos de las víctimas que prevé la presente Ley son de carácter enunciativo y deberán ser interpretados de conformidad con lo dispuesto en la Constitución, los tratados y las leyes aplicables en materia de atención a víctimas, favoreciendo en todo tiempo la protección más amplia de sus derechos.
> Las víctimas tendrán, entre otros, los siguientes derechos:
>
> **I.** A una investigación pronta y eficaz que lleve, en su caso, a la identificación y enjuiciamiento de los responsables de violaciones al Derecho Internacional de los derechos humanos, y a su reparación integral;
>
> **II.** A ser reparadas por el Estado de manera integral, adecuada, diferenciada, transformadora y efectiva por el daño o menoscabo que han sufrido en sus derechos como consecuencia de violaciones a derechos humanos y por los daños que esas violaciones les causaron;
>
> **III.** A conocer la verdad de lo ocurrido acerca de los hechos en que le fueron violados sus derechos humanos para lo cual la autoridad deberá informar los resultados de las investigaciones;
>
> **IV.** A que se le brinde protección y se salvaguarde su vida y su integridad corporal, en los casos previstos en el artículo 34 de la Ley Federal contra la Delincuencia Organizada;
>
> **V.** A ser tratadas con humanidad y respeto de su dignidad y sus derechos humanos por parte de los servidores públicos y, en general, por el personal de las instituciones públicas responsables del cumplimiento de esta Ley, así como por parte de los particulares que cuenten con convenios para brindar servicios a las víctimas;

VI. A solicitar y a recibir ayuda, asistencia y atención en forma oportuna, rápida, equitativa, gratuita y efectiva por personal especializado en atención al daño sufrido desde la comisión del hecho victimizante, con independencia del lugar en donde ella se encuentre, así como a que esa ayuda, asistencia y atención no dé lugar, en ningún caso, a una nueva afectación;

VII. A la verdad, a la justicia y a la reparación integral a través de recursos y procedimientos accesibles, apropiados, suficientes, rápidos y eficaces;

VIII. A la protección del Estado, incluido el bienestar físico y psicológico y la seguridad del entorno con respeto a la dignidad y privacidad de la víctima, con independencia de que se encuentren dentro un procedimiento penal o de cualquier otra índole. Lo anterior incluye el derecho a la protección de su intimidad contra injerencias ilegítimas, así como derecho a contar con medidas de protección eficaces cuando su vida o integridad personal o libertad personal sean amenazadas o se hallen en riesgo en razón de su condición de víctima y/o del ejercicio de sus derechos;

IX. A solicitar y a recibir información clara, precisa y accesible sobre las rutas y los medios de acceso a los procedimientos, mecanismos y medidas que se establecen en la presente Ley;

X. A solicitar, acceder y recibir, en forma clara y precisa, toda la información oficial necesaria para lograr el pleno ejercicio de cada uno de sus derechos;

XI. A obtener en forma oportuna, rápida y efectiva todos los documentos que requiera para el ejercicio de sus derechos, entre éstos, los documentos de identificación y las visas;

XII. A conocer el estado de los procesos judiciales y administrativos en los que tenga un interés como interviniente;

XIII. A ser efectivamente escuchada por la autoridad respectiva cuando se encuentre presente en la audiencia, diligencia o en cualquier otra actuación y antes de que la autoridad se pronuncie;

XIV. A ser notificada de las resoluciones relativas a las solicitudes de ingreso al Registro y de medidas de ayuda, de asistencia y reparación integral que se dicten;

XV. A que el consulado de su país de origen sea inmediatamente notificado conforme a las normas internacionales que protegen el derecho a la asistencia consular, cuando se trate de víctimas extranjeras;

XVI. A la reunificación familiar cuando por razón del tipo de victimización su núcleo familiar se haya dividido;

XVII. A retornar a su lugar de origen o a reubicarse en condiciones de voluntariedad, seguridad y dignidad;

XVIII. A acudir y a participar en escenarios de diálogo institucional;

XIX. A ser beneficiaria de las acciones afirmativas y programas sociales públicos para proteger y garantizar sus derechos;

XX. A participar en la formulación, implementación y seguimiento de la política pública de prevención, ayuda, atención, asistencia y reparación integral;

XXI. A que las políticas públicas que son implementadas con base en la presente Ley tengan un enfoque transversal de género y diferencial, particularmente en atención a la infancia, los adultos mayores, la población indígena y las personas en situación de desplazamiento interno;

XXII. A no ser discriminadas ni limitadas en sus derechos;

XXIII. A recibir tratamiento especializado que le permita su rehabilitación física y psicológica con la finalidad de lograr su reintegración a la sociedad;

XXIV. A acceder a los mecanismos de justicia disponibles para determinar la responsabilidad en la comisión del delito o de la violación de los derechos humanos;

XXV. A tomar decisiones informadas sobre las vías de acceso a la justicia o mecanismos alternativos;

XXVI. A una investigación pronta y efectiva que lleve a la identificación, captura, procesamiento y sanción de manera adecuada de todos los responsables del daño, al esclarecimiento de los hechos y a la reparación del daño;

XXVII. A participar activamente en la búsqueda de la verdad de los hechos y en los mecanismos de acceso a la justicia que estén a su disposición, conforme a los procedimientos establecidos en la ley de la materia;

XXVIII. A expresar libremente sus opiniones e intereses ante las autoridades e instancias correspondientes y a que éstas, en su caso, sean consideradas en las decisiones que afecten sus intereses;

XXIX. Derecho a ejercer los recursos legales en contra de las decisiones que afecten sus intereses y el ejercicio de sus derechos;

XXX. A que se les otorgue, la ayuda provisional de los Recursos de Ayuda de la Comisión Ejecutiva o de las Comisiones de víctimas en los términos de la presente Ley;

XXXI. A recibir gratuitamente la asistencia de un intérprete o traductor de su lengua, en caso de que no comprendan el idioma español o tenga discapacidad auditiva, verbal o visual;

XXXII. A trabajar de forma colectiva con otras víctimas para la defensa de sus derechos, incluida su reincorporación a la sociedad;

XXXIII. A participar en espacios colectivos donde se proporcione apoyo individual o colectivo que le permita relacionarse con otras víctimas;

XXXIV. Toda comparecencia ante el órgano investigador, el juez o tribunal, organismo público de protección de los derechos humanos, o ante cualquiera otra autoridad o perito que requiera la presencia de la Víctima, se considerará justificada para los efectos laborales y escolares, teniendo ella derecho a gozar del total de los emolumentos a que se refiere la Ley Federal del Trabajo;

XXXV. La protección de las víctimas del delito de secuestro, desaparición forzada de personas, otras formas de privación de la libertad contrarias a la Ley, trata de personas, tortura y otros tratos o penas crueles, inhumanos o degradantes, de los intervinientes o colaboradores en un procedimiento penal, así como de las personas o familiares cercanas a todos ellos, se otorgará además de los dispuesto por esta Ley en términos de la legislación aplicable;

XXXVI. Tener acceso ágil, eficaz y transparente a los fondos de ayuda federal y estatales en términos de esta Ley, y

XXXVII. Los demás señalados por la Constitución, los Tratados Internacionales, esta Ley y cualquier otra disposición en la materia o legislación especial.

XXII.7. Consideraciones

Las nuevas normas son tan amplias que hacer un comentario integral rebasaría en mucho las intenciones de esta obra, sin embargo, haremos algunas consideraciones al respecto.[510]

El artículo 20 Constitucional es ya no solamente el protector del acusado, sino amplía sus beneficios a la víctima y a otras personas que sufren por la comisión de una conducta delincuencial.

Al hablar de la víctima o el ofendido, el uso de la disyuntiva nos hace ver que se trata de dos entidades diferentes.

Por víctima debemos entender a toda persona física o moral que sufre un daño por causa de una conducta típica, antijurídica y culpable. Tal como lo hace la Organización de las Naciones Unidas en su *"Declaración sobre los principios fundamentales de justicia relativos a las víctimas de delitos* y *relativos a las víctimas del abuso de poder"* (1985), en los artículos 1º y 2º ya citados en apartados anteriores.

Ofendido es, en el sentido de nuestra legislación, el sujeto pasivo del delito, es decir el titular del bien jurídicamente protegido.

---

[510] Sobre las normas, ver: Luna Castro, José Nieves. *Los derechos de la víctima y su protección*. Porrúa, México, 2009. También: Zamora Grant, José. *Derecho Victimal*. INACIPE, México, 2009. Y, para las nuevas normas consultar: Lima Malvido, María de la Luz, *Derecho Victimal*. Porrúa, México, 2019.

De manera que, todo ofendido es una víctima, pero no toda víctima es un ofendido.

Para efectos de la interpretación del instrumento internacional citado, el término "ofendido" se equipara al de "víctima directa".

Si bien es indudable que los familiares, derecho-habientes y dependientes inmediatos del ofendido tienen la categoría de "víctimas" en el sentido del artículo 20 constitucional, está a discusión si los familiares del victimario (que indudablemente sufren a causa del delito) gozarían de las garantías concedidas.

Nos parece que no es éste el espíritu del artículo, ya que la asesoría jurídica deberán obtenerla del defensor de oficio, y no es lógico que coadyuvaran con el Ministerio Público.

No tendrían derecho a reparación del daño, a menos que prueben ser también ofendidos, o familiares al mismo tiempo del ofendido y del victimario.

Lo anterior no implica que queden en el abandono, es claro que tienen derecho a atención médica y a auxilio como cualquier caso asistencial.

Por esto podría ser útil introducir el término de "damnificado", que es todo aquel que sufre un daño por la comisión de un delito, pero que no lograría que ese daño le sea reparado, aunque no tuviese mayor culpa o participación en el delito.

El damnificado o perjudicado sería entonces la persona (física o moral), a la que el delito produce un daño, pero que no le puede ser reparado penalmente, lo que no quiere decir que quede cerrada la vía civil.

Debemos tener especial cuidado en afirmar que, las garantías señaladas en el artículo 20, deben beneficiar también a aquellos que son victimizados por menores de edad; las leyes de la materia traen un capítulo al respecto.

Hagamos ahora unos breves comentarios sobre las principales garantías que hemos ya mencionado.

La *asesoría jurídica* pueden conseguirla la víctima, el ofendido o el perjudicado, pero en muchos casos carecen de recursos.

No creemos que el Ministerio Público sea el indicado para dar en forma amplia esta asesoría, pues sus funciones son otras.

Por lo tanto, es necesario establecer un defensor o abogado de las víctimas, para poder hacer efectiva esta garantía. Está a discusión de quién dependería, pues no parece oportuno que sea del Ministerio Público, pero tampoco es prudente su pertenencia a la Defensoría de Oficio.

Este defensor existe ya en varios países, aunque limitado a ciertos delitos peculiarmente graves (violación v/gr.); en el capítulo siguiente nos ocuparemos del tema.

La Declaración de Naciones Unidas sobre los principios fundamentales de justicia relativos a las víctimas, consagra el derecho de ser asesorada, así:

> "Artículo 5.— Se informará a las víctimas de sus derechos para obtener reparación mediante esos mecanismos..."
>
> "Artículo 6.—Se facilitará la adecuación de los procedimientos judiciales y administrativos a las necesidades de las víctimas:
>
> a) Informando a las víctimas de su papel y del alcance, el desarrollo cronológico y la marcha de las actuaciones, así como de la decisión de sus causas, especialmente cuando se trate de delitos graves y cuando hayan solicitado esa información;
>
> c) Prestando asistencia adecuada a las víctimas durante todo el proceso judicial...".

Como puede observarse, la asesoría está vista en principio como una serie de consejos, opiniones y orientaciones sobre el procedimiento y el proceso penal; pero no puede limitarse a esto, se necesita también un apoyo directo en cierto tipo de gestiones y en el seguimiento jurídico puntual, desde la averiguación previa hasta la sentencia y reparación del daño.

La coadyuvancia con el Ministerio Público ha sido un derecho conocido en nuestra legislación, sin embargo sólo ejercido, por lo común, por personas que pueden pagar un abogado; el defensor, abogado o (en México) asesor de las víctimas, debe colmar esta laguna.

La coadyuvancia consiste, básicamente, en poner a disposición del Ministerio Público (o del juez Instructor, en su caso), todos los elementos conducentes a acreditar los elementos del tipo penal, la probable y plena responsabilidad del inculpado y a justificar la reparación del daño. Ahora se va más allá, pues la víctima puede intervenir en el juicio e interponer recursos.

La reforma constitucional agrega la obligación del Ministerio Público de fundamentar y motivar su negativa a desahogar alguna diligencia, la ley secundaria debe reglamentar este caso y plantear las sanciones para el caso de falta de fundamento o de la falacia de éste.

Otra garantía es la de *recibir atención médica.* La primera reforma decía "cuando lo requieran"; requerir significa tanto necesitar como solicitar, por esto no nos parecía el término, ya que la víctima puede necesitar la atención pero (quizá por su estado) no pedirla, o puede solicitarla sin serle necesaria. Afortunadamente la frase se borró en la reforma del 2000.

La reforma de 1993, era limitada, pues en casos graves es necesaria también la asistencia psicológica, la nueva reforma supera esta carencia agregando ahora la *atención psicológica de urgencia.*

A la reparación del daño, máxima preocupación en materia victimal, le dedicamos todo un capítulo (el XXIV); ya tiene nivel constitucional, aunque flota siempre en el ambiente el drama de la víctima necesitada, que debe esperar a que termine el juicio para encontrar compensación.

Comentamos ya que, la garantía de "no carearse" de ciertas víctimas, fue eliminada en la última reforma; sin embargo, es muy interesante la forma en que lo planteaba el Código Procesal del Distrito Federal:

> Artículo 229. Cuando se trate de delito grave en el que haya concurrido violencia física, delito que atente contra la libertad y el normal desarrollo psicosexual o en aquéllos en los que un menor aparezca como víctima o testigo, a petición de la víctima, testigo, del representante legal del menor o del Ministerio Público, el careo se llevará a cabo en recintos separados, con la ayuda de cualquier medio electrónico audiovisual, de tal manera que el procesado pueda cuestionar a la víctima o los testigos durante la audiencia sin confrontarlos físicamente.

Finalmente, la reforma del 93 tenía una garantía que ahora no aparece y que expresaba: "y los demás que señalen las leyes."

En la iniciativa de la reforma del 2000 se conservó como última fracción, sin embargo fue eliminada después de una muy interesante discusión, pues se consideró que incluirla implicaría transferir al legislador ordinario la facultad de incluir nuevas garantías de la víctima o el ofendido, que son materia estricta de la Constitución.

Mucho se ha avanzado en México en materia victimológica, ya mencionamos algo en el primer capítulo, y no es momento ni lugar para reseñarlo, pero es adecuado señalar que queda mucho por hacer; la reforma constitucional es un gran adelanto, pero falta ahora la instrumentación y actualización en las legislaciones locales.

Hay que continuar esta lucha; la víctima debe tener, al menos, los mismos derechos que el victimario, y es una batalla en la que todos estamos involucrados, pues nuestras probabilidades de ser víctimas son mucha mayores que las de ser criminales.

XXII.8. La Ley de Justicia para Víctimas

Comentamos la necesidad de una ley que concentre los derechos que para las víctimas consagra la Constitución.

En varios Estados de la República se hicieron leyes específicas que se ocupan de la materia, así por ejemplo: Chiapas, Durango, Estado de México, Puebla, San Luis Potosí, Nuevo León, Sinaloa, Sonora, Jalisco, Tamaulipas, Tlaxcala, Veracruz, etc.

En 1995, en su carácter de Diputada Federal, María de la Luz Lima presentó ante la H. Cámara Legislativa, apoyada por varios diputados y senadores, una iniciativa de "Ley de Justicia para las Víctimas del Delito en el Distrito Federal".

Gracias al impulso de esta iniciativa, fueron incluidos diversos aspectos en la Ley Orgánica de la Procuraduría General de Justicia del Distrito Federal, que ha creado una Subprocuraduría de atención a víctimas, retomando varias de las funciones descritas, lo que ha dado un gran avance al tema.

En diciembre de 2002, la Asamblea Legislativa del Distrito Federal aprobó la *Ley de Atención y Apoyo a Víctimas del Delito para el Distrito Federal,* que una vez revisada por el Jefe de Gobierno, fue modificada y aprobada por la Comisión correspondiente, y publicada en la *Gaceta Oficial* del 22 de abril de 2003.

La Ley en cuestión, hace responsable a la Procuraduría General de Justicia del Distrito Federal del cumplimiento directo de esta Ley, a través de su Subprocuraduría de Atención a Víctimas, con facultades de coordinación, procuración y vigilancia.

Expone ampliamente los derechos de víctimas y ofendidos, y detalla los servicios que se les proporcionarán.

Se forma un Consejo de Atención y Apoyo, integrado por funcionarios del Distrito Federal: el Procurador (que preside), y los titulares de la Comisión de Derechos Humanos, de la Secretaría de Seguridad Pública, y de la Secretaría de Salud; este Consejo evalúa, opina, aprueba programas, realiza estudios, etcétera.

La novedad más importante de este ordenamiento es la creación del Fondo para la Atención y Apoyo a Víctimas, con aportaciones del Gobierno y de otras fuentes, administrados por un fideicomiso público, para dar beneficios económicos y protección provisional.

XXII.9 La Ley General de Víctimas

El 9 de enero de 2013, se promulga el Decreto por el cual se expide la Ley General de Víctimas; su publicación se había retardado varios meses, y se hace, aún con el reconocimiento de ser «perfectible» y que es necesario hacer algunas modificaciones para fortalecer su instrumentación y robustecer su ámbito de aplicación. En su momento opinamos sobre la complejidad y dificultades para aplicar esta ley.

Efectivamente, esta Ley de enero de 2013, en sus 189 artículos contiene una serie de conceptos, definiciones, declaraciones, deseos, aspiraciones, consejos, recomendaciones, normas substantivas, procesales, administrativas, electorales, etc.

El 3 de mayo de 2013, se publica el decreto por el que se reforman, adicionan y derogan diversas disposiciones de la Ley General de Víctimas; en total contamos 256, entre reformas, reubicaciones, supresiones, reestructuras, cambios de denominación, correcciones y artículos derogados; se reformaron 180 de los 189 artículos.

Ante el fracaso del sistema de víctimas, era urgente el cambio y se propuso una nueva ley, concreta y de fácil aplicación; sin embargo, se optó por reformar la ya muy reformada ley y, el 3 de enero de 2017, se publican otros 86 cambios, se agregan artículos (o fracciones), se derogan otros, etc.

La ley vigente desde el 4 de enero de 2017, aunque tautológica, repetitiva, y en algunos puntos contradictoria y confusa, es el documento normativo en la materia, y debe convertirse en la herramienta más útil en el área de Derecho Victimal.

A pesar de sus defectos, debemos aprovechar el carácter humanista de la ley, sus presunciones pro-víctima, sus deseos de amplia cobertura, su armonía con los tratados e instrumentos internacionales; tiene una sólida base constitucional y prevé un importante presupuesto, lo que permitirá dar respuesta al anhelo de justicia de tantas víctimas, que se han acumulado en este inicio de milenio.

Es necesario esperar el o los nuevos reglamentos y los nuevos encargados del sistema, para poder opinar y (deseamos) reseñar sus logros; el presupuesto asignado es enorme (0.014 del gasto programable del Presupuesto de Ingresos de la Federación).

La estructura de la Ley es la siguiente:

En un primer título se consignan las disposiciones generales, con la aplicación, objeto e interpretación de la Ley, confirmando que es de orden público, interés social, y de observancia en todo el territorio nacional.

Impone el principio pro-persona y busca reconocer y garantizar los derechos de las víctimas, tanto del delito como de violaciones a los derechos humanos.

En el título segundo, se reconoce una buena cantidad de derechos de las víctimas en general, para después normar en particular los derechos de ayuda, asistencia y atención, de acceso a la justicia, en el proceso penal, y fundamentales derechos a la verdad y a la reparación integral.

En el título tercero se norman las medidas de ayuda inmediata, principalmente médicas y psicológicas, para pasar a las medidas en materia de alojamiento, alimentación y transporte, agregando las de protección y asesoría jurídica.

El título cuarto trata las medidas de asistencia y atención, entre ellas las económicas y de desarrollo, las referentes a la procuración y administración de justicia (antes, en, y después del juicio).

La quinta parte se dedica a las medidas de reparación integral, dividiéndolas en cinco grandes rótulos: *Restitución* (de libertad, derechos, identidad, familia, ciudadanía, residencia, empleo, etc.); *Rehabilitación* (médica, psicológica, social, educativa, laboral); *Compensación* (daños y perjuicios, materiales y morales); *Satisfacción* (verificación y revelación de la verdad, personas desaparecidas, declaración oficial y disculpa pública, actos en honor de las víctimas); *No repetición* (control, debido proceso, exclusión de responsables, protección a profesionales y defensores de derechos humanos, educación, normas éticas).

El *Sistema Nacional de Atención a Víctimas*, se organiza en el título sexto, como la instancia superior de coordinación y formulación de políticas, constituido por *todas* las instituciones y entidades privadas y públicas de todos los órdenes de gobierno, es presidido por el Presidente de la República.

Para la operación del Sistema se cuenta con una *Comisión Ejecutiva* y *Comisiones de Víctimas*, con importantes atribuciones.

De la Comisión Ejecutiva depende el Registro Nacional de Víctimas, que es en mucho la pieza maestra del sistema, pues el acceso a los derechos, garantías, acciones, procedimientos, y a los recursos del fondo, dependen del reconocimiento de la calidad de víctimas.

El título séptimo distribuye las competencias de la federación, de las entidades federativas, de los municipios, de los servidores públicos, del Ministerio Público, de los integrantes del Poder Judicial, del Asesor Jurídico de Víctimas, de los funcionarios de Derechos Humanos, de las policías y de las mismas víctimas.

El Fondo de Ayuda, proveedor de recursos, está contemplado en el título octavo, que dispone que se conforma con el 0.014 del gasto programable del Presupuesto de egresos, más el producto de enajenación de bienes decomisados, fianzas y garantías que se hacen efectivas, reparaciones del daño no reclamadas, los rendimientos, donaciones, etc. Todo esto lo administra la Comisión Ejecutiva por medio de un fideicomiso. Se establece el procedimiento para que la víctima acceda al fondo.

El título noveno habla de la capacitación, formación, actualización y especialización (por cierto la Ley no menciona en ninguna parte ni criminólogos, ni victimólogos, es decir, un sistema de víctimas sin victimólogos).

El último título, el décimo, crea la Asesoría Jurídica Federal de Atención a Víctimas, el tan esperado abogado o defensor victimal, para aquellos casos en que la víctima no nombre su propio abogado.

Capítulo XXIII

VICTIMOLOGÍA Y PROCESO PENAL

Situada entre la opinión pública, demasiado movible, y la ley, demasiado lenta, el aparato judicial debe tener la prudencia de la ley y la sensibilidad de la opinión, porque él es el último asilo de las víctimas de la injusticia.

V. V. Stanciu.

XXIII.1. Introducción

En los capítulos anteriores hemos estudiado a la víctima y su posición dentro del Derecho Penal y del nuevo Derecho Victimal.

Ahora nos ocuparemos de algunos aspectos de la participación de la víctima en el proceso penal.

La reacción penal es la forma más grave de reacción social, y se debe reservar para aquellos casos en que la colectividad se ve seriamente afectada.

La reacción social depende, entre otras variables, de la calidad de la víctima.

Es conocido, dentro de la reacción penal, que el derecho considera una pena mayor o menor, según el delito, para los casos en que la víctima es un familiar del delincuente, o tiene determinada relación con el mismo.

En los estudios de reacción social no puede olvidarse el fenómeno victimal. La comunidad reacciona de diversas maneras ante conductas antisociales similares, de acuerdo a las características de la víctima.

Así, frente a la violación sexual, se reacciona diferente si la víctima es una niña que si es una mujer adulta o una anciana, si es casada o soltera, si es honesta o prostituta, si hay o no parentesco, si era conocida por el agresor o fue elegida al azar.

En el homicidio, se reaccionará diferente si el muerto era un famoso artista, un destacado industrial, un poderoso político, o si por el contrario se trataba de un modesto obrero, de un humilde campesino, o de un vagabundo o limosnero.

Y frente al robo, la reacción variará si la víctima es persona moral o física, y dentro de éstas, no es lo mismo si se roba una gran tienda de autoservicio, una paraestatal o una iglesia, y cambiará si la víctima física es un millonario o un pobre diablo que apenas tiene para comer.

Por lo anterior podemos ver que las víctimas tienen un "peso específico:" que opera directamente en la intensidad y calidad de la reacción, y que ese "peso" es diferente según el grupo que reacciona.

XXIII.2. La víctima como agente informal del control del delito

La víctima puede ejercer una influencia determinante sobre el inicio del proceso penal, sobre su desarrollo y sobre el resultado final del mismo.

En primer lugar, es primordial el papel de la víctima al denunciar el delito, pues si no hay queja, en los casos de querella necesaria, la autoridad no puede proceder, a pesar de haberse enterado de los hechos.

En los casos de delitos que se persiguen de oficio, el papel de la víctima o de otros denunciantes es fundamental, pues la gran mayoría de las investigaciones policiacas se inician gracias a un aviso de la ciudadanía.

Es muy raro el caso en que la policía actúa de *motu propio,* por lo general esto se debe al exceso de trabajo, en las grandes ciudades apenas logra atender las llamadas más importantes.

Al realizar la denuncia, se sufren una serie de contratiempos que, en una buena cantidad de casos, ahuyentan a la víctima; por ejemplo el tiempo perdido, o los requisitos burocráticos, en ocasiones totalmente absurdos (testigos de pre-existencia y falta posterior, notas, facturas, copias fotostáticas, etcétera).

Por esto la víctima es un importante agente informal del control del crimen, no solamente en su decisión de denunciar, sino en su persistencia para lograr que la denuncia siga su curso.

Veamos algo de la realidad para México, presentando en un cuadro los porcentajes de las investigaciones de Xalapa, INACIPE y CONSEGU, y en otro los del Reforma.

CUADRO Nº 42

VÍCTIMAS (DENUNCIA)

(PORCENTAJES)

Respuestas	*Xalapa (1979)*			*INACIPE (1984)*		*CONSEGU (2000)*
	Hombres	*Mujeres*	*Total*	*D.F.*	*Zona conurbada*	
Sí	29.0	23.5	26.4	16.9	22.0	26.5
No	71.0	76.5	73.6	83.1	78.0	73.5

CUADRO Nº 42-BIS

VÍCTIMAS (DENUNCIA)

(PORCENTAJES)

Respuestas	REFORMA (D.F.)							
	2006	2007	2008	2009	2010	2011	2012	2013
Sí	30%	27.50%	33%	31%	36%	34%	38%	40%
No	70%	72.50%	67%	69%	64%	66%	62%	60%

Como puede observarse, del total de víctimas dos de cada tres no ponen en conocimiento de las autoridades su victimización, aunque se nota un aumento en el D. F. Las cifras del ICESI son más bajas, pues dieron: 23% de denuncias en 2004, 21% en 2007, y 22% en 2008.

¿Por qué las víctimas no reportan el delito? En los cuadros siguientes podemos ver las razones expuestas:

CUADRO Nº 43

MOTIVOS PARA NO DENUNCIAR

(XALAPA)

Respuestas	*Hombres*	*Mujeres*	*Total*	%
Es inútil notificar, nada se hace	156	140	296	34.7
Por miedo de venganza	49	43	92	10.7
Por miedo a una investigación de la policía	4	18	22	2.6
Porque no era de mucha importancia	84	105	189	22.2
Porque toma mucho tiempo y es trabajo perdido	45	47	92	10.7
Por temor o vergüenza de las preguntas o a la investigación por parte de la autoridad	11	41	52	6.0
Por estar muy ocupado con otros asuntos	15	19	34	4.0
Alguna otra razón	38	39	77	9.0
Total:	402	452	854	99.9

CUADRO Nº 44

MOTIVOS PARA NO DENUNCIAR
(INACIPE)

	F. absoluta		*F. relativa %*		*Ajuste %*	
	D.F.	*Z.C.*	*D.F.*	*Z.C.*	*D.F.*	*Z.C.*
Todos los delitos fueron notificados	62	30	3.1	3.0	16.3	23.0
Es inútil notificar, nada se hace	134	45	6.8	4.5	35.3	34.0
Por miedo a venganzas posteriores	32	11	1.6	1.1	8.4	8.0
Por miedo a la investigación policial	3	3	0.2	0.3	0.8	2.0
Porque no era de mucha importancia	49	16	2.5	1.6	12.9	12.0
Porque toma mucho tiempo	63	9	3.2	0.9	16.6	7.0
Por temor a las investigaciones	3	1	0.2	0.1	0.8	0.8
Por desconfianza a las autoridades	20	6	1.0	0.6	5.3	4.5
Por otras razones	14	11	0.7	1.1	3.7	8.8
No víctimas	1,588	868	80.7	86.8	ajuste	-
Total:	1,968	1,000	100.0	100.0	100.0	100.0

CUADRO Nº 45

MOTIVOS PARA NO DENUNCIAR
(PORCENTAJES)

Respuestas	CONSEGU (2000)	ENSI-6 (2008)	REFORMA (2010)
Pérdida de tiempo	35.9	39	47
Desconfianza en la autoridad	18.9	16	25
Delito de poca importancia	11.9	9	5
Trámites largos y difíciles	10.7	10	11
No tenía pruebas	8.6	8	-
Por miedo del agresor	5.6	6	4
Por miedo a que lo extorsionaran	3.7	1	-
Otro	2.0	9	10
No. contestó	2.7	2	3

Los resultados denotan una gran desconfianza en la autoridad, se considera que es inútil y que sólo representará una gran pérdida de tiempo, cuando no, se tendrán consecuencias perjudiciales.

Es interesante saber ante quien se denuncia, esto lo consignamos en el cuadro Nº 46:

CUADRO Nº 46

AUTORIDAD ANTE LA CUAL SE DENUNCIA

		INACIPE		
	XALAPA	*D.F.*	*Z.C.*	*CONSEGU*
Ministerio Público	4.4	41.9	67.7	71.8
Policía Judicial	57.7	9.6	13.0	14.8
Policía	18.8	43.5	13.0	6.9
Otros	18.8	5.0	6.7	4.7

Es del mayor interés profundizar la investigación sobre las causas que evitan que las víctimas recurran a la autoridad, pues además de las ya expuestas están las experiencias anteriores con el sistema penal.

Por ejemplo, de las víctimas, al preguntárseles si volverían a denunciar, el resultado es el siguiente cuadro:

CUADRO Nº 47

VOLVERÍAN A DENUNCIAR
(XALAPA)

Respuesta	*Hombres*	*Mujeres*	*Total*	*%*	*Ajuste %*
Sí	305	294	599	46.25	64.48
No	172	146	318	24.56	34.23
No sé	8	4	12	0.93	1.29
Sin respuesta	181	185	366	28.26	—
Total:	666	629	1,295	100.0	100.0

Resumiendo: de por sí siendo tan bajo el número de víctimas que denunciaron (22.24% para Xalapa, 16.9% Distrito Federal, 22% zona conurbada, y 26.5% en la última investigación), no llega a la mitad los que denunciarían nuevamente.

Entre las causas por las que *no* se denunciaría, encontramos básicamente tres, y muy principalmente la desconfianza a la autoridad (59%).

El temor a la venganza (indudablemente unido a la falta de fe en la autoridad), ocupa el segundo lugar (31%), es decir, que una de cada tres víctimas queda además atemorizada frente al criminal.

Es de notarse que un 5.6% prefiere todavía el tomarse la revancha por propia mano. Aquí es donde principian las cadenas de venganza, tan conocidas en los pueblos latinos, y que tanto mal han hecho en la historia de la criminalidad.

Ahora bien, surge la inquietud de saber por qué algunas personas sí denuncian, pues puede ser más un deseo de venganza que de justicia, o el temor de que el objeto del delito (básicamente en robo: automóvil, armas, etc.), sea utilizado para cometer un nuevo delito.

También es necesario conocer los resultados de las campañas para aumentar las denuncias, como premios o recompensas o ayuda económica a las víctimas, seguridad en el anonimato, etc., así como el apoyo y cohesión de la comunidad.

En nuestra investigación, entre personas victimizadas que volverían a denunciar encontramos:

CUADRO Nº 48
RAZONES PARA VOLVER A DENUNCIAR

Causas	*Hombres*	*Mujeres*	*Total*	*%*
Para castigo	101	65	166	36.48
Prevención	81	48	129	28.35
Deber	30	37	67	14.73
Según valor o delito	18	22	40	8.79
Reparación del daño	11	14	25	5.49
Otros	18	10	28	6.15
Total:	259	196	455	99.99

Como puede observarse de las cifras anteriores, es mínima la parte de las víctimas que denuncia, y de éstas varias no ratificarán su denuncia, o abandonarán el caso una vez iniciado el proceso.

Además, tenemos la posibilidad del perdón por parte del ofendido, que puede darse en algunos delitos.

Así, reafirmamos que la víctima puede ser un importante agente informal del control del delito, influyendo en la justicia desde su decisión de presentar o no denuncia, o habiéndola presentado, su determinación de continuar el proceso, no otorgando perdón y actuando directamente, presentando pruebas, presionando para que las actuaciones se aceleren, etcétera.

Para confirmar los datos mencionados en este apartado, señalemos algunos resultados obtenidos en investigaciones extranjeras.

La investigación en la República Federal de Alemania coincide con la de los Estados Unidos de Norteamérica, en cuanto el 95% de todos los casos registrados por la policía provienen de denuncias hechas por la población.

En Göttingen, por cada 10 crímenes cometidos hay uno que sí fue reportado a la policía. Hay una relación directa entre el aviso a la autoridad y la pérdida y daño sufridos, así como la posición social de la víctima (Schwind, 1975).

Los motivos para no reportar el delito son los siguientes: 41% daño de poca monta; 19% considera ineficiente el trabajo policiaco; 6% no desea dañar al ofensor; 4% no desea tratar con la policía; 3% miedo a tener consecuencias negativas.[511]

[511] Kirchhoff y Kirchhoff, *op. cit.*, p. 60.

En Stuttgart (Stephan 1973), el 46% sí reporta a la policía, y demuestra una actitud favorable hacia ésta, que aumenta de acuerdo a la edad, el sexo y la clase social (los ancianos, las mujeres y las personas de clase baja tienen mayor respeto y aprecio por la policía). Sólo el 26% de los no reportes es por no creer en la policía, en los demás predomina el monto mínimo del daño.[512]

XXIII.3. Víctima y proceso penal

Ya hemos señalado cómo la víctima se convierte en un agente informal del control social, al contribuir al descubrimiento del delito y del delincuente.

Estudiemos ahora cómo contribuye a la persecución del delincuente y en qué forma influye en la sentencia.

De acuerdo a las diferentes legislaciones y con limitaciones mayores o menores, según el sistema procesal, la víctima tiene ciertas funciones dentro del proceso penal.

Algunas de estas funciones, según los diversos sistemas son:

a) Iniciar el proceso.
b) Coadyuvar con el Fiscal o Ministerio Público.
c) Ser testigo de cargo.
d) Influir sobre la sentencia.
e) Presentar pruebas.
f) Terminar el proceso.

Una vez que la víctima ha auxiliado a la policía en la investigación de los hechos y, en ocasiones, en la captura del presunto delincuente, se inicia el procedimiento.

En la reforma constitucional de 2008, el artículo 21 sufre un cambio que puede ser trascendental, pues sus dos primeros párrafos dicen:

> Artículo 21. "La investigación de los delitos corresponde al ministerio público y a los policías, las cuales actuarán bajo la conducción y mando de aquél en el ejercicio de esta función.
>
> El ejercicio de la acción penal ante los tribunales corresponde al ministerio público. La ley determinará los casos en que los particulares podrán ejercer la acción penal ante la autoridad judicial."

---

[512] *Ibidem.*

Lo anterior rompe con el monopolio que tenía de la acción penal el Ministerio Público, y da sin lugar a dudas la calidad de parte en el proceso penal a la víctima.

En nuestro medio, la víctima tiene derecho a ser coadyuvante del Ministerio Público, entendiendo por esto que puede proporcionar todos los datos con que cuente para establecer la culpabilidad del acusado y para justificar la reparación del daño (Constitución Política, Art. 20, C-I).

En la legislación federal puede presentar directamente al juzgador datos y elementos de prueba y proporcionar los elementos que tenga y que conduzcan a comprobar la procedencia y monto de la reparación del daño y del perjuicio (Art. 109, fracc. XIV, Código Nacional de Procedimientos Penales).

En los sistemas en que existe fiscal, es más clara la participación de la víctima al lado de éste.

En nuestro sistema, la víctima debería ser tutelada en el juicio por el Ministerio Público, que debe representarla en todo momento, de lo contrario queda desamparada.

La calidad de testigo, que puede tener la víctima, es aceptada por ciertos sistemas, el tema es de gran amplitud y rebasaría las características de este ensayo.

En mucho, la declaración de la víctima es considerada la contraparte de la confesión del criminal, en muchos delitos, la declaración versa también sobre hechos propios.

En nuestra legislación, las partes tienen derecho a ofrecer medios de prueba, es decir, toda fuente de información útil para reconstruir los hechos (Art. 262 CNPP).

Ya mencionamos también cómo el ofendido puede terminar el proceso, otorgando el perdón, desistiéndose de la acción (con variantes según las diversas legislaciones).

Ahora bien, es muy importante el estudiar cómo influye la víctima con sus actitudes y su aspecto durante el juicio, así como su posición social, su comportamiento antes, en el momento y después del delito.

En lo que llamamos *iter victimae* (ver *supra*) analizamos la conducta de la víctima antes, en el momento y después de los hechos, y fenómenos como la provocación y el no poner los medios para evitar el delito, como conducta anterior.

En el momento del delito, la resistencia de la víctima puede ser importante, recordemos que en la antigüedad era requisito para que se integrara la violación, que la mujer luchara y gritara, actualmente, aunque no esté explícitamente consignado, es indudable que esto influye en la decisión del juzgador.

Ciertas conductas posteriores pueden agravar el delito, por ejemplo, la víctima no se atiende oportunamente las lesiones y por esto muere (art. 304-I C.P.) (art. 305 C.P. no si es imprudencia).

El propietario de la cosa, en daño en propiedad ajena, deja que aquélla se consuma o se deteriore.

Ahora bien, fuera del aspecto estrictamente legal, psicológicamente influye en el juez la actitud de la víctima después del delito, *v.gr.* la tardanza en presentar la denuncia, la violada que posteriormente al delito acepta consensualmente tener relaciones con el violador.

Las actitudes y el aspecto del ofendido son importantes en el resultado final del juicio, la víctima debe actuar como tal.

Se han hecho estudios sobre la influencia de víctima en el proceso, demostrando que es más directa en los sistemas de *jury* (jurado) que en los casos en que hay juzgador individual.[513]

En estudios realizados por la Universidad de Chicago, sobre la intervención de la víctima en el juicio, se ha visto la opinión de las víctimas tomando en cuenta que siempre desean altas sentencias para el criminal. Cuando la víctima es invitada a participar en el proceso, muchas víctimas escogen no participar, y cuando participan no piden el máximo castigo como podría pensarse.[514]

Como pudimos observar en el capítulo anterior, el Derecho Procesal Mexicano ha realizado cambios substanciales a favor de la víctima y del ofendido.

A pesar de lo anterior, todavía hay aspectos que pueden ser victimizantes, como se verá en el apartado siguiente.

XXIII.4. Sobrevictimización en el proceso penal

No cabe duda que la víctima ha sido la "cenicienta olvidada" en el proceso penal.[515]

Los Sistemas Contemporáneos de Justicia Penal, al parecer se han preocupado fundamentalmente de descubrir, capturar, juzgar, sentenciar, encarcelar o rehabilitar a los delincuentes, sin prestar mayor atención a las víctimas.

---

[513] Kress, Jack M. *The Role of the Victim at Sentencing.* II Symposium. USA, 1976.

[514] McDonald, William F. *The Victim's Role in the Disposition of American Cases.* III Symposium. Alemania, 1979.

[515] Horowitz, Menachem; Amir, Menachem. *The Victim in Judicial Proceedings.* I Symposium. Israel, 1973.

Aún más, la exposición de las víctimas al proceso de justicia penal a menudo aumenta el trauma que sufren y acrecienta su sentimiento de desamparo y frustración, así como de resentimiento, porque no se les ha ofrecido protección o recursos adecuados contra la explotación.

Esta desprotección es ya de por sí una nueva forma de victimización, pero no la única, pues al transcurrir el procedimiento, la víctima va siendo nuevamente victimizada en varios aspectos.

La primera forma de victimización es al recurrir a la policía; la falta de preparación y de tacto en los agentes policíacos parece ser un problema mundial.

La única preocupación que demuestran los cuerpos policíacos es el de capturar al presunto responsable, no importando el daño que pudiese causarse a la víctima.

Por eso se ha propuesto, al menos para ciertos delitos (sexuales) o con ciertas víctimas (menores de edad), el contar con personal especializado, que esté capacitado para el interrogatorio; hay avances importantes en este aspecto.

Inmediatamente viene la complejidad al presentar la denuncia; los aspectos burocráticos y la pérdida de tiempo que esto implica.

Después, la denuncia deberá "ratificarse", lo que representa un nuevo problema, la investigación nos ha mostrado el temor de la víctima, tanto al criminal como a una nueva pérdida de tiempo.

Aún así, se corre el riesgo de que la denuncia no sea aceptada, de que la policía no aprehenda al criminal o de que el Ministerio Público no ejerza la acción penal.

En este último caso, una trascendental adición al artículo 21 constitucional (1994) ordena que: "Las resoluciones del Ministerio Público sobre el no ejercicio y desistimiento de la acción penal, podrán ser impugnados por vía jurisdiccional en los términos que establezca la ley."

La disposición ahora pasa al artículo 20-C-VII, como derecho de la víctima a impugnar omisiones y resoluciones del ministerio público cuando no esté satisfecha la reparación del daño.

La doctrina ha criticado duramente la disposición de que la víctima no es parte, pues la deja en un estado de desamparo, aunque pueda intervenir presentando pruebas (por medio del Ministerio Público o también directo al Juez), comparecer en las audiencias y apelar en lo relativo a reparación del daño (exclusivamente).

En la discusión de la reforma constitucional al artículo 20, del año 2000, se presentaron diversas iniciativas.

En la del Partido Revolucionario Institucional, se plantea lo siguiente: "con absoluto respeto a la vigencia de los principios históricos y doctrinales, que justifican la naturaleza y actuación del ministerio público, y la realidad irrefutable de la situación que guarda en el proceso el ofendido, mueve a consideración de la ley y la consecución de los fines de la justicia penal, que la víctima debe intervenir dentro del proceso, como parte, con una serie de prerrogativas que precisen o amplíen las que actualmente tiene."

"Las reformas y adiciones que proponen y que consideran a la víctima del delito como sujeto procesal, no atentan contra el principio rector que concibe al Estado como monopolizador de la actividad punitiva en el delito y titular único de la acción persecutoria o acusatoria, sino que tratan, en una posición de equilibrio, que la víctima adquiera un peso mayor en la prosecución de todo el procedimiento penal."

En la iniciativa del Partido Acción Nacional, puede leerse: "En el marco del artículo 20 Constitucional, se consagran las garantías procesales de los acusados del delito, y menosprecia las garantías y derechos que tienen las víctimas. El respeto a los derechos humanos de las víctimas debe incluir garantías constitucionales, entre otras:

Que la víctima sea parte del juicio y pueda intervenir y aportar pruebas en los mismos términos que los acusados.

La víctima debe ser parte del proceso, poder intervenir y aportar pruebas en los mismos términos que los acusados.

Sin embargo, se eliminaron estas propuestas en el dictamen final, diciendo que: "Se previene que en ningún caso se considerará técnicamente como acusador, puesto que tal carácter corresponde solamente al Ministerio Público." Parece que esta situación ha sido superada.

Ya en el proceso, la víctima queda en una situación difícil; para el fiscal o Ministerio Público la víctima ideal es un respetable ciudadano, una víctima moral e inocente y un testigo de alta credibilidad; pero para la defensa es la figura contraria, y procurará presentar a la víctima como inmoral, provocadora y culpable.[516]

A la víctima se le buscarán los antecedentes más remotos, se analizará su conducta durante el crimen, su vida privada deja de serlo, queda exhibida y estigmatizada.

La situación es aún más grave en los delitos sexuales, en que se debe comprobar la castidad, honestidad o corrupción de la víctima, y el escándalo del hecho.[517]

---

516 McBarnet, Doreen. *Victim in the Witness Box.* Degradation Technique and Legal Structures. II Symposium. USA, 1976.

517 Holmstrom, Lynda y Burgess, Ann. *Rape: The Victim and the Criminal Justice System.* I Symposium. Israel, 1973.

A esta victimización cooperan activamente los medios de difusión publicando fotografías, haciendo relatos amarillistas del caso, y en ocasiones culpando abiertamente a la víctima.

Es por esto que en varios países los juicios relacionados con ciertos delitos son privados, no teniendo acceso el público ni la prensa. Asimismo, cuando la víctima reúne ciertas características (menor de edad, por ejemplo), el procedimiento es reservado, no pudiendo dársele publicidad.

En México, tratándose de menores de edad, tradicionalmente las audiencias son privadas (Art. 41, Ley para el Tratamiento; Art. 32, Ley Nacional del Sistema Integral de Justicia Penal para Adolescentes), y hay prohibición de hacer públicos la identidad de los sujetos y de las medidas impuestas (Art. 123, L.T., y Art. 36, LNSIJPA).

Es interesante observar cómo el menor delincuente es protegido, en tanto que el menor víctima sí puede ser exhibido y señalado (como por desgracia lo es en algunos periódicos amarillistas).

En adultos, hay excepciones al principio de publicidad (Art. 64 CNPP), cuando se afecte la integridad de las personas y cuando se afecte el interés superior del niño.

En el Dictamen de las Comisiones Unidas, durante el proceso de reforma al artículo 20 Constitucional, se puede leer:

"Se ha estimado necesario incorporar en el dictamen un aspecto fundamental para la víctima y el ofendido, como lo es la obligación de las autoridades de mantener su anonimato respecto a los diferentes medios de comunicación."

"Resulta inaceptable por injusto, que los momentos posteriores a la comisión de un delito sean para la víctima un verdadero sufrimiento, toda vez que, después de haber sido afectada en su persona, en su honor o en sus bienes, en muchas ocasiones también lo es en su vida privada, como consecuencia de la difusión masiva de los hechos."

"La participación de los diferentes medios de comunicación en el sentido de difundir datos personales o privados de la víctima o el ofendido, en ocasiones puede causar más daño que el propio delito dada la irrupción en su intimidad, amén de colocarla en alguna situación de peligro inminente, por lo que se estima necesario la inclusión de una garantía específica al respecto."

Las Comisiones propusieron adicionar una fracción X en los siguientes términos:

"En ningún caso y por ningún motivo, el Ministerio Público o el Juez podrán proporcionar a los medios de comunicación los datos personales o de identificación de la víctima o el ofendido, sin que medie previo consentimiento de su parte o de sus familiares."

A pesar de lo claro de los argumentos, la propuesta no progresó, aunque en la reforma constitucional de 2008 se agregó una fracción V, en que se da derecho a la intimidad en ciertos casos. El Artículo 12-VIII de la Ley de Víctimas da el derecho de rendir o ampliar las declaraciones sin ser identificada dentro de la audiencia.

Otra forma de sobrevictimización es la absolución del criminal, pensamos, principalmente, en casos de error judicial, o de que el juez no tenga los elementos por deficiencias del Ministerio Público.

La absolución acarrea la falta de reparación del daño; de todas formas, puede haber condena sin reparación, en estos casos, según mencionamos, puede haber apelación.

Reforzando lo anteriormente dicho, encontramos que el artículo 6º de la Declaración de la ONU dispone:

> ARTÍCULO 6º—Se facilitará la adecuación de los procedimientos judiciales y administrativos a las necesidades de las víctimas:
>
> *a)* Informando a las víctimas de su papel y del alcance, el desarrollo cronológico y la marcha de las actuaciones, así como de la decisión de sus causas, especialmente cuando se trate de delitos graves y cuando hayan solicitado esa información.
>
> *b)* Permitiendo que las opiniones y preocupaciones de las víctimas sean presentadas y examinadas en etapas apropiadas de las actuaciones siempre que estén en juego sus intereses, sin perjuicio del acusado y de acuerdo con el sistema nacional de justicia penal pertinente.
>
> *c)* Prestando asistencia apropiada a las víctimas durante todo el proceso judicial.
>
> *d)* Adoptando medidas para minimizar las molestias causadas a las víctimas, proteger su intimidad, en caso necesario, y garantizar su seguridad, así como la de sus familiares y la de los testigos en su favor, contra todo acto de intimidación y represalia.
>
> *e)* Evitando demoras innecesarias en la resolución de las causas y en la ejecución de los mandamientos o decretos que concedan indemnizaciones a las víctimas.

Además, en su artículo 7º agrega:

> "ARTÍCULO 7º—Se utilizarán, cuando proceda, mecanismos oficiosos de solución de las controversias, incluidos la medición, el arbitraje y las prácticas de justicia consuetudinaria o autóctonas, a fin de facilitar la conciliación y la reparación en favor de las víctimas."

Ante la desprotección de los perjudicados por un delito, algunos autores han propuesto el establecimiento del "defensor de las víctimas",[518] que debería de ser la contraparte del defensor de "oficio" (gratuito), que es ofrecido a los presuntos delincuentes.

En Francia existió el Procurador del Rey a mediados del siglo XIV, estaba encargado de hacer la persecución con la colaboración de todo acusador privado.

En Bélgica, la víctima puede ser asistida o representada por un abogado en la jurisdicción civil, en todos los países nórdicos el Ministerio Público debe representar a la víctima en el proceso gratuitamente, en Dinamarca y Noruega la intervención gratuita de un abogado está prevista para ciertos delitos, como la violación sexual.[519]

La reparación del daño puede ser un filón económico para los abogados. Si se permite que la víctima sea realmente una parte en el proceso, y pudiera intervenir el abogado, se podrían pactar los honorarios a los resultados obtenidos (al estilo de lo que se hace en Derecho Laboral). Esto haría atractivo el ser abogado de las víctimas.

Hubo una época en la cual el Estado no jugaba más que un rol muy eficaz: de poner las reglas de procedimiento o sea las ruedas de la máquina y dejar a la víctima que pusiera la maquinaria en marcha.

El Estado no es más que un árbitro, y en estos casos la prisión preventiva era la regla, con un detalle asombroso, que golpeaba lo mismo al acusador que al acusado.[520]

Es decir, durante una época víctima y victimario gozaban de las mismas prerrogativas.

Pero todo cambió, "La víctima fue desalojada de su pedestal, abruptamente, por la inquisición, que expropió todas sus facultades, al crear la persecución penal pública, desplazando por completo la eficacia de su voluntad en el enjuiciamiento penal, y al transformar todo el sistema penal en un instrumento del control estatal directo sobre los súbditos." [521]

Deberá establecerse un balance entre las necesidades y derechos de la víctima, el ofensor y la sociedad.

Por esto debe estudiarse si algunas de las facilidades y ayudas disponibles actualmente para los presuntos delincuentes pueden extenderse a las víctimas.

---

[518] *Cfr.* Dussich, John P. *El Defensor de las Víctimas.* Capítulo Criminológico. Núm. 5. Maracaibo, Venezuela, 1977.

[519] Screvens, Raymond. *La Protection des Droits de la Victime.* Revista de la Facultad de Derecho. Núm. 11. Universidad Complutense. España, 1986, p. 608.

[520] Stanciu, *op. cit. (Les Droits),* p. 42.

[521] Maier, Julio. *La víctima y el Sistema Penal,* en: De los delitos y de las víctimas. Editorial Ad-Hoc. Argentina, 1992, p. 185.

XXIII.5. El nuevo proceso

Nuestra inquietud se presenta ahora frente a la actual reforma penal, y en ella la implantación de los juicios acusatorios orales y públicos, en donde debe precisarse con claridad cuál es el papel de la víctima y cómo será su defensa.

Como hemos mencionado, la víctima tiene un "peso específico", que será aún mayor en los juicios presenciales, es importante su edad, sexo, apariencia, presencia física, expresión, etc., para la idea que se van formando el juzgador y los demás participantes.

Paradójicamente, la mayor participación de la víctima en el proceso, que le permite abandonar su marginación y ejercer mejor sus derechos, abre nuevas posibilidades de sobrevictimización.

Después de tantos años de haber sido la "cenicienta olvidada", ahora tiene la oportunidad de ser la estrella, pero no va a poder lograrlo por sí sola, en parte porque todo el sistema está centrado en "esclarecer los hechos, proteger al inocente, procurar que el culpable no quede impune, y que los daños causados por el delito se reparen" (Art. 20-A-I, de la nueva reforma constitucional), es decir, hacia crimen y castigo.

Efectivamente, como ya comentamos, los sistemas contemporáneos están dirigidos a descubrir, capturar, juzgar, sentenciar y readaptar (o "reinsertar") a los delincuentes, con gran preocupación por sus derechos (garantismo), pero sin prestar mayor atención a las víctimas, considerando que con la simple reparación del daño es suficiente.

La víctima siente que tiene el derecho a ser atendida, informada, apoyada, protegida, pero capta al sistema de justicia penal como hostil y poco atento, además de complicado e incomprensible en sus formalismos y rituales.

La desatención y desprotección se convierte así en una nueva forma de victimización, a veces más penosa que la primera, y que va tomando diversas modalidades según van avanzando los procedimientos.

En el proceso actual, escrito, lento, burocratizado, la víctima se perdía en un mar de papel y de actuaciones (muchas de ellas sin sentido), pero ahora todo deberá ser público, a la vista, la víctima en la silla de los testigos, un verdadero podio donde podrá ser interrogada, cuestionada, atacada, culpada.

La participación de los medios de información, al dar noticia del juicio, pueden dañar seriamente, identificando a la víctima, exhibiéndola, publicando detalles de su vida privada, haciéndola directa o indirectamente responsable de los hechos.

Afortunadamente, la reforma actual, en el artículo 20-B-V, al garantizar al imputado que será juzgado en audiencia pública por un juez o tribunal, aclara que la publicidad sólo podrá restringirse en los casos de excepción que determine la ley, por razones de seguridad nacional, seguridad pública, *protección de las víctimas, testigos y menores,* cuando se ponga en riesgo la revelación de datos legalmente protegidos, o *cuando el Tribunal estime que existen* razones *fundadas para justificarlo.* Agrega, para los casos de delincuencia organizada, que cuando exista *riesgo para testigos o víctimas,* las actuaciones en la fase de investigación podrán tener valor probatorio.

Lo anterior es coherente con la garantía de la víctima (ya mencionada), al resguardo de su identidad y datos personales, cuando sea necesario para su protección (Art. 20-C-V), lo que implica, en nuestra opinión, que no está obligada a comparecer en público en un número importante de casos.

La actual tecnología está tan avanzada, que se pueden salvaguardar los derechos de la defensa del imputado, sin exhibir ni poner en riesgo a las víctimas.

Para lograr la adecuada defensa de las víctimas, no basta que esté contemplada en la ley, es necesario tomar una serie de medidas para que *de facto,* en el mundo real, las disposiciones legales se apliquen; para esto ayudan mucho las instalaciones adecuadas.

Es necesario implementar medidas como el acompañamiento a la víctima, apoyo para su traslado, proporcionando vehículos, pasajes y viáticos, alimentación y, sobre todo, ahorro de tiempo y esfuerzo, simplificando trámites, exigiendo puntualidad, no difiriendo audiencias, etc.

Además, es indispensable el personal especializado y capacitado para dar asesoría, impartir atención jurídica, médica y psicológica, y aún los servicios de protección, custodia y acompañamiento.

Podemos concluir que es necesaria una mayor participación de la víctima en el proceso penal[522] para proteger mejor sus derechos[523] y para una óptima investigación de la verdad.[524]

Estas proposiciones no son utópicas, pues funcionan ya en varios países.

---

[522] *Cfr.* Barlow, Hugo D. *Crime victims and the sentencing process.* III Symposium. Alemania, 1979.

[523] *Cfr.* Moura Bittencourt, Edgar, *Op. Cit. (Vittima),* p. 27.

[524] *Cfr.* Maisch, Herbert y Schüler Springorum, Horst. *Victim in the Judicial Procedure.* I Symposium, Israel, 1973.

XXIII.6. La víctima del proceso penal

Un caso muy especial de victimización que es indispensable mencionar es el de los inocentes llevados a juicio, y en ocasiones injustamente condenados.

Una de las causas más comunes en este tipo de error judicial es la acusación en falso que hace una presunta víctima; se trata de las víctimas imaginarias y de las simuladoras, de que hemos hablado en su oportunidad.

Indudablemente se reúnen otros factores: la falsa confesión hecha bajo presión policiaca, los testigos confundidos o falsos, los documentos alterados, el peritaje fallido, etcétera.[525]

Si se puede hablar de victimización del criminal bajo la maquinaria judicial, y si hemos afirmado que la víctima se ve sobrevictimizada por el sistema de justicia, ¡qué se puede decir de la injusticia frente al inocente!

Los ejemplos históricos abundan, y no es ni lugar ni momento para recordarlos, todos los que estamos en contacto con la administración de justicia conocemos algún caso.

Si los efectos del juicio son terribles para la víctima, es de imaginarse lo que serán para el acusado injustamente.

Desde la detención, generalmente violenta, el interrogatorio policiaco, la "confesión", la puesta "a disposición", hasta la consignación, el contacto con la "justicia" es traumático, indescriptible, kafkiano.

Neuman señala que "Los procedimientos inquisitivos y escriturales se caracterizan por su duración que suelen alcanzar dimensiones 'teratológicas'. La tortura y el apremio ilegal pasan ineludiblemente a formar parte del proceso penal."[526]

Se han estudiado los efectos psicológicos y, principalmente sociales, de esta situación, desde la publicidad por parte de los *mass media*, que produce una seria estigmatización, el sufrimiento de ceremonias degradantes, hasta llegar a la "profecía cumplida", en que el presunto criminal adopta su papel y se convierte en un desviado secundario."[527]

---

[525] *Cfr.* Floriot, René. *Les Erreurs Judiciares*. Flammarion. París, Francia, 1968.

[526] Neuman, *op. cit.*, pp. 38 y:39.

[527] Schichor, David. *The Wrongfully Accused and the Criminal Justice System.* I Symposium, Israel, 1973.

Es interesante el fenómeno del etiquetamiento, puesto que el sujeto que ha estado en prisión preventiva es considerado por la colectividad como culpable, pues ya estuvo en la cárcel.

Antes de la afortunada desaparición de Lecumberri (cárcel preventiva de la ciudad de México, de triste historia), hicimos una encuesta informal entre legos, para saber si conocían la diferencia entre penitenciaría y prisión preventiva. La gran mayoría tenía la convicción de que Lecumberri era "la cárcel", y que ahí estaban delincuentes cumpliendo su pena.

El estigma, como es sabido, pasa a la familia, y obliga a un retraimiento, cuando no a una total emigración, y en ocasiones a cambio de nombre, etcétera.

Por lo anterior, la mayoría de los autores están de acuerdo en la obligación, por parte del Estado, de compensar a las personas que han sido llevadas injustamente a proceso.[528]

Cuando hay parte acusadora, ésta debe llevar el peso de la reparación del daño, aunque hay que analizar la participación de los miembros de la administración de justicia.

Es indudable que el Estado debe estar preparado para compensar a las víctimas de error judicial, es una fuerte responsabilidad de las autoridades, para garantizar los principios de seguridad jurídica y social de que debe gozar la comunidad.

La compensación mencionada debe extenderse y no quedarse solamente en casos de sentencia absolutoria, hay que estudiar el sobreseimiento y aún los casos de consignación en falso.

Por ejemplo se ha planteado el problema en los casos de arrestos masivos,[529] que serían las anticonstitucionales "razzias" o redadas.

En México, con el artículo 49 del Código Penal Federal se intenta evitar el estigma, por medio de hacer pública la inocencia del acusado:

> "La publicación de sentencias se ordenará igualmente a título de reparación y a petición del interesado, cuando éste fuese absuelto, el hecho imputado no constituye delito, o él no lo hubiere cometido."

El Código Nacional de Procedimientos Penales, en su Art. 490, contempla ya la indemnización en los casos de reconocimiento de inocencia (*Cfr.* Art. 10 de la Convención Americana sobre Derechos Humanos).

---

[528] *Cfr.* Pellegrino, Laercio. *The Defendant who is Made a Victim.* III Symposium. Alemania, 1979.

[529] Morán, Richard y Ziedman, Stephen. *Compensation to the not Guilty.* I Symposium. Israel, 1973.

México admitía el «*indulto necesario*» para los casos de error judicial o por pruebas posteriores, esta figura fue substituida por la de «*Reconocimiento de inocencia*» del sentenciado (Art. 486 CNPP), que puede presentarse ante el Tribunal de alzada competente (Art. 488 CNPP).

El artículo 99 del Código Penal del D. F., dispone que el reconocimiento de inocencia produce la extinción de todas las penas y medidas de seguridad y sus efectos, así como de la obligación de reparar el daño y, en disposición afortunada, ordena que "El Gobierno del Distrito Federal cubrirá el daño a quien, habiendo sido condenado, hubiese obtenido el reconocimiento de su inocencia."

Se ha criticado el sistema de la reparación del daño al inocente, alegando que la justicia se hará más ineficaz: el temor de ocurrir en responsabilidad, o de tener que compensar a las víctimas de error con medios propios hará que los empleados y funcionarios se abstengan de cumplir con su deber.

Sin embargo, la experiencia en los lugares en que existe la compensación al inocente no es negativa.

La situación del inocente encarcelado, juzgado y sentenciado es tan patética, que parece aceptable el beneficio de la duda y que sea preferible soltar a un culpable que condenar a un inocente.

XXIII.7. El delincuente como víctima

Otro aspecto es el del criminal que se ve victimizado por la maquinaria de justicia penal, y esto puede suceder a varios niveles:

a) Legislativo. Cada vez estamos más lejos de aquel "derecho protector" de los criminales que pregonó Dorado Montero. Las leyes penales son cada vez más abundantes, más complicadas, más represivas, y victimizan a mayor número de personas.

Vivimos una inflación penal sin precedente, y no cabe duda que el legislador es diligente en penalizar y aumentar punibilidades y muy parco en descriminalizar.

No debe olvidarse que el Derecho Penal debe ser el último y desesperado recurso de la política criminológica, en mucho por su capacidad victimizante.

Debemos recordar también, que muchos de nuestros códigos fueron hechos hace más de 50 años, y que regían una realidad que ya no existe.

b) Policiaco. Tratándose de victimización al criminal, el punto crítico, tratado ya en varios congresos internacionales (ver el V y VI de Naciones Unidas), es el de la corrupción, brutalidad e ineficiencia policiaca, preocupación mundial, y fuente de las más increíbles victimizaciones, en ocasiones con patentes violaciones a los Derechos Humanos.

c) Judicial. Independientemente de los casos de error judicial, producto en mucho de la natural falibilidad humana, tenemos problemas de lentitud, costo, desigualdad e inconsecuencia (ver, por ejemplo, los estudios de Quiroz Cuarón, de S. C. Versele y de J. M. Rico).

En la victimización judicial intervienen el Ministerio Público o Fiscal en su afán de probar la acusación, el abogado defensor, que busca justificar sus honorarios, a veces perjudicando al mismo cliente, y desde luego el juez, sobrecargado de trabajo y de responsabilidad, que coopera con fiscal y defensor a hacer juicios largos y complicados.

La preocupación es mayor en cuanto que, para Latinoamérica más de la mitad de las personas privadas legalmente de su libertad lo están en espera de sentencia (hay países con más de 80% de procesados en prisión preventiva), y que los juicios penales duran en promedio un año.

d) Ejecutivo. Dejando a un lado la pena de muerte, que debería considerarse como una curiosidad histórica, pero que es desgraciadamente vigente en muchos países, la atención se centra en la prisión, ejemplo supremo de victimización para la mayoría de las naciones.

La prisión, cuando es colectiva corrompe, si es celular enloquece, con régimen de silencio disocia y embrutece, con trabajo forzado aniquila físicamente, y sin trabajo destroza moralmente.

Por ser uno de los temas más estudiados, no abundaremos en él simplemente señalemos la necesidad imperiosa de encontrar sustitutivos menos victimizantes y más efectivos.[530]

---

[530] *Cfr.* Rodríguez Manzanera, Luis. *La Crisis Penitenciaria y los Substitutivos de la Prisión,* 3a. edición, Editorial Porrúa, México, 2004.

Capítulo XXIV

LA REPARACIÓN DEL DAÑO

XXIV.1. Introducción

La reparación del daño causado a la víctima de un delito, es una antigua preocupación entre los Juristas y Criminólogos, como hemos visto desde el primer capítulo de esta obra.

La necesidad de la reparación del daño es un tema en el que todos los autores de todas las escuelas están de acuerdo. No parece haber excepción.

El tema de la reparación ha sido uno de los favoritos en materia victimológica, se ha tratado en los diferentes symposia y se han ocupado de él todos los victimólogos.

Naciones Unidas, en su multicitada Declaración, deja consignado con su artículo 4º el derecho a la reparación:

> Artículo 4º—Las víctimas serán tratadas con compasión y respeto por su dignidad. Tendrán derecho al acceso a los mecanismos de la justicia y a una pronta reparación del daño que hayan sufrido, según lo dispuesto en la legislación nacional.

Este capítulo está consagrado al análisis de la reparación del daño en sus diversas formas, tanto a cargo del delincuente como del Estado, con todos los problemas que esto representa. Se dan ejemplos tanto nacionales como extranjeros y estadísticas que demuestran nuevamente el abandono en que se encuentran las víctimas.

XXIV.2. El daño

El daño equivale al menoscabo o deterioro de una cosa. Siempre que en virtud de la infracción cause el agente un tal resultado, deberá, pues, presentarse la reparación, es decir, el resarcimiento del mismo.[531]

El daño puede ser material o moral. Daño material es aquel que consiste en un menoscabo pecuniario al patrimonio de un tercero.

Por daño moral se entiende, en los términos del artículo 1916 del Código Civil (D.F.), la afectación que una persona sufre en sus sentimientos, afectos, creencias, decoro, honor, reputación, vida privada, configuración y aspectos físico, o bien en la consideración que de sí misma tienen los demás.

Aunque las pérdidas materiales y económicas son más fáciles de calcular, y quizá por esto son de las que generalmente se ocupa el juzgador, no pueden olvidarse los daños morales, pues los menoscabos psicológicos y sociales son en ocasiones más graves, y producen efectos más profundos y duraderos en las víctimas.

Son directamente dañados por el delito los sujetos pasivos, esto es, los entes físicos o colectivos sobre cuyas personas, cosas o derechos recae directamente el delito (daño material), o cuya seguridad personal o goce de los bienes o afecciones legítimas, el delito ataca directamente (daño moral).

Son indirectamente damnificadas las personas que a raíz del delito sufrido por un tercero experimentan uno de esos efectos por repercusión. Estas personas pueden integrar la familia de la víctima o ser simplemente terceros.[532]

El daño en ocasiones puede ser colectivo, los avances de la tecnología nos ponen a todos en ese peligro.

En estos casos la reparación es más complicada; como ejemplo citamos el artículo 10 de la Declaración de la ONU, que prevé los casos de contaminación y destrucción ambiental:

> ARTÍCULO 10.—En los casos en que se causen daños considerables al medio ambiente, el resarcimiento que se exija comprenderá, en la medida de lo posible, la rehabilitación del medio ambiente, la reconstrucción de la infraestructura, la reposición de las instalaciones comunitarias y el reembolso de los gastos de reubicación cuando esos daños causen el desplazamiento de una comunidad.

---

[531] Córdoba Roda, Juan. *Comentarios al Código Penal.* Tomo II. Ediciones Ariel. Barcelona, España, 1972, p. 563.

[532] *Cfr.* Núñez, *op. cit.*, pp. 563 y ss.

XXIV.3. La reparación

La reparación del daño producido por una conducta ilícita es conocida desde los más remotos tiempos; la encontramos en el Código de Hammurabi (1728-1686 A.C.), en las Leyes de Manú (s. VI A.C.) y en las Doce Tablas Romanas (s. V A.C.).

En el Código de Hammurabi se obliga al delincuente a compensar a su víctima; en casos de robo o daño debía restituir 30 veces el valor de la cosa; cuando el delincuente era insolvente, el Estado (la ciudad) se hace cargo reparando el daño a la víctima o a su familia, en los casos de homicidio.

En las Leyes de Manú, la compensación es considerada como penitencia, y se extiende a los familiares en caso de desaparición de la víctima.

En las Doce Tablas, el ofensor está obligado, en todos los casos de delito y cuasidelito, al pago de daños y perjuicios. Así, en el robo se paga el doble de lo robado en los casos *in fraganti,* en los demás será el triple. En otros delitos se toma en cuenta la calidad de la víctima y las circunstancias del hecho.

En el Congreso Penitenciario de Roma (noviembre, 1885), Garófalo propuso las multas en beneficio de una caja que sirviera para compensar a las víctimas del delito; esta multa sería proporcional a la fortuna del delincuente; los deudores solventes serán detenidos hasta que paguen y los insolventes sufrirán descuentos de su salario hasta extinguir la deuda.[533]

En 1885, en el célebre Primer Congreso de Antropología Criminal celebrado en Roma, Garófalo presenta las mismas conclusiones, y Ferri, Fioretti y Venezian propusieron que la reparación es de interés inmediato para el perjudicado y para la defensa social preventiva y represiva del delito, y por lo tanto manifiestan el deseo "de que las legislaciones positivas pongan en práctica en los procesos lo más pronto posible los medios más convenientes contra los autores del daño, los cómplices y los encubridores, considerando la realización de la reparación como una función de orden social confiada de oficio a las siguientes personas: al ministerio fiscal durante los debates, a los jueces, en las condenas, y a la administración de las prisiones, en la recompensa eventual del trabajo penitenciario y en las propuestas de liberación condicional".[534]

[533] Garófalo, Raffaele, *op. cit. (Indemnización),* p. 126.
[534] *Ibidem,* p. 154.

En 1889 el tema vuelve a tratarse en el Congreso de Derecho Penal (Bruselas) y en el Congreso Jurídico de Florencia de 1891, en que se contempla el embargo preventivo y la hipoteca de los bienes del victimario para garantizar la reparación a la víctima.

En 1891, el Congreso de la Asociación Penal Internacional (Cristianía) insiste en la utilización del trabajo del reo para la reparación, y el Congreso Penitenciario de París (1895) reitera la preocupación del abandono a la víctima.

En el momento actual, la reparación existe como obligación materialmente en todas las legislaciones del mundo, cncontrándose también en prácticas tradicionales, como en el derecho consuetudinario africano, en la shariah islámica y en los países asiáticos (India, Paquistán, Filipinas, etcétera).[535]

En el derecho consuetudinario africano, se utiliza *día*, o dinero de sangre que debía pagarse en los casos de homicidio, obligación que recaía sobre todos los hombres adultos del grupo al que pertenecía el infractor (Somalia).

La *diyya*, es la indemnización que pagan el infractor o sus familiares a la víctima o a la familia de ésta y la *kassana*, que prevé la compensación de la víctima a cargo del Estado, ambas en la shariah islámica.

En los países asiáticos, se prevén el arreglo de controversias sin recurrir a los tribunales ordinarios, mediante la mediación y el arbitraje, como por ejemplo los panchayats indios, los diyats paquistaníes y los barangays filipinos.

En Alemania se maneja el *Wiedergutmachung*, que es la compensación e indemnización a las víctimas de violaciones masivas de derechos, y la *Weltanschauung*, que es el "remediar una injusticia".

Cabe afirmar, en términos generales, y de acuerdo a documentos de la ONU,[536] que reflejan el sentir general, que el delincuente, bien se trate de una persona individual o colectiva, es decir una organización económica o entidad comercial, un Estado o un grupo de individuos, a quien quepa imputar una conducta que resulte en una violación de derecho, debe considerarse responsable de la reparación debida a la víctima de dicha conducta, y debe estar sujeto a cualquier otro tipo de sanciones y medidas correctivas que, a tenor de las circunstancias, resulte justo y adecuado imponerle.

Así la norma 5 de la Declaración dice:

---

535 *Cfr.* ONU, *op. cit. (Directrices)*, E/AC 57/1984/14, p. 15.
536 *Cfr.* ONU, *op. cit. (Directrices)*, E/AC 57/1984/14, p. 15.

> 5. Se establecerán y reforzarán, cuando sea necesario, mecanismos judiciales y administrativos que permitan a las víctimas obtener reparación mediante procedimientos oficiales u oficiosos que sean expeditos, justos, poco costosos y accesibles. Se informará a las víctimas de sus derechos para obtener reparación mediante esos mecanismos.

Y la norma 8 agrega:

> 8. Los delincuentes o los terceros responsables de su conducta resarcirán equitativamente, cuando proceda, a las víctimas, sus familiares o las personas a su cargo. Ese resarcimiento comprenderá la devolución de los bienes o el pago por los daños o pérdidas sufridos, el reembolso de los gastos realizados como consecuencia de la victimización, la prestación de servicios y la rehabilitación de derechos.

Como puede observarse, para garantizar la reparación se necesita un adecuado trabajo legislativo, además de personal administrativo y judicial debidamente seleccionado y capacitado.

En esta forma, la Declaración, en su artículo 16 dispone:

> ARTÍCULO 16.— Se capacitará al personal de policía, de justicia, de salud, de servicios sociales y demás personal interesado para informarlo de las necesidades de las víctimas y proporcionarle directrices para garantizar una ayuda apropiada y rápida.

Zaffaroni, en su notable informe sobre sistemas penales y derechos humanos en América Latina [537] se ocupa del tema, señalando cómo la reparación del daño es una medida de "pacificación social", por lo que debe fomentarse, haciendo que el condenado pruebe haber indemnizado a la víctima antes de obtener cualquier beneficio, creando fondos de reparación, posibilitando la extinción o suspensión de la acción penal cuando el procesado hubiere reparado el daño, extendiendo el plazo de la prescripción a la acción civil emergente, etcétera.

XXIV.4. RESARCIMIENTO

Antes que nada, es necesario aclarar que se hace la distinción entre los conceptos resarcimiento e indemnización.

---

[537] Zaffaroni, Raúl (Coordinador). *Sistemas Penales y Derechos Humanos en América Latina.* Instituto Interamericano de Derechos Humanos. Editorial Depalma. Argentina, 1986, p. 96.

El Resarcimiento es la reparación del daño a cargo del delincuente. El concepto de resarcimiento implica una gama amplia de daños, incluyendo perjuicios, lesiones personales y menoscabo de la propiedad.

El delincuente puede pagar directamente, por medio de su trabajo o a través de terceras personas, como es el caso de empleadores, padres, tutores, etcétera.

La indemnización es la reparación del daño proporcionada por el Estado u otro fondo establecido para tal fin.

Es claro que la indemnización tiende a ser más modesta y se limita a cubrir las pérdidas resultantes de daño personal.

Uno de los problemas interesantes en lo referente al resarcimiento consiste en dilucidar su naturaleza jurídica, es decir si debe considerarse o no como una pena.

La Declaración de la ONU consigna en su artículo 9 que:

> ARTÍCULO 9.—Los gobiernos revisarán sus prácticas, reglamentaciones y leyes de modo que se considere el resarcimiento como una sentencia posible en los casos penales, además de otras sanciones penales.

Entre las metas del proceso penal deben subrayarse (más de lo que se hace actualmente) la imposición al culpable del deber de cumplir sus obligaciones para satisfacer los perjuicios causados y prestar la asistencia completa a su víctima. Esta relación personal inmediata entre sujeto activo y sujeto pasivo del crimen puede contribuir notablemente a la mejor satisfacción del segundo, y a la (tan deseada como fracasada) "repersonalización del primero".[538]

Erigir en todos los casos el resarcimiento del daño o reparación en pena tiene el inconveniente de ser de primario interés para la paz social lo que en muchos casos no lo es y de desvirtuar la verdadera función del Derecho Penal, aparte de que eventualmente puede llegar a crear situaciones de notoria desigualdad, puesto que se trataría de una pena que las personas de menores recursos no podrían satisfacer.[539]

Efectivamente, si se utiliza el resarcimiento indiscriminadamente como sustitutivo de las sanciones penales, se puede caer en chocantes diferencias, y podría parecer que los delincuentes ricos pueden comprar su impunidad a base de reparación del daño.

---

538 *Cfr.* Beristain, *op. cit.*, (*Proyecto*), p. 111.
539 *Cfr.* Zaffaroni, *op. cit.*, (*Sistemas*), p. 96.

El resarcimiento debe ser sanción penal en los casos en que el interés público y la paz social así lo reclamen. Por lo general a la víctima lo que le importa es que sus daños sean reparados.

Se debe fomentar por todos los medios el resarcimiento: dando las oportunidades al reo de tener un trabajo decoroso, condicionando la obtención de beneficios a los condenados a una efectiva reparación del daño (al menos en la medida de sus posibilidades), previendo la extinción o suspensión de la acción penal para casos de reparación espontánea (no en delitos violentos o graves).

Así, en Bélgica el resarcimiento puede ser una condición para un procedimiento sin juicio; en Austria, el arrepentimiento activo manifestado por la reparación a la víctima antes del procedimiento, puede tener como consecuencia una excepción de pena para ciertas infracciones.

En otros sistemas la reparación puede ser una de las condiciones para la *probation* u otras formas de libertad condicional, o puede tener influencia para que el juez elija la sanción.

Se debe tener especial cuidado en dejar abierta a la víctima la posibilidad de ejercer la acción por vía civil, acción personal que nace del daño actual y directo, consecuencia de una infracción.

Hay diversos sistemas jurídicos: puede tener el ofendido acción persecutoria (penal) y reparadora (civil), puede escoger entre una de las dos, puede ejercer ambas simultáneamente (por sí o conjuntamente con un órgano del Estado), puede utilizar solamente la civil, pues la persecutoria es monopolio del Estado.

No parece conveniente que sea sólo el juez penal el que se ocupe de la reparación, ya que en la práctica civil las posibilidades de una satisfacción más amplia son mayores. Dejar la reparación en manos de la justicia civil tampoco es aconsejable, pues ésta es más tardada, y las víctimas con pocos recursos se verían en desventaja.

Por lo tanto, lo ideal es la doble posibilidad, en que el ofendido pueda acudir a la justicia civil para obtener lo que no le dio la sentencia penal, que por lo general contempla sólo daños y no perjuicios.

Ahora bien, no debe cerrarse el panorama a las dos vías tradicionales, sino ampliarse a otras posibilidades, como los tribunales administrativos para casos de personas morales que hayan producido serios daños, contra las que no se puede proceder penalmente, y civilmente se pelea en gran desventaja.

El arbitraje, los amigables componedores, el aseguramiento del pago, la transacción extrajudicial y otras formas de arreglo deben ser contempladas en beneficio de la víctima y aun del victimario, que puede ahorrarse el problema de un juicio penal.

Finalmente, anotamos que la relación entre víctima y victimario no puede constituir una base para negar al ofendido la reparación; sin embargo, en los casos en que la víctima participó en los hechos, con gran imprudencia, o conscientemente, o aún provocando, la compensación pudiera reducirse o aún negarse.

XXIV.5. Indemnización a cargo del Estado

Si no hay discusión respecto a la compensación a la víctima, sí hay discrepancia respecto a si la reparación debe quedar exclusivamente a cargo del infractor o si es el Estado el que debe pagar en forma parcial o supletoria

Argumentos en pro y en contra se han esgrimido, como veremos a continuación:

Los sistemas de indemnización a cargo del Estado pueden justificarse por:

A) El Estado del mismo modo que se ocupa de los sectores de población en condiciones desventajosas: (inválidos, personas sin trabajo, ancianos, etc.) es pertinente que extienda su acción en beneficio de las víctimas de actos delictivos.

B) El Estado tiene la obligación de indemnizar a las víctimas de actos criminales, ya que no es capaz de proteger a la colectividad de la criminalidad, no obstante que ésta paga los servicios de policía, tribunales, cárceles, etc.

C) La aportación de una ayuda financiera hacia las víctimas de actos criminales, facilitará su colaboración respecto al sistema de justicia criminal. Se trata de estimular a la víctima en una doble vía: *a)* que denuncie el delito, asista y participe en el proceso y *b)* que contribuya con la policía en la detección y prevención de la criminalidad.

D) El estado de insolvencia económica en que se encuentran la mayor parte de los delincuentes, sea porque son condenados a largas penas de prisión o porque carecen de posibilidades económicas ellos o sus familiares para pagar los delitos causados a sus víctimas.

E) La policía no llega a detectar la tasa real de crímenes, y múltiples delincuentes escapan a la acción de la justicia, dejando a la víctima sin ningún recurso o protección.

F) Los sistemas de indemnización a cargo del Estado son un argumento sobre el plan político. Puede ser ventajoso en el momento electoral, atenúa las reacciones en contra de las reformas penitenciarias, etcétera.

Efectivamente, se ha hecho consciente la responsabilidad social hacia la víctima, y la obligación común de reparar el daño sufrido, así como de auxiliar y asistir al ofendido; la obligación del Estado no puede terminar en proteger a través de un Código Penal diversos bienes jurídicos, ni siquiera se agota persiguiendo y castigando al responsable de su violación, es necesario reparar los daños causados por la conducta antisocial.

Al tomar el Estado bajo su responsabilidad la seguridad ciudadana, toma también la obligación de reparar sus fallas, atendiendo a las víctimas en la misma forma que a otros minusválidos, deber que se fundamenta también en los impuestos que los ciudadanos pagan al Estado para su protección.

Entre los defectos que se han señalado a la indemnización estatal se señalan:

A) La criminalidad puede sufrir un incremento si las víctimas son indemnizadas (víctimas fraudulentas, mayor liberalidad del criminal si sabe que la víctima no sufrirá menoscabo).

B) Se considera injusto que las víctimas de actos criminales posean un privilegio sobre otras víctimas (guerras, accidentes, catástrofes naturales).

C) La implantación de un sistema de indemnización a las víctimas de actos criminales, traería consigo una elevada carga económica a los contribuyentes.

Habría un aumento de gastos, la distracción de recursos que son tan necesarios en otros campos, la creación de una burocracia encargada de la operación, e indudablemente el nacimiento de una criminalidad similar a la que defrauda a las compañías de seguros, pero éstas son consecuencias naturales de toda actividad estatal.

En las reuniones internacionales se ha debatido el problema ampliamente; sin mencionar los symposia de Victimología (que merece mención aparte), demos como ejemplos:

El XI Congreso Internacional de Derecho Penal, celebrado en Budapest, Hungría, en septiembre de 1974, dedicó su sección III al tema de la compensación a la víctima con fondos públicos, con conclusiones interesantes como que la obligación del Estado queda limitada a delitos contra la vida e integridad personal o patrimoniales excepcionalmente graves; la reparación es un derecho y no un acto *ex gratia*; las características deben ser fijadas por las legislaciones nacionales; el beneficio debe ser para todo sujeto que esté en el territorio nacional.

En la reunión de Bellagio (1975) se propusieron unas reglas generales para simplificar los procedimientos y la apelación a la decisión.

La resolución de los Ministros del Consejo de Europa, aprobada el 14 de marzo de 1975 es fundamental, pues se trata de un documentos corto (19 artículos) y claro, que se ocupa del resarcimiento de los daños en caso de lesiones personales y muerte, dando a la víctima el derecho al resarcimiento "es decir, que debe ser puesta nuevamente en una situación lo más idéntica posible a aquella que sería la suya si no hubiese ocurrido el hecho". En un reporte final,[540] se consigna que el Estado debe contribuir a la indemnización, sea dentro del cuadro de la seguridad social o por la institución de un régimen específico.

Como podemos ver, la opinión mayoritaria se ha cargado hacia la obligación del Estado a indemnizar a las víctimas; la Declaración de la ONU en su artículo 12 dispone:

> ARTÍCULO 12.—Cuando no sea suficiente la indemnización procedente del delincuente o de otras fuentes, los Estados procurarán indemnizar financieramente:
>
> *a)* A las víctimas de delitos que hayan sufrido importantes lesiones corporales o menoscabo de su salud física o mental como consecuencia de delitos graves.
>
> *b)* A la familia, en particular a las personas a cargo de las víctimas que hayan muerto o hayan quedado física o mentalmente incapacitadas como consecuencia de la victimización.

Este artículo resume en mucho todas las conclusiones anteriores; es lógico que una declaración de principios fundamentales se limite a las víctimas de delitos graves y que sufran lesiones físicas o mentales de importancia.

La Declaración se preocupa también por los fondos para poder atender a las víctimas, así, el artículo 13 dice:

> ARTÍCULO 13.—Se fomentará el establecimiento, el reforzamiento y la ampliación de fondos nacionales para indemnizar a las víctimas. Cuando proceda, también podrán establecerse otros fondos con ese propósito, incluidos los casos en que el Estado de nacionalidad de la víctima no esté en condiciones de indemnizarla por el daño sufrido.

Finalmente, mencionamos que la Declaración contempla en su artículo 11 el caso de servidores públicos que afectan a ciudadanos al violar la ley a título oficial o semioficial.

---

[540] *Conseil de l'Europe.* Doc. DPC/CEPC XXIX. Repport final d'activités sur le dédommagement des victimes d'actes criminels. Strasbourg, 1977.

ARTÍCULO 11.—Cuando funcionarios públicos u otros agentes que actúen a título oficial o cuasioficial hayan violado la legislación penal nacional, las víctimas serán resarcidas por el Estado cuyos funcionarios o agentes hayan sido responsables de los daños causados. En los casos en que ya no exista el gobierno bajo cuya autoridad se produjo la acción u omisión victimizadora, el Estado o gobierno sucesor deberá proveer al resarcimiento de las víctimas.

XXIV.6. INDEMNIZACIÓN ESTATAL: EJEMPLOS

A continuación daremos algunos ejemplos de gobiernos que han impuesto ya la indemnización a cargo del Estado.

Francia (1951), Bélgica (1956) e Italia (1969) tenían ya un sistema de compensación por parte del Estado en los casos de lesiones causadas por hechos de tránsito, cuando el autor sea desconocido o insolvente (sin seguro).

La *Ley Francesa* del 31 de diciembre de 1951 instituyó, bajo la denominación de fondo de garantía, un órgano dotado de personalidad civil, cuyo fin es pagar los perjuicios debidos a las víctimas o a sus representantes, en el caso en que el responsable de un daño corporal, causado por vehículo motorizado, sea desconocido o se manifieste total o parcialmente como insolvente.

En *Italia,* la ley que reglamentaba el seguro obligatorio para la responsabilidad derivada del manejo de vehículos de motor estableció un "fondo de garantía para las víctimas de la calle" (Ley 990).

Bélgica formó en 1956 un fondo común para reparar los daños de lesiones corporales causadas por vehículos automotores que no tuvieran seguro, que hubieran sido robados o que no hubiesen sido identificados.

En 1963 se estableció en *Nueva Zelandia,* la indemnización a cargo del gobierno, y fue vista como formando parte de las medidas lógicas que debe tomar todo Estado benefactor. Se establecieron sistemas independientes de compensación, administrados por tribunales especialmente constituidos.[541]

Se cubren los gastos por lesiones o muerte (a la familia), pérdidas pecuniarias, incapacidad parcial y "dolor y sufrimiento" de la víctima.

En 1964 se estableció en *Inglaterra,* restringido a las víctimas de crímenes de violencia.[542] Sus características básicas son: un mínimo y

---

[541] Waller, Louis. *Compensating the Victims of Crime in Australia and New Zeland.* I Symposium. Israel, 1975.

[542] Williams, Donald Brian. *Compensating Victims of Violence: Another Look at the Scheme.* I Symposium. Israel, 1973.

un máximo en el momento de la reparación, no se aplica si la pareja penal son parientes, es administrado por un tribunal especial, la solicitud debe presentarse dentro del año de sufridos los daños y es considerado hasta cierto punto "informal". El sistema ha sido criticado por reducido, complejo y confuso, por no dar pagos de emergencia y porque no se considera la reparación propiamente un derecho.[543]

En *Estados Unidos de Norteamérica* se desarrolló a partir de 1965 en California, siguiendo Nueva York (1966), Hawai (1967), Massachusetts (1967), Maryland (1968), Nevada (1969), Nueva Jersey (1971). En 1984 el Congreso aprobó "The victim's of crime actum", dedicando una fuerte cantidad al prógrama. Para 1986, 44 Estados y el Distrito de Columbia tenían ya implantada la indemnización por parte del Estado.

Las características son muy variables de un Estado a otro, en la década de los 70 el costo nacional del programa fue de entre 145 y 260 millones de dólares anuales; en 1974 nada más en gastos médicos para 76,696 víctimas fue de 22.5 millones de dólares.[544]

En *Canadá* se desarrolló a partir de 1967, en 8 provincias. Se excluye la victimización intrafamiliar, los hechos de tránsito y los delitos patrimoniales.

Además de los daños causados, se pagan las medicinas, prótesis, abogados y parto y mantenimiento del niño producto de una violación.[545]

El sistema *Austriaco* fue establecido en 1972, cubriendo daños corporales o alteraciones de la salud y muerte de la víctima que deje desamparada a la familia, siempre que sean causados por una acción punible y deliberada.[546]

En *Italia*, la Ley 354 de 1975 estatuye la "Caja para el socorro y la asistencia a las víctimas del delito", con la particularidad de que queda en el contexto del ordenamiento penitenciario, y está situada en la Dirección General para los Institutos de Prevención y de Pena.[547]

Los fondos de la Caja son destinados a socorrer y asistir a las víctimas que por causa de un delito se encuentran en condiciones de comprobada necesidad.

En *Bélgica*, a partir de 1985 se constituyó un fondo, alimentado por los condenados, para las víctimas que han sufrido daños corpora-

---

[543] Hasson, Uzi y Sebba, Leslie. *Compensation for Victims of Crime: A comparative analysis.* I Symposium. Israel, 1973.

[544] Harland, Alan T. *Compensating Crime Victims,* en: The Evolution of Criminal Justice. SAGE. USA, 1978, pp. 58 y ss.

[545] Vázquez, Ángela, *op. cit.*, p. 35.

[546] Doleisch, Wolfgang. *Compensation of Victims.* I Symposium. Israel, 1973.

[547] Rámirez González, R. *op. cit.*, p. 57.

les graves o menoscabo a la salud como resultado de actos intencionales de violencia.[548]

En casos de urgencia se da una ayuda provisional; la indemnización alcanza a los dependientes de la víctima (alimentos), y se toma en cuenta la situación económica del reclamante, su participación en los hechos y su relación con el victimario.

Dinamarca ha adoptado el sistema (1973) al igual que *Francia* (1977).

Han establecido también el procedimiento: Finlandia, Holanda, Luxemburgo, Japón, Noruega, la entonces R.F.A. y Suecia.

Es interesante conocer la experiencia de *países africanos:* Nkpa, de la Universidad de Nigeria nos relata cómo la sociedad *Igbo* tenía sistemas de compensación, tanto si era afectado el individuo como si era lesionada la comunidad. Al imponerse un código penal en la época colonial la situación cambió, pues favorecía más el sistema de pena que los beneficios a las víctimas. El Código fue derogado en 1960 y se está regresando a sistemas anteriores.[549]

Borafia, de la Universidad de *Tanzania,* expone cómo se intentó el sistema de seguros, así como el Sistema Inglés, fallando ambos, por lo que se ha optado por regresar a los sistemas tradicionales en que la gente salda sus propias disputas.[550]

Con esto podemos ver que no se trata simplemente de transplantar sistemas extranjeros, sino de buscar soluciones propias.

México puede considerarse un país pionero en este terreno, ya que el 20 de agosto de 1969 se aprobó la ley sobre auxilio a las víctimas del delito del Estado de México, que ordena la formación de un fondo para asistir a víctimas de delitos que carecen de recursos propios para subvenir a sus necesidades inmediatas, cuando no les sea posible obtener en forma lícita y adecuada auxilio de otra parte (ver *infra).*

Ahora México resuelve el problema con la Nueva Ley General de Víctimas (2013), al crear el Fondo de Ayuda, asistencia y reparación integral, conformado con presupuesto gubernamental y otros recursos (ver supra XXII.9), que auxilia en forma subsidiaria a las víctimas registradas.

XXIV.7. Reparación del daño en la legislación mexicana

En el Código Penal de 1871, se ordenaba hacer un descuento del 25% al producto del trabajo de los reos para el pago de la responsabilidad civil (art. 85).

La responsabilidad era puramente civil, generando una acción privada, y era renunciable y susceptible de someterse a convenios y transacciones (arts. 301 y 308).

---

[548] Screvens, *op. cit.*, p. 610.

[549] Nkpa, Nivokocha, K. U. *The Practice of Restitution to Victims of Crime in a Traditional Society.* II Symposium. USA, 1976.

[550] Borafia, Abdul W. M. *Compensation to Victims of Crime.* II Symposium. USA, 1977.

El Código de 1929 cambia el sistema, al indicar que la reparación del daño siempre formará parte integrante de las sanciones (art. 74), repitiéndose el concepto en el art. 291, y agregando que el responsable tiene que hacer:

1. La restitución.
2. La restauración.
3. La indemnización.

El Código de 1931 (ahora Federal) siguió un concepto similar; ha sufrido una buena cantidad de reformas y actualmente las disposiciones referentes a la reparación conforman el siguiente sistema (igual en el Código del Distrito Federal, a menos que se señale lo contrario).

Continúa siendo una pena pública, como lo señala explícitamente el primer párrafo del artículo 34:

> «La reparación del daño proveniente del delito que deba ser hecha por el imputado, acusado y sentenciado, tiene el carácter de pena pública y se exigirá de oficio por el Ministerio Público. La víctima, el asesor jurídico y el ofendido o sus derechohabientes podrán aportar al Ministerio Público o al Órgano jurisdiccional en su caso, los datos de prueba que tengan para demostrar la procedencia y monto de dicha reparación, en los términos que prevenga el Código Nacional de Procedimientos Penales.»

En el Código del Distrito Federal, con una mejor técnica, se habla de "La víctima y el ofendido; y a falta de éstos, sus dependientes económicos, herederos o derechohabientes" (Art. 45).

Se ha agregado un párrafo, de manera que el incumplimiento por parte de las autoridades de la obligación mencionada, será sancionado con multa (50 a 500 días multa, el Federal agregó un artículo, el 31 bis con la misma disposición pero con una sanción menor).

Cuando la reparación deba exigirse a tercero, tendrá el carácter de responsabilidad civil y se tramitará en forma de incidente, en los términos que fija el Código de Procedimientos Penales correspondiente, ante el juez que conoce la acción penal y antes de que se cierre la instrucción.

Si una persona se considera con derecho a la reparación del daño, y no puede obtenerla del juez penal porque el Ministerio Público no ejerció la acción, o porque hubo sobreseimiento o sentencia absolutoria, puede recurrir a la vía civil.

El importe de la sanción pecuniaria se distribuye entre el Estado y la parte ofendida; al primero se le aplica el importe de la multa, y a la segunda el de la reparación (art. 35).

En los casos en que no sea posible, por cualquier razón, exigirle al ofensor el pago de la reparación, quedan obligados a hacerlo, según el artículo 32:

> I. Los ascendientes, por delitos de sus descendientes que se hallaren bajo su patria potestad;
> II. Los tutores y custodios, por los delitos de los incapacitados que se hallen bajo su autoridad;
> III. Los directores de internados o talleres, que reciban en su establecimiento discípulos o aprendices menores de 16 años, por los delitos que ejecuten éstos durante el tiempo que se hallen bajo el cuidado de aquéllos;
> IV. Los dueños, empresas o encargados de negociaciones o establecimientos mercantiles de cualquier especie, por los delitos que cometan sus obreros, jornaleros, empleados, domésticos y artesanos, con motivo y en el desempeño de su servicio;
> V. Las sociedades o agrupaciones, por delitos de sus socios o gerentes directores, en los mismos términos en que, conforme a las leyes, sean responsables por las demás obligaciones que los segundos contraigan.
> Se exceptúa de esta regla a la sociedad conyugal, pues, en todo caso, cada cónyuge responderá con sus bienes propios por la reparación del daño que cause; y
> VI. El Estado, solidariamente, por los delitos dolosos de sus servidores públicos realizados con motivo del ejercicio de sus funciones, y subsidiariamente cuando aquéllos fueren culposos (esta redacción data de 1994).

La obligación de pagar la sanción pecuniaria es preferente con respecto a cualesquiera otras contraídas con posterioridad al delito, a excepción de las referentes a alimentos y relaciones laborales (art. 33).

Si no se logra hacer efectivo todo el importe de la sanción pecuniaria, se cubrirá de preferencia la reparación del daño, y en su caso, a prorrata entre los ofendidos (art. 35).

Cuando varias personas intervienen en la comisión de un delito, la deuda por la reparación del daño se considera como mancomunada y solidaria (art. 36).

Ahora bien, cuando no alcanza a cubrirse la responsabilidad pecuniaria con los bienes del responsable o con el producto de su trabajo en la prisión, el reo liberado seguirá sujeto a la obligación de pagar la parte que le falte (art. 38).

La ley procura hasta donde sea posible que la víctima no quede sin reparación, así, da facultades al juzgador para que, teniendo en cuenta el monto del daño y la situación económica del obligado, pueda fijar plazos para el pago de la reparación del daño, los que en su conjunto no excederán de un año, pudiendo para ello exigir garantía si lo considera conveniente (art. 39).

La reparación es fijada por los jueces, según el daño que sea preciso reparar, de acuerdo con las pruebas en el proceso (art. 31).

En los casos de delitos culposos debería de existir garantía mediante seguro especial, pero esto ha quedado solamente en la ley, pues el tan necesario seguro obligatorio para vehículos automotores no ha podido implantarse.

La reparación del daño fijada por los jueces debe comprender (Art. 30, DOF 14/06/2012):

> "I. La restitución de la cosa obtenida por el delito y si no fuere posible, el pago del precio de la misma, a su valor actualizado;
>
> II. La indemnización del daño material y moral causado, incluyendo la atención médica y psicológica, de los servicios sociales y de rehabilitación o tratamientos curativos necesarios para la recuperación de la salud, que hubiere requerido o requiera la víctima, como consecuencia del delito. En los casos de delitos contra el libre desarrollo de la personalidad, la libertad y el normal desarrollo psicosexual y en su salud mental, así como de violencia familiar, además comprenderá el pago de los tratamientos psicoterapéuticos que sean necesarios para la víctima;
>
> III. El resarcimiento de los perjuicios ocasionados;"

En el C.P.D.F. se agrega que, en los casos de delitos contra la vida y la integridad corporal, el monto no puede ser menor del que resulte en la aplicación de la Ley Federal del Trabajo.

En 1991 se agregó un artículo 30 bis, que fija quiénes tienen derecho a la reparación del daño, en el siguiente orden: 1° El ofendido; 2° En caso de fallecimiento del ofendido, el cónyuge supérstite o el concubinario o concubina, los hijos menores de edad; a falta de éstos los demás descendientes y ascendientes que dependieran económicamente de él al momento del fallecimiento.

Las reformas al Código Penal han sido favorables, sin embargo, estamos de acuerdo con Reyes Tayabas en que "la práctica judicial ha revelado, a través de los cincuenta y dos años de vigencia de la legislación de 1931, que la situación del ofendido aún no halla una adecuada protección dentro del proceso penal".[551]

XXIV.8. Reparación del daño en la realidad

En la práctica la situación no se presenta nada agradable: tan sólo el 6.49% de las personas que declararon ser víctimas fueron

---

[551] Reyes Tayabas, Jorge. *La Reparación del Daño en Procesos Penales. Necesidad de una Nueva Estructura Jurídica para que los Ofendidos Consigan Justicia Pronta y Expedita.* Revista Mexicana de Justicia. Núm. 4, Vol. I. PGR, PGJDF, INACIPE. México, 1993, pp. 69 y ss.

compensadas en alguna forma por sus daños, como podemos ver en el Cuadro Nº 49 (Xalapa).

CUADRO Nº 49
COMPENSACIÓN

¿Se compensó?	*Hombres*	*Mujeres*	*Total*	*%*
Sí	51	33	84	6.49
No	433	400	833	64.32
Sin respuesta	182	196	378	29.19
Total:	666	629	1,295	100.00

En la investigación del INACIPE la situación es aún peor: en el Distrito Federal sólo el 4.9% de las víctimas recibió compensación, en la zona conurbada el porcentaje desciende a 1.7%.

Es importante conocer la opinión del público en cuanto a la reparación y de dónde debe provenir ésta, dividimos las respuestas dadas por aquellos que han sido víctimas en el año anterior de aquellos que no lo han sido, obteniendo los resultados siguientes: (Cuadro Nº 50).

CUADRO Nº 50
REPARACIÓN (FONDOS)
(OPINIÓN DE VÍCTIMAS Y NO VÍCTIMAS)

	Víctimas	*No víctimas*
De fondos obtenidos por multas que paguen los culpables	40.4%	35.9%
De los fondos obtenidos solamente por otros ingresos públicos	3.0	4.5
De los fondos obtenidos por otros ingresos públicos y multas que paguen los culpables	20.0	15.1
No estoy de acuerdo. Ninguna compensación se debe pagar a víctimas de algún delito	2.4	3.0
Ninguna opinión sobre este tema	14.5	13.6
Otra respuesta	1.8	0.0
Sin respuesta	17.8	27.8
	99.9%	99.9%

El cambio de opinión en las víctimas es perceptible, ya que desean en mayor proporción una compensación, y que ésta sea cargo del criminal o de la comunidad.

Las no víctimas dejan de responder mayormente a esta pregunta.

En el Distrito Federal y zona conurbada se obtuvo el siguiente cuadro:

CUADRO Nº 51
REPARACIÓN (FONDOS)
(OPINIÓN D.F. y Z.C.)

	F. absoluta		*F. relativa %*	
	D.F.	*Z.C.*	*D.F.*	*Z.C.*
De ingresos públicos	135	62	7.0	6.4
De multas de los culpables	1,195	503	62.1	51.7
De ingresos y multas de los culpables	364	198	18.9	20.3
Ninguna opinión	185	182	9.6	18.7
Otro	44	28	2.3	2.9
Sin dato	46	27	ajustado	
Total:	1 969	1 000	100.0	100.0

Una de las soluciones al problema del desamparo de la víctima es el seguro, que en algunos casos se ha planteado como obligatorio.

En nuestra investigación, tan sólo el 20% de las víctimas tenía alguna forma de seguro.

Es de aclarar que algunas se refieren al Seguro Social, al que son inscritas forzosamente al ingresar al trabajo.

Del total de las víctimas sólo el 3.40% se ha visto beneficiada por el seguro.

En otras palabras, de todos los asegurados sólo el 17.12% pudo cobrar algo en el seguro, el 10.9% logró un pago total, y el 6.2% un pago parcial.

Esto nos lleva a la preocupación de que los seguros, además de caros, son difíciles de cobrar, por lo que debe hacerse una ampliación efectiva.

La investigación del Distrito Federal nos confirma lo anterior, pues el 8.0% dijo no tener seguro y al 79.9% no se le pagó nada. Sólo el 6% de las víctimas recibió la protección total. En la Zona Conurbada la situación es peor pues el 34.1% no tiene seguro, al 57.3% no le pagó nada y sólo el 4.9% obtuvo los gastos totales.

XXIV.9. LA LEY DE AUXILIO A LAS VÍCTIMAS

En nuestro país, uno de los avances más notables es la Ley sobre auxilio a las víctimas del delito del Estado de México, del 20 de agosto de 1969,[552] que comentamos por ser un antecedente valioso.

El auxilio que presta esta ley es independiente de la reparación del daño, y consiste en una ayuda en los casos en que la víctima de un delito carece de recursos propios para subvenir a sus necesidades inmediatas, no siéndole posible obtener en forma lícita y adecuada auxilio de otra parte.

El Departamento de Prevención y Readaptación Social es el encargado de prestar auxilio, que puede ser de cualquier clase.

Se establece un fondo de reparaciones integrado por:

I. La cantidad que el Estado recabe por concepto de multas, impuestas como pena por las Autoridades Judiciales.

II. La cantidad que el Estado recabe por concepto de cauciones que se hagan efectivas en los casos de incumplimiento de las obligaciones inherentes a la libertad provisional bajo caución, la suspensión condicional de la condena y la libertad condicional, según lo previsto por las leyes respectivas.

III. La cantidad que por concepto de reparación del daño deban cubrir los reos sentenciados a tal pena por los Tribunales del Estado, cuando el particular beneficiado se abstenga de reclamar en tiempo dicha reparación, renuncie a ella o cuando la misma se deba al Estado en calidad de perjudicado.

IV. El 5% de la utilidad líquida anual de todas las industrias, servicios y demás actividades lucrativas existentes en los reclusorios estatales, y

V. Las aportaciones que para este fin hagan el propio Estado y los particulares.

Podemos concluir con Carrara que: "Es útil y justa la reparación subsidiaria introducida por algunas legislaciones, y que consiste en establecer una caja pública, cuyos fondos se forman con las multas impuestas a los delincuentes, y a la cual se recurre para indemnizar a las víctimas de los perjuicios sufridos por los delitos consumados por personas insolventes. No es moral que el Gobierno se enriquezca con los delitos que no ha sabido prevenir, pero sí es moral que la sociedad, cuya protección tienen derecho a exigir los buenos ciudadanos, repare los defectos de la falta de vigilancia." [553]

---

[552] Por su importancia, la adjuntamos en los anexos.

[553] Carrara, *op. cit.*, p. 370.

XXIV.10 LA REPARACIÓN INTEGRAL

La Ley General de Víctimas tiene un acierto al adoptar el concepto de "reparación integral", que expone en su artículo 26 que a la letra dice:

> "Artículo 26. Las víctimas tienen derecho a ser reparadas de manera oportuna, plena, diferenciada, transformadora, integral y efectiva por el daño que han sufrido como consecuencia del delito o hecho victimizante que las ha afectado o de las violaciones de derechos humanos que han sufrido, comprendiendo medidas de restitución, rehabilitación, compensación, satisfacción y medidas de no repetición".

Queda claro que la reparación integral va más allá del resarcimiento o indemnización económica (que en algunos casos no interesa tanto a la víctima), sino que implica una satisfacción, una real liberación de la situación victimal.

Por esto, además de la *compensación* que debe otorgarse a la víctima por todos los daños y perjuicios evaluables económicamente, la reparación integral comprende:

a) La *restitución*, devolver a la víctima a la situación anterior a la victimización.

b) La *rehabilitación*, para que la víctima pueda enfrentar los efectos perniciosos del hecho victimal.

c) La *satisfacción*, para reconocer y restablecer la dignidad de la víctima.

d) Las garantías de *no repetición* de la victimización.

Desde luego que la compensación es importante y debe cubrir tanto los daños físicos como los patrimoniales, pero también lo que se ha dejado de ganar (por ejemplo: de salarios o de oportunidades), o lo que se tuvo que gastar en tratamientos, traslados, pago de abogados, alimentación, etc. (*ver artículo 64*).

CAPÍTULO XXV

CLÍNICA VICTIMOLÓGICA

XXV.1. INTRODUCCIÓN

El presente capítulo está dedicado a la clínica victimológica, es decir al estudio individual y directo de la víctima de un delito.

La Victimología, tal como es tratada hoy día, es la ciencia que se encarga de estudiar a las víctimas, entendiendo por tal a todo sujeto que sufre por causa propia o ajena, o aún por accidente o caso fortuito.

La Victimología criminológica se encargaría de una especie en particular de víctimas: aquellas que padecen como consecuencia de una conducta delictuosa.

Tema fundamental de la Victimología moderna es el estudio y tratamiento de la víctima, considerado actualmente como un derecho del ofendido por una conducta criminal.

Utilizando el modelo clínico desarrollaremos el tema, ofreciendo una explicación del esquema y de las características del personal que debe intervenir, para continuar con el detalle de las técnicas utilizadas para el examen del sujeto victimizado, y concluir con el diagnóstico, pronóstico y tratamiento victimales.[554]

XXV 2. LA CLÍNICA

La palabra "clínica" viene del griego *Kliné*. Lecho. Es la parte de la medicina que enseña a observar, diagnosticar, curar y pronosticar las enfermedades a la cabecera de la cama de los pacientes.[555]

El modelo clínico es eminentemente médico, de aquí la terminología y el sistema; fue tomado por la Criminología en un intento

---

[554] Para conocer mejor el tema y ver cuestionarios, formatos, etc., es indispensable la lectura de: Lima Malvido, María de la luz, *op. cit.* (*Modelo de atención a Víctimas en México*). También se recomienda la consulta de nuestra obra *Criminología Clínica*. Porrúa, México, 2009.

[555] Quiroz Cuarón, Alfonso. *Criminología Clínica*. Manual de Introducción a las Ciencias Penales. Secretaría de Gobernación. México, 1976, p. 299.

de explicar al criminal individual, único, en su conducta especial, irrepetible desde el punto de vista existencial.

Aunque con peculiaridades propias, la Victimología toma el modelo clínico para intentar entender a la víctima, a su conducta y al fenómeno victimal.

Se busca entonces formular un diagnóstico, proponer un pronóstico y ejecutar un tratamiento, cuando así lo requiera, a la víctima concreta de una conducta antisocial.

La clínica victimal es, por lo tanto, una rama aplicada del conocimiento, en ella se retroalimenta la teoría victimológica, ya que aporta la base teórica y recibe a cambio una valiosa cantidad de datos que sirven para fortalecer y enriquecer el saber y para comprobar o desechar hipótesis.

La clínica es entonces aplicación al caso concreto; identifica a la víctima como un sujeto único, como un sujeto singular, con su propia personalidad y problemática, diferente a las demás víctimas, con necesidades y motivaciones peculiares, y que, por lo tanto debe ser estudiado y tratado de forma individualizada.

Nada más lejano al concepto de sujeto pasivo del delito, concepto frío e impersonal, que "cosifica" al individuo y lo lanza a un anonimato jurídico.

El hecho de la victimización es analizado también como conducta única, acontecida en un tiempo y lugar determinados, diferente aun en el caso de repetirse con los mismos actores.

El trabajo clínico tiene que ser interdisciplinario, en parte por la imposibilidad del victimólogo (en el caso de haberlo) de abarcar la cantidad de conocimientos como para lograr hacer el estudio integral del problema.

La necesidad de la interdisciplina se hace patente al observar la gran diversidad de factores que intervienen en la producción del fenómeno victimal.

Efectivamente, la combinación de lo biológico, lo psicológico y lo social de la víctima, aunado a la variante "victimario", más los aspectos históricos, físicos y de tiempo y lugar, nos ponen frente a un problema nada fácil de resolver.

XXV.3. El personal clínico

Antes de mencionar las diferentes técnicas utilizables para estudiar a la víctima, es necesario referirse al personal que debe desempeñar esta misión.

Parece claro que no cualquier profesional tiene la vocación, las aptitudes y la capacidad para enfrentarse al problema victimal.

No bastaría pues ser criminólogo, médico, psicólogo o sociólogo para hacer clínica victimal.

Algunos autores han puesto en duda la utilidad de formar victimólogos; los experimentos pilotos en la práctica nos han demostrado lo contrario, por ejemplo en los casos concretos de asistencia a víctimas de ataque sexual o de violencia intrafamiliar.

Se aconseja principiar por la selección, buscando ciertas características como la vocación de servicio, el saber escuchar, la paciencia, la capacidad para integrar un consejo interdisciplinario y la tendencia a comprender más que a juzgar. (Cuando dirigimos la Academia Nacional de Seguridad Pública, elaboramos un perfil referencial, profesional y vocacional de quienes deben dedicarse al quehacer victimológico, que por su utilidad presentamos como anexo N° 3.)

Es indudable que, como regla general, debe ser personal femenino el que se ocupe de atender a víctimas mujeres, parece haber mayor comunicación, más confianza, menor temor ante personas del mismo sexo que frente a sujetos del sexo opuesto; esto es relevante sobre todo en ciertos delitos (abuso de autoridad, sexuales, maltrato en el hogar, etcétera).

Cuidado especial debe tenerse al seleccionar y capacitar a los técnicos que se ocuparán de la atención de víctimas menores de edad; tratándose de niños ha dado mejor resultado el personal femenino que el masculino; en adolescentes puede funcionar la separación, para ser atendido por personal del propio sexo.

Una vez seleccionado el personal debe capacitarse, tanto en el aspecto victimológico teórico como en el práctico, buscando el desarrollo de técnicas apropiadas para enfrentar el problema concreto.

La preocupación es universal, así, Naciones Unidas, en su VII Congreso de Prevención del Delito y Tratamiento del Delincuente (Milán, 1985) informa que: "Se destacó la necesidad de capacitar adecuadamente al personal que se ocupaba de las víctimas, en particular en las primeras etapas del contacto de la víctima con los órganos oficiales. Varios países informaron de que se prestaba una atención cada vez mayor a la capacitación de la policía, en particular en lo que se refería a la violencia en el hogar y a los delitos sexuales. Muchos países se refirieron también a los servicios médicos de emergencia mejorados y especializados puestos a disposición de las víctimas. También se hizo hincapié al respecto en el papel de las organizaciones voluntarias, así como en la importancia de los esfuerzos de ayuda propia y de apoyo de la comunidad."[556]

---

[556] ONU, *op. cit.* (VII Congreso), A/CONF.121/22, p. 166.

En la Declaración sobre principios fundamentales de justicia relativos a las víctimas, se consagró este principio al quedar consignado en el artículo 16:[557] Se capacitará al personal de policía, de justicia, de salud, de servicios sociales y demás personal interesado para informarlo de las necesidades de las víctimas y proporcionarle directrices para garantizar la ayuda apropiada y rápida.

Es pues una urgente necesidad la selección y capacitación del personal encargado del quehacer victimológico.

XXV.4. El examen de la víctima

Es indudable que el modelo ideal para examinar a la víctima particular es el clínico, esto parece no tener discusión. El problema se plantea en las víctimas colectivas y en la conveniencia de estudiar a todas las víctimas individuales.

López Rey se pregunta: ¿Puede tomarse en serio que, en todos los casos delictivos, se proceda al examen psicológico y psiquiátrico de la víctima a fin de determinar la coactuación de su personalidad?[558]

Es lógico que la respuesta debe ser negativa: no es necesario en *todos* los casos hacer el examen psicológico, como no sería necesario hacer el examen médico ni el estudio socio-económico.

En los casos de víctimas colectivas es claro que la técnica a desarrollar es diferente a la clínica; pensemos en fraude a los consumidores, contaminación del ambiente, adulteración de alimentos, etc. En estos ejemplos sólo podrían atenderse clínicamente casos individuales peculiarmente graves.

En las víctimas individuales no es necesario el examen en la mayoría de los casos en que se trata de delitos en que no hay relación ni contacto personal entre víctima y victimario; tal es el caso de los robos de poca monta en que no hay violencia (carteristas, retinteros, etc.), o aquellos de víctima indeterminada (robo de automovil).

Otro caso, éste de imposibilidad fáctica de aplicación clínica, es aquel en que la víctima no sobrevive al acto delictivo, como en el homicidio, sin embargo, se han desarrollado técnicas de la llamada "autopsia psicológica", como la utilizada por Teresita García Pérez en su "Pericia" (La Rocca, Argentina, 2007).

---

[557] ONU, *op. cit.* (VII Congreso), *op. cit.*

[558] López Rey y Arrojo, Manuel, *op. cit.*, p. 146.

Aquí es evidente que el estudio de la víctima es necesario, pero se hará con metodología diferente, reconstruyendo a base de datos indirectos (como los modelos de autopsia psicológica, MAP1 y MAP2, de García Pérez).

El problema de la obligatoriedad para la víctima de someterse a exámenes es digna de mención, pues puede plantear objeciones jurídicas y éticas importantes.

Podría pensarse que es del mayor interés del ofendido el que se haga justicia y le sea reparado el daño, pero en ocasiones prefiere la impunidad del ofensor a ser sometido a exámenes que considera atentatorios a su intimidad, o que le hacen perder tiempo, o que considera molestos o dolorosos.

Aquí debe intervenir el equipo técnico para convencer a la víctima de la necesidad del estudio y persuadirla de que es por su propio bien.

El obligar a la víctima a supeditarse a los estudios puede ser violatorio de derechos y causa de sobrevictimización.

Sin embargo, queda la duda en situaciones de delitos muy graves en que es de interés público aclarar los hechos, y en que la impunidad del malhechor afectaría al bien común.

XXV.5. Las técnicas clínicas

Fundamentalmente, la clínica victimológica debe utilizar las siguientes técnicas:

A) Entrevista.
B) Examen médico.
C) Examen psicológico.
D) Encuesta social.

A continuación haremos algunas observaciones a cada una de ellas.

A) *La entrevista*

La entrevista es un proceso de acción recíproca en el cual el entrevistador entabla un conocimiento personal y directo con el entrevistado, para obtener información relevante.

La entrevista no es simplemente una conversación informal, sino que se debe preparar, efectuar, redactar e interpretar.

a) *Preparación.* Recordar que se trata de una entrevista de opinión y de personalidad, en que se busca conocer opiniones, actitudes y rasgos de personalidad.

b) *Aplicación.* Toda entrevista tiene un inicio, un desarrollo y un fin.

La forma de inicio es esencial, ya que se debe despertar la confianza y establecer una relación.

En el desarrollo debe tenerse especial cuidado en que la víctima entienda las preguntas, y dé una respuesta exacta.

El final debe hacerse con naturalidad, por lo general la víctima al encontrar quién la escuche buscará explayarse, pues la entrevista cumple una función catártica (de descarga de emoción).

c) *Redacción.* Procurar hacer el reporte de inmediato, lo más apegado a las respuestas de la víctima y con las observaciones que se consideren pertinentes.

d) *Interpretación.* Puede hacerse una interpretación provisional, en espera de los resultados de los otros estudios para hacer la interpretación final.

B) *El examen médico*

En los delitos violentos, y en los que afectan al sujeto en su salud o integridad personal, el primer profesional con el que tiene contacto la víctima es por lo general el médico.

De aquí el especial cuidado en la selección y capacitación de estos profesionales, que deben ser médicos forenses, y cuya responsabilidad es muy alta, pues pueden sobrevictimizar al ofendido si no lo tratan con el debido tacto, rapidez y diligencia.

Además, el dictamen del forense es de relevante importancia, pues de su opinión depende en mucho la tipificación del delito, la posibilidad de un arreglo entre víctima y victimario, la probable reparación del daño, etcétera.

Por ejemplo, es fundamental la primera opinión sobre si hay lesiones, la gravedad de éstas, si hay desfloración, si ésta es reciente, si hay embarazo, señales de aborto, intoxicación, grado de ésta, edad aparente de la víctima, etcétera.

Al ser el primer técnico en tratar con el ofendido, el médico se encuentra en una situación privilegiada para obtener información que posteriormente será (consciente o inconscientemente) reprimida por la víctima.

C) *El examen psicológico*

Si no toda victimización causa daños físicos, la gran mayoría produce daños psicológicos de mayor o menor magnitud, dependiendo esto último de una gran diversidad de variables, principalmente las características personales de la víctima (edad, personalidad, posición, status, etc.) y la gravedad del delito.

La intervención del psicólogo puede tener de por sí un valor terapéutico, pero esto no es regla, pues puede también producir una gran tensión en la víctima, actualizando y reviviendo sus temores y sentimientos de culpa.

Para su estudio, el psicólogo utiliza generalmente la entrevista psicológica y aplica algunos test. Hay que tener cuidado de no ejecutar más pruebas de las necesarias y procurar entretener solamente lo indispensable al sujeto, a menos que sea tangible que se está beneficiando al mismo. De todas formas, si el psicólogo no va a ser el que se encargue del tratamiento, es preferible no iniciar una relación de corte terapéutico.

D) *La encuesta social*

Las trabajadoras sociales (hablamos en femenino pues por lo general son mujeres) han demostrado su utilidad y eficacia en el campo criminológico y ahora en el victimológico.

La entrevista social y el trabajo de campo son inapreciables para la clínica victimológica.

En varios planes piloto se está acostumbrando que sea la trabajadora social la que recibe en primera instancia a la víctima, básicamente para ponerla en contacto con la familia.

Se ha probado que el primer contacto con trabajo social es menos traumático para la víctima que si la primera relación es con policía o con Ministerio Público.

El reporte de trabajo social debe darnos una idea clara de la posición socio-económica de la víctima y sus necesidades de atención inmediata y mediata.

Un error común en el reporte social es la tendencia a hacer interpretaciones psicológicas o criminológicas, invadiendo campos, lo que debe evitarse.

Finalmente, debemos aclarar que estas técnicas son las indispensables para un buen dictamen victimológico, pero de ninguna manera son las únicas, pues el estudio puede enriquecerse al participar un mayor número de especialistas, o al aumentar los medios de conocimiento.

XXV.6. Diagnóstico

Los estudios realizados deben desembocar en un diagnóstico particular para cada área y un diagnóstico general victimológico.

El diagnóstico en la clínica médica se refiere al conocimiento de los síntomas y signos de las enfermedades, y más propiamente al hecho de determinar por los síntomas el carácter de una enfermedad.

En nuestra materia, tenemos el diagnóstico médico, que describe las lesiones y daños físicos causados por la victimización, el diagnóstico psicológico que nos indica si el trauma de la victimización dejó secuelas en la psique, y el diagnóstico social que nos indica cómo queda la víctima frente a su grupo social.

Pero no podemos quedarnos en esto, no se trata del simple peritaje con fines de establecer la reparación del daño o calificar la gravedad del delito, tenemos que dar un paso más, debemos averiguar cuáles son los factores que favorecieron la victimización.

Efectivamente, la víctima puede sufrir física, psíquica, social y económicamente como consecuencia de la ofensa, y se ha visto limitada en el ejercicio de sus derechos.

Es importante conocer no sólo la magnitud y naturaleza del daño, sino el papel que ha jugado la víctima en el mismo, es decir, se debe averiguar si la víctima ha sido la causa o el pretexto de la infracción, si ésta es el resultado de un consenso o si se trata de una simple coincidencia.

De vital importancia es conocer cómo capta la víctima su victimización: si se acerca a la realidad, minimiza los daños o se sobrevictimiza, considerando los perjuicios mayores de lo que efectivamente son.

También es significativo el descubrir si la víctima ha desarrollado sentimientos de culpa, atribuyéndose la responsabilidad (o parte de ella) en los sucesos.

Por esto, debe comprenderse cuál es la relación de la víctima con su victimario, cómo lo percibe y cuáles son las expectativas a futuro.

Dicho de otra forma, el diagnóstico victimológico debe llegar a descifrar la victimogénesis y la victimodinámica.

La victimogénesis es el estudio del origen o principio de la victimización, es poder descubrir de dónde nace el fenómeno, es describir los factores y causas que dieron como resultado el hecho victimal.

La victimodinámica es la explicación de los procesos seguidos para llegar a la victimización, es lo que hemos llamado *iter victimae*, el camino de la víctima (en contraste con el *iter criminis*, el camino del criminal).

Efectivamente, la víctima tiene un itinerario, un recorrido vital, cómo se va a cruzar en un fatal momento con el camino del criminal, representando esto la encrucijada del crimen.

La importancia del diagnóstico es entonces extraordinaria, nos sirve de base para la elaboración del pronóstico y para proponer el tratamiento. Un error de diagnóstico implica una equivocación de pronóstico y el fracaso del tratamiento.

XXV.7. Pronóstico

Prognosis viene del griego προγνωδιζ, conocimiento anticipado de algún suceso. En terminología médica constituye el juicio que da el clínico respecto a la evolución de una enfermedad.

La prognosis victimal hace referencia a la apreciación que se hace, basada en el diagnóstico, de cuál será la conducta futura de la víctima.

Tenemos desde luego, los pronósticos parciales: el médico que nos dice cuánto tardará en sanar, el psicológico que nos indica cuál será la evolución de la personalidad a partir del trauma victimal, y el social que debe predecir cómo reaccionará la comunidad ante la víctima.

Con esta base y su propia indagación, el victimólogo hará la prognosis victimal, intentando predecir la situación venidera de la víctima.

El pronóstico victimal tiene considerables connotaciones no sólo en lo referente al tratamiento que recibirá la víctima, sino también respecto a las políticas de acción social, con el objeto de la prevención victimológica a nivel especial y general.

En Victimología, como en todas las ciencias sociales, la predicción es una de las operaciones más difíciles de realizar, ya que se trabaja con conducta humana, en la que intervienen multitud de variables.

Hay autores que dudan que se pueda hacer predicción en ciencias sociales, es claro que la prognosis en estas ciencias es muy diferente a la de las ciencias exactas o a la de las ciencias naturales.

En el mundo de la investigación social el pronóstico se limita al grado de probabilidades, y no puede dársele mayor alcance del que tiene.

En materia criminológica se ha trabajado mucho (aunque no lo suficiente) en prognosis criminal, orientada a teoría de peligrosidad y probabilidad de reincidencia.

En Victimología se ha principiado a trabajar en el tema, haciendo prognosis victimal, basada en mucho en la teoría del riesgo y buscando también las probabilidades de reincidencia, en este caso de recaída en la victimización.

Las compañías de seguros han adelantado un buen trecho del camino elaborando tablas de riesgo de accidente, de enfermedad y de muerte, que pueden ser adaptadas al mundo criminal (existen ya tablas para robo, por ejemplo).

En Victimología, han sido un gran aporte las encuestas sobre victimización (y los estudios criminológicos de autodenuncia), los que nos dan un caudal de datos sobre las formas y frecuencias de victimización, la reincidencia victimal, etcétera.

En resumen, podemos hacer prognosis en varias formas: *intuitiva,* sin base científica, dejándose guiar por el presentimiento; *anamnésica,* basándonos en la conducta de una persona para aplicarla a casos similares; *clínica,* tomando el diagnóstico de la víctima para deducir su futuro comportamiento; *estadística,* acumulando datos de casos diversos para tabularlos y calcular probabilidades.

Este último método ha rendido los mejores resultados, ya que se puede hacer la inferencia a partir de los casos conocidos, por medio de un análisis científico.

La importancia del pronóstico es muy grande, ya que permite:[559]

1. Prevenir la posible "revictimización", no sólo respecto a la acción sufrida por la víctima, sino también en lo referente a otras conductas victimizantes.
2. Evitar los casos en que la víctima pueda convertirse en victimario. Puede suceder, que la víctima en plan de venganza victimice a otras personas responsables, directos o no, de su propia victimización.
3. Evitar los casos en que los familiares o allegados a la víctima se conviertan ya sea en víctimas o en victimarios, lo que implica extender los servicios victimológicos a estas personas.
4. Para los efectos de pronósticos criminológicos, la probabilidad de reincidencia del ofensor depende en ciertos casos de la víctima. Así, el pronóstico victimológico es importante en el pronóstico criminológico.
5. Sentar las bases para el tratamiento; el pronóstico deberá ir variando según el tratamiento tenga éxito o no.

Terminamos este apartado, con una frase de Lola Aniyar, con la que estamos de acuerdo: "Nosotros creemos que cuando hayan sido establecidas las tablas de predicción, en relación a las víctimas poten-

---

[559] *Cfr.* Torres, Lina. *Diagnóstico y Pronóstico Victimal.* Criminalia. Año LII. Núms. 1-12. Editorial Porrúa. México, 1986.

ciales, éstas deberán ser ubicadas, y sometidas a curas y cuidados específicos; y que se debe evitar la creación de condiciones idóneas, para hacer saltar, en medio de la placidez deseada, una manifestación victimal." [560]

XXV.8. Tratamiento

El tratamiento victimal tiene dos objetivos básicos: eliminar o disminuir los efectos de la victimización y evitar futuras victimizaciones.

"Se entiende por asistencia - tratamiento victimológico, la aplicación de todas las medidas tendientes al conocimiento, comprensión y ayuda a la víctima para atenuar y superar las consecuencias producidas por la conducta delictiva." [561]

No siempre es posible dar tratamiento, no sólo por la limitación de recursos materiales y humanos, sino porque no siempre la víctima acepta ser sometida al mismo.

Y es que el tratamiento debe ser absolutamente voluntario, sin la cooperación activa de la víctima es imposible lograr el éxito.

Algunas víctimas prefieren el tratamiento privado, con sus profesionales de confianza (algunos casos de lesiones); otras no se presentan por "vergüenza", o porque el tratamiento les hace revivir el trauma en forma dolorosa (violación); hay las víctimas consensuales (estupro); otras no lo toman por temor (mujeres golpeadas); existe quien no considera necesitar tratamiento.

Efectivamente no toda víctima necesita tratamiento, sobre todo en ocasión de delitos leves; en otros casos, la personalidad es lo suficientemente fuerte para rehacerse después del trauma inicial.

El tratamiento médico se da siempre en casos de urgencia, es lógico que no se pueda posponer, lo primordial es impartir los primeros auxilios a la persona que llega físicamente dañada.

Posteriormente, de acuerdo al pronóstico, se canaliza a los especialistas o se da de alta.

El tratamiento psicológico va dirigido inicialmente a disminuir la ansiedad y angustia que siguen al trauma victimal, posteriormente, se debe tener especial atención en atenuar los sentimientos de culpa, para después reordenar, reestructurar la personalidad (si es necesario) y reducir los sentimientos de venganza, que por lo general toman forma en una segunda etapa.

---

560 Aníyar, *op. cit. (Victimología)*, p. 67.

561 Marchiori, Hilda, *op. cit. (Criminología. La víctima del delito)*, p. 177.

El tratamiento social intenta reintegrar a la víctima a su comunidad, buscando la justificación de las faltas al trabajo o escuela, apoyando el cobro de seguros, trabajando en el seno del hogar, consiguiendo trabajo, etcétera.

Parte de la labor victimológica consiste en enseñar a la víctima técnicas de prevención para evitar su reincidencia, y en ocasiones proporcionarle los medios para impedir nuevas victimizaciones.

Así, se puede poner a la víctima en contacto con grupos anónimos de alcohólicos, drogadictos, mujeres golpeadas o violadas; se puede también buscar hogar sustituto o cambio de domicilio, o aún darle protección policiaca.

Hay diversos modelos para la atención integral de las víctimas; ya mencionamos el modelo Lima,[562] citamos ahora el modelo Dussich (Dussich Social Coping Model).[563]

En este caso se contemplan cinco procesos básicos:

a) Repertorio de recursos, que es la identificación de los recursos psíquicos, sociales y físicos de la víctima.

b) Definición del problema, en el que se reconocen las múltiples facetas de cada caso.

c) Proceso de adaptación, parte central en la que se reconocen tres partes: prevención, preparación y reevaluación.

d) Resultados, éxito o fracaso del proceso.

e) Retroalimentación, que es la transmisión de los resultados exitosos con el repertorio de recursos.

No puede en mucho hablarse de tratamiento si la víctima está abandonada en materia procesal.

El tratamiento en sí es ya una forma de justicia, pero no puede basarse en la injusticia de negar a la víctima sus derechos procesales, marginándola, no dándole acceso al procedimiento penal, no considerándola "parte", no concediéndole acciones en caso del no ejercicio de la acción penal o de absolución del presunto delincuente, o lo que es peor maltratándola, cuestionando su actuación, exhibiéndola públicamente, etcétera.

Por esto se ha propuesto la existencia de un "abogado de las víctimas" (contraparte del defensor de oficio), que represente al ofendido, luche por sus derechos y evite la sobrevictimización.

La reparación del daño es fundamental en esta materia; si la víctima no obtuvo la restitución de la cosa, la indemnización, o la sa-

---

562 Lima Malvido, *op. cit. (Modelo).*

563 Dussich, John P. J. *Recuperación de las víctimas.* Marcos Lerner, Editor. Argentina, 2001, p. 91.

tisfacción debida, pensará que no se le ha hecho justicia, y renacerán sus traumas y temores, se perderá lo ganado con el tratamiento, generará un feroz resentimiento que en ocasiones puede producirle ideas de hacerse justicia por propia mano.

Un tema aparte lo constituyen las víctimas indirectas, que pueden necesitar gran apoyo cuando no terapia completa, como puede ser la situación de los familiares en el caso de homicidio. De todas formas, siguen las reglas básicas expuestas anteriormente.

En el caso de víctimas colectivas la situación de terapia es más complicada; en casos graves (intoxicación masiva por tóxicos, alimentos descompuestos, contaminación ambiental, terrorismo, etc.) se necesita un plan general de emergencia, que siga los patrones expuestos y una atención individualizada.

Lo más importante en estos casos de víctima colectiva es hacer consciente a la comunidad del peligro que corre, para que pueda tomar las medidas de prevención y evitar nuevas victimizaciones.

Para finalizar, afirmemos que la asistencia a la víctima del delito es un derecho inalienable de ella y una obligación no sólo del Estado, sino de todos nosotros, y recordemos que en la Declaración de la ONU sobre principios fundamentales de justicia relativos a las víctimas, el artículo 14 ordena: "Las víctimas recibirán la asistencia material, médica, psicológica y social que sea necesaria, por conducto de los medios gubernamentales, voluntarios, comunitarios y autóctonos".

En el tema, recomendamos ampliamente el libro *"Políticas públicas en la atención a Víctimas" (Una propuesta metodológica),* de María de la Luz Lima Malvido, publicado por el Instituto Nacional de Ciencias Penales (INACIPE) en junio de 2015, en la ciudad de México. Es sin lugar a duda el tratado más completo en la materia.

Capitulo XXVI

LA PREVENCIÓN VICTIMAL

XXVI.1. Introducción

La Victimología nació con grandes pretensiones y, aunque sus orígenes fueron balbucientes, ha tomado inusitada fuerza aportando conocimientos de gran valor para el conocimiento de la criminalidad y, desde luego, para su prevención.

Un capítulo importante de la Victimología debe ser el de la prevención, que en sentido amplio consiste en el evitar que individuos o grupos sufran daños de cualquier índole y por cualquier causa.

En el sentido restringido, que es el que manejaremos en esta parte, la prevención se enfoca solamente hacia las víctimas del delito, no porque la prevención de accidentes o la protección de personas y bienes en caso de desastres naturales carezca de importancia, sino porque excedería en mucho los límites propuestos.

La utilización de la metodología victimológica y de estudios de victimización es fundamental para determinar la magnitud del problema criminal, y para identificar las prioridades en los planes de política criminológica y victimológica, así como para medir la efectividad de los programas de prevención.

En varios capítulos hemos hablado ya de prevención, limitando la exposición al tema desarrollado (menores, mujeres, ancianos, abuso de poder, etc.). Para evitar ser reiterativos nos dedicaremos exclusivamente a explicar algunos conceptos generales y a proponer estrategias que pudieran ser de aplicación universal.

XXVI.2. Concepto

Prevención victimal es el intento de prevenir o evitar que ocurra la victimización (en nuestro caso la victimización criminal).

A primera vista parecería un juego de palabras: en lugar de evitar la criminalidad vamos a prevenir la victimidad; pero en un análisis más detenido nos damos cuenta que, aunque la relación criminal-víctima es estrecha y al parecer indisoluble, nos topamos con dos fenómenos diferentes, que coinciden en un momento fatal.

A esta dinámica la hemos llamado *iter criminis* e *iter victimae,* es decir el camino del criminal y el camino de la víctima, que son diversos, aunque lleguen a encontrarse en la encrucijada del crimen.

No es lo mismo actuar sobre el *iter criminis* que sobre el *iter victimae,* se trata de técnicas divergentes, con instrumentación propia, que deben estudiarse por separado.

La política preventiva tradicional, que tendía a reducir la criminalidad por medio del castigo o la rehabilitación, estaba orientada sobre el criminal.

Existe un esfuerzo para cambiar las situaciones y reducir las tentaciones que suscitan las ocasiones propicias a la comisión de ciertos delitos. Es posible controlar el factor oportunidad con medidas apropiadas tomadas por las víctimas potenciales.[564]

Una política preventiva orientada sobre la víctima, mete en evidencia medidas protectoras, defensivas y precauciones que los blancos potenciales podrían adoptar a fin de hacer la comisión del delito más difícil y menos rentable.

Puede ser que valiera la pena que en numerosos campos se deje de aplicar al autor los recursos disponibles en materia de protección social y de salud, para consagrarlos a otras personas implicadas en la interacción, es decir a las víctimas.

Dice Héctor Nieves [565] que la prevención de la victimización tiene como objetivo básico intervenir en el comportamiento posiblemente victimógeno de la víctima. Teniendo en cuenta que los diferentes procesos de victimización giran alrededor de estas tres posibilidades:

a) Proceso autógeno, donde el comportamiento de la víctima es factor esencial en la realización del hecho punible.

b) Proceso heterógeno, cuando en la realización del hecho punible la víctima no concurre con su comportamiento.

c) Proceso de victimización social o secundaria, cuando la víctima y el victimizador resultan, a su vez, victimizados por el sistema de administración de justicia.

---

[564] Fattah, Ezzat, *op. cit.* (*Regards*).

[565] Nieves, Héctor, *op. cit.* (*Hacia*), p. 26.

XXVI.3. Política Victimológica

La calidad de víctima es inherente a la miserable condición humana, como la de mortal. De aquí que la solidaridad universal se impone.[566]

Ya mencionamos que las probabilidades de convertirse en víctima son mayores a aquellas de transformarse en criminal, todos somos víctimas potenciales.

Por esta razón es necesario desarrollar una "Política Victimológica",[567] que centre los esfuerzos de prevención en la víctima.

Dicho en otra forma: "Dentro del círculo de la Política Criminológica, que es consecuencia de otro círculo concéntrico mayor de Política Social General, la Victimología debe proclamarse una ciencia para la libertad y la liberación moral y material de todo tipo de victimizados (delincuentes marginados y sumergidos sociales) que abarca también a damnificados por los accidentes de trabajo, sin olvidar a la sociedad, o gran parte de ella, cuando se trata del abusivo poder gubernamental."[568]

"La sociedad tiene más odio contra el criminal que piedad para el ofendido", nos dice un maestro brasileño,[569] y esta frase refleja el drama de la víctima, la gran olvidada de las ciencias penales.

El Estado castiga, y en esta forma busca prevenir a la colectividad contra el criminal, a base de intimidación y ejemplificación, pero no asume el deber de resguardar en alguna forma a la víctima.

El Estado tiene el deber de hacer prevención victimal (simplemente porque se la debe a los contribuyentes), por esto surge una obligación directa de reparar el daño a la víctima (aunque sea en forma subsidiaria) cuando ha fallado.

Lo anterior no implica, desde luego, que toda la responsabilidad de la prevención debe recaer sobre el Estado; es necesario también, además de la prevención estatal, la prevención comunitaria y la prevención individual.

XXVI.4. El riesgo victimal

La victimización no es un evento al azar, puede calcularse la probabilidad de ser víctima de acuerdo a tiempo y espacio, así como a características personales y sociales.

566 Stanciu, *op. cit.* (*Les Droits*), p. 71.
567 *Cfr.* Aníyar, *op. cit.* (*Victimología*), p. 107.
568 Neuman, Elías, *op. cit.* (*Victimología*), p. 292.
569 Moura Bittencourt, *op. cit.* (*Vitima*), p. 32.

Herrera Moreno, siguiendo a Roberto Elías, nos dice que el riesgo de ser víctima se quiere identificar a base de parámetros de vulnerabilidad (aptitud relativa a resistencia al delito), deseabilidad (grado de atractivo como blanco de victimización), accesibilidad (grado de exposición al delito), susceptibilidad (probabilidad de ser victimizado), precipitación (aptitud de la víctima para incrementar por imprudencia su riesgo) y capacidad recuperativa (aptitud adaptativa a las consecuencias del delito).[570]

La misma autora insiste en que hay que fijar los niveles en que la víctima responde a tales conceptos, pues pueden atender tanto a factores exógenos como a características individuales.

El análisis victimológico de riesgos puede ser de gran utilidad para la prevención victimal.

En este terreno, las compañías de seguros llevan mucho camino andado, sus tablas de riesgo son un ejemplo de cómo podríamos trabajar en cuestión victimológica.

La investigación en Göttingen (Hans Dieter Schwind, 1973), dio los siguientes resultados generales: [571]

La probabilidad de ser víctima es mayor si la persona: es menor de 30 años, es mujer, es de un grupo socioeconómico alto, tiene alguna profesión, es estudiante o aprendiz.

El riesgo es menor si la persona es: de un grupo socioeconómico bajo, hombre, arriba de los 50 años, de una ocupación o empleo bajo o sin profesión.

Como podemos observar, cada sociedad tiene su propio perfil victimal, que es necesario investigar y precisar.

Entre nosotros, hemos estudiado como población en alto riesgo victimal:

a) Las *mujeres*, principalmente en delitos sexuales, y en actitudes victimizantes como: menor oportunidad de trabajo, acoso sexual, explotación laboral, y muy especialmente en violencia intrafamiliar (síndrome de mujeres golpeadas).[572]

b) Los *menores de edad*, que son maltratados en las escuelas y en el hogar (síndrome del niño golpeado), y víctimas de delitos propios como infanticidio, corrupción, estupro. No podemos olvidar la falta de escuelas, de alimentación adecuada, de oportunidad laboral, etcétera.[573]

---

570 Herrera Moreno, *op. cit. (La hora de la víctima),* p. 205.

571 Kirchhoff y Kirchhoff, *op. cit.*, p. 58.

572 *Cfr.* Lima, María de la Luz, *op. cit. (Criminalidad Femenina).*

573 *Cfr.* Rodríguez Manzanera, Luis, *op. cit.* (*Criminalidad de Menores),* capítulos XIV y XV.

c) Los *ancianos,* víctimas patrimoniales, de maltrato familiar, de abandono, de escasa posibilidad de trabajo, de fraudes médicos.[574]

d) Los *marginados,* o sumergidos sociales, de los que Neuman dice "esa violación consecuente de sus Derechos Humanos y la situación a la que se les ha arrojado, los convierte forzadamente en víctimas de un sistema social. Y quienes nacen en esas pocilgas y allí desarrollan sus vidas están más cerca de la victimización nata que aquellos inducidos por esotéricos determinismos".[575]

Es indudable que la prevención victimal debe volverse hacia estos grupos, cuya capacidad de defensa es menor, así:

Para las mujeres es necesaria la igualdad jurídica (que en muchos países no existe), y la asistencia principalmente en casos de embarazo, lactancia o abandono. Asimismo, la igualdad de oportunidades escolares y laborales.

En los menores, una mayor protección legal y fáctica, principalmente con la enseñanza en la escuela de los principios de prevención victimal en lo individual.

Para los ancianos, la orientación, asistencia médica y psicológica, apoyo económico, oportunidad de servir.

En México existen el "DIF" (antes Instituto de Protección de la Infancia, INPI) y el INSEN (Instituto de la Senectud) que, sin estar dedicados específicamente a la prevención del delito, en mucho han coadyuvado para evitar diversas formas de victimización.

Y en cuanto a los marginados ¡qué podemos decir!, es un problema de justicia social, que debe resolverse integralmente.

XXVI.5. Estrategias generales

Es posible diferenciar las medidas de prevención victimal, de acuerdo a su trascendencia, en medidas a nivel individual (micronivel), de vecindario o barrio (mesonivel) y generales o de gobierno (macronivel),[576] nos ocuparemos en este apartado de estas últimas.

Para un mejor análisis dividiremos estas medidas generales en legislativas, judiciales y administrativas o ejecutivas.

---

[574] Lima, María de la Luz. *Senilidad y Criminología,* en: Ensayos de Derecho Penal y Criminología en Honor de Javier Piña y Palacios. Editorial Porrúa. México, 1985, p. 269.

[575] Neuman, Elías, *op. cit.,* p. 75.

[576] *Cfr.* Dijk Jan; J.M. Van y Carl H. D. Steinmetz, *op. cit.* (*The Burden*), p. 41.

a) *Legislativas*

La principal estrategia de acción en el plano nacional es volver a examinar las leyes y prácticas nacionales a fin de promover las dos metas paralelas de prevenir la victimización y brindar respuestas adecuadas cuando ésta se produzca.[577]

Pensar que la victimización se va a evitar con el simple reforzamiento de la legislación penal es una torpeza, el derecho penal es el último recurso y sólo debe usarse cuando ya no hay otro remedio.

Al revisar la legislación, deben destipificarse los delitos sin víctimas y tipificar las conductas que causan seria victimización individual o colectiva.

Hay toda una serie de medidas legislativas (no penales) que van dirigidas directamente a las víctimas potenciales que, aunque las sancionan, es en su propia defensa y garantía; baste recordar las multas a peatones que cruzan por el área indebida, a los automovilistas que no usan el cinturón de seguridad, a los obreros que no utilizan el casco u otros medios de protección, y en algunos países medidas más concretas hacia lo criminal, como la sanción por dejar el automóvil con las llaves puestas o la casa sola y abierta.

Así, las víctimas no reales sino eventuales son castigadas, no en función del daño sufrido, sino para que no sufran un daño probable.

b) *Judiciales*

Desde luego que el enjuiciamiento, la sanción y el tratamiento de los delincuentes tiene ya un efecto preventivo.

La revelación y publicación de detalles relativos a las infracciones denunciadas, investigadas y sancionadas, tiene como consecuencia el aumentar la conciencia pública, no sólo tranquilizándola, sino dándole mayor confianza en el gobierno.

Esta publicidad debe hacerse con la precaución de no etiquetar ni estigmatizar (y por lo tanto victimizar) al criminal, pero ha demostrado su eficacia, sobre todo en delitos de cuello blanco, de grandes consorcios, y de compañías transnacionales.

Hay que recordar que las víctimas del delito son los más importantes agentes informales del control del crimen: la gran mayoría de las investigaciones policiacas y por lo tanto la casi totalidad de los juicios principian gracias a la iniciativa de la víctima.

Se debe, por lo tanto, buscar los medios para alentar a las víctimas a denunciar los hechos y a continuar los juicios (dando protección, facilitando el traslado, ahorrando tiempo, pagando viáticos, etc.).

---

577 ONU, *op. cit.* (VII Congreso), A/Conf.121/22, párrafo 251, p. 166.

Es necesario señalar aquí que la víctima es la abandonada y despreciada del proceso penal; en algunos países no puede intervenir en el procedimiento y ni siquiera es "parte" del mismo; estamos seguros que una mayor participación de la víctima redundaría en una menor victimización.

c) *Administrativas*

Debe principiarse por el estudio y modificación de las políticas sociales y económicas, a fin de procurar que la victimización sea menos probable.

Esto hace referencia a la formulación de políticas encaminadas a reducir la desigualdad social y económica, que redundan en la reducción al mínimo de probables abusos públicos o privados, podemos citar como ejemplos:

Capacitar a los funcionarios en aspectos victimológicos; la ignorancia es muy común en este campo, aun de los encargados de tratar directamente con las víctimas.

La educación de los miembros de la comunidad, informándoles de sus derechos, de los canales adecuados para prevenir y para obtener reparación de los daños.

Desde luego, la detección de conductas antisociales y de los sujetos responsables de las mismas, de manera especial de los criminales de gran poder económico, frente a los que las víctimas están desamparadas. Esto se puede lograr a través de organismos o comisiones administrativas especiales.

En general, estas medidas deben ser tan variadas y amplias como las necesiten los diversos grupos sociales y lo permitan los recursos y el grado de instrucción.

No puede olvidar la cooperación internacional, principalmente frente a la macrocriminalidad formada por organizaciones legales, semilegales o ilegales.

XXVI.6. Prevención individual

"Es lógico pues suponer que si tenemos una obligación moral con nosotros mismos en cuanto atañe a la superación permanente de nuestro ser como ente humano, como agregado de una comunidad, como individuo dotado de raciocinio y de inteligencia, igualmente tenemos el deber de proteger permanentemente los medios indispensables para mantener esa posición de privilegio dentro del reino natural, como son nuestra misma persona física y los elementos que le son comunes para la vida y para el desarrollo de la personalidad. Y en la medida en que no exista este sentido de la autoprotección, en la medida en que no empleemos todas las vías disponibles para no convertirnos en víctimas, somos copartícipes de la responsabilidad que tradicionalmente ha sido adjudicada sólo al agresor."[578]

Efectivamente, frente al deber del Estado de prevenir la victimización, está el de la presunta víctima de protegerse hasta donde sea posible.

Esta obligación principia por estar enterado de la problemática victimal, y de los derechos y deberes que se tienen como ciudadanos, como consumidores, como miembros de una comunidad y, en su caso, como víctimas.

Una forma de prevenir la victimización es no aceptar pasivamente la calidad de víctima o de presunta víctima, esto no es un destino ineludible, hay que luchar evitando el ser victimizado, y ser solidario con aquellos que lo han sufrido.

Se deben tomar todas las iniciativas de acción individual para la reducción de las oportunidades y circunstancias que permitan conductas que favorezcan la victimización.

Así, se dan consejos prácticos y simples[579] de los que podemos dar algunos ejemplos:

- Portar la menor cantidad posible de dinero en efectivo.
- Llevar los valores en un bolsillo interior y no en bolsa de mano o cartera.
- Si se lleva bolsa de mano, llevarla pegada al cuerpo.
- Caminar contra el sentido del tráfico.
- Cruzar la calle si se nota algo o alguien sospechoso.
- Tener la llave lista para abrir la puerta y entrar a la casa sin pérdida de tiempo.
- No mostrar en público joyas, valores, dinero, etcétera.
- Evitar los lugares oscuros.
- Evitar (de noche) atravesar por parques, jardines o lugares de poca visibilidad.
- Instalar rejas, ofensículas, chapas y visores (mirillas) en la casa.
- No seguir una rutina fija.
- No aceptar invitaciones de extraños.
- Contratar seguros contra robo.
- Evitar siempre el daño físico personal.
- Etcétera.

---

578 Ramírez González, *op. cit.*, p. 43.

579 *Cfr.* Skip Ducan, J. T. *Citizen Crime Prevention Tactics.* U.S. Department of Justice. USA, 1980.

XXVI.7. Prevención comunitaria

Ninguna estrategia de prevención victimal puede funcionar satisfactoriamente sin el apoyo, comprensión y ayuda de la comunidad.

El animal aislado es vulnerable, con mayor razón el hombre, que es un animal social por excelencia.

La comunidad, consciente de su capacidad victimal, se puede convertir en el mejor escudo de defensa.

Los grupos organizados de la colectividad son útiles para evitar la victimización no solamente de delitos comunes, sino de delitos de cuello blanco y de abusos de poder político y económico.

Las uniones de consumidores, los clubes de barrio o de manzana, la vigilancia de los mismos vecinos, el cuidado de las áreas comunes y espacios semiprivados, el servicio social, el conocimiento de los vecinos, los grupos de radioaficionados, han demostrado su superioridad sobre las acciones individuales.

Y es que, como conclusión, la prevención de la victimización es problema de todos, cuando la lucha contra la criminalidad se convierte en un combate individual, la batalla está perdida.

Capítulo XXVII

LOS SYMPOSIA INTERNACIONALES DE VICTIMOLOGÍA

XXVII.1. Introducción

Hemos mencionado reiteradamente los Symposia Internacionales de Victimología en el desarrollo de la obra, y consideramos pertinente hacer una relatoría de los mismos para información de los especialistas, ya que la bibliografía en español todavía es escasa, y la asistencia de latinoamericanos a las reuniones victimológicas ha sido raquítica.

Hacemos la aclaración que pudimos asistir a los tres primeros, y del séptimo en adelante, por lo que nuestra versión es directa, no así en los demás en que nos vemos obligados a usar fuentes indirectas.

Es de notarse que algunos temas se repiten, al igual que varias de las conclusiones, se notan también algunas contradicciones, muy comprensibles en una ciencia que está en continua evolución.

No ignoramos la celebración de otras reuniones, como la de Bellagio (1975), los Congresos Mundiales y las reuniones de expertos de Naciones Unidas, pero es imposible abarcar todo lo que se ha hecho en estos últimos años.

XXVII.2. Primer Symposium de Victimología (Israel)

XXVII.2.1. *Organización*

El Primer Symposium de Victimología se celebró en la ciudad de Jerusalén, del 2 al 6 de septiembre de 1973, bajo la presidencia del Prof. Israel Drapkin.[580]

---

[580] Ver: Drapkin, Israel (Editor). *Premier Symposium International de Victimology*. Institute of Criminology. The Hebrew University of Jerusalem. Israel, 1976.

Las discusiones fueron organizadas en cuatro secciones científicas, a saber:

1. El estudio de la Victimología (concepto, definición de víctima, metodología, aspectos interdisciplinarios, etc.).
2. La víctima (tipología, la víctima en el proceso penal, etc.).
3. La relación victimario-víctima (delitos contra la propiedad, contra las personas, sexuales, etc.).
4. Sociedad y víctima, actitudes y políticas (prevención, tratamiento, resarcimiento, etc.).

Las conclusiones fueron ordenadas en cinco capítulos, los que comentamos a continuación.

XXVII.2.2. *¿Qué es la victimología?*

En general, la Victimología puede definirse como el estudio científico de las víctimas. En este aspecto amplio, la Victimología no se agota con el estudio del sujeto pasivo del delito, sino que atiende a otros campos como puede ser el de accidentes.

Indudablemente, la ciencia que más se ha enriquecido con la Victimología es la Criminología, varios autores la consideran como una rama importante de la Criminología, opinión que, en mucho, compartimos, con el enfoque ya señalado en el capítulo II.

Debe ampliarse la concepción bidimensional (persona a persona, generalmente víctima-victimario), a una visión multidimensional del problema victimal. Este nuevo enfoque nos obliga a estudiar también a otra personas que intervienen en el proceso victimal.

Hay que considerar que no solamente el sujeto individual puede ser victimizado, pueden serlo también los grupos, organizaciones, naciones y sociedades. En este sentido, Thorsten Sellin ha hecho una clasificación de victimización primaria (individual), secundaria (grupos específicos), y terciaria (la comunidad).

Dentro del enfoque multidimensional, el espectador ocupa un papel importante. Su indiferencia es intrascendente jurídicamente hablando, pero reprochable desde el punto de vista victimológico.

Cuando el espectador no sea indiferente, sino que intervenga en alguna forma tratando de ayudar a la víctima, debe garantizársele inmunidad, así como compensársele en los casos en que él mismo haya salido dañado.

XXVII.2.3. *Victimización*

Existe una victimización que es conocida, pero también hay una victimización oculta que es necesario investigar.

Hay sentimientos subjetivos de victimización que no están acompañados de bases objetivas lo suficientemente válidas como para que la sociedad tome una acción contra el responsable. En este tema es importante recordar que ya Mendelsohn hablaba de una víctima imaginaria, y es necesario insistir en que debe tenerse un gran cuidado al aceptar las versiones de las víctimas.

Al igual que ciertos grupos pueden ser victimizados, también entes colectivos pueden victimizar; en ambos casos la gravedad del hecho es tal como en los casos de victimización individual.

Hay un tipo de victimización en nuestra sociedad industrializada y motorizada, que causa tantas víctimas como los actos intencionales, esta es la victimización por negligencia, impericia o inadvertencia.

XXVII.2.4. *Causas de victimización*

De la misma manera que algunas personas tienen grandes probabilidades de cometer un crimen, así hay otras que tienen predisposición para ser victimizadas. Esta conclusión es de capital interés en el campo de la prevención, pues la identificación de estos sujetos y su educación, así como otras medidas preventivas, los puede salvar de ser victimizados.

Una de las conclusiones menos novedosas, pero que vale la pena reiterar, es que la víctima puede precipitar el delito. Creemos que no puede hacerse una verdadera justicia sin el estudio cuidadoso de la víctima.

En muchas ocasiones el victimario es una persona que, a su vez, fue previamente victimizado.

La administración de justicia puede en ocasiones ser tan severa que su excesiva dureza convierte al victimario en víctima. En este importante punto agreguemos que es común que, aunque la pena impuesta por el juez sea justa, los órganos encargados de la ejecución de la pena victimicen al sentenciado, por la carencia de instituciones adecuadas, de personal preparado, y de medios en general. Debemos recordar la frase de Quiroz Cuarón: "Pena sin tratamiento no es justicia, es venganza".

XXVII.2.5. *Prevención, tratamiento e investigación*

Los medios inefectivos de prevención y control de la criminalidad, pueden ser causa de sufrimientos innecesarios de las víctimas, de los criminales y de la sociedad.

Los legisladores, jueces y autoridades responsables de la prevención y el control de la criminalidad, deben evaluar y renovar la organización de los servicios correspondientes, para incrementar sus esfuerzos a fin de reducir todo sufrimiento innecesario.

La Victimología debe adelantarse a proponer mejoras en el procedimiento legal, incluida la sentencia, para reducir la reincidencia y los riesgos de victimización.

Debe buscarse un mejor procedimiento para proteger a la víctima de eventuales consecuencias perjudiciales de los juicios. Debe hacerse un balance de las necesidades y derechos tanto de la víctima como del acusado.

Estos temas son de particular interés y causan gran preocupación entre los estudiosos de la Victimología, es necesaria una revisión de la legislación procesal atendiendo fundamentalmente a la protección de la víctima y al sufrimiento del acusado, para evitar que la primera quede desamparada y el segundo se convierta a su vez en una víctima.

Algunos gobiernos u organizaciones estatales victimizan a grupos vulnerables y provocan el peligro de una escalada de violencia de masas. Tales prácticas deben ser condenadas, y debe hacerse un llamado a la conciencia para reforzar y mantener una estricta vigilancia. Se hace necesaria una vigilancia y un control internacional sobre este tipo de victimización.

El derecho de asilo debe ser reforzado para la asistencia de las víctimas del Estado. En este punto reconocemos que países como Costa Rica y México son un ejemplo digno de encomio.

Tanto el gobierno como instituciones privadas, deben tomar providencias para poder asistir, tanto en caso de emergencia como en los casos regulares, a las víctimas del delito. Esta asistencia debe ser de carácter médico, psiquiátrico, psicológico y de trabajo social. La asistencia debe ser gratuita.

Es necesaria la investigación de los casos en los que la víctima puede a su vez convertirse en victimario. Este caso es común en las venganzas familiares. La investigación, en nuestra opinión, debe ampliarse al estudio de la familia o de los allegados de la víctima que, habiendo sido indirectamente victimizados, pueden pasar a ser infractores.

También se hace necesaria la investigación de las probabilidades victimales para ayudar a la sociedad a prevenir la victimización de algunas personas particularmente vulnerables.

XXVII.2.6. *Compensación*

Es urgente que todos los Estados estudien la posibilidad de establecer sistemas de compensación de las víctimas del delito. Debe buscarse la máxima eficacia en los sistemas ya existentes y poner en marcha los proyectos existentes.

Todos los medios disponibles deben ser empleados para difundir la información sobre los sistemas de compensación y para asegurar la participación adecuada, gubernamental o privada, para lograr este objetivo.

Los sistemas de compensación ya existentes deben ser estudiados y evaluados con miras a extender su aplicación, tomando en cuenta las particularidades de las diversas comunidades donde deberán ser aplicadas.

XXVII.3. Segundo Symposium de Victimología (U.S.A.)

XXVII.3.1. *Organización*

El Segundo Symposium Internacional de Victimología tuvo lugar en la Ciudad de Boston, Massachusetts, del 5 al 11 de septiembre de 1976. Debió ser presidido por el Prof. Stephen Schafer, pero éste murió unos días antes, el 29 de julio, por lo que Regina H. Ryan, secretaria del Comité Organizador, con un grupo de entusiastas colaboradores, llevó adelante la realización del evento.

El programa fue organizado sobre la base de tres grandes secciones, a saber:

Sección I. Aspectos conceptuales y legales de la Victimología:

a) Concepto y finalidad de la Victimología.
b) Tipologías victimales.
c) La víctima en el procedimiento judicial.
d) Las víctimas de hechos de tránsito.

Sección II. Las relaciones victimales:

a) Delitos contra las personas.
b) Delitos contra la propiedad.

c) Las relaciones criminal-víctima y la policía.
d) El delincuente político como víctima.

SECCIÓN III. La víctima y la sociedad:

a) La compensación a las víctimas del delito.
b) Victimización corporativa.
c) La víctima y los mass-media.
d) Victimización de la víctima por la sociedad.

XXVII.3.2. *Victimología. Aspectos conceptuales y legales*

En cuanto a la Victimología, se hizo énfasis en la necesidad de investigación empírica, de lo contrario se cae en una multiplicidad de "pequeñas teorías" que en ocasiones pueden confundir más que esclarecer.

Los delitos de peligro deben investigarse desde el punto de vista victimológico, es importante el conocer los casos en que es la misma víctima la que se pone en peligro.

Debe hacerse una clara distinción entre víctimas de agresión contra la persona y víctimas de ilícitos contra la propiedad (Lernell).

Un capítulo importante debe ser el de los delitos sin víctima determinada, aunque pudiera reconocerse una víctima difusa (la sociedad). Hay una clara tendencia a descriminalizar estos delitos (Sheleff, Anttila).

La Victimología debe orientarse en mucho a la compensación de la víctima y a su atención; y más hacia la conciliación que al castigo del criminal.

En el tema de tipología victimal, se trató de la víctima resistente, analizando la forma de resistencia, sus dimensiones y los resultados de la misma (David, Claster).

Se estudiaron también los ciclos victimales, considerados como microproceso y macroproceso de mutua victimización, de interacción entre individuos, y de relación entre diferentes sociedades o segmentos de la sociedad (Ball).

Un tipo de víctima a la que se prestó mayor atención es a los ancianos (Rifai, Singe, Schafer, Freeman).

Los estudios sobre víctimas de mayor edad provienen (como es lógico) de países en los que la población adulta (y anciana) es mayoritaria.

Los viejos parecen ser peculiarmente victimizables, por soledad, desconfianza, debilidad, etc. No parece aconsejable el aislarlos como se hace en varias partes.

En cuanto a las víctimas reincidentes, se discutió si aquellos que están sujetos a victimización pueden ser identificados e identificables, dividiéndose las opiniones, aunque algunos factores pueden indicarnos una propensión a la victimización.

Dentro de los aspectos legales, aparte de la reparación del daño (ver *infra*), el tema que más preocupó a los congresistas es el de la participación de la víctima en el proceso penal (Barlow, Kress, Kobe, Pellegrino, Waller, Burgess, Holmstrom, McDonald, Sebba).

La víctima, por lo común, es utilizada por el fiscal y por el defensor para sus peculiares propósitos; no es raro que el juez utilice también a la víctima (McBarnet).

Sin embargo, la víctima no es considerada en muchos países como parte en el proceso y, aunque influye grandemente en la sentencia, no tiene una intervención oficial, por ejemplo: no se le consulta sobre el sentido de la sentencia, ni se pide su conformidad con la misma.

Por lo tanto, la víctima se ve reducida al papel de denunciante y de testigo, siendo en muchos casos victimizada nuevamente por policías, defensores, jueces, etcétera.

Se propuso tener gran cuidado para proteger a determinadas víctimas en el proceso penal, principalmente a las víctimas de delitos sexuales y a los menores de edad.

Así mismo, se insistió en la necesidad de que el juez tenga un amplio conocimiento de la víctima y de sus peculiaridades, no sólo para mejor juzgar, sino para mejor tratarla y protegerla.

XXVII.3.3. *Relaciones entre criminal y víctima*

El primer tema que se discutió en esta sección es el relativo a la metodología y a las dificultades en la investigación. Concluyéndose que para futuras investigaciones comparativas debe darse alta prioridad a los problemas que rodean al concepto de "cifra negra", así como a las definiciones pública y privada de victimización criminal (Levine, Márquez).

Las dificultades básicas para la investigación, que es urgente resolver, son:

a) La necesidad de estandarización de cuestionarios.
b) El entrenamiento de los entrevistadores
c) La inconsistencia y variabilidad de las estadísticas oficiales.

Las relaciones criminal-víctima en delitos sexuales fueron ampliamente estudiadas, en gran parte refiriéndose a la víctima a la cual no disgusta el acto, sino que consciente, invita o coopera, como los casos de estupro o violación impropia (niños). Se analizaron diversos tipos de víctima, encontrando que por lo general el criminal tiene poder (adulto, patrón, familiar) y la víctima no.[581]

Se analizó, en lo referente a violación, la forma en que el criminal selecciona a su víctima, encontrándose que hay mayor selección en determinadas regiones y países, en muchas ocasiones lo que selecciona es el lugar de victimización y no a la víctima propiamente.

Se mencionaron las características de las mujeres, que han logrado escapar de una violación (son más listas, enérgicas, reflexivas, cautelosas, etc.) (Frank).

En otra ponencia se encontró que las estudiantes violadas tenían pocos compromisos afectivos y entablaban relaciones o amistades casuales (Javorek, Lyon, Canin).

Se propone, para futuras investigaciones, llegar a descubrir las motivaciones reales y no quedarse en aquellas conocidas y superficiales.

En cuanto a los delitos patrimoniales, se planteó la hipótesis de que los atentados contra la propiedad aumentarán con la abundancia creciente de bienes materiales disponibles (Alper).

En la discusión se consideró que es más importante la estructura socioeconómica que sustenta esa abundancia. Así, debe tomarse en cuenta la posibilidad que tiene la población de adquirir determinados satisfactores.

Los delitos patrimoniales pueden ser considerados por algunos como una forma de reciclaje de los bienes que minimiza los efectos de la inequidad. De aquí se plantea la posibilidad de que el costo del delito patrimonial deba sufragarlo todo el grupo social.

En los delitos patrimoniales realizados con violencia, víctima y criminal interactúan de una manera estructural, y éxito, fracaso y daños dependen en mucho de la resistencia y de la existencia de armas de fuego.

Para los delitos contra las personas en su integridad física, fueron presentados varios trabajos sobre mujeres golpeadas y niños maltratados (Pagelow, Kaiser, Mwene).

Se consideró la agresión física a la mujer como un reflejo del sistema patriarcal, y en ciertos países como una expresión brutal del machismo.

El maltrato a los niños es un problema que preocupa sobremanera a los estudiosos, por su frecuencia y gravedad.

---

[581] Algunos estudios sobre violación fueron presentados en la Sección II, pero los mencionamos aquí por razón de orden.

La violencia doméstica es una forma de solución a los conflictos hogareños, que se agrava en las clases socioeconómicamente menos beneficiadas.

Se afirmó que el esposo o padre golpeador, en su infancia fue también víctima de violencia, y aprendió este patrón de conducta que en el presente proyecta contra su esposa y/o hijos.

Uno de los problemas generales que se trató respecto a la relación criminal-víctima, es el de la resistencia de esta última (David, Block, Chappell, Claster).

La resistencia depende en mucho del poder percibido y del poder real del criminal. Se debate si es o no aconsejable la resistencia, pues por un lado aumenta seriamente la posibilidad de lesiones (cuando no de muerte), y por el otro puede evitar el delito.

Las víctimas pueden reaccionar en el momento del delito o posteriormente, y es interesante estudiar las diferentes providencias que toman las personas para no ser nuevamente victimizadas.

La reacción va a depender de la edad, el sexo, y demás características personales de la víctima. Mientras las mujeres y los ancianos se repliegan (no saliendo de noche, encerrándose, poniendo candados y cerraduras), los hombres y los jóvenes buscan la autodefensa (compran armas, aprenden karate).

En muchos delitos violentos, tanto víctimas como criminales participan de una subcultura criminal. Hay casos en los que el criminal agrede para evitar ser víctima (Ford).

Debe tomarse en cuenta cómo es captada la víctima por el criminal (Göppinger).

XXVII.3.4. *Víctimas y sociedad*

La primera parte de esta sección estuvo dedicada al problema de la reparación del daño (Borafia, Belsofsky, Chesney, Galaway, Nkpa, Renitz, Vennard).

La primera observación es que las víctimas en múltiples ocasiones no están enteradas de su derecho a la reparación, y que los tribunales no informan debidamente a las víctimas de las medidas compensatorias que se han ordenado en su favor.

No siempre es fácil evaluar los daños, hay una tendencia de las víctimas a "inflar" el monto de sus pérdidas.

La reparación del daño es considerada por muchos países como un requisito previo para que el delincuente obtenga algunos beneficios, como la preliberación, libertad bajo palabra, *parol*, *probation*, etc. Los asistentes mostraron su acuerdo con este principio. Hacemos notar la aparente contradicción entre este principio y las conclusiones de algunos congresos penitenciarios en que impera la opinión contraria.

En otra sección se planteó una dura crítica a la reparación del daño, en cuanto los delincuentes están generalmente en desventaja y en ocasiones se ven obligados a delinquir nuevamente para obtener efectivo para pagar la deuda contraída.

La segunda parte de la sección se dedicó a la llamada "victimización corporativa", en la que los gobiernos, las grandes corporaciones comerciales, o ciertas profesiones (médicos), victimizan a toda la comunidad sociopolítica, a los consumidores, a los inmigrantes, a los individuos en particular, etc. (Meyer, Separovic, Vanghan, Viano).

Se describieron algunas formas de victimización, poniendo énfasis en las sociedades anónimas y grandes corporaciones comerciales, por el volumen notable de operaciones que realizan, el número indeterminado de víctimas, lo pequeño del daño a cada víctima y las ganancias descomunales que se logran.

Se planteó si este fenómeno no es más que un subproducto inevitable de la economía de mercado libre, propia del mundo occidental, y si el fenómeno es en realidad inexistente en los países socialistas.

Como solución, aparentemente las agencias encargadas del control no han tenido el éxito esperado, por lo que se propone la creación de un *Ombudsman* del consumidor, con facultades de investigación suficientes (Dussich).

Finalmente, se afirmó que la Victimología debe pasar del enfoque individualista al enfoque social; si en un principio preocupó y se estudió a la víctima individual, en el momento actual debe preocupar la víctima social, y la importancia de las instituciones sociales como victimizadoras.

XXVII.4. Tercer Symposium de Victimología (R. F. Alemana)

XXVII.4.1. *Organización*

El Tercer Symposium de Victimología se celebró en la Ciudad de Muenster (Münster), capital de Westfalia, del 3 al 7 de septiembre de 1979, bajo la presidencia del Prof. Hans Joachim Schneider.

El Congreso estuvo organizado en secciones y en grupos de trabajo.

Las secciones fueron seis en total, a saber:

1. Conceptos, resultados, consecuencias, descubrimientos y dimensiones en la Victimología.
2. Estudios de victimización criminal.
3. Las víctimas de diversas conductas criminales.
4. El papel de la víctima en el proceso de victimización.
5. Tratamiento de las víctimas, reparación y prevención.
6. La víctima en el sistema de justicia penal.

Además hubo algunas mesas de trabajo que trataron:

1. Problemas de urbanismo y prevención del crimen.
2. Violencia en la familia.
3. Víctimas de crímenes violentos durante el nacional-socialismo.

XXVII.4.2. *La Victimología*

La primera sección se dedicó a hacer una revisión sobre el concepto general de "Victimología", sus dimensiones, alcances, límites, etc. En esta sección trabajó Mendelsohn, uno de los fundadores de la ciencia victimológica.

En el Symposium de Boston notamos una tendencia a considerar la Victimología como una parte básica, esencial, de la Criminología.

En el actual Symposium encontramos un nuevo giro hacia la idea que se había expresado en Israel, al considerar a la Victimología como una ciencia independiente, autónoma, con objeto, método y finalidad propia.

La parte de la Victimología que estudia la victimización, producto de un acto antisocial, se tituló en inglés *Penal Victimology*, y en francés *Victimologie Criminelle*, para nosotros lo correcto en español sería "Victimología Criminológica".

En la sesión de conclusiones se mencionó la dificultad de llegar a una conclusión pacífica, por la cantidad de enfoques, ya que para algunos la Victimología es el estudio restringido de víctimas de un delito, en tanto que para otros es el análisis de todas las víctimas en general, incluyendo las víctimas de accidentes, o de fenómenos naturales, como temblores, nevadas, inundaciones, etc. Aún se plantea el problema de la víctima en sí mismo, como el suicida o el drogadicto.

Se propuso que para el próximo Symposium se haga una sección de Victimología General y otra de Victimología Criminológica, para poder hacer comparaciones.

En cuanto a la metodología, se propuso crear y afinar un sistema propio (Young Rifai).

Una de las críticas más generalizadas reside en el hecho de que la Victimología simplemente se dedica a copiar los métodos de la Criminología, sin hacer tentativas por desarrollar una metodología propia, adecuada, personal, victimológica.

Al adoptar términos y métodos criminológicos, la Victimología parece tener una pobreza conceptual importante.

XXVII.4.3. *Victimización criminal*

La segunda sección fue dedicada a hacer un repaso de los principales exámenes e informes sobre victimización que fueron presentados, principalmente los informes nacionales.

Es de recordarse que en la reunión de Boston se decidió que para este symposium se presentaría el mayor número de datos empíricos, obtenidos de investigación victimológica, es decir, la presentación de cifras más que el manejo de literatura.

Efectivamente, se reunió un número bastante apreciable de información, principalmente de parte de la delegación norteamericana (la más numerosa después de la de casa), cuyos miembros han aprovechado su enorme capacidad técnica y la ayuda de computadoras, para hacer investigaciones que llegan a ser espectaculares.

Además debe señalarse que los norteamericanos tienen muy ricas fuentes de información, pues además de los muestreos de investigación académica, cuentan con estadísticas de diversos organismos (Departamentos de Justicia, Policía, FBI, etc.), con lo que se pueden dar el lujo no solamente de tener estadísticas por demás completas, sino de comparar diversos cuerpos de datos para tratar de validar sus conclusiones.

Desde luego, hubo informes importantes, destacando los de países escandinavos, haciendo diferencias entre víctimas de Noruega, Suecia y Finlandia.

Los japoneses, gracias a su importante Instituto de Victimología, con cinco años de experiencia, presentaron también investigaciones valiosas.

XXVII.4.4. *La víctima y la victimización*

La sección número tres se dedicó al estudio de la conducta victimal frente a la conducta criminal, es decir, a la comparación entre conducta de la víctima y la del criminal, haciendo hincapié en la interrelación entre el criminal y su víctima.

Sociólogos y psicólogos han hecho muy importantes estudios sobre la correlación e interacción víctima-criminal, tratándose una apreciable cantidad de temas.

Entre los temas más notables, que nos dan un índice de las preocupaciones victimológicas más importantes, está el problema de los niños como víctimas del crimen, principalmente el de los niños golpeados, que parece ser uno de los problemas más dramáticos en todo el mundo; actualmente las cifras obtenidas demuestran una situación bastante grave, debemos recordar que en México se han hecho buenos estudios y que se podría aportar bastante en este campo.

El segundo tema por importancia en esta sección es el de las mujeres maltratadas, principalmente el de mujeres golpeadas y de la violencia conyugal.

La violencia familiar es también analizada, pues la victimización familiar preocupa grandemente en el campo criminológico, pues puede representar una de las cifras negras más importantes, ya que la victimización familiar no llega a las estadísticas oficiales sino que queda en el hogar. La victimización familiar comprende no solamente la violencia (golpes, lesiones, violación), también otros problemas como el incesto.

Otro tema tratado y que se ha convertido en uno de los temas básicos en Victimología, produciendo una gran cantidad de estudios y de discusiones y datos, es el problema de la violación.

Las ponencias sobre violación son cada vez más abundantes y más sofisticadas, con una gran información sobre las víctimas y todas sus características físicas, psicológicas y sociales, así como las circunstancias de victimización, *modus operandi* del criminal, etcétera.

La discusión sobre la prevención de la violación y la conducta de la víctima sigue vigente; fue tratada en los dos symposia anteriores y lo más probable es que continúe en el próximo.

Los remedios propuestos en cuanto a la conducta de la víctima son de lo más variados, hay quienes proponen no oponer resistencia y considerar la violación como un accidente casi normal en la vida moderna; por el contrario hay quien aconseja que la víctima debe luchar y defenderse, tratar de sacar los ojos al agresor o estrellarle los genitales; hay quienes opinan que lo mejor es aprender la psicología del violador y tratar de convencerlo de lo criminal de su acto.

Los estudios indican cuántas víctimas han sufrido serias lesiones o aun homicidio al resistir, cuántos han logrado convencer al criminal, y el problema de que al aceptar la violación se presupone el consentimiento.

Un tema al que se dio una gran importancia es el relativo al genocidio, ocupó materialmente un día completo, e insistió en ello de manera especial la muy numerosa delegación de Israel.

Aunque con destacadas intervenciones como las de Mendelsohn, Stanciu y Drapkin, la discusión estuvo llena de lugares comunes, pero es digno de destacar un enfoque que llamó nuestra atención y que es la utilización de métodos anticonceptivos considerada como genocidio.

Efectivamente, hay datos suficientes para afirmar que en algunos lugares se han suministrado anticonceptivos o abortivos a mujeres sin que ellas lo sepan; en otras ocasiones se ha intervenido quirúrgicamente a la víctima aprovechando otra operación (o parto), o engañándola sobre la naturaleza de ésta. Cuando estas prácticas se extienden, puede hablarse de macrovictimización y de verdadero genocidio

Dos trabajos llamativos por su minuciosidad son el de la delegación japonesa (Ito, Miyasawa, Ishimi, Yusa, Miwa e Iwase), y el de la delegación portuguesa (Lima Pinto y Carneiro de Sousa). En el primero se expusieron conclusiones sobre las necropsias de todas las mujeres violadas y muertas en los últimos 20 años en Kanagawa, y en el segundo, conclusiones sobre las autopsias de víctimas de homicidio voluntario en los últimos 18 años en Porto.

Desde luego que el tema de las víctimas de los delitos de cuello blanco no podía ser olvidado, y encontró un eco notable dentro de las discusiones, siendo un tema que promete tener un notable desarrollo en el futuro.

Los delitos de cuellos blanco y los de criminalidad dorada, cometidos por los sujetos detentadores del poder económico y político, generalmente impunes, producen una cantidad enorme de víctimas, las que ahora principian a ser estudiadas.

Así, se habló de víctimas de contaminación ambiental, de víctimas de movimientos de bolsa, de víctimas de traslado de divisas, de víctimas de los políticos que abusan del poder (tema que a partir de Watergate es por demás bien estudiado por los norteamericanos).

Se trató también el problema inverso, es decir, el de los políticos victimizados por los medios masivos de comunicación; algunos hombres públicos, principalmente en Estados Unidos, han sido aniquilados por campañas periodísticas y televisivas, en ocasiones justificadamente, en algunos casos sin razón; por lo tanto los mass-media se convierten en un arma política.

De aquí surge la discusión de si los delitos cometidos por los medios masivos de comunicación pueden considerarse como delitos de "cuello blanco", o constituyen un abuso del poder.

En estos casos, la víctima puede ser definida (el caso del político), o indeterminada (el gran público que es engañado o manejado). En el caso de los países con cadenas de televisión de propiedad privada parecería un claro delito de cuello blanco, y en los casos de televisión (o periódico) oficial se presumiría un abuso de poder.

XXVII.4.5. *Proceso de victimización*

En la sección número cuatro se analizaron diversos procesos del fenómeno de victimización.

La variedad es grande, y nuevamente se encuentran en lugar predominante los procesos relacionados con delitos de tipo sexual.

Un tema interesante es el de las víctimas de conductas criminales de actualidad, como la toma de rehenes o el secuestro con fines políticos.

Se estudiaron procesos como el de la identificación de la víctima con el criminal, y el de la admiración o simpatía que en determinados casos sienten las víctimas por sus victimarios.

Se trató también el problema del proceso de macrovictimización (Stanciu), o sea los casos en los que la víctima es colectiva, generalizada. Se propuso una rama de "macrovictimología" para estudiar estos fenómenos.

Es de mencionarse un estudio sobre las relaciones entre autor y víctima de homicidio, sacado de 2,200 casos en Carolina del Norte (Humprey, Palmer).

XXVII.4.6. *Tratamiento, reparación y prevención victimal*

La quinta sección fue dedicada al tratamiento de la víctima, a la prevención victimal y a la reparación del daño.

Curiosamente, y esto se hizo notar en la reunión, fue la sección en que se presentó un menor número de ponencias.

Lo anterior tiene un claro significado: si hay más de 80 ponencias dedicadas a explicar la víctima y los procesos de victimización, y tan sólo 8 proponiendo remedios o planteando la prevención, es señal de que la víctima sigue en un abandono casi total y que las medidas preventivas son por demás pobres.

En la discusión salió a relucir que los legisladores, preocupados por el tema, han consignado en los códigos penales y procesales, y aun en alguna constitución, que a la víctima debe repararsele el daño.

La realidad es que por lo general esto no se cumple, y la víctima queda sin ver restituido su derecho ni reparado su daño.

En cuanto al tratamiento de las víctimas, la situación es aún más pobre, y con alguna muy rara excepción (Japón, USA) no existen centros estatales de auxilio, atención y tratamiento a la víctima.

Por el contrario, se informó sobre la formación de varias sociedades privadas, generalmente integradas por voluntarios, que atienden a las víctimas de conductas criminales (el "anillo Blanco" —WeiBer-Ring— de Alemania, por ejemplo).

En cuanto a la prevención victimal, notamos que ésta existe tan sólo en la teoría, y que no se consignó ningún plan, a nivel nacional, para lograr una efectiva política preventiva.

XXVII.4.7. *Víctima y justicia penal*

En esta sección se presentaron trabajos sobre el tratamiento que a la víctima se da en el sistema de Derecho Penal.

Se hicieron varios reportes nacionales sobre la situación de las víctimas en los diversos códigos penales.

Muy interesante (y diferente) la contribución de los países africanos sobre el trato a la víctima, ya que las diferencias culturales hacen que se dé mayor importancia a la tradición que a los códigos penales de corte occidental, generalmente impuestos durante la etapa colonial.

Se trataron, entre otros, temas de interés como la situación del acusado que se convierte en una víctima (Pellegrino), o como el problema dogmático de la violación inter-cónyuges que, aunque pudiera parecer extraño, hay tratadistas que afirman que la posesión sexual forzada de la esposa por el marido no debe considerarse violación; desde luego la conclusión de la reunión es que la libertad sexual es frente a todos.

XXVII.5. CUARTO SYMPOSIUM DE VICTIMOLOGÍA (JAPÓN)

XXVII.5.1. *Organización*

El Cuarto Symposium Internacional de Victimología tuvo lugar en las ciudades de Tokio (Keio University) y Kioto (Doshisha University), en Japón, los días 29 de agosto al 2 de septiembre de 1982, organizado por el Prof. Dr. Koichi Miyasawa.[582]

El tema se centró en una perspectiva de comparación victimológica, pues era el primer symposium que se celebraba en Asia,

[582] Ver: Miyasawa, Koichi; Ohya, Minoru (Editores). *Victimology in Comparative Perspective*. Seibundo Publishing Co. Ltd. Tokyo, Japón, 1986.

y su objetivo básico consistía en un acercamiento entre los académicos y practicantes de aquella región entre sí y con sus colegas occidentales.

El symposium logró reunir 300 participantes de veinte países y, a pesar de las grandes diferencias de cultura e idioma, obtuvo su propósito.

Las conferencias de apertura estuvieron a cargo de Marvin Wolfgang y de Gilbert Geis, que disertaron sobre intimidación victimal (resistencia y lesión) y sobre la intervención de terceros para auxiliar a la víctima (buenos samaritanos), respectivamente.

Las secciones fueron cuatro, a saber:

1. Problemas generales. Definiciones, teoría.
2. Investigación empírica, métodos, descubrimiento.
3. Nuevos problemas:
   Víctimas de delito de cuello blanco.
   Víctimas de contaminación.
4. Asistencia a las víctimas:
   Compensación.
   Restitución.
   Servicios a las víctimas.
   Centros de crisis.

Dentro de los aspectos generales resalta la perspectiva sociológica (Fisher, S.), sociogénesis (Brandsma, P.), carrera victimal (Ben-David, S.).

Las relaciones con problemas jurídicos son abundantes: con la dogmática penal (Hillerkamp, T.; Schünemann, B.) y con el proceso (Weigend, T.; Wulf, R.; Jung, H.).

Se plantearon estudios de la víctima en diversos delitos, notándose una tendencia a resultados de investigaciones (Agopian, M.; Baurmann, M.; Hassin, Y.; Matsumoto, I.; Ziegenhaguen, E.).

El miedo al crimen fue tratado por Kellens, G. y por Rolinski, K., y la responsabilidad victimal por Nishimura, H. e Iwasaki, M.

Sobre asistencia a víctimas: Young, M. y Dussich, J., y respecto a compensación: Lamborn, L., Sessar, K., Steimberg, S., Villmow, B. y Watanavanich, P.

XXVII.6. Quinto Symposium de Victimología (Yugoslavia)

XXVII.6.1. *Organización*

El Quinto Symposium Internacional de Victimología tuvo lugar en Zagreb, Yugoslavia, del 18 al 23 de agosto de 1985, organizado por la Escuela de Derecho de Zagreb, bajo la presidencia de Zvanimir Paul Separovic, con la asistencia de 400 participantes que presentaron más de 200 ponencias.[583]

El reporte final (en el cual nos basamos) estuvo a cargo de Gilbert Geis, Duncan Chapell y Michael W. Agopian.

El temario propuesto para el desarrollo del congreso fue el siguiente:

1. Cuestiones teoréticas y conceptuales.
2. Investigación.
3. Víctimas de abuso de poder.
4. Mecanismos para asegurar justicia y reparación para las víctimas.
5. Asistencia a las víctimas y prevención de la victimización.
6. Acciones regional, interregional e internacional.

XXVII.6.2. *El dilema de la definición*

Como es costumbre en los symposia, se regresó al tema del objeto y límites de la Victimología, pero en esta ocasión tenía una importancia singular: la semana siguiente se realizaría el VII Congreso de Naciones Unidas sobre Prevención del Delito y Tratamiento del Delincuente, donde se discutirían el proyecto de Declaración sobre los principios de justicia relativos a las víctimas, por lo que era necesario intentar nuevamente precisar los conceptos.

Los "expansionistas" optan por una Victimología que tome en consideración todas las formas de victimización: desastres, discriminación, crimen, enfermedad, opresión, deformidad, mala suerte, etcétera.

La corriente contraria insiste en que la Victimología sólo debe estudiar víctimas de un hecho tipificado como delito.

Los expansionistas (término que se usó en la reunión), alegan que no hay razón para que determinadas víctimas sean privilegiadas

583 Separovic, Svonimir Paul (Editor). *Victimology, International action and study of victims*. Zagreb, Yugoslavia, 1988.

frente a otras que son ignoradas, simplemente porque hay de por medio una definición legal.

La investigación ha demostrado que hay patrones de respuesta comunes para las formas de victimización criminales y no criminales, y que se dan igual en diferentes culturas. Este síndrome de victi-mización comprende incredulidad, angustia, ansiedad, sentimientos de culpabilidad, etcétera.

Los participantes de países en vías de desarrollo han optado por la corriente expansionista (Carranza, Hatchard), ya que estos países presentan zona de particular riesgo victimal, al quedar limitadas en la obtención de una serie de satisfactores básicos (educación, empleo, habitación, salud, alimentación, etcétera).

La variedad de temas en los trabajos de científicos de los países centrales, nos hace ver que la corriente expansionista toma cada vez más fuerza, y esto puede comprobarse al leer la declaración, propuesta por Drapkin y aprobada por la Asamblea, en el sentido de pedir la desnuclearización en el armamento de los países, por ser de alta potencialidad victimizante para todos los habitantes del planeta.

La corriente expansionista ha sido criticada por "amorfa, fantástica y utópica, al no proporcionar bases para una teoría e investigación constructivas", debido a que impide una distinción entre las diversas víctimas, y deja oscura la relación entre víctima y victimario. La descripción de las leyes penales permite precisar el objeto y hacer manejable el discurso, evitando vaguedades e interpretaciones subjetivas.

Hulsman, en su peculiar enfoque, insiste en que la finalidad de la Victimología es proporcionar ayuda a las víctimas y, al menos, no agravar su situación; ya que la única diferencia entre víctimas de cargos criminales y no criminales es la posibilidad de entrar en contacto con la justicia penal.

Se reconoció que las investigaciones victimológicas han traído aire fresco a los estudios criminológicos (generalmente etiológicos) (Cohen), y que la palabra usada con mayor frecuencia en los textos victimológicos es "crimen" (Gacic).

Se reconoció también, que un punto indiscutible de unión en la gran familia victimológica es la preocupación por la defensa de los Derechos Humanos (Cressey).

XXVII.6.3. *Ideología y Victimología*

La Victimología ha proporcionado a personas de las más diversas ideologías la oportunidad de conocer y discutir enfoques diferentes al suyo.

Se pidió menos discusión y más acción a favor de las víctimas (Young). También se solicitó análisis sobre el trasfondo político de los programas de apoyo a las víctimas.

XXVII.6.4. *Investigación victimológica*

Se presentaron investigaciones de la más variada metodología y objetivos.

Siguiendo el ejemplo norteamericano (que a partir de 1973 se hace un muestreo de 130,000 personas con un costo de $10,000,000 US dls. por año), diferentes países han realizado notables investigaciones.

Se discutió la utilidad de mini-investigaciones, sobre todo en países que no tienen gran potencialidad económica.

Se estudió la relación entre miedo al crimen y victimización (Skogan, Liska), encontrando menor victimización en los grupos de mayor miedo (ancianos), mayor temor en casos de reciente victimización y gran influencia de los medios de comunicación, principalmente televisión.

XXVII.6.5. *Principales investigaciones*

a) *Errores judiciales.*

Un buen número de trabajos se centró sobre el problema de la condena de un inocente por el sistema judicial penal.

El enfoque es la cifra negra y la compensación que debe recibir la víctima. Hay aportes de Sebba, Rattner, Fishman, Sagarin, Lithner.

b) *Asalto sexual*

Como es costumbre en estos symposia se presentaron varios trabajos sobre delitos sexuales. *Itoh, Iitoh y Koya* (abuso en niños), *Moyer* (incesto), *Pence* (violación), *Mason* (abuso en niños), *Hes* (violación).

c) *Aborto*

Se discutió desde ambos extremos: aquellos que lo equiparan al genocidio y los que lo consideran un derecho de la mujer embarazada.

d) *Ancianos*

Por tratarse de un grupo de alto riesgo, los ancianos son tratados en forma especial; se mencionó la victimización económica (jubilados)(Vujatovic, Hornum, Willocks).

e) *Extranjeros y minorías*

Preocupación especial se demostró por los extranjeros, grupos aborígenes y minorías; en estos últimos hay menor expectativa de vida y mayor suicidio (Francis).

El lenguaje es victimizante, pues las minorías, extranjeros y aborígenes no tienen acceso a la cultura ni a las leyes (Roebuck). Los abusos laborales son comunes, con sueldos bajos y jornadas extenuantes (Bozinovic).

Se propuso traducir las leyes, dar a conocer los derechos y reclutar mayor número de policías de estos grupos.

f) *Medicina*

Se justificó una sesión independiente para tratar la victimización médica, tanto en las faltas graves de ética (Ben-David), su uso en prisión (Bertholomey), y los abusos psiquiátricos (Rojnik-Lovrin).

g) *Turistas*

El aumento de turismo en todo el mundo ha provocado como fenómeno una alta tasa de victimización contras estas personas, que están indefensas por ser extraños, cargar dinero y valores, estar distraídos y buscar placer y diversión. Se mencionó que también en ocasiones causan daños y victimizan a la población (Caric).

h) *Servicios a las víctimas*

Se reportaron los resultados (por lo general satisfactorios) de diversos centros de asistencia a las víctimas (Schaedler, Galaway).

XXVII.6.6. *Consideraciones legales*

a) *Actitud hacia la reparación*

En esta ocasión se presentaron menos trabajos que en las anteriores reuniones, se mencionó que la situación (principalmente en los países industrializados) ha mejorado aceptablemente.

b) *Daños*

Las posibilidades de las víctimas en cuanto a participación en el proceso penal son aún escasas, por lo que deben ampliarse para posibilitar el resarcimiento del daño.

c) *Status de la víctima*

Se hicieron recomendaciones sobre la separación entre víctimas y testigos y, de acuerdo con el Consejo de Europa, redoblar el cuidado en los derechos personales y dignidad humana de la víctima, evitando que sea sobrevictimizada por la prensa e informándole oportunamente del desarrollo del procedimiento.

d) *Derechos de las víctimas*

Se investigó hasta dónde las víctimas usan sus derechos, encontrándose un rango por demás bajo. (Lo anterior es importante, ya que denota la necesidad de una mayor información).

XXVII.7. Sexto Symposium de Victimología (Israel)

XXVII.7.1. *Organización*

El Sexto Symposium Internacional de Victimología tuvo lugar en Jerusalén, Israel, del 28 de agosto al 1 de septiembre de 1988, bajo la presidencia de Sarah Ben-David.

El temario fue muy amplio, con talleres de trabajo y temas científicos, tratando los diferentes tipos de víctimas y aspectos teóricos, lo que fue estructurado por los relatores en tres grandes temas: los rostros de la Victimología (Paúl Friday); hacia la investigación, política basada en la víctima (Jan van Dijk) y la Victimología, lo visible y lo invisible (Kurt Weis).[584]

Asistieron unos 220 congresistas y se presentaron más de 100 ponencias; fue una reunión de fuerte sabor israelita, que dio una mayúscula importancia al tema del holocausto, y realizado en un momento político peculiar (la "Intifada" y la resistencia palestina).

XXVII.7.2. *Los rostros de la Victimología*

Se reconocen los avances de la Victimología en amplitud y profundidad, y cómo la víctima ha sido herramienta o arma política, de acuerdo a los diferentes puntos de vista.

---

[584] Consultar, *Victimology Newsletter.* Vol. 7, Nº 1 (1989). También en: *International Faces of Victimology.* (Sarah Ben-David y Gerd Ferdinand Kirchhoff, Coordinadores). WSV Publishing. Alemania, 1992.

La denominación final del tema general del symposium: "Los rostros de la Victimología" se debe a la diversidad de enfoques y de "Victimologías" tratadas.

Así se reconoce que la Victimología es al menos tres cosas:

1. Una ciencia (o una forma de análisis científico).
2. Un servicio de atención a víctimas.
3. Un movimiento a favor de las víctimas (hacia una política victimológica, con mayores derechos y reconocimiento).

XXVII.7.3. *La ciencia victimológica*

En esta ocasión el problema de la definición y los aspectos teóricos pasaron a segundo término, para dejar lugar a las aplicaciones prácticas.

Sin embargo, reconociendo que la teoría sin práctica es estéril, pero la práctica sin teoría es estática, se discutieron algunos puntos que van definiendo el paradigma en la Victimología, tomando el modelo Kuhniano, Friday señala:

a) El objeto de estudio, con la violación a derechos humanos y la introducción del concepto de "man-made victim".

b) Las preguntas, en cuanto a la relación de la victimización con aspectos sociales, religiosos, ambientales, etcétera.

c) Las variables, con la propuesta de teologías multidimensionales (Landau-Freeman-Longo).

d) El marco de interpretación, que es diferente según se trate de problemas jurídicos, de resolver las dinámicas social y psicológica de la victimización o de servicios a víctimas.

XXVII.7.4. *La atención a víctimas*

Se puso un énfasis muy especial a la atención para la víctima individual, partiendo de la idea de "menos análisis y más acción" (Young Rifai).

Parte de la discusión se centró en si los servicios de asistencia a víctimas deben estar en manos de profesionales o de voluntariado, y si deben ser públicos o privados.

Los que defienden la asistencia profesional parten de la idea de que sólo personas con preparación académica pueden aplicar adecuadamente las técnicas de consejo o terapia, considerando además, que los profesionales tienen una mayor credibilidad, obtienen mayor colaboración de otras instancias, pueden ser mejor seleccionados y las condiciones de trabajo y rendimiento son controladas.

Por la otra parte, la potencialidad del voluntariado es extraordinaria, representa la prueba más amplia de la solidaridad humana, en muchos casos se le tiene más confianza que al representante oficial, y en última instancia pueden ser capacitados.

Se pidieron estudios para la evaluación de ambos servicios, la idea primaria es que no son excluyentes.

Varias ponencias se preocupan por la respuesta terapéutica a diversas formas de victimización y, principalmente, al Síndrome de estrés post-traumático.

El proceso para convertirse en víctima tiene dos dimensiones, la individual y la social. En la dinámica de la victimización es importante la autopercepción como víctima, pues puede producir la justificación para convertirse en victimizador, en nombre de la justicia.

Se estudiaron los roles del proceso de victimización, en que intervienen la víctima, el victimario y el redentor (rescuer); la victimización no es completa si no es confirmada por el redentor, que puede ser el juez o el que asiste o auxilia a la víctima. El agresor puede sentirse víctima y creer que tiene razón, por esto, quien es víctima y quien victimario depende en algunos casos de quien es el redentor.

XXVII.7.5. *Victimología como movimiento*

Los symposia se han ido convirtiendo, en gran parte, en plataformas para la defensa de los derechos de las víctimas (o de ciertas víctimas); van Dijk distingue las siguientes ideologías:

A) *Ideología de la rehabilitación.*

Surgida de los oficiales de *probation*, es una ideología orientada hacia el victimario, en la que la víctima ayuda y apoya la rehabilitación del agresor a través de reconciliación. Es vista con cierto recelo, pues puede ocultar intenciones de reducción de casos judiciales o de mejor trato (o acuerdo con) el criminal.

B) *Ideología feminista*

Ha sido una de las fuerzas de importancia en el movimiento victimológico, en la teoría como en la práctica; sin embargo, su participación fue escasa en este congreso, y parece haber un rechazo a la identificación de mujer con víctima, y la tendencia a estudiar otras víctimas y ampliar servicios no basados en el concepto de *género.*

C) *Ideología de la compensación*

Lo importante es que a la víctima se le repare el daño; este movimiento va hacia la compensación a cargo del Estado.

El Estado benefactor debe hacerse cargo de compensar a las víctimas, sobre todo ahora en que parece terminar la recesión económica.

Se oyeron críticas a este esquema por los problemas de elegibilidad, burocratización, falta de recursos y abandono de otros servicios para las víctimas.

D) *Ideología de asistencia*

En esta ideología, que tuvo una gran influencia en el congreso, se pugna por la atención a la víctima, pública o privada, profesional o con voluntariado, como ya comentamos en el punto 7.3.

E) *Ideología de derechos de la víctima*

Se comentaron ampliamente los resultados de la Declaración de la ONU aprobada en Milán en 85, y quedaron claras las dos tendencias dentro de esta ideología:

a) La víctima debe ser parte en el proceso penal.
b) La víctima tiene todos los derechos pero fuera del proceso penal.

La primera tendencia parte del principio de que la víctima debe tener, al menos, los mismos derechos que el acusado.

La participación total de la víctima en el juicio satisface plenamente su deseo de justicia retributiva; además, no es posible una sentencia justa si el juez no ha tomado en cuenta la perspectiva de la víctima.

El segundo enfoque parte de que las relaciones entre el estado y el acusado son normadas por la ley penal, los de la víctima con el estado por la ley administrativa y las de la víctima y el victimario por la ley civil.

La víctima debe quedar fuera del proceso penal ya que éste es una sobrevictimización en que revive el trauma, se siente culpable por no haber evitado el hecho, y por la sentencia si ésta es muy alta.

Así, fuera del juicio, la víctima debe ser atendida en todos sentidos, aún con compensación, seguros, protección etcétera.

Se tocó el punto de la intervención del *Ombudsman* en este terreno.

XXVII.8. SÉPTIMO SYMPOSIUM DE VICTIMOLOGÍA (BRASIL)

XXVII.8.1. *Organización*

El Séptimo Symposium Internacional de Victimología se celebró en Río de Janeiro, Brasil, del 25 al 30 de agosto de 1991, presidido por Ester Kosovski.

El Congreso, primero que se celebra en América Latina, fue tumultuario, con cerca de mil participantes, lo que demuestra el enorme interés por la materia en nuestra región, y la capacidad de convocatoria de la Sociedad Brasileira de Victimología.

En este caso, a pesar de haber asistido a tan memorable reunión, se nos dificulta notablemente hacer un reporte, ya que se presentaron 157 ponencias, repartidas en 35 páneles (además de dos seminarios y un curso),[585] y no se publicaron las relatorías generales.

XXVII.8.2. *Desarrollo*

El tema general "Victimología en debate" se cumplió con amplitud por la diversidad de material y la heterogénea naturaleza de los asistentes.

La mayoría de las aportaciones pueden agruparse en los siguientes rubros:

1. Drogas (Víctimas y Victimización).
2. Minorías (homosexuales, menores, raciales, minusválidos, etc.).
3. Derechos de las víctimas en casos de abuso de poder, Declaración de la ONU principalmente.
4. Víctimas diversas (sexuales, violencia intrafamiliar, medios de comunicación, medio ambiente, deportes, secuestro, etcétera).
5. Cuestiones técnicas y conceptuales (perspectivas comparadas, víctimas colectivas, política, victimológica, mediación, conciliación).

Como puede observarse, la característica de la reunión es una menor atención a temas jurídicos y teóricos, y una mayor preocupa-

---

[585] Esta reunión produjo una gran cantidad de literatura, principalmente: Kosovski, Ester; Piedade Júnior, Heitor; Mayo, Eduardo. *Victimología en Debate.* Editora Forense. Brasil, 1990. Kosovski, Ester (Coordinadora). *Victimología, Enfoque interdisciplinar.* Sociedad Brasileira de Vitimología. World Society of Victimology. Universidade Federal do Río de Janeiro. Brasil, 1993. Kirchhoff, Gerd Ferdinand; Kosovski, Ester; Schneider, Hans Joachim (Editores). *International Debates of Victimology.* (Papers and essays given at the VIIth International Symposium on Victimology). WSV. Alemania, 1994.

ción por víctimas concretas, así como la gran participación en el tema de las drogas.

XXVII.9. Octavo Symposium de Victimología (Australia)

XXVII.9.1. *Organización*

El Octavo Symposium Internacional de Victimología se llevó a cabo en la ciudad de Adelaide, Australia, del 21 al 26 de agosto de 1994, bajo la presidencia de Chris Summer.

El tema principal fue "Victimización y Violencia: estrategias para sobrevivir", y estuvo dividido en los siguientes rubros: Paradojas y Paradigmas, Investigación sobre Crimen y Víctima, Aspectos legales, Violencia intrafamiliar, Tragedia y estrés traumático, Prevención de la victimización, Servicios para víctimas, Derechos humanos y refugiados.

Además, se realizaron sesiones de trabajo (Workshop) sobre temas diversos como conciliación, incesto, niños maltratados, víctimas de guerra, abuso de poder, enseñanza de la Victimología.

XXVII.9.2. *Desarrollo*

Lo más relevante de este congreso son los trabajos para una Victimología comparada, ya que la mayoría relata las experiencias de sus propios países en los diversos tópicos. Se nota la abundancia de investigación de campo; son interesantes las experiencias de aquella región del mundo.

Algunos temas llaman la atención, como la victimización oculta que sucede en las escuelas o en el medio familiar, o los estudios de victimización de homosexuales y lesbianas.

Se introducen nuevos conceptos, como la codependencia (*Codependency model*) en el que víctima y victimario dependen uno de otro (como en el alcohólico y su esposa), y que puede llevar a la idea en la víctima de que carece de toda responsabilidad.

Hay preocupación por los aborígenes y su victimización, así como por los migrantes, turistas y refugiados.

La información de nuevos países (como los europeos y africanos) o nuevos regímenes políticos es muy valiosa, los problemas como el de Yugoslavia han conmovido a la comunidad victimológica.

XXVII.10. NOVENO SYMPOSIUM DE VICTIMOLOGÍA (HOLANDA)

XXVII.10.1. *Organización*

El Noveno Symposium Internacional de Victimología se celebró en la ciudad de Amsterdam, Holanda, en las instalaciones de la Vrije Universiteit, los días 25 al 29 de agosto de 1997, siendo presidido por Jan J. M. van Dijk.

El tema central fue la protección y el cuidado (*caring*) de las víctimas, analizando el papel de la comunidad y de los profesionales, y se dividió en cuatro grandes subtemas, que fueron ampliamente discutidos por más de 600 participantes, provenientes de 67 países.

XXVII.10.2. *Estudios sobre la Víctima*

El tema de investigación y teoría nos trae nuevos e importantes datos, en mucho gracias a la "Encuesta Internacional sobre víctimas del delito" (International Crime Victims Survey, ICVS), donde podemos observar que la victimización es un fenómeno cada vez más reconocido y universal (van Dijk), y que viene conociéndose su correlación con la economía, las armas, el sexo, etc., aunque la situación victimal se capta como un tema de conversación natural (Waller).

Preocupan las nuevas formas de victimización, y en particular las violentas, la corrupción, y desde luego el crimen organizado (Skogan) y sectores muy victimizados como comerciantes y estudiantes.

XXVII.10.3. *Los Derechos de las Víctimas*

Se discutió el paradigma de la justicia restitutoria, frente a la puramente retributiva, vindicativa o represiva (Weitekamp), y la necesidad de apoyar la mediación y la restitución, y la introducción de resolución de conflictos por medios "tradicionales", muchos de ellos usados por las llamadas "sociedades primitivas" (Sebba).

La introducción en las legislaciones nacionales de la Declaración sobre los principios fundamentales de justicia relativos a las víctimas de delitos y del abuso del poder de Naciones Unidas es una necesidad, principalmente en materia procesal (Georgeniy); es importante el documento sobre los Derechos de las Víctimas para Europa (1995), así como el Manual Internacional de Asistencia a Víctimas. (Groenhuiijsen).

Ante la crítica general al Derecho Penal y sus instituciones, se hace patente la necesidad de un Derecho Victimal (Rodríguez Manzanera), que tiene avances ya en algunos países (México, *Cfr.* Sánchez Galindo), que buscan dar mayor poder (*empowerment*) a las víctimas (Sabba, Snyman).

XXVII.10.4. *La asistencia a las víctimas*

Tema toral de esta reunión, se prestó a muy interesantes polémicas.

Young afirma que las nuevas formas de victimización obligan a una ampliación de la atención y el tratamiento a toda una serie de victimizaciones no atendidas, muchos de ellas "estructurales" (falta de casa, comida, empleo, etc.), lo que implica una mayor profesionalización y capacitación de los encargados de la asistencia. Debe establecerse además un "Código internacional del cuidado a víctimas" que respete las diferencias culturales.

La asistencia enfrenta el problema de que muchos gobiernos intentan reducir el compromiso del Estado con los programas de apoyo a víctimas, por lo que deben buscarse formas alternativas de financiamiento; se pueden identificar varios modelos:

El *francés*, con una fundación nacional que en parte se financia con una pequeña prima a cargo de las compañías de seguros (15 francos por seguro). El *canadiense* que cobra una modesta tasa a los condenados. El *americano* que recauda donativos de las fundaciones.

Por su parte, Fattah expuso cómo el sistema penal no puede ofrecer ya gran cosa a las víctimas, y cómo los movimientos de asistencia a víctimas han sido bloqueados y utilizados por políticos.

Hay además peligros inherentes a la atención: se reverdecen los recuerdos, puede haber abusos, el sujeto es manipulado, hay exhibición (en la prensa y en los juzgados), la víctima encuentra que no gana nada, y los que acuden a la justicia están más inconformes que los que no lo hicieron. Cuando la intervención no es necesaria o es aplicada impropiamente, extiende la sobrevictimización.

XXVII.10.5. *Abuso de poder y Crímenes de Guerra*

En este tema llamó poderosamente la atención el análisis de la violencia en esta centuria, que fue llamada "el siglo de la muerte, el siglo de las víctimas", al hacer el recuento de los muertos en todas las guerras, civiles, locales o internacionales (Separovic).

Se señaló también los "crímenes de odio" como una nueva categoría teórica, donde se victimiza a minorías o grupos marginados, en lo individual o en lo colectivo (homosexuales, prostitutas, migrantes, etnias, etc.).

En los casos de abuso de poder y crímenes de guerra se pone en duda la eficacia de cualquier medida que evite las sanción al victimario; en estos casos deben actuar Tribunales Internacionales.

Lima presentó una tipología de acuerdo a las formas de abuso de poder: desde el poder ejecutivo, legislativo y judicial, agregando los partidos políticos, el poder económico, el crimen organizado y los medios de comunicación, atrayendo la atención sobre ciertas víctimas como refugiados, indígenas, inmigrantes.

XXVII.11. DÉCIMO SYMPOSIUM DE VICTIMOLOGÍA (CANADÁ) [586]

XXVII.11.1. *Organización*

El Décimo Symposium Internacional de Victimología se celebró del 6 al 11 de agosto de 2000, en la Ciudad de Montreal, Canadá, bajo el auspicio de la Sociedad Mundial de Victimología y con la excelente organización de la Association Québécois Pladoyer-Victimes.

Presidieron el evento Arlène Gandreault e Irvin Waller. El tema general del symposium fue "Más allá de las fronteras. Investigación y acción para el tercer milenio."

Asistieron 1318 participantes de 60 países, se celebraron 5 sesiones plenarias con 16 expositores, con los siguientes temas:

- Derechos de las víctimas y responsabilidad hacia las víctimas.
- Asistencia a víctimas y victimización secundaria.
- Ética y Victimología.
- Prevención de la victimización.
- Víctimas y medios de comunicación.

Además, se efectuaron 107 mesas de trabajo, con 335 ponencias, 12 paneles de discusión y 4 sesiones de entrenamiento: Asalto sexual en adolescentes; Prevención de violencia y trauma en el lugar de trabajo; Abuso sexual en niños; y, Justicia restaurativa.

En una gran ceremonia se celebró el XV aniversario de la Declaración de las Naciones Unidas de los Principios Fundamentales

[586] *Cfr.* Gandreault, Arlène; Waller, Irvin. X Symposium International de Victimologie. *Actes du Symposium/Symposium Proceedings*, Association Québécois Pladoyer-Victimes. Canadá, 2001.

de Justicia, relativos a las víctimas del delito y a las víctimas de abuso de poder, reconociendo que han permitido una nueva visión y sensibilidad en lo relacionado con las víctimas, pero aceptando que todavía no llena todas las expectativas, y que aún falta mucho por trabajar.

XXVII.11.2. *Plenarias*

En cuanto a las plenarias, relatamos que la alocución de apertura estuvo a cargo de Schneider, quien revisó los desarrollos de la Victimología en el mundo durante las últimas tres décadas; las siguientes plenarias se desarrollaron en la forma siguiente:

A) *Derechos de las víctimas*

Deben proponerse reformas constitucionales para enfatizar los derechos de las víctimas (Young, M., con especial referencia a EUA) (recalcamos los avances de México, que lleva ya dos reformas constitucionales).

Se hizo especial énfasis en los derechos de los menores y la importancia de la Convención de los derechos del niño (Arnold, J.M.) y de los inmigrados y refugiados (Augenfeld, R.).

B) *Victimización secundaria*

Se trató de la victimización que sufren los testigos, generalmente muy vulnerables (Reeves, H.) y los refugiados, que son sobrevictimizados en el lugar en que están aislados (Rousseau, C.), así como la necesidad de justicia-reconciliación (Simpson, G.)

C) *Ética en Victimología*

La Ética deja de ser un concepto de moda para convertirse en una necesidad; debe protegerse a la víctima contra todo abuso de poder, aún el que proviene de los practicantes de la Victimología, por lo que no debe dejarse sólo al propio juicio o a la propia conciencia, sino trabajar en códigos de ética profesional, reglas y líneas deontológicas y mecanismos para su eficacia (Fattah, E.).

Se insistió básicamente en tráfico de mujeres y niños (Kangaspunta, K.) y en el maltrato de menores (Mullins, A.).

D) *Prevención*

Nuevamente se atacan dos problemas: menores maltratados (Bouchard, C.) y violencia contra las mujeres (Connors, J.).

Farrel, A., trató el tema de la policiología orientada hacia la víctima, que es el principal "cliente" de la policía; es preferible trabajar con las víctimas para evitar la repetición de la victimización, y promover una buena relación policía-víctima.

E) *Víctimas y medios de comunicación*

Reporteros del trauma y trauma de los reporteros, fue el primer enfoque (Ochberg, F.), el otro consistió en plantear si las víctimas y los medios de comunicación pueden luchar coordinadamente para prevenir la violencia, tomando en cuenta las múltiples diferencias de unos y otros (Davian, T.).

XXVII.11.3. *Talleres*

En un congreso de estas dimensiones, es imposible hacer una relatoría completa del material presentado, por lo cual daremos tan sólo una idea de los temas importantes que se desarrollaron.

Los talleres (Workshops/Ateliers) se dividieron en 9 grandes temas:

1) *Derechos y obligaciones hacia las víctimas.*

Abogados (defensor), servicios policiales, indemnización, atención, diversos sistemas jurídicos de protección (Australia, Canadá, Holanda, Japón, Macedonia, Singapur, Sudáfrica, Venezuela, etc.), derechos humanos, intervención en juicio, testigos, el rol y las obligaciones de la comunidad, el proyecto. "Víctimas del delito en la Unión Europea", el Foro Europeo de ayuda, los turistas y extranjeros, los casos de liberación condicional, el rol de la policía, los medios de comunicación, la sentencia (sentencing).

2) *Asistencia a víctimas y victimización secundaria.*

Atención psicológica y psiquiátrica, servicios a víctimas, los modelos restaurativos, consecuencia de la victimización, reacción individual y social, victimización y calidad de vida, consecuencias en diversos delitos, asistencia a familiares (básicamente homicidio), violencia en el trabajo, victimización secuencial, supervisión a centros, satisfacción del cliente, escuchando a las víctimas, víctimas minusválidas, capacitación a voluntarios, violencia interpersonal (hetero y homosexual), problemas de drogadicción, estrés post-traumático (PTSD), tecnología y víctimas, ambivalencia (con especial atención a internet), el rol de la policía y su capacitación para tratar víctimas, la victimización en las sectas, grupos marginados (transexuales, prostitutas, homosexuales, lesbianas, etc.), intervención socio-judicial, homicidio y su impacto (reportes de México, Inglaterra, Argentina, Canadá), tratamiento médico (especialización, niveles, etc.), víctimas de los medios de comunicación (derecho a la privacidad y derecho a la información).

3) *Prevención de la victimización*

Implicar a los agresores en la prevención, trabajo con ofensores graves, la dinámica víctima-victimario, juzgados especializados en drogas, minorías, crímenes de odio, delitos sexuales, miedo al crimen y riesgo victimal (micro y macro análisis), violencia doméstica (prevención, estrategias, políticas), el policía como víctima (PTSD y homicidio), la violencia en las escuelas, victimización múltiple, tráfico de personas (con especial mención al crimen organizado y la industria del sexo), Rusia, Interpol, Europol, EUA, victimización de empresas, policía de proximidad.

4) *Justicia reparadora (restaurativa) y justicia al seno de las comunidades autóctonas*

Mediación, policía y restauración, perfiles en mediación, diversos modelos de justicia restaurativa, servicio a la comunidad e interés de la víctima, justicia comunitaria, la experiencia de las comunidades autóctonas.

5) *Abuso de poder y victimización colectiva*

Crímenes de guerra, la Corte Internacional y la posición de las víctimas, *apartheid*, presos, genocidio, homicidios seriales, terrorismo, sobrevivientes de guerra, campos de refugiados, situación en los Balcanes.

6) *Violencia contra las mujeres*

Intervención en la violencia conyugal, diversos modelos nacionales, homicidio, inmigrantes, agresión sexual (estudios comparativos), víctimas adolescentes, comunidades autóctonas, derechos y tratamiento, reportes nacionales (Canadá, España, EUA, Finlandia, Inglaterra, Japón, Lituania, Serbia, Sudáfrica, Suecia, Suiza, Tanzania, Yemen), reformas legislativas y cambios para las mujeres.

7) *Niños y adolescentes víctimas y testigos.*

Decodificar y desembrollar el sistema de justicia, credibilidad al menor, menores víctimas y delincuentes, marginalidad de pandillas, niños indígenas (separación, desculturación), técnicas de estudio (dibujo), utilización de la tecnología (T.V.) en testimonio, factores de riesgo, correlación con la estructura familiar y conducta parental.

8) *Victimización de ancianos.*

Reconocimiento del fenómeno, servicios a ancianos, abandono, derechos especiales, envejecer sin violencia, los asilos de ancianos.

9) *Información sobre victimización.*

Actitudes hacia las víctimas, percepción del victimario, actitud del ofensor, percepción de la víctima, investigaciones nacionales (India, Taiwan, Alemania), validación de teorías, la encuesta internacional de victimización (ICVS), problemas metodológicos en la investigación.

XXVII.12. UNDÉCIMO SYMPOSIUM DE VICTIMOLOGÍA (SUDÁFRICA)

XXVII.12.1. *Organización*

El XI Symposium Internacional de Victimología se llevó a cabo en la ciudad de Stellenbosch, Cape Town, Sudáfrica, del 13 al 18 de julio del 2003, bajo la presidencia de Danny Titus, como Dean de la Facultad de Seguridad Pública y Justicia Criminal (Tecknikon), y de Gerd Ferdinand Kirchhoff, como Presidente de la Sociedad Mundial de Victimología.

El tema general del Symposium fue "Nuevos Horizontes en Victimología", y se trataron cinco subtemas en plenarias:

- Servicios a víctimas.
- Víctimas de crímenes transnacionales.
- Derechos de las víctimas en el sistema de Justicia Penal.
- Justicia Restaurativa.
- Naturaleza y alcances de la victimización.

Se realizaron también 36 sesiones y 16 mesas de trabajo (workshop), con las más diversas temáticas, entre las que resaltan, por el número de comunicaciones: victimización infantil, formas de victimización, violencia doméstica, violencia institucional, violencia de género, y tipos especiales de víctimas (laborales, sexuales, turismo).

XXVII.12.2. *Principales temas*

A) *Servicios a víctimas*

Inaugurado el Symposium por la Princesa Ana de Inglaterra, que se refirió a los servicios a víctimas en aquel país, escuchamos a Hilda Marchiori, que habló sobre la dificultad para romper el silencio de la víctima, pues la verbalización es una experiencia traumática, y el silencio agrava la impunidad del agresor y deja indefenso al ofendido.

Se presentaron reportes sobre la atención victimal en diversos países: Alemania, Algeria, Australia, Bélgica, Croacia, Escocia, Holanda, India, Italia, Japón, Serbia, Sudáfrica, etcétera.

Puede observarse una gran diversificación de los servicios, con gran riqueza de métodos y técnicas de tratamiento, de acuerdo a las diferentes tradiciones y culturas (Bergman, Boucebci, Jefferson, Louw).

B) *Víctimas de crímenes transnacionales*

Como era de esperarse, la preocupación más amplia es el terrorismo, que no respeta tiempo ni espacio, y que tiene como característica el producir víctimas de manera indiscriminada y en gran cantidad (Separovic).

Se tocaron temas como toma de rehenes (Waite), victimización económica (Prins), el impacto de la globalización en las víctimas (Ndungane), tráfico de personas (Bachanovic), y corrupción (Mariko, Mnguni, Zveric).

C) *Derechos de las víctimas en el sistema de Justicia Penal*

Se insistió, en lo general, en la necesidad de la completa implementación de la Declaración de las Naciones Unidas de los Principios Fundamentales de Justicia, relativos a las víctimas del delito y a las víctimas de abuso de poder.

Se hizo hincapié en la necesidad de constitucionalizar los derechos de las víctimas (Kumas). Aquí debemos recordar que México lo ha realizado desde 1993, y que tuvo una ampliación en la reforma constitucional del 2000.

Dentro de los aspectos tratados están: actuación de la policía (Agbonkhese, Heiskanan, Miyazono), de los jueces (Booth, Olivier), testigos (Davis, Saffy), y demás participantes en el drama penal, ante todo, como es lógico, la víctima.

Un tema que recibió especial atención fue la victimización en prisión (Booyenz, Fukushima, Gear, Hageman, Hesslink, Luyt, Mashabela, Mkhondo, Mostert), lo que denota que éste es uno de los problemas que nuevamente aparecen entre los más preocupantes.

D) *Justicia Restaurativa*

El tema que recibió, en muchos aspectos mayor atención, fue el de la Justicia Restaurativa, que se ha desarrollado muy rápidamente.

Si en un principio se enfocó en reparación, restitución y compensación, ahora se dirige hacia la mediación, aún en delitos graves y en materia internacional (Weitekamp).

La Justicia Restaurativa saca a la víctima de su estrecho papel de testigo o quejoso, para incluirlo como un actor principal en el drama penal (Wemmers), y tiene importantes efectos en el ofensor, la reincidencia y la seguridad de la comunidad (Friday).

Se presentaron avances importantes en diversos países (Alemania, Australia, Bélgica, Canadá, Inglaterra, Japón, México, Serbia, Sudáfrica).

E) *Naturaleza y alcances de la victimización*

En esta sección se trataron los más diversos temas, iniciando por la presentación de J. van Dijk de la encuesta mundial de victimización, que nos da idea clara de la situación.

Los niños víctimas ocupan un lugar especial y fueron objeto de múltiples comunicaciones: en sociedad, en la escuela, como testigos, en tratamiento, como victimarios, etc. (Dunkil, Dussich, Louw, Maekoya, Nxumalo, Preez, Tewson, Vande, Walle, Zulu, etc.).

Se realizó un taller sobre los Derechos de los niños víctimas y testigos, que comentaremos más adelante.

La violencia doméstica, tema recurrente en estas reuniones, pero con la novedad de estudios sobre los hombres víctimas de maltrato intrafamiliar (Leonard), propuestas de cero tolerancia (Alliers), y monitoreo electrónico (Erez, Ibarra).

Victimización de género (Bhana, Chockolingam, Dearra, Dissel, Djibonih, Feldman, Gruszczynski, Holtmann, Isern, Kirchhoff, Ollus, Rakar, Pearson, Singh, Srivasta, Wykes, Zyl).

Además, temas variados como víctimas laborales (Kgosimore, Rillay, Romero), sexuales (ahora también con referencia a víctimas masculinas (Singh), turistas (Booker, Jones, Mawby), marginados (Burke, Freckletom, Pretorius, Tollefson), y el interesante fenómeno de las víctimas de crímenes de odio (racial, religioso, político, etc.) (Harris, McLaughlin).

XXVII.12.3 *Apreciación*

El XI Symposium fue fructífero, además de la experiencia de conocer los problemas peculiares de África en general, y de Sudáfrica en particular (un país que ha salido de una de las formas más terribles de victimización: el apartheid)

Los problemas de género en algunas partes son terribles, aún con la ablación de clítoris, matrimonio forzado, violencia intrafamiliar, inferioridad política y civil (contratar, heredar, etc,), y abuso sexual, ahora agravado por la creencia, en ciertas regiones, que el SIDA (AIDS) se cura teniendo sexo con una doncella.

El problema del SIDA es terrorífico, con implicaciones victimológicas y victimizantes terribles (hay lugares en que se llega a un 30% de infectados), sobre todo en prisioneros y marginados (Birabuza, Duvula, Mandesa, Mbale, Singh).

Los movimientos de población, los refugiados, la esclavitud (Cisse),las continuas guerras civiles, los niños soldados, etc., hacen de este continente un territorio de alta victimización.

XXVII. 13 DUODÉCIMO SYMPOSIUM DE VICTIMOLOGÍA (USA)[587]

XXVII. 13.1. *Organización*

El Decimosegundo Symposium Internacional de Victimología tuvo lugar en la ciudad de Orlando, Florida, Estados Unidos de Norteamérica, durante los días 20 a 25 de agosto de 2006, con el apoyo de la Universidad Central de Florida y bajo la presidencia de Marlene Young con Irvin Waller como Secretario General.

El tema de la reunión fue "Realzando la Misión", con cinco subtemas a los que se dedicaron sendas sesiones plenarias, y que mencionamos a continuación:

— Defensa y derechos de las víctimas: ¿Se convertirá la "Justicia de la Víctima" en el nuevo estándar del sistema de justicia penal?
— Servicios para la víctima: ¿Es tiempo de ir más allá de la intervención en crisis y de la defensa en la justicia penal?
— Investigación: ¿Tiene la Victimología un lado teórico o empírico en el cual apoyarse?
— Crimen Transnacional, Tecnología, Terrorismo y Tráfico: ¿Debería seguir siendo el crimen "ordinario" el foco primario en Victimología?

[587] Friday, Paul; Kirchhoff, Gerd; Letschert, Rianne; Winkel, Frans. *Victimization in a multi-disciplinary key: Recent advances in Victimology*, (Selección de ponencias presentadas al XII Symposium de Victimología). Wolf Legal Publishers. Holanda, 2009.

— Educación y Estándares: ¿Hay suficiente responsabilidad en los servicios a víctimas y en la Victimología?

XXVII. 13.2. *Las Plenarias*

En la primera Plenaria se planteó la situación de las víctimas en el Estatuto de Roma de la Corte Penal Internacional (Ferstman) y el drama del tráfico de personas, que se convierten en simples mercancías (Miller).

En la segunda se centró el tema del Symposium (Realzar la Misión), a través de las Naciones Unidas, presentando un borrador (draft) para una Convención de las Naciones Unidas para la Justicia, Protección y Apoyo a Víctimas de Delitos, Abuso de Poder y Terrorismo (Waller, Garkawe y Groenhuijsen).

La tercera se ocupó de los servicios a víctimas, relatando la situación en el Reino Unido y en la Unión Europea (Reeves), el impacto que han tenido los Lineamientos sobre la Justicia para niños víctimas y testigos (Laucci) y con una notable presentación de los principales modelos de justicia alternativa (Lima Malvido).

La cuarta plenaria enfrentó el tema de la Investigación y los marcos teóricos victimológicos, demostrando la indudable necesidad de un sustento científico (Groenhuijsen, Schembri, Taylor).

La última abordó los temas del crimen transnacional y nuevas formas de victimización, con los retos que ello implica en metodología de investigación, teorías y conceptos; así: tráfico de seres humanos (Wang Yi), Crimen organizado urbano (Madruga) y crimen organizado transnacional (van Dijk).

XXVII. 13.3. *Otras sesiones*

Independientemente de las plenarias, se realizaron une serie de mesas redondas (4), paneles (36), talleres (29), post-sesiones (4) etc.; consignamos ahora algunos de los temas y de las ideas que nos parecieron más notables.

El producto más importante es sin lugar a dudas el "draft" o proyecto para una Convención de las Naciones Unidas a favor de las víctimas; este documento tiene como objeto el reforzar y llevar a la práctica, a través un tratado internacional, la Declaración sobre los Principios Fundamentales de Justicia relativos a las Víctimas de delitos y del abuso de poder aprobada por la ONU en 1985.

En los 25 artículos del proyecto se reproducen en mucho los conceptos básicos de la Declaración, así, después de las definiciones, finalidad, aplicación, los Estados firmantes se comprometerán a reducir toda forma de victimización, dar a las víctimas el acceso a la justicia y el tratamiento adecuado, protegerlas (así como a testigos y expertos), informarlas, asistirlas, buscando una Justicia restaurativa, con restitución o compensación.

La Convención debe ser suficientemente implementada y monitoreada, para lo que se propone la formación de un Comité Internacional para la Justicia y el apoyo a víctimas de delitos, abuso de poder y terrorismo.

En varias reuniones se trataron diversas partes del Proyecto, así como la necesidad de instrumentar los Lineamientos sobre la Justicia para niños víctimas y testigos.

En cuanto a los servicios de atención a víctimas se describieron modelos de diversos países, entre ellos México, con el reporte de M.Lima y el trabajo de Yucatán (Dzib, Godoy, Peña).

Hubo programas novedosos, como por ejemplo SOL (Support on line) para apoyo en línea vía Internet (Winkel), o la aplicación del SARA (Spouse assault risk assessment) para prevenir reincidencia en violencia intrafamiliar (Baldry).

Se insistió en la colaboración de la comunidad y en la necesidad de evaluación y seguimiento de los servicios en los aspectos éticos, y se estudiaron fenómenos como el STS (Secondary traumatic stress) o fatiga de compasión, que puede resultar del trato con víctimas y con otras personas que sufren (Jastrebske, Avieli, Ben-David).

En el aspecto teórico y académico se dieron a conocer estudios e investigaciones interesantes, algunos sociológicos (Saponaro), o social constructivista (Holley, Brewster), otros psicológicos, sobre stress postraumático (por ejemplo, en excombatientes: Wilson, Slane, Moriarty).

La evaluación es una preocupación de siempre en al área científica, por esto encontramos ponencias en esta materia, por ejemplo en lo referente a medios alternativos de resolución de conflictos, ¿qué tan "restaurativa" es determinada práctica? (Bazemore), o en la dimensión del restablecimiento de la víctima después de ser tratada, para lo que se está construyendo una escala de recuperación "Recovery Scale" (Kawaguchi, Dussich).

En el complejo tema del crimen organizado, además del natural interés sobre el terrorismo, una cantidad de comunicaciones se centra en tráfico de personas, con reportes de diversos países, que demuestran la gravedad del problema y el elevado número de víctimas, principalmente mujeres y niños.

No faltaron los trabajos sobre las víctimas del delito "ordinario" o "común": los sexuales (Kirchhoff), la violencia intrafamiliar (y la inversión de los roles víctima-victimario: Friday, Hartman, Lord, Exum), el asedio o acoso (van der Aa), las agresiones contra ancianos, y asesinatos colectivos (Aki, Nagai).

Finalmente, en el tema de la educación, la necesidad de la capacitación de todo el personal y la utilización del Manual de Justicia para Víctimas de la ONU (hay edición para México del INACIPE).

XXVII. 13.4. *Apreciación*

El Symposium es la reunión más importante en la materia; en él se reúnen académicos y profesionistas para dar fe de los acontecimientos mundiales que determinan nuevos rumbos en la ciencia, tales como los actos genocidas, terroristas y bélicos, los desastres naturales, la extrema pobreza, los cambios climáticos, la violencia, las nuevas tácticas usadas por ciertos grupos, especialmente las relacionadas con el crimen organizado, y nuevas formas de delito que generan nuevas víctimas.

La temática fue bien elegida y el planteamiento de los temas, en forma de interrogantes, novedoso.

La asistencia de congresistas latinoamericanos fue abundante y su participación nutrida, hay intención de organizase.

Se tuvo oportunidad de conocer a NOVA (National Organization for Victims Assistance), una de las instituciones de asistencia a víctimas más grandes y mejor organizadas.

La comunicación, gracias a Internet es cada vez mayor, puede consultarse el sitio de la sociedad: http://www.world-society-victimology.de y ahora un centro de concentración de información: intervict.

XXVII.14 Décimo tercer Symposium de Victimología (Japón)

XXVII.14.1 *Organización*

El XIII Symposium Internacional de Victimología se celebró en la Universidad de Tokiwa en Mito, Japón, del 23 al 28 de agosto de 2009, bajo la presidencia de Hidemichi Morosawa, con John P. Dussich como Presidente de la Sociedad Mundial de Victimología.[588]

---

[588] *Ver.* Morosawa, Hidemichi; Dussich, John; Kirchhoff, Gerd; *Victimology and Human Security: New Horizons.* Wolf Legal Publishers. Holanda, 2012.

El tema general fue "Victimología y Seguridad Humana", y se desarrolló a través de 8 sesiones plenarias y 29 sesiones paralelas, con 220 ponentes que hicieron comunicaciones y propuestas sobre los nueve subtemas, a saber:

1. Teoría en Victimología y Seguridad Humana
2. El proyecto de Convención de las Naciones Unidas, a la luz de los instrumentos internacionales y de la normatividad nacional
3. El trabajo del Alto Comisionado de las Naciones Unidas para los refugiados (ACNUR)
4. Víctimas de tráfico humano, explotación sexual y otras victimizaciones transnacionales.
5. Temas victimológicos en los sistemas de justicia nacional. Enfocados en justicia restaurativa e investigaciones sobre víctimas, incluida la Encuesta Internacional sobre Criminalidad y Victimización (ENICRIV)
6. Respuesta a la victimización en desastres
7. Intervenciones psico-traumatológicas y psicológicas, construyendo una red y coordinación de especialistas en intervención victimal (profesionales y voluntarios)
8. Victimización de indígenas y de otros grupos marginados
9. Victimizaciones especiales, entre ellas víctimas de violencia familiar, tortura, ataques terroristas, fraude al consumidor y cibercrimen.

XXVII.14.2 *Las Plenarias*

En cada plenaria fue invitado un expositor para dar los conceptos clave del tema.

La primera plenaria fue cubierta por Rainne Letschert, de INTERVICTIM, sobre el concepto de "Seguridad Humana", que trata de ser un enfoque holístico, que pueda cubrir diversos aspectos como derechos humanos, desarrollo humano, intervenciones humanitarias, etc., útil para tratar las nuevas formas de victimización.

La segunda estuvo a cargo de Nils Christie, el excelente profesor de Oslo, acerca de el "estatus" de la víctima, un derecho, una ayuda y un peligro. El estatus de víctima trae importantes derechos pero también peligros, como quedar en una "caja dorada" y permanecer víctimas para siempre.

Las organizaciones de víctimas son fuertes grupos de presión que pueden crear un estado punitivo. Propone reuniones entre víctimas y victimarios, para que las primeras entiendan qué ha sucedido y recobren su poder.

Dean G. Kilpatric, de South Carolina, comunicó los resultados de su investigación sobre violación, estrés postraumático, alcohol y drogas, en un seguimiento por quince años a una muestra de 3,000 mujeres norteamericanas adultas. Los resultados son que la violación sigue aumentando en Estados Unidos, que el 18% de las mujeres han sufrido por lo menos una violación, y que un millón de mujeres son violadas cada año.

Saburo Takizawa, de Tokio, y exfuncionario de UNHCR, presentó el drama de la victimización y sobrevictimización de los 15 millones de refugiados en todo el mundo. También es patética la situación de 26 millones de personas desplazadas de su lugar de origen (IDP), hacia otras partes de su propio país.

De Australia, Heather Strong se encargó de la quinta plenaria, revisando 15 años de experiencia en justicia restaurativa, como una exitosa experiencia como alternativa al procedimiento de una justicia formal, en víctimas de violencia que pueden confrontar a sus victimarios.

Para resolver el tema de indígenas y marginados, Chiori Noto, de Hokkaido, y miembro del pueblo Ainu, grupo indígena de Japón, planteó los sistemas de "protección" y cómo pueden formar círculos viciosos.

Murray Straus, de New Hampshire, pionero de los estudios sobre violencia intrafamiliar, presentó resultados de investigaciones en 32 naciones (17,404 encuestados), sobre violencia física por parte de la pareja sentimental y de los propios padres, para ver probabilidades de depresión en la edad adulta.

Finalmente, la plenaria 8 la llevó Jane N. Sigmon, del Departamento de Estado norteamericano, en su oficina de tráfico de personas, reseñando cómo (a diez años de los acuerdos de Palermo), el tráfico humano se ha convertido en una creciente empresa criminal que, en datos de OIT (ILO), ha producido 12.3 millones de seres humanos en trabajos forzados, esclavitud y explotación comercial sexual, con ganancias de 32 mil millones de dólares anuales. Informó que la Organización Internacional de Migración (IOM) ha establecido una base de datos con 13,500 registros de sujetos de 80 nacionalidades, que han sido víctimas de tráfico de personas.

XXVII.14.3 *Otras sesiones*

Fue muy abundante y diverso el trabajo, muy difícil de hacer una relatoría, mencionaremos sólo algunos puntos.

Desde luego hubo muchos trabajos del país sede, lo que permite hacer algo de Victimología comparada, se realizaron sesiones especiales para Korea y Japón.

Aunque desde 1980 la policía japonesa tenía un programa de apoyo económico a víctimas, y desde 1971 se estudia la materia (Koichi Miyazawa, en Keio, y en el Instituto de Tokio; y en 1983 con Hidemichi Morosawa en Tokiwa), es hasta 2004 que hace una ley sobre víctimas, y, en diciembre de 2008, se permite la participación de las víctimas en el juicio en casos de delito grave, pudiendo examinar testigos, cuestionar al acusado, expresar su opinión independientemente del fiscal, etc. (Takahashi, Shirakura, Kawaide, Uteumi).

Mucha participación hubo en el tema de tráfico ilícito de seres humanos, lo que muestra la universalización y gravedad del problema, unido al tema de refugiados, de las nuevas formas de esclavitud, y de los terribles abusos contra mujeres y niños, parece ser uno de los temas centrales.

Llamó la atención el buen número de trabajos de investigación de campo, con datos duros, así como las aportaciones muy precisas sobre asistencia y tratamiento, con información sobre justicia restaurativa y medios alternativos de solución de conflictos.

Los temas clásicos de violencia doméstica, derechos humanos, terrorismo y victimización sexual, estuvieron presentes, pero hubo trabajos sobre nuevas formas de victimización, como lo relacionado con cibercrimen.

Se tocó el tema del proyecto de Convención de Naciones Unidas, a favor de las víctimas, que está ya más que maduro.

Finalmente, es remarcable la presencia de México, no solamente en el Comité Organizador, sino en la participación activa de la Universidad Autónoma de Tamaulipas y la Universidad Autónoma de Yucatán, con varias investigaciones y ponencias (K. Villarreal, A. Arrona, C. M. Vargas, R. F. Peña, entre otros).

XXVII.15 Decimocuarto Symposium de Victimología (Holanda)

XXVII.15.1 *Organización*

El XIV Symposium Internacional de Victimología se realizó en La Haya, Holanda, del 20 al 24 de mayo de 2012, presidido por Víctor Jammers del Comité Organizador y Marc Groenhuijsen, Presidente de la Sociedad Mundial de Victimología (WSV), con el apoyo del Instituto de Criminología de Lovaina (LINC), el Instituto Internacional de Victimología de Tilburgo (INTERVICT) y Victim Support Europe.

El tema general fue "Justicia para Víctimas: Perspectivas transculturales en conflicto, trauma y reconciliación", y se desarrolló a través de 10 plenarias y 130 sesiones paralelas, divididas en mesas de trabajo, mesas redondas, paneles y sesiones especiales, además de una buena colección de carteles (Poster Presentations).

Los subtemas fueron. Derechos de las Víctimas, Justicia Transicional, Trauma, Resilencia y Justicia.

XXVII.15.2 *Derechos de las víctimas*

En las plenarias del tema, Paul Rock plantea el problema de los conceptos "*derechos*" y "*víctimas*", ya que pueden ser denominaciones muy elásticas y variar según el contexto social y jurídico.

Avances en los derechos no son siempre por el interés de la justicia a las víctimas, sino más bien por otros intereses, como la presión de ciertos grupos (*feministas, v. gr.*), el apoyo populista a ciertas categorías de víctimas o el apoyo a la justicia penal (denuncias o acusaciones).

Hay un desfase entre los derechos consignados en la ley (a veces insustanciales) y su efectiva aplicación; esto se debe, entre otras razones, a que cumplirlos es muy oneroso, se considera que los delitos se cometen contra el Estado y la sociedad en general, y no contra una víctima en particular, hay una general aversión de los responsables políticos contra la figura de la víctima, además de un conflicto de clase, pues las víctimas son por lo general de clase trabajadora, en tanto que los encargados de su atención son de clase media.

Jeremy Sorkin expuso el problema de la reparación de las violaciones masivas a los Derechos Humanos, durante la época colonial, perpetuadas en África, y aunque sólo se refirió a este continente, el planteamiento es por demás interesante, ya que tanto gobiernos coloniales como compañías transnacionales cometieron conductas graves como genocidio, exterminio, discriminación racial, desapariciones, expropiaciones, experimentación, esclavitud, etc.

Las preguntas son si los responsables de estas conductas están obligados a reparar el daño, y si las víctimas tienen el derecho a ser compensadas, tomando en cuenta el tiempo transcurrido y que en la época en que se cometieron las conductas no eran consideradas como delitos o crímenes contra la humanidad. De todas formas, varias conductas sí son consideradas como delitos a partir del final de la segunda guerra mundial, pero las víctimas tienen grandes dificultades para hacer valer sus derechos.

K. Jaishankar, habló sobre la implementación de los derechos de las víctimas en los nuevos países industrializados (Brasil, China, India, Malasia, México, Filipinas, Sudáfrica, Tailandia y Turquía), que han avanzado en libertades sociales y derechos civiles, con notables mejorías en los sistemas de justicia penal, principiando a contemplar a la víctima como el epicentro del proceso penal, aunque aún se encuentran problemas como la falta de personal capacitado, la sobrecarga de trabajo y la corrupción.

XXVII.15.3 *Justicia Transicional*

En plenaria intervino José Zalaquett, explicando la Justicia Transicional en Chile, después de la dictadura militar (1973-1990), y las políticas de verdad, reconocimiento, reparación y justicia.

Rama Mani expuso cómo las víctimas de graves violaciones a los Derechos Humanos, pueden convertirse en agentes de transformación y símbolos de armonía en sus comunidades, cita el ejemplo de Mandela, Frankl o Solzhenityn.

Para esto debe lograrse una Justicia Transicional holística, integral, que atienda áreas como el arte, la cultura y la espiritualidad (no en sentido religioso, sino como una finalidad existencial), que reconoce las cinco condiciones de las víctimas en cuanto a desconexión, falta de expectativas, ausencia de identidad, desintegración y pérdida de poder, logrando revertirlas.

Alex Hinton revisa la implementación de la Justicia Transicional, principalmente en los Tribunales *ad-hoc* (Ruanda, Yugoslavia) y los Tribunales híbridos o mixtos, establecidos en el lugar de los hechos.

XXVII.15.4 *Trauma y Resilencia*

En plenaria, Patricia Frazier analizó las teorías e investigación sobre los procesos de recuperación de la víctima y las intervenciones.

Ilse van de Walle disertó sobre niños víctimas, grupo vulnerable y en ocasiones olvidado. Los niños desean involucrarse, ser informados, tratados con respeto, ser vistos no sólo como víctimas, sino como personas con sus propias necesidades y expectativas.

XXVII.15.5 *Justicia*

Kathleen Daly, en plenaria, menciona tres problemas en relación con la Justicia para las víctimas: el primero es la conceptualización, ya que hay contradicciones e incoherencias en la terminología utilizada. El segundo es la diversidad de contextos (individual, organizacional, institucional y colectivo). El tercero es la variedad de mecanismos frente a las necesidades o intereses de la víctima.

Harvey Weinstein, trata del reto que representa reconstruir una sociedad basada en la democracia, los derechos humanos y el estado de derecho, después de períodos de violencia, atrocidades y represión masiva.

La Justicia Transicional ha crecido y desarrollado una serie de mecanismos, pero ¿cómo afecta esto a las víctimas?, ya que pueden verse perdidas en los juegos e intereses políticos.

Critica el hecho de haber optado por un modelo ordinario de justicia penal (delincuente-víctima, culpable o inocente, sanción-reparación), centrado en individualidades, sin considerar los factores sociales que han contribuido a las violaciones y masacres, y sin tomar en cuenta las necesidades de las víctimas y de las sociedades afectadas.

XXVII.15.6 *Las principales materias*

En esta reunión se trataron materias que fueron comunes a los varios subtemas, por lo que hubo una gran diversidad, comentamos brevemente aquéllos que ocuparon el mayor número de participaciones.

Desde luego, los temas de Derecho comparado y de justicia, pues encontramos reportes de muchos países en cuanto a sus diversos sistemas y la forma de enfrentar los derechos de las víctimas y su efectiva realización.

Hubo múltiples referencias a la Corte Penal Internacional, a los Tribunales *ad-hoc* y a la justicia transicional, al lugar que ocupan las víctimas y sus expectativas, ya que se trata de victimización múltiple, con terribles masacres y violaciones a los Derechos Humanos.

Sin embargo, hay notables diferencias entre países y regiones, por lo cual es necesario hacer un mapa victimológico diferenciado (Lima), según se trate de países en desarrollo o desarrollados, en conflicto o en post-conflicto, y el momento y las necesidades de cada uno.

La cuestión de los niños víctimas permeó todos los temas y se convirtió en una preocupación general, desde su situación en los países de gran pobreza, hasta los que viven en regiones con conflictos bélicos o en transición hacia la paz.

Se habló entonces, en cantidad de ponencias, de los niños soldados, del tráfico de infantes con diversos fines, de la pornografía infantil, la violencia intrafamiliar, los abusos sexuales (incluidos los de los eclesiásticos), el "*Bullying*" (que parece ser fenómeno mundial), el tratamiento y trato adecuados (Dussich), los niños como víctimas directas, indirectas, o "colaterales", del terrorismo y del crimen organizado, etc.

La justicia restaurativa y las diversas formas de solución de conflictos, ocupan un lugar importante, con trabajos sobre mediación y reparación, con reportes de diferentes países, por lo general con conclusiones satisfactorias.

Entre los temas más socorridos está el de tráfico de personas, en todas las regiones y en todas sus modalidades, es sin lugar a dudas uno de los fenómenos con mayor capacidad victimógena.

Se trataron otros temas, como violencia intrafamiliar, estrés postraumático, terrorismo, crimen organizado (corrupción y extorsión), víctimas de desastres, etc.

XXVII.16 Decimoquinto Symposium de Victimología (Australia)

El decimoquinto Symposium Internacional de Victimología se llevó a cabo en la ciudad de Perth, Australia, los días 5 al 9 de julio de 2015, con el tema general «Victimización, Justicia y Sanación: Desafiando ortodoxias», y la organización de la Sociedad Mundial de Victimología, Victim Support Australia, el Instituto Australiano de Criminología y Angelhands Inc.

El Comité Organizador estuvo compuesto por los directivos de la WSV, Marc Groenhuijsen y Michael O'Connell, y por Mahashini Krishna, Ann O'Neill, Adam Tomison. Las conferencias magistrales (Keynote speakers) fueron impartidas por Sandra Walklate, Eric Stover, Robert Peacock, Helen Milroy, Helen Sworn y K. Jaishankar.

En las plenarias, O'Connell plantea la necesidad de revisar y cuestionar las teorías y prácticas victimológicas actuales, hacia un proceso penal no solamente garantista, sino humano y gratificante. Walklate habla de la justicia como reconciliación, y la problemática que esto representa, dentro de una economía política de la reconciliación. Peacock analiza el concepto de «Ubuntu», la pertenencia, la unión, los lazos con los demás y los valores de cada cultura. O'Neill diserta sobre las necesidades de las víctimas y qué características requieren los servicios de atención a víctimas. Stover destaca la importancia del trabajo antropológico-forense, y señala la problemática de los niños soldados y las niñas esclavas sexuales, en los diversos conflictos armados. Sworn explica el fenómeno criminal del tráfico de personas, y la necesidad de estudios más rigurosos, por tratarse de un problema globalizado. Jaishankar nos habla de la cibervictimización y sus procesos, proponiendo una verdadera especialización en cibervictimología.

La diversidad de temas y la cantidad de ponencias fue notable: Mediación, violencia y abuso sexual contra mujeres y niños, el sistema de justicia penal, abuso institucional, tráfico y trata, trauma, justicia restaurativa, victimización en sus varias formas, terrorismo, conflictos armados, el medio escolar, violencia doméstica, intervención y terapéutica, y desde luego derechos de las víctimas.

ANEXOS

Anexo 1

DECLARACIÓN SOBRE LOS PRINCIPIOS FUNDAMENTALES DE JUSTICIA

a) *Relativos a las víctimas de delitos, y*
b) *Relativos a las víctimas del abuso de poder*

El Séptimo Congreso de las Naciones Unidas sobre Prevención del Delito y Tratamiento del Delincuente.

Reconociendo la necesidad de medidas más eficaces en los planos internacional, regional y nacional a favor de las víctimas de delitos y de las víctimas del abuso de poder.

Resuelto a promover el progreso de todos los Estados en sus esfuerzos por respetar y garantizar los derechos de las víctimas de delitos y de las víctimas del abuso de poder.

Recomienda que la Asamblea General apruebe el siguiente proyecto de resolución y el proyecto de Declaración sobre los principios fundamentales de justicia *a)* relativos a las víctimas de delitos y *b)* relativos a las víctimas del abuso de poder:

"La Asamblea General.

Recordando que el Sexto Congreso de las Naciones Unidas sobre Prevención del Delito y Tratamiento del Delincuente recomendó que las naciones Unidas continuaran su actual labor de elaboración de directrices y normas acerca del abuso del poder económico y político.

Conocedora de que millones de personas de todo el mundo sufren daños como resultado de delitos y otros actos que implican abuso de poder y de que los derechos de esas víctimas no han sido reconocidos adecuadamente.

Reconociendo que las víctimas de delitos y las víctimas del abuso de poder, y frecuentemente también sus familias, los testigos y otras personas que les presten ayuda, están expuestos injustamente a pérdidas, *daños y perjuicios, y que además pueden sufrir dificultades cuando comparezcan en el enjuiciamiento de los delincuentes.*

1. *Afirma* la necesidad de que se adopten medidas nacionales e internacionales a fin de garantizar el reconocimiento y el respeto universales y efectivos de los derechos de las víctimas de delitos y del abuso de poder;

2. *Destaca* la necesidad de promover el progreso de todos los Estados en sus esfuerzos con tal fin, sin perjuicio de los derechos de los sospechosos o delincuentes;

3. *Aprueba* la Declaración sobre los principios fundamentales de justicia *a)* relativos a las víctimas de delitos y *b)* relativos a las víctimas del abuso de poder, incluida como anexo a la presente resolución, que está destinada a ayudar a los gobiernos y a la comunidad internacional en sus esfuerzos por garantizar la justicia y la asistencia a las víctimas de delitos y a las víctimas del abuso de poder;

4. *Insta* a los Estados Miembros a tomar las medidas necesarias para poner en vigor las disposiciones contenidas en la Declaración y, a fin de reducir la victimización a que se hace referencia más adelante, a esforzarse por:

a) Aplicar políticas sociales, sanitarias (incluida la salud mental), educativas, económicas y dirigidas específicamente a la prevención del delito con objeto de reducir la victimización y alentar la asistencia a las víctimas que la necesiten;

b) Promover los esfuerzos de la comunidad y la participación de la población en la prevención del delito;

c) Revisar periódicamente su legislación y prácticas vigentes con objeto de adaptarlas a las circunstancias cambiantes, y promulgar y hacer cumplir leyes que proscriban los actos que infrinjan normas internacionales reconocidas relativas a los derechos humanos, la conducta de las empresas y otros abusos de poder;

d) Crear y fortalecer los medios para detectar, enjuiciar y condenar a los culpables de delitos;

e) Promover la revelación de la información pertinente, a fin de someter la conducta oficial y corporativa a examen público, y otros medios de aumentar la atención prestada a las preocupaciones públicas;

f) Fomentar la observancia de códigos de conducta y normas éticas, en particular los criterios internacionales, por los funcionarios públicos, inclusive el personal encargado de hacer cumplir la ley, el correccional, el médico, el de los servicios sociales y el militar, así como por los empleados de las empresas de carácter económico;

g) Prohibir las prácticas y los procedimientos conducentes al abuso, como los lugares de detención secretos y la detención con incomunicación;

h) Cooperar con otros Estados, mediante la asistencia judicial y administrativa mutua en asuntos tales como la detección y el enjuiciamiento de delincuentes, su extradición y la incautación de sus bienes, para destinarlos al resarcimiento de las víctimas;

5. *Recomienda* que, en los planos internacional y regional, se adopten todas las medidas apropiadas tendientes a:

a) Promover las actividades de formación destinadas a fomentar el respeto de los criterios y normas de las Naciones Unidas y reducir los posibles abusos;

b) Patrocinar las investigaciones prácticas de carácter cooperativo sobre los modos de reducir la victimización y ayudar a las víctimas, y promover intercambios de información sobre los medios más efectivos de alcanzar esos fines;

c) Prestar ayuda directa a los gobiernos que la soliciten con miras a ayudarlos a reducir la victimización y aliviar la situación de las víctimas;

d) Establecer formas y medios de proporcionar un recurso a las víctimas cuando los procedimientos nacionales resulten insuficientes;

6. *Pide* al Secretario General que invite a los Estados Miembros a que informen periódicamente a la Asamblea General respecto a la aplicación de la Declaración, así como a las medidas que adopten a ese efecto;

7. *También pide* al Secretario General que aproveche las oportunidades que ofrecen todos los organismos y órganos del sistema de las Naciones Unidas a fin de prestar asistencia, cuando sea necesario, a los Estados Miembros para mejorar las formas y medios de proteger a las víctimas a nivel nacional y mediante la cooperación internacional,

8. *Pide también* al Secretario General que promueva los objetivos de la Declaración, procurando especialmente que su difusión sea lo más amplia posible,

9. *Insta* a los organismos especializados, a otras entidades y órganos del sistema de las Naciones Unidas, a las organizaciones intergubernamentales y no gubernamentales pertinentes y a la población en general a que cooperen en la aplicación de las disposiciones de la Declaración."

Declaración sobre los principios fundamentales de justicia

a) Relativos a las víctimas de delitos, y
b) Relativos a las víctimas del abuso de poder.

SECCIÓN A. *Relativos a las víctimas de delitos*

1. Se entenderá por "víctimas", las personas que, individual o colectivamente, hayan sufrido daños, incluidos lesiones físicas o mentales, sufrimiento emocional, pérdida financiera o menoscabo sustancial de sus derechos fundamentales, como consecuencia de acciones u omisiones que violen la legislación penal vigente en los Estados Miembros, incluida la que proscribe el abuso de poder.

2. Podrá considerarse "víctima" a una persona con arreglo a la Declaración independientemente de que identifique, aprehenda, enjuicie o condene al perpetrador e independientemente de la relación familiar entre el perpetrador y la víctima. En la expresión "víctima" se incluye además, en su caso, a los familiares o dependientes inmediatos de la víctima directa y a las personas que hayan sufrido daños al intervenir para asistir a la víctima en peligro o para prevenir la victimización.

3. Las disposiciones de la presente Declaración serán aplicables a todas las personas sin distinción alguna, ya sea de raza, color, sexo, edad, idioma, religión, nacionalidad, opinión política o de otra índole, creencias o prácticas culturales, situación económica, nacimiento o situación familiar, origen étnico o social, o impedimentos.

Acceso a la justicia y trato justo

4. Las víctimas serán tratadas con compasión y respeto por su dignidad. Tendrán derecho al acceso a los mecanismos de la justicia y a una pronta reparación del daño que hayan sufrido, según lo dispuesto en la legislación nacional.

5. Se establecerán y reforzarán, cuando sea necesario, mecanismos judiciales y administrativos que permitan a las víctimas obtener reparación mediante procedimientos oficiales u oficiosos que sean expeditos, justos, poco costosos y accesibles. Se informará a las víctimas de sus derechos para obtener reparación mediante esos mecanismos.

6. Se facilitará la adecuación de los procedimientos judiciales y administrativos a las necesidades de las víctimas:

a) Informando a las víctimas de su papel y del alcance, el desarrollo cronológico y la marcha de las actuaciones, así como de la decisión de sus causas, especialmente cuando se trate de delitos graves y cuando hayan solicitado esa información;

b) Permitiendo que las opiniones y preocupaciones de las víctimas sean presentadas y examinadas en etapas apropiadas de las actuaciones siempre que estén en juego sus intereses, sin perjuicio del acusado y de acuerdo con el sistema nacional de justicia penal pertinente;

c) Prestando asistencia apropiada a las víctimas durante todo el proceso judicial;

d) Adoptando medidas para minimizar las molestias causadas a las víctimas, proteger su intimidad, en caso necesario, y garantizar su seguridad, así como la de sus familiares y la de los testigos en su favor, contra todo acto de intimidación y represalia;

e) Evitando demoras innecesarias en la resolución de las causas y en la ejecución de los mandamientos o decretos que concedan indemnizaciones a las víctimas.

7. Se utilizarán, cuando proceda, mecanismos oficiosos de solución de las controversias, incluidos la mediación, el arbitraje y las prácticas de justicia consuetudinaria o autóctonas, a fin de facilitar la conciliación y la reparación a favor de las víctimas.

Resarcimiento

8. Los delincuentes o los terceros responsables de su conducta resarcirán equitativamente, cuando proceda, a las víctimas, sus familiares o las personas a su cargo. Ese resarcimiento comprenderá la devolución de los bienes o el pago por los daños o pérdidas sufridos, el reembolso de los gastos realizados como consecuencia de la victimización, la prestación de servicios y la rehabilitación de derechos.

9. Los gobiernos revisarán sus prácticas, reglamentaciones y leyes de modo que se considere el resarcimiento como una sentencia posible de los casos penales, además de otras sanciones penales.

10. En los casos en que se causen daños considerables al medio ambiente, el resarcimiento que se exija comprenderá, en la medida de lo posible, la rehabilitación del medio ambiente, la reconstrucción de la infraestructura, la reposición de las instalaciones comunitarias y el reembolso de los gastos de reubicación cuando esos daños causen el desplazamiento de una comunidad.

11. Cuando funcionarios públicos u otros agentes que actúen a título oficial o cuasioficial hayan violado la legislación penal nacio-

nal, las víctimas serán resarcidas por el Estado cuyos funcionarios o agentes hayan sido responsables de los daños causados. En los casos en que ya no exista el gobierno bajo cuya autoridad se produjo la acción u omisión victimizadora, el Estado o gobierno sucesor deberá proveer al resarcimiento de las víctimas.

Indemnización

12. Cuando no sea suficiente la indemnización procedente del delincuente o de otras fuentes, los Estados procurarán indemnizar financieramente:

a) A las víctimas de delitos que hayan sufrido importantes lesiones corporales o menoscabo de su salud física o mental como consecuencia de delitos graves;

b) A la familia, en particular a las personas a cargo de las víctimas que hayan muerto o hayan quedado física o mentalmente incapacitados como consecuencia de la victimización.

13. Se fomentará el establecimiento, el reforzamiento y la ampliación de fondos nacionales para indemnizar a las víctimas. Cuando proceda, también podrán establecerse otros fondos con ese propósito, incluidos los casos en los que el Estado de nacionalidad de la víctima no esté en condiciones de indemnizarla por el daño sufrido.

Asistencia social

14. Las víctimas recibirán la asistencia material, médica, psicológica y social que sea necesaria, por conducto de los medios gubernamentales, voluntarios, comunitarios y autóctonos.

15. Se informará a las víctimas de la disponibilidad de servicios sanitarios y sociales y demás asistencia pertinente, y se facilitará su acceso a ellos.

16. Se capacitará al personal de policía, de justicia, de salud, de servicios sociales y demás personal interesado para informarlo de las necesidades de las víctimas y proporcionarle directrices para garantizar una ayuda apropiada y rápida.

17. Al prestar servicios y asistencia a las víctimas se prestará atención a las que tengan necesidades especiales por la índole de los daños sufridos o debido a factores como los mencionados en el párrafo 2 *supra*.

SECCIÓN B. *Relativos a las víctimas del abuso de poder*

18. Se entenderá por "víctimas" las personas que, individual o colectivamente, hayan sufrido daños, incluidos lesiones físicas o mentales, sufrimiento emocional, pérdida financiera o menoscabo sustancial de sus derechos fundamentales, como consecuencia de acciones u omisiones que no lleguen a constituir violaciones del derecho penal nacional, pero violen normas internacionalmente reconocidas relativas a los derechos humanos.

19. Los Estados considerarán la posibilidad de incorporar a la legislación nacional normas que proscriban los abusos de poder y proporcionen remedios a las víctimas de esos abusos. En particular, esos remedios incluirán el resarcimiento y la indemnización, así como la asistencia y el apoyo materiales, médicos, psicológicos y sociales necesarios.

20. Los Estados considerarán la posibilidad de negociar tratados internacionales multilaterales relativos a las víctimas, definidas en el párrafo 18.

21. Los Estados revisarán periódicamente la legislación y la práctica vigentes para asegurar su adaptación a las circunstancias cambiantes, promulgarán y aplicarán, en su caso, leyes que prohiban los actos que constituyan graves abusos de poder político o económico y que fomenten medidas y mecanismos para prevenir esos actos, y establecerán derechos y recursos adecuados para las víctimas de tales actos, facilitándoles su ejercicio.

96ª Sesión Plenaria ONU, 29 de noviembre de 1985

ANEXO 2

LEY SOBRE AUXILIO A LAS VÍCTIMAS DEL DELITO DEL ESTADO DE MÉXICO

El Ciudadano Licenciado JUAN FERNÁNDEZ ALBARRÁN, Gobernador Constitucional del Estado Libre y Soberano de México, a sus habitantes, sabed:

Que la Legislatura del Estado, ha tenido a bien aprobar lo siguiente:

DECRETO NÚMERO 126

La H. XLIII Legislatura del Estado de México, decreta:

LEY SOBRE AUXILIO A LAS VÍCTIMAS DEL DELITO

ARTÍCULO PRIMERO.—El Departamento de Prevención y Readaptación Social brindará la más amplia ayuda, conforme a las posibilidades y necesidades, a quienes se encuentren en difícil situación económica y hubiesen sufrido daño material como consecuencia de un delito cuyo conocimiento corresponda a las autoridades judiciales del Estado. Esto se entiende sin perjuicio de lo previsto acerca de reparación del daño en el Código Penal y en el Código de Procedimientos Penales.

Para el anterior efecto, el propio Departamento comprobará, en forma sumaria y por los medios que juzgue pertinentes la causa del daño que ante dicha dependencia se manifieste, su monto y la necesidad urgente que el dañado tenga de recibir ayuda del Estado. Se deberá comprobar que el solicitante carece de recursos propios con qué subvenir a sus necesidades inmediatas y que no le es posible obtener en forma lícita y adecuada auxilio de otra fuente.

ARTÍCULO SEGUNDO.—El auxilio que el Departamento de Prevención y Readaptación Social, brinde a la víctima del delito podrá ser de cualquier clase, según las circunstancias del caso para lo cual recabarán la colaboración de Dependencias y organismos públicos, que estarán obligados a prestarla en la medida de sus posibilidades.

Asimismo, el Departamento podrá solicitar la ayuda de particulares.

ARTÍCULO TERCERO.—La asistencia económica que se preste, cuyo monto será prudentemente regulado por el Jefe del Departamento de Prevención y Readaptación Social, a fin de que sea posible brindarla al mayor número de personas, se otorgará con cargo a un fondo de reparaciones integrado con las siguientes percepciones:

I. La cantidad que el Estado recabe por concepto de multas impuestas como pena por las Autoridades Judiciales.

II. La cantidad que el Estado recabe por concepto de cauciones que se hagan efectivas en los casos de incumplimiento de obligaciones inherentes a la libertad provisional bajo caución, la suspensión condicional de la condena y la libertad condicional, según lo previsto por las Leyes respectivas.

III. La cantidad que por concepto de reparación del daño deban cubrir los reos sentenciados a tal pena por los Tribunales del Estado, cuando el particular beneficiado se abstenga de reclamar en tiempo dicha reparación o renuncie a ella, cuando la misma se deba al Estado en calidad de perjudicado.

IV. El 5% de la utilidad líquida anual de todas las industrias, servicios y demás actividades lucrativas existentes en los reclusorios estatales; y

V. Las aportaciones que para este fin hagan el propio Estado y los particulares.

ARTÍCULO CUARTO.—A efecto de que la Dirección General de Hacienda inicie de inmediato el procedimiento económico coactivo que corresponde, los tribunales correspondientes harán del conocimiento de aquella dependencia los casos de revocación de libertad provisional o de suspensión condicional de la condena, cuando dicha revocación determine que se haga efectiva la caución otorgada. Por su parte, el Departamento de Prevención y Readaptación Social informará a la Dirección General de Hacienda acerca de las sentencias ejecutorias en las que se haga condena a multa y a reparación de daño, o sólo alguna de estas penas.

ARTÍCULO QUINTO.—Para los efectos previstos en el artículo tercero, fracción IV, y los demás fines de control que resulten pertinentes, los directores de los reclusorios estatales rendirán anualmente a las Direcciones Generales de Gobernación y de Hacienda informe detallado sobre el resultado del último ejercicio y enterarán en la segunda dependencia mencionada la cantidad que constituya el porcentaje fijado en la fracción VI del artículo tercero. Para ello, en los reclusorios se formará un fondo de previsión en el curso de cada ejercicio.

A su vez, la Dirección General de Hacienda informará trimestralmente al Departamento de Prevención y Readaptación Social acerca de las cantidades que integren el fondo de reparaciones.

ARTÍCULO TRANSITORIO.—Esta ley entrará en vigor treinta días después de su publicación en la *Gaceta del Gobierno*. Respecto al 5% de la utilidad líquida del trabajo penitenciario a que se refieren el artículo tercero, fracción II, y el artículo quinto, será el correspondiente al ejercicio de 1969, por lo que el informe y la entrega respectivos se harán en el curso de enero y febrero de 1970.

LO TENDRÁ ENTENDIDO EL GOBERNADOR DEL ESTADO, HACIENDO QUE SE PUBLIQUE Y SE CUMPLA.

Dado en el Palacio del Poder Legislativo, en Toluca de Lerdo, a los trece días del mes de agosto de mil novecientos sesenta y nueve.—Diputado Presidente, *Lic. René Sánchez Vértiz*.—Diputado Secretario, *José Martínez Martínez*.—Diputado Secretario, *Fermín Alfaro Cadena*.—Rúbricas.

Por lo tanto, mando se publique, circule, observe y se le dé el debido cumplimiento.

Toluca de Lerdo, Méx., a 15 de agosto de 1969.

Nota: La Ley fue abrogada por el Decreto 269 transitorio 7°, Gaceta Oficial del 23 de febrero de 2009.

ANEXO 3

PERFIL REFERENCIAL DEL PERSONAL RESPONSABLE DE LA ATENCIÓN A VICTIMAS DEL DELITO*

INTRODUCCIÓN

La Academia Nacional de Seguridad Pública recibió la encomienda de diseñar el perfil referencial del personal responsable de la atención a víctimas que permitiera su adecuada selección, capacitación y actualización, con miras a una efectiva profesionalización.

En principio, fue elaborado para el personal de las Procuradurías Generales de Justicia a las que se encomienda la recepción, orientación, y en su caso tratamiento de las víctimas de un delito, ya que estas instituciones abrieron agencias especializadas y diversos centros de atención, pero consideramos que, en lo general, puede ser de utilidad para todos aquellos organismos relacionados con víctimas.

Se consideran cuatro grandes áreas de las que pueden obtenerse indicadores precisos de los aspectos requeridos para una labor eficaz en el desempeño de su delicada responsabilidad:

—Área de conocimientos
—Área de salud
—Área sociocultural
—Área físico-constitucional

Antes de desarrollar las áreas, se hace una descripción general del profesional, sus funciones básicas, requisitos personales y académicos.

---

* Este instrumento fue elaborado en la Academia Nacional de Seguridad Pública, en el año 2001, cuando tuve el honor de dirigirla; fue presentado a la Conferencia Nacional de Procuración de Justicia ese mismo año.

Descripción general

Es el servidor público que, como profesional de la Psicología, la Victimología, el Trabajo Social, la Medicina y ciencias afines, goza de bienestar psicológico, reflejado en la interacción positiva con su entorno sociofamiliar, para aplicar los conocimientos de su campo profesional y aquellos especializados adquiridos para su desempeño laboral, y está en posibilidad de usar técnicas y estrategias de intervención terapéutica y de rehabilitación psicoafectiva dirigidas a las víctimas del delito, para lo cual cuenta con un claro compromiso social. particularmente observable en la visión que tiene de la seguridad pública, específicamente en el ámbito de la procuración de justicia.

Funciones básicas

- Proporcionar a las víctimas del delito la atención biopsicosocial que requieran, según sea el caso, partiendo de los conocimientos teóricos y conceptuales de su formación profesional.
- Participar activamente en el equipo interdisciplinario integrado para la atención de víctimas del delito.
- Aplicar los principios de las técnicas terapéuticas (biopsicosociales) para la más pronta recuperación emocional de la víctima.
- Aplicar los principios de las técnicas terapéuticas (biopsicosociales) para la más pronta reincorporación laboral y sociofamiliar de la víctima.
- Evitar la aparición de eventos de victimización secundaria por parte de las instituciones de seguridad pública, particularmente las de procuración de justicia.
- Sugerir programas de capacitación en materia de Victimología para el personal responsable de la atención jurídica y de investigación pericial, a efecto de prevenir la victimización secundaria.

Edad

Se sugiere que la edad mínima de ingreso al servicio sea a los 24 años, edad promedio de conclusión de estudios profesionales.

REQUISITOS ACADÉMICOS

1. Contar con título y cédula profesional de Licenciado en Psicología, Trabajo Social, Médico-Cirujano y ciencias afines, o bien, en caso de no contar con tales profesiones haber cursado estudios de Victimología. Si no está titulado, deberá haber concluido los estudios profesionales.

2. Contar con la formación victimológica especializada, aprobada satisfactoriamente.

CARACTERIZACIÓN DEL PERSONAL RESPONSABLE DE LA ATENCIÓN A VÍCTIMAS DEL DELITO

Conocimientos

CONCEPTUALES. Es el dominio que este servidor público debe mostrar sobre los fundamentos teóricos y conceptuales de la atención victimológica, sobre todo en lo concerniente al apoyo terapéutico biopsicosocial.

Específicamente, debe:

- Tener el conocimiento que proporcionan las ciencias que coparticipan en la atención a las víctimas.
- Comprender la contextualización del termino "víctima" en el ámbito de la seguridad pública y las implicaciones jurídicas de ello.
- Conocer las clasificaciones victimales más comúnmente utilizadas y sus alcances.
- Comprender la aplicación de los conocimientos teóricos de la atención psicoterapéutica.
- Comprender las características del trabajo interdisciplinario, sus usos y alcances en materia de atención a la víctima del delito.

TÉCNICOS. Es el dominio que el servidor público debe mostrar, respecto a los fundamentos básicos de las técnicas orientadas a la recolección, análisis e interpretación de datos, en el marco de la atención a víctimas del delito, y la instrumentación de estrategias de rehabilitación psicoafectiva.

Especialmente, debe:

- Identificar el propósito e importancia que tienen la técnicas de atención victimológica.

- Conocer los fundamentos y propósitos de los servicios de apoyo a las víctimas del delito y su vinculación con la Victimología.
- Comprender los procedimientos para diseñar una estrategia de atención integral e interdisciplinaria para las víctimas del delito.

METODOLÓGICOS. Es la habilidad que este servidor público debe mostrar para seleccionar y aplicar la metodología, procedimientos y técnicas terapéuticas en la atención a las víctimas del delito y para la sistematización de los datos e información que en torno a ello se generen.

Específicamente, debe:

- Conocer la metodología de atención terapéutica aplicable a cada víctima, en estricta relación con el tipo y dinámica del delito sufrido por ésta, aplicando para ello las técnicas de investigación correspondientes.
- Aplicar las diversas técnicas de entrevista y evaluación, a efecto de obtener diagnósticos precisos y veraces acerca de la condición victimal y, con ello, diseñar las estrategias de intervención correspondientes.
- Comprender la aplicación de los métodos para la recolección, sistematización, análisis e interpretación de los datos.
- Aplicar las técnicas de intervención terapéutica más efectivas en cada caso: individual, de pareja, familiar o grupal.
- Comprender la relevancia de la elaboración de expedientes técnicos de cada víctima atendida, a efecto de dar el debido seguimiento del caso, así como para poder modificar la técnica o estrategia terapéutica seleccionada previamente, en caso de no observar avances significativos en la rehabilitación, además que permiten generar información relevante para el diseño de programas de prevención de delitos en específico.

SALUD

ESTRUCTURA PSICOLÓGICA. Se refiere a los factores intelectuales, emocionales y comportamentales que este servidor público debe poseer, para analizar y dar solución a las situaciones de conflicto referidas u observadas en las víctimas del delito, de manera responsable y eficaz.

Específicamente:

- Cociente intelectual por arriba de la media, es decir, que su pensamiento sea predominante abstracto, para que sea capaz de analizar y dar solución eficaz a los problemas que se le presenten, aprovechando para ello sus conocimientos y experiencias pasadas.
- Alto grado de responsabilidad, elevada capacidad de iniciativa y autonomía, que le permitan tomar decisiones con rapidez y eficacia.
- Alto grado de anticipación y planeación, a efecto de estar en posibilidad de asesorar debidamente a las víctimas atendidas.
- Mecanismos de afrontamiento exitosos, es decir, capacidad para enfrentar situaciones de estrés de manera equilibrada y de gran perseverancia, lo cual puede cualificarse a partir de determinar la capacidad de juicio y la tolerancia a la frustración.
- Control racional de sus impulsos agresivos, para lo cual se necesita la presencia de una estructura de personalidad fuerte.

BIENESTAR CORPORAL. Es la salud física, reflejada en la ausencia de padecimientos crónicos y degenerativos, que pudieran conllevar a una disminución importante en su capacidad física y/o destrezas motoras, necesarias para un óptimo desempeño laboral; esto aunado a un estilo de vida en el que no tenga cabida el consumo de drogas y enervantes.

CARACTERISTICAS SOCIOCULTURALES

Se refiere a los valores esenciales que deben fundamentar el desempeño laboral de este servidor público, mismos que dan cuenta de sus actitudes y comportamiento, lo que lleva a esperar la existencia del sentimiento de pertenencia a la Nación y al ámbito de la seguridad pública; al respeto a establecer relaciones sociales considerando la importancia que tiene el otro; al deseo de superación personal, que se traduce al mismo tiempo en un beneficio social, y a el conocimiento de la problemática social vinculada a la seguridad pública, elemento fundamental para comprender la relevancia de su ejercicio profesional.

Ello debe ser analizable a través de los aspectos siguientes:

- *Identidad*. Implica el reconocimiento de sí mismo como parte de la Nación y como parte de las instituciones encargadas de brindar seguridad pública, capaz de comprometerse a actuar de manera responsable, justa, honrada y eficiente para salvaguardar la integridad y derechos de las personas, así como para preservar la libertad, el orden y la paz públicos.

- *Valores y congruencia personal.* Implica la actitud positiva para establecer relaciones armoniosas y de respeto con su entorno, especialmente con la familia y los vecinos, observable en la existencia de una imagen positiva acerca de él en ese entorno sociofamiliar.
- *Superación personal.* Contempla las aspiraciones institucionales, la capacidad de colaboración y el desempeño laboral, así como el deseo de obtener una mayor capacitación y actualización laboral.
- *Factores contextuales.* Se refiere a la comprensión relativa a la problemática social que prevalece en la región geográfica, particularmente respecto de la situación delictiva, observable a través de conocimientos básicos acerca de política criminal y de estadística criminal.

Evaluación psicológica

Prueba de Minnesota (MMPI-2), a fin de identificar los siguientes factores psicológicos:

1. Integración de la personalidad.
2. Manejo de la agresión.
3. Manejo del estrés
4. Actitud laboral.

Evaluación de salud toxicológica

Examen general de salud, en el que se practica con una entrevista médica, análisis de autohistoria clínica y exámenes de laboratorio (prueba sanguínea y toma de radiografías).

Examen toxicológico, basado en una prueba con un nivel de confiabilidad del 97%, mediante el cual se identifican metabolitos de cocaína, mariguana y anfetaminas.

Evaluación sociofamiliar

Debe ser realizada por la propia Procuraduría General de Justicia, basándose en una visita domiciliaria, entrevistas con el entorno vecinal y análisis del historial laboral del servidor público.

BIBLIOGRAFÍA

ABRAHAMSEN, David. *La Mente Asesina.* Fondo de Cultura Económica. México, 1976.

____________. *The Psychology of Crime.* Columbia University Press. Nueva York, USA, 1967.

AGUILAR, José Raúl. *Los Métodos Criminales en México.* LUX.. México, s/f.

ALASCHI OTERO, Carlos. *Notas acerca de los Ilícitos Transnacionales.* IV Encuentro Latinoamericano de Criminología Crítica (Memoria). La Habana, 1986. También en: Criminalia, año LII, Núms. 1-12. Porrúa. México, 1986.

ALEGRÍA, Juana Armanda. *Emancipación Femenina en el Subdesarrollo.* Editorial Diana. México, 1982.

____________. *Mujer, Viento y Ventura.* Editorial Diana. México, 1977.

ALPER, Benedict S. *La Opulencia como Víctima.* X Aniversario del Instituto Nacional de Ciencias Penales (INACIPE). México, 1986.

ALTO COMISIONADO de las Naciones Unidas para los Refugiados (ACNUR). *La Situación de los refugiados en el mundo: El desafío de la Protección.* Alianza. Madrid, 1994, pp. 2 y ss.

ÁLVAREZ LEDESMA, Mario (Coordinador). *Derechos Humanos y Víctimas del delito.* (Dos tomos). INACIPE. México, 2004.

AMERICAN PSYCHIATRIC ASSOCIATION. *DSM-5, Guía de consulta de los criterios diagnósticos del DSM-5.* Editorial Médica Panamericana, 2014.

____________. *DSM-IV-TR. Manual diagnóstico y estadístico de los trastornos mentales.* Masson, 2003.

ANIYAR DE CASTRO, Lola. *Los Desviados como Víctimas.* Capítulo Criminológico Nº 2. Universidad del Zulia. Maracaibo, Venezuela, 1974.

____________. *Victimología.* Universidad del Zulia. Venezuela, 1969.

ANTONY, Carmen. *Investigación Bibliográfica sobre Victimología en América Latina.* Reunión Preparatoria del IX Congreso Internacional de Criminología. Universidad de Panamá, 1982.

ANTTILA, Inkeri. *Who are the Victims of Crimes?.* II Symposium. USA, 1976.

APEL, Max y Ludz, Peter. *Diccionario de Filosofía.* UTHEA. México, 1961.

ARNONE, W. J. *Mobilizing the Elderly in Neighborhood Anticrime Programs,* Aging. Núms. 281-282, pp. 23 y ss. USA, 1978.

AROMAA, Kanko. *Three Surveys of Violence in Finland II,* en: Victimization and fear of Crime: World Perspectives. U.S. Department of Justice. USA, 1984.

ASHAGRIE, Kebebew. *Methodological Child Labour Surveys and Statistics.* OIT, 1997.

————. *Youngest Workers an Hazardous Child Labour.* OIT. Ginebra, Suiza, 1999.

AVISON, Neville. *Victims of Homicide.* I Symposium. Israel, 1973.

BALL, Richard A. *The Victimological Cycle.* Victimology: an International Journal. Nº 2, p. 52. USA, 1977.

BARLOW, Hugh D. *Crime Victims and the Sentencing Process.* III Symposium. Alemania, 1979.

BECK, A. T. *The Prediction of Suicide.* Charles Press Bowie. Maryland, USA, 1974.

BEDU, Hugo. *Are there Really Crimes Without Victims?*, en: *Victimology.* Lexington Books. USA, 1975.

BEN-DAVID, Sarah y Kirchhoff, Gerd Ferdinand (coordinadores). *International Faces of Victimology.* WSV Publishing. Alemania, 1992.

BERISTAIN IPIÑA, Antonio. *Criminología, Victimología y Cárceles.* Tomo I. Colección Profesores Nº 22. Pontificia Universidad Javierana. Facultad de Ciencias Jurídicas. España, 1996.

————. *La Protección a los Niños Difíciles y Anormales de España.* Estudios Vascos de Criminología. Editorial Murguía. Bilbao, España, 1983.

————. *Nueva Criminología desde el Derecho Penal y la Victimología.* Tirant le Blanch. Valencia, España, 1994.

————. *Proyecto de Declaración sobre Justicia y Asistencia a las Víctimas.* Criminalia. Año LI. Núms. 1-12, p. 108. Editorial Porrúa. México, 1985.

————. *Victimología, nueve palabras clave.* Tirant lo Blanch. España, 2000.

BLISCHENKO, Igor y Zhdanov, Nikolai. *El Terrorismo como Crimen Internacional.* Editorial Progreso. URSS, 1983.

BLOCK, Richard. *Victim Offender Interaction in Violent Crime.* II Symposium. USA, 1976.

————. *Victimization and fear of crime: World perspectives.* Bureau of Justice Statistics. Department of Justice. USA, 1984.

BORAFIA, Abdul, W. M. *Compensation to Victims of Crime.* II Symposium. USA, 1976.

BRAITWAITE, John; Biles, David. *Victims and Offenders: The Australian Experience,* en: Victimization and fear of Crime: World Perspectives, U.S. Department of Justice. USA, 1984.

BRUINSMA, Gerber y Fiselier, Jan. *The Poverty of Victimology.* III Symposium. Alemania, 1979.

BUNGE, Mario. *La Ciencia, su Método y su Filosofía.* Siglo XX. Buenos Aires, Argentina, 1976.

BUSTOS, Juan y Larrauri, Elena. *Victimología: Presente y Futuro.* Editorial Themis. Bogotá, Colombia, 1993, p. 58.

BUTLER, R. N. *Victimization of the Elderly.* In his Why Survive-being old in America. Harper and Row. USA, 1975.

CAFFEY, John. *Multiples Fractures in the Long Bones of Infants Suffering from Chronic Subdural Hematoma.* American Journal of Roentgenology. Vol. 56. Núm. 2, pp. 163-173. USA, 1946.

____________. *The Parent-Infant Traumatic Stress Syndrome.* American Journal of Roentgenology. Radium Therapy and Nuclear Medicine. Vol. 114, pp. 218-229. USA, 1972.

CAMERON, J. M.; Rae, L. J. *Atlas of the Battered Child Syndrome.* Longman, Inc. Nueva York, USA, 1975.

CARDASCIA, Guillaume. *Les Lois Assyriennes.* Editions du Cérf. Francia, 1969.

CARICH, Ante. *The Motive in Victimology.* I Symposium. Israel, 1973.

CARIO, Robert. *Victimologie.* L'Harmattan. Francia, 2000.

CARNELUTTI, Francesco. *El Delito.* Ediciones Jurídicas Europa-América. Buenos Aires, Argentina, 1952.

CARRARA, Francesco. *Programa del Curso de Derecho Criminal.* Depalma. Argentina, 1944.

CENICEROS, José A. y Garrido, Luis. *La reparación del daño y la protección a las víctimas de la delincuencia en México.* Criminalia, año IV. Núm. 11, p. 669. Botas. México, 1938.

CLINARD, Marshall B. *Comparative Crime Victimization Surveys: Some Problems and Results.* II Symposium. USA, 1976.

CLOWARD, Richard; Ohlin, Lloyd. *Delincuency and Opportunity.* The Free Press. USA, 1966.

CÓDICE FLORENTINO. Facsímil del manuscrito 218-20 de la Colección Palatina de la Biblioteca Nacional Laurenziana. Reproducción del Archivo General de la Nación, 1979.

CÓDIGO DE HAMMURABI. Federico Lara Peinado. Editora Nacional. España, 1982.

COLÍN SÁNCHEZ, Guillermo. *Así habla de la delincuencia.* 3ª Edición. Editorial Porrúa. México, D. F., México, 1997.

CONKLIN, John. *Impact of Crime.* Macmillan Co. USA, 1975.

CONSEIL DE L'EUROPE. Doc. DPC/CEPC XXIX. Repport final d'activités sur le dédommagement des victimes d'actes criminels. Strasbourg, 1977.

CONSEJO NACIONAL DE POBLACIÓN (CONAPO). "El Empleo en la Tercera Edad". 28 de agosto, Día Nacional del Adulto Mayor. México, 2001.

CÓRDOBA RODA, Juan. *Comentarios al Código Penal.* Tomo II. Ediciones Ariel. Barcelona, España, 1972.

CORNIL, Paul. *De la Victimologie a la Prevention du Crime par la Politique Criminelle.* III Symposium. Alemania, 1979.

__________. *La Notion de Victimologie et sa Place dans la Criminologie.* I Symposium. Israel, 1973.

CRESPO SOLÍS, Óscar. *Psicología de las Víctimas del Homicidio Pasional.* Criminalia. Año XXXII. Núm. 8, p. 512. Ediciones Botas. México, 1966.

CRESSEY, Donald R. *Observaciones Finales.* III Symposium. Alemania, 1979.

__________. *Warehousing Criminals.* University of California. USA, 1982.

CREUS, Carlos. *Sinopsis de Derecho Penal.* Parte General. Zeus. Argentina, 1977.

DADRIAN, Vahakn N. *The Common Features of the Armenian and Jewish Cases of Genocide: A Comparative Victimological Perspective.* I Sympo-sium. Israel, 1973.

DAVID, Deborah y Claster, Daniel. *The Resisting Victim Extending the Concept of Victim Responsability.* II Symposium. USA, 1976.

DAVIDSON, Terry. *Conjugal Crime.* Understanding and Changing the Wifebeating Pattern. Ballantine Books. Nueva York, 1978, p. 25.

DEMING, Romine R. *Advocating the Concept of the Victim-Offender Relationship.* II Symposium. USA, 1976.

DESCARTES, René. *Discurso del Método y Meditaciones Metafísicas.* Bruguera. España, 1972.

DIF. *Análisis Sistemático de los Datos Registrados de Menores Maltratados en el Programa* DIF-PREMAN. DIF. México, 1985.

DI TULLIO, Benigno. *Principios de Criminología Clínica y Psiquiatría Forense.* Aguilar. Madrid, España, 1966.

DICCIONARIO *de la Real Academia, Diccionario Sopena, Petit Larousse, Oxford English Dictionary, Vocabolario della Lingua Italiana, The Randon House Dictionary, Diccionário Brasileiro de Língua Portuguesa,* etc.

DIJK, Jan J. M. van. *Caring for Crime Victims.* Criminal Justice Press. USA, 1999.

DIJK, Jan J. M. van; Steinmetz, Carl. *The Burden of Crime in Dutch Society,* en: Victimization and Fear of Crime: World Perspectives. U.S. Department of Justice. USA, 1984.

DIJK, Jan van; Kesteren, John van; Smit, Paul. *Criminal Victimisation in international perspective.* Tilburg University, UNICRI, UNODC, WODC. Holanda, 2007. Hay traducción al español por el ICESI de México, 2008.

DOLEISCH, Wolfgang. *Compensation of Victims.* I Symposium. Israel, 1973.

DRAPKIN, Israel. *El Derecho de las Víctimas.* Revista Mexicana de Ciencias Penales. Año III. Núm. 3, p. 115. INACIPE. México, 1980.

__________. (Editor). *Premier Symposium International de Victimology.* Institute of Criminology. The Hebrew University of Jerusalem. Israel, 1976.

DRAPKIN, Israel y Viano, Emilio. *Victimology: A New Fows.* Vol. I, Lexing-ton Books. USA, 1974.

__________. *Victimology.* Vol. 4. Lexington Books. USA, 1975.

DUSSICH, John P. *El Defensor de las Víctima.* Capítulo Criminológico Núm. 5, p. 293. Maracaibo, Venezuela, 1977.

__________. *Recuperación de las víctimas.* Marcos Lerner, Editor. Argentina, 2001.

ELLENBERGER, Henry. *Relations Psychologiques entre le criminel et sa victime.* Revue Internationale de Criminologie et de Police Technique. Vol. VIII. Núm. 2, pp. 121 y ss. Ginebra, Suiza, 1954.

ERMENTINI, Augusto; Gulotta, Guglielmo. *Psicología, Psicopatología e Delitto.* Giuffré. Milán, Italia, 1971.

EVANS J., Laura. *Sexual Harassment, Women's Hidden Occupational Hazard,* en: The Victimization of Women. SAGE. USA, 1978.

EXNER, Franz. *Biología Criminal.* Bosch. España, 1957.

__________. *Criminología.* Vallardi. Italia, 1953.

FALANDYSZ, Lech; Kubala, Krysztof. *Theoretical Issues and Developments in Victimology.* Victimology Newsletter. Vol. 4. Núm. 1. Fachhochschule Niederrheim. School of Social Studies. República Federal de Alemania, 1985.

FATTAH, Abdel Ezzat. *La Victime, est-elle coupable?* Les presses de L'Université de Montreal. Canadá, 1971.

__________. *La victimologie au carrefour entre la science et l'idéologie.* Revue Internationale de Criminologie et de Police Technique. 2/95. Ginebra, Suiza, 1995, p. 133.

__________. *Quelques Problemes poses a la Justice Penale par la Victimologie.* Annales Internationales de Criminologie. 5º année, pp. 336 y ss. París, Francia, 1966.

__________. *Regards Sur la Victime.* Criminologie. Vol. III. Nº 1, pp. 6 y ss. Les presses de L'Université de Montreal. Canadá, 1980.

__________. *Towards a Criminological Classification of Victims.* International Criminal Police Review. USA, 1967.

FERRI, Enrico. *L'omicidio-suicidio.* Fratelli Bocca Editori. Torino, Italia, 1892.

__________. *The Positive School of Criminology.* University of Pittsburg Press. USA, 1968.

FLORIOT, René. *Les Erreurs Judiciaires.* Flammarion. París, Francia, 1968.

FONCERRADA, Miguel. *El Maltrato Físico al Niño.* IMSS. México, 1971.

FOX, H. G. *Senior Citizen's Castle, The New Crime Scene.* Police Chief. Vol. 44. Nº 2, February, pp. 62 y ss. USA, 1977.

FREEMAN, en: *The Faces of Victimology,* de Friday, Paul, en: International Faces of Victimology. WSV Publishing. Alemania, 1992.

FREUD, Sigmund. *Obras Completas.* Editorial Biblioteca Nueva. Madrid, España, 1948.

FRIDAY, Paul. *The Faces of Victimology,* en: International Faces of Victimology. WSV Publishing. Alemania, 1992.

FRIDAY, Paul; Kirchhoff, Gerd; Letschert, Rianne; Winkel, Frans. *Victimization in a multi-disciplinary key: Recent advances in Victimology.* Selección de ponencias presentadas al XII Symposium de Victimología. Wolf Legal Publishers. Holanda, 2009.

GANDREAULT, Arlène; Waller, Irvin. X Symposium International de Victimologie. *Actes du Symposium/Symposium Proceedings.* Association Québécois Pladoyer-Victimes. Canadá, 2001.

GARCÍA-PABLOS DE MOLINA, Antonio. *Tratado de Criminología.* Tirant lo Blanch. España, 1999.

GARCÍA PÉREZ, Teresita. *Pericia en autopsia psicológica.* Ed. La Rocca, Argentina, 2007.

GARCÍA RAMÍREZ, Sergio. *Justicia Penal.* Editorial Porrúa. México, 1982.

GARÓFALO, Raffaele. *Indemnización a las Víctimas del Delito.* La España Moderna. Madrid, España, s/f.

GARRIDO, Vicente; Stangeland, Per; Redondo, Santiago. *Principios de Criminología.* Tirant lo Blanch. Valencia, España, 1999.

GARRIDO GUZMÁN, Luis. *Aspectos Criminológicos de la Delincuencia de Sangre.* Aula de Cultura de Tenerife. España, 1974.

____________. *Compendio de Ciencia Penitenciaria.* Instituto de Criminología. Departamento de Derecho Penal. Universidad de Valencia. España, 1976.

GEIB, Frederick K. *The Ultimate Victim: the Life Cycle of a Corpse.* II Symposium. Boston, USA, 1976.

GEIS, Gilbert. *Victimization Patterns in White-collar Crime.* I Symposium, Israel, 1973.

GEIS, Gilbert; Chappell, Ducan; Agopian, Michael. *Reporte del V Symposium Internacional de Victimología.* Zagreb, Yugoslavia, 1985.

GEYS, G. *Defrauding the Elderly,* en: Crime and the Elderly (Goldsmith...). Lexington Books. USA, 1976.

GOFFMAN, Erving. *Internados.* Amorrortu Editores. Argentina, 1972.

GOLDSMITH, J. and Goldsmith, S. S. *Crime and the Elderly, Challenge and Response.* Lexington Books. Massachusetts, USA 1976.

GOLDSTEIN, Raúl. *Diccionario de Derecho Penal y Criminología.* Astrea. Buenos Aires, Argentina, 1978.

GÓMEZ ROBLEDA, José y QUIROZ CUARÓN, Alfonso. *Sujetos pasivos de los delitos sexuales.* Criminalia, año V. Núm. 10, p. 602. Botas. México, 1939.

GONZÁLEZ DE LA VEGA, Francisco. *Derecho Penal Mexicano.* Editorial Porrúa. México, 1958.

GÖPPINGER, Hans. *Criminología.* Editorial Reus. España, 1975.

_____________ . *Criminology and Victimology.* I Symposium. Israel, 1973.

GRANT, James E. *El Estado Mundial de la Infancia 1981-1982.* UNICEF. Nueva York, USA, 1982.

GREEN, Arthur H. *Self Destructive Behavior in Battered Children.* American Journal of Psychiatry. Nº 135. USA, 1978.

GROSSMAN, D. A. *Reducing the Impact of Crime Against the Elderly, a Survey and Appraisal of Existing and Potential Programs.* Media Five. Hollywood, California, USA, 1977.

GULOTTA, Guglielmo. *La Vittima.* Guiffré Editore. Italia, 1976.

HARLAND, Alan T. *Compensating Crime Victims,* en: The Evolution of Criminal Justice. SAGE. USA, 1978.

HASSON, Uzi y Sebba, Leslie. *Compensation for Victims of Crime; A Comparative Analysis.* I Symposium. Israel, 1973.

HENTIG, Hans von. *El Asesinato.* Espasa Calpe. Madrid, España, 1962.

_____________. *El Chantaje.* Espasa Calpe. Madrid, España, 1964.

_____________ . *El Delito.* Vol. II. Espasa Calpe. Madrid, España, 1972.

_____________ . *El Delito Desconocido.* Espasa Calpe. Madrid, España, 1969.

_____________. *Hurto, Robo con Fuerza en las Cosas, Robo con Violencia o Intimidación.* Espasa Calpe. Madrid, España 1962.

_____________. *La Estafa.* Espasa Calpe. Madrid, España, 1964.

_____________. *Remarks on the Interaction of Perpetrator and Victim.* Victimology. Lexington Books. USA, 1974.

_____________ . *The Criminal and his Victim.* Yale University. New Haven, USA, 1948.

HERRERA MORENO, Myriam. *La hora de la víctima.* Edersa. España, 1996.

HERRERO HERRERO, César. *Criminología.* Dykinson. España, 1997, p. 156.

HIGUERA CORONA, Jorge. *Perfil Victimológico en el Delito de Robo de Automóviles en el Distrito Federal de México.* Tesis Profesional. UNAM. México, 1976.

HOLMSTROM, Lynda y Burgess, Ann. *Rape: The Victim and the Criminal Justice System.* I Symposium. Israel, 1973.

HOLYST, Brunon. *L'objet, les Taches et les Buts de la Victimologie, Portant sur un Comportement Criminelle.* III Symposium. Alemania, 1979.

HOOD, Roger y SPARKS, Richard. *Problemas Clave en Criminología.* Biblioteca para el Hombre Actual. Guadarrama, España, 1970.

HOROWITZ, Menachem; Amir, Menachem. *The Victim in Judicial Proceedings.* I Symposium. Israel, 1973.

HUXLEY, Aldous *(Contrapunto).*

INSTITUTO Nacional de Estadística, Geografía e Informática (INEGI). Censo General de Población y Vivienda. pp. 43-49. Año 2000. México, 2001.

____________. XII Censo General de Población y Vivienda, 2000. Tabulados Básicos y por Entidad Federativa. Bases de Datos y Tabulados de la Muestra Censal. México, 2001.

____________. Violencia Intrafamiliar. Encuesta 1999. Documento Metodológico y Resultados, México.

INTERNACIONAL Association of Chiefs of Police. *Police Perspective in Child Abuse and Neglect.* USA, 1977.

INTERNATIONAL Scientific and Professional Advisory Council of the United Nations (ISPAC) (Consejo Asesor Científico y Profesional de los Programas de Prevención del Delito y Justicia Criminal de las Naciones Unidas). *Countering Terrorism through International Cooperation",* (Actas de la Conferencia Internacional de Courmayeur, Septiembre 2000). Italia, 2000.

____________. *Migration and Crime.* Courmayeur Mont Blanc. Italia, october, 1996.

JAKOVLJEVIC, Iván. *Political Prisioners as Victims.* V Symposium. Yugoslavia, 1985.

JALIL GIBRÁN, Gibrán. *El Profeta.* Editorial Orión. México, 1968.

JAMES, Jennifer. *The Prostitute as Victim,* en: The Victimization of Women. SAGE. USA, 1978.

JAVOREK, Frank y Lyon, Lou. *Personality Characteristics which Differentiate among Victims of Attempted Rape, Completed Rape and General Populations of Women: A Multivariate Approach.* II Symposium. Boston, USA, 1976.

JESCHECK, Hans-Heinrich. *Tratado de Derecho Penal.* Vol. I, pp. 12 y ss. Editorial Bosch. Barcelona, España, 1981.

JIMÉNEZ DE ASÚA, Luis. *La Llamada Victimiología.* Estudios de Derecho Penal y Criminología I. OMEBA. Buenos Aires, Argentina, 1961.

JIMÉNEZ HUERTA, Mariano. *Derecho Penal Mexicano.* Tomo III. Editorial Porrúa. México, 1978.

JIMÉNEZ OLIVARES, Ernestina. *La Delincuencia Femenina en México,* en: La Mujer Delincuente. UNAM, 1983.

KAISER, Günter. *Criminología.* Espasa Calpe, S. A. Madrid, España, 1978.

KERTESZ, Roberts e Induni, Guillermo. *Manual de Análisis Transaccional.* Editorial Canantal. Argentina, 1977.

KIRCHHOFF, Gerd Ferdinand. *An endeavor to define Victimology,* en: Global perspectives in Victimology, p. 37. India, 1995.

KIRCHHOFF, GERD Ferdinand; Kirchhoff, Claudia. *Victimological Research in Germany: Victimal Surveys and Research on Sexual Victimization,* en: Victimization and fear of crime: World Perspectives. U.S. Department of Justice. USA, 1984.

KIRCHHOFF, Gerd Ferdinand; Kosovski, Ester; Schneider, Hans Joachim (editores). *International Debates of Victimology* (Papers and essays given at the VIIth International Symposium on Victimology). WSV. Alemania, 1994.

KITSU OGASEWARA, María. *Características del Niño y el Agente Agresor, Maltrato Físico al Niño.* IMSS. México, 1971.

KOSOVSKI, Ester (coordinadora). *Vitimología, enfoque interdisciplinar.* Sociedad Brasileña de Victimología. World Society of Victimology. Universidade Federal do Rio de Janeiro. Brasil, 1993.

KOSOVSKI, Ester; Piedade Júnior, Heitor; Mayor, Eduardo. *Vitimología em Debate.* Editora Forense. Brasil, 1990.

KRESS, Jack M. *The Role of the Victim at Sentencing.* II Symposium. USA, 1976.

KRESS, Susan. *The Victim in Literature: Ignored, Abandoned and Traduced.* II Symposium Internacional de Victimología. Boston, USA, 1976.

KUHN, Thomas S. *La Estructura de las Revoluciones Científicas.* Fondo de Cultura Económica. México, 1983.

LANDAU, Simha. *The Offender's, Perception of the Victim.* I Symposium. Israel, 1973.

LAPAN, Arthur. *The Victim in Contemporary Literature.* I Symposium. Israel, 1973.

LARRAURI, Elena. *Victimología,* en: De los Delitos y de las víctimas, p. 288 y ss. Editorial Ad-hoc. Argentina, 1992.

LERET DE MATHEUS, María Gabriela. *Aborto, Prejuicios y Ley.* Colección Ciencias Sociales. Vol. 18. B. Costa-Amic Editor. México, 1977.

LERNELL, Leszek. *Some Remarks on the Main Problems of Victimology.* I Symposium. Israel, 1973.

____________. *Victimology: Some General Questions.* II Symposium. USA, 1976.

LIMA MALVIDO, María de la Luz. *Asilos Penales y Victimología del Anciano.* Primer Congreso Nacional de Criminología. Monterrey, N. L., México, 1983.

____________. *Control Social y movimientos de población.* Criminalia. Año LXIII. Nº 2, pp. 125 y ss. Editorial Porrúa. México, 1996. Versión en inglés: *Social Control and Population Movements.* ISPAC. Cour-mayeur Mont Blanc. Italia, 1996.

____________. *Criminalidad Femenina, Teorías y Reacción Social.* 3ª Edición. Editorial Porrúa. México, 1998.

____________. *Delitos Electrónicos.* Criminalia. Año L. Núms. 1-6, p. 96. Editorial Porrúa. México, 1984.

____________. *Derechos Humanos en la Experimentación.* III Congreso Mexicano de Derecho Penal. UNAM. ENEP Acatlán. México, 1987.

____________. *Derecho Victimal.* Porrúa, México, 2019.

_____________. *La Política Criminal, La Reforma Penal en los Países en Desarrollo.* pp. 82 y ss. UNAM. México, 1978.

_____________. *Modelo de atención a víctimas en México.* Sociedad Mexicana de Criminología. México, 1995. También en Porrúa, 2004.

_____________. *Políticas públicas en la atención a víctimas. Una propuesta metodológica. Colección Victimológica.* INACIPE. México, 2015.

_____________. *Protección a las víctimas.* Criminalia. Año LXVIII. Núm. 2, p. 71. Porrúa. México, 1992.

_____________. *Senilidad y Criminología,* en: Ensayos de Derecho Penal y Criminología en Honor de Javier Piña y Palacios. Editorial Porrúa. México, 1985.

LOMBROSO, César. *L'Uomo Delincuente (El hombre delincuente).* Fratelli Bocca, Editori. Italia, 1876.

_____________. *Le Crime, Causes et Remédes.* Félix Alcan, Editeur. París, Francia, 1907.

LONGO, en: *The Faces of Victimilogy,* de Friday, Paul, en: International Faces of Victimology. WSV Publishing. Alemania, 1992, p. 12.

LÓPEZ REY Y ARROJO, Manuel. *Criminología.* Tomo II. Editorial Aguilar. Madrid, España, 1978.

LÓPEZ TAPIA, Guillermo. *Victimología y Compensación a las Víctimas.* Criminalia. XLIII. Núms. 1-12. Editorial Porrúa. México, 1982.

MAIER, Julio. *La víctima y el Sistema Penal,* en: De los delitos y de las víctimas. Editorial Ad-Hoc. Argentina, 1992.

MAISCH, Herbert y Schüler-Springorum, Horst. *The Victim in the Judicial Procedure.* I Symposium. Israel, 1973.

MALINCKAK, A. A. and Wright, D. *Older Americans and Crime: The Scope of Elderly Victimization.* Aging. Núms. 281-282. USA, 1978.

MARCOVICH, Jaime. *El maltrato a los hijos.* Editorial Edicol. México, 1978.

MARCHIORI, Hilda. *Criminología, la Víctima del Delito* (2ª edición). Editorial Porrúa. México, 2000.

_____________. *Delito y Vejez.* Revista Mexicana de Justicia. Núm. 2, Vol. I. Abril-Junio, pp. 37 y ss. PGR, PGJDF, INACIPE. México, 1983.

_____________. *La Víctima del delito.* Marcos Lerner Editora. Argentina, 1990.

_____________. *Psicología Criminal.* Porrúa. México, 1980.

MARGADANT, Guillermo F. *Derecho Romano,* p. 432. Editorial Esfinge. México, 1965.

MARTÍN, Del. *Battered Women: Society's Problem,* en: The Victimization of Women. SAGE Yearbooks in Women's Studies. Vol. 3. USA, 1978.

MATO REVOREDA, José Ma. *Revista Policía Española.* Informe Monográ-fico Nº 43. Dirección General de Policía. Madrid, España, p. 17.

MAYORCA, Juan Manuel (h). *Perfil Victimológico en Delitos contra la Propiedad.* Dirección de Prevención del Delito. Venezuela, 1973.

McBARNET, Doreen. *Victim in the Witness Box.* Degradation Technique and Legal Structures. II Symposium. USA, 1976.

McDONALD, William F. *The Victims role in the disposition of American Cases.* III Symposium. Alemania, 1979.

MEDEA, Andra y Thompson, Kathleen. *Si a Usted la Violan.* E.P.S. Almanaque de la Mujer. 10 Manuales en Uno. Bogotá, Colombia, 1968.

MENDELSOHN, Beniamin. *Introduction á la Recherche de la Victimé dans la Perspective de la Victimologie Générale et de la Criminalité dans une Socio-Analyse.* III Symposium. Alemania, 1979.

____________. *La Victimologie.* Revue Francaise de Psychoanalyse. Janvier-Fevrier. pp. 66 y ss. 1958,

____________. *La Victimología y las Necesidades de la Sociedad Contemporánea.* Messis. Año 4. Núm. 7, pp. 75 y ss. México, 1974. El Original es: Victimology and the Needs of Contemporary Society. The Israel Annals of Psychiatry and Related Disciplines. Vol. II. Núm. 3, 1973.

____________. *La Victimología y las Tendencias de la Sociedad Contemporánea.* ILANUD al día, año 4. Núm. 10, pp. 55 y ss. San José, Costa Rica, 1981.

____________. *Method to be used by counsel for the defense in researches made into the personality of the criminal.* Revue de Droit Penal et de Criminologie, 1937. pp. 877 y ss. Bélgica, 1977 (mencionado en *The origen of Victimology).*

____________. *The origin of Victimology.* Excerta Criminológica. Vol. 3, pp. 239-244. May-June, 1963.

____________. *Victimology and the Thechnical and Social Sciences.* Victimology, a New focus (Drapkin). Vol. I. Lexington Books. USA, 1973.

METROPOLITAN ATLANTA CRIME COMMISION. *Crime Prevention.* Atlanta, Georgia, USA, 1977.

MEYERSOHN, J. *The Importance of Pre-existing Pathological Changes in Accident Victims.* I Symposium. Israel, 1973.

MICHALOWSKI, Raymond J. *Perspective and Paradigm,* en: Theory in Criminology. SAGE Publications. USA, 1977.

MIYASAWA, Koichi; Ohya, Minoru (editores). *Victimology in Comparative Perspective.* Seibundo Publishing Co. Ltd. Tokyo, Japón, 1986.

MORÁN, Richard y Ziedman, Stephen. *Compensation to the not G.* I Symposium. Israel, 1973.

MOROSAWA, Hidemichi; DUSSICH, John; KIRCHHOFF, Gerd; *Victimology and Human Security: New Horizons.* Wolf Legal Publishers. Holanda, 2012.

MOURA BITTENCOURT, Edgar. *Vittima.* Editora Universitaria de Direito Ltda. São Paulo, Brasil, s/f.

MUÑOZ SÁNCHEZ, María Susana. *Cifra Oculta.* Instituto Nacional de Ciencias Penales. México, 1984.

NAGEL, Willem H. *The Notion of Victimology in Criminology.* Victimology (Drapkin-Viano). Lexington Books. USA, 1975.

NAVARRETE ROWE, Gabriel. *La Delincuencia contra la Tercera Edad.* Primer Congreso Nacional de Criminología. Monterrey, N. L., México, 1983.

NEUMAN, Elías. *Las Víctimas del Sistema Penal.* Editora Córdoba. Argentina, 1994.

__________. *Victimología.* Editorial Universidad. Buenos Aires, Argentina, 1984.

NEWMAN, J. *The Offender as the Victim.* I Symposium. Israel, 1973.

NICÉFORO, Alfredo. *La Transformación del Delito.* Librería General de Victoria Suárez. Madrid, España, 1902,

NIEVES, Héctor. *El Comportamiento Culpable de la Víctima.* Universidad de Carabobo. Venezuela, 1973.

__________. *Hacia una Victimología Comparada.* Universidad de Carabobo. Venezuela, 1979.

NKPA, Nivokocha K. U. *The Practice of Restitution to Victims of Crime in a Traditional Society.* II Symposium. USA, 1976.

NÚÑEZ, Ricard. *Derecho Penal Argentino.* Tomo II. Bibliográfica Omeba. Buenos Aires, Argentina, 1965.

NUVOLONE, Pietro. *La Victime dans la Genese du Crime.* Etudes Internationales de Psychosociologie Criminalle. Núms. 26-28. París, Francia, 1975.

OFICINA INTERNACIONAL DEL TRABAJO (OIT). *Statistics on Working Children and Hazardous Child Labour in Brief* (Revised April 1998). Ginebra, Suiza, 1998.

OLIVEIRA, Edmundo. *O Crime precipitado pela vítima.* Edicoes CEJUP. Brasil, 1988.

ORGANIZACIÓN DE LAS NACIONES UNIDAS (ONU). E/CN/5/469, párrafo 26. Kyoto, 1970.

__________. (VI) Congreso de Naciones Unidas para Prevención del Delito y Tratamiento del Delincuente. A/Conf.87/4. Caracas, Venezuela, 1980.

————————. (VII) *Congreso de las Naciones Unidas sobre Prevención del Delito y Tratamiento del Delincuente.* A/Conf.121/22. Milán, 1985.

————————. *Convención de Naciones Unidas para la Prevención del Delito de Genocidio,* del 9 de diciembre de 1948.

————————. *Directorio Nacional Mujeres y Violencia Doméstica en México.* PNUD. Sociedad Mexicana de Criminología y DIF. México, 1997.

————————. *Directrices para la Adopción de Medidas en Beneficio de las Víctimas de Delitos y Abusos de Poder.* E/AC.57/1984/14.

————————. *Estrategias para luchas contra la violencia doméstica: Un manual de recursos* PNUD. Nueva York, 1997. Hay edición de la Sociedad Mexicana de Criminología (SMC) con la Cruz Roja Mexicana. México, 1998. Y de la Academia Nacional de Seguridad Pública. SMC y CONSEGU. México, 1999.

————————. *Modalidades, Tendencias, Dinámica y Consecuencias de los Actos Delictivos que Entrañen Abusos de poder, Tipos de Delincuentes y Víctimas.* E/AC.57/1984/13.

————————. *Protocolo contra el tráfico ilícito de migrantes por tierra, mar y aire.* Que complementa la Convención de las Naciones Unidas contra la Delincuencia Organizada Transnacional, 2000.

————————. *Protocolo para prevenir, reprimir, y sancionar la trata de personas, especialmente mujeres y niños.* Que complementa la Convención de las Naciones Unidas contra la Delincuencia Organizada Transnacional, 2000.

ORGANIZACIÓN MUNDIAL DE LA SALUD (OMS). CIE-10. Clasificación internacional de enfermedades.

ORTIZ, Ma. de los Ángeles y Santillán, Iris Rocío. *La Cifra Negra en el Delito de Violación.* Alegatos Nº 4, p. 17. Universidad Autónoma Metropolitana México, 1986.

OSORIO Y NIETO, César. *Niño maltratado.* 4ª reimpresión. Editorial Trillas. México, 1992.

PASCAL, John y Francine. *El Extraño Caso de Patty Hearts.* Lasser Press. México, 1974.

PELLEGRINO, Laercio. *The Defendant who is Made a Victim.* III Symposium. Alemania, 1979.

PÉREZ ZÁRATE, Arturo. *La Victimología.* Tesis. UAVT. México, 1976.

PERIÓDICO *Reforma.* México, 21 julio 2001.

PICADO SOTELO, Sonia. *La Mujer y los Derechos Humanos.* Rev. HDH. Núm. 2. pp. 17 y ss. Julio-diciembre 1985. San José Costa Rica.

POPE, Carl. *Personal Victimization Rates and Neighborhood Characteristics.* III Symposium. Alemania, 1979.

PRADO Y Muñoz, Javier. *La Victime dans le Delit D'imprudence.* I Symposium. Israel, 1973.

PRATT FAIRCHILD, Henry. *Diccionario de Sociología,* p. 311. Fondo de Cultura Económica. México, 1980.

PROGRAMA NACIONAL CONTRA LA VIOLENCIA INTRAFAMILIAR 1999-2000 (PRONAVI). Síntesis del Informe de Ejecución. Plataforma de Acción "Pekín+5". Cuarta Conferencia Mundial Sobre la Mujer. México, junio de 2000.

QUINCEY, Thomas de. *El Asesinato Considerado como una de las Bellas Artes.* Editorial Mundo Latino. Madrid, España s/f. Hay edición actual: Océano, Grupo Editorial. España, 1999.

QUINNEY, Richard. *Who is the Victim?,* en: *Victimology* (Drapkin, Viano). Lexington Books. USA, 1974.

QUIROZ CUARÓN, Alfonso. *Asaltos a Bancos en Venezuela y América.* Imprenta Morales Hermanos. México, 1964.

__________. *Criminología Clínica.* Manual de Introducción a las Ciencias Penales. Secretaría de Gobernación. México, 1976.

__________. *Medicina Forense.* Editorial Porrúa. México, 1976.

QUIROZ CUARÓN, Alfonso y MÁYNEZ PUENTE, Samuel. *Psicoanálisis del Magnicidio.* Editorial Jurídica Mexicana. México, 1965.

QUIROZ CUARÓN, Alfonso y QUIROZ CUARÓN, Raúl. *El Costo Social del Delito en México.* Criminalia. Año XXXVI. Núms. 7-9, pp. 431 y ss. Ediciones Botas. México, 1970.

RAMÍREZ GONZÁLEZ, Rodrigo. *La Victimología.* Editorial Temis. Colombia, 1983.

RAMOS, Juan. *Curso de Derecho Penal.* Biblioteca Jurídica Argentina. Buenos Aires, Argentina, 1938.

REIFEN, David. *Court Procedures in Israel to Protect Child-victims of Sexual Assault.* I Symposium. Israel, 1973.

REIMAN, Jeffrey H. *Victims, Harm and Justice: A Philosopher Looks at the Problems of Defining the Concept of Victim.* I Symposium. Israel, 1973.

REYES CALDERÓN, José Adolfo y Leon-Dell, Rosario. *Victimología.* Cárdenas. México, 2003.

REYES ECHANDÍA, Alfonso. *Criminalidad Femenina y Prostitución.* Sobretiro de la Revista Michoacana de Derecho Penal. Núm. 11. Morelia, Michoacán, México, 1970, p. 19

REYES TAYABAS, Jorge. *La Reparación del Daño en Procesos Penales, Necesidad de una Nueva Estructura Jurídica para que los Ofendidos Consigan Justicia Pronta y Expedita.* Revista Mexicana de Justicia. Núm. 4. Vol. I, pp. 69 y ss. PGR, PGJDF, INACIPE. México, 1983.

RICHARDSON, J. B. *Purse-Snatch Robbery's Ugly Stepchild,* en: *Crime and the Elderly.* Lexington Books. USA, 1976.

RIOJAS DÁVILA, Ubaldo. *Aspectos Clínicos y Radiológicos en el Síndrome del Niño Golpeado.* Maltrato Físico al Niño. IMSS. México, 1971.

RIVERA LLANO, Abelardo. *La Victimología, ¿Un problema criminológico?* Librería Jurídica Radar. Colombia, 1997.

ROBERTS CHAMPAN, Jane. *The Economics of Women's Victimization*, en: The Victimization of Women. SAGE. USA, 1978.

ROBERTS CHAMPAN, Jane y Gates, Margaret. *The Victimization of Women.* SAGE. USA, 1978.

ROBERTSON, Ian. *Sociology.* 2nd Edition. Worth Publishers Inc. USA, 1981.

RODABAUGH, B. J. y Austin, M. *Sexual Assault.* American Institutes for Research in the Behavioral Sciences. USA, 1981.

RODRÍGUEZ MANZANERA, Luis. *Control Social en América Latina.* Estudio Monográfico. p. 3. México, 1990.

____________. *Criminología.* 31ª edición. Editorial Porrúa, México, 2018.

____________. *Criminalidad de Menores.* 5ª edición. Editorial Porrúa. México, 2014.

____________. *La Crisis Penitenciaria y los Substitutivos de la Prisión.* 3ª edición. Editorial Porrúa. México, 2004.

____________. *La Delincuencia de Menores en México.* Editorial Messis. México, 1975.

____________. *Los Simposios Internacionales de Victimología.* ILANUD al día. Año IV. Núm. 10, pp. 46 y ss. San José, Costa Rica, 1981.

____________. *Migración y Crimen Organizado en Centro y Norteamérica.* Criminalia. Año LXIII. Nº 2, pp. 166 y ss. Editorial Porrúa. México, 1997. También en: Migration and Crime. ISPAC. Italia, 1996.

____________. *Penología.* 7ª edición. Editorial Porrúa. México, 2015.

____________. *Pioneros de la Victimología.* Editorial Porrúa, México, 2019.

____________. *Victimización Criminal en la Ciudad de Xalapa, Veracruz.* Estudios Jurídicos Núm. 10, pp. 21 y ss. Universidad Veracruzana. México, 1979. Versión alemana: *Das Verbrechensopfer in der Strafrech-tapflege* de Hans Joachin Schneider, Walter de Gryter. República Federal de Alemania, 1982. En inglés, resumen: *Victimization and fear of crime*, de Richard Block. Department of Justice. USA, 1984.

____________. *Violencia policial, violencia antipolicial y robo con violencia en la Ciudad de México.* Revista Mexicana de Justicia Nº 3. Vol. VII, p. 127. INACIPE, PGR, PJDF. México, 1989.

RODRÍGUEZ MANZANERA, Luis y TOCAVÉN GARCÍA, Roberto, con la participación de Delgadillo Aguirre, Elsa; Solano Radilla, María Esther; González Medina, Bertha Patricia y Chavarría Aguirre, Felipe. *Víctimas de Delitos Sexuales, Resultados Preliminares.* Procuraduría General de Justicia del Distrito Federal. México, 1989.

RODRÍGUEZ SALA, Ma. Luisa. *Suicidios y Suicidas en la Sociedad Mexicana.* Universidad Nacional Autónoma de México. México, 1974.

ROGERS, Bárbara. *Informe del Continente Negro.* Enviado al Centro de Naciones Unidas para el Desarrollo Social y Asuntos Humanitarios, *Excélsior.* México, 1980.

ROMERO A., Lourdes y QUINTANILLA, Ana María E. *Prostitución y Drogas.* CEMF. Editorial Trillas. México, 1976.

ROURE, M. C.; Roure, L. y Ollier, A. *Les Femmes Battues par leur Partenaire.* III Symposium. Alemania, 1979.

RUIZ HARRELL, Rafael. *La Violación en México: Un Crimen Impune.* Mundo Médico. Vol. V. Núm. 48, p. 14. México, 1977.

__________. Diversos artículos periodísticos, en: Periódico *Reforma.* México, julio y agosto de 2000.

RUIZ HARRELL, Rafael y colaboradores. *El Homicidio y la Violencia como Factores de Salud Pública en México.* Edición Mimeografiada. México, 1973.

RYAN, Leonard. *The Quest for Justice: Some Thoughts from an Observe.* I Symposium. Israel, 1973.

SABIDO, Julia, *et al. Estudios Victimológicos del Delito Sexual.* Enero-Junio 1984. Procuraduría General de Justicia del Distrito Federal. México, 1984.

SALAS, Luis. *La Justificación de los Estudios de Victimización en América Latina.* ILANUD al día, año 4. Núm. 10, pp. 38 y ss. San José, Costa Rica, 1981.

SALTZMAN, Katherine. *Women Victimization: The Aftermath,* en: The Victimization of Women, p. 272. SAGE. USA, 1978.

SANTOS SEIXAS, J. W. *Pequeno Dicionário de Criminologia.* Pro-Livro. Sâo Paulo, Brasil, 1976.

SCHEFF, Thomas. *El rol del enfermo mental.* Amorrortu Editores. Argentina, 1973.

SCHERER GARCÍA, Julio, en el *Prólogo* de *Psicoanálisis del Magnicidio,* de Quiroz Cuarón, Alfonso y Máynez Puente, Samuel. Editorial Jurídica Mexicana. México, 1965.

SCHICHOR, David. *The Wrongfully Accused and the Criminal Justice System.* I Symposium. Israel, 1973.

SCHMITT, B. D. (editor). *Child Protection Team Handbook.* Garland Publishing Inc. Nueva York, USA, 1978.

SCHNEIDER, Hans Joachim. *Opening Speach.* IV Symposium. Japón, 1982.

__________. *Das Verbrechensopfer in der Strafrechtapflege.* Walter de Gryter. República Federal de Alemania, 1982.

SCHULTZ, Leroy G. *Sexual Victimology of Youth.* Charles C. Thomas. USA, 1980.

______________. *The Child as a Sex Victim: Socio-legal Perspectives*, en: *Victimology: A New Focus*. Lexington Books. USA, 1974.

SCREVENS, Raymond. *La Protection des Droits de la Victime*. Revista de la Facultad de Derecho Núm. 11. Universidad Complutense. España, 1986.

SCRIPCARE, G.; Pirozynski, T. *Victimologic Incidents in Maladjusted Pathologic Behavior.* II Symposium. Boston, USA, 1976.

SELLIN, Thorsten y Wolfgang, Marvin. *The Measurament of Delincuency*. John and Sons. Nueva York. USA, 1964.

SENGSTOCK, Mary C. y Liang, Jersey. *Elderly Victims of Crime: A Refinement of Theory in Victimology*. III Symposium. Alemania, 1979.

SEPAROVIC, Zvonimir Paul. *Some New Problems Posed by the Advancement of Medicine*. II Symposium. Boston, USA, 1976.

______________. *Victimology, a New Approach in Social Sciences*. I Symposium. Israel, 1973.

______________. (Editor). *Victimology, International action and study of victims*. Zagreb, Yugoslavia, 1988.

SESSAR, Klaus. *Observations of Offender-victim Relationships in Criminal Homicide*. I Symposium. Israel, 1973.

SEVITZ, L. D.; Lallí, M., Rosen, L. *City Life and Delinquency: Victimization, fear of Crime and Altered Behavior.* LEAA. USA, 1977.

SHELEFF, León. *The Impact of Criminology on Criminal Law*. Institute of Criminology and Criminal Law. Tel-Aviv University. Israel.

SIGHELE, Scipio. *La Coppia Criminale*. Fratelli Bocca. Torino, Italia, 1892.

______________. *La Teorica Positiva della Complicitá*. Fratelli Bocca. Torino, Italia, 1894.

SILVERMAN, Robert A. *Victim Precipitation: An Examination of the Concept*. I Symposium. Israel, 1973.

______________. *Victim Typologies: Overview, Critique and Reformulation*. Victimology. Lexington Books. USA, 1975.

SKIP DUCAN, J. T. *Citizen Crime Prevention Tactics*. U.S. Department of Justice. USA, 1980.

SMITH, Charles P.; Berkman, David J.; Warren, Fraser M. *The Shadows of Distress (A Preliminary National Assessment of Child Abuse and Neglect and the Juvenile Justice System*. LEAA. Department of Justice. EUA, 1980.

SOHEL, Helmuth von. *Mujer, Sexo y Delito*. Producciones Editoriales. España, 1977.

SOLÓRZANO JUÁREZ, Jesús. *La Victimología*. Universidad Michoacana de San Nicolás de Hidalgo. México, s/f.

SOSA CHACÍN, Jorge. *La Victimología y el Derecho Penal.* Anuario del Instituto de Ciencias Penales y Criminológicas. Núm. 2. Universidad Central de Venezuela. Venezuela, 1968.

SPROVIERO, Juan. H. *La víctima del delito y sus derechos.* Editorial Ábaco. Argentina, 2000.

STANCIU, Vasile V. *État Victimal et Civilisation.* Etudes Internationales de Psychosociologie Criminalle. Núms. 26-28, pp. 29 y ss. París, Francia, 1975.

____________. *Les Droits de la Victime.* Presses Universitaires de France. Francia, 1985.

____________. *Y a-t-il un Bon Terrorisme?. Etudes Internationales de Psychosociologie Criminelle,* Núms. 36-44, p. 21. *Société Internationale de Prophylaxie Criminelle.* París, Francia, 1987. También: *Criminalia.* Año LII. Editorial Porrúa. México, 1986.

STANLEY, Frank. *El Hombre Sexualmente Activo Después de los Cuarenta.* Editorial Diana. México, 1975.

STEINMETZ, C. H. D. *Victimization Risks.* III Symposium. Alemania, 1979.

SUTHERLAND, Edwin. *Delito de Cuello Blanco.* Universidad de Caracas. Venezuela, 1969.

SVALASTOGO, en: *Criminología,* de Göppinger, Hans. Editorial Reus. España, 1975.

SZALAI, Alexander. *La Situación de la Mujer a la Luz de las Investigaciones Contemporáneas sobre la Utilización del Tiempo.* Conferencia Mundial del Año Internacional de la Mujer (E/Conf./66/Bo/6). México, 1975.

TEUTSCH, Joel; Teutsch, Champion. *Victimology: An Effect of Consciousness, Interpersonal Dynamics and Human Physics.* I Symposium. Israel, 1973.

THOMAS, Charles. *Sexual Victimology of Youth.* L. G. Shultz Ed. USA, 1980.

TOMORUG-MIARKA, Epaminonda; Pirozynski, T. *Victimological Relations in Psycho-Involutive Maladjustments.* II Symposium. Boston, USA, 1976.

TORRES, Lina. *Diagnóstico y Pronóstico Victimal.* Criminalia. Año LII. Núms. 1-12, pp. 268 y ss. Editorial Porrúa. México, 1986.

TORRES PADILLA, Federico. *El Perfil Criminológico de la Menor Prostituta del D.F.* UNAM. México, 1985.

TREJO, Arnulfo. *Léxico de la Delincuencia.* UTHEA. México, 1968.

TYNDEL, Milo. *Offenders Without Victims.* I Symposium. Israel, 1973.

U.S. BUREAU OF JUSTICE STATISTICS. *Intimate Victims.* A Study of Violence Among Friends and Relatives. USA, 1980.

————. *Criminal Victimization in the United States*. U.S. Department of Justice. Bureau of Justice Statistics.

————. CONGRESS, *Elderly Crime Victimization*. Hearing Before the Home Subcommittee on Housing and Consumer Interests, Wilmington Delaware. Crime Resistance Task Force, p. 68. May 6, Washington, USA, 1976.

U.S. LEAA. NCJ/48/005. U.S.A.

UNSDRI. *El desajuste Social Juvenil y los Derechos Humanos dentro del contexto del desarrollo urbano*. Fratelli Palombi Editori. Roma, Italia, 1984.

URQUIDI, María y Salazar, Graciela. *La mujer Invisible*. Citado en: *Mujer, viento y ventura* (Alegría, Juana Armanda). Editorial Diana. México, 1977.

VARGAS ALVARADO, Eduardo. *Maltrato a Menores, Síndrome del Niño Agredido*. Capacitación para Personal en Centros de Menores Infractores. ILANUD. Costa Rica, 1980.

VÁZQUEZ, Ángela. *La Víctima como Objeto de la Criminología*, en: Criminalia. Año XLIX. Núms. 1-12, pp. 95 y ss. Editorial Porrúa. México, 1983.

VÁZQUEZ SÁNCHEZ, Rogelio. *El Ofendido en el Delito y la Reparación del Daño*. Tesis Doctoral. UNAM. México, 1980.

VEGA VEGA, Juan. *El Delito Internacional de Usura: La Deuda Externa Usuraria del Tercer Mundo*. IV Encuentro Latinoamericano de Criminología Crítica. La Habana, septiembre 1986. Criminalia. Año LII. Núms. 1-12. Editorial Porrúa. México, 1986.

VERSELE, Séverin Carlos. *Il Número Dorato Della Delincuenza*. Le Droit et la Justice. Editions de l'Université de Bruxelles. Bélgica, 1979.

VETTER, H. y Silverman, Ira. *The Nature of Crime*. W. C. Saunders Company. Filadelfia, USA, 1978.

VIANO, Emilio. *The Battered Child: A Review of Studies and Research in the Area of Child Abuse*. I Symposium. Israel, 1973.

VICTIMOLOGY NEWSLETTER. Vol. 7, Nº 1 (VI Symposium de Victimología, Israel), 1989.

WALKER E., Leonore. *Treatment Alternatives for Battered Women*, en: The Victimization of Women. SAGE. USA, 1978.

WALLER, Irvin. *Apoyo gubernamental a las víctimas del delito* INACIPE. México, 2004.

WALLER, Louis. *Compensating the Victims of Crime in Australia and New Zeland*. I Symposium. Israel, 1973.

WEINBERG, Kirson. *Conducta Incestuosa*. Editorial Constancia. México, 1958.

WERTHAM, F. *The Show of Violence.* Doubleday. Nueva York, USA, 1949.

WILLIAMS, Donald Brian. *Compensating Victims of Violence: Another Look at the Scheme.* Comparative Analysis. I Symposium. Israel, 1973.

WOLFGANG, Marvin. *Conceptos Básicos en la Teoría Victimológica: Individualización de la Víctima.* ILANUD al día. Año IV. Núm. 10. Costa Rica, 1981.

____________. *Victim-Precipitated Criminal Homicide,* en: Victimology (Drapkin, Viano). Lexington Books. USA, 1975.

WURMSER, en: *Criminología,* de Göppinger, Hans. Editorial Reus. España, 1975.

YAMARELLOS, E. y Kellens, G. *Le Crime et la Criminologie.* Marabout Université. Bélgica, 1970.

YOUNG-RIFAI, Marlene. *Victimology: A Theoretical Framework.* III Symposium. Alemania, 1979.

____________. *Methods of Measuring the Impact of Criminal Victimization Survey.* III Symposium. Alemania, 1979.

ZAFFARONI, Raúl. *La Mujer y el Poder Punitivo.* Argentina.

____________ (Coordinador). *Sistemas Penales y Derechos Humanos en América Latina.* Instituto Interamericano de Derechos Humanos. Editorial Depalma. Argentina, 1986.

____________. *Tratado de Derecho Penal.* Ediar. Buenos Aires, Argentina, 1982.

ZAMORA GRANT, José. *Derecho Victimal.* INACIPE. México, 2009.

ZERBOGLIO, Adolfo. *La Coppia Criminale, Dizionario di Criminología.* Vallardi. Milán, Italia, 1943.

ÍNDICE ONOMÁSTICO

T

U

V

W

Y

Z

ÍNDICE GENERAL

CAPÍTULO I

ORIGEN Y DESARROLLO DE LA VICTIMOLOGÍA

CAPÍTULO II

CONCEPTO DE LA VICTIMOLOGÍA

CAPÍTULO III

LA CIENCIA VICTIMOLÓGICA

CAPÍTULO IV

VICTIMOLOGÍA Y CIENCIAS PENALES

CAPÍTULO V

LA VÍCTIMA

CAPÍTULO VI

CONCEPTOS VICTIMOLÓGICOS BÁSICOS

CAPÍTULO VII

TIPOLOGÍAS VICTIMOLÓGICAS

CAPÍTULO VIII

FACTORES VICTIMÓGENOS

CAPÍTULO IX

LOS FACTORES ENDÓGENOS

CAPÍTULO X

RELACIONES ENTRE VÍCTIMA Y VICTIMARIO

CAPÍTULO XI

EL *ITER VICTIMAE*

CAPÍTULO XII

LA VÍCTIMA MENOR DE EDAD

CAPÍTULO XIII

EL MALTRATO FÍSICO EN NIÑOS

CAPÍTULO XIV

VICTIMIZACIÓN FEMENINA

CAPÍTULO XV

MUJERES GOLPEADAS

CAPÍTULO XIX

VÍCTIMAS PATRIMONIALES

CAPÍTULO XX

VÍCTIMAS SEXUALES

CAPÍTULO XXI

VICTIMOLOGÍA Y DERECHO PENAL

Capítulo XXII

DERECHO VICTIMAL

Capítulo XXIII

VICTIMOLOGÍA Y PROCESO PENAL

Capítulo XXIV

LA REPARACIÓN DEL DAÑO

Capítulo XXV

CLÍNICA VICTIMOLÓGICA

CAPÍTULO XXVI

LA PREVENCIÓN VICTIMAL

CAPÍTULO XXVII

LOS SYMPOSIA INTERNACIONALES DE VICTIMOLOGÍA

ANEXOS

Se terminó esta obra el día 7 de agosto de 2020 en
CASA ALDO MANUZIO
Flamencos 72, Col. San José Insurgentes
C. P. 03900, Ciudad de México

9 786070 935558